정동 이론

aff·com aff-com총서02

정동 이론 The Affect Theory Reader

편저자 멜리사 그레그·그레고리 J. 시그워스
옮긴이 최성희·김지영·박혜정

펴낸이 조정환
책임운영 신은주
편집부 김정연
홍보 김하은
프리뷰 연구모임 아프꼼

펴낸곳 도서출판 갈무리 등록일 1994. 3. 3. 등록번호 제17-0161호
종이 화인페이퍼 출력 경운출력 인쇄 예원프린팅 라미네이팅 금성산업 제본 일진제책
1쇄 2015년 12월 21일
2쇄 2016년 5월 18일

주소 서울 마포구 동교로18길 9-13 [서교동 464-56]
전화 02-325-1485 팩스 02-325-1407
website http://galmuri.co.kr e-mail galmuri94@gmail.com

ISBN 978-89-6195-119-7 94300 / 978-89-6195-049-7 (세트)
도서분류 1. 문화연구 2. 사회학 3. 예술 4. 미학 5. 철학 6. 대중문화 7. 인문학 8. 미디어 9. 정치학
            10. 경제학

값 30,000원

이 도서의 국립중앙도서관 출판예정도서목록(CIP)은 서지정보유통지원시스템 홈페이지(http://seoji.nl.go.kr)와 국가자료공동목
록시스템(http://www.nl.go.kr/kolisnet)에서 이용하실 수 있습니다. (CIP제어번호 : CIP2015032469)

The Affect Theory Reader

정동 이론

몸과 문화·윤리·정치의 마주침에서 생겨나는 것들에 대한 연구

멜리사 그레그·그레고리 J. 시그워스 편저
Melissa Gregg · Gregory J. Seigworth

나이절 스리프트·로렌 벌랜트·로렌스 그로스버그·론 버텔슨·메건 왓킨스

벤 앤더슨·벤 하이모어·브라이언 마수미·사라 아메드·스티븐 브라운·안나 깁스

앤드루 머피·엘스페스 프로빈·이안 터커·캐스린 스튜어트·패트리샤 T. 클라프

지음

최성희·김지영·박혜정 옮김

이브 코소프스키 세즈윅(1950~2009)을 추억하며

차례

정동
이론

정동
이론

『정동 이론』이 듀크대학교 출판사에서 출간된 지 5년이 지난 지금 한국어 번역본이 준비되어 곧 출간된다는 소식을 들으니 기쁘기 그지없고 감사하다. 이 책이 출간되고 우리는 그동안의 열정이 특별한 계기를 맞이했다고 여겼는데, 그것은 이후 일련의 계기들로 확산되어 왔다. 비록 그런 계기들이 항상 서로 연결된 것은 아니며 또한 동시다발적으로 터져 나온 것은 아니지만 말이다. 분명, 이 책에 실린 글쓴이들보다 훨씬 오래전부터 많은 연구자가 정동 이론에 기여해 왔다. 하지만 그것은 어떤 계기들을 통하여 좀 더 잘 정립된 (탐구의, 도주의, 구획 짓기의) 선들로 변한다. 그 선들은 이제 끈질기게, 서로 다른 지평에서 서로 다른 지평을 향해 뻗어 가며 힘을 발산하고, 예상치 못한 방식으로 새롭거나 낡은 풍경 및 비평 문학 모두에서 생겨나며, (그리고 고맙게도) 부단히 되돌아가서 그것들 자신의 역사성이나 지향성 또는 희망적/절망적 분위기에 대한 기성의 감각을 모두 풀어헤치는 것처럼 보이기 시작한다.

그래서 이 책의 서문에서 말하다시피, 정동 이론에서 나오는/으로 나아가는 이러한 선들을 미명들로 이해하는 것이 최선일지도 모르며, 그 선들의 어떤/모든 목록은 영원히 불완전하다는 우리의 주장을 견지해 나가고 싶다. 그러한 '아직 아닌 것들'not yets의 목록 혹은 목차는 부분적으로, 시작점이 다른 문학들이 서로 번역되는 중에 전개하는 대화를 통하여 창조된다. 그래서 그 대화는 계속 전개된다. 불완전하게 그리고 다르게!

정동 이론은 몇 년 동안 한국 내에서나 그 주변에서 진화해 왔다. 하지만 한국에서 『정동 이론』의 첫 외국어 번역본이 나온다는 사실은 그 관심이 새로운 단계를 맞았다는 점에서 주목할 필요가 있다. 그간 송지숙(『부채 위기에 처한 남한 : 신자유주의적 복지 사회』와 『자립적 삶 : 현대 한국 사회에서 독신 여성, 주택 임대, 그리고 혁명 이 후의 정동』)과 그레이스 조(『한국의 디아스포라 유령 : 수치, 비밀, 그리고 잊힌 전쟁』) 같은 저자뿐 아니라, 『동아시아에서 정동과 정서의 정치경제학』(지에 양Jie Yang 엮음) 같은 논문 선집들은 한국과 지역적 맥락에서 정동적 특질들에 대해 직접적으로 말해 왔다. 말할 필요도 없겠지만, 한국에서 나오는 목소리와 생각들에 전보다 더욱 집중하여 귀를 기울인다면 더 많은 작업에 대해 알 수 있을 것이다. 갈무리 출판사만 해도 이미 브라이언 마수미, 크리스티안 마라찌, 질 들뢰즈, 마우리치오 랏자라또 등이 낸 책을 번역하여 정동에 대한 관심을 고취해 왔다. 우리는 대화의 정신에 따라 앞으로도 전남대학교 〈정념 학회〉에서 매년 개최하는 정동 이론을 주제로 한 학술대회 소식을 듣고, 권명아·민성길·도시코 쓰지모토 (이 밖에 수많은 다른 사람들이 있지만!) 같은 저자들의 최신 글을 읽을 수 있기를 바란다.

『정동 이론』 한국어판 번역은 지난 10월에 펜실베니아주 밀러스빌 대학교에서 열린, 명실공히 '최초의' 정동 이론 국제학회였던 〈정동 이론 : 세계 만들기 / 긴장 / 미래〉의 여운 속에서 출간된다(그레고리 시그워스는 이 대학의 교수이다). 이 행사에서는 17개국에서 온 참석자들과 함께 이 책이 처음 출간된 이후 정동 이론에 의해, 정동 이론을 통하여, 때로는 정동 이론 주변에서 감행되었던 탐구의 몇몇 궤도를 모아 보려고 시도했다.

지금 이 학술대회에서 나온 교차-흐름과 공명을 되새기며 『정동 이론』 2권을 내려고 계획 중이다. 그리고 내년에 지구의 다른 어딘가에서 정동 이론에 영감을 받은 행사들이 열릴 수 있기를 바란다. 이상적인 생각이지만, 앞으로 있을 참여들로 인해 좌정하고 나누는 대화들을 격려하는 이 책의 시도에 진전이 있으리라 본다. 말들의 나눔은 그것들 자신의 독특한 맥락에 따라 조율되지만, 그래도 다양한 문화·언어·학문·방법론 등등의 사이에서 번역의 접점을 찾기 위해서는 이론적·경험적·실험적 공통성을 충분히 가지고 있어야 한다. 결국, 만일 정동이 하나의 대단히 중요한 에토스를 가지고 있다면, 이는 그런 집단적 구성/창작이나 간단히 이용 가능한 독특화하는 '돌봄'의 자리를 정하고 확대하는 것일 터이다. 그런 것들은 수용과 동원, 정동받음과 정동함, 행동유도성과 행동 사이를 오가는 활력 속에서 발생하기도 하고 사라지기도 하는 것이다. 번역에 대한 요청과 응답 속에서, 우리는 아직 상상하지 못했던 미명의 궤도들을 발견하길 기대한다.

2015년 11월

그레고리 시그워스·멜리사 그레그

미명^{微明}의 목록[창안]¹

그레고리 J. 시그워스·멜리사 그레그

결국, 정동이라는 것에 순수한 상태나 어떤 근원적 상태가 전혀 없다면 어떻게 시작해야 할까? 정동은 사이^{in-between-ness}의 한가운데서, 즉 행위하는 능력과 행위를 받는 능력의 한가운데서 발생한다. 정동은 순간적인, 그러나 때로는 좀 더 지속적인 관계의 충돌이나 분출일 뿐 아니라, 힘들과 강도들의 이행^{移行, passage}(혹은 이행의 지속)이다. 즉 정동은 몸과 몸(인간, 비인간, 부분-신체, 그리고 다른 것들)을 지나는 강도들에서 발견되며, 신체와 세계 들 주위나 사이를 순환하거나 때로 그것들에 달라붙어 있는 울림에서 발견된다. 그리고 바로 이러한 강도와 울림 들 사이의 이행과 변이 들 그 자체에서 발견된다. 가장 의인화된 방식으로 말하자면 정동은 의식화된 앎 아래나 옆에 있거나, 또는 아예 그것과는 전반적으로 다른 내장

---

1. [옮긴이] inventory. 정동적 사건은 어떤 범주나 개념에 국한되지 않고 무한한 잠재성을 지닌다. 그래서 그것들의 나열은 단지 '목록'일 뿐 아니라 '창안'이기도 하다는 점에서 이 두 역어를 함께 쓴다.

의visceral 힘들, 즉 정서emotion 너머에 있기를 고집하는 생명력vital forces에 우리가 부여하는 이름이다. 이 힘들은 우리를 운동으로, 사유와 확장으로 이끌어 가면서, (마치 중립인 것처럼) 거의 인지하지 못하는 사이에 쌓이는 힘-관계들 사이에 우리를 잡아 두거나, 심지어 명백히 다루기 힘겨운 이 세계에 압도당한 상태로 우리를 내버려두기도 한다. 실로 정동은 몸이란 것이 [세계의] 초대인 만큼이나 거부이기도 한, 세계의 완고함과 리듬들 속에 그리고 그 틈에 몸이 계속 침잠해 있음을 보여 주는 끈질긴 증거이다.

정동은 많은 점에서 힘force 또는 힘들의 마주침[조우]forces of encounter과 동의어이다. 하지만 정동이 특별히 강력할 필요가 없으므로, '힘'이란 말은 약간은 오칭이다(그러나 트라우마에 대한 정신분석 연구에서처럼 때로 정동은 강력하기도 하다). 사실 정동은 대개는 가장 미묘하게 오가는 강도들 속에서 그리고 그것들을 가로질러 발생한다고 하는 편이 더 맞을 것이다. 즉, 알아챌 수 없는 것들의 극히 미세하고 분자적인 사건들. 소소한 것과 그보다 더 소소한ㅡ. 정동은 사이에서 태어나고, 누적되는 곁beside-ness으로서 머문다. 그래서 정동은 다양한 마주침의 리듬과 양태를 따라 일어나고 사라질 뿐 아니라, 감각과 감성의 골과 체를 빠져나가며 일어나고 사라지는 일종의 신체적인 능력capacity의 기울기, 언제나 조정되는 힘-관계들의 유연한 점진주의로 이해할 수 있다. 즉, 사실상 모든 종류의 물질의 행동양태에 속하는 것과 일치하는 점진주의로 이해할 수 있다. 그래서 정동은 계속해서 뻗어 나가려는 항시 내재적인 능력을 지닌다. 정동은 무기적인 것과 무생물의 틈새 안팎으로, 힘줄·세포·내장의 경제의 세포내적 누설 안팎으로, 그리고 비물질적인 것(사건·분위기·느낌ㅡ색조들)의 덧없는 소실의 안팎으로 뻗어 나간다. 내밀하면서도 동시에 비인격적인 정동은 관계 맺음과 관계의 단절 모두에 걸쳐 축적되면서, '몸들' 사이에 흐르는 강렬함의 썰물과 밀물을 가로지르는 어떤 힘-마주침들의 양피지[2]가 된다. (여기서 몸이란 바깥을 둘러싼 피부-표피나 다른 표면적 범주들에 따라 정의되는 것이 아니라, 정동의 이행에서 교환할 수 있는 잠재력에 따라, 또는 공동-참여할 수 있는 잠재력에 따라 정의된 것이다.) 묶임과 풀림, 되어감becoming과 되어가지 못함un-becoming, 삐걱대는 불협화음과 조율이 잘된 리듬. 정동은 몸이 마주침의 세계에 속함을 표시하거나, 또는 세계가 마주침들로 이뤄진 몸에 속함을 표시한다. 그러나 또한 속하지 않음 속에서, 이 모든 상호적인 비-공가능성[3]의 너무나 슬픈 합성(분해)들을 통과하는 세계를 표시하기도 한다. 항상 좋든 나쁘든 충돌하고 분출하는 모호하거나 '뒤섞인' 마주침들이 있게 마련인데, 그러나 (대부분의 경우) 그 마주침들은 사이에 있는 것이다.

이처럼 영원히-모으는 힘-관계들의 결착accretion에 (혹은 반대로 그러한 퇴적물을 벗겨 내거나 마모시키는 데에) 정동의 진짜 힘, 즉 잠재력[4]으로서의 정동이 있다. 곧, 정동하고affect 정동되는affected 몸의 능력capacity을 말한다. 이처럼 뒤섞인 힘들의 다양한 마주침들에 의한 지속을 특징으로 하는 몸[5]이 과연 어떻게 그것의 감응들[변용들]affections(그것의 정동됨)을

---

2. [옮긴이] 'palimpsest'는 양피지 위에 덧쓰기를 반복해서 그 지우고 쓴 글쓰기가 축적되고 쌓인 어떤 것(지우고, 다시 덧쓴 것)으로, '흔적 위에 덧쓰기'라 부를 수 있겠다. 정동이란 그렇게 신체에 각인된 만남의 흔적, 지울 수 없는 흔적이다.
3. [옮긴이] in-compossibilities. '비-공가능성'은 라이프니츠의 용어이다. 라이프니츠는 이 세상이 모든 공가능성으로 이루어진 게 아니라 가장 최상의 공가능성으로 이루어져 있다고 주장한다. 들뢰즈는 『주름』에서 비-공가능성을 잠재성으로 발전시켜 이 세상은 현실화된 최상의 공가능성뿐 아니라 잠재적인 비-공가능성이 함께하고 있다고 주장한다.
4. [옮긴이] 'potential'은 잠재력으로, 'the virtual'은 잠재적인 것으로, 'virtuality'는 잠재성으로 번역한다.
5. [옮긴이] 이 글에서는 정동의 작용을 지칭할 때는 항상 'a body'를, 일반적으로 신체적인 것을

행위(정동하는 능력)로 바꿀 수 있는가? 프로이트는 한때, 초기 저작[6]에서 정동은 성찰하거나 사유한다기보다는 행한다고 천명했다(1966:357~59). 하지만 프로이트는 또한 이러한 정동의 이행은 사유의 운동 주변에 끈질기게 인접해 남아 있다고 믿었다. 감각지感覺知, sensate의 덩굴손이 끊임없이 무의식적 정동(오히려 '비의식적인'이 더 맞는 말이겠지만)과 의식적 사유 사이를 뻗어 나가는 것처럼 충분히 가깝게 말이다. 그래서 실제로 정동과 인식은 결코 완전히 분리되지 않는데, 그것은 사유 자체가 하나의 몸, 즉 체화된 것이라는 점만 보아도 알 수 있다. 끝이 열린 사이에-있음으로 인해 앞으로 내던져져 있는 정동은 몸의 영구한 되어감becoming(아무리 미묘할지라도 항상 기존의 것과 다른 것이 되어감)에서 필요불가결하며, 마주침의 힘과의 관계를 통해, 사실상 그 힘으로 인해 이루어지는 구성을 통해, 몸의 외관상의 표면-경계를 넘어선다. 정동과 함께 몸은 몸 안에 있는 것만큼 몸 외부에(관계의 그물망 속에) 있으며, 마침내 궁극에는 그런 고정된 구별마저도 의미가 없어진다.

의심할 바 없이 정동과 관련해 가장 자주 인용되는 말 중 하나인 바루흐 스피노자의 주장은, "누구도 몸이 무엇을 할 수 있는가를 아직 규정하지 못했다"는 것이다. 여기서 즉시 두 가지 핵심적인 측면을 강조 또는

지칭할 때는 'the body'를 사용한다. 뒤에서도 논의되지만, 정동이 작용하는 신체는 항상 개별적이고 독특한[단일한/특이한](singular) 신체이기 때문이다.
6. [옮긴이] 「꼬마 한스」(1905) 등. 들뢰즈는 어린 한스가 관찰한 수레 끄는 말의 상태를 변용들의 목록으로 재서술한다. 눈가리개를 하고 있다, 빨리 간다, 무거운 짐을 끈다, 주저앉는다, 채찍을 맞는다 등 짐을 끄는 말의 변용들은 경주마의 변용들과 큰 차이를 보이며, 이는 노역을 하는 소와의 차이보다 더 크다. 따라서 변용의 면에서 볼 때 역마는 경주마보다 오히려 소와 더 가깝다고 할 수 있다. (질 들뢰즈, 『스피노자의 철학』, 박기순 옮김, 민음사, 2001, 184쪽 참조)

재차 강조해 둘 만하다. 첫째는 하나의 몸의 능력은 결코 하나의 몸으로만 규정되지 않으며, 항상 그것의 힘-관계들의 장場 혹은 맥락의 도움을 받으며 그에 의해 부추겨지고 또한 그것들과 긴밀한 연관을 가진다는 사실이다. 두 번째는 '몸을 아는 것'의 '아직 아님'not yet은 스피노자가 『에티카』를 지은 지 330여 년이 지난 지금까지도 여전히 우리에게 중대한 의미를 지닌다는 점이다. 그러나 스피노자도 인정하듯이, 이 문제는 결코 '신체'(모든 신체)를 일반적 특성으로 가늠하는 것generic figuring 7이 아니라, 훨씬 더 독특하게, 하나의 몸과 그것의 정동들/정동됨을 구성하려고 애쓰는 것, 그 몸이 계속 진행하는 하나의 세계의 정동적 합성을 구성하려고 애쓰는 것, 하나의 세계와 하나의 몸의 바로 이것-임this-ness을 구성하려고 애쓰는 것이라 할 수 있다.

이 책의 글들은 각각 나름의 방식으로 이러한 몸의 정동적인 행함 doing과 무화undoing의 '아직 아님'에 대해 다루고자 하는 시도들이다. 각 글들은 나름의 방식으로 힘들의 만남과 강도들의 이행에 대해 해명해 보이고 있다. 이러한 해명들은 독특하면서도 내밀하게 비인격적인 — 심지어 인격에

---

7. [옮긴이] 'generic'은 어원적으로는 '특정한 종을 포괄하는'이라는 뜻이다. 그래서 이 구절은 '몸 일반의 속성으로 귀속되는'이라는 의미에서 어떤 몸 일반에 대한 보편적이고 일반적인 차원을 그리는 것을 뜻한다. 그리고 이와 반대되는 면에 주목하는 '정동 이론은 보편적이거나 일반적인 이론을 지향하지 않는다'는 주장과도 상통한다. 이는 정신분석학이 무의식 일반의 이론이 아니라고 했던 알뛰세르의 라깡 비판이 띠는 함의와 연결시켜 보아도 무방하다. 알뛰세르는 프로이트가 무의식 일반에 관한 이론을 발견한 것이 아니라, 무의식이라는 '아직 아님'의 영역(알뛰세르에 따르면 정신 장치)을 발견한 것이며, 오히려 무의식 일반의 이론이 "아직 가능하지 않음"을 이론의 대상으로 발견한 것이라고 논한다. 더불어 라깡이 프로이트의 이론을 무의식 일반의 이론으로 만들어 버림으로써 '아직 아님'의 함의를 무화시키고, 일반 이론(혹은 과학/치료 기술)으로 전도시켰다고 비판한다. 이런 알뛰세르의 논의에 따르자면, 무의식 일반의 이론은 아직 가능하지 않으며, 오히려 이 '아직 아님'을 사유하는 것이 정신분석-이론(치료의학이 아닌)의 대상이다.

이르지 못하고sub-personal 전前인격적인 – 한 세계에 속함(혹은 속하지 않음)의 주름들을 벗겨 보이거나, 경우에 따라 그냥 드러나게 내버려 둔다. 이는 바로 스피노자의 '아직 아님'이 표방하는 지칠 줄 모르는 도전에 해당하는 것으로, 정동의 문제와 정동을 문제시함을 단번에 윤리적이면서 미학적이고 정치적인 과제로 변형시켜야 한다는 어떤 긴급성을 시사한다. 그러나 물론 이때, 스피노자가 말하는 정동의 '아직 아님'은 결코 어떤 식으로든 궁극적인 해결책을 찾으리라고 기대할 수 없는 것으로 이해해야만 한다. 그 누구도 결코, "자, 여기 있다. 우리는 하나의 몸이 할 수 있는 것을 전부 알게 되었다! 그러니 이제 이것으로 끝내자!"라는 식으로 마지막 선언을 할 수 없을 것이다. 정동뿐만 아니라 정동의 형성적인 힘들을 결합시키려고 시도하는 이론들을 다음 힘의 마주침, 그리고 그다음, 그다음……으로 몰고 가는 것은, 정동이 무엇을 하는지를 '아직' 알지 못함에 의해 영원히 갱신되는 바로 이러한 스피노자적인 정언명령일 것이다.

그러나 만일 우리가 이러한 '아직 아님들'과 그 '다음들' 각각이 일종의 통합된 동일 보조로 앞으로 움직이는 것이라고 이해한다면, 그것은 최근의 정동 이론들을 심각하게 잘못 표현하는 것이라 할 수 있다. 정동에 관한 어떤 단일한, 일반화될 수 있는 이론은 없다. 아직, 그리고 (고맙게도) 앞으로도 결코 없을 것이다. 오히려, 앞으로 언제나 무한히 다수적인 정동의 되풀이iteration와 정동 이론들의 되풀이가 있을 뿐이라고 상상하는 것이 더 매혹적이다. 정동 이론들은 몸들, 정동들, 세계들과의 매우 특수한 마주침들만큼이나 다양하며 각각 특이하게 그려진다. (실상 이론이란, 각개 이론theory이건 통합이론Theory이건 간에, 이런 식으로 작동하지 않는가? 이리저리 모양을 형성하는 해석 가능성의 격자를 딱 들어맞게 맞추듯이 그 자체를 꼼지락거리는 세계에다 내리누르는 것이 아니라, 어떤 온건한 방법론적 활력으로 작동하지 않는가?)[8] 이와 같은 사정들이 왜 정동 이론들과의 첫 만남이 일시적으로(때로는 더 오래가겠지만) 방법론적이고 개념적인 자유 낙하처럼 느껴지는지를 설명해 준다. 그간 믿음직하다고 증명된, 모든 비판적-문화연구적-철학적 탐구와 이론을 위한 발판과 손잡이(주체/대상, 재현과 의미, 합리성, 의식, 시간과 공간, 내부/외부, 인간/비인간, 정체성, 구조, 배경과 전경 등)는 확실히 더욱 불확실해지며 더욱 불연속적인 것이 된다(엄격한 '규정'이나 직접적인 인과관계를 지닌 개념 같은 것도 이제 문제가 되지 않는다). 정동은 혼탁하고 매개되지 않은 관계됨에서 나타나는 것이지, 명확하게 대립적인 요소들의 어떤 변증법적 조화나 기초 단위들 속에 들어 있는 것이 아니기에, 손쉬운 분리주의가 물러가고 문턱이나 긴장들, 혼합과 흐릿함이 들어서도록 만든다. 브라이언 마수미(2002)가 강조하듯이 우리에게 가장 익숙한 이론적 탐색 양식들이 정지상태보다는 운동에서, 이미 선택한 입장이 아니라 언제나 진행 중인 과정에서 시작했더라면 정동에 대한 접근이 자유낙하처럼 느껴지는 정도는 훨씬 덜했으리라.

그런 점에서 이론들이 시험적으로나마 정동에 대한 어떤 설명이라도 시도할라치면, 순진하게 혹은 낭만적으로 세계의 근거없음groundlessness 또는 무수한 몸의 내적 연루들 속으로 너무 멀리 나아가 방황하며, 무한히 흘러넘치는 차이들의 우글거림과 미끄러짐 속에서 길을 잃는 것처럼 보였던 것도 전혀 놀라운 일이 아니다. 달리 말해, 그것은 밤하늘에 희미하게 반짝

---

8. 존 로(John Law)의 『방법 이후:사회과학 연구에서의 혼란』(*After Method:Mess in Social Research*)은 여기서 우리가 말하고자 하는 것에 대한 매우 귀중한 텍스트이자 혼란스러운 방법론적 텍스트이다.

이는 작은 개똥벌레의 강렬함을 뒤쫓는 것이며, [개똥벌레의 밤과 대비되는] 온 천지를 환하게 밝히는 햇빛 속에서 미묘한 떨림부터 극심한 진동까지 그 반향들을 기록하는 것이며, 무시로 말할 가치가 없다고 통하는 것들을 극화시키는 것(사실 납득하지 못하는 사람들에게는 과도하게 극화하는 것이겠지만)으로 보였다. 그러나 이 책의 논자들이 말하듯이, 정동이 세계들, 몸들, 그리고 그 사이들 ─ 그 자체의 내재성 속의 정동 ─ 에 충돌하며/분출하며 속해 있다는 점은 바로 정동 이론이 약속하는 바이기도 하다. 즉, 몸이 하는 일의 '아직 아님'을 조명하고, 갑자기 출현하는 미래성의 희망적인 (그러나 동시에 두려운) 극점들을 따라 낚싯줄을 드리우며, 무한히 연결될 수 있고 비인격적이며 전염성이 있는 이 세계의 소속물들과 운명을 같이 하는 것, 그런 것이 바로 정동 이론의 약속이다.

정동의 경향들 Orientations

그러면 정동 이론은 무엇을 할 수 있는가? 의심할 바 없이, 이 책을 포함하여 점점 더 증가하는 논문과 저서 들에서뿐만 아니라 학술대회의 주제나 학술지의 특별 호, 심포지엄 등에서 발견할 수 있듯이 정동에 대한 다양한 표명들/개념화들에 대한 관심이 고조되어 온 것은 사실이다. 그러나 이런 다양한 정동의 이론화가 하나의 정돈된 그림으로 해결될 것이라고 믿을 수는 없다. 이론은 물론이고, 정동과 그것의 독특성들을 향하거나 주위에 펼쳐지는 단 하나의 확고한 선도 없다. 다만 빗나가는 선이나 매듭, 표가 날 수도 있고 안 날 수도 있는 몇 개의 교차점들, 그리고 아직 만들어지지 않았거나 다시 풀렸거나 미완성인 이음매의 예기치 못했던 음영들만이 있을 뿐이다. 세부적인 탐색 영역 안에서 다양한 속도와 지속으로 여행하면서, 또 가장 안정된 분과학문의 경계를 지나쳐 미끄러짐으로써(예를 들어 신경학과 건축학의 접촉면 등), '정동'이라는 개념은 점차 철학적/심리학적/생리학적 기초들과 비평적 어휘, 그리고 존재론적 갓길로 이루어진 광범위한 구색을 갖추게 되었으며, 따라서 모든 형태의 정치적/실용적/수행적 목적들을 향해 사용될 수 있게 되었다(또 사용되어 왔다). 아마도 정동과 그 이론화에 대해 말할 수 있는 가장 확실한 것 중 하나는 진행 중인 과정이 넘쳐남으로써 그것들이 출현하게 된 맥락을 넘어설 것이며 항상 넘어선다는 것이다.

분명 최근에 정동과 정동 이론에 대한 관심과 호기심을 다시 불붙인 분수령이 되는 사건은 1995년 이브 세즈윅과 애덤 프랭크의 논문(「사이버네틱 주름에서의 수치」Shame in the Cybernetic Fold)과 브라이언 마수미의 논문(「정동의 자율성」The Autonomy of Affect)일 것이다. 이 탁월한 두 논문의 이론적 내용은 (정동이 인식의 중심성을 대체하는 것과 정동 이론이 구조주의와 후기구조주의의 중심성에 대한 논쟁을 대체하는 것을 합쳐) 새로운 활기를 북돋웠을 뿐 아니라, 정동이 힘과 형식으로 작용하는 그 글들의 목소리와 문체 덕분에 이 논문들은 이후에도 널리 회자되고 상당한 영향력을 행사하게 되었다. 1995년의 이 두 논문과 더불어 저자들이 그 후에 발표한 연구는 인문학에서의 정동 연구에서 지배적인 두 가지 방향성에 실질적인 형태를 부여하였다. 바로 실번 톰킨스의 미분적 정동의 심리생리학(1962)(세즈윅과 프랭크)과 질 들뢰즈의 스피노자식 신체능력의 행동학(1988a)(마수미)이다. 톰킨스의 저작에서 정동은 진화적 배선hardwiring 문제로 기우는 유사 다윈적 '생득주의'를 따른다. 그러나 이런 배선들은 결코 완전히 절연 처리가 돼 있지도 않고 두뇌나 살의 문제로 끝나지도 않는다. 오히려 그 배선들은 불꽃이 튀어 벗겨지면서, 사회적 관계의 주변 방사들을 따라 생겨난 영향들을 다른 형태로 변환시킨다. 한편 들뢰즈의 스피노자식 경로는 정동을 사물과 관계 들 가운데 (내재성 안에) 두며, 그다음에는 신체와 세계 들을 동시적으로 구성하는 복잡한 배치들assemblages 속에 둔다. 따라서 이러한 탐색의 진로들 사이에는 어떤 역류의 느낌, 그 방향성에서 어떤 안-밖/밖-안의 차이가 존재한다. 톰킨스에게 정동이 신체의 욕동들drives을 추진시키는 제일의 "관심" 동기부여자라면, 들뢰즈에게 정동은 인간과 비인간을 가로지르는 수많은 생성의 전체적·생동적·조절적 장場이라고 할 수 있다. 비록 이 두 가지 정동 이론의 진로가 쉽게 그리고 완전히 화해하는 척 할 수는 없지만, 그들은 특정 지점들에서 상호관통할 수 있고, 또 반향할 수 있다(특히 이 책에서 깁스, 프로빈, 왓킨스의 논문을 보라).

그러나 정동의 이론화에는 단지 두 개의 각도만 있는 것이 아니다. 현재로서 (그리고 오직 현재로서) 우리는 어쩔 수 없이 일련의 간결하고 흐릿한 스냅사진처럼 여덟 개의 주된 경향을 시험적으로 제시할 것인데, 이 경향들은 정동에 대한 접근법에서 서로 물결치며 겹칠 수도 있다. 특정한 질서가 있다기보다 편의상 열거할 이러한 탐구의 각 영역은, 대개 그것이 처음 접한 전제나 그것이 목적한 도달점, 또는 그 모두에 반영되어 있는 약간 다른 관심사를 부각시킨다.

1. 첫 번째 접근법은 인간/비인간의 본성을 내밀하게 뒤섞인 것으로 보

는 다소 고풍스럽고 비교秘敎적인 방식인데, 구체화embodiment에 대한 현상학적 접근과 포스트 현상학적 접근뿐 아니라, 비계飛階나 연장을 이루는 신체의 함입능력incorporative capacities에 대한 탐구를 포함한다(비비안 써브책, 돈 아이디, 미셸 앙리, 로라 막스, 마크 한슨 외).

2. 두 번째는 첫 번째 경향과 밀접히 관련된 계통을 따라 형성되었으며, 인간/기계/비유기체의 배치물에 대한 좀 더 최근의 경향이지만, (기금을 더 많이 받는데도) 비교적인 경향은 그대로인 접근법이다. 사이버네틱스, (물질·분산 처리자[9] · 정서/감각 등에 대한) 신경과학, 인공지능, 로봇 공학, 생명정보학/생명공학에 대한 현재 진행 중인 연구(여기서는 생명기술의 발달로 인해 생명체와 비생명체 사이의 정동적 선이 점점 더 옅어진다)를 포함한다.

3. 세 번째 경향은 철학에서 비인간주의적이고, 종종 하부영토적이며, 보통 비非데카르트적인 전통들에서 발견되는데, 이들은 주로 물질의 운동을 과정상의 비물체성incorporeality과 연결시킨다(스피노자주의). 특히 철학의 여러 젠더화된 한계들이나 기타 문화적인 한계들을 넘어서려는 현대적인 시도들에서 발견된다. 페미니스트의 작업들(로지 브라이도티, 엘리자베스 그로스, 쥬느비에브 로이드, 모이라 게이튼즈)이나 이탈리아 자율주의(빠올로 비르노, 마우리치오 랏자라또), 그리고 철학적으로 접근한 문화연구들(로렌스 그로스버그, 메건 모리스, 브라이언 마수미), 정치철학(조르조 아감벤, 마이클 하트, 안또니오 네그리) 등에서 찾아볼 수 있다.

4. 네 번째 경향은 심리학적이거나 정신분석학적인 연구로서, 여기서

---

9. [옮긴이] distributed agency. 'virtual agency'(가상의 행위자)로 쓰이기도 하며, 특히 온라인에서 서로 다른 지역에서 작업하는 사람들을 연결시켜 주는 일을 한다.

는 상대적으로 부끄러움을 타지 않는 생물학주의가 간주관적이며 간대상적인 사회적 욕망 체계에서 비롯되는 부단한 침범과 압력에 상호창조적으로 노출되어 있다(초기 프로이트, 실번 톰킨스, 대니얼 스턴, 미켈 보치-야콥슨 등). 이것은 세 번째 경향과 다소 유사하지만, 일반적으로 분과학문의 기대치에 따라 정동을 하나의 범주로 지정하는 경향이 더 뚜렷하고, 또 특정 범위의 정동에 대하여 그 작동방식에 따라 제한된 윤곽을 제공하는 경향이 아주 강하며[10], 최종 목적이 더 인간 중심적인 경우가 많다.

5. 다섯 번째는 '언뜻 보면 눈에 잘 띄지 않는' 정치적 참여 작업들로, 주로 페미니스트, 퀴어 이론, 장애 활동가들, 그리고 서발턴 사람들처럼, 규범화하는 권력의 손가락질을 받아야 하는 사람들에 대한 연구들에서 가장 많이 발견된다. 이 작업은 덧없이 흘러가는 일시적인 것들뿐 아니라, 일과와 노동의 나날, 매일과 매야^{毎夜}의 생활, 그리고 (개인적이고 내면적인 방식이 아닌 훨씬 더 집단적이고 '외적인' 방식으로 이해된) '경험'이 가진 견고하고 재빠른 물질성에 주의를 기울인다. 그런 물질성에서 집요하게 반복되는 권력의 행사가 신체에 (또는 집단화된 신체들에) 곤경을 제공하는 동시에, 규범의 지평과 경계 속에 존속하면서도 그것을 넘어서는 세계를 실현시킬 수 있는 잠재력을 제공한다.

6. 여섯 번째 경향은 이전에 훨씬 이전에 일어났던 그 유명한 '언어적 전회'[11]로부터 등을 돌리는 (대개 인문학과 관련된) 20세기 후반의 다양한 시

---

10. [옮긴이] 예컨대 분노의 기능, 애도의 심리적 치유 효과 등에 대한 분석과 범주화 등이 해당한다.

11. [옮긴이] linguistic turn. 19세기 후반부터 20세기 전반에 일어났던 철학과 언어의 관계 설정의 변화를 일컫는다. 분석철학과 구조주의, 그리고 후기구조주의 등 다양한 철학적 흐름으로 이어졌던 이 변화는 간략히 요약하자면, 언어가 사유의 투명한 매개가 아니며 오히려 '언

도들 – 문화인류학에서부터 지리학, 소통 및 매체 연구와 문화연구, 그리고 퍼포먼스 중심의 예술 실천과 문학이론까지 – 에서 보인다. 그리고 종종 양자이론이나 신경학, 인지공학, 특히 '평형에서 멀리 떨어진 비평형' 물리학에서 점점 더 많은 영향을 받고 있다(위의 두 번째 경향을 보라). 그러나 이는 또한 언어적 전회와 그 부수물인 사회구성주의들과 나란히 일어났거나 혹은 그보다 훨씬 이전에 일어났던 작업으로 되돌아가거나 재개하는 것을 포함한다. 그 예로는 레이먼드 윌리엄즈의 "느낌의 구조"[12]에 관한 논의, 프란츠 파농의 "삼인칭 의식", 발터 벤야민의 "비-감각저 미메시스," 수잔 랭거의 "열린 분위기"open ambient, 존 듀이의 "실용적 이상"pragmatic idealities 등이다. 이러한 정동 이론으로의 전회는 어떻게 전-언어적/언어외적/언어 초월적인 '외부' 영역들이, '저급' 혹은 근위 감각들(촉각, 미각, 후각, 리듬, 운동 감각, 혹은 대체적/최종적으로 자율신경계 등)과 서로 교차하는지를 이해하는 데 집중하면서, 사회적인 것과 문화적인 것을 보다 넓게 정의하려는 논의도 진행하고 있다. 종종 이러한 작업은 대단히 이질적인 정동적 만남들의 종합, 예컨대 새로운 기술적 유혹 장치들, 아기, 음악, 춤, 비담론적 예술들(특히 건축), 동물들(반려동물이거나 아니거나) 등과의 마주침에 의해 새롭게 열리는 (혹은 닫히는) 윤리-미학적 공간들에 초점을 맞추고 있다.

어가 현실을 구성한다'(language constitutes reality)는 입장을 공통적으로 견지한다. 이 단락에서는 '정동적 전회'가 사유와 언어에 국한되었던 '언어적 전회'의 초점을 거부하고 그 밖의 다른 것들로 옮기는 작업과 관련 있음을 시사한다.
12. [옮긴이] structure of feeling. '정서의 구조'로 번역되기도 한다. 맑스주의의 토대-상부구조 도식에 따른 기계적인 반영이론에 반대하여 윌리엄즈가 내세우는 이 개념은 "실제로 활발히 체험되고 느껴지는 바대로의 의미와 가치"를 밝혀내기 위한 것이다. 여기서 '구조'라는 말은 개인적이고 고립된 것으로 간주되는 실제 체험이 발생적, 연계적, 지배적 특성들뿐만 아니라 구체적인 위계적 질서를 지녔음을 드러낸다(레이먼드 윌리엄즈, 『이념과 문학』, 나영균 역, 문학과지성사, 1982, p.165~166).

7. 일곱 번째 경향은 정서에 대한 비판적 담론들(과 정서의 역사들)에서 나타나는 것으로, 이런 연구들은 내면화된 자아나 주체성의 문제를 진취적으로 넘어서면서(따라서 세 번째 경향과 이어진다. '포스트-코기토' 시대에 어떻게 사유할 것인가 혹은 느낄 것인가에 대한 문제의식), 반향하는 세계와 감정/정념에 훨씬 더 많이 결부된 표현성의 영역들을 펼친다. 이는 주로 사회 분위기, 집단 행동들[13], 감정의 전염, 소속감의 문제를 다루며(예컨대, 최근 가브리엘 타르드에 대한 관심의 부활), 또 자기-기원적인 행위력을 소유한 개별화된 행위자들의 특권과 안정성, 그리고 어떤 장면이나 환경 속의 오롯이 사적인 정서들에 강력한 의문을 표하는 일련의 탈식민적이고 혼종적인 목소리와 이주자의 목소리들을 다룬다. 주체와 대상을 제일의 조건으로 위치-선정하지 않으면서 어떻게 정서 – 명백히 정동적 성격을 띠는 것 – 를 다시 사유할 수 있을 것인가? (그 예로 테라다 2001을 보라.)

8. 여덟 번째 접근법은 주로 과학이나 과학 연구 그 자체의 실천과 관련된 것으로서 특히 (주로 알프레드 노쓰 화이트헤드의 저작들을 복기하며 이어지는) 유물론에 대한 다원론적 접근방식들을 포함하는 작업이다. 그래서 경이로움의 요소나 뒤범벅된 존재론적 상관성을 제거하려고 시도한 적 없는 과학적 실천들이자, 이자벨 스땅게스의 말을 빌자면 "세속적인 세상, 즉 우리의 생각과 권력관계 들이 홀로가 아니며, 결코 홀로가 아니었으며, 미래에도 홀로가 아닐 세상의 분규와 혼란과 어지러움을 눈에 띄게, 생생하게 문제 삼는"(2007, 9) 과학적 실천들을 이른다. 여기서 정동은 변화하는 물질과 (종종 세상에 지친 두려움과도 밀접하게 얽힌) 경이감이 영구

---

13. [옮긴이] 예를 들어, 촛불 집회와 정념(분노)에 대한 논의들처럼.

히 서로 걸려 맞물리는 경첩이랄 수 있다.

다시 말하지만, 이러한 설명이 요즘 정동 이론들에서 실제로 이루어 내거나 혹은 아직 실현되거나 상상되지 못한 수많은 수렴 및 분기들을 완전히 포괄하지도 깔끔하게 정리하지도 못한다. 정동에 관한 연구들은 미래에 더 많이 있을 것이며, 분명코 현재에도 더 많이 있다. 신체들의 행위에 속하는 관계적 능력을 설명하기 위한 다른 탐색 방법들이 고안되거나, 신체의 행위를 일으키는 세계에-속함에 따라 다른 탐색 방법들이 끌어내어질 것이기 때문이다. 그러나 우리는 적어도 이미 이러한 흐름들 거의 모두를 가로지르며 그 저류를 따라 움직였던 이들의 이름을 기억할 필요가 있다. 예를 들어, 지적으로나 정치적으로나 풍성한 연구를 해 왔던 다나 해러웨이, 에린 매닝, 윌리엄 코놀리, J. K. 깁슨-그레엄, 리사 블랙먼, 존 프로테비, 시앤 응가이 Sianne Ngai, 갓산 하지, 제인 베넷, 폴 길로이, 캐런 바라드, 스티븐 샤비로, 엘리자베스 윌슨, 알폰소 링기스 그리고 마이클 터시그의 이름이다. 여하튼 지금으로서는 위의 여덟 가지 정동적 경향이, 이 책의 기고자들의 관심사 사이에서 일어난 핵심적인 공명을 이끌어 낼 수 있을 만큼 충분히 유용한 틀의 밑그림을 제공한다고 할 수 있다.

정동의 발화 공간:약속과 위협

이 책에 수록된 글들이 어떤 계기를 통해 한데 묶인 것은, 그것들이 '집단적으로 독특한' 시도들을 통하여 영원히-과정상에 있는 물질성의 정동적 발화 공간bloom space 14에서 무엇이 발화發華되는지를 발화發話하고 있기 때문이다. 레이먼드 윌리엄즈가 지적하듯 비평의 필수 임무는 "매번 다른 '유물론'으로 나아가는 것"이며, 이는 위에서 언급한 이자벨 스땅게스의 글에서도 울려 퍼지고 있다. 이제 막 개화하기 시작했으나 아직은 형체를 갖추지 못한 발화 공간이라는 이러한 정동의 성질들에 관해 이 책의 기고자들은 다양한 방식으로 그려 내고 있다. 과잉, 자율적, 비인격, 형언할 수 없는 것the ineffable, 과정의 진행 중임, 교육-미학적pedagogico-aesthetic 15, 잠재적인, 공유 가능한(모방적인), 접착성의[달라붙는]sticky, 집단적인, 우발성, 문턱 또는 전환점, 잠재적인 것의 내재성(미래성), 열림, 상투성과 관습의 영역 주위를 순환하는 진동하는 비일관성, 누적되는 배치의 집합 장소 등. 이러한 모든 표현들은 각자 나름의 방식으로 스피노자식 정동의 '아직 아님'을 그것의 '약속'이라고 이름 붙인다. 사라 아메드, 벤 앤더슨, 로렌 벌랜트("약속의 다발")가 가장 직설적으로 그렇게 말한다면, 다른 기고자들의 글에서는 암시적으로 드러난다. 〔이에 대한 보충적 시각으로 주르나지(2002)의 (약속으로서) 「희망」을 보라.〕

---

14. [옮긴이] 여기서 사용하는 '블룸 스페이스'(bloom space)는 표면적으로는 꽃봉오리가 피어나는 공간, 즉 막 꽃이 피어나려는 순간을 뜻한다. 이는 정동론이 지닌 미학적 성격을 강조하는 동시에, '아직 아님'의 의미를 내포하고 있다. 번역이 쉽지 않은 말이지만, 꽃이 핀다는 의미의 발화(發華)와 정동-학(론)의 발화(address, 發話)라는 의미를 함께 담아서 쓸 수 있을 것이다.

15. [옮긴이] 이 개념에 주목하자. 이 글에서는 바르뜨의 '중립' 개념을 통해서 정동 이론을 세계와 신체에 대한 새로운 앎이자 배움으로 상정하며, 여기서 발생하는 새로운 '미학'이자 '교육학'으로서 정념-학(론)(pathos-logy)를 제시한다. 근대적 앎에서 병리적인 것(pathology)으로 간주되었던 그 대상(pathos)에 대한 -logy(학이자 담론)의 부재를 지시하는 것이다. 정동 이론의 '아직 아님'의 다른 말이 바로 정념-학(론)인데. 이 정념-학(론)은 새로운 미학이자 교육학의 영역을 제시하는 것으로 볼 수 있다. 아니 정념-학(론) 그 자체가 일종의 새로운 미학적 형식을 구현한다.

이와 동시에 이러한 정동의 약속과 그것이 정동 이론으로 이어지는 생성적 릴레이는, 결코-잘-알 수 없음의 '아직 아님' 속에서, 정동하고 정동되는 능력이 '지금'보다 더 나은 다음이나 새로움을 실현할 것이라는 궁극적인 혹은 최종적인 보장을 해 줄 수 없다는 점도 인정하지 않을 수 없다. 정치적으로든, 윤리적으로든, 미학적으로든, 교육적으로든, 그리고 다른 어떤 식으로든 보장되지 않는다. 그런 그럴싸한 약속의 순간은 더 나쁜 것을 가져다줄 공산이 크다. 이러한 사정은 로렌스 그로스버그가 '통상적인' 근대성과는 다른, 공존하는 대안적 근대성들에 대해 논의할 때와, 브라이언 마수미가 미래의 정동적 탄생과 관련된 '위협'에 대해 말할 때, 그리고 패트리샤 클라프가 물질의 정동적 능력과 자본의 연계를 분석할 때 강조된다. 따라서 과정적 유물론으로서 정동론의 발화發華와 관련해서 정동 이론이 가장 고심하는 질문은 '약속인가, 위협인가?' 하는 것이다. 대개 이 질문에 대한 어떤 답변이든 희망과 위협 양자를 동시에 포함한다는 사실은 전혀 놀라운 일이 아니다(그래서 벌랜트의 논문 제목이 "잔혹한 낙관주의"이다).

때로 우리는 정동이 우리 안에 무척 잘 투자되어invested 있으면 더 나은 미래를 위해 무엇인가 마술적인 것을 제공해 줄 것처럼 믿기도 한다. 마치 정동이 진보적이거나 자유를 위한 정치학에 언제나 이미 잘 봉합되어 있거나, 적어도 우리의 최고 중의 최고 천사라도 되는 것처럼, 마치 정동이 언제나 더 나은 존재나 소속 상태를 생산해 주기라도 할 것처럼 말이다. 하지만 오히려 정동은 강력하고 전적으로 내재적인 중립성을 지닌다고 할 수 있다. 롤랑 바르뜨가 그의 강연집 『중립』The Neutral에서, "정동의 최소치와 정서의 미시 단편들로 이루어진 초의식hyperconsciousness은…… 정동적인 순간들이 빠르게 흐릿한 빛[미명]으로 양태 변화를 하는 극단적인 변화가능성을 내포한다"(2005, 101)고 말한 이유도 여기에 있다. 바르뜨에게 중립이란 준비된 순응, 정치적인 중립성, 회색지대로의 전락과 동의어가 아니다.[16] 요컨대 정동의 중립성이란 현재의 기존 조건에 잘 순치된 무관심을 의미하는 것이 아니다. 오히려 중립적인 것은 손쉬운 이분법이나 모순 들로 환원되지 않는 "강렬하고 강한 예측하지 못한 상태들"을 돌아보면서, 또 ("열렬하고 타오르는 활동인") 중립성이 해체하고자 하는 바로 그 의미가 혹시나 경화되지나 않을까 방어하면서, 대립과 부정의 "패러다임을 좌절시키는" 데 기여한다. 마찬가지로 중립은 공간이나 시간의 형태 지어진/형식적 물질들에 얽매이지 않으며, 구조주의의 직선적 축이나 갑작스러운 휘어짐과도 아무런 상관이 없다. 다만 그것은 "오직 간격들, 즉 두 계기나 두 순간 및 대상 사이의 관계"(146~47)일 뿐이다. 이러한 사이들 혹은 발화의 간격 속에서, 강도들은 세계와 몸의 혼합과 그 기울기의 벡터량 사이의 미묘한 관계에서 끊임없이 뿜어져 나온다. 여기서 기울기는 "자극(냄새의 기울기, 빛의 기울기) 또는 태도(목표의 기울기)의 강렬한 차원들(집중, 속도)에서의 공간적이거나 시간적인 점진적 강조"(196)이다. 바르뜨는 분석은 이제 더는 구조주의의 이분법('예/아니오')이나 이분법들의 미끄러짐·전도·회선에 의해 나아가지 못할 것이며, 대신 "거의 고려한 적 없었던 뻗음stretching의 형태를 – '더하기(+)/빼기(−)'와 함께 – 등록해야 한다"고 제안한다. 그래서 이제 문제는 강도들의 점진적 강조(+/−)의 문제, 그것들의 점증하는 미명의 문제가 된다. 다시 말

---

16. [옮긴이] 바르뜨에게 '중립'은 서구의 사상과 담론에서 의미를 생산하고 조직하는 이분법적 대립에 근거한 패러다임을 무너뜨리는 모든 것에 대한 개념으로, 그의 사상의 궤적이 구조주의에서 후기구조주의로 이동했음을 나타내는 표지이다.

해, 진행 중인 뻗음의 과정의 문제이지, 취해진 입장의 문제가 아니다.

이러한 뻗음의 한가운데서 오는 중립은 바르뜨가 "옆으로의 선택"이라고 했던 윤리학을 벼려 내고자 한 시도에 기여하였다. 또 그는 이어서, 중립은 "내가 사는 시대의 투쟁에서 나 나름의 존재 방식을 찾기 위한 자유로운 태도"(8)를 가질 여유를 그에게 주었다고 말한다. 바르뜨가 주장하는 바에 의하면, 이에 뒤따라야 할 비판적 작업은 중립적으로 굴절되고 내재적인 **파토스(정념)** 혹은 "파토스-학[정념-학(론)]patho-logy이다. 그것은 "정동성·감성·감상"으로 모아져서 "차이에 대한 정념"으로 기여하게 될 때의 "미명들·뉘앙스들·상태들·변화들의 목록(파테pathè)"(77)이라고 할 수 있다. 여기서 정동 이론은 한편으로는 '미명들의 목록'이고, 다른 한편으로는 정동적 구성의 문제('구성'composition이라는 말의 두 가지 의미에서, 즉 항상 구성체에 이르는 일종의 존재론과, 좀 더 산문적으로 창작[글쓰기] 작업으로서의 구성)이다. 이것은 지속적이며, 약하게 빛나는 강도들의 점층적 변화로서의 차이에 대한 정념[열정]이다. (독특한 것들의) 목록을 만드는 것이다. 그리고 그 사이에는 뻗음, 즉 ('아직 아님'의) 정념-학의 펼침이 있다.[17]

롤랑 바르뜨에 대한 언급을 하진 않았지만, 브뤼노 라뚜르 역시 그가 "몸에 대한 정념론적 정의"라고 부르는 것을 발견하였다. 그는 한 학술대회에서 청중들에게 '몸'이라는 말의 반대말을 써 보라고 요청하였는데, 모든 반대말 가운데 ('반反신체', '아무도 아님'nobody 같은 예상할 수 있고 재미 삼아 한 말 말고) 라뚜르가 가장 흥미롭게 생각한 것은 "정동되지 않은"과 "죽

---

17. 시앤 응가이(Sianne Ngai)가 『추한 감정』(Ugly Feelings)의 서문에서 빠올로 비르노가 말한 정동적 태도와 기질의 "중립적 핵"에 관해 전개한 논의(2005, 4~5)는 여기에 직접적으로 적용된다. 또 그가 약간 뒷부분에서 논의한 오도 가도 못 하는, 혹은 중지된 "정동적으로 가득 차 있는 또렷한 행위의 순간"(14) 역시 그러하다.

음"이었다(2004, 205). "만약 몸으로 있음의 반대가 죽은 상태이고 몸과 떨어져서는 어떤 삶도 없다면……〔그렇다면〕 몸을 가진다는 것은 정동되는 법을 배운다는 것이며, 이는 인간이나 비인간인 다른 실체들에 의해 '추동되고', 움직이고 실현된다는 것을 의미한다. 만일 당신이 이러한 배움에 연계되어 있지 않다면, 당신은 무감각해지고 둔해져서 죽게 될 것이다"라고 라뚜르는 요약한다. 몸은 경계 지어진 실체나 영원한 본질로서 본성에 관련된 것으로 이해되기보다, 오히려 "접속면interface, 더 많은 요소에 의해 정동됨을 배울 때만이 더 많은 서술이 가능하게 되는 그런 접속면"(205)으로 이해될 필요가 있다. 아이러니하게도 바르뜨는 정동적 강도의 경사를 "점진적 강조"로 말하면서, 어떻게 일상에서 그런 것들과의 거의 감지되지 않는 만남을 냄새나 빛의 기울기와 같은 것으로 인지할 수 있는지 간략하게 암시하는 반면, 라뚜르는 정동적 강도의 경사를 문자 그대로 받아들여서 자기 몸이 추동되는 사례에 적용한다. 이에 대한 부연설명에서 그는 사람이 어떻게 '코'가 되는지 (어떻게 코가 향수 산업에서 작동하도록 훈련받는지) 세부적으로 고찰한다.

아마 예상할 수 있겠지만 라뚜르가 아우르고자 하는 것은 후각 과학, 향수 산업, 주체-코, 냄새 분자의 화학 성분, 냄새들의 이름, 훈련 과정이 공존하고 상호관통한다는 문제의식이다. 이 모든 것에 걸쳐, 그처럼 코가 되는 과정적 연루에는 주체/대상에 대한 어떠한 설명도 없으며, 손쉽게 지속되는 내부/외부 세계의 구분도 없다. 기울기를 가진 잡아당김이 누적되는 중에 우리는 몸의 능력이 방출되는 것을, 그리고 동시에, 때로 거의 무한소에 가까워지는 차이의 세계가 방출되는 것을 본다. 그 양산되는 차이들은 정동적 릴레이를 통해 부단히 미세한 결을 가진 (그리고 동시에 확대된) 자세나 행동양태가 되어 결국 한 세계에 대한 명확한 표현의 결절들만이 존재하게 된다. 이 표현들은 단지 감각들 사이의 간격이거나 혹은 이러한 감각적 간격의 **뻗음**이었다가 (성공할 경우) 점차 차이에 대한 정념을 생산하게 된다. 바로 여기서 몸의 정념-학과 정동 세계의 교육학이 만난다. 사실 이것이 그 무엇보다 그토록 '중립적' 발화發華 공간이 제공하는 것으로, 바로 신체의 정념-학과 정동 세계의 교육학의 교차이다. 벤 하이모어가 이 책에서 취향[미감]taste에 관한 글의 결말에서 시사하듯이, 이것은 "삶의 실험을 통한 습성ethos의 변형이다. 여기서 정치는 실험적 교육의 한 형태, 당신의 습성에 잘 맞지 않는 새로운 감각적 세계에 당신의 감각기관을 끊임없이 맞추도록 하는 형태를 취한다. 여기에 희망이 있다.······"

정동 이론들의 궤적이 아무리 복잡하다 해도, 우리는 정동 이론들이 그러한 '정념-학'을 지속적으로 창안 혹은 초대하여 그들 나름의 독특한 예시들을 제시해야 한다고 주장할 것이다. 단지 목록으로서가 아니라(때로는 그것으로 충분한 경우도 있겠지만), 생성적이고 교육적인 자극으로서 말이다. 이런 자극은 하나의 몸이 이 세상에 더욱 민감한 감각적인 접속면이 되는 것과 우리 시대의 투쟁 현장에 함께하는 방식을 개발하는 것을 목표로 한다. 또는 로렌 벌랜트가 이 책 4장에서 말하듯이, 잔혹한 규범적 낙관주의를 잠시 벗어났을 때의 순간에 대해 고찰하는 것을 목표로 한다. 즉, 어떻게 하면 "습관화된 무관심을 퍼지는 기쁨으로 바꾸는 것이 대안적인 삶의 윤리에 대한 실마리를 열 수 있는가, 혹은 없는가"의 문제이다. 아마도 그런 것이 정동 이론의 '아직 아님'의 '지금으로서의' 약속, 즉 그것의 습관적으로 리듬적인 (또는 거의 리듬적인) 일일 것이다. 말하자면, 발화 공간의 (혹은 발화 공간 내의 가장 작은 물방울의) 뻗음이, 단지 증대되어 가는 것이 아니라 무언가를 응결시켜 떨어뜨리는 상서로운 계기를 발견하려는 노력일 것이다. 만에 하나, 약속으로서의 정동이 행위하는 능력의 확장(정동하는 것과 정동됨 모두에 있어서의 정동할 수 있음affectability의 확대), '할 수-있음'의 시작점(욱스퀼Uexküll, 아감벤 2004, 51 재인용), 더 많은 삶을 향해 열린, 아니 삶에 더 많이 열린 몸과 세계 사이에서 공명하는 친연성(마수미 2002)이 될 수만 있다면 말이다. 아니라면, 그럴 수 없을 것이다. 로렌 벌랜트가 그녀의 글에서, 상서로운 계기가 "다른 식이 될 수 있을지라도,……정동적 분위기의 변화가 세계를 바꾸는 것과 같은 것은 아니다"(강조 첨가)라고 지적하듯이, 그런 변화에는 꾸물거리며 우리를 무디게 만드는 부정적인 면 또한 존재한다.

그리고 반대로 정동은 강력한 위협의 선두적인 지표, 내장까지 건드리는 지표로서도 기능한다. 이 책에 실린 브라이언 마수미의 글은 다음과 같이 말한다. "위협의 정치적 존재론은 사고를 정동의 어스름 지대로……즉 부대끼는 비구별의 지대로 후퇴할 것을 요구한다는 것을 이해하라." 비구별의 지대는 가장 광포하며 잠재적으로 무관심을 키우는 상태의 중립에 해당한다. 어떤 위협의 정치적 존재론의 조건들 아래서는 교육학적 세계와 정념학적 몸은 난관에 봉착하여 아마도 그들의 정동성/정동할 수 있음의 힘들을 수축시키거나 철회하기 시작할 것이다. 중지하고 시들다가 아마도 죽을 것이다.[18] 그러나 약속이냐 위협이냐 사이의 분리는 좀처럼rarely 분명하지 않다. 예컨대 이 책에서 가장 단호한 글인 패트리샤 클라프의 논의를 보자. 이 글은 바이오미디어의 '생명 자체'의 실질적 포섭과 "생명정치적

---

18. 여기서 특히 아감벤의 『열림』(The Open)에서 야콥 폰 욱스퀼, 마틴 하이데거, 그리고 로스톡 진드기에 대한 중간 장들(2004, 39~70)을 생각할 수 있다.

맥락에서 죽일 수 있는 주권적 권리"에서 약속과 위협 사이의 분리가 '좀처럼 분명하지 않다'에서 재빨리 '더 자주 분명하다'로 바뀌는 방식에 대해 우려를 표명한다. 그럼에도 불구하고 클라프는 어떤 쐐기, 작은 "그러나"를 발견한다. 아마도 중립은 언제나 더 희망적으로 채색될 수 있을 것이다. (무엇보다 정동이 긴급명령의 목소리로 이야기하고 있으므로) 그래야 한다. 그래서 클라프는 작은 공기층의 틈이라도 갈구하는 심정으로 "무언가 다른 것, 예상치 못한, 새로운 것을 위한 기회는 언제나 있다"라는 말로 끝맺는다. 모든 가능한 마다른 골목에서 예측하지 못한 이행을 하면서 자신을 끊임없이 재구성하는 세계에 살고 있다고 믿고 싶지 않은 사람이 누가 있겠는가?

이처럼 '사이에 있음'의 능력들이 뒤섞여 있는 가운데, 정동가능성이 확장되고 수축되는 파동이 거의 동시에 밀려오거나 서로 비껴 나며 밀려올 때, 무언가가 발생하고 넘치고 과잉된다. 즉 관계의 **형태가**, 일종의 리듬, 주름, 시간조절, 습관, 윤곽, 모양으로서 신체-대-신체/세계-신체의 상호적인 겹침을 이루는 (약화되거나 강화되는) 강도들의 이행을 표시하게 된다.[19] 이러한 관계성이 안나 깁스가 이 책 8장에서 명확히 보여 주듯이, 모방적 수단에 의해 작동되는 것이다. 즉, 갖가지 것들로 모인 정동들 및 몸들과 나란히, 언제나 인간-이상의 집단성으로, 인접성과 지속 속에서 끈질기게 남아 있는 관계성이다. 이것은 정동 이론들이 널리 공유하는 지형도이며,

---

19. 로렌 벌랜트의 「사랑, 기이한 느낌」(2001)을 참조. 벌랜트는 우리가 "사랑의 형태를 규범과 제도로서뿐 아니라 지속의 지표로" 생각한다고 주장한다. 그녀는 쓰기를, "나는 그것을 일종의 문신으로, 리듬으로, 모양으로, 타이밍으로 생각한다. 당신이 향하고 다시 향할 무언가가 있도록 당신이 만드는 촉감과 소리의 환경. 사랑의 이러한 특징에 대해 생각하는 것은 친밀성에 대해 보다 일반적이고 중성적이며 비인격적인 다른 것을 말해 준다……"(439). 또 활성화 윤곽선과 정동적 조율 같은 지속의 지표에 대한 시그워스의 글 참조(2003, 75~105).

정동 이론들이 목록을 구성하는 수많은 방법뿐 아니라(예컨대, 교육학 이론들과, "기질적 경향"으로서 정동의 누적이 하는 역할에 대한 메건 왓킨스의 글을 보라), 정동 이론들 나름의 분산된 정념학들을 엮어서 만든 지형도이다. 이러한 모양들, 타이밍들, 리듬들, 주름들, 윤곽선들의 지속을 나타내는 지표들을 통하여 이 책의 기고자들은 과정적으로 정향된 유물론의 독특한 정동의 발화 공간에 이름을(사실상 아주 많은 다양한 이름을) 준다.

그래서 이론상 정동의 '무엇'이 리듬이나 접근각도에서 '어떻게'의 문제로 바뀌는 것은 놀라운 일이 아니다. 따라서 그런 연유로 수많은 정동 이론이 정교한 단계별 방법론을 구성하기 위해 땀 흘리지 않고, 대신 표현이나 표현의 양식에, 다른 무엇보다 현존의 양식에 조바심을 내게 된다. 사라 아메드의 글이 이 책의 선두 주자가 된다면 그것은 행복happiness의 '우연'hap(그녀가 "경험적인 것의 난장판"이라고 불렀던 것에서 우발적인 것이거나 잠재적인 것)에 대한 그녀의 관심이 중립적인 발화 공간으로 들어가는 입구이기 때문인데, 그 입구 안팎으로 정동 이론은 증강하면서 영구히 움직인다. 그녀는 "우리는 방 안으로 걸어 들어가면서 '분위기를 느끼지만' 우리가 느끼는 것은 우리의 도착 각도에 달려 있다. 또는 분위기가 이미 각도 지어져 있다고 말할 수 있을 것이다. 그것은 언제나 구체적인 지점에서 느껴진다. 교육적 마주침은 각도들로 가득 차 있다"고 쓰고 있다. 이러한 마주침은 정동으로 향한 거의 모든 이론적 방향들의 기저에 깔린, 미학적으로 굴절된 순간의 유형이라 할 수 있다. 이때의 미학은 벤 하이모어가 주장하듯이 "과정의 종결 형태에서 만족"을 취하고 설교하는 "지배적 양식"에서의 미학이 아니다. 그보다는 확실히 정동적으로 경도된 이러한 미학은 "'과정의 진행 중임'의 뒤엉킨 미정형informe"에 관심을 가진다. 어떻게 저 방에 들어가면서 이미 이 발화 공간에 자리 잡은 각도를 갑자기 느끼게 되는가. 어떻게 지금-여기의 뻗어 가며-과정적인 것, 그리고 본래 끈적거리는 실용주의 둘 다를 포착할 수 있는 특이화하는 미학을 구성하고 표현할 수단을 찾을 것인가. 또 어떻게 글쓰기에서 차이의 강도를 기입하고 이 차이를 느낄 수 있고 공유할 수 있는 방식으로 전달할 것인가. 세즈윅과 프랑크가 톰킨스에게서 영감을 받은 저작을 언급하면서, 엘스페스 프로빈은 그녀의 글에서 어떻게 "정동에게 하는 일반적인 손짓이 성공하지 못하는지"를 지적한다. "우리가 개념에 활기를 불어넣고자 한다면, 우리는 다양한 정동이 다양한 수준에서 하는 것을 따라가야 한다. 다양한 정동은 다양한 방식으로 우리가 느끼고, 글 쓰고, 생각하고, 행동하게 만든다는 점을 강조할 필요가 있다." 정동과 미학의 이러한 결합은 본질의 문제라기보다 '방식'manner의 문제이다. " '무엇'이 아니라 '어떻게'가 문제이며, 보다 정확히 말하면, 어떻게 다른 것들에 정동하고 정동받는지"가 문제이다(샤비로 2007, 8). 이처럼 정동 미학의 이러한 '어떻게'는 '아직 아님'과 '다음'을 연결하는 한 가지 방법이 된다. 지금으로선 그렇다. 그러나 미리 보장할 순 없다.

정동의 정치적 차원은 일반적으로 그것의 미학, 즉 세계의 '방식'에 민감해지는 신체능력의 윤리-미학을 통하여 진행되거나 끈질기게 그 미학과 밀접히 붙어 있다. 그러면서 그것은 새로움과 변화를 재촉하는 조화로운 리듬을 발견하고 (또는 발견하지 못하고), 또 '어떻게 정동하는가'와 '어떻게 정동받는가' 사이의 얇은 간격을 지나가는 자주 일렁이는(반짝이는/사라지는, 진동하는/단조로운) 연속성들 가까이에 머문다. 호주의 '붉은 배' 난민 사건으로 불거진 정치적 문제를 분석하면서, 론 버텔슨과 앤드루 머피는 정확히 우리가 여기서 그려 왔던 방식으로 윤리-미학적 패러다임과 그것이 정동 이론에 미치는 중요성을 깔끔하게 설명한다. 그것은 목록[창안]("우리의 일상생활을 이루는 자잘한 정동적 사건들의 무한성")이면서 동시에 지속적인 정념학(새로운 '감각체제'의 발달)인 이중적인 작업이다. 버텔슨과 머피는 펠릭스 가타리의 글에 일차적으로 의지하면서 그들의 특별한 경험적 교육학, 즉 "삶의 양식들이 생기게 될 때, 거기에 대한 창조적인 책임감을 가질 것"을 제시한다. 이러한 것이 그들이 '리토르넬로'the refrain와 그것이 정치적으로 굴절되게 집합시키는 삶의 양식들을, 불순하게 인간적인(너무나 인간적이고 언제나 인간적인 것 이상인) 집단성이나 소속감으로 불러들이는 열린-결말의[알 수 없는]open-ended 에토스이다. 즉, '더 많은' 삶의 생명력이며, 동시에 지금 당장이자 '아직 아님'이다.

이러한 정동적으로 불순하게 인간적인 – 너무나 인간적인 관심이 언제나 인간적인 것 이상을 만나는 지점인 – 것에 대한 동일한 감각을 가지고 스티븐 브라운과 이안 터커는 정신의학적 관계들의 관리와 정기적으로 처방된 정신활성 약물치료에 접근한다. 그들이 정동 이론을 가지고 알아낸 것은, 다시 휴머니즘으로 빠지지 않으면서 환자의 경험과 ('장치' 또는 기구로서의) 건강보험 시스템의 복잡성을 명확하게 설명하는 방법이다. 브라운과 터커는 정동이 그들에게 "전경과 배경, 경험과 장치 사이를 번갈아 오가는 끊임없는 게슈탈트적 전환"을 보여 주었다며, "정동에 관심을 기울임으로써 우리는 다음과 같이 주장할 수 있을 것이다. 인간은 교차하는 경험의 차원들의 수 및 복잡성 면에서 오직 양적으로만 다른 생명체나 사물과 다르고, 그리고 강도의 측면에서는 인간의 신체가 지탱할 수 있는 특정한 연결성과 연관성 면에서 다르다"고 서술한다. 그들이 말하는 "끊임없는 게슈탈트적 전환"이란 몸의 정념학이 정동적 세계의 교육학과 교차할 때 (그 두 가지가 리듬, 윤곽, 모양, 타이밍을 상호적으로 구성할 때) 분출되는 것을 좀 더 낮게 대체하는 말이다.

안나 깁스는 그녀의 글에서 이러한 게슈탈트적 전환을, "문화적으로 유연하며 역사적으로 변하는 주체성의 형태에 집중하면서 재현의 시각에서 본 어떤 전략적 인본주의〔와〕 …… 이러한 형태들이 단순히 다른 움직임의 순간적 흔적들로만 나타나는 '비국지적'이고 무주체적 되기들의 세계〔사이의〕 …… 이 두 관점 사이를 오락가락하는 진동을 필요로 하는 이중성"으로 설명한다. 전경과 배경이 공감적이거나 모방적인 리듬으로 오락가락하게끔 하는 지속적인 지표들을 발견하게 되면, 인간적인 것-이상의 어떤 잡다한 (장치로서의) 집합성이 다양한 (체화된 주관성으로서의) 경험의 평면들을 따라 시야에 어른거린다. 따라서 브라운과 터커가 나중에 "매개 개념들"intermediary concepts에 관심을 가졌을 때, 이는 표현할 수 없는 정동적 차원들을 잠시나마 엿볼 수 있게끔 이 시야를 충분히 오랫동안 진정시키고 유지하기 위해서였고, 또 '어떻게 정동하는가'와 '어떻게 정동받는가'가 거의 구분이 안 되는 (여느 환자-몸-세계 모나드가 그렇듯 모든 각도에서 작동되긴 하지만) 좁은 구역에 적합한 신중한 독특성을 끌어내기 위해서였다. 경험세계에 대한 정동의 기여는 복용량의 미학 또는 복용량의 예술로서 전개된다. 곧 실험이자 경험인 것이다. 몸과 세계 들의 접촉면에서 각도와 리듬 들을 느끼시라.

브라운과 터커의 작업이 정동의 '어떻게'를, 정신병 환자와 규율적 기구 사이에 오락가락하는 공동-생산의 문제에 면밀하고 온건하게 짜 맞추는 데 초점을 맞추고 있는 반면, 나이절 스리프트는 이 정동의 '어떻게'를 이 공식의 다른 항, 확실히 밋밋하지 않은 다른 항에서 직접적으로 도출하여 밀어붙인다. 세계-내-세계들과 세계-위-세계들의 거의 끝없는 증식을 설명하면서, 그리고 주관성의 커지는 외밀성extimacy(공적 친밀성)을 설명하면서, 스리프트는 "인간적-비인간적인 매혹의 장의 설립"을 통하여 해방된 잠재적인 역逆경향과 힘에 대해 열변을 토한다. 이러한 21세기 초기 자본주의에서의 일상적인 미학적 특질이, 현대 세계에서 바이오미디어와 생명정치의 얽힘에 대해 쓴 클라프의 글을 으스스하게 연상시키는 것은 우연이 아니다. 바이오미디어와 생명정치가 얽혀 있는 자리에서는 "살아 있는 것과 살아 있지 않은 것의 경계와, 물질과 비물질의 경계가 점점 더 희미해져서 살아 있는 것으로 생각되던 것이 사물처럼 변하고, 죽은 것으로 생각되던 것이 생명의 징조를 보여줄 수 있다"(스리프트). '생명 자체'의 고동 안에서 깊이 작동하는 이러한 생명정치적이고 생명과학적인 기저층에까지 정동의 운명을 따라가면서 클라프가 발견한 것 이외에도, 스리프트는 이미 모든 곳에서 자본주의의 '세계 만들기'worldings의 표면-디스플레이의 위치를 찾아낸다. (현실적인 동시에 관념적인) 경험의 새로운 환경을 만들어 내는 이러한 전염적인 작업에는 스리프트의 말에 따르면, "모든 표면이 소통하는" 지속적으로 재증폭되는 굴절들이 있다. 이는 그 과정 중에 "당신이 원한다면 '당신'의 다른 측면들을 만드는 새로운 종류의 문화적 신경"을 생산한다. 자본주의적 전체주의와 삶-세계 지배에 대항하여 즉각 부르짖는 비판적이며 거의 반사적인 충동을 피하면서, 스리프트는 대신 이러한 "일련의 겹치는 정동적 장들"이 미학적이며 정치적인 조정의 역逆실천의 장소가 될 수 있는지 그 방법을 탐구한다. 이는 세계의 정동적 발화 장소를 중립적인 것의 보다 수평적인 뻗음으로 기울여서 지금 당장과 아직 아님의 정념학적 약속(과 위협)을 향하는 리듬의 문제(와 방식)이다. 다음의 만남들과 그 만남들을 취하는 '방식'이 언제나 더 많은 것을 보증하는 약속을 향하는 리듬의 문제인 것이다.

이는 정동 이론이 확실성을 가지고 보증하는 한 가지일 것이다. 벤 앤더슨이 주장하는 것은 정동의 "문화이론의 지평에서 영구히 지연된 약속"이며, 이 지평은 "안정된 기반이거나 과도한 외부"가 아니라, 몸들/몸-되기들과 세계(되기)들의 과정적인 물질주의가 하나씩 연이어 이어지는 중성적인 수평화를 제시한다. 우리가 주목해 왔던 바는 정동의 약속과 위험이 가지는 이러한 떼려야 뗄 수 없는 관계이고, 이는 곧 세계의 미명들과의 교육적 만남에서 몸이 하는 일들에 대한 정념-학을 통해 캐물어지는 것이자/이거나 전달되는 것이다.

만남들

우리가 이 책의 마지막 글을 로렌스 그로스버그에게 정동과의 첫 만남을 상기해 달라고 부탁하는 인터뷰로 시작한 것은 우연이 아니다. 그로스버그는 사반세기 이상이나 정동에 대해 많이 생각하고 글을 써온 비평가이기에, 그의 답변은 우리가 현재 정동에 대해 이해하는 바에 막대한 기여를 해왔던 주요 인물들과 그에 수반되는 개념 형성들을 두루 섭렵하는 가이드 여행이라고 할 수 있다. 특히 그로스버그는 정동과 문화연구 실천들 간의 끊어질 듯하면서도 격변하는 교차점들을 능숙하게 강조하는데, 그는 정동의 위치가 어디였으며 어디로 가야 할지에 대한 지도를 언제나 그려 왔다. 이 책의 편집자인 우리는 그로스버그의 저작들을 통하여 정동(특히 문화 연구

속의 정동의 위상)을 처음 발견하였고, 그다음에는 그에게 영향을 준 사람들(스피노자, 프로이트, 윌리엄즈, 들뢰즈 등)과 추종자들(특히 프로빈, 마수미, 세즈윅, 기타 이 책의 기고자들)을 통하여 접근하였다. 2002년 9월 벤 하이모어가 주최한 미셸 드 세르토 심포지엄에서 우리가 처음 만났을 때, 우리가 정동의 이론들에 현재의 관심과 투자를 공유하고 있다는 것을 깨닫기에는 오래 걸리지 않았다. 이제 수년간 이메일을 통해 간헐적으로 이루어져 왔던 토론과 영감의 미광들이 축적되어 무언가 구체적인 것을 생산하려고 하고 있었다.

그러나 초기의 만남과 그 후 함께 나누었던 열정 이후에 유행하는 이론으로서의 정동의 운명이 우리의 마음에도 작용했고 또 공적으로도 (적어도 우리의 주된 공공 영역인 학계에서) 작용했다. 이 선집을 내겠다는 생각이 든 순간부터 우리는 "결코 정동이란 단어를 다시 듣고 싶지 않다"고 하는 동료들의 분노부터, 안도의 한숨을 내쉬며 이 선집을 기대하는 동료들의 기쁨 어린 정반대의 반응까지 모든 것을 경험하였다. 이 후자의 그룹에게는, 정동 이론이라는 것이 다소간 덧없고 어디에나 있는 것이라는 점을 고려할 때, 아마도 "선집"reader 20이라는 말이 개념이 누적되면서 나타난 성가신 공백을 메워줄 만한 권위 있는 개요를 제공해 준다는 약속을 하는 듯이 보였나 보다. 이러한 두 가지 반응은 우리로 하여금 문화이론 나름의 시간성에 주목하게 했는데, 이때 우리는 무엇보다 이 선집이 좀 더 때가 안 맞는untimely 삶을 살아 주었으면 좋겠다고 생각했다. 즉, 뜻밖의 방식으로, 예견된 순간 너머로 펼쳐지고, 영원히-발생하는ever-emergent 정동 담론들을

20. [옮긴이] 이 책의 원제목인 *The Affect Theory Reader*에서 따온 것으로, 이 말은 전반적인 상을 제시하는 글들의 모음이라는 뜻이다.

계속 생산하는 다양한 역사들과 뒤얽힌 경향들 속으로 독자들이 더 깊이 뒤지며 들어가게끔 자극하고, 정동의 행위의 '아직 아님'을 영속화하는 그런 삶을 이 선집이 살기를 바란다.

우리가 학계의 호기심을 자극하는 유행을 피하기가 어렵다는 점은 인정하지만, 바람직한 패러다임이 어딘가에서 홀연히 생겨나서 수많은 국제 학술행사와 더불어 대륙을 넘나들면서 전파될 것이라는 생각은, 한 권의 책이 문화이론 자본에서 부족한 적자 분을 메우는 데 도움이 되리라는 생각만큼 순진한 것이다. 그러나 이 선집을 써내고 편집하는 과정에서 우리 역시 전지구적 이론이 지닌 강력한 초국가적 경제의 너무나 흔한 시나리오(모리스 2006 참조)를 이용하고 있는 건 아닌가 되새기며 걱정했다. 다양한 공리주의적 의제가 학계 출판의 정상을 거머쥐는 시기에, 우리는 이 책이 지적인 실천 자체의 종점으로서 사유와 느낌의 즐거움과 바람직함(그리고 이 둘의 관계에 대한 탐사)을 위한 이해를 증진시켜 주는 것만으로 기쁘게 생각할 것이다. 또 다른 정전을 통달하고자 하는 이론적인 충동(과 정동 이론가들이 제시하는 다른 입지들 사이에서 벌어지는 동일 조직 간의 싸움)은 제쳐놓고, 우리는 이 선집이 톰킨스의 두 가지 긍정적인 정동, 즉 발견되지 않은 연결들을 기대하면서 느끼는 향유-즐거움과 완전히 새로운 관점의 발견에서 느끼는 관심-흥분의 두 가지 정동들 중 어느 하나의 전염성을 한 번 이상 전달하기를 희망한다. 이러한 계시와 반성의 순간이 없다면, 기존 생각들의 소비와 재생산을 깨뜨리고 진정으로 상상하는 파열이 없다면, 이론 자체는 뻣뻣해질 것이고, 규범을 재생산하지 못하는 것에 대한 두려움과 수치라는 톰킨스의 또 다른 쌍과 공통점이 더 많은, 숨 막히는 정설이 될 것이다.

이 서문에서 우리는 정동의 인지로 인해 가능해진 넓은 범위의 이론적 가능성들과 주요 세부 사항들을 보여 주고자 하였고, 독자로 하여금 어떤 길이 궁극적으로 가장 생산적인지 정하게끔 하였다. 마찬가지로, 정동 및 정동 이론과 만남을 시작하려는 우리의 의도를 연결하여 전달하면서 그 이후의 윤곽을 그려 보이는 두 개의 짧은 소품으로 마무리를 하는 것이 적절할 것이라 생각된다. 약간은 다른 궤적들로써, 이 일화들은 우리에게 정동 개념 주위를 도는 생성적인 성격을 드러내 주면서 동시에 우리의 독특한 관점들을 채색할 '우연' 또는 우발성에 대해서도 드러내 줄 것이다. 모리스가 보여 주었듯이(2006, 21~22), 일화들은 의사소통 교환에서 역할을 하기 위해 사실일 필요는 없다. 그러나 아래의 글들은 정동을 만나는 기억을 충분히 진실하게 재현한 것이다. 이 글들은 정동 이론이 우리 자신의 학문적 발전 내에서 또 주위에서 취해 온 길을 구체화하고 포획하고자 한 정신에서 집필한 것이다. 그것은 또한 어떠한 하나의 '순간'이나 핵심적인 '이론가'가 정동'에의' '하나의' '전회'를 개시할 수 없음을 보여 준다. 다른 사람들처럼, 우리는 새로운 일상적 현실과 함께 차례로 정동에 사로잡히고 사랑에 빠져 왔다.

그레그

내가 정동을 하나의 개념으로 처음 만난 것은 1984년 어느 날 펜실베이니아 북부의 시골에 있는 내 아파트 문간에 누런 봉투가 도착했을 때였다. 그 당시 나는 음악 녹음실에서 사운드 기술자로 일하고 있었다. 그 봉투는 나보다 나이가 약간 많고 대학원에 진학한 대학 시절의 친구가 보낸 것이었다. 그 봉투 안에는 논문이 하나 있었는데(나는 지금도 그것을 아주 생생하게 기억한다. 형편없는 복사 질에다가 들쑥날쑥 잘린 논문이었다), 로렌스 그로스버그가 쓴 「천국에서 보내는 또 하루의 지루한 날: 로큰롤과 일상생활의 활력」(1984)이었다. 그 논문은 활기 있지만 약간은 거추장스러운 이론적 언어로 쓰인 것인데, 내가 잘 따라가지 못할 방식으로 '정동'이라고 불리는 이 정열적인 것을 자세히 설명하고 있었다. 다행히도 음악적인 언급은 즉시 이해할 수가 있어서 대략적으로나마 그 이론을 직감하는 데 도움을 주었다. 그로스버그가 특정 음악인과 장르를 가지고 표현하려고 했던 것에 대해 혼란스러워하면서도, 분명한 것은 그 이론에 대한 무언가가 그 페이지들에서 솟아올라 나를 치고 나에게 박혔다는 사실이다……왜냐하면 1985년 가을 기술자로서의 평일 일과 독립음반가게의 점원으로서의 야간/주말 일을 그만두고, 나 역시 대학원에 진학했으니까 말이다.

그러나 진정 나로 하여금 정동과 문화이론의 전반적인 문제를 진지하게 생각하게끔 한 것은 『커뮤니케이션 비평연구』(1986)지에 발표된 그로스버그의 두 번째 논문 「펑크 이후에 록이 있는가?」였다. 대중음악과 팬 층에 대한 그로스버그의 다각적인 접근법은 내가 이전에 이해했던 음악과 나 자신의 관계를 (문화에서 진행 중인 보다 넓은 운동들과 연계하면서) 확장했다. 그리고 다시금 내가 완전히 모든 것을 이해하지 못한다 하더라도 '정동'의 개념은 중요한 것이었다. 그러나 나에게 모든 것이 확실해진 매력을 제공한 것은 미국 작곡가인 그레일 마르커스가 그로스버그의 글에 즉시 반응한 비평 답글이었다(1986). 마르커스의 글 가운데는 특히 결코 나를 떠나지 않으면서 나의 후속 저작에 시금석이 된 한 구절이 있다.

마르커스의 답글은 부분적으로 1920년대 프랑스에서 (사회 이론가이자 일상생활의 철학자였던) 앙리 르페브르에 관련된 하나의 일화에 대한 것이었다. 마르커스의 이야기에 따르면, 그 당시 르페브르가 쓴 논평에 화가 난 트리스탄 짜라가 농담 반 진담 반으로 분개하여 르페브르를 파리의 거리마다 쫓아다녔다 한다. 르페브르는 짜라의 『일곱 개의 다다 선언문』에 대한 논평에서 감히, "다다는 세상을 박살냈지만 그 조각들은 온전하다"라고 썼다. 며칠 후에 짜라는 길에서 르페브르를 세우더니 "그래! 당신, 조각들을 주워 보려고! 다시 짜 맞출 셈이야?"라고 조롱했다. 이에 르페브르는 "아니, 나는 그것들을 마저 부수려고 그래"라고 대답했다. 이 같은 일화(와 비평의 역할에 대한 작은 교훈)에는 하나의 반향이 있다. 그러나 그 이상으로 나는 마르커스가 어떻게 이것을 이용하여 그의 비평적 성찰의 글과 연결하는지를 곱씹어 보았다. 마르커스는 다음과 같이 설명한다.

[르페브르는] 사회 이론가는 제도뿐 아니라 사랑·시·정의·단념·증오·욕망의 순간들을 조사해야 한다고 주장했고, 일상생활(직장인보다도 직장으로 가는 통근자로서의 삶에서, 그리고 통근하는 동안 백일몽을 꾸는 자로서의 삶에서)이라는 신비롭지만 현실적인 영역 안에서 이러한 순간들이 힘 있는 동시에 무력하다고 주장했다. 이러한 순간들이 인식이 된다면 사회 질서의 완전히 새로운 요구들을 위한 기초를 형성할 수 있다. 왜냐하면, 직장에 통근하면서 하는 생각들은 대중교통 체계나 보상 체계에 의해 만족되는 게 아니기 때문이다. 문제는 아무도 그런 순간들에 대해 이야기하는 법을 모른다는 것이다.(79)

이 문장들이 내가 결코 놓을 수 없는 글이었고, 또 나를 놓지 않았던 글이었다. 르페브르를 통하여 마르커스는 내가 정동 이론의 난관이라고 생각했던 점을 기술하고 있으며, 나는 이것이 여러 가지 측면에서 문화연구가 직면한 도전이기도 하다고 생각해 왔다.

몇 년 후 1990년대 초엽, 내가 일리노이 대학에서 박사학위 논문을 준비하면서 로렌스 그로스버그와 함께 연구하고 있을 때, 나는 마침내 이런 정동적인 순간들을 다룰 수 있는 나 자신의 방법을 발견하기 시작하였다. 그로스버그가 "중요도 지도"[21]라고 불렀던 것 안에 정동의 움직임들을 기입하려고 했던 방법들을 발견했고, 그러고 나서는 정동이 분명히 표현되고 맥락화되는 방법들을 발견했다. 그러나 나는 또 정동이 현재의 시점에서는 보이지 않는 미래를, 그 순간이 (사회적인 것의 요구로서) 진정 도래한다면 그 도래 전에 어떤 지도든지 휘저어 놓을 미래를 언제나 가리킨다는 것도 알게 되었다. 아니면 아마도 '그 순간'이 도래하지 않는다 해도, 그로스버그와의 인터뷰에서 자세히 설명되었듯이, 지속 속에서 **잠재적으로** 현존하고 있다고 말할 수 있을 것이다. 정동의 미래들이 무엇을 예고하든, 그것은 언제나 이미 르페브르가 "순간들의 이론"이라고 불렀던 비평적 실천을 요구한다. 이러한 순간들은 종종 (레이먼드 윌리엄즈가 그의 개념 "느낌의 구조"에서 말했듯) '의미론적 유효성의 끝점'에 있으며, 몸이 잘 적응하지 못하는 미숙함과 거의 있지도 않은 세상의 조정과정에서 자신을 스스로 드러내기 때문에, 이 비평적 실천은 이러한 순간들을 상상적으로/생성적으로 몰고 가거나 때로는 부숴 버린다. 즉, 힘 있는 동시에 무력한 이러한 정동적인

---

21. [옮긴이] mattering maps. 일상생활에서 사람들에게 사소하지만 중요한 것[나에게 중요한 것이야(It matters to me)라고 말하는 것들의 지도.

순간들은 해독되거나 해석되거나 묘사되기 위하여 나타나는 것이 아니라, 잘 키워져서 (종종 직접적인 압력 행사로 몰래 들여와서) 집단적 거주를 위해 영구히 잘 버려진 태도로서 일상의 살아 있는 실천으로 거듭나야 한다. 이러한 문제들 — 일상과 정동 사이의 희미하게 빛나는 릴레이와, 어떻게 이들이 속함[소속]belonging을 대신할 영원히 새롭고 확장된 잠재력들을 구성할 것인가 하는 것 — 이 나의 주된 초점이다. 정말 나는 문화연구가 이것이 아닌 다른 것일 거라는 생각을 해 본 적이 없다.

멜리사

펑크 록도 내가 대학원에 진학하려고 했던 결정에서 중요한 요인이었지만, 나에게 대학원은 일상에서 음악의 위치를 이론화하고자 했던 욕망이었다기보다는, 태즈메이니아 주 호바트 시의 작은 공연장에서 베이스 주자와 드럼 연주자로 인해 잇따라 겪은 상심에서 벗어나고자 했던 탈출이었다. 내가 그 고립된 섬[태즈메이니아 주]의 주도를 떠나 2000년 올림픽과 동성애자 자존심의 본고장[시드니]에 왔을 때, 호주 페미니스트 학자들의 영감 어린 저작들이 나의 지적인 성년기를 키워 주었다. 그 학자들에는 엘스페스 프로빈, 린넬 세콤, 게일 메이슨, 캐서린 드리스콜, 안나 깁스, 카트리나 슈룬케, 이엔 앙, 루스 바칸, 캐스 알버리, 나탈랴 러스티, 캐서린 럼비, 엘리자베스 윌슨, 멜리사 하디, 레일린 자야만, 조 소풀리스 등이 있었다. 내가 논문을 쓰는 시작 단계에서 영국 문화연구의 역사에 푹 빠져 있었을 때, 엘스페스와 안나가 실번 톰킨스의 아이디어를 공유하고 있었고, 그들은 다른 많은 사람처럼 1995년에 발표된 이브 세즈윅과 애덤 프랭크의 영향력 있는 논문 「사이버네틱 주름에서의 수치」에 흥미를 느끼고 있었다. 그들 각각의 프로젝트가 발전하면서 그 발견들은 수년에 걸쳐 일련의 학과들과 세미나에 참여한 학생들과 동료들에게 전파되었다. 나의 도전은 겉으로 보기에 관계없는 이 이론들을 함께 모으는 작업이었다.

그 당시 나는 특히 세즈윅이 대응하고 있는 문제들을 거의 이해하지 못하고 있었는데, 그 문제들은 특히, 경쟁이 치열하고 특권적인 미국의 아이비리그 대학원 환경에서 유행하는 소중한 이론적 만트라(주문)가 제기한 사유의 결과물들이었다. 그녀는 이론적 숙달이 정년보장 지위를 구하고자 하거나 디너파티의 대화를 자극하려는 학생들에게는 유용할지 모르나, 더 넓은 문화의 혼란스러운 현실을 이해하기에는 쓸모없다고 제시하는 것 같았다. 『감동스러운 느낌』*Touching Feeling*에서 그녀는 다음과 같이 쓰고 있다.

> 나는 세속적이고 보편적인 자유주의 휴머니즘의 기저에 놓인 숨겨진 역사적 폭력을 폭로하는 데는 선수인 대학원 학생들을 매일같이 만난다. 그러나 이 학생들은 영민한 시절을 그들 선생의 형성 시기와는 달리, 외국인혐오적인 레이건-부시-클린턴-부시의 미국에서 전적으로 보내고 있는데, 그곳에선 '자유주의'는 금기시된 범주이고, '세속적 휴머니즘'은 흔히 주변적인 종교분파로 다루어지고 있으며, 반면 대다수 사람은 천사·악마·신 같은 다양한 보이지 않은 존재와 직접 교접한다고 주장한다.(2003, 139~40)

세즈윅은 구식이 된 해석학을 연장하여 이용하는 것에 대해 의문을 제기하고 있었으며, 비록 내가 완전히 통달하진 못했지만 톰킨스의 저작에 대한 그녀의 독해는 (톰킨스 자신의 저작과 함께) 정치적 허무주의에 대해 의심하고 있던 대학원 학생에게 충분히 힘을 주는 것이었다. 내게 정치적 허무주의는 성공적인 학자 생활과 그녀의 나라[미국]의 고등교육의 민영화에 수반되는 패배주의에 내재하는 것처럼 보였다. 세즈윅의 학생들과는 달리, 나의 영민한 시절은 한 명의 리더, 즉 존 하워드가 이끄는 보수정부의 12년과 일치했는데, 버텔슨과 머피의 글이 해명하듯 나의 대학 시절이 시작될 무렵에 있었던 하워드의 첫 번째 선출을 보장해 준 것은 외국인혐오증을 부채질하는 능력이라고 할 만하였다.

이러한 경험들은 나의 박사논문과 후속작 『문화연구의 정동적 목소리들』 *Cultural Studies' Affective Voices*(2006)에 결정적이었다. 지칠 줄 모르는 낙관주의 속에서, 각각의 여정은 의식적으로 수행적인 방식으로 문화연구의 좌파 정치학 비전의 비관주의에 도전하고자 했으며, 이미 그렇게 했던 선구자들(레이먼드 윌리엄즈, 스튜어트 홀, 메건 모리스, 로렌스 그로스버그, 앤드루 로스 같은)에게서 영감을 끌어내었다. 그러나 이때 이후로 나의 비평 작업의 독특성을 점차 인식하면서, 나는 정동 이론도 이제 세즈윅의 초기 비판에서 핵심이었던 대학원 교육과 교과과정의 특권적인 회로에 합류하게 되었구나 하는 생각이 들었다.

어쨌든, 2004년 박사후 연구를 위해 퀸즈랜드로 가서 책을 쓰는 중에 세즈윅을 만날 기회를 가진 것은 정동에 대한 나의 관심을 새로운 방향으로 인도하였다. 그것은 단지 세즈윅이 교실에서 가르치는 것을 지켜보는 데서 온 충격만은 아니었다. 그녀는 대학원 학생 제자들이 사유하도록 인도하고 초대했는데, 그 목소리가 어찌나 기분 좋게 겸손한지 나는 그녀의 글로 쓴 주장에서 귀중하게 여겼던 신랄한 논쟁이 같은 사람에게서 나왔다는 것이 믿어지지 않았다. 그녀가 의사와의 중요한 약속 때문에 나와의 두 번째 점심 약속을 취소한 것이 나의 관점 변화를 재촉하였다. 그렇게나 힘 있는 정신을 포함하고 있는 육체의 취약성을 갑자기 직면하고 보니, 이론적 인 뉘앙스나 규율적 정치학, 경력에 대한 조언 같은 문제들은 이제 중요한 문제가 아니게 되었다.

아마도 이것이 언제나 교정되어야 할, 나이와 경험에서의 간극일 것이 다. 신참 연구자는 열정적으로 맨해튼 거리를 누비면서 영웅을 찾고자 하 지만, 그 영웅이란 시봉자들의 치기 어리고 가차 없는 기대에 너무나 익숙 한 영웅일 뿐이다. 실제로 세즈윅이 우리의 만남을 앞두고 나의 글들을 읽 었을 때, 그것은 온통 학문 생활에 대한 부정적이며 무심한 면들로 가득 차 있었다. 글쓰기에도, 글쓰기에 끼어드는 삶에도. 그녀는 여기에 뭔가 빠 졌다는 걸 알았다. 슬럼프에 대한 작가의 두려움이나, 동료들의 무자비함, 들쑥날쑥한 동기부여, 또는 자신감을 되찾을 경우 극복하게 될 마비 등이 없었던 것이었다. 나는 세즈윅의 작업이 지적인 실천을 동반하는 만큼이 나, 정동의 장소를 무력하게 만드는 것으로 제시한다는 점에서 중요성을 띤 다는 것을 미리 깨달았어야 했다. 멜라니 클라인에 대한 탐구(2007)에서 도, 그녀 자신의 병과의 공적인 싸움(「사랑에 대한 대화」A Dialogue on Love 〔1998〕)에서도, 잔혹한 병의 경험이 이생에서의 더 많은 만남들을 앗아간 친구들에 대한 그녀의 헌신에서도 그러하였다.[22] 그녀는 넓은 아량으로, 미

---

22. 세즈윅과 로렌 벌랜트의 글을 통하여 나는 미국에서(특히 레이건 정부 아래에서) 에이즈 위 기로 인해 의기소침해졌던 퀴어 활동가들의 새로운 세상만들기에 관해 많이 알게 되었다. 나는 앤 크벳코비치가 퀴어 에이즈 행동주의에 대한 자료실은 "슬픔과 낙관주의의 저장고" 이며, 특히 후세대들을 위해 그것을 소중히 여기고 홍보해야 한다고 주장하는 것에 깊이 공 감한다. 에이즈 위기에 대한 미국-호주의 관점에 대해서는 Michaels 1997을 보라.

리 정립된 정치적 목표에 부합하는 긍정적인 일을 하고자 하는 나의 욕망이 나의 시야를 가리게 했음을 보여 주었는데, 사실 이것은 내가 다른 사람들을 평가할 때 내리는 진단이기도 했다.

우리의 대화가 있은 지 몇 년 후 나는 긍정적인 '학문적 정동'의 가능성을 효과적으로 제한하는 요인들의 범위에 더욱 민감해졌다. 여기엔 고등교육 환경의 문제도 포함된다. 대학에서는 원로교수들이 교수와 연구에 침투한 신자유주의적 회계절차에 대해 끊임없이 분개하면서도, 저항해 봤자 소용없다는 생각을 하고 있었기 때문에 애도감과 상실감이 만연했다. 한편 들어오는 젊은 세대에게는 법인대학 문화가 (이메일의 웃음 표시에서 팀별 회식자리까지) 직장에서 일종의 강제적인 유쾌한 분위기를 신성시했으며 (이 부분은 나의 글에서 논의된다), 이는 정보 경제에서 정동적 노동의 풍경을 규정하였다. 이러한 우정의 조장은 직업 시장의 냉혹한 경쟁을 덮으면서, '친구'·'동료'·'교류' 사이의 선을 흐릿하게 했다. 너무 열렬한 긍정성과 출세 제일주의자의 동료 간 협조체계의 예들은 아마도 오늘날 우리 중 많은 이들(과 우리 학생들)이 이용하고 있는 확산되는 장르인 인터넷 기반 네트워킹 사이트에서 가장 명확하게 드러난다. 오늘날 사무실 근로자들은 여러 시간을 네트워크에 접속해서 보내면서 현존, 공동체, 연대를 다양하게 입증하는 혜택을 갈구한다. '이모티콘'과 '상태 업데이트'는 우리를 친절하게 초대하여 어떻게 느끼는지를 묘사하도록 한다. 그러나 소프트웨어 그 자체는 더 광범위한 상태들 중 어느 하나를 훨씬 더 상투적인 표현 형태로 바꾸도록 미심쩍게 설계되어 있다. 그것은 '배를 잡고 웃다'가도 그다음에는 사소한 습관상의 문제로 따닥따닥 붙어 있는 옆방의 동료를 살해하는 장면으로 폭력적으로 넘어간다. 이런 사이트에서 기업가적 자아들은 장시간 노동과 불확실한 미래로 이루어진 미화된 근로문화의 압박을 완화하기 위하여 온라인 접촉이라는 안정감을 주는 담요를 열심히 모은다. 이것이 앨런 류Alan Liu(2004)가 지식 노동의 "영원하고 피할 수 없는 우정"이라고 불렀던 정동적 노동의 새로운 변방이다. 그리고 문화이론이 어느 때보다도 더 잘 항해할 수 있도록 장비가 갖추어진 세계이기도 하다.

만약 적이 없는 이 네트워크 세계가 사무실의 좁은 방이나 작가의 다락방의 고독을 진정 완화해 주지 못한다면, 정동 이론은 현시대 직장에서 활용할 수 있는 제한된 주체의 상대들과 싸울 수 있도록 우리를 도와줄 수 있을 테이고, 그렇게 하면서 현 사회에서 승자와 패자를 식별하고 고발하는 데 도움이 될 것이다. 그러면 다시 이 선집의 많은 글들이 의문점을 던지듯이, 단지 착취를 더 잘 설명하기 위해 어휘를 발전시키는 것은 거의 아무런 이득이 없을 것이다. 정동 이론에 끌리는 것이 어떻게 우리로 하여금 다른 사람들보다 더 또는 덜 희망차고, 힘 있고, 정당하다고 느낄 수 있게 하는가?

이것이 우리가 이론의 유용성에 한계를 긋고 이 선집의 글들을 담론 이상의 것으로 유도하고자 원하는 지점이다. 우리는 이 글들이 독자를 건드리고 감동시키고 움직이기를 원한다. 우리는 단지 말을 제공하기보다는, 정동이 무엇을 할 수 있는지 말이 보여 주길 원한다. 뒤따르는 페이지들은 이 순간 어떻게 우리의 선두 저자들 일부가 이 가능성들을 기입하고 있는지 보여 주는 샘플에 지나지 않는다. 지금으로선, 그들이 인쇄된 페이지와 지금의 국면을 훌쩍 넘어서 부딪쳐 오는 강렬함과 울림을 전달하기를 바란다.

1부

부딪힘들

행복한 대상

사라 아메드

나는 "당신이 나를 행복하게 한다"라고 말할 수 있을 것이다. 혹은, 행복에 대해 생각할 때 무언가를 떠올리는 것처럼 나는 그 무언가에 의해 감정이 움직일지도 모른다. 설사 행복이 시간을 거쳐 이루어진 어떤 삶의 상황을 평가하는 감정 상태나 의식의 한 형태로서 상상된다고 하더라도(비엔호벤 1984, 22~3), 행복은 언제나 우리가 대상을 향하게 한다. '하게 함'이라는 바로 그 지점에서 우리는 대상으로 향한다. 이것 혹은 저것에 의해 행복하게 된다는 것은 곧 행복의 시작이, 어떤 상황을 묘사하기 위해 이 단어를 사용하는 주체로부터가 아닌 다른 어딘가에서 비롯된다는 점을 인정하는 것이다.

이 글에서 나는 행복을 하나의 우연한 발생ª happening으로 간주하고 싶다. 즉, 행복은 정동(행복하다는 것은 무언가에 의해 정동되는be affected 것이다), 지향성intentionality(행복하다는 것은 무언가에 대해 행복하다는 것이다), 평가나 판단(무언가에 대해 행복하다는 것은 무언가를 좋은 것으로 만든다)과 연루된다. 특히 나는, 행복이 우리로 하여금 어떤 대상들을 향해 나아가게 하는 하나의 약속으로 기능하며, 그렇게 해서 그 대상들이 사회적 선^善[재화]social goods로 순환하게 되는 방식을 탐구하고자 한다. 이러한 대상들은 돌고 돌면서 긍정적인 정동적 가치를 축적한다. 이 글은 정동을 '달라붙는[접착성이 있는]'sticky 것으로 생각할 수 있게 하는 하나의 접근법을 보여줄 것이다. 정동은 달라붙는 것, 즉 관념·가치·대상 사이의 연결을 유지하거나 보존하는 것이다.

나의 글은 우리가 어떻게 긍정적인 정동과 좋은 느낌의 정치학을 이론화할 수 있는가 라는 물음으로 다시 돌아감으로써 패트리샤 클라프(2007)가 오랫동안 "정동적 전회"the affective turn라는 말로 기술해 온 것에 대한 논의를 이어간다. 최근 문화연구에서 많은 연구가 (수치·혐오·증오·공포 등) 나쁜 느낌을 탐구해 온 것이 사실이라면, 좋은 느낌을 우리 연구의 출발점으로 삼는 것도 유용할 터이다. 물론 좋고 나쁨의 이분법이 언제나 지켜진다고 가정하지는 않는다. 또 행복을 좋은 느낌과만 연결시킬 수도 없다. 대린 맥마흔(2006)[1]이 행복의 역사에 관한 그의 기념비적인 저술에서 주장했듯이, 행복을 느낌feeling과 연결시키는 것은 근대적인 방식으로, 18세기 이후부터 통용되어 왔다. 오늘날 행복이 좋은 느낌을 환기시킨다면, 우리는 느낌이 어떻게 어떤 대상을 좋게 만드는 데 관여하는가를 살필 수 있을 것이다. 정동의 언어를 사용하여 행복을 탐구하는 것은 정동 경제와 도덕 경제 사이의 미끄러짐을 고려한다는 뜻이다. 특히 이 글은 가족의 기조를 재생산하지 않는 사람들을 불행의 원인으로 규정함으로써 가족이 어떻게

---

1. [한국어판] 대린 맥마흔, 『행복의 역사』, 윤인숙 옮김, 살림, 2007.

'행복한 대상'으로서의 지위를 유지해 가는지를 탐구할 것이다. 나는 이 타자들, 즉, 흥을 깨뜨리는 페미니스트feminist kill-joys, 불행한 퀴어들, 우울한 이주자들을 "정동 소외자"affect aliens라고 부른다.

정동과 지향성

나는 정동이라 부를 수 있는, 따로 독립되어 있거나 자율성을 가진 무언가가 있어서 그것이 마치 세계 속의 대상에 일대일로 대응되는 것처럼 가정하지 않으며, 심지어 연구의 대상으로 공유할 수 있는 정동이라는 무언가가 존재한다고도 가정하지 않는다. 대신, 나는 경험할 수 있는 것들의 뒤범벅, 세계를 향한 신체들의 펼침, 우연성의 드라마, 즉 우리가 우리 곁에 있는 것에 의해 건드려지는 방식에서부터 시작하려 한다. '행복'happiness의 어원이 정확히 우연성의 문제와 관계된다는 사실을 지적할 필요가 있다. 행복은 운chance을 의미하는 중세 영어의 'hap'에서 왔다. 행복의 기원적 의미는 이러한 'hap'이 좋거나 나쁠 수 있다는 가능성을 함유하고 있다. 그러다가 행복의 'hap'은 차츰 뭔가 좋은 것으로 번역된다. 행복이 운이 좋거나, 행운이 깃들거나, 다행스럽다는 관념과 연결된다. 행복에는 무슨 일이 발생할 우연성의 의미가 여전히 남아 있지만, 이 '무슨 일'은 무언가 좋은 일이 된다. 지금은 이 의미가 좀 낡은 듯이 보일 수 있다. 지금의 우리는 행복을 '단순히' 우리에게 발생한 일로 여기기보다 우리가 한 일의 결과, 힘든 일에 대한 보상으로 생각하는 데 더 익숙하기 때문이다. 실제로 미하이 칙센트미하이 Mihály Csíkszentmihályi는, "행복은 무슨 일이 우연히 발생하는 것이 아니다. 그것은 행운의 결과나 무작위의 선택이 아니며, 돈으로 살 수 있거나 힘으로 명령할 수 있는 것이 아니다. 그것은 바깥의 사건에 달려 있다기보다 우리가 그 사건들을 어떻게 해석하느냐에 달려 있다. 행복은 사실 각 개인이 그것에 대해 준비되어 있으며, 소양을 배양해야 하고, 방어해야 하는 어떤 상태이다"(1992, 2)라고 주장한다. 이렇게 행복을 이해하는 방식은 행복의 우연성에 대한 방어로 읽힐 수 있다. 나는 행복의 어원적 의미로 다시 돌아가고자 한다. 그것이 우리가 우연히 발생하는 일들에 대한 '세속적'worldly 질문에 우리의 주의를 집중하도록 해 주기 때문이다.

'우연히 발생하는 무엇'의 '무엇'과 우리를 행복하게 하는 '무엇' 사이에는 어떤 관계가 있는가? 경험주의는 '무엇이 무엇인지'what's what에 관심을 가진다는 점에서 이러한 질문을 던지는 데 유용한 하나의 방식을 제공한다. 17세기 경험주의 철학자 존 로크의 연구를 살펴보자. 그는 좋은 것이란 "우리 안의 즐거움을 일으키거나 증가시키거나, 아니면 고통을 약화시키는 데 적합한" 것이라고 주장한다(로크 1997, 216). 우리는 뭔가가 좋거나 나쁘다고 판단할 때 그것이 어떻게 우리에게 영향을 끼치는지(정동하는지), 그것이 우리에게 즐거움을 주는지 고통을 주는지에 따라 판단한다. 로크는 포도를 사랑하는 사람의 예를 들어 말한다. 그는 "어떤 사람이 가을에 포도를 먹으면서, 혹은 봄에 포도가 하나도 없을 때, 자기가 포도를 사랑하노라 선언한다면, 이것은 포도의 맛이 그를 아주 기분 좋게 한다는 뜻 이상이 아니다"(215)라고 주장한다. 로크에게 (최상의 즐거움으로서) 행복은 저마다 특이하다idiosyncratic. 우리는 각기 다른 사물들로 인해 행복하게 되고, 다른 사물들이 기분 좋게 한다는 것을 발견한다.

그래서 행복은 우리가 사물들과의 내밀한intimate 접촉 속으로 들어가게 한다. 우리는 마주침의 순간에 행복하게 정동될 수 있다. 우리는 무언가에 의해 긍정적으로 정동된다. 심지어 그 무언가가 의식의 대상으로 현전하지 않을 때도 그렇다. 좋은 방식으로 정동되는 것은 대상의 오고감보다 오래 남는다. 로크는 결국 '철을 타는'seasonal 향유의 성격에 관해 기술하고 있는 셈이다. 포도의 철이 지나면 그것들이 아주 기분 좋은 맛이었다는 사실을 회상하고, 포도 철이 돌아오기를 고대할지도 모르는데, 이는 포도가 그것의 부재 시에도 행복의 대상으로서 그 자리를 유지할 수 있음을 의미한다. 그렇지만, 이것은 한 사람이 행복하게 회상하는 대상이 항상 그 자리를 지킨다는 의미는 아니다. 로크도 "건강이나 체질의 변화가 그 맛이 주는 기쁨을 파괴하게 되면 그는 더는 포도를 사랑한다고 말할 수 없다"고 주장하고 있다(216~17). 신체의 변형은 아주 기분 좋게 경험되었던 것도 변형시킬 수 있다. 우리의 신체가 시간에 걸쳐 변하듯이 우리 주변의 세계도 다른 인상들을 만들어 내게 된다.

무언가에 정동된다는 것은 곧 그 사물을 평가하는 것이다. 평가는 신체가 사물을 향하는 방식 속에서 표현된다. 사물에 가치를 부여하는 것은 우리 곁에 있는 것을 형태 짓는 것이다. 후설이 『이념들 II』에서 기술하듯이, "그런 기쁨 속에서 우리는 정동적 '이해관계'의 양식에 속하기라도 하는 것처럼, '지향적으로'(감정적 지향을 가지고) 그 기쁨-대상으로 향하게 된다"(1989, 14). 어떤 사물이 특히 우리의 주의를 잡아끈다. 우리가 다루는 대상들은, 후설이라면 "우리의 가까운 영역" 혹은 "핵심 영역"(2002, 149~50)이라 불렀을, 실제적인 행동의 영역을 만들어 낸다. 이러한 영역은 "내가 나의 운동감각으로 도달할 수 있고, 보거나 만지거나 하면서 최적의 형태로 경험할 수 있는 사물의 영역이다"(149).

행복은 우리 곁의 영역, 즉 우리 주변에 형성된 세계를 친숙한 것들의 세계로 만드는 데 중대한 역할을 한다. 우리에게 즐거움을 주는 사물들은 우리의 신체 지평 안에 자리 잡는다. 우리는 좋아하는 것들likes을 가지게 되는데, 이는 심지어 우리가 **어떠한 사람인지**what we are like를 결정할 수도 있다. 신체의 지평은 우리가 좋아하는 것들의 지평이라고 다시 말해질 수 있을 것이다. 좋아하는 것을 가진다는 것은 어떤 사물들이 우리 주변으로 모인다는 것을 의미한다. 물론 우리는 새로운 사물과도 마주친다. 새로운 사물에 더 많이 혹은 더 적게 열려 있음은 사물들을 우리의 가까운 영역으로 편입하는 것에 더 많이 혹은 더 적게 열려 있음을 뜻한다. 편입의 조건은 아마도 우리가 마주치는 그 무엇을 좋아할지 아닐지가 될 것이다. 우리는 우리가 좋아하지 않는 사물들로부터 거리를 둔다. 거리낌awayness은 우리의 지평의 가장자리를 형성하게 될 것이다. 즉, 우리는 어떤 대상들의 근접을 거부하는 중에, 가고 싶지 않다고 인식하는 장소와 가지거나 만지거나 맛보거나 듣거나 느끼거나 보고 싶지 않은 사물들을 규정한다. 그런 것들은 우리가 닿는 범위 안에 두길 원치 않는 사물들이다.

'좋은 방식으로' 정동된다는 것은 무언가를 좋은 것으로 간주하는 정향orientation을 포함한다. 정향들은 대상들의 근접성을 기입할 뿐 아니라, 신체에 근접하는 것을 형태 짓는다. 그래서 행복은 현상학적 의미에서 지향적(대상으로 향해 있다)일뿐더러, 또한 정동적(대상과 접촉한다)이라고 기술할 수 있다. 이런 주장들을 취합하면, 행복은 우리가 접촉하게 되는 대상으로 향하는 정향이라고 말할 수 있다. 우리는 대상들에 의해 얼마나 정동되는지에 따라 대상들을 향해 가거나 거리를 둔다. 결국, 로크의 사례에서 긍정적 정동의 이중적 의미에 대해 생각할 필요가 있다. 우리는 포도가 아주 **기분 좋은** 맛이 나면 포도를 **사랑한다**. 우리가 기분 좋은 맛이 나는 것을 사랑한다고 말하는 것은 그 기분 좋음이 우리의 사랑을 일으킨다는 뜻이 아니라, 기분 좋음의 경험이 그 대상을 향한 사랑하는 정향을 수반한다는 뜻이다. 사랑의 경험이 기분 좋은 것들을 기입하는 것과 꼭 마찬가지이다.

행복을 지향적이라고 서술한다고 해서 항상 대상과 느낌 사이에 단순한 대응관계가 존재한다는 의미는 아니다. 나는 행복이 다른 정서들과 달리 "하나의 대상을 가지는" 것은 아니라는 로빈 배로우의 주장이 맞지 않나 생각한다(1980, 89). 계속 로크가 말하는 포도를 사랑하는 사람의 예를 보자. 포도는 우리에게, 우리가 소비하는 것으로서 의미를 지닌다. 포도는 맛볼 수 있고 맛을 '지닐' 수 있다. 물론 나의 포도 맛이 너의 포도 맛과 같은 맛인지 알기는 어렵다. 포도가 불러일으키는 즐거움은 바로 포도를 먹는 즐거움이다. 하지만 즐거움은 맛볼 수 있고 우리 몸의 살이 감각하는 근접성 속으로 들어오는 대상, 살이 만나는 대상으로만 향해 있지 않다. 우리는 즐거움을 회상하기만 해도 즐거움을 경험할 수 있다. 설사 이 즐거움이 꼭 똑같은 감각이 아닐지라도, 기억 속의 인상들이 그다지 생생하지 않을지라도 그러하다.[2] 즐거움은 대상을 창조한다, 심지어 즐거움의 대상이 우

---

2. 데이비드 흄의 『인간본성론』(*A Treatise of Human Nature*, 1985, 49~55)에 나오는 관념과 인상의 관계에 대한 논의를 보라. 기억과 상상은 "우리의 인상을 반복하고"(56), 연속적인 형태의 관념들과 유사성 사이의 연결 혹은 연합과 관련된 두 가지 능력(faculties)으로 기술된다. 흄은 우리가 경험적 심리학이라고 부르곤 하는 것과 이성적 이해(sense making)의 버릇에 대한 풍부한 성찰을 보여 준다. 또 프로이트의 전치와 압축에 대한 관심과 라깡의 은유와 환유에 대한 관심이 흄의 연합론(associationism)과 얼마나 많은 일관성이 있는지 눈여겨보라. 영국의 경험주의와 정신분석학은 잠재적으로 생산적인 연관성을 가졌다고 할 수 있다.

리 앞에 있을 때조차도.

우리는 사물에 감동感動받는다. 그리고 감동받으면서, 우리는 사물을 만들어 낸다. 한 대상은 그것이 위치한 장소로 인해 정동적일 수도 있고(그 대상이 여기에 있는데, 마침 그곳이 내가 이런저런 정동을 경험한 곳이다), 그것의 외양이 나타나는 시간으로 인해 정동될 수도 있다(그 대상이 지금 있는데, 그때 마침 나는 이런저런 정동을 경험한다). 한 대상을 정동적이거나 감각을 자극하는 것으로 경험한다는 말은 단지 한 대상으로 향해 있다는 뜻이 아니라, 그 대상 주변의 '모든 것'으로 향해 있다는 말이다. 그 '모든 것'에는 그 배후에 있는 것, 즉 그것의 도래의 조건들까지 포함된다. 한 대상의 주변에 있는 것만으로 행복해질 수 있다. 가령, 만일 당신이 어떤 장소에서 아주 기분 좋은 무언가를 받는다면, 그 장소 자체에 행복이 투사되어, 좋은 감정이 향하는 '무엇'이 될 수 있다. 혹은 당신이 사랑하는 누군가로부터 무언가를 받는다면, 그 대상 자체가 더욱 정동적인 가치를 획득한다. 단지 그것을 보는 것만으로도 그 무언가를 당신에게 준 다른 사람을 생각나게 할 수 있다. 무언가가 행복한 대상에 가까이 있을 때 그것은 연합association에 의해 행복한 것이 될 수 있다.

행복은 근접성을 통해 대상들을 생성해 낼 수 있다. 그때 행복은 단순히 대상에 대한 것이거나 의식에 주어진 대상들을 향해서만 나아가지 않는다. 아마도 우리는 모두 내가 "이유를 알 수 없는 행복"unattributed happiness으로 부르고자 하는 그런 행복을 경험해 보았을 것이다. 당신은 딱히 이유를 모른 채 행복을 느끼는데, 그 느낌은 마치 당신이 마주친 것을 넘어 감정에 겨워하는 것처럼 우리를 홀린다. 이건 느낌이 정처 없이 떠다닌다는 뜻이 아니라, 당신이 행복을 느끼는 중에 그 느낌을 가까이 있는 것으로 향하게 한다는 뜻이다. 가령, 지나가는 사람에게 미소를 짓는 식이다. 또 그 느낌은 근접한 대상들을 행복하게 만들면서 들뜨게 하거나 고양시킬 수도 있다. 그렇다고 해서 느낌이 어떤 것과의 마주침보다 더 오래 남는다고 말할 수는 없다. 항상 나의 흥미를 끌었던 건 우리가 행복의 느낌을 의식하게 되면(그 느낌이 사유의 대상이 되면), 종종 행복이 희미해지거나 불안해질 수 있다는 사실이었다. 행복은 한순간 찾아왔다가 그것을 인정하는 순간 사라질 수 있다. 느낌으로서의 행복은 매우 불안정한precarious 것으로 보인다. 행복감은 다른 감정으로 쉽게 대체될 뿐만 아니라 심지어 행복 그 자체로, 그리고 행복이 찾아오는 방식으로 쉽게 대체되는 것 같다.

내가 말하고자 하는 것은 행복이 특정한 종류의 지향성과 연루된다는 점이다. 나는 그것을 '목적 지향적'이라고 부르곤 한다. 이는 단지 우리가 현재의 느낌으로 무언가에 대하여 행복해질 수 있다는 말이 아니라, 우리가 어떤 사태가 우리에게 행복을 가져다준다고 상상하면 그것이 우리를 위해 행복한 것이 된다는 의미이다. 종종 행복은 하나의 최종 목적이든 혹은 그 자체가 목적이든, 우리가 목적으로 삼는 그 '무엇'으로 기술된다. 고전들을 살펴보면, 행복은 수단이 아닌 목적으로 간주되어 왔다. 아리스토텔레스는 『니코마코스 윤리학』3에서 행복을 최고의 선the Chief Good, 즉 "만물이 목적으로 삼는 것"으로 기술한다(1998, 1). 행복은 우리가 "항상 그 자체를 위해 선택하는" 것이다(8). 앤서니 케니는 아리스토텔레스에게서 행복이 어떻게 "단지 하나의 목적이 아니라, 궁극적perfect 목적"이 되는지를 기술한다(1993, 16). 궁극적 목적은 모든 목적의 목적, 즉 항상 그 자체로 좋은 좋음

---

3. [한국어판] 아리스토텔레스, 『니코마코스 윤리학』, 김재홍 외 옮김, 길, 2011.

이다[그 자체로 선한 선이다].

행복이 궁극적인 목적이라는 이 주장에 군이 동의하지 않더라도, 행복이 이러한 용어들로 사유되면서 함의하는 바를 이해할 수 있다. 만일 행복이 모든 목적들의 목적이라 한다면, 다른 모든 것들은 행복의 수단이 될 것이다.[4] 아리스토텔레스가 기술하듯이, 우리는 다른 것들을 "행복의 견지에서, 그것들의 도구성을 통해 우리가 행복해질 것이라고 생각하면서" 선택한다(1998, 8). 여기서 아리스토텔레스는 물질적이거나 물리적인 대상들에 대해 말하고 있는 것이 아니라, 서로 다른 종류의 선, 즉 도구적인 선과 독립적인 선을 구별 짓고 있다. 그래서 우리는 명예나 지성을 "행복의 견지에서" 선택하는데, 이는 그 선택이 행복에 그리고 선한 삶 또는 덕 있는 삶을 살 가능성을 실현하는 데 도움이 되기 때문이다.

만약 우리가 도구적 선을 행복의 대상으로 여긴다면 중요한 결론이 뒤따른다. 사물은 행복을 지시하는 한 선이 되거나 선으로서의 가치를 획득한다. 대상은 '행복의 수단'이 된다. 혹은 그것이 지시하는 바를 뒤따르다 보면 행복을 발견하게 되는 양 그것을 행복의 지시자라고 말할 수도 있을 것이다. 만약 대상이 우리를 행복하게 하는 수단을 제공한다면 이런저런 대상들을 향하는 중에 우리는 다른 어딘가를 목적으로 삼게 된다. 바로 그 뒤에 따르리라고 예상하는 행복이다. 중요한 것은 바로 이러한 뒤따름의 시간성이다. 행복은 뒤에 올 무엇이다. 이렇게 볼 때, 행복은 어떤 대상을 향하는데, 그 대상은 아직 현재가 아닌 것을 가리킨다. 우리가 어떤 것들을

---

4. "다른 모든 것들"을 "행복의 수단"으로 만드는 목적론적 행복 모델의 방식은 존 스튜어트 밀의 공리주의에 노골적으로 드러난다. 그는 "공리주의 원리는 행복이 목적으로서 바람직하며 유일하게 바람직한 것이다. 다른 모든 것들은 오직 그 목적의 수단으로서 바람직할 뿐이다"라고 말한다(1906, 52, 강조는 추가된 것).

뒤따를 때, 우리는 행복을 목적으로 한다. 마치 행복이 우리가 어떤 지점에 다다르면 얻을 수 있는 것인 양.

사교적인 행복

어떤 대상은 좋은 대상으로서 긍정적 정동으로 물든다. 결국, 대상들은 좋은 느낌을 체현할 뿐 아니라, 좋은 삶을 위해 필수적인 것으로 인지된다. 좋은 삶이 어떻게 대상의 근접성을 통해 상상되는가? 알다시피, 로크는 맛taste의 감각을 통하여 좋은 감정을 떠올린다. "즐거움을 주는 맛은 사물 자체가 아니라, 아무리 다양하더라도 이런저런 입맛에 잘 맞는지에 달려 있다"(1997, 247). 로크는 차이를 입에 둔다. 우리가 다른 입맛을 가진 한 우리는 다른 맛을 느낀다.

여기서 우리는 행복의 분명한 우연성chanciness — 발생하는 모든 일의 우연 — 이 타당할 수도 있는 가능성을 본다. 이는 단지 우리가 행복한 대상을 아무데서나 발견한다는 뜻은 아니다. 결국, 맛[취향]taste이란 (설사 나나 당신이 우연히 이것이나 저것을 좋아하게 된다 해도) 단순히 우연의 문제가 아니라, 시간에 걸쳐 획득되는 것이다. 피에르 부르디외가 그의 기념비적 저작, 『구별짓기』5에서 보여 주었듯이, 취향이란 이미 좋은 것 혹은 더 높은 선으로 결정되어 있는 그 '무엇'에 의하여 형성된, 아주 특수한 몸의 정향이다. 취향 혹은 "표방된 선호"manifested preference는 "하나의 불가피한 차이에

---

5. [한국어판] 피에르 부르디외, 『구별짓기』 상/하, 최종철 옮김, 새물결, 2005.

대한 실천의 확고함"이다(1984, 56). 사람들이 "어떻게 저런 것을 좋아할 수 있어?"라고 말할 때, 그들은 다른 사람의 판단에 반대되는 판단을 내리는 것이다. 다른 사람이 좋아하는 것을 좋아하기를 거부하고, 다른 사람이 행복을 투사하는 대상이 그럴 값어치가 없다고 암시한다. 베벌리 스케그스(2004)가 보여 주었듯이, 이러한 정동의 차별화는 가치에 대한 도덕적 구분이 또한 가치의 사회적 구분이기도 한, 본질에서 도덕적인 어떤 경제의 기반이다. '맛이 좋은'tastes good 것은 '좋은 취향'good taste을 지녔음을 나타내는 지표로 기능한다.

우리는 여기서 행복에 관한 논쟁에서 습관이 하는 역할에 주목할 수 있다. 아리스토텔레스로 돌아가자면, 그의 행복 모델은 습관화habituation, 즉 "유사하거나 공통적인 성질을 지닌 활동을 반복적으로 수행한 결과"에 의존한다(1998, vii). 좋은[선한] 사람이란 올바른 습관을 지니고 있을 뿐만 아니라, 그의 느낌 또한 올바른 방향으로 방향 지어져 있다. "고귀한 행위를 보고 즐거워하지 않는 사람은 전혀 좋은 사람이 아니다. 의로운 행위를 하면서 즐거움을 느끼지 못하는 사람을 누구도 의롭다고 하지 않는 것과 마찬가지이다"(11). 좋은 습관은 [몸에 새기는] 작업을 포함한다. 우리는 몸의 직접적인 반응들, 즉 우리가 세계로부터 인상을 받는 방식이 우리를 '올바른' 방향으로 인도하도록 몸에 새기는 작업을 해야 한다. 우리가 습관을 통해 좋은 취향을 획득하는 것만은 아니다. 오히려, 대상과 정동 사이의 연합이 습관을 통해 보존되는 것이다. 역사가 제2의 본성이 될 때(부르디외 1977), 정동의 논리는 단순해진다. 즉, 우리는 '그것'이 기쁨을 주기 때문에 우리가 기쁨을 경험한다고 생각한다.

그래서 대상의 순환은 좋은 것[선]의 순환이다. 대상은 이미 좋거나 나쁜 것, 즉 행복이나 불행의 원인으로 치부되기 때문에 접착력이 있다sticky. 이런 이유로 사회적 유대란 항상 좀 선정적인(흥미를 유도하는)sensational 면이 있다. 집단은, 좋은 것이라 여겨지는 어떤 것들을 향해 서로 공유된 지향을 중심으로 응집하면서, 다른 것이 아닌 그것들만을 기쁨의 원인으로 취급한다. 만일 동일한 대상이 우리를 행복하게 한다면, 즉 우리가 동일한 대상에다 우리를 행복하게 해 주는 것이라는 감정을 투사한다면, 우리는 동일한 방식으로 정향되어 있거나 방향 지어져 있다고 할 수 있다. '약속'이란 단어가 라틴어 'promissum', 즉 '내보내다'send forth에서 유래했다는 점을 상기해 보라. 행복의 약속은 행복을 내보내는 것이다. 그것은 행복을 바깥으로, 주변으로 나가도록 하는 것이다. 행복한 대상은 주변으로 돌려지면서passed around, 사회적 선善[재화]으로서 긍정적인 정동의 가치를 축적한다.

행복은 도는 것인가? 우리가 행복이 돌고 돈다고 말한다면, 행복이 전염성이 있다는 말이 될 터이다. 18세기에 도덕적 정서에 대한 데이비드 흄의 접근은 정확히 행복의 전염적 모델에 의존한다. 그는 "서로 다른 사람들이 전염 혹은 자연적 공감에 의해 같은 기분humour 속으로 들어가 감상에 젖는다"며 명랑함은 가장 소통적인 정서라고 피력한다. 명랑함이라는 "그 불꽃은 전체 원환을 통해 퍼져 나가고, 종종 가장 침울하고 가장 깊은 회한도 그것에 사로잡힌다"(1975, 250~251; 블랙먼 2008도 참조)[6]는 것이다.

---

6. 데이비드 흄의 정동의 전염 모델은 애덤 스미스의 『도덕감정론』(The Theory of Moral Sentiments, 2000)과 흥미로운 대조를 이룬다. 둘 다 공감 혹은 동정(compassion)의 중요성을 강조한다. 스미스는 이를 "동료–감"(fellow-feeling)이라고 부르는데, 우리가 타인들과 같이 느끼고 타인들이 느끼는 방식에 의해 정동되는 것을 의미한다. 공감은 느낌을 비슷한 느낌으로 되돌려 주는 것(returning feeling with like feeling)으로 표현된다. 스미스의 모델에서, 공감은 더 노골적으로 조건적이다. 즉, 당신이 다른 사람의 행복에 동의하면, 다시 말해 그 혹은 그녀의 행복이 적당하고 적당하게 표현되면, 그 행복 속으로 들어간다. 그는 이를 아주

최근에 특히 정동심리학자인 실번 톰킨스의 연구에 의지하여 많은 학자가 정동의 개념을 전염성이 있는 것으로 받아들이고 있다(깁스 2001, 세즈윅 2003, 브레넌 2004, 프로빈 2005). 안나 깁스가 기술하듯이, "몸은 불이 붙듯이 쉽게 감정에 불붙는다. 정동은 하나의 몸에서 다른 몸으로 도약하며 다정함을 불러일으키고, 수치심이 일게 하고, 분노에 불을 붙이고, 공포를 야기한다. 간단히 말해, 소통 가능한 정동은 떠올릴 수 있는 모든 종류의 정념의 화염 속에서 신경과 근육을 불태운다"(2001, 1). 정동을 전염성이 있는 것으로 사유하는 것은 정동이 몸의 표면에 영향을 미치면서 어떻게 여러 몸 사이를 오가는지를 보여줌으로써, 심지어 어떻게 몸의 표면이 형성되는지를 보여줌으로써, '내부에서 외부로 향하는'inside out 정동 모델에 도전하는 데 큰 도움이 된다. 그렇지만 나는 정동의 전염이라는 개념이 정동이 우발적인 정도(우연적 발생happening의 우연hap을 포함하여)에 대해 평가절하하는 경향이 있다고 생각한다. 다른 것에 의해 정동된다는 것은 하나의 정동이 단순히 돈다거나 하나의 몸에서 다른 몸으로 '건너뛴다'는 의미는 아니다. 정동은 오직 우리가 어떻게 정동되느냐 하는 우발성이 전제될 때나, 또는 대상이 어떻게 주어지느냐 하는 효과로서만 하나의 대

극적으로 기술한다. "다른 한편, 다른 사람이 어떤 작은 행운으로 너무 행복해하거나 지나치게 고조된 것을 보면 우리는 우울해진다. 그의 기쁨조차도 불쾌한 것이 되는 것이다. 그리고 우리가 그것을 따라갈 수 없기에 그것을 경박이나 어리석음이라 부른다"(2000, 13, 강조 추가). 그래서 스미스에게 공감적으로 정동된다는 것은 정서가 "이 최후의 사람에게 공정하고 적절하게 보이는지, 그 정서의 대상과 적합해 보이는지"에 달려 있다(14). 나는 또한 정서를 공유한다는 것은 조건적인 판단과 관계있다고 주장하고 싶다. 하지만 우리가 행복의 대상에 동의하면 행복을 공유한다고 말하기보다(여기서는 동의는 부차적인 문제이다), 타인의 행복을 공유한다는 것은 어떻게 무언가에 대한 방향을 가지게 되는가의 문제라고 말하고 싶다. 그것은 우리는 이미 그 대상이 적절하다고 동의했음을 의미한다. 달리 말해 함께 어울린다는 것은 방향을 공유하는 것이다.

상이 된다.

테레사 브레넌의 책, 『정동의 전달』 *The Transmission of Affect*에 나오는 여는 문장을 한번 들여다보자. "적어도 한 번이라도 방 안으로 걸어가면서 '그 분위기를 느껴 보지' 않은 사람이 있는가?"(2004, 1). 브레넌은 내가 "외부에서 내부로 향하는"outside in 모델이라고 말한 바 있는 것을 이용하여, "개인 속으로 침투하는"getting into the individual 분위기에 대해 매우 아름답게 쓰고 있다. 그런 것은 군중심리학과 정서사회학의 지성사에서 상당히 큰 부분을 차지하는 것이기도 하다(아메드 2004a, 9). 하지만 브레넌은 그 서론의 이후 부분에서 완전히 다른 모델을 제시하는 관찰 결과를 보여 준다. 여기서 그녀는, "만일 내가 방안에 들어갈 때 불안을 느끼고 있다면, 그것은 내가 '인상'이라는 방식으로 지각하거나 수용하는 것에 영향을 끼칠 것이다"(브레넌 2004, 6)라고 말한다. 여기에 나도 동의한다. 불안은 접착력이 있다. 마치 벨크로 접착포처럼 불안은 가까이 다가오는 것은 무엇이나 달라붙게 만드는 경향이 있다. 또는, 불안이 가까이 다가오는 것에 대한 일종의 각도를 우리에게 부여한다고 말할 수 있을 것이다. 물론 불안은 여러 감정 중에서 하나의 감정 상태일 뿐이다. 만일 몸들이 중립적인 상태로 도착하는 게 아니라면, 즉 우리가 항상 이런저런 기분에 젖어 있다면, 우리가 받아들이는 하나의 인상은 우리의 정동 상태에 따라 달라질 것이다. 내가 보기엔 이 두 번째 주장은, '저쪽에' 분위기가 있고 우리가 그 '안으로' 들어가는 것에 대한 브레넌의 첫 번째 주장을 뒤집는 것 같다. 두 번째 주장은 우리가 어떻게 도착하는지, 즉 어떻게 이 방이나 저 방으로 들어가는지가, 우리가 어떤 인상을 받는지에 영향을 끼친다는 뜻이기 때문이다. 결국, 받는 것은 행하는 것이다. 인상을 받는 것은 인상을 만드는 것이다.

그래서 우리가 방으로 걸어 들어가며 "그 분위기를 느낄" 것이지만, 우리가 느끼는 것은 우리가 도착하는 각도에 달려 있을지 모른다. 혹은 분위기는 이미 각이 맞춰져 있는 것이라고, 그것은 항상 어떤 특정한 관점에서 느껴지는 것이라고 말할 수도 있을 것이다. 교육현장에서의 만남은 각도로 가득 차 있다. 나는 여러 번 학생들이 흥미로워하거나 지루해하는 기분을 읽어 내곤 했는데, 그렇게 흥미나 지루함으로 보이는 분위기가 (나 자신이 흥미롭거나 지루하게 한다고 느껴지는 분위기까지 포함하여) 나중에 학생들이 사건을 아주 다르게 기억하게 할 정도로 크게 작용한다. 사람들은 분위기를 읽고 나면 긴장할 수 있고, 이것이 이후 발생하는 일, 즉 이후에 일이 풀려 가는 방식에 영향을 준다. 우리가 도착할 때의 기분은 실제로 발생하는 일에 영향을 준다. 이 말은 우리가 항상 우리의 기분을 그대로 유지한다는 뜻이 아니다. 때로 나는 불안감을 가지고 무거운 기분으로 도착하는데, 이후에 발생하는 모든 일이 나를 더욱 초조하게 만들기도 하고, 반면 어떤 때는 불안을 덜어 주는 일이 발생하여 그 공간 자체가 밝고 활기차 보이기도 한다. 이러한 우발성을 고려해 볼 때, 즉 우연히 발생하는 일의 우연을 고려해 볼 때, 우리는 무슨 일이 발생할지 미리 알지 못한다. 우리는 '정확히' 무엇 때문에 어떤 일이 이런저런 식으로 발생하게 되는지 알지 못한다. 우리가 타인에 대해 가지는 인상과 타인에게 주는 인상 사이의 간극을 고려해 보면 상황들은 정동적이며, 그 모두가 생생히 움직이는 것들이다.

소외의 경험에 대해서도 한번 생각해 보자. 나는 앞서 행복이 사회적 선[재화]으로 순환하는 어떤 대상에 기인하고 있다는 생각을 밝혔다. 우리가 그런 대상들로부터 즐거움을 느낄 때, 우리는 정렬된다^{aligned}. 올바른 방향으로 나아가고 있는 것이다. 우리가 소외되는^{alienated} 것은, 즉 어떤 정동적 공동체의 바깥으로 내몰리는 것은, 이미 좋은 것으로 치부된 대상들과의 근접성에서 즐거움을 경험하지 못할 때이다. 한 대상의 정동적 가치와 우리가 그 대상을 경험하는 방식의 틈은 일련의 정동을 불러올 것이다. 그 정동은 우리가 이러한 틈을 메우려고 설명하는 양식에 따라 방향이 결정된다. 만일 우리를 행복하게 해 줄 것이라고 기대했던 무언가에 실망한다면, 우리는 왜 그것이 실망스러웠는지에 대한 설명들을 만들어 낸다. 그러한 설명들은 불안한 자기의심의 서사(나는 왜 이것으로 행복해지지 않는 거지? 너에게 무슨 문제가 있는 건가?)나 분노의 서사를 수반하게 된다. 이때 우리를 행복하게 해 줄 것이라고 '정해진' 대상이 실망의 원인으로 치부되고, 이는 이런저런 대상들을 좋은 것이라고 치켜세움으로써 우리에게 행복을 약속했던 사람들에 대한 분노로 이어질 수 있다. 그런 순간에 우리는 이방인stranger 혹은 정동 소외자affect aliens가 된다.

그래서 행복한 대상이 주변으로 전해질 때, 전해지는 것이 반드시 그 느낌인 것은 아니다. 그러한 대상들을 공유한다는 것(또는 그러한 대상들에 관여한다는 것)은 단지 좋다고 여겨지는 그런 대상들을 향한 정향을 공유한다는 의미일 것이다. 행복한 가족을 예로 들어보자. 가족이 행복하다고 할 수 있는 것은 가족이 행복을 주기 때문도 아니고, 심지어 우리를 좋은 식으로 정동하기 때문도 아니다. 가족은 우리가 가족을 좋은 것으로 보는 정향, 즉 충실성에 대한 대가로 행복을 약속하는 존재로서 가족을 보는 정향을 공유하기 때문에 행복하다고 할 수 있다. 그러한 정향이 우리가 하는 일의 윤곽을 정한다. 우리는 가족을 '만들고', '유지해야' 한다. 그리고 이것이 당신이 시간과 에너지, 자원을 쓰는 방식을 결정짓는다.

가족을 중심으로 정향된다는 것은 동일한 장소에 거주한다는 의미가 아니다. 로크를 통해 알게 되었듯이, 결국 즐거움이란 저마다 특이한 것이다. 가족은 아마 사람들에게 저마다 특이한 차이를 하나의 행복한 대상으로 수렴하는 것을 통해 '식탁에 둘러앉아 있는' 느낌을 줄 수 있다. '행복하게' 사랑함이란 사랑하는 다른 이가 좋아하는 것과 싫어하는 것의 특성을 안다는 의미이다. 사랑은 타인이 좋아하는 것과의 친밀성이 되고, 그런 좋아하는 것들 때문에 우리가 공유된 지평 밖으로 나가지 않아도 되는 조건에서 사랑이 가능하다. 가족은 대상들이 순환하며 긍정적인 정동적 가치를 축적하는 하나의 공유된 지평을 제공한다.

행복한 대상들이 주변으로 전해짐을 통해 무엇이 전해지는가는 열린 질문이다. 결국, '전함'passing이라는 말은 단지 '보낸다' 혹은 '전송한다'는 의미만이 아니라, '날랜 손놀림'a sleight of hand으로 대상을 변형시킨다는 의미도 있다. 전화게임7처럼, 근접한 신체들 사이에 전해지는 것은 바로 '내보내지는' 것을 일탈시키고 왜곡시키기pervert 때문에 정동적이라고 할 수 있다. 정동은 왜곡perversion을 수반하며, 우리는 이를 변환점conversion point이라고 말할 수 있다.

나의 핵심 질문 중 하나는 어떻게 그러한 변환이 발생하는가, 그리고 '누가' 혹은 '무엇이' 나쁜 감정을 좋은 감정으로, 좋은 감정을 나쁜 감정으로 변환시키는 것으로 보이게 되는가이다. 나는 사람들이 " '이 사람' 혹은 '저 사람' 때문에 기분이 나빠진다"라고 말하는 것을 듣고 결코 그 말에 설득당하는 법이 없다. 나는 내가 가진 수많은 회의주의가 전통적인 가정에서 페미니스트 딸로 살았던 어린 시절의 경험 때문에 형성되었다는 점을

---

7. [옮긴이] 옆에 있는 사람에게 귓속말로 단어를 전해 주고 알아맞히는 게임

잘 알고 있다. 당신의 경험이 나와 같다고 가정해 보자. 오직 특정한 화제만을 꺼낼 수 있는 저녁 식탁에 가족과 함께 앉아서 정중한 대화를 나눈다고 해 보자. 누군가가 당신이 무례하다고 여기는 어떤 말을 내뱉는다. 당신은 신중하게, 아마도, 라고 대답한다. 당신은 그 사람의 말이 왜 문제가 된다고 생각하는지를 말한다. 당신은 조용조용한 목소리로 말하지만, 당신을 '욱하게' 한 사람 때문에 욱했다는 사실을 절망스럽게 인정하면서, 욱하는 감정을 느끼기 시작할 것이다. 이 상황에서 당신이 어떻게 말하든, 당신은, 페미니스트로서 똑 부러지게 혹은 깨 놓고 말하는 사람인 당신은, 마치 가려내야 할 흠이라도 지닌 것처럼 '분란을 일으키는' 사람으로 읽히게 될 것이다.

흥을 깨는 페미니스트the feminist kill-joy의 상을 한번 진지하게 생각해 보자. 페미니스트는 성차별의 순간을 지적함으로써 다른 사람들의 흥을 깨는가? 아니면 그녀는 대중적인 흥의 기호들 아래 숨겨지거나 밀려나거나 부인된 나쁜 감정을 노출시키는가? 페미니스트는 일종의 정동 소외자이다. 그녀는 좋은 것으로 여겨지는 어떤 것들을 향한 정향을 공유하길 거부하기 때문에 흥을 망치기까지 한다. 왜냐하면, 그녀는 행복을 약속하는 그 대상들이 그리 썩 장래를 약속하지 못한다고 보기 때문이다.

우리는 흥을 깨는 페미니스트의 상을 성난 흑인 여성의 상 옆에 놓을 수 있을 것이다. 그러한 상은 오드르 로드(1984)와 벨 훅스(2000) 같은 흑인 페미니스트 작가들이 아주 잘 탐구해 온 바이다. 성난 흑인 여성은 흥을 깨는 자의 하나라고 말할 수 있다. 그녀는 가령, 페미니즘 정치학 속에 들어 있는 인종주의 형태를 지적하면서 심지어 페미니스트의 흥까지 깰지도 모른다. 오드르 로드는 "유색 여성들이 그토록 많은 백인 여성과의 접촉에서 생겨나는 분노에 대해 기탄없이 얘기하면 우리는 종종 '무력함의 분위기를 만들어 내고 있다'거나 '백인 여성들이 죄책감을 그냥 묻어두게 하지 않는다', 혹은 '신뢰하는 소통과 행동을 가로막고 있다'는 말을 듣곤 한다"(1984, 131)고 적고 있다. 폭력을 노출하는 것이 폭력이 기원이 된다. 흑인 여성은 백인 여성이 계속 진행할 수 있도록 자신의 분노를 지나가게 해야 한다.

어떤 몸은 행복의 약속에 방해가 되는 한 나쁜 감정의 기원이 될 것이라고 간주된다. 나는 이런 것을 나는 '함께 어울림'의 기호들을 유지하기 위한 사회적 압력이라고 재서술하고 싶다. 어떤 몸들은 차단점, 즉 원활한 소통이 중단되는 지점이 된다. 아마 아타 아이두Ama Ata Aidoo의 경이로운 산문시, 『우리 자매 킬조이』[8]를 생각해 보자. 여기서 화자인 씨씨Sissie는 흑인 여자라는 이유로 다른 사람들의 편의를 보장하는 역할을 해야 한다. 비행기 안에서 백인 여승무원이 그녀에게 "그녀의 [흑인] 친구들"과 함께 뒤쪽에 앉아 달라고 요청한다. 그 두 사람은 그녀가 모르는 사람들이다. 씨씨는 자기가 그들을 모른다고 말을 하려다가, 망설인다. "하지만 그들과 합석하기를 거절했다면 거북한 분위기가 되지 않았겠어? 그리고 이렇게 높은 상공에서 저 승무원이 흠잡을 데 없이 교양 있는 태도를 보이는 것을 보면, 그녀는 다른 모든 승객들의 편의를 보살피도록 교육받은 걸 거야"(1977, 10).

바로 여기 이 망설임의 순간에 권력이 작동한다. 당신은 그 말에 동의

---

8. [옮긴이] 이 책의 전체 제목은 *Our Sister Killjoy : Or Reflections from a Black-eyed Squint*이다. 이 작품은 '표준영어를 구사하도록 교육받은 가나의 씨씨라는 흑인 여성이 유럽을 여행하면서 겪는 경험담을 다룬다. 신식민화된 아프리카 국가의 여성이 유럽의 심장부 속으로 들어간다는 점에서 종종 조셉 콘래드의 『암흑의 핵심』(*Heart of Darkness*)과 대비되어 회자되곤 한다.

하는가? 그 말에 동의하지 않는다는 것은 무슨 의미인가? 거북함을 조성하는 것은 거북한 존재로 읽힐 수 있다는 것이다. 공공의 편의를 유지하는 것은 어떤 신체가 '그것을 따르도록', 즉 당신이 놓이는 자리에 동의하도록 요구한다. 자리 지어지는 것을 거부하는 것은 골칫거리로 비치거나 다른 사람들에게 불편을 일으키는 것으로 비칠 수 있다는 의미일 수 있다. 우리가 어떻게 좋은 느낌과 나쁜 느낌을 갖는가에 대하여 정치적인 투쟁이 있다. 그런데 그것은 누가 누구에게 어떤 감정을 유발하는가에 대한 아주 단순한 질문을 둘러싸고 머뭇거린다. 느낌은 우리가 공간과 상황, 극적인 사건을 기술하는 바로 그 방식으로 인해 어떤 몸속에 갇혀 옴짝달싹하지 못할 수 있다. 그리고 몸은 그것들이 어떤 느낌에 연합되는지에 따라 옴짝달싹하지 못할 수 있다.

약속의 방향

앞서 나는 우리가 행복한 대상을 공유하면 올바른 길로 향한다고 말하였다. 하지만 우리는 어떻게 그러한 대상을 발견하는가? 다시 로크로 돌아가, 행복에 대한 그의 이야기를 우리는 아주 우연한 일이라고 말할 수 있을 터이다. 우리가 우연찮게 포도를 발견하고 우연히 기막힌 맛을 느낀다. 만일 다른 이들도 같은 식으로 포도의 맛을 알게 된다면, 우리는 기쁨의 대상을 공유하게 된다. 하지만 행복이 하나의 목적-중심적인 지향성과 관련되면, 행복은 이미 어떤 특정한 것들과 결합된다. 어떤 것들이 우리에게 행복을 지시해 주기 때문에 우리는 그것들에 도달한다.

대상과 조우하기도 전에 어떻게 정동을 가질 수 있는지를 설명하려면, 정동과 인과성의 문제를 생각해 볼 필요가 있다. 니체는 『권력에의 의지』에서 인과성의 속성은 회고적이라고 주장한다(1968, 294~95).[9] 우리는 우리의 발 옆에 놓인 못 때문에 고통을 경험하는 것 같다고 생각할 수 있다. 그런데 우리가 그 못을 의식하는 것은 오직 어떤 정동을 경험할 때뿐이다. 우리는 대상을 찾아 나선다. 혹은 니체가 기술하듯이, "왜 우리가 이런저런 방식으로 느끼는지에 대한 하나의 이유를 사람이나 경험 속에서 찾게 된다"(354). 하나의 정동을 하나의 대상으로 돌리는 바로 이러한 경향은 이미 주어져 있는 "연합의 가까움"에 의존한다. 우리는 하나의 대상을 한 정동의 원인으로 파악한다(그 못은 고통-원인으로 인식되지만, 이것이 우리가 못을 파악하는 유일한 방식은 아니다.). 어떤 마주침의 근접성은 그 마주침보다 오래 남을 수 있다. 다시 말해, 정동과 대상 사이의 근접성은 습관을 통해 보존된다.

---

9. [옮긴이] 니체는 인과론을 일종의 언어적인 습관으로 보고 있다. 이 대목에서 아메드는 니체의 이 책에서 많은 영향을 받고 있음을 알 수 있다. 이해를 위해 길지만 몇 구절 인용해 둔다. : "모든 판단 속에는 주어와 술어에 의한, 혹은 원인과 결과에 의한 완전한, 충실한 깊은 신앙이 숨어 있다(즉, 모든 결과는 활동이며 또한 모든 활동은 활동자를 전제한다는 주장으로서.) …… 내가 어떤 것에 주의를 기울여 그 근거를 탐구한다는 것은 근원적으로 거기에 있는 어떤 의도를, 특히 의도를 지니고 있는 무엇인가를, 하나의 주체를, 하나의 활동자(Täter)를 탐구한다는 것에 다름 아니다. 즉, 모든 사건은 하나의 행동(Tur)인 것이며 …… 〈왜〉라는 질문은 언제나 목적인(causa finalis)을, 〈무엇 때문에?〉를 묻는다. 우리는 〈동력인의 감각〉(Sinn der causa efficiens)을 전혀 갖고 있지 못하다. 여기서는 흄이 옳다. 습관이, 이따금 관찰된 어떤 사상(事象, Vorgang)은 다른 사상에 잇달아 일어난다는 것을 기대하게 만드는 것이며 그것 이상의 아무것도 아니다. …… 언어상으로 우리는 인과라는 것에서 결코 벗어날 수가 없다. …… 이른바 인과성의 본능은 행해지고 있지 않은 것에 대한 공포에 불과하며, 그 자체 속에서 무언가 이미 알고 있는 것을 발견하려는 시도에 지나지 않는다 ― 원인의 탐구가 아니라 이미 알고 있는 것의 탐구이다."(니체, 『권력에의 의지』, 강수남 옮김, 청하, 1988, 334~36)

니체는 우리에게 대상과 정동 사이의 유대의 형식을 인지하게 함으로써 그 유대를 느슨하게 하는 데 도움을 준다. 아무리 우리가 그 대상을 그 느낌의 원인으로 치부하더라도, 그 대상이 단순히 그 느낌을 일으키는 것은 아니다. 대상은 회고적으로 느낌의 원인으로 이해된다. 대상과 그 정동 사이의 연합이 이미 주어져 있는 점을 고려하면, 나는 단지 못을 보기만 해도 하나의 고통 정동을 경험하게 된다. 대상이 하나의 느낌-원인이 된다. 일단 하나의 대상이 하나의 느낌-원인이 되고 나면, 그것은 느낌을 일으킬 수 있고, 그렇게 해서 우리가 그 느낌을 느낄 때, 우리는 확인하는 느낌을 느끼리라 기대한다. 니체가 말하는 정동의 회고적 인과성은 우리가 예상적 인과성anticipatory causality이라고 부를 수 있는 것으로 재빨리 변환된다. 심지어 대상이 우리 자신의 경험에서 비롯된 것이 아닌 근접성의 가치까지 지닌다면 우리는 회고적이지 않은 정동까지 예상할 수 있다. 예를 들어, 한 아이는 어떤 대상에 닿기 전에 미리 그 곁에 가지 말라는, 두려움을 일으키는 말을 들을지도 모른다. 몇몇 사물은 다른 것에 비해 가까이하면 더 '두려운' 것으로서 만나게 된다. 이것이 바로 우리가 이방인의 위험 담론에서 보이는 예상적 논리를 이해할 수 있는 방식이다(아메드 2000을 보라).

그래서 좋은 것이 즐거움의 원인이 되기에 적당하다고 말하기보다는, 즐거움을 일으키기에 적당한 것이 이미 좋은 것으로 판가름 나 있다고 할 수 있다. 이러한 주장은 포도를 사랑하는 것은 포도의 맛이 기막히기 때문이라는 로크의 설명과 다르다. 나는 지금 어떠한 대상들을 '행복한' 것으로 보는 판단은 이미 내려져 있다는 의견을 제시하고 있다. 어떤 대상들은 행복의 원인이 된다고 치부되고 있는데, 이는 우리가 그것을 '우연히 만나기' 전에 그것이 이미 사회적 선[재화]으로 순환하고 있음을 의미한다. 그리고 이 점은 우리가 그것을 먼저 만나게 되는 이유이기도 할 것이다.

　다시 말해, 우리는 행복이 이런저런 대상의 근접에 뒤따라 올 것이라고 예상한다. 한 대상이 우리에게 무엇을 줄 것인가에 대한 예상은 또한 우리가 받고 싶은 것에 대한 기대이기도 하다. 어째서 우리는 그토록 많은 것을 기대하게 되는가? 결국, 예상은 만사를 실망스럽게 만들 수 있다. 만일 우리가 대상에게 얼마나 정동될지에 대한 기대를 품고 그 대상에 도달한다면, 이는 결국 그것이 우리에게 어떻게 정동하는지에 영향을 끼친다. 그것이 우리의 기대에 부응하지 못하는 때라 해도 마찬가지이다. 행복은 뒤에 올 일에 대한 기대이다. 여기서 기대는 지금 대상으로 존재하든 존재하지 않든 모든 것을 구별 짓는다. 예를 들어, 한 아이가 자기의 결혼식처럼 '네 인생에서 가장 행복한 날'인 미래의 어떤 사건을 상상하면서 행복을 상상해 보라는 말을 들었다고 해 보자. 바로 이 때문에 행복이 주어지지 않을 때조차도 행복은 실망을 제공할 정서적 배경이 된다. 우리는 단지 '이러 저러한 것'이 실망의 대상으로 경험될 수 있기 위해 '이런 것이나 저런 것'에서 행복을 기대해야 하는 셈이다.

　행복의 분명한 우연성은 질적인 차이를 가질 수 있다. 즉, 우리가 행복의 대상을 단순히 어디에서나 발견하는 것은 아니다. 내가 『퀴어 현상학』*Queer Phenomenology*(2006)에서 주장했듯이, 하나의 삶이 좋은 삶으로 간주되려면 그것은 사회적 좋음으로 약속된 방향을 취함으로써 그 삶의 빚을 갚아야 한다. 이는 한 사람의 미래성을 삶의 과정 중에 어떤 지점에 도달한다는 식으로 상상한다는 것을 의미한다. 그래서 행복의 약속은 삶이 다른 길이 아닌 특정한 길을 가도록 방향 짓는다.

　우리의 기대는 어딘가에서 온다. 기대의 계보학을 사유하는 것은 약속들에 대해 사유하는 것이며, 그것들이 어딘가를 가리키는 방식에 대해 사유하는 것이다. 그곳은 우리가 많은 것을 기대하는 '그 어디'이다. 그래서 우리는 행복은 어떤 대상들에 가까이 있음을 통해 약속된다고 말할 수 있다. 대상은 단지 물리적인 혹은 물질적인 사물만을 의미할 뿐만 아니라, 우리를 행복으로 이끌어 줄 것이라고 상상하는 모두를 의미한다. 가치 있다고 생각되는 대상들과 실천, 스타일뿐만 아니라 포부들도 포함된다. x라는 사물을 가지는 것뿐 아니라 x라는 일을 하는 것도 우리에게 행복을 약속하는 일일 수 있다. 행복의 약속은 이와 같은 형식을 띤다. 즉, 만일 당신이 이것이나 저것을 가지거나 이것이나 저것을 행한다면, 행복은 뒤따라온다.

행복은 단지 특정한 대상에 의하여 약속되는 것만이 아니다. 그것은 또한 우리가 다른 사람들에게 사랑의 표시로 주겠다고 약속하는 것이기도 하다. 나는 특히 "나는 단지 네가 행복하길 바랄 뿐이다"라는 발화행위에 관심이 많다. "단지" 행복하기를 바란다는 것이 대체 무슨 의미인가? 한편으로, 아이의 행복에 대한 염원은 어떤 자유를 제시하는 것처럼 보인다. 가령, "난 네가 이런 사람이 되거나, 혹은 저런 일을 하는 것을 바라지 않아. 단지 네가 행복할 수 있는 '무엇이든' 되거나 하기를 바란다"고 말한다. 아이의 행복에 대한 염원은 미래의 결정 내용이 어떻든 상관치 않는, 어떤 무심한 자유를 주는 것처럼 보인다.

퀴어 자녀의 심리극을 예로 들어보자. 당신은 퀴어 아이가 많은 부모에게 불행한 대상이라고 말할지도 모른다. 그 아이의 커밍아웃에 대한 몇몇 부모들의 반응을 보면, 이러한 불행은 그 아이가 퀴어라는 사실 자체에 대해서 불행한 것이라기보다, 그 아이의 불행에 대해 불행한 것으로 표현된다. 퀴어 소설은 이런 장면들로 가득 차 있다. 낸시 가든의 레즈비언 소설

『내 마음의 애니』(1982) 속에 나오는 다음과 같은 대화에서 이러한 점이 잘 드러난다.

"라이자." 아버지가 말했다. "내 너한테 말했잖니. 내가 너를 지지할 거라고. 또 나는……하지만 얘야……이 말은 꼭 해야겠구나. 음, 아마도 내가 네 엄마를 너무나 사랑해서겠지, 나는 게이인 사람들이 그리 행복할 수 있을 거라고 생각해본 적이 한 번도 없단다. 하나로 만들어 줄 아이도 없고, 진짜 가족의 삶이 아니지. 얘야, 넌 아주 훌륭한 건축가가 될 거야. 하지만 나는 네가 다른 면에서도 행복하길 바란단다. 네 엄마처럼, 남편과 아이도 갖고. 난 네가 둘 다 잘할 수 있다는 걸 알아.……" 난 행복해요, 라고 나는 아버지에게 눈으로 말하려고 애썼다. 난 애니와 함께 있어 행복해요. 그녀와 내 일이 내가 필요로 하는 전부예요. 애니도 행복해요. 이 일이 있기 전까지는 우리 둘 다 그랬어요, 라고.

아버지는 자기가 상상한 미래를 필연적이고 불가피한 불행과 동일시하는 행위를 하고 있다. 자식이 잃게 될 것에 대한 슬픔 속에서 일어난 그러한 동일시는 퀴어의 삶이 이미 불행한 삶으로, 당신을 행복하게 만들어 줄 만한 '것들'(남편이나 아이들)이 없는 삶으로 정해져 있다는 사실을 환기시켜 준다. 자식의 행복에 대한 욕망은 결코 무심하지 않다. "나는 단지 네가 행복하길 바랄 뿐이야"라는 발화행위는 상상된 무심함의 바로 그 순간에 방향성을 가진다고 할 수 있다.

그 딸에게, 말할 수 있는 것이라곤 두 눈밖에 없다. 그래서 그 눈은 행복과 불행에 대하여 다른 이야기를 하려고 애쓴다. 그녀는 자신의 대답에서 분명히, 행복을 주장한다. 그녀는 "애니와 함께 있어" 행복하다. 이는 곧 그녀가 전념할 수 있는 이 관계와 이 삶이 있어서 그녀가 행복하다는 말이다. 그녀는 이 일이 있기 "전까지는" 우리가 행복했다고 말하는데, 이 "전까지는" 은 아버지가 반대한다는 뜻을 밝히는 순간을 뜻한다. 여기서 불행한 퀴어는 불행하다고 판단되는 퀴어이다. 아버지의 발화행위는 딸의 결정에 불가피하게 수반되는 결과일 것이라고 상상되는, 매우 정동적인 상태인 불행을 창조한다. '이 일'이 발생하자, 불행이 정말로 뒤따른다.

가족 내의 사회적 갈등은 '무엇'이 사람들을 불행하게 만드는가에 대한 서로 대립하는 해석을 둘러싸고 전개된다. 그래서 감정이 공유되거나 일반화된 상황에서(우리는 모두 불행할지 모른다) 바로 그러한 불행에 대한 해석 때문에 반감이 생겨나고, 그 반감은 기분 나쁜 느낌의 원인을 다른 데로 돌리며(이것이 변환점이다), 이로 이해 결국 그 상황에 대한 책임은 다른 곳에 놓이게 된다. 아버지는 딸이 퀴어가 되면 불행해질 것이라고 생각해서 불행하다. 딸은 아버지가 자기가 퀴어라서 불행해하니까 불행하다. 아버지는 딸이 불행해하는 것을 보면서 그녀가 퀴어니까 불행해질 것이라는 자기 입장이 맞다는 증거라고 확신하다. 행복한 그 퀴어는 이 지점에서 불행해진다. 다시 말해, 불행한 퀴어는 퀴어를 불행하다고 읽는 세상에 의해 불행해질 수 있다. 그리고 확실히 가족은 퀴어 아이의 불행을 강조함으로써 겨우 행복한 대상으로, 즉 행복을 줄 것이라고 예상되는 존재로 명맥을 유지할 수가 있다.

다른 소설인 아바 도워사Abha Dawesar의 『바비지』*Babyji*(2005)를 보자. 인도가 배경인 이 소설은 재미있고 영리하며 활기차고 섹시한 10대인 아나미카 샤르마의 시점에서 그려진다. 그녀는 세 여성을 유혹하는데, 그녀가 인디아라고 이름 붙인 나이 든 이혼녀와, 라나라는 어린 하녀, 그리고 그녀의 학교 친구인 쉴라가 그들이다. 이 책에서 우리는 행복이 아나미카가 자신의 욕망을 포기해야 하는 근거로 사용되는 것을 보지 못한다. 오히려, 행복이 처음으로 발화행위로 사용되는 것은 상당히 퀴어적인 성격을 띤다. "나는 떠나면서, '난 당신을 행복하게 해 주고 싶었어요'라고 말했다. 인디아는, '넌 나를 행복하게 해 주었어'라고 말했다. '아니요, 난 그런 방식을 말하는 게 아니에요. 잠자리에서 말이죠'"(31). 아나미카는 그녀의 애인을 행복하게 해 주고 싶은 자기의 욕망을 일반적인 방식인 "그런 방식"과 분리한다. 아마도 사람들이 다른 이들에게 좋은 삶을 제공하길 원하는 것으로 그들을 행복하게 만들길 욕망하는 그런 방식 말이다. 대신에 그녀는 "잠자리에서" 인디아에게 쾌락을 일으키면서 행복하게 해 주길 원한다. 아나미카는 행복에다 좋은 삶으로 간주될 특정한 이미지를 보장하는 힘을 부여하길 거부한다.

『바비지』는 확실히 쾌락의 도착적 잠재성에 대한 소설이다. 이 말은 아나미카가 반항할 필요가 없다거나 갈등에 빠지지 않는다는 뜻이 아니다. 갈등은 아버지와 퀴어인 딸의 관계를 중심으로 일어나고, 다시 행복의 문제로 돌아온다. 아나미카는 그녀의 아버지에게 말한다. "아버지는 차를 좋아하죠, 나는 커피를 좋아해요. 나는 물리학자가 되고 싶지만, 비두르는 군대에 가고 싶어 하죠. 난 결혼하기 싫지만, 엄마는 했어요. 어떻게 같은 공식이 우리 모두를 행복하게 하죠?" 이에 그녀의 아버지가 대답한다. "결혼하기 싫다는 말이 무슨 뜻이냐?"(177). 아나미카는 내가 행복한 대상 선택의 저마다 다른 특성이라고 말한 점을 인식하고 있다. 각각 다른 사람들은 각각 다른 것들로 인해 행복해지며, 우리는 다양하게 좋아하는 것과 싫어하는 것을 가진다. 결혼도 다른 것들과 마찬가지로 하나의 행복한 대상선택일 수 있다. 결혼을 사람들이 좋아할 수도, 좋아하지 않을 수도 있는 일에 포함시키는 것에 대해 아버지는 걸고넘어지고, 이는 급기야 퀴어의 욕망을 대화의 흐름을 단절시키는 문제로 바꾸어 버린다.

이 대화는 저마다의 대상선택이 얼마나 동등하지 않은지, 결혼할지 말지와 같은 일부 선택들은 얼마나 단지 저마다 특이한 선호의 차이로 표출될 수 없는지를 보여 준다. 그런 대상선택들은 각자 좋아하는 것이 하나의 공유된 형태로 결집되는 친밀성의 지평 너머로 우리를 데려가기 때문이다. 이 소설은 일종의 퀴어 자유론, 즉 퀴어 주체가 그녀 자신의 방식으로 자유롭게 행복할 수 있는 방식을 부각시키고 있는 것처럼 보이긴 하지만, 이 소설이 환기시키는 것은 그러한 자유론의 한계이다. 그것은 결혼과 좋은 삶과의 융합이 퀴어의 일탈에 대한 반응으로서 얼마나 완강히 유지되는가를 보여 준다. 그 퀴어가 행복하게 결혼을 넘어서거나, 자신의 행복에 대한 희망을 가족으로 환원시키길 거부할 수 있을지 몰라도, 그로 인해 그 퀴어가 행복을 약속받을 것이라는 결론은 뒤따르지 않는다. 비록 우리는 행복의 약속 없이 살아갈 수 있고, 또 매우 '행복하게' 그렇게 살 수 있지만, 다른 사람들에게 불행의 원인이 된 결과로 그렇게 사는 셈이다.

행복, 자유, 상처

"나는 단지 네가 행복하길 바랄 뿐이다"라는 발화행위는 가족의 기조를 재생산[10]하지 못하는 것을 불행의 원인으로 치부함으로써 행복한 가족을 보호한다. 이 말은 행복한 가족이 행복의 자리를 오직 재생산에 둔다는 뜻이 아니다. 나는 가족이 그 기조로부터 자유롭게 일탈할 수 있다는 환상을 만들어 냄으로써 행복한 대상으로서의 위치를 유지하는 방식을 탐구해 보고자 한다. 어느 이주민 가족에 대한 행복하고 '느낌 좋은' 영화인 〈베컴처럼 감아차라〉Bend It Like Beckham(2002)를 보도록 하자. 가장 충격적인 점 중 하나는 이 영화의 갈등 혹은 장애물이 아버지가 딸에게 말하는, "나는 단지 네가 행복하길 바랄 뿐이다"와 유사한 형태의 발화행위로 해결된다는 점이다. 이 발화행위가 어떻게 이야기의 방향을 지시하는가?

이 질문에 답하기 위해 우리는 이 영화의 갈등, 혹은 해피엔딩의 장애물을 살펴볼 필요가 있다. 이 영화는 런던의 하운즐로우에 사는 시크교도인 인도 이주민 가족을 다룬다. 두 딸 중 하나인 제스는 축구에 소질이 있다. 행복에 대한 그녀의 생각은 베컴처럼 감아차기를 잘하는 것이다. 그렇게 하려면 그녀는 인도 소녀들이 할 수 있는 것에 대한 규범을 에둘러 가야bend 11 한다. 그녀의 부모는 그녀가 좋은 인도 처녀가 되기를 바란다. 특히 그들의 다른 딸인 핀키가 결혼할 즈음이라 더 그렇다. 행복한 결혼 행사가 되려면 그 가족들은 어떤 특정한 방식으로, 가문의 전통을 재생산하는 것을 보여줄 필요가 있다. 또 부모와 딸 사이의 세대 갈등은 문화의 요구들 사이의 갈등으로 재현되기도 한다. 바로 제스가 "아무나 알로고비[인도커리

---

10. [옮긴이] reproduction. '재생산'이라는 말은 일반적으로 '가족의 계보를 이어간다'는 뜻으로 쓰이지만, 여기서는 다른 사람에게 보이는 행복한 가족의 이미지나 분위기를 '양산'한다는 뜻으로 쓰고 있다.

11. [옮긴이] 여기서 영화의 제목에 사용된 축구 용어인 'bend'를 전유하고 있다. 'bend'는 축구에서 감아차기를 뜻하는 말이면서, 동시에 어떤 일에 유연하게 대처하면서 문제를 해결한다는 뜻도 지닌다.

의 일종)를 요리할 수 있지만, 과연 누가 베컴처럼 감아차기를 잘할 수 있을
까요?"라고 말할 때이다. 이러한 대조는 '알로고비를 요리하는 것'을 진부하
고 관습적인 것으로서, 다른 세계인 인기와 개인주의, 재능의 세계와 반대
편에 상정한다.

  문화 차이에 대한 이러한 질문을 잠시 제쳐 두어야 이 영화를 읽는 것
이 가능하다. 우리는 이 이야기를 딸의 저항에 대한 것으로, 그리고 좋은
삶을 산다는 것이무엇을 의미하는지에 대한 그녀의 재-서술에 타당성을
부여하려는 시도로 읽을 수 있다. 우리는 제스기 '득점'을 기록한 뒤, 다른
사람들이 행복을 발견할 것으로 기대하는 곳이 아닌 다른 곳에서 그녀가
행복을 발견할 때 그녀를 응원하게 된다. 우리는 제스의 자유에 대해, 행복
한 아내가 되라는 요구를 거절하는 그녀에 대해 행복해한다. 우리는 이 영
화가 부모의 기대를 뒤로하고 남이 가지 않는 길을 갈 때 행복이 뒤따른다
는 사실을 보여 주는 영화라고 찬사를 보낸다. 하지만 물론, 그런 읽기만으
로 부족하다. 그런 읽기는 이러한 자유의 이미지를 가진 행복이 우리를 '어
디로' 데려갈지에 대한 읽기를 제공해 주지 못할 것이다.

  이 영화에서 절정이라 할 만한 순간은 축구 결승전과 핀키의 결혼식이
동시에 일어나는 때이다. 이러한 동시발생이 문제를 일으킨다. 제스는 두 사
건에 한꺼번에 참가할 수 없다. 불행은 그 결혼식에서 제스가 얼마나 '그곳
에 집중하지 못하는지'를 보여줄 때 드러난다. 그녀는 자신이 있고 싶은 곳
에 있지 않아서 불행하다. 그녀는 축구 경기에 가길 원한다. 우리도 그녀가
그곳에 가기를 바라기 때문에 그곳에 붙잡혀 있는 불공평함에 감정을 동
일시하게 된다. 이때, 제스가 우울해하는 바로 순간에, 그녀의 친구 토니가
끼어들어 그녀가 가야 한다고 말한다. 그러자 제스는, "나는 그럴 수 없어.

토니, 저분들이 얼마나 행복해하는지 봐. 나는 저분들의 행복을 망치고 싶지 않아"라고 대답한다. 이 순간에 제스는 부모의 행복에 동일시함으로써 자신의 불행을 받아들인다. 행복에 대한 그녀 자신의 욕망은 잠시 제쳐 둔다. 그런데 그녀의 아버지가 그녀의 말을 엿듣고 나서 말한다. "언니가 저리 행복해하는데 넌 꼭 네 아버지 장례식에라도 온 것 같구나……네가 언니 결혼식에서 웃는 걸 볼 수 있는 방법이 그것뿐이라면, 지금 가거라. 하지만 네가 돌아왔을 땐, 결혼 비디오에 네가 행복해하는 모습이 찍혔으면 좋겠다." 제스의 아버지는 그녀가 행복해하는 모습을 보길 바라기 때문에 그녀가 가도록 허락한다. 이는 또한 그가 다른 사람들이 그 가족이 행복해하는 모습을, 즉 서로 행복을 주고받는 모습을 보길 바란다는 뜻이다.

제스의 아버지는 자기 딸의 불행에 무심할 수 없다. 나중에 자기 아내에게, "아마 당신은 시무룩한 그 애를 달랠 수 있었겠지만, 나는 못 하겠더군"이라고 말한다. 어떤 점에서, 딸의 행복에 대한 이러한 욕망은 딸이 '어디에' 가는지에 대한 무관심을 수반한다. 그렇지만 이 영화의 관점에서, 행복에 대한 욕망은 무심한 것과는 거리가 멀다. 사실 부분적으로 이 영화는 이러한 자유의 선물이 띠는 분명한 무심함을 '지시'함으로써 작동한다. 결국 이 순간은, 영화에서 제시하는 행복한 대상과는 어긋나는 아버지의 욕망(제스가 경기하는 것을 바라지 않음)이 그것과 일치하는 욕망(그녀를 가게 함)으로 '변환'하는 순간이며, 이로 인해 이 영화는 해피엔딩을 맞게 된다. 중요한 점은, 그 해피엔딩은 곧 행복한 대상의 일치라는 것이다. 딸들도 행복하고(그들은 자기가 살고자 하는 삶을 살고 있다), 부모도 행복하다(자기 딸들이 행복하므로), 그리고 우리도 행복하다(그들이 행복하므로). 좋은 감정은 이러한 정렬의 '지점들'과 연루된다. 우리는 긍정적 정동이 이

'변환점'에 선 제스와 조 (《베컴처럼 감아차라》의 한 장면)

영화를 봉합하면서 세대 간의 갈등과 문화적 갈등을 해소한다고 말할 수
있다. 제스가 축구 경기에 참가하도록 허락받자마자, 그 두 세계가 공유하
는 향유의 순간에 '함께한다.' 두 딸의 관점에서 행복한 대상은 서로 다르지
만(축구와 결혼) 그것들은 우리가 같은 지점에 도착하게끔 해 준다.

　　그러나 아직, 이 영화는 좋은 감정이 머무르게 되는 대상들에 동등한
가치를 부여하지 않는다. 제스의 행복은 언니인 핀키의 행복과 대조된다.
핀키는 영화 내내 덜 바람직한 인물로 조소를 받을 뿐 아니라, 자기가 바라
는 방향에 대한 확신이 떨어지는 인물로서도 비웃음을 산다. 핀키는 제스에
게 왜 "이것"을 원하지 않는지 묻는다. 제스는 뭔가 다른 것을 원한다고 말
하지 않는다. 그녀는 자기가 뭔가 "더" 원하기 때문이라고 말한다. "더"라는
이 말은 오래 남아 있다가, 상상된 미래의 '플래쉬 장면들'을 보여 주는 이 영
화의 엔딩을 이룬다(핀키의 임신, 제스와 그녀 경기팀의 사진들, 그녀와 그
녀의 축구 코치 조와의 사랑, 줄스와의 우정). 제스가 축구 결승전에 참여
하기 위해 준비하는 과정을 보여 주는 장면에서, 카메라가 위로 돌며 비행

기를 보여 준다. 디아스포라 영화들에서 종종 그렇듯이 이 영화에서도 비행기가 곳곳에 등장한다. 〈베컴처럼 감아차라〉에서 비행기는 높이 올라가서 멀어지는 것을 의미하는 비행의 기술로서 중요성을 가진다. 이 영화에서 행복은 '높이 그리고 멀리' 가는 것에 의해 약속된다. 축구를 하려는 욕망, 전국대회에 참여하려는 욕망은 하나의 세계를 뒤로하고 떠나는 것으로 읽힌다. 이 영화는 제스의 행복한 대상들을 병치함으로써 이러한 욕망이 더 좋은 결과를 가져다준다는 점을 제시한다.

한편 우리는 자유의 서사가 가지는 '지시된' 본성을 읽어 내는 중에 이 영화가 어떻게 더 넓은 공적인 선의 담화와 연결되는지 생각할 필요가 있다. 영화는 제스에게 원하지 않는 삶을 살도록 압박하는 그 이주민 가족 속에 '압박점'pressure point을 위치시킨다. 하지만 많은 이주민 개인과 가족은 통합의 압박 아래 놓여 있으며, 통합은 지금 영국에서 사람들이 "좋은 인종 관계"라고 일컫는 것에서 핵심 사항이다. 비록 통합의 정의가 '당신의 문화를 뒤로하고 떠나는 것'은 아니지만(적어도 공식적으로는 그렇다), 새로운 국민 혹은 앞으로 국민이 될 사람들이 이미 주어져 있는 일반 문화를 껴안아야 한다는 요구로서 들쑥날쑥 유포되어 있다. 이러한 맥락에서 전국대회와 자신을 동일시하는 그 이주민 딸은 하나의 국민적 이상이다. 가족의 관습에서 일탈한 '행복한' 딸은 통합에 대한 약속의 기호가 되는 것이다. 이주민 가족에서 관습을 따르지 않는 딸이 사회적 희망에 대한 하나의 관습적 형태를 제공하는 것일는지 모른다.

불행의 원인으로 재현되는 인물은 바로 그 아버지이다. 우리는 딸의 행복을 동일시함으로서 또한 불행의 원인이 아버지의 불행에 있었다는 점을 알게 된다. 그래서 영화의 초점은 아버지를 변환시키는 것이다. 이 영화에서 변환점은 무엇인가? 여기서 우리는 제스의 아버지가 말하는 두 가지 발화에 주목할 수 있다. 하나는 영화 초반에 나오고 두 번째는 말미에 나온다.

내가 나이로비에서 십 대를 보낼 때 나는 우리 학교에서 가장 빠른 투수였지. 우리 팀은 동아프리카 컵도 땄어. 하지만 이 나라에 오자, 아무것도 아니었어. 클럽의 이 망할 백인 놈들은 내가 쓴 터번을 놀려대고 짐을 싸서 내보냈어.……그녀는 결국 나처럼 실망하게 될 거야.

이 망할 영국 크리켓 선수들이 나에게 개처럼 채를 휘두를 때도 나는 한 번도 불평하지 않았어. 반대로, 나는 다시는 경기하지 않을 거라고 맹세했어. 고통받은 건 누굴까? 나야. 하지만 난 제스가 고통받지 않기를 바라. 그 애가 지 애비와 똑같은 실수를 하지 않았으면 좋겠어. 삶을 받아들이고, 상황을 받아들이면서. 나는 그녀가 싸웠으면 좋겠어. 그리고 이기길 바라.

첫 번째 말에서, 아버지는 자기처럼 고통받지 않기 위해 그녀가 경기하지 말아야 한다고 말한다. 두 번째 말에서는 그는 자기처럼 고통받지 않기 위해 경기해야 한다고 말한다. 이 두 말에 은연중에 담긴 욕망은 딸의 고통을 피하고 싶은 마음으로, 자신의 고통을 반복하지 않았으면 하는 욕망으로 표현된다. 나는 처음 발화에서는 그 아버지가 멜랑콜리하게 재현된다고 주장하고 싶다. 자신의 고통을 떠나보내길 거부하고, 자신의 상실 대상을 함입하려incorporating 하기 때문이다. 제스가 가는 것을 허락하지 않는 것은 멜랑콜리의 증상으로 읽을 수 있다. 즉, 자신의 상처에 대한 완고한 애착

attachment, 혹은 일종의 자기학대의 형태이다(그도 "고통받은 건 누굴까? 나야"라고 말한다). 나는 그의 두 번째 발화는 전국대회에서 경기하길 거부하는 것이 이주민의 고통 이면의 '진실'임을 보여 준다고 주장하고 싶다. 이주민은 그 대회에서 경기하지 않기 때문에 고통받는데, 여기서 경기하지 않는 것은 일종의 자기-배제의 형태로 읽힌다. 제스가 행복하기 위해서는 그녀를 주류사회에 포함되도록 해 주어야 하는데 이것이 그녀를 가도록 허락하는 형식으로 전개된다. 이것이 함축하는 바는, 단지 그는 그녀를 가도록 놓아줄 뿐 아니라 그 자신의 고통, 즉 그의 배제 '지점'이었던 인종차별을 수용함으로써 생겨난 불행을 놓아주고 있다는 점이다.

멜랑콜리한 이주민의 상은 근래의 인종 정치학에서 익숙한 상이다. 멜랑콜리한 이주민은 불행한 차이의 대상들, 가령 터번이나 적어도 터번으로 놀림당했던 기억들을 꼭 붙들고 있는데, 이러한 것이 그 이주민을 인종차별의 역사에 붙들어 맨다. 그러한 차이들은 하나의 통점sore points 혹은 차단점blockage points이 되어 매끄러운 소통의 흐름을 막는다. 멜랑콜리한 이주민은 차이에 완고한 애착이 있을 뿐 아니라, 인종차별에 대해 말하기를 그치지 않는다. 여기서 그러한 말은 통점을 힘겹게 누르고 나오는 것처럼 들린다. 이주민의 의무는 인종차별의 고통을 이해하기 위한 일환으로 인종차별의 기억을 놓아 줌으로써 그러한 고통이 떠나가도록 놓아주는 것이다. 이주민의 상처에 대한 멜랑콜리한 고착은 그 혹은 그녀 자신의 행복에 장애가 될 뿐만 아니라, 미래의 세대와 국민의 행복에도 장애가 되는 것으로 읽힌다. 심지어 이러한 상은 국민적 상상력 속에서 내가 "테러리스트가-될지도 모를-사람들"could-be-terrorist이라고 지칭한 것(아메드 2004a)으로 재빨리 변환될 수도 있다. 그의 분노, 그의 고통, 그의 비참함은 (이 모든 것은 이미 지나간 것으로 보이는 뭔가를 놓아주지 않으려는 한 나쁜 신념의 형태들로 이해된다) '우리의 공포'가 된다.

그러한 두려운 귀결을 피하기 위해서는 이주민은 다른, 더 행복한 대상, 즉 전국대회와 같은 행운을 가져다주는 대상에 애착을 가져야 한다. 이 영화는 이러한 재애착^{reattachment}이 가져오는 행운으로 끝맺는다. 제스는 전문 축구 선수가 되려는 꿈을 이루기 위해 미국에 간다. 미국은 행복추구를 하나의 근원적 목표로 삼는 땅이다. 이러한 재애착은 인종차별의 불행하고 뻔한 경로를 넘어 나아가는 것으로 그려진다. 우리는 여기서 전국대회에서 배제된 아버지의 경험이 제스가 축구 경기장에서 그녀 자신이 맞닥뜨린 인종차별에서 반복된다는 점을 주목할 필요가 있다(사람들은 그녀를 "패키"^{Paki} 12라고 부른다). 이 사건은 그녀가 부당하게 퇴장당하는 것으로 귀결된다. 하지만 이 경우에 제스의 분노와 상처는 서로 달라붙지 않는다. 그녀는 자신의 고통이 지나가게 놓아준다. 어떻게 그녀는 놓을 수 있는가? 그녀가 조에게, "당신은 그 느낌이 어떤지 알 수 없어요"라고 말하자, 그는 "당연히 그 느낌이 어떤지 나는 알아. 아일랜드인이니까"라고 대답한다. 바로 이러한 고통의 동일시 행위가 제스로 하여금 다시 전국대회로 돌아가게 한다(마치, "너하고 똑같지는 않지만, 우리는 모두 고통받고 있어"라고 말하는 것 같다). 이 영화는 인종차별이 상처가 되는지 아닌지가 개인의 선택과 능력에 달려 있다고 제시한다. 우리는 인종차별을 우연히 발생하는 '무엇'으로 지나가게 할 수 있다. 이것은 수완에 따른 능력이자(당신이 수완이 좋다면, 그냥 지나칠 수 있다) 감정이입의 근사한 선물이다. 여기서 인종차별의

---

12. [옮긴이] 파키스탄인이나 인도인을 경멸적으로 부르는 말.

상처는 공통된 기반으로 고쳐 생각된다.

제스와 조 사이의 연애는 재애착의 또 다른 지점을 제공한다. 인종 간 이성애의 수용은 전통적인 화합의 서사에 해당한다. 마치 사랑이 과거의 적의를 극복하고, 내가 백인과 유색인, 백인과 또 다른 인종 사이의 "혼종 가족성"hybrid familiality이라고 부르는 것을 창조할 수 있는 것처럼 보인다. 그러한 근접성의 환상은 다음과 같은 믿음에 전제하고 있다. 우리가 더 가까워지기만 하면, 우리는 하나가 될 수 있을 것이다. 근접성은 하나의 약속이 된다. 이 영화의 행복은 '하나가 됨'에 대한 약속이다. 마치 우리가 백인 남자를 사랑하게 되면 이러한 약속을 공유할 수 있게 될 것 같다.

영화의 결말은 행복한 가족으로 끝이 난다. 이 혼종 가족에서 차이는 서로 화합한다. 이 영화의 가족은 다문화 국가로 이해할 수 있고 평화와 사랑의 공간으로 다시 생각될 수 있다. 이 가족의 '동료감'fellow feeling은 동료애의 감정으로 번역된다. 이렇게 볼 때, 이 영화 속의 아버지는 애초에 '나쁜 아이'의 자리를 차지하고 있다. 그 나쁜 아이는 가족의 기조를 재생산함으로써 나쁜 감정을 극복하는 법을 배워야만 한다. 영화의 마지막 장면인 크리켓 씬을 한번 보자. 알다시피, 이 영화에서 크리켓은 하나의 불행한 대상인 인종차별의 고통과 연합된다. 제스의 아버지는 방망이로 치고, 조는 운동장 앞쪽에서 공을 던지고 있다. 조가 카메라 안으로 들어올 때 그는 미소를 짓고 있다. 그가 몸을 돌리면서 공을 던지고, 그 아버지를 아웃시킨다. 그러자 조는 세러머니를 하면서, 축구에서 고전적인 동작 중 하나인 몸으로 비행기 흉내를 내는 재미난 장면을 연출한다. 앞서 말했듯이, 비행기는 이 영화에서 행복한 대상으로, 비행과 높이 그리고 멀리 나아감과 결부된다. 비행기를 흉내 냄으로써 조는 나쁜 감정(불행한 인종차별)을 좋은 감정(다문화적 행복)으로 변환시키는 행위자가 된다. 바로 이 백인 남자가 그 아버지로 하여금 인종차별에 대한 그의 상처를 놓아주고 크리켓을 다시 시작할 수 있게 하는 것이다. 바로 이 백인 남자가 그 고통받는 이주민을 다시 국민의 우리[fold] 안으로 데려오는 것이다. 그의 몸이 우리의 변환점이다.

긍정적 몸짓의 저편

우리는 행복과 좋은 감정의 매력에서 매력적인 것이 무엇인지 질문할 필요가 있다. 하지만 몇몇 비평가들은 우리가 멜랑콜리아, 고통, 상처에 너무 많은 관심을 가져왔으며 좀 더 긍정적으로 될 필요가 있다고 제안한다. 예를 들어, 로지 브라이도티는 부정성에 초점을 맞추는 것이 페미니즘의 문제가 되었다고 말하면서 좀 더 긍정적인 페미니즘을 요청한다. 그녀는 음산함에 대해 음산한 읽기를 하고 있다. "나는 좀 더 흥겹고 막강한 욕망 개념과, 우울이 아닌 긍정성을 전면에 내세우는 정치경제학을 적극적으로 갈망한다"(2002, 57).

내게 염려스러운 점은 이러한 긍정적 전환이, 나쁜 감정은 퇴행적이고 보수적이며 좋은 감정은 미래지향적이고 진보적이라고 전제하는 바로 그런 좋은 감정과 나쁜 감정 사이의 구분에 사실상 얼마나 의존하고 있는지이다. 나쁜 감정은 과거를 지향하는, 주체로 하여금 미래를 껴안지 못하게 '가로막는' 일종의 완고함으로 비쳐진다. 여기서 좋은 감정은 위로 올라가는 것과 밖으로 나가는 것과 결부된다. 나는 좋은 감정은 개방적이며 나쁜 감정은 폐쇄적이라는 그러한 전제야말로 부정의의 역사적 형태들을 사라지게 만든다고 주장하고 싶다. 우리가 긍정적으로 되어야 한다는 요구는 그러한 역사들을 일종의 멜랑콜리아의 형태로 읽음으로써(마치 당신이 이미 지나간 것을 붙들고 있는 듯이) 그것들을 사라지게 만든다. 이러한 역사는 아직 지나가지 않았다. 우리는 현재에 끈질기게 남아 있는 것들을 놓아주는 중일 것이다. 놓아준다는 건 그러한 역사들을 현재화시키는 것일 터이다.

나는 지금 페미니스트, 반-인종차별주의자, 퀴어 정치학이 행복의 불행한 효과를 지적하는 것 말고는 행복에 대해 말할 것이 없다고 말하려는 게 아니다. 나는 이러한 불행한 효과들을 노출시키는 것이야말로 긍정적이며, 좋은 삶 혹은 나쁜 삶으로 간주되는 것에 대한 대안적인 상상력을 제공한다고 생각한다. 만일 부정의에 정말로 불행한 효과가 있다면, 위의 이야기는 거기서 끝나지 않는다. 불행이 우리의 종착지는 아니다. 되려, 행복한 대상에 대한 정동적 약속에서 소외되는 경험은 우리를 어딘가로 데려간다. 정동 소외자는, 확실히, 우리는 '그냥 한데 어울릴 수 있다는' 희망에서 나쁜 감정을 한쪽에 제쳐 두길 거절함으로써 뭔가 할 수 있다. 그래서 상처가 되는 역사에 대한 관심은 퇴행적인 정향이 아니다. 당신은 계속 나아가기 위해 이러한 선회를 해야 한다. 오히려 멜랑콜리한 주체들, 즉 고통을 놓아주기를 거부하고, 심지어 언제라도 어떤 형태의 흥을 깰 태세가 된 사람들을 사회적 선의 대안적 모델로서 다시 읽고 싶어질지도 모른다.

정동적 사실의 미래적 탄생

위협의 정치적 존재론

브라이언 마수미

미래 최상급

퀘벡에서 가장 냉철하기로 정평이 난 신문[Le Devoir]의 2005년 한 머리기사에는, "다음에 올 대유행성 전염병[1]은 아직 존재하지 않는다"는 제목이 큼지막하게 뽑혀 있다. 그 아래의 커다란 전면 컬러 사진에는, 홀리듯이 순진한 얼굴을 하고 있는 병아리 한 마리가 한 곳을 응시하고 있다. "하지만, 그 위협은 더할 수 없이 현실적[real]이다"(수시 2005).

관찰: 우리는 아직 일어나지 않은 일이 1면 기사의 자격을 갖는 시대에 살고 있다.

인간 감염성이 있는 조류독감은 미래로부터 현재로 와서 우리를 위협

---

1. [옮긴이] pandemic. 세계적으로 전염병이 대유행하는 상태. 세계보건기구(WHO)의 전염병 경보단계에서 최고 위험 등급에 해당하는 말이다. 중세 유럽의 인구 3분의 1을 앗아간 흑사병이 이에 해당하며, 최근에는 2009년 6월 '신종플루'로 불린 인플루엔자에 대해 '판데믹'이 선언된 바 있다.

하는, 존재하지 않는 많은 실체 중의 하나에 불과하다. 우리는 아직 일어나지 않은 일이 1면 머리기사에 오를 뿐만 아니라, 간간이 실제로 일어난 일보다 요란한 우위를 차지하는 시대에 살고 있다. 한때는 '어제'가 기자들이 우려먹는 기삿거리의 주축을 담당했다. 오늘날에는 '어제'가 내일의 뉴스의 광채 때문에 빛이 바랜 듯하다. 지난 천 년의 끄트머리에 그의 취임이 존재치 않는 다른 색깔의 세균 때문에 그늘지고 있던 한 미래의 대통령[2]이 "우리 모두가 과거는 지나갔다는 데 동의하리라 생각합니다"라고 예언했다.

물음:어떻게 아직 일어나지 않은 일의 비존재가 지금 완전히 끝났다고 관찰되는 것보다 더 현실적일 수 있는가?

위협은 미래로부터 온다. 그것은 다음에 올지도 모를 그런 것이다. 그것이 발생할 장소와 궁극적 규모는 규정할 수 없다. 그것의 성격은 끝이 열려 있다[알 수 없다]open-ended. 이 말은 단지 그것이 존재하지 않는다, 결코 끝나지 않는다는 의미가 아니다. 우리는 결코 그것을 끝낼 수 없다. 설사 분명하고 당면한 위험이 현재에 구체적으로 드러났다 해도 그것은 여전히 끝난 것이 아니다. 더 심한 상황 이후에라도 항상 잠들어 있는 다음의 잠재적 가능성이 있으며, 그 뒤에 다시 훨씬 더 심한 다음의 잠재성이 있다. 그러한 다음의 잠재성이 지니는 불확실성은 어떤 주어진 사건에서도 다 소진되지 않는다. 항상 불확실성의 잔여분, 다 소진되지 않은 위험의 잉여가 있다. 현재는 미래로 향해 되돌아가는, 즉 스스로 갱신하는self-renewing 다음 사건에 대한 미결정적인 잠재성의 잉여가 잔존하면서 그로 인해 그늘이 드리워진다.

---

2. 조지 W. 부시. 『달라스 모닝 뉴스』, 5월 10일자, 2000. Miller 2002, 251에서 인용.

스스로 갱신하는 잠재적 위협은 위협의 미래 현실[실재]reality이다. 그것은 더할 수 없이 현실적이다. 잠재력의 면에서 그것의 미래 운용은 이미 실제로 발생했던 일보다 훨씬 더 현실적이다. 위협은 그것의 비존재에도 불구하고 현실적인 것이 아니라, 바로 그 때문에 가장, 즉 최상급으로 현실적이다.

관찰: 미래의 위협은 영원하다.

과거 미래들

되감기: 때는 2004년 여름이다. 조지 W. 부시가 대통령 재선을 위한 선거 홍보를 펼치고 있다. 그는 이라크 전쟁에 대해 방어하는 중이다. 그의 정부가 그 침략을, 특히 사담 후세인이 대량 살상 무기 저장고를 소유했다는 혐의를 입증하기 위해 내세운 이유가 실제로 아무런 근거가 없다는 점을 인정하라는 여론이 그를 압박해 오고 있기 때문이다. 처음으로 부시는 그 증거를 면밀히 검토해 온 사람들이 밝힌 사실들을 인정한다. 하지만 그는 더 나아가 그 침략에 대한 사실적 근거의 부족이 그가 잘못된 판단을 내렸다는 걸 의미하지 않는다고 주장한다. "비록 우리는 무기 더미를 발견하진 못했지만 나는 우리가 이라크로 들어간 것이 옳았다고 믿습니다. 우리가 그렇게 했기 때문에 미국은 지금 더 안전합니다. 우리는 공공연한 미국의 적을 제거했고, 그들은 대량살상 무기를 생산할 능력을 가지고 있었어요. 그리고 그런 역량은 그 무기들을 손에 넣길 원하는 테러리스트들에게 넘어갈 수도 있었겠죠"(슈미트와 스티븐슨 2004, A9).

그 침략은 옳았다, 왜냐하면 과거에 미래의 위협이 있었기 때문이다. 그 같은 '사실'을 지울 순 없다. 단지 잠재적 위협이 명확한 현재의 위험으로 드러나지 않았다고 해서 그것이 거기에 존재하지 않았다는 의미는 아니다. 비존재이기에 훨씬 더 실재적이다. 현실화되지 않은 위협의 '최상급' 미래성은 과거로부터, 닭장 속의 닭의 모습으로 미래로, 그 사이에 끼인 모든 현재를 거쳐 나아간다. 그 위협은 영원토록 실재적이게 되어 있을 것이다will have been real [3]

그것은 실재적이라고 느껴졌기 때문에 실재적이게 되어 있을 것이다. 위협이 존재했든 하지 않았든, 그 위협은 두려움의 형태로 느껴졌다. 실제로 실재하지 않는 것이 존재하는 것처럼 느껴질 수 있다. 위협은 현재에 임박한 현실성을 가진다. 이러한 실제적 현실성은 정동적이다.

두려움은 어떤 위협적인 미래의 현재에 속하는 예상적 현실이다. 이것은 존재하지 않는 것에 대해 느껴진 현실이며, 그 문제의 정동적 사실affective fact로서 어렴풋이 드러난다.

한 번 비존재하는 현실은, 언제나 비존재하는 현실이다. 과거의 예상은 여전히 하나의 예상이며, 그것은 언제까지나 예상인 채로 남아 있을 것이다. 위협이 물질화되지 않는다고 해서 거짓은 아니다. 그것은 진짜로 느껴진, 어느 과거-미래의 모든 정동적 현실성을 지니고 있다. 미래의 위협은 거짓이 아니다. 다만 연기된 것이다. 그 상황은 영원히 열려 있다[끝을 알 수 없다]. 그 미래성은 위협의 감정이 일어났던 과거에 머물지 않고, 시간을 거슬러 파급된다. 그것은 미래의 상태로 남아 있는 과거-현재에서 발생한 시점

---

3. [옮긴이] 여기서 '미래 완료' 시제를 쓰는 것은 과거에 시작된 일이 미래에 그렇게 될 것을 확신하는 관점이 스며 있음을 보여 준다. 위협에 대한 예상은 과거에 근거하지만 미래를 이미 판단해 버리는데, 그것은 항상 잠재적인 것으로 남기 때문에 그 결과에 대한 판단은 영원히 보류될 수 있다.

부터 끝없는 원을 그리며 앞으로 나아간다. 위협은 선형적 시간을 거쳐 지나가지만 선형적 시간에 속하지는 않는다. 그것은 '항상 그러할 것이다'the always will have been는 식의 비선형 회로에 속한다.

정리定理: 만일 우리가 위협을 느낀다면, 위협이 있었다. 위협은 정동적으로 자기-원인이 된다.

따름정리: 만일 우리가 [과거에] 위협이 있었던 것처럼 [현재] 위협을 느낀다면, [미래에도] 위협은 항시 있을 것이다. 한 번 위협은 영원한 위협이다once and for all 4, 자기 스스로 원인이 되는 비선형적의 시간 속에서.

이중 가정

느껴진 실재로서의 위협은 일단 발생하면 선제적 행동에 영원히 정당성을 부여한다. 갓 부상하고 있는 위협을 선취하여 분명하고 현재적인 위협으로 바꾸는 것은 실제 사실5과는 상관없이 두려움이라는 정동적 사실로 인해 합법화된다. 선제행동은 앞으로도 항상 옳을 것이다. 이러한 순환성은 논리의 실패가 아니라 다른 논리이다. 그것은 위협의 자기-원인됨과 동일한 정동 영역에서 작동한다.

---

4. [옮긴이] 마수미는 이 글에서 이 구절 'once and for all'을 반복해서 쓰고 있다. '일단 한번 ~하면 영원히 지속된다'는 의미로서, 스스로 원인이 되어 반복되는 위협의 리듬을 강조하는 효과를 낸다.

5. 내가 말하는 "실제 사실"(actual fact)이란, (예컨대, 사법체계, 행정 검토 체계, 동료 간 검토 과정 등) 해당 체계가 선제적으로 작동하지 않은 상태에서, 해당 문제가 일반적으로 귀속되는 어떤 규범 체계에 의해(규칙이나 관습, 합의에 따라) 공적으로 인정되는 사실이라고 확정된 상황을 의미한다.

정동적으로 정당화된 사실의 논리는 가정문으로 드러난다. 부시는 사담 후세인이 하지 않은 일을 했을 수 있기 때문에 자기가 한 일을 했다. 부시의 주장은 선제공격의 논리를 사실상 정당화하지 못한다. 사담은 실제로 그럴 '능력'조차 없었지만, 그것은 선제 논리에 아무런 문제가 되지 않는다. 그것은 일종의 이중 가정에 기초하고 있기 때문이다. "미국 국방부의 신보수 인사들은 CIA가 사담이 할 수 있다면 할 일을 강조하는 대신 할 수 있을 것이다를 힘주어 강조했다고 주장했다"(도리엔 2004, 186).

CIA 방식으로 보자면 부시는 겸손한 태도를 취하고 있었다. 팽배한 신보수주의적 관점에서 볼 때 그는 자기가 옳은 이유를 너무 조심스럽게 말하고 있었다. 사담은 "그가 할 수 있었다면 했을" 것이기 때문에, 설령 그가 그럴 능력이 없었다 해도 자기는 옳았다는 것이다. 그 문제는 아직 결론이 나지 않았다. 미래의 어떤 순간에라도, 그가 그 수단을 확보할 수 있었으면, 그리고 그가 할 수 있게 되자마자 그는 했었을 것이다. 〈했었을 것이다, 할 수 있었을 것이다〉, 이중 가정이다.

현재의 위협은 실제 사실의 확실성에서 단계적으로 퇴행한다는 점에서 논리적인 역행이다. 실제 사실은 그랬을 수도 있다. 즉, 사담 후세인은 WMD[대량살상무기]를 가지고 있었을 수 있다. 그것으로부터의 한 단계 역행은, 〈그가 WMD를 가질 능력이 있었다〉가 된다. 다음 단계는, 〈그는 그럴 능력이 없었지만, 그럴 능력이 있었다면 그는 역시 그렇게 했었을 것이다〉이다. 그가 '했었을 것이다'라는 역행적 주장은 경험적으로 어떤 확실성을 가진 근거를 제시할 수 없는, 사담의 성격과 의지에 대한 추측에 기반하고 있다. 하지만 그것은 확실하게 내세워진다. 그것은 실제 사실에서 유래한 것이 아닌 어떤 확실성을 수반한다. 그것의 확실성은 그 문제의 정동 사실에 빚지고 있다. 느껴진 실재로서의 위협은 너무나 '최상급'의 현실이어서, 설령 관찰 가능한 세계에 그것을 지지할 만한 다른 근거가 없더라도, 세계에 대해 느껴진 확실성으로 번역된다. 그러한 단언은 '육감'이라는 느껴진 확실성을 지닌다. 부시는 이라크와 나머지 국가들과의 전쟁에서 선수를 치는 최후의 결정을 내리는 과정에서 바로 이 육감을 자랑스럽게 그리고 공식적으로 채택했다.[6]

선제공격에 대한 실제 사실로부터의 논리적 역행은 선제공격을 정당화하는 담론과 현재 맥락의 객관적 내용 사이의 어긋남을 형성한다. 그리고 선제공격에 대해 확신하는 말들은 표면적으로 그러한 어긋남을 언급한다. 그것이 실제 사실로부터 후퇴하면서 위협과 관찰 가능한 현재 사이에 논리적 탈구를 일으킨다. 현재에 논리의 틈새가 생기며, 그 틈새로 위협의 실재가 끼어들어 다시 그 위협을 미래로 연기시킨다. 이중 가정의 논리적 부화를 거치면서, 위협은 자기-원인이 되는 미래성을 향해 되돌아가는 현재에 핑계를 만들어 준다.

〈했었을 것이다/할 수 있었을 것이다〉라는 정동-기반적 논리는 모든 선제공격의 의향과 목적 때문에 실제 사실들은 항상 알 수 없는 채로 남아 있을 것이라는 점을 두서없이 보증한다. 그러한 논리는 조치를 명령하기 위해서는 위협이 분명하고 현재적인 위험으로 — 혹은 심지어 긴급한 위험으로라도 — 가시화되어야 할 필요를 면제해 준다. 부시정부가 천명한 정책기조doctrine에 따르면, 선제적 권력이 행사되는 그 대상은 "아직 완전히 긴급한 위협은 아니다." 그 기조는 분명하고 현재적인 위험은커녕, 긴급한 위험도 말하

---

6. 부시와 결정 원칙으로서의 육감에 대해서는 Woodward 2002, 16, 136~37, 145, 168을 보라.

지 않는다.[7] 그리고 다시 (또다시), 한번 위협이면 영원히 위협이다.

　문제:만일 선제공격 정책이 정동적 사실이라는, 실제적 기반이 없는 것에 기초하고 있다면, 그것은 어떻게 그 정치적 정당성을 가질 수 있는가? 실제 사실들을 지적하는 것만으로 그것을 붕괴시키기에 충분치 않은가?

　관찰:부시는 재선에 성공했다.

그래도, 옳은

　빨리 감기:때는 일 년 후, 2005년 여름이다. 여론조사에서 처음으로, 이라크 침공 이년 뒤에, 대다수 미국인들이 이라크 전쟁을 반대한다. 선제행동, 혹은 뭐든 그러한 특수한 행동의 정당성이 흔들리고 있다. 이러한 여론 악화는 이라크 침공 결정을 뒷받침하는 실제 사실들이 부족하다는 점이 일반에 알려지고 나서 오랜 뒤에야 시작되었다. 그것은 아부 그라이브에서 자행된 고문의 충격적인 이미지들이 배포되고 광범위하게 돌자, 이에 대한 반감의 여파가 밀려오면서 시작되었다.[8] 그때가 되어서야 침공에 대한 실제

---

7. 고전적인 전쟁 정책은 "분명하고 현재적인 공격 위험"이 있을 경우 선제행동을 내리는 것을 허용한다. 선제공격은 실제 위험에 직면했을 경우, 오직 방어적으로만 허용된다. 근래의 신보수주의자들의 선제공격 원칙은 완전히 긴급하지 않은 위협, 혹은 더 노골적으로 말하자면, 심지어 아직 발생하지도 않은 위협에 대하여 공격적인 행동을 정당화한다. 부시 대통령은 이라크 전쟁의 선수를 친 후 처음으로 새로운 원칙을 공식적으로 발표하는 전 국민 대상 연설에서 이러한 정책 원칙을 표명하였다. "만일 우리가 위협이 완전히 구체화될 때까지 기다린다면, 우리는 너무 오래 기다리는 것이 될 것입니다. 우리는 적에게 싸움을 걸어 그의 계획을 무너뜨리고 최악의 위협들이 발생하기 전에 맞서야 합니다."(Bush 2007)

8. 아부 그라이브의 이미지들은 2004년 4월에 처음으로 세상에 드러났다. 고문을 이용하는 것을 정당화하는 부시 정부의 문서들에 대한 개요를 보려면, Greenberg and Dratel 2005를 보라.

적-사실적 근거의 부족이 선거 여론에 반영되기 시작했고, 그 당시 여론은 사진으로 방출된 고문에 대한 정동적 반격으로 인해 선제공격의 논리를 덜 수용하게 되었다. 부시는 단호하게 선제공격의 논리에 다시 시동을 걸려고 시도한다. 그는 전국에 방송되는 라디오 중대 발표를 통해 그가 철수를 반대하는 이유를 설명한다. 부시는 자신이 적어도 다음 2년간 계속 사용할 하나의 논거를 효율적으로 사용한다.[9]

"사담 후세인을 권력에서 물러나게 하려는 나의 결정에는 일부만 동의할지 모르지만, 세계의 테러리스트들이 이제 이라크를 테러와의 전쟁의 전초기지로 만들었다는 데는 우리 모두가 동의할 수 있을 것입니다"라고 그는 말한다(부시 2005). 알카에다와 사담 후세인 사이를 잇는 테러리스트들 간의 연결고리의 존재는 WMD 이후 두 번째의 주요 논거가 되어 있었다. 부시 정부는 원래 이라크 침공을 정당화하기 위해 사용한 WMD에 대한 주장을 이미 이 연설 훨씬 이전에 철회하지 않을 수 없었다. 알카에다가 침공 당시 이라크에 있지 않았다는 사실이 이제는 침공이 옳았다는 이유가 된다. 지금 그들이 거기에 있다는 사실은 단지 만약 그들이 거기에 있을 수 있었더라면 그들은 그렇게 했었을 것이라는 점을 증명하기 위해 쓰일 뿐이다.

〈할 수 있었을 것이다/했었을 것이다〉의 논리는 두 가지 역할을 한다. 만일 위협이 직접적으로 드러나지 않아도 그것은 여전히 〈할 수 있었다면 했었을 것이다〉로 남는다. 만일 위협이 정말로 드러나면, 그것은 단지 과거에 일어난 일의 미래 가능성이 과거 실제로 거기 있었음을 보여 주는 셈이다. 이럴 경우, 선제행동은 미래의 실제 사실들에 의해 소급적으로retroac-

---

9. 한 예로, Knowlton 2007을 보라.

tively 정당화된다.

부시는 알카에다가 지금 이라크에 있는 이유가 그들을 이라크에서 몰아내기 위한 침공이 이미 시작되었기 때문이라는 점, 그 선제행동이 사실상 싸울 명분을 제공하는 결과를 초래했다는 점을 언급하지 않는다.

관찰:선제행동은 그것의 힘이 행사되는 대상을 만들어 낼 수 있으며, 자신의 논리에 모순되지 않고 또한 꼭 그것의 정당성을 훼손하지 않고도 그럴 수 있다.

정리:선제적 논리는 정동적 기재에 기반하여 작동하고 현재와 미래 사이를 돌고 도는 비선형적 시간 속에 자리 잡고 있기 때문에, 규범적 논리에서와 같은 무모순noncontradiction의 규칙을 따르지 않는다. 규범적 논리란 과거에서 현재까지의 선형적 인과관계에 특권을 주며 현실의 효과에 대한 원인을 미래성에서 찾기를 꺼린다.

밀가루 공격

일시정지:그즈음, 몬트리올 한 공항에서 비상사태가 선포되었다. "독성 물질 경보"가 내려진 것이다. 백색 분말이 한 여행 가방에서 새어 나오고 있었다. 이 사건의 실제 사실들의 여부는 필요한 실험 작업들이 행해질 2주 뒤까지 미래로 남아 있었다. 하지만 행동은 미뤄질 수 없었다. 그것은 탄저균일 수 있었다. 그 잠재적 위협에 대해 행동을 취해야 한다. 공항은 폐쇄된다. 공항으로 가는 고속도로도 폐쇄된다. 하얀 멸균복을 입은 남자들이 파견된다. 미국 특수기동대SWAT와 경찰 관계자들이 대거 몰려든다. 공포에

떠는 승객들은 터미널에 격리된다. 언론사의 헬리콥터들이 상공을 맴돈다. 실시간 뉴스가 지역의 방송들을 온통 차지한다. 만일 그 분말이 탄저균이었다면 했었을 수 있는 모든 행동들이 선제적으로 취해진다. 극적으로 빠른 그러한 공중안전 장치의 대응은 무역과 유통에 중대한 장애를 일으킨다. 그 현장은 재빨리 멸균처리 되고, 일상은 정상을 되찾는다.

관찰:선제적 권력은 저 멀리 전쟁터에서부터 국내의 전선(군사적 분쟁이 없는 나라들에서도 마찬가지로)까지 씻어 내린다. 국내 전선에서는 그것의 〈했었을 것이다/할 수 있었을 것이다〉 논리가 경보를 발효하는 등 공중보안 절차들과 결합되는 특정 형태를 띤다. 아주 미미한 잠재적 위협의 조짐에도 발령되는 경보는 즉각적인 행동들을 다발적으로 동반한다. 그 위협에 대한 대응으로 행해진 행동들은 실제 위험에 수반되었을 것과 똑같은 종류이며 수많은 똑같은 효과들을 발생시킨다. 선제조치들은 경제와 일상생활에 혼란을 일으킨다. 이러한 것은 원래 테러리스트들이 직접적인 공격의 영향 너머에서 초래하려고 계획했던 바이기도 하다.

정리:나름의 방식을 지닌 방어적 선제행동은 맞서 싸울 대상을 만들어 내는 공격적 선제행동과 동일한 능력이 있다. 이러한 점은 방어 행동의 증가하는 속도와 열성과 결합되면서, 방어와 공격, 국내 안전관리와 군사 행동 사이의 경계들을 희미하게 만든다.

2주 뒤, 그 분말의 정체가 밝혀졌다. 그것은 밀가루였다. 아무런 독성 물질도 없었음이 발견 된 뒤의 후속 뉴스 기사들은 계속 그 사건을 '독성 물질 경보' 사건으로 지칭했다.[10] 어떤 기사도 그것을 '밀가루 경보'라고 지

---

10. 한 예로, "ADM" 2005를 보라(특히, 사진과 사진 설명).

칭하지 않았다. 그 사건은 백색-분말화된 테러가 일으킨 정동적 먼지의 날림으로 남아 있다. 밀가루가 연루되었다. 밀가루는 탄저균에 대한 공포로 얼룩져, 백색성과 분말성이라는 위협적 성질들을 연상시킨다는 그 사실만으로 유죄이다. 선제 논리의 용어로 말하자면, 그 사건은 독성물질 경보였다―그 물질이 독성이어서가 아니라, 그 경보가 잠재적 독성물질에 대한 것이었기 때문이다.

관찰:경보는 관련 대상의 실제 정체를 구체적으로 정하지 않고서도 하나의 잠재적 위협이 지닌 전반적인 정체성을 규정할 수 있다. 이런 식으로 나중에 사실은 무고한 대상이었음이 밝혀질 것(혹은 다른 상황에서는, 사람들)을 그 경보가 지속되는 기간 동안 공식적으로 위협적인 대상으로 언명하게 된다. 그것은 그들이 내보이는 물질적 속성들이 그 전반적 설명에 맞아떨어진다는 점에 기반한다. 사후에, 그 대상들은 그 사건에 정동적으로 연루된 것으로 얼룩이 남는다. 왜냐하면, 그것들은 실제로 항상 경보에 의해 생산되는 공포, 위협을 끌어내는 공포와 연상되고 있을 것이기 때문이다.

정리:위협의 정동적 현실은 전염성을 가진다.

정리:위협은 경보 메커니즘을 통하여 그것의 가정적 결정을 객관적 상황 위에다 덮어씌울 수 있다. 그 두 가지 결정들, 즉 위협을 일으키는 것과 객관적인 것은 공존한다. 하지만 위협-결정적인 〈했을 것이다〉와 〈할 수 있을 것이다〉는 더 강압적이며, 미래 중심적이며, 정동적인 영역에서 작동하기 때문에 대중적으로 우위를 차지한다.[11]

---

11. 한 협박-사건에 함의되어 있는 물체나 신체의 정동적 얼룩짐은 기능적으로 그 문제의 정동 사실을 실제 사실로 받아들이도록 바꾸는 결과를 낳을 수 있다(위의 주석 2번에서 정의한

그 사건은 독성물질 경보의 결과로 정부의 안전관리가 더 향상되었다

것처럼). 실제 사실은 직접적으로 경합의 대상이 되지도 않으며 망각되지도 않는다. 다만 무력화될 뿐이다. 실제 사건은 전면에서 작동하는 실재로서 실권을 장악하는 정동 사실 뒤로 미끄러진다. 이러한 정동–사실적 빛의 퇴색(eclipse)은 2007년 부시 대통령이 관타나모 만에 있는 국경 밖의 감옥을 폐쇄하겠다는 의도를 표방했던 이전 진술을 취소한 사례에서 나타난다. 관타나모 만은 아부 그라이브에서 고문 스캔들이 터진 후 하나의 정치적 골칫거리가 되었다. 여기에 '적군들'이 흔적도 없이 사라진 비밀스러운 '블랙 사이트' 감옥이 있다는 폭로가 있었고, CIA가 외국 땅에서 혐의자들을 납치하여, 체계적 고문을 한다고 알려진 제3국으로 보내려고 (이는 완곡어법으로 '이송'이라 한다) 한 데 대한 비판이 있었다. 관타나모가 다른 국경 밖 행위들과 같은 범주에 들게 된 이유는 그 모두가 혐의자들에 대해 정부 차원의 규제된 선제 조치를 표준적인 법적 절차에 따라 취하는 것을 목적으로 한다는 점 때문이다. 그 전략은 몰아치듯 이루어진다. 규범적인 법적 절차들이 작동할 기회를 얻기 전에 그것들의 결과들을 재빨리 생산해 내기 위해서이다. 어떤 실제 범죄가 증명되기도 전에 투옥과 처벌이 갑자기 이루어진다. 붙잡힌 사람들의 몸은, 선험적으로, 죄지은 것으로 취급된다. 이는 순전히 우연히 그들이 사는 집 인근에서 현실화된 위협의 기호들에 기반하여 행해진다. 수년간의 투옥 끝에 석방된 관타나모의 수감자들 중 몇몇은 미국이 아프가니스탄에 침공했을 때 거기서 잡혀 왔으며, 결국 단지 잘못된 시간에 잘못된 장소에 있었을 뿐이라는 사실이 밝혀졌다. 억류자들을 선험적으로 죄가 있는 듯 취급하는 것은 그들의 실제 행동이나 그들이 제기했던 실제 위험과는 상관없이 이 죄질을 그들의 삶에 부여하는 것이다. 그들은 마치 항상 죄가 있었던 듯이 얼룩져 있는 것이다. 그 같은 느껴진 죄질은 그 자체의 정동적인 분위기를 지니며, 증오, 원한, 혐오, 불신 등 수많은 다른 구체적인 감정들로 바뀔 수 있다. 그 억류자는 일종의 정동적인 파리아[pariah:인도의 불가촉천민]가 된다. 부시 정부에 따르면, 석방이 예정된 어떤 수감자들은 어떤 나라에서도, 심지어 원래 그들의 조국에서도 받아들여지지 않을 것이라고 한다. 이들은 미군이 재판에 송부할 수 없었던 억류자들이다. 이는 그들의 사건이 국내의 범죄 체계에 회부될 정도로 충분히 강하지 않다는 것을 의미한다. 심지어, 증거에 대한 부담 선이 이례적으로 낮으며 고소된 사람의 변호 가능성이 심하게 제한된, 새로 설립된 군사위원회에 회부될 정도도 되지 못한다. 부시는 아이러니를 내비치지도, 혹은 어떤 식의 역설을 말하지도 않으면서, 바로 그런 사건들 때문에 관타나모 만은 계속 가동되어야 한다고 설명했다. 그 감옥은 엄밀히 말해 무죄인 사람들을 억류하기 위해 계속 유지되어야 하는 것이다. "이것은 몇몇 사람들이 피상적으로 생각하는 것처럼 그렇게 쉬운 문제가 아닙니다"라고 그는 이어서 설명한다. "많은 사람들이 그들 가운데 살인자들을 두기를 원하지 않습니다만, 그들 중 많은 이들이 살인자입니다." "이 사람들"은 죄가 없으므로 석방되어야 한다, 하지만 그들은 "살인자"여서 석방될 수 없다. 부시의 추론은 규범 논리의 기준에 따라 판가름 내야 할 정도로 비논리적이지 않다. 그 분명한 비일관성은 무죄의 인정과 유죄의 주장 사이에서 발생하는 사실적 차원의 변화에 해당한다. 실제 사실에서 정동 사실로 이동하는 중에 중간–논리가 발생한 것이다. 정동 사실은 이 무고한 사람들이 살인자만큼 선하다는 것이다. 그 어떤 것도, 선제적으로 유죄로 취급된 그 사람들이 정동적 색깔 입히기의 결과, 이제 실효상(in effect) 영구히 유죄라는 사실을 바꿀 수 없다. 그들은 실효적으로(effectively) 유죄인 것이다(아마도 그들이 할 수 있었다면 했을 것이라고 가정된다). 정동 사실은는 후속 보도들과 함께 결론지어지고 있다. 뉴스 매체들에서는 그 거짓 경보가 비행기 승객들의 안전을 눈에 띄게 향상시킨 것으로 비친다("ADM" 2005).

정리: 선제행동이 명시적으로 생산하고자 했던 안전은 그것이 피하고자 했던 것을 암묵적으로 생산해 내는 것에 입각하고 있다. 즉, 선취적 안전은 그 자체가 기여하는 불안전의 생산에 입각해 있는 것이다. 그래서 선제행동은 그 자체의 실행을 위한 조건을 생산하는 데 적극적으로 기여한다. 선제행동은 본래 그것이 대상으로 삼는 위협-잠재성에 내재된 자기-원인적인 힘을 그 자체의 작동을 위해 포획함으로써 그렇게 하는 것이다.

구체적으로 부정확한

되감기: 2005년 10월, 뉴욕시. 마이클 블룸버그 시장은 시에 경계령을 내린다. 시의 메트로폴리탄 지하철과 버스 시스템의 "무려 19개" 지점에 동시다발로 폭탄을 터뜨릴 거라는 소름 끼치는 구체적인 협박이 있었다고 한다. "이 정도로 구체성을 지닌 협박을 받기는 처음입니다."라고 그는 텔레비전 뉴스 회담에서 말한다(바자이 2005). FBI는 "믿을 만한" 소식통에 기반하여 이 계획과 관련된 범인을 이라크에서 체포했다고 발표한다. "기밀 작전을 통해 이미 이 위협을 부분적으로 차단했습니다." 공격적인 선제행동

오직 그 자체의 선제적 발생에 근거해 있다. 하지만 정동 사실은 그 효과 면에서 실제 사실을 대신하게 될 것이다. 「부시 대통령이 뉴스 회담을 개최하다」(President Bush Holds a News Conference, 2007)를 보라.

이 이미 취해졌지만, 여전히 그 협박의 위협적인 잔재가 있다는 느낌은 남아 있었다. 국내에서 갈아타는 환승객들은 보안 기관에 보고되었고, 의심스러운 사람이나 물건을 주시하면서 시의 감시에 협조하라는 요구를 받았다. 해로운 물질로 가득 찼을 수도 있을 어떤 의심스러운 물병 하나가 펜역에서 목격되었다. 그것은 분리되어 제거되었다(만일 그것이 할 수 있었으면, 했었을 것이다……).

다음 날, 국토안보부[12]는 "정보기관은 이 구체적인 위협의 신빙성에 대하여 아주 심각하게 의심할 여지가 있다고 판단할 수 있었다"고 중대 발표를 한다. 뉴욕시 경찰청장은 그 협박이 "아주, 아주 구체적이었다. 구체적인 장소, 구체적인 대상과 방식을 제시했다"고 힘주어 말했다. "아시다시피, 그래서 우리는 우리가 했던 일들을 해야 했습니다.……우리는 머지않아 이것이, 아시다시피, 그 실체가 있는지 없는지 훨씬 더 잘 알게 될 거라고 믿습니다."(바이센슈타인 2005)

협박이란 구체성을 지니고 있어서, 아무런 "실체"나 객관적 "신빙성" 없이도 구체성에 부응하는 정도로 확고한 선제행동을 할 수 있다. 협박에 대한 대응으로서 행해진 선제행동은 만일 그것이 그 협박의 긴급성으로 인해 시작된 것이라면, 설사 실제 상황의 긴급성은 없었다 하더라도, 논리적으로나 정치적으로나 여전히 올바르다. 그것은 심지어 그 정보가 객관적으로 부정확하다고 판명되고 아무런 실제적 위험이 없었다 하더라도 여전히 정당화될 수 있었을 것이다.[13]

---

12. [옮긴이] Homeland Security Department. 미국 행정부 내의 각 부처에 분산된 대 테러기능을 통합할 목적으로 9·11 이후 신설된 부서.
13. 이 사건 이후, 언론에서는 이제는 신빙성이 없어진 정보에 따라 누가 선제공격을 했는지, 혹

정리:경보는 객관적인 사태에 대해 정확성을 가지고 대응해야 할 의무가 있는 지시적 진술이 아니다. 경보의 올바름correctness에 대한 척도는 그것이 자동으로 촉발하는 선제행동들의 신속성과 구체성이다. 그 경보의 가치는 그것의 수행performance에 따라 측정된다. 그것은 지시적인 진리-가치를 가지는 것이 아니라 수행적 위협-가치threat-value를 지닌다. 그것의 의미론적인 내용과 객관적인 지시대상 사이의 어떤 대응관계보다 더, 그 위협과 그것이 촉발한 행동들에서 수행된 공통분모야말로 그 경보가 올바르다는 사실을 보증하는 것이다. 집단 안보에 대해 제기된 물음으로 느껴진 경보의 올바름은 직접적으로 정치적이다. 위험의 신호로서의 그 위협-경보는 위험에 대한 지시적 언어가 아니라 신빙성과 실효성이라는 다른 기준에 속한다.

정리:위협은 아무런 실제 지시대상을 가지지 않는다.

따름정리:선제행동이란 아무런 실제 지시대상이 없는 위협을 대상으로 삼는 권력의 한 양식이다. 선제행동의 정치학이 그 자체의 작동에 대한 위협의 잠재능력을 포착하면, 권력의 실제적 대상을 찾는 것을 중단한다.

'9·11 세대'

뒤로 빨리 감기:이제 2008년 미국 대통령 선거 준비 기간이다. 전 뉴욕

은 그들의 현재적 환경은 어떤지에 대해 아무런 의문도 제기하지 않았다. 그들은 살해되었을까? 아니면 제3국으로 '이송'되었을까? '블랙 사이트' 감옥으로 사라졌는가? 관타나모로 보내져 무기한 억류되었는가? 그들의 사건이 재판에 회부되었는가? 이러한 물음을 누구도 품지 않은 것처럼 보인다. 그 사건은 실제-사실적 차원에서 발생하고 있었던 것이 아니라, 공포를 통해 위협이 그 자체를 작동시키는 정동적 차원에서 발생하고 있었다.

시장 루돌프 줄리아니는 줄곧 9·11을 되감으면서 선거전에 가속도를 붙이며, 다음 선제행동을 개시하고 있다. 그는 미국 국방장관 도널드 럼스펠드가 취한 1기 부시 행정부 정책의 연속선상에서 강경 신보수주의적 입장을 취하는 기고문을 『포린 어페어스』*Foreign Affairs*에 싣는다. 그 글은 9·11 공격이 새로운 세계−역사적 시대를 개시했다고 주장한다. 쌍둥이 빌딩의 붕괴는 그가 럼스펠드를 따라 테러리즘에 맞선 "긴 전쟁"이라고 부르는 것의 시발점이었다는 것이다. 마치 베를린 장벽의 건설이 냉전의 시초가 된 것과 꼭 마찬가지라고 줄리아니는 말한다. "우리는 모두 9·11 세대들입니다"라고 그는 주장한다(줄리아니 2007).

9·11은 수천 명의 사람들을 죽게 하고 더 많은 수천 명의 사람들을 직접적인 위험에 처하게 한 실제 사건이다. 사람들은 그 엄청남에 입이 딱 벌어졌다. 그것의 직접적인 충격은 그 후 오랫동안 공포로 남아 있으면서 그 위험을 나머지 위협의 잔재들로 넘겨주었다. 9·11은 아마도 선제적 정책을 정당화시키는 그 어떤 다른 위협−생성적threat-o-genic 근원들보다 더 많은 일을 일으킨, 일종의 과잉−위협을−양산하는 실제 사건이었다. 부시 행정부는 정책을 정당화하기 위해 잠재적 위협을 재차 상기시키려고 그 사건을 지속적으로 되새겼다. 부시를 이기려고 선거에 나온 양당의 후보들 또한 그들 자신의 국가안보 자격을 굳히기 위해 그 사건을 정기적으로 상기시켰다.[14] 그리고 아직⋯⋯

---

14. 9·11을 환기시키는 것은, 그 사건이 발생한 지 만 6년이 지난 후에도 81퍼센트의 미국인들이 그것을 그들 생애에서 가장 중요한 역사적 사건으로 생각한다는 〈조그비 국제여론조사〉 결과를 감안할 때, 가히 포퓰리즘적 정치에 해당한다고 볼 수 있다. 이 수치는 〈이스트 코스트〉에서는 90퍼센트에 달했다. 「그 공격은 우리 생애에서 가장 중요한 역사적 사건이었다」(Attacks Were Most Important Historical Events in Our Lives, 2007, A17)를 보라.

물음:잠재-위협을 가열시키는 선제적 정치는 우리가 식별할 수 있는 기원을 가질 수 있는가?

9·11에는 선행 사례가 있었다. '테러와의 전쟁'이 1970년대에 리처드 닉슨 대통령에 의해 선포된 적이 있다. 그때와 2001년의 9월 사이에는 1993년 세계무역센터 폭격 같은 덜 성공적인 테러라고 할 만한 몇몇 공격이 있었다. 9·11 이후에도 다른 공격이 더 있었다. 만일 역사적, 지리적 영역을 더 넓혀 본다면, '테러리스트'에 의한 것이라고 규정할 만한 공격은 무한정 늘어난다.

관찰:9·11은 경계가 무제한인 동종 사건들의 반복적 시리즈에 속한다.

위협이 명확하고 현재적인 위험으로 구체화되는 사건은 잠재-위협의 잉여-잔재를 돌출시킨다. 그것은 이중 가정법의 연결 기제와 구체적 위협의 객관적 부정확성을 통하여 새로운 대상들, 사람들, 맥락들을 전염시킬 수 있다. 위협의 자기-원인됨은 무수히 증식한다. 위협 경보들, 그 수행적으로 서명된 위협-사건들은 재빨리 그 자체의 반복적 연쇄를 구성하게 된다. 이러한 시리즈는 그것들을 양산한 정동 논리의 나긋나긋함과 강렬함 덕분에 승승장구 증식하는 경향이 있다. 이에 대한 하나의 지표로, 국토안보부에 따르면 미국에서 2003년에만 118건의 공항 대피 사례가 있었다. 2004년에는 276건이었다. 그중 아무것도, 실제 폭탄 사건은 물론이고 어떤 테러리스트 시도와도 관련이 없었다.[15]

그 시리즈가 증식하는 동안 실제 공격과 위협-사건 시리즈 사이의

---

15. "Plus de panique!" 2005 〔당시 국토안보부의 '차르'였던 톰 리지(Tom Ridge)의 논평에 대한 기사.〕 프랑스 신문의 이 표제는 선제행동의 양가성을 잘 포착하고 있다. 이 말은 따로 떼어 놓고 보면 "더 두려워하라"와 "더는 두려워 마라", 둘 다로 읽힐 수 있다(이 기사에서 제안한 해석은 후자이다).

구분은 희미해진다. 이와 동시에, 위협과 그에 상응하는 수행이 감행되는 같은 종류들generic identities의 범위는 확장된다. 테러리스트 시리즈에는 비행기로 고층건물을 격침하는 것, 비행기 미사일 공격, 지하철 폭탄, 자동차 자살공격, 도로상의 폭탄, 세면도구로 위장된 액체 폭발물질, 테니스화 폭탄, "더러운" 폭탄[16](실제 발견된 적은 한 번도 없음), 우편물 속의 탄저균, 다른 명칭이 붙여지지 않은 테러용 생물학 무기, 부비트랩 우편물, 폭발물이 장착된 콜라 캔, 공공장소의 물병……이 포함된다. 이 목록은 길고 한정 없이 뻗어 간다. 느껴진 잠재-위협의 정동적 대량 생산은 비교적 적은, 위험이 구체적으로 발생하는 사례들의 실제성(사실성)을 에워싸 버린다. 그것들은 공포라는 공유된 분위기 속에 함께 뒤섞여 있다.

그런 분위기 속에서, 테러리스트의 위협 시리즈는 다른 비슷한 부류들을 특징화하는 시리즈 속으로 섞여 들어간다. 실제로 존재하거나 존재하지 않는 위협을 포함하여 서로 이질적이지만 같은 류에 속하는 바이러스성 시리즈가 있다. 이 세기의 첫 몇 년간 나온 몇 가지만 말하자면, 인간-전염성 조류독감, 사스, 웨스트나일 바이러스, 밀레니엄 버그 등이다. 위협의 종류가 다양화되는 데에는 아무런 한계가 없다. 그것은 생물학과 컴퓨터 바이러스 사이처럼 규범적인 논리적 경계들을 아무런 장애 없이 넘나든다. 혹은 음식과 병원균의 관계를 살펴보자. "어제 [퀘벡주 보건부 장관 필립 쿠일라드는, 정크 푸드를 가능한 조류 독감 보균원에 비유하면서, 그 주는 설탕이 들어간 음료수와 정크 푸드를 학교에서 몰아내는 집중단속을 준비 중이라고 말했다"(도허티 2007). 그 시리즈들은 함께 결합되고 뒤엉키어 무한

---

16. [옮긴이] dirty bomb. 다이너마이트와 같은 재래식 폭탄에 방사능 물질을 채운 방사능 무기로, 폭발 시 방사능 물질이 유포된다.

한 선제행동을 견인하는 데 봉사한다.

공포 분위기는 이처럼 무한성의 경향을 띤 위협을 포함하는데, 그것은 테러리스트의 공격이 실제로 발생하는 것과 동일한 수행 수준으로 이루어진다. 같은 부류의 위협적 대상은 대체로 특정한 변이들의 끝없는 양산을 다 수용하는 정도로까지 뻗어 나간다. 위협의 대상은 순수하게 미결정적이게 되는 정도까지 극단적으로 나아가는 경향이 있으며, 그동안 어떤 성질 (즉, 위협)과 그 성질을 느껴지게 만드는 능력을 보유한다. 병아리 한 마리의 사진이 이러한 질을 체현하여 테러리스트의 상반신 사진만큼이나 실감 나게 만들 수 있다.

위협은, 그 극단에서, 자체의 어떤 특정한 심급과도 별개인 하나의 느껴진 성질felt quality이다. 마치 빨간색이 어떤 개별적인 빨간 색조와는 별개의 성질일뿐더러, 어떤 개별적인 빨간 색조가 실제로 그 색조를 띠게 되는 발생 과정과 별개인 것과 마찬가지이다. 위협은 하나의 추상적인 성질이 된다. 위협이 자기-원인이 되는 것일 때, 그것의 추상적 성질은 정동적으로, 즉 깜짝 놀람과 충격과 공포 속에서 드러난다. 정동적으로 드러나기에, 그것의 성질은 분위기 속에 쫙 퍼져 있다. 위협은 결국은 주변에 퍼져 있다ambient. 그것의 논리는 순수하게 질적이다qualitative.

정리: 결국은 주변에 퍼져 있는 위협의 성격으로 인해 선제적 권력은 환경적 권력이 된다.[17] 그것은 (실제로는 아무것도 없는) 하나의 대상을 경험

---

17. 미셸 푸코는 미국의 신자유주의, 즉 선제공격을 선호하고 규범적인 통치 논리로부터 멀어지는 신보수주의적 움직임의 여건을 형성하는 경제적 정치학의 특징을 "환경성"(environmentality)이 된 통치성(governmentality)으로 말한다. 그는 환경성은 "규범적-원칙적 체계의 대거 후퇴"를 나타낸다고 쓰고 있다. "그것과 상응하는 것은 인간행위의 기계화, 개인화하는 '통치성' 구성, 즉 훈육적인 격자, 지속적인 규제, 종속화-계층화, 규범이다."

적으로 조작하는 것이 아니라, 느껴진 성질이 생활환경 속에 스며들도록 조작한다 modulate.

물음: 만일 9·11이 하나의 기원이 아니라면, 그것은 무엇인가? 그것은 어떻게 그것이 속하는 무한성의 경향을 띤 시리즈에 새겨 넣어지게 되었는가? 선제적 권력을 시기별로 구분하는 것이 가능한가?

9·11을 어떤 기원으로 정하기보다 그것이 하나의 문턱을 표시하는 것이라고 생각해 볼 수 있을 것이다. 그것은 그 위협-환경이 주변적인 두께를 입고 어떤 일관성을 획득하게 된 하나의 전환점이 되어, 그것을 조작하는 데 전력투구한 선제 권력 메커니즘에게 다른 권력체제보다 유리한 고지를 제공한 것으로 생각해 볼 수 있다.

정리: 정치적 권력의 위협과 스스로를 잠재-위협으로 이용하는 선제적 정치를 이해하기 위해서는, 선제적 권력을 다른 정치 체제와의 상호작용의 영역 속에 위치시키고, 그들의 진화적 분산과 수렴뿐만 아니라 공존의 양식을 분석할 필요가 있다.[18] 한마디로, 위협의 환경적 권력에 생태학적 접근법을 채택할 필요가 있다.

따름정리: 권력의 생태학 속에 있는 각 권력체제는 자신의 인과론을 내포하며 독특한 박자[시간-표지]time-signature가 있는 자체의 작동 논리operative logic를 가지고 있다. 그러한 인과적·시간적 과정은 각 권력체제의 대상에

신자유주의와 신보수주의는 밀접하게 겹쳐진 작동 논리로서 많은 적극적인 반동들이 그것들과 함께 일어난다. 그것들은 "환경성"을 서로 받아들이면서 중첩된다. 그것들은 균형과는 거리가 먼 동일한 세계의 위협적 환경을 서로 조금 다르지만 지극히 교호적인 방식으로 능수능란하게 다룬다(Foucault 2008, 260).

18. 질 들뢰즈와 펠릭스 가타리(1987)는 권력의 양식들 사이의 관계를 "문턱 혹은 정도"라는 용어를 사용하여 분석한다. 그것을 넘어 이미 하나의 경향으로 활성화된 것은 "일관성을 띠게" 된다.

다른 어떤 체제의 대상과는 다른 존재론적 지위를 부여한다. 자신의 존재론과 관련하여, 각 체제는 그것의 정치적 '사실들'의 구성을 지도하며 그것의 정당화를 보장하는 전용 인식론을 가지게 될 것이다. 권력체제들에 대한 정치적 분석은 반드시 이러한 형이상학적 국면들까지 확장되어야 한다.

정지

물음: 작동 논리란 무엇인가?

자신에게 자기-원인됨의 역량powers을 부여하는 식으로 하나의 존재론을 인식론에 결합시키는 것을 작동 논리라고 한다. 작동 논리는 다른 과정 및 논리들과 함께 공유하는 환경 혹은 외부 영역에 내재하는 하나의 생산적 과정이다. 그것은 그 영역 속의 구성적 움직임으로 나타난다. 즉, 그 자체로부터 다양한 이미 구성된 사실을 반복적으로 생산해 가는 하나의 경향tendency이다. 그것이 어떤 것을 기정사실화하는 결정 형태들은 태생적으로 그것들의 구성적 과정상의 자기-원인이 되는 역량 덕분에 증식해 가는 경향을 지닌다. 작동 논리란 그 자신과 같은 종種의 존재를 구성해 가는 과정이다.

물음: 작동 논리가 원하는 바는 무엇인가?

그 자신. 자기의 지속. 그것은 자가생산유지적[19]이다. 작동 논리가 지닌

---

19. [옮긴이] autopoietic. 인지생물학자이자 철학자인 움베르또 마뚜라나(Humberto R. Maturana)가 생물의 특징을 정의하기 위해 창안한 용어로 자기자신을 지속적으로 생성하는 능력을 의미한다.

자기-원인이 되는 힘은 그것이 자율적으로 자신을 확장하도록 추동한다. 그것의 자가생산유지적 작동 방식은 그 자체를 보편화하려는 충동^{drive}을 지닌다. 이 논리에 의지한 그러한 충동은 근본적으로 이질적인 형태들을 띨 것이다(세계교회주의부터 제국주의까지, 사목적인 것에서 호전적인 것까지).

정리:작동 논리는 일종의 권력에의 의지^{will-to-power}이다.

이러한 권력에의 의지는 비인격적이다. 왜냐하면, 그것은 필연적으로 다른 작동 논리들과 영속적으로 상호작용하는 외부성이 영역에서 작동하기 때문이다. 더불어 권력에의 의지는 항상 호혜성을 전제로 한 역동적인 상태에 있다. 그것은 현상의 영역이다. 그 상호작용은 다양한 권력 체제 속에서 현실화되어 교호적^{reciprocal} 외부성과 잠재적 이음매를 지닌 동일한 영역에 공동으로 자리 잡는다. 아마 작동 논리의 현실화는 다양한 수준으로, 하나 이상의 체제에서 이루어질 것이다. 어떤 권력체제에서 완전하게 현실화되지 않은 작동 논리는 다른 논리들과 잠재적으로^{virtually}(예견적으로, 미래성의 현재적 힘으로서, 혹은 '부정적으로 파악된 채로'^{negatively prehended}) 상호작용한다.[20]

---

20. 여기서 작동 논리라고 부르는 것은 들뢰즈와 가타리(1987)가 "기계적 과정" 또는 "추상 기계"라고 부르는 것에 해당한다. "우리는 사회 구성체들을 생산양식이 아니라 기계적 과정들에 의해 이루어지는 것으로 정의한다(반대로 생산양식은 이러한 과정들에 좌우된다).……정확히 그러한 과정들이 공존하는 변수들로서 사회적 위상학의 대상이 되기 때문에 이에 대응하는 다양한 사회 구성체가 동시에 존재하게 된다."(435) "여러 구성체들의 외적인 공존만 있는 게 아니라 기계적 과정들의 내재적(intrinsic) 공존도 존재한다. 또 각 과정은 자체적인 '역량'(a power)과는 다른 '역량' 아래서도 기능하며, 다른 과정에 대응하는 역량에 의해 포획될 수도 있다."(437) "모든 것은 영원히 상호작용하면서 공존한다."(430) 기계적 과정은 "합목적성은 없지만 그럼에도 불구하고 미래가 현재에 작용함을 여실히 보여 주는 역방향의 인과관계(reverse causalities)"에 따라 작동한다. 이는 "시간의 전도"를 함축한다. "이러한 역방향의 인과관계는 진화론을 산산이 깨뜨린다.……아직 존재하지 않는 어떤 것이, 그

물음:위협이 하나의 작동 논리일 경우, 그것에 대한 분석은 어떻게 해

것이 실제로 존재하게 될 것과는 다른 형태로, 이미 작동하고 있다는 점을 반드시 보여줄 필요가 있다."(431) 이 장에서 들뢰즈와 가타리가 가장 관심을 두는 기계적 과정은 "포획 장치"를 형성한다. "일반적으로, 하나의 포획 장치가 수립될 때마다, 그리고 그 장치가 겨냥하는 대상을 만들어 내거나 만들어 내는 데 기여하는 매우 특수한 종류의 폭력이, 그래서 그 자체를 전제하는 폭력이 여기 동반될 때, 하나의 본원적(primitive) 축적이 이루어진다."(447) 자신이 겨냥하는 것을 만들어 내는 폭력은 "예상-저지 메커니즘"(anticipation-prevention mechanisms)을 채택한다(439). 다시 말해, 그것은 선취적으로(preemptively) 행동함으로써 생산적으로 작용한다. 과정들과 이에 대응하는 구성체들 사이에서 "예상-저지 메커니즘은 커다란 전송 역량(power of transference)을 갖거나" 혹은 전염(contagion)의 역량을 가진다(437). 들뢰즈와 가타리의 용어로, 여기 분석된 선취적 역량은 위협-가치의 "본원적 축적"을 초래하고 정동의 감염을 통하여 그것의 작동 논리를 확장하는, 새로운 종의 악성의 포획 장치이다.

"그들의 실제 존재와는 다른 형태를 띤" 작동 논리들 사이에 효과적인 상호작용이 일어나는 양식 중의 하나는 알프레드 화이트헤드가 사용한 부정적 파악(negative prehension)이라는 용어이다(1979). "부정적 파악이란 [하나의] 사항이 주체의[과정의] 실재적인 내부 구성에 적극적으로 기여하지 못하도록 그것을 완전히 배제하는 것을 말한다.……부정적 파악은 일종의 결속(bond)을 표현한다.……각각의 부정적 파악은 아무리 미미하고 희미할지라도 그 자체의 주관적 형태를 가지고 있다……그것은 객관적 데이터에는 추가되지 않을지라도, 정서적 복합물[정동적 분위기]에 추가되며……[부정적 파악]은 어떤 하나의 사항이 어떻게 느껴지는지를 표현하는 데 필수적이다.……하나의 실체[하나의 과정]에 대한 부정적 파악은 그것의 정서적 주관적 형태를 띤 하나의 긍정적 사실이다[이것이 정동적 사실이다]; 주관적인 파악의 형식들 속에는 일종의 상호적인 감수성이 있다[부정적으로 파악된 것을 향해 효과적으로 뻗어 가는 교호적 전제를 지닌 생태학이 있다]" (41~42).

들뢰즈와 가타리의 어휘로, 부정적 파악에 의해 구성되는 이 "결속"은 포획이 지니는 "국소화되지 않는 결합 체계"(non-localizable liaisons)의 특징을 보여 주는 하나의 사례이다(1987, 446). 위협은 그 자신의 어떤 현실적 사례와도 구별되는 하나의 분위기상의 성질로서 "미미하게 그리고 희미하게" 느껴지는 한계 속에서 그러한 국소화되지 않는 결속을 구성한다. 심지어 그것이 경보 기호 속에서 구체적으로 표현되지 않을 때조차 그러하다. 그것은 여전히 현실적이지만 추상적인 방식으로, 비록 적극적으로 느껴지진 못한다 해도, 주체적인 형태들의 상호적인 감수성의 '작동 방식'에 기여한다. 위협은 여전히 형태들이 감정적으로 어떻게 그들의 개별화를 추구하는지를 조건 짓는 정동적 환경이며 공유되는 "정서적 복합체"에 더해진다. 이러한 것은 특히 위협-가치의 "본원적 축적"이 일단 과정상의 메커니즘이 가진 "커다란 전송 역량" 덕분에 그것을 둘러싼 환경을 거쳐 어떤 수준이나 확장에 도달할 때 발생하는 상황이다. 현실적으로 감지되진 않지만 여전히 부정적으로 파악되며 희미하고 순전히 질적으로 느껴지는 그 끝점에서, 이런 식으로 작동하는 위협은 이전 연구에서 내가 "낮은 차원의" 배경적 공포라고 기술했던, 주체성의 구성에 그 자체를 넌지시 비추는 능력을 지닌 공포를 구성한다. 그것은 가장 추상적인 정동 사실이다. Massumi 1993, 3~38 참조.

야 효과적일까? 만일 그것이 구성하는 그런 종류의 사실이 정동적이며 대체로 실제 사실과는 별개의 것이라면, 그것의 대상이 절대로, 미래에도 존재하지 않는다고 말하는 것 말고 달리 뭐라고 할 수 있을까?

모두 알다시피, 실제로 현재하지 않는 것을 그럼에도 불구하고 그것의 효과 속에서, 그리고 그것의 효과로서 실재적으로 현재하는 것으로 만들면서 특화시키는 실체의 일반 범주가 하나 있다. 바로 '기호'이다. 기호는 객관적으로 부재하는 **잠재능력적 힘**potential force을 현재하는 것으로 느끼게 만드는 그릇이다.

정리:작동 논리로서의 선제적[선취적] 역량을 이해하기 위해서는 반드시 그것의 생산적인 '되기'becoming의 과정을 하나의 **기호작용**으로 표현할 수 있어야 한다. 선제성preemption이 되기의 존재를 생산하는 것은 느껴진 성질인 정동을 중심축으로 돌기 때문에, 이에 적절한 기호 이론은 무엇보다 먼저 **느낌**feeling의 형이상학에 기반하여야 할 것이다.

미래 화재의 연기

어떤 사람이 꿈을 꾸고 있다가 갑자기 크고 길게 울리는 화재 경보를 들었다고 상상해 보자.

"그 경보가 울리는 순간 그는 깜짝 놀란다. 그는 본능적으로 달아나려 한다. 그는 손으로 귀를 막는다. 단지 그 소리가 불쾌해서가 아니라, 그 소리가 너무도 강하게 그에게 밀어닥치기 때문이다. 그래서 그러한 본능적 저항은 그것의 필연적인 일부이다.……이러한 행위함과 행위받음의 의미는 사태들의 실재성의 ─ 외부의 사물과 우리 자신 둘 다에 해당하는 ─ 의미이기도 한데, 이를 반응의 의미라고 부를 수 있다. 그것은 어떤 하나의 느낌에 머물지 않는다. 그것은 한 느낌이 다른 느낌에 의해 갑자기 깨어시는 것이다"(퍼스 1998d, 4~5).

화재 경보는 C. S. 퍼스가 **지시체**indications 혹은 지표 기호indexes라고 부르는 것에 해당하는 기호이다. 지표 기호들은 "사람의 신경에 작용하고 그의 주의를 강제한다." 그것들은 신경을 강제로 끌어당기는데, 연기가 불에 연결되어 있듯이 "그들의 존재가 사태들에 물리적으로 연관되어 있어서 그것에 대해 무언가를 보여 주기" 때문이다(1998d, 5). 하지만 지표 기호들은 "아무것도 확실하게 말해 주지 못한다." 오히려 그것들은 " '저기 봐!'나 '조심해!' 같은 명령법 혹은 감탄사"의 형태를 취한다(1996c, 16). 그것들이 "보여 주는" 순간 우리는 놀란다. 그것들은 직접적으로 수행적이다.

수행적 행위나 말a performative은 항상 자동─발효되는self-executing 명령으로 닥쳐온다. 그 명령을 일으키는 지표적 기호는 아무것도 확실하게 말하지 못하지만, 여전히 하나의 형태를 전달한다. "그 전달된 형태는 늘 그 명령의 역동적인 대상을 결정짓는 것이다. 역동적 대상이란⋯⋯지각하는 정신에 강제로 작용하는 것을 의미하지만, 지각이 드러내는 것 이상을 포함한다. 그것은 실제 경험의 대상이다"(퍼스 1998b, 478).

그럼 불이 나지 않았는데도 경보가 울리면 무슨 일이 발생할까? 경보라는 기호는 아무것도 없음 이상을 확인해 주지 않는다. 그것은 여전히 명령법에 불과하고, 여전히 자율적으로 하나의 명령을 발효시킬 뿐이다. 그것은 여전히 우리를 놀라게 해서, 우리가 외부를 향하면서 동시에 우리 자신을 향해 하나의 사태 현실에 깨어 있게 한다. 그것은 계속 주의를 강제로 집중시키며, 다음 느낌으로 변이되면서 이전의 느낌을 깨뜨린다. 여전히 무슨 일인가가 일어나고 있다. 하나의 기호-사건이 발생한 것이다. 이것이 실제 경험이며, '지각이 드러내는 것 이상'보다 더욱 많은 것을 포함한다.

이는 단순히 추정상의 경험 대상인 불이 존재하지 않는다는 의미가 아니다. 그 불은 본질적으로 지각에서 부재하는 것이지 주변 환경 상 부재하는 것이 아니다. 불은 나지 않았고 경보는 실수였다. 그렇다면 어떻게 하나의 허위가 '최상급의' 실재적 우위를 점하는 경험이 될 수 있는가?

어찌 그렇지 않으랴? 퍼스에게, 명령의 "역동적 대상"은 불이 아니다. 그 역동적 대상은 그 신호가 수행적으로 '불'(존재하건 하지 않건)의 상관자로 만드는 신경이 뻗어 있는 살이다. 놀라서 신경이 곤두선 그 몸이야말로 경계할 '명령의 대상'인 것이다. 그런 수행은 전적으로 기호와 '본능적으로' 활성화된 몸 사이에서 발생한다. 그 몸의 느낌은 새로운 느낌으로 변이하라는 기호의 명령에 따라 '깨어진다'. 그 순간, 이러한 변이적인 침입 말고는 아무것도 존재하지 않는다. 그것의 느낌, 그 갑작스러운 법석이 여전히 꿈결처럼 거듭-깨우는 경험의 세계를 가득 채운다.

그 '전달된' 형태, 경보라는 기호가 소리쳐 불러낸 역동적 대상은 다름 아닌, 명령에 따라 변하는, 경계상태의 세계에 거듭-깨어나는 순간에 놓인 역동적인 형태의 몸이다. 그것은 바로 그 몸을 다음 경험으로 이행하게끔 추동하는 활성화 사건activation event에 다름 아니며, 거기에서 깨어 있는 세계는 이미 변화를 겪고 있는 세계일 것이다. 모든 것은 그 활성화된 몸과 그 몸의 되기의 기호 사이에서 발생한다. 불이 났건 나지 않았건, 경보에로의 이행과 경보를 거친 이행이 이루어진다.

그 불이 허위로 속임수로서 비존재하는 것이 아니라 미래시제로 비존재하는 것이라면 어떨까? 만일 연기가 아직 발생하지 않은 불의 연기라면 어떨까? 만일 그 기호-사건이 미래의 원인에 의해 촉발된 것이라면 어떨까?

이것이 바로 위협에 대한 기호론적 물음이다.

기호활동semiosis 21은 기호가-유도하는 되기이다. 그것은 어떻게 하나의 기호가 실제 경험에서 몸의 되기를 **역동적으로** 결정하는지에 대한 물음이다. 그것은 하나의 **추상적 힘**이 어떻게 **물질적으로** 결정하는 힘을 가질 수 있는지에 대한 물음이다. 이 물음은 실수로 기표화된 현재 존재하지 않는 불에 대해서도, 아직 발생하지 않은 미래의 불에 대해서도 동일하게 적용된다. 하지만 한 가지 차이점이 있다. 미래-발생적 불에는 실수가 있을 수 없다. 그것은 언제나 선취적으로 옳을 것이다.

그 하나의 차이가 모든 차이를 만든다. 이제 물음은, '미래의 불의 연기가 선험적으로 옳다는 것의 경험적인 정치적 함의는 무엇인가?'로 된다. 이다. '몸의 활성화된 살의 차원에서, 즉 되기가 진행되는 몸의 차원에서, 오류가 결코 있을 수 없는 경보의 옳음이라는 차원에서 우리가 가정해야 하는 그 몸의 실존적인 효과는 무엇인가?'하는 점이다. 위험을 알리는 기호들이 영원히 어른거리는 세계로 영속적으로 신경을 자극받아 거듭 깨어나는 몸의 실존적 효과는? 한번 위협이면 영원히 위협인 세계의 실존적 효과는? 무한히 계속 이어지는 잠재-위협이 실제 경험으로 만들어지면서 되기의 잉여가 발생하는 것, 이 모두가 한순간에 이루어지는 세계?

갑작스럽고 커다란 경보를 듣고 잠에서 깬 한 사람이 미래에 의해 회고적으로 전조前兆가 드리워진 현재의 세계, 현재의 되기가 결국 미래적인

---

21. [옮긴이] 찰스 S. 퍼스가 도입한 용어로 기호와 연관된 활동이나 행위, 과정의 형식을 일컫는다. 한마디로 기호 작용의 과정을 의미한다.

'그렇게 되어 있을 것이다'로 재편된 꿈의 세계로 다시 떨어지는 상황을 상상해 보라.

그 모든 법석

퍼스는 기호가 그 자체를 몸에 들이미는 것과 이에 대한 "반동으로" 몸이 본능적으로 느끼는 저항은 "행위자와 피행위자로 구별"될 수 없다고 주장한다(1998a, 171). 신체적인 활성화 사건은 아직 능동성과 수동성의 구분이 없는 거듭-깨어남의 문턱에서 발생한다. 이것은 몸이 자신의 '본능'과 기호의 구성적 수행에 의해 전달된 거듭-깨어남을 구별할 수 없다는 의미이다.

재활성화하는 몸과 기호의 작용 사이의 비구별 지대는 그들의 상호관계를 아우르고 보장하는 공유 환경으로 확장된다. 몸과 그것의 환경 사이의 구별을 일깨우는 것은 환경을 이루는 수동성 속의 능동성, 즉 몸에 수동적으로 스스로를 새기는 환경에서 유래한 능동성이 아닌가? 거듭-깨어남의 법석 속에서는 행위자와 피행위자의 구별 이전에 아직 몸과 그것의 환경 사이 혹은 그 둘과 그와 관련된 기호 사이에 어떤 경계도 없다. 또는 꿈과 사건 사이에도 마찬가지이다. 이런 구별들은 법석 속에서 이행이 일어난 후, 다음의 결정적 느낌 속으로 안착할 때 다시 등장할 것이다. 이때 전달되는 형식은 결정적 느낌을 배태胚胎하고 있는 한없는 활성화에 대해 느껴진 역동적 형식이다. 즉, 다시 동터 오는 우주 속의, 순수 정동pure affect이다. 이러한 것이 바로 그 기호가 "보여 주는" 바이다.

위협의 정치적 존재론을 이해하려면 이러한 지표적 경험의 정동적 중간지대로 사유를 돌릴 필요가 있다. 그 버석거리는 비구별의 지대에서 세계는 되기에 걸맞게becomingly 지각이 드러내는 것보다 훨씬 많을 것을 포함하게 된다. 바로 그런 연유로 사유의 접근은 현상학적일 수 없다. 사유는 틀림없이 후안무치한 형이상학에 가까울 것이다. 분명 그것은 다음에 나타날 것, 결코 나타나지 않을 것을 조건 짓는 식으로 확장되어 간다. 바로 화이트헤드가 나타남의 실재reality of appearance라고 명명했던 그것이다(1933).

나타남의 실재란 비존재의 존재발생적 실효성이다. 그것은 발생하지 않았던 것이 가지는 실재의 잉여가 역설적이게도 사건이 되는 것이다. 그리고 그 사건 속에서 나타남의 실재는 더 결정적인 존재를 향한 놀라운 이행을 생산하는 것이 된다.

조심해!

"그 계기는 우주의 창조성을 결집시켜 그 자체의 완전성을 만들어 냈다. 그 완전성은 우주의 창조성이 발원하는 원천인 실재하는 객관적 내용에서 추상화된 것이다"(화이트헤드 1933, 212). 이러한 것은 "현재 속 미래의 내재성과 결부된"(217) 동시대 사건들의 상호적 내재성 속에서 "이상적인 것이 실제적인 것과 혼합된 결과이다"(211).

저기 봐!

"바다에서도 땅에서도 도대체 존재하지 않았던 빛이야"(화이트헤드 1933, 211).

마지막 물음: 그 빛은 선취성 저편에서 빛나는가?

3

수치의 쓰기[1]

엘스페스 프로빈

찰스 다윈이 연구와 저술 활동 때문에 몸으로 겪어야 했던 혹독한 대가에 대해 읽었을 때 나는 처음으로 그에게 연민을 느끼기 시작했다. 그는 오랜 병치레를 했으며, 그동안 계속 토하고 설사를 하다가 결국에는 앓아누웠다. 그는 요즘 우리가 대체 요법이라고 부르는 것, 특히 수*치료법을 믿었는데 가끔 그 요법은 효과가 있었다.

다윈이 생각난 것은 내가 잠에서 깨어 의식이 돌아오는 사이에 지금 하고 있는 일 때문에 지독한 압박감을 느꼈을 때였다. 아, 그래, 책. 그때 나는 헛구역질을 했다. 이런 헛구역질은 내 일에 대해 생각할 때마다 계속 일어났다. 나는 직장의 압박에서 벗어나 연구휴가 중이었고, 해야 할 일이라곤 책을 쓰고, 다시 쓰고, 또다시 쓰는 것뿐이었다. 나는 내 몸이 만들어 낸 이 사소한 일상을 무시하려고 애썼다. 하지만 이 노력은 통하지 않았다. 내

---

1. [옮긴이] "writing shame." 이 글에서 제시하는 바를 감안하여 '수치가 쓴다'와 '수치를 쓴다'는 의미를 모두 표현하기 위해 '수치의 쓰기'라고 번역하기로 한다.

몸은 관심을 가져 주기를 계속 요구했다. 나는 일어나고 있는 현상들을 곰곰이 살폈다. 잠자리에 들었을 때 꿈을 꾸지 않고 깊은 잠을 자는 듯했다. 하지만 잠에서 깨어나면 나는 내 손과 발에 상처가 난 것을 알아챘다. 밤사이에 내 몸이 자신을 스스로 학대했다는 사실이 분명해졌다. 나도 모르게 주먹을 꽉 쥐고 있었고, 발은 경직되었고, 이도 갈았다.

나는 내 몸을 엄하게 훈계했지만 내 몸은 이성에 귀 기울이지 않았다. 내 생각에, 내 몸을 병들게 하는 것은 단지 마감 압박 때문인 것 같았다. 내가 할 수 있는 일이라곤 원고가 나를 끝장내기 전에 그것을 마치는 것뿐이었다. 나의 건강 악화를 걱정하는 한 친구는 내 처방을 납득하지 못했다. 그녀는 젊은이들 사이의 폭력·수치·명예에 관한 연구를 하고 있었다.[2] 그녀는 즉각 내가 알고 있어야 했던 점을 지적했다. 바로 수치를 글로 쓴다는 고통스럽다는 점이다. 수치는 당신의 몸을 파고든다. 그것은 당신을 괴롭힌다.

물론 수치를 글로 쓰는 것은 고통스럽다. 자신의 내밀한 일들을 대중에게 드러내는 일이니까. 하지만 내가 느꼈던 것은 딱히 노출의 수치가 아니었다. 뭔가 다른 것이 나를 휘젓고 있었다. 정동에 대한 글을 너무 많이 읽어서 건강염려증에 걸렸을 수도 있다. 그런 글을 많이 읽다 보면 확실히 당신은 각기 다른 정동들이 신체에 미치는 작용을 더 많이 의식하게 된다. 바깥에 드러난 증상들을 보고 나는 내 몸이 드러내고 있는 것이 정확히 수치심은 아니라는 판단을 내렸다. 내 주치의가 "싸움 아니면 도망"fight or flight이라는 말로 규정한 그것은 실번 톰킨스가 두려움–공포fear-terror라고

2. 지니 마틴이 나를 격려해 주고 생각을 일깨워 준 것에 감사한다. 마틴은 호주의 젊은이들, 주로 레바논계의 젊은이들이 어떻게 명예와 수치의 관념들을 잘 다루어 나가는지에 대한 매력적인 연구를 발표했다. Martin 2000을 보라. 나는 또한 이 프로젝트에 도움을 준 제인 사이먼과 클리프톤 에버스에게도 감사를 표하고 싶다.

말했던 것에 더 가까웠다(세즈윅과 프랭크 1995b, 35). 맞다, 내가 느낀 건 바로 그것이었다. 손을 꽉 쥐고 턱을 악무는 것, 발이 꼬이고 경직되는 것. 내가 내 주제에 대한 관심에 부응하지 못할 것이라는 공포를 경험하고 있다는 생각이 번쩍 들었다. 독자들의 흥미를 끌지 못할 것이라는 생각이 두려움과 수치심의 혼합으로 보이는 것을 촉발하였다.

뭔가에 대해 지극한 관심이 있는데도 그것을 다른 사람들에게 전달할 수 없다는 것, 즉 그들에게 같은 정도의 관심을 일으키고 그것이 타당하다는 사실을 설득할 수 없다는 데에 부끄러움ᵃ shame이 존재한다. 글쓰기에서 위험은 항상 당신이 독자에게 흥미를 주거나 독자를 끌어들이지는 못한다는 데 있다. 당신이 적절한 단어를 찾지 못하거나 논의를 전개해 나가지 못할 때면 당신 자신에게 느끼는 실망이 더 크게 다가온다. 간단히 말해, 글쓰기의 위험은 글과 글이 다루는 주제를 동등하게 만드는 것의 어려움이다. 그 둘 사이의 간극은 부끄럽다는 느낌이나 혹은, 내가 여기서 논의하게 될, 더 깊은 부끄러움을 불러일으킬 것이다. 우리 시대의 위대한 작가 중 몇 명을 인터뷰했던 린 바버Lynn Barber는 앞의 감정에 대해 쓰고 있다. 바버는 다작하는 에세이스트인 크리스토퍼 히친스와 했던 인터뷰를 회상하면서 어떤 감정의 저류를 발견한다. "아마 사기치고 있는 것 같은 그의 느낌은 모든 작가들이 가지고 있는 것일 터이다. 그러니까 그들이 '쓰고' 있는 그들의 주제보다 글쓰기에 더 관심을 쏟고 있다는 점이다"(2002, 10).

바버가 그것을 사기imposture라고 지칭함으로써 그녀는 그 문제를 지극히 사소한 것에서 중요한 문제로 들어가는 위협적인 측면으로 그려낸다. 사기는 능력competence이라는 가면 뒤에 숨어서 글을 지어낸다는 것을 함축하고 있다. 그 어원에서 볼 때 shame은 고트어의 scham에서 온 것으로, '얼굴을 가림'을 의미한다. 가장sham을 수치shame로 바꾸는 것은 그 관심과 욕망의 정도이다. 만일 당신이 다른 사람들의 생각에 신경 쓰지 않거나 당신이 생각하는 것에 신경 쓰지 않는다면, 부끄러움을 느낀다고 해서 수치스러운 것은 아니다. 하지만 당신이 그런 것들에 신경 쓴다면, 수치가 우리를 위협한다. 당신이 쓰고 있는 것에 대해 강하게 관심을 쏟게 되면서 우리의 몸은 수치스러움의 영역으로 들어가게 된다. 자신에 대한 순전한 실망감은 고통스러운 수준으로 증폭된다.

여기서 나의 논의는 '수치의 쓰기'에 관한 것이다. 이 말을 나는 정동적인 것, 즉 관심을 배반하는 몸의 느낌을 포착하면서 또한 우리가 어떻게 수치의 글쓰기를 윤리적 실천의 일부로 구상할 수 있을지를 알아내기 위해 사용한다. 수치는 우리로 하여금 계속해서 우리의 글쓰기에 내포된 의미들을 반성하도록 강제한다. 서로 다른 종류의 글을 쓰는 작가들이 보여 주는 통찰은 수치에 대해 쓴다는 것이 일종의 내장까지 파고드는 환기자visceral reminder로서, 우리가 우리의 관심에 진실하도록, 즉 어떤 일이 '왜' 그리고 '어떻게' 관심사가 되는지에 대해 정직하도록 환기시킨다는 점을 보여 준다. 여기서 내가 초점을 맞추는 작가들은 아주 다른 영역의 사람들이다. 한 사람은 소설가이고, 한 사람은 나치의 잔혹 행위들에 대한 목격자이자 희생자이며, 또 한 사람은 철학자이다. 물론 소설을 쓰는 작가와 학문적인 작가의 목표에는 차이가 있다. 노골적으로 말해, 당신이 글을 지어낼 때, 당신이 내용보다 당신의 글에 대해 더 많은 관심을 가진다는 것이 문제가 되는가? 바꿔 생각해서 당신이 학문적 작가라면, 당신은 왜 '아이디어'보다 글에 더 많은 관심을 기울여야 하는가? 스티븐 킹과 프리모 레비, 질 들뢰즈 같은 서로 다른 작가들의 통찰은 이러한 구분이 사라지게 만든다. 수치에 대한 글의 귀감을 보여 주는 그들은 겸손의 필요성, 즉 수치를 느끼는 몸에서 글쓰기에 대해 무엇을 배울 수 있는가를 논의하며, 무엇보다 정동작용 affectation이 없는 글쓰기에 대한 교훈들을 제공한다. 그들 중 아무도 글쓰기가 몸에 부과하는 대가를 회피하지 않는다. 가장 극단적인 경우로, 레비는 아우슈비츠 이야기를 꼭 써야만 했던 것을 일종의 "인간의 가장 기본적인 욕구들……에 맞먹는 격렬한 충동"으로 표현한다(긴즈버그 1992, 96, 재인용). 미국의 인기 작가와 프랑스 철학자의 대열에 레비를 포함시키는 것이 충격적으로 다가온다면, 레비가 가진 가장 큰 열정이 글쓰기였으며 그가 증언하는 것과는 별개로 글쓰기를 사랑했다는 사실을 기억하고 기념할 필요가 있다. 레비는 글쓰기를 열망하는 모든 이들에게 하나의 귀감이었다.

학문의 불안

때로 학자들은 작가가 되고 싶은 열망이 없는 것처럼 보인다. 사실, 학자는 글을 쓸 수 없다는 믿음이 팽배한 사회에서 그러한 열망은 우스운 것일지 모른다. 인문학 내에서조차, 작가로서의 연구자라는 개념은 여전히, 아니 또다시, 의심스러운 것으로 여겨진다. 물론, 모든 학문에서 '문학적 전회'가 일어나 민속지학에서부터 역사학까지 '시학'이 부가되긴 하였다. 하지만 글쓰기 자체의 문제는 '연구서 작성'이라는 구실로 옆으로 제쳐 두는 경향이 있었다. 학문적 글쓰기가 순수하게 객관적이어야 한다는 가식은 사라져 가고 있을지 모르지만, 그 지배적인 '작성'의 양식을 무엇으로 '대체할지에' 대해서는 거의 논의되고 있지 않다. 특히 요즘 증가하고 있는 정서와 정동에 대한 학문적 연구들에서 그런 연구와 글쓰기 사이에 놓인 간극이 두드러진다.[3] 세즈윅과 프랭크가 지적하듯이 정동에 대한 최근 논문들은 '느낌'이 부족한 경향을 띤다. "정동은 일원적 역사와 일원적 정치학을 지니고 있는 하나의 일원적 범주처럼 다루어진다. 가령 신나거나, 불쾌하거나, 부끄럽거나, 화나거나⋯⋯하는 것들 사이에 어떤 차이를 둘 수 있는 이론적인 여유가 없다. 각 장르가 연구자들이 일으키거나 생성하는 정동의 종류에 따라 분화되는 것이 아니라, 훨씬 더 단순하게, 정동Affect이라고 불리는 어떤 심오한 실체의 존재나 부재에 의해 나뉜다"(1995a, 17).

정동과 정서에 접근하는 하나의 추상적인 방식은 글쓰기 자체를 정동과 이해관계가 없는 것으로 상정하는 것이다. 이것은 한마디로 모순이다. 왜냐하면, 정동은 내재적으로 글쓰기와 이해관계가 있기 때문이다. 세즈윅과 프랭크가 보기에, 거리를 두면서 일반화된 방식으로 정동을 사용하는 것은 "일종의 이론적 결단"을 드러낸다. "정동들 사이의 질적인 차이들을 정의할 수 있는 어떤 여지를 조금이라도 남겨 놓는다면, 마치 발표한 논문이 결국 '이론'으로 존재할 수 없기라도 하듯이 말이다"(1995a, 17). 문제가 되는 느낌이 정동이라는 무정형의 범주에서 일반화되지 않는다면 어떻게 당신은 정서적이고 정동적인 느낌의 의미들을 재현할 수 있을까?

그 배경에 일종의 인식론적인 지점이 맴돌고 있다. 즉, 특정한 정서는 특정한 기술을 요구한다는 점이다. 달리 말해, 정동들에는 각각 나름의 효과들이 있어서, 이러한 이해를 벗어나 정동들에 대해 말한다는 것은 어불성설이다. 정동적인 것에 대한 특정한 서술―나의 경우엔, 수치―은 또한 다

---

3. 캐스린 우드워드는 정동적인 것을 다룰 때 학자들이 직면하는 문제를 "특히 연구와 글쓰기에서, 감정 없는 합목적성이라는 엄격한 규칙들"이라고 표현한다(1996, 760).

른 개념들을 정동하기도 한다. 몸에 대한 생각이나 몸과 글쓰기의 관계에 대한 생각, 혹은 글쓰기의 윤리에 대해 다시 생각하기가 여기에 해당한다. 정동에 대한 일반적 태도는 통하지 않을 것이다. 우리가 개념들에 활기를 불어넣길 원한다면, 각기 다른 정동들이 각기 다른 차원에서 어떻게 작용하는지를 쭉 따라갈 필요가 있다. '다른 정동들이 우리가 다른 방식으로 느끼고, 쓰고, 생각하고, 행동하게 한다'는 점이 강조될 필요가 있다. 예를 들어, 수치는 몸에 일정한 방식으로 작용한다. 수치의 이러한 작용은 경험적으로 이루어지지만 ─ 몸은 수치스러울 때와 즐거울 때 매우 다르게 느낀다 ─ 또한 수치는 우리가 몸을 이해하는 방식과 다른 몸들에 대한, 더 정확한 말로 하자면, 사회적인 것에 대한 우리 몸의 관계를 이해하는 방식에 다시 작용한다. 이러한 점이 이론의 차원에서 중요하다. 이러한 점이 우리가 글쓰기를 통해 하고자 하는 것의 측면에서 중요하다.

말과 사물

많은 이들이 그렇듯이, 나는 무엇보다 말과 사물 사이의 관계에 매료되었기 때문에 학자가 되었다. 말과 사물. 많은 이들이 미셸 푸코의 책 『사물의 질서』(1973)의 프랑스 제목인 '말과 사물'Les mots et les choses을 떠올릴 것이다. 이 책은 다른 질서를 가진 지식들과의 관계에서 양산된 "사물들"이 수세기 동안 배열되어 온 방식을 좇는다. 또 이 책은 사물들이 지금 현재 존재하는 방식으로 존재할 필요가 없다는 주장을 담고 있다. 나는 몬트리올에서 종업원으로 근무하면서 교대 시간에 푸코의 책을 읽었다. 그것이 새로운 지평을 열어 주었다고 해도 그다지 과장은 아니다. 그 책을 읽으면서 나는 사람들이 상호작용하는 것을 쳐다보고 듣고 관찰하곤 했다. 때로 우리는 술집에서 나누는 대화 한 토막으로도 전체적인 세계관을 포착할 수 있다. 말과 사물의 관계는 단지 뇌에서만 일어나는 일이 아니다. 그것은 사람들에게 흥미를 일으키는 것의 바로 그 심장부에 있는 듯싶다.

푸코에게서 스티븐 킹으로 넘어가는 것은 좀 이상한 연결이다. 푸코는 20세기의 위대한 철학자 중 한 사람이고, 킹은 가장 대중적인 소설가에 속하기 때문이다. 하지만 두 사람은 모두 말과 사물의 관계에 도취된 사람들이다. 물론 킹은 그의 공포 소설로 가장 잘 알려져 있다. 그는 다작하는 작가로 지금까지 39편의 소설을 썼고 그중 많은 작품이 영화로 만들어졌다. 3백만이나 되는 사람들이 그의 소설 중 한권을 읽었다. 킹의 광범위한 호소력은 오히려 그의 글이 많은 사람에게 폄하를 받는 이유가 되곤 한다. 상업적 성공이 불러오는 오래된 골칫거리인 '어떻게 그리 인기 있는 사람이 좋은 작가일 수 있는가'의 문제다. 킹의 사색인 『글쓰기에 대하여』*On Writing*(2000)는 이러한 편견에 대한 응답이다. 장르로 치면 회고록이지만 지침서의 꼼꼼함도 겸비한 이 책은 독자의 마음을 사로잡을 이야기를 쓰기 위한 일종의 사용설명서이다.

글쓰기와 수치에 대한 킹의 서술은 교육적이다. 킹의 기억에 따르면, 그의 글에 뭔가 부끄러운 점이 있을 수도 있다는 것을 그가 의식하도록 해준 사람은 한 고등학교 선생님이었다. 그 선생님은 왜 그가 그런 쓰레기 같은 글을 쓰는지 물었다. "나는 대답할 말이 없었다. 부끄러웠다. 나는 글을 쓰는 것을 부끄러워하며 몇 년을 보냈다. 사실 너무 많은 해를 보낸 것 같다"(46).

킹은 마침내 그 선생님이 끌어냈던 수치심을 극복하였다. 하지만 그는 자신이 수치스럽다고 여기는 글에 대해서는 여전히 명확한 입장을 지니고 있다. 바로, 정직하지 않은 글이다. 그에게 정직함이란 말과 사물 사이의 정확한 관계precise relationship를 포함한다. 그는 또한 문법이나 대화 같은 구조적인 면에도 관심을 가진다. 말에 대한 그의 주장을 듣다 보면 후기구조주의가 실용주의적으로 보인다. "말이란 단지 의미의 재현일 뿐이다. 아무리 잘해 봐야, 글쓰기는 거의 항상 완전한 의미에 못 미친다. 그렇다면 도대체 왜 당신은 당신이 정말로 사용하고 싶은 말의 사촌뻘에 불과한 단어를 선택함으로써 오히려 사태를 더 악화시키길 원하는가?"(130).

만일 킹이 그의 독자들에게 좋은 작가가 되라며 아무렇지 않게 창피를 준다면 – "이건 글쓰기라고! 젠장, 세차하는 것도, 눈썹 그리기도 아니라고"(117) – 이는 그가 정직한 글쓰기에 대한 열정을 가졌기 때문이다. 글쓰기에 대해 정직하기는 또한 정직한 독자가 되는 것을 의미하기도 한다. 킹은 "거의 글을 읽지 않는(혹은 어떤 경우엔 전혀 읽지 않는) 사람들이 글을 쓰고 자기가 쓴 글을 사람들이 좋아해 줄 거라고 기대하는"(167) 것에 대해 통렬하게 지적한다. 학자들은 많이 읽지만, 나는 가끔 우리가 단지 아이디어를 얻기 위해, 우리가 읽고 있는 글보다 우리가 쓰려고 하는 것에 초점을 두면서 읽는 것은 아닌지 의문이 든다. 킹은 읽혀지는 것의 효과에 대해 아주 잘 설명하고 있다. 그는 자기 초고를 그의 이상적 독자(그의 아내)가 읽고 있는 동안 기다리면서, "나는 그녀가 어떤 특정한 장면에 다다랐을 때 적어도 미소를 짓거나, '여보, 대박!'하며 손을 번쩍 들면서 한바탕 배꼽 빠지게 웃는지를 지켜본다"고 한다(262).

이러한 그의 초조한 기대에 대한 묘사는 킹의 정직함이란 무엇을 의미하는지를 설명해 준다. 바로 '그가 그토록 심혈을 기울인 것에 그 독자가 흥미를 가지도록 만들었는가?'이다. 킹은 또한 그러한 관심이 초래하는 대가에 대해서도 솔직하게 인정한다. "당신이 글쓰기 행위에 초조함이나 흥분, 희망, 혹은 심지어 절망감을 가지고 접근할 수도 있다"라고. 그의 결론은 "어쨌든 그것에 다가가세요, 다만 가볍지 않게."이다. 그리고 반복해서 다시 강조한다. "백지에 가볍게 다가가서는 안 됩니다"(118).

킹의 교훈은 내 뇌리에 깊게 남아 있다. 그의 주장은 아주 도전적이다. 킹에게 글쓰기의 목표는 독자와 작가 사이의 텔레파시가 통하는 연결이다. 그렇게 하여 독자는 작가의 관심을 '포착한다.' 글쓰기의 목표는 당신이 독자에게 말하고자 하는 것이지, 얼마나 당신의 글이 자신에게 멋있게 들리는가의 문제가 아니다. 그것은 당신이 독자에게 무엇을 하고자 하는지 인식하는 일과 관련되며(이상하게도 킹은 공포가 독자에게 어떤 영향을 끼치는지 말하진 않지만), 글쓰기가 작가에게 행하는 것에 관련된 문제이다. 간단히 말해서, 글쓰기는 몸을 정동한다. 글쓰기는 글을 쓰는 몸과 그것을 읽거나 듣는 몸들에 대가를 치르게 한다.

몸–정동들

글쓰기는 육신적corporeal 활동이다. 우리는 온몸을 훑어through 아이디어를 만들어 낸다. 즉, 우리 몸을 훑어 쓰면서 우리 독자들의 몸에 닿기를 바란다. 우리는 하나의 추상으로서가 아니라 다른 몸들에 근접한 실제적인 몸들을 구성하면서 연구하고 글을 쓴다. 이 점은 질 들뢰즈가 정교하게 다듬었다. 신체에 대한 그의 생각들은 신체의 경계 지어짐boundedness, 즉 우리가 우리 자신의 몸이라고 생각하는 것과 우리 몸이 다른 몸들에 관계하는 방식에 대한 가정들을 뒤흔든다. 그는 스피노자의 영향을 받아 신체는 하나의 통합된 실체unified entity가 아니라 움직이는 많은 요소들로 구성되어 있다고 주장한다. 모이라 게이튼즈가 주장했듯이 정동은 우리로 하여금 "'집단적' 정동들의 전염성에 의해 증명되는, 자기와 타자 사이의 경계에 생긴 균열을 노출시킴으로써 프라이버시나 신체의 '완결성'[통합성]integrity에 대한 우리의 상식적인 관념에 의문을 제기한다"(2004, 115). 이러한 모델에서 정동은 외부에서 신체에 가해지는 것도 내부에서 분출하는 것도 아니다. 들뢰즈의 모델은 그러한 구분들을 납득하기 어려운 것으로 만든다. 게이튼즈는 들뢰즈의 모델을 요약하여 신체는 "항상 이미 그 전체로 그것의 환경에 연루되어 있다"고 말한다(2004, 115).

이 모델에서 신체는 운동적이고kinetic 역동적인 관계들로 정의된다. 신체를 내내 슉슉 움직이는 수천 개의 작은 조각들로 구성되었다고 상상하면 도움이 될 것이다. 이러한 운동성kinesis의 차원에서 "몸은 한 신체를 규정하는 분자들 사이의 운동과 휴식, 빠름과 느림의 관계, 즉 한 신체의 개별성이다"(들뢰즈 1992, 625). 이 말은 느낌들이 다른 느낌들과 연동하는 방식에 대한 브라이언 마수미의 지적을 연상시킨다. 마수미는 그러한 방식의 근거를 고유수용감각proprioception ─몸의 움직임들을 그 자체의 운동과 관련된 것으로 각인하는 감각─에 대한 과학적 사고에서 발견한다. "몸은 느끼면서 움직이기에 자신이 움직인다는 것을 안다"(2002, 1, 강조는 필자).

몸의 느낌과 움직임에 대한 관심은 윌리엄 제임스의 정서 이론(1884)으로 거슬러 올라간다. 그 이론도 다른 정서가 지닌 다른 느낌을 강조한다.[4] 우리가 어떻게 느끼는가에 대한 제임스의 이론은 다음과 같다. (a) 나는 사자를 지각한다. (b) 내 몸이 떨린다. (c) 나는 두렵다. 달리 말해 신체는 스스로가 정서의 계기를 지각하고 있다는 사실을 지각하며, 이것이 운동(떨림)을 촉발하고, 그리고 하나의 인지적 상태(두려움)로 이름 붙여진다. 혹은 이러한 연속 과정에 대한 들뢰즈의 설명도 있다. (a) 상황에 대한 지각 (b) 신체의 변용 (c) 의식 혹은 마음의 정서 (1997, 123).

들뢰즈가 신체의 운동을 정의하는 다른 방식은 다른 신체들과의 역동적인 상호작용을 통해서이다. "몸은 다른 몸에 정동하거나 다른 몸들에 의해 정동된다. 또 몸은 한 몸을 그것의 개별성으로 규정하는, 이러한 정동하고 정동되는 능력capacity이다"(1992, 625). 생각하기, 글쓰기, 읽기는 정동하고 정동되는 우리 능력에서 필수적인 일부이다. 들뢰즈의 관점에서 이러한 것은 "신체 뿐 아니라 사유에서도 빠름과 느림의 복잡한 관계이며, 정동하고 정동됨을 위한 능력, 신체나 사유에 관계하는 능력이다"(1992, 626) 일상생활에서 우리는 이러한 추상적 생각이 실행되는 것을 경험한다. 윌리엄 코놀리는 생각하기와 신체, 감수성 사이의 관계를 "거대하기도 하고 미묘하기도 한 일상의 기술들"이라고 말한다. "그것에 따라 생각하기는 그것의 방향이나 속도, 강도, 감수성이 변한다"는 것이다(2002, 100). 말하자면 그는 모차르트 음악을 듣거나 "원기를 북돋우고 충전하기 위해 음악에 맞춰 춤추러 가는 것"이 "단어, 몸짓, 기억, 음, 리듬, 동작, 이미지, 생각을 연결 짓는 고리들relays"을 바꿀 수 있는지 곰곰이 생각해 보라고 요청한다(100~102).

---

4. 제임스의 정서 이론에 대한 더 많은 논의를 보려면 Redding 1999와 Barbalet 1998 참조.

수치와 영광

신체의 정동하고 정동되는 능력에 대한 들뢰즈의 생각은 T. E. 로렌스의 수치와 영광에 대한 글을 논의할 때 강렬하게 전달된다. 아라비아의 로렌스는 사막의 영웅적인 영국인이다. 그는 또한 『지혜의 일곱 기둥』*Seven Pillars of Wisdom*(1926)과 『민트』*The Mint*(1955)의 작가이기도 하다. 이 책들은 부분적으로 그가 겪은 잘못된 원정들과 트라우마들을 자세히 기술하고 있으며, 거기엔 강간당한 일도 포함된다. 그 남자와 그의 글은 수치와 명예로 점철되어 있었다.

들뢰즈는 특히 자신이 로렌스 글쓰기의 "주관적 기질"the subjective disposition이라고 부르는 것에 관심을 보인다. 우리는 로렌스의 글쓰기가 상당히 자전적이며 심리적이라고 더 단순하게 말할 수 있겠지만, 들뢰즈는 이러한 용어들의 의미를 변환시킨다. 그는 시작 부분에서 로렌스의 묘사를 초상화가의 것으로 음미하며 다음의 구절들을 인용한다. "그는 평소에는 명랑했지만 그의 내부에는 쉽게 고통에 빠지는 피가 흐르고 있었다." "전원의 경치처럼 그의 정신에는 네 모서리로 된 관점이 있었다. 정성을 쏟고, 친근하게 대하고, 한계에 부딪히고, 과시하는 것." "그의 짙고 거친 속눈썹 위로 그의 눈꺼풀이 지친 듯 축 처져 있었다. 그 속눈썹 사이로 저 위 태양에서 나온 한 줄기 붉은 빛이 그의 두 안구 속에서 번쩍이면서 흡사 사람이 천천히 타들어 가는 불구덩이처럼 보이게 만들었다"(1997, 116).

로렌스가 인물을 그려 내는 기민함은 특출하다. 들뢰즈가 말하듯이 "가장 정교한 작가들은 변화무쌍한 환영 같은 미적인 지각들을 그려 내거나 형상화하는 데 필요한 독특한 지각작용의 조건들을 갖추고 있다"(116).

들뢰즈는 이러한 주장을 주관적 성격 혹은 기질이라는 개념으로 설명한다. 이 개념은 인격적 정체성을 훌쩍 넘어선다. 들뢰즈에게 단일한 인격 같은 것이 없다는 사실을 상기해 본다면, 사전적 혹은 인격적 글쓰기 스타일이라는 관념은 불가능하다. 오히려 들뢰즈에게 주관적인 것이란 다른 질서와 요소를 지닌 신체들의 정동적 조합이다. "로렌스의 글, 그의 스타일은 이러한……주관적 기질, 즉 이미지들을 불가분하게 정치적이면서도 에로틱하고 예술적으로 만드는 힘을 이용한다"(118).

정직함에 대한 킹의 따끔한 질책과 공명하며 들뢰즈 또한 로렌스의 이미지들이 얼마나 진실한지를 지적한다. "로렌스가 실재에 투사하는 이미지들은 거짓된 과장이라는 과오를 범할 수 있는 부풀려진 이미지들이 아니라, 극적이든 우스꽝스럽든 작가가 사건에 부여할 수 있는 오로지 순수 강도를 통과한 것들이기에 온당한 이미지들이다"(119). 로렌스는 단지 사람들만 이런 방식으로 그려 내지 않는다. 그는 동일한 강도를 추상물들과 관념들에도 적용한다. 바로 들뢰즈가 "실체들"entities이라고 부르는 것이다. 로렌스는 그의 주관적 기질의 본질적인 부분에서, 그리고 아마도 작가로서의 정직함의 본질적인 부분에서 "사막의 한가운데서, 사람과 사물들을 따라, 낙타 발걸음이 자아내는 급하고 불규칙한 리듬으로 실체들을 열정적으로 생생하게 만드는 재능"을 가지고 있다(119).

이러한 재능은 수치에 대한 로렌스의 묘사에서 확연해진다. 들뢰즈의 말을 들어 보자. "여태껏 수치가 이토록 오만불손한 태도로 노래된 적은 없었다"(120). 바로 여기에서 그 작가와 그의 글, 하나의 관념, 그리고 신체들이 모두 혼합된다. 로렌스의 수치는 그의 추정상의 동성애적 성향처럼 그 개인의 어떤 면모로 설명될 수 있는 단순한 심리학적인 성질의 결과가 아니다. 들뢰즈는 그러한 로렌스의 수치의 성격들을 논외로 한다. 수치는 주관적인 기질의 기계에서 생산된 산물이다. 이 기계가 수치를 관념이자 정동으로 만든다. 로렌스의 경우 주관적인 것은 그가 속해서 살고 쓰는 컨텍스트와 깊이 연관된다. 들뢰즈는 로렌스의 수치에 대하여 몇 가지 암시를 제공한다. 로렌스는 아랍인 복장을 한 사막 속의 영국인이다. "수치는 무엇보다 아랍인들을 배반하는 것에 대한 수치이다. 왜냐하면, 로렌스는 스스로 결코 완전히 지켜질 수 없다는 걸 잘 알고 있는 영국의 약속을 보증하는 일을 차마 중단할 수 없기 때문이다"(120).

술래이만 무사는 『T. E. 로렌스 : 한 아랍인의 관점』(1966)에서 로렌스의 수치에 대해 역사적인 설명을 제공하고 있다. 그는 로렌스를 수치로 경도되게 만들었을 초년의 조건들을 간략히 보여 준다. 로렌스의 아버지는 로렌스의 어머니인 가정교사와 눈이 맞아 달아나기 전에 첫 번째 부인과의 사이에 네 딸이 있었다. 그는 첫 번째 가족을 떠났을 뿐만 아니라 성을 채프먼에서 로렌스로 바꾸면서 이전의 인연도 모두 끊었다. 그래서 T. E. 로렌스는 그의 어머니가 다른 계급 출신이며, 그의 아버지는 다른 이름으로 행세하고, 그들의 자녀들이 모두 서출이라는 오명과 함께 성장했다. 로렌스는 사소하지만 역시 창피한 요소인 웨일즈 태생이라는 이유로 옥스퍼드 대학에서 장학금을 받았다. 그는 가족들이 단지 잠깐 머물렀을 뿐인 웨일즈에서 태어났는데, 그 이유는 그의 아버지가 정부와 도망친 뒤 적은 돈으로 생활할 수 있는 곳을 필요로 했기 때문이었다.

대학에 입학한 로렌스의 고고학에 대한 관심이 1910년 그를 중동으로 이끌었다. 여기서 그는 아랍어를 배운다. 로렌스는 스스로를 아랍인으로 통할 수 있을 정도로 아랍어에 능숙했다고 그려 내지만, 무사의 책에 따르면 그는 끔찍이도 아랍어를 잘 구사하지 못했다. 아랍에 도착하자 곧 그는 아랍 옷으로 차려입기 시작했다. 무사는 그 시기에 대해 다음과 같이 쓰고 있다. "그가 후반기에 거둔 성공의 비결 중 하나는 내면의 자아를 아랍인으로 관통시킬 수 있었던 그의 능력이었다"(1966, 5). 1차 세계대전이 발발했을 때 로렌스는 자신이 영국 정보부에 고용된 사실을 알고 슬퍼했다. 아랍 사무국으로 전근시켜 달라는 그의 요청이 거부되었을 때, 그는 다른 책략을 썼다. 무사는 그가 "자기 상사들의 무지나 비효율성을 폭로하거나 심지어 그들의 문법적 실수를 지적하며 그들의 보고서 형식을 비웃는 등 상사들의 실수를 활용하여" 그의 목표에 다가갔다고 적고 있다(28). 이러한 문법적 모욕이 효과를 발휘하여 로렌스는 아랍 반란에 말려들게 되었다. 물론 이것이 그의 명성의 디딤돌이 된다.

무사는 로렌스라는 인물이 두 가지 본성을 지닌다고 요약한다. "그의 '첫 번째' 본성이 악천후들에 용감히 맞서고 이런저런 문제와 난관들을 대범하게 헤쳐 나가도록 그를 이끌었다. 비록 그것이 그의 넘치는 야망을 완전히 만족시키지는 못했지만"(278). 이러한 본성에 의해 "그는 호언장담과 기만falsification, 위조fabrication를 하게 된다.…… 이와 동시에, 그의 '두 번째' 본성은 감시자와 판관으로 행동하는 학식 있는 사람의 양심을 불러일으켰다"(278). 무사가 말하듯이, 이러한 조합은 어떤 불편한 느낌을 일으킨다. "마음 속 깊숙이 로렌스는 자신의 명예에서 많은 부분이 사기에 기반하고 있다는 사실을 알고 있었다." 그는 "이전의 실수를 속죄하고자 하는 희망"에 경도되었으며, "이것은 은밀하게 그를 사로잡았다"(278). 이 마지막 구절에서 우리는 수치에서 수치로 이행하는 경로를 분명하게 들을 수 있다.

로렌스의 성격에 대한 들뢰즈의 설명은 그보다 30년쯤 전에 무사가 썼던 것과 많은 부분에서 일치하지만, 그의 관심은 로렌스의 수치가 몸의 철학에 의미하는 바를 고려하는 것으로 나아간다. 로렌스는 "그의 정신이 비록 특출하긴 해도 몸과 분리될 수 없다고 생각하기에 수치심을 가진다"라고 들뢰즈는 쓴다. 이 말은 특수한 의미와 함축을 지니고 있다. "몸은 정신의 수단이나 그릇이 아니며, 오히려 모든 정신 행위에 들러붙어 있는 '분자적 진흙'이다"(1997, 123). 여기서 우리는 로렌스가 얼마나 자신의 육체적 강인함을 자랑스러워했는지, 또한 그가 1917년 터키 장교에게 강간당한 사실로 얼마나 고통스러워하다 뒤늦게야 그 사실을 인정하게 되었는지 잊어서는 안 된다. 들뢰즈는 로렌스에 대한 설명에서 특수한 형태의 수치를 발견한다. "정신은 몸에 의존한다. 수치는 이러한 의존성, 이러한 비참함에 대한 매료, 이러한 몸에 대한 관음증 외에는 그 아무것도 아닐 것이다. 이것은 정신이 아주 특별한 태도로 몸을^{of} 부끄러워한다는 것을 의미한다. 사실 그것은 몸에 대하여^{for} 부끄러워하는 것이다. 그건 마치 정신이 몸에게, '네가 나를 부끄럽게 만들었어, 네가 부끄러워해야 돼.'라고 말하는 것과 같다.……'나라는 동물이 수치가 지나갈 때까지 기어 들어가 숨어 있게 만드는 몸의 약함'"(123).

수치의 감정과 그것이 몸과 맺는 이러한 관계는 들뢰즈가 생각하는 것처럼 비일상적인 일인 것 같지는 않다. 강간이나 고문에 대한 많은 연구들을 보면, 희생자들은 몸에서 분리하는 것이 그들이 그 경험을 견디어 낼 수 있는 한 방식이었다고 말한다. 들뢰즈는 계속해서 이러한 분리에서 발생할 수 있는 일에 대하여 서술한다. "정신은 몸이 하는 일에 대하여 냉정하면서도 호기심을 가지고 바라보기^{regarding} 시작한다. 무엇보다 먼저 정신은 목격자이고, 그다음 그것은 정동되어 하나의 열렬한^{impassioned} 목격자가 된다. 다시 말해, 정신은 단지 몸의 효과인 정동이 아니라 몸 위를 맴돌며 판단하는 진정한 비판적 실체들인 정동을 대자적으로 for itself 경험한다"(124).

이 말은 참 아름다운 서술이긴 하지만, 도대체 유령처럼 맴도는 비판적 실체들이란 무엇인가? 들뢰즈의 주장은, 정서들과 정동들은 관념이지만 그것들이 단지 정신에만 속하지는 않는다는 것이다. 그것들은 정신과 몸의 격렬한 충돌로 인해 발생한다. 꼭 집어 말하자면, 정서와 정동은 정신과 몸 중 어느 한쪽에도 속하지 않는다. 그것들은 생각과 몸 사이의 구분이 더 이상 중요하지 않은, 그 둘의 특수한 결합물이다. 글쓰기와 관련해서, 이러한 사실은 상당한 중요성을 띤다. 정동들은 "정신의 시선일 뿐만 아니라, 정신의 역량Powers이자 정신의 말Words이다." 들뢰즈의 독해에서, 수치에 대한 로렌스의 서술은 몸과 언어의 경계에서 표현되며 그리하여 언어가 다르게 작동하도록 만든다. 들뢰즈는, "존재자와 동질체적consubstantial이며", "적어도 한순간이나마 '수치에서 벗어나는 것이 쉬워지는' 지점에서……보이는 당돌한 아름다움"을 드러내는 것이 바로 수치라고 말한다(125).

이 문장은 수치의 쓰기가 직면하는 어려움을 대단히 강렬하게 묘사하고 있다. 수치는 정신과 몸의 충돌로 인해 생산되고, 결국 그 정신과 몸을 표현하는 단어들과 동질체적인 주관성은 새로운 행위들을 양산하게 된다. 주관적 기질이라는 들뢰즈의 생각은 우리가 작가, 경험, 표현, 정동과 그것의 효과들 사이의 특별한 관계성을 이해하는 데 도움이 된다. 수치는 무덤덤하게 기술될 수 있는 외부의 대상으로 생각할 수도 없고, 순수하게 개인적인 감정도 아니다. 수치가 주관적인 것은 특정한 정신, 몸, 장소, 역사의 폭발을 통하여 하나의 실체나 관념으로 존재하게 된다는 바로 그런 적극적 의미에서이다.

수치는 많은 힘들forces의 산물이다. 수치는 "하나의 독특한 구성물, 즉 나름의 독특성을 지닌 것idiosyncrasy으로……이 실체들이 보유하고자 했으며 의지를 품었던 유일한 우연, 다른 결합이 아닌 바로 이 결합을 성사시켰던 그런 유일한 우연을 표시한다"(들뢰즈 1997, 120). 들뢰즈가 말하듯이, 그런 하나의 특수한 결합체가 "로렌스라고 불린다"(121). 그토록 강력한 수치의 표현을 생산한 주관적 기질로서의 로렌스는, 들뢰즈의 말에 의하면, 일종의 "던진 주사위"이다. 들뢰즈는 "로렌스는 카프카와 함께 이야기할 수 있다. '그건 마치 그 사람의 수치가 그 사람보다 오래 살아남는 것 같았다.' 수치가 그 사람을 확장시킨다"과 말한다(121). 수치가 그 사람을 더 크게 만들긴 하지만 반드시 그를 더 이해하기 쉽게 하거나 더 좋아하게 만드는 것은 아니다. 무사의 설명에 따르면, 그 남자는 복잡한 사람이었고 아마도 같이 어울리기 어려운 사람이었을 것이다.

만일 수치의 쓰기가 반드시 당신을 좋은 사람으로 만들지 않는다면, 나는 왜 우리가 어떻게 쓰는가에 윤리적 의미가 있을 수 있다고 주장하고 있을까? 들뢰즈는 로렌스의 글에서 우리가 수치심과 몸에 대해 생각하는 방식을 재배치하는 어떤 수치심을 본다. 이러한 의미에서 수치는 관념들과 정동들, 혹은 사유와 느낌 사이의 관계에 대해 우리가 의식하는 방식의 가능성을 활짝 열어젖힘으로써 그 사람을 확장시킨다. 이는 또한 수치를 단지 개인적인 고통의 표현으로 여기는 것에 대하여 반론을 제기한다. 많은 사람들이 수치는 자기평가, 혹은 좀 더 정확히 말해, 자기에 의한 자기에 대한 평가와 관련된다고 주장하지만, 들뢰즈의 논의는 수치를 내부적인 성질로 보면서 진부한 심리적인 용어로 개념화하는 경향과 결별한다. 들뢰즈가 서술하는 수치는 복잡한 기질에서 유래하는 것이다. 그것은 사회적 구조에 내재되어 있고 체험되는 경험, 즉 한 사람의 생물학과 전기를 한데 아우른다. 그렇지만 들뢰즈는 더 나아가 수치를 근본적으로 탈인격화한다. 수치는 많은 다른 질서를 가진 신체들을 가로지르는 하나의 정동이다. 로렌스는 단순히 영국이 아랍인들에게 저지른 일들의 수치를 보여 주는 하나의 암호도 아니며, 수치스러운 역사의 화신도 아니다. 오히려 들뢰즈는 로렌스라는 '던진 주사위'에서 새로운 수치의 관념이 생겨났다고 주장하고 있는 것처럼 보인다. 그것은 당시의 제국의 성격과 내밀하게 연결된 수치이다. 오만불손하고 거만하며, 저 아래까지 수치로 물든 바로 그 제국.

수치와 근접성, 그리고 거리

로렌스에 대해 쓰면서 들뢰즈가 사용하는 카프카의 구절로 되돌아가 보자. "그건 마치 그 사람의 수치가 그 사람보다 오래 살아남는 것 같았다." 들뢰즈는 "수치는 그 사람을 확장시킨다"(1997, 121)고 결론짓는다. 앞서 봐 왔듯이, 수치는 몸, 관념, 역사, 장소의 충돌에서 발생한다. 하지만 한 사람의 작가인 로렌스가 단지 역사의 수치스러운 순간을 담는 하나의 그릇에 불과한 것은 아니다. 그의 수치의 쓰기는 수치의 경험의 의미를 재작업하여 그것을 "하나의 당돌한 아름다움"(125)으로 다시 만들어 낸다.

이제 나는 홀로코스트의 수치가 자신보다 오래 살아남는다는 사실을 확실히 보여 준 프리모 레비로 돌아가고자 한다. 최근에 나온 레비의 인터뷰 모음집에서 그의 글쓰기에 대한 언급 중 하나에 카프카가 등장한다. 레비는 『심판』을 번역하고 난 뒤 카프카를 "지진이 일어날 때를 아는 뱀처럼 거의 동물적인 감각"(2001, 159)을 지닌 사람으로 묘사한다. 이러한 묘사는 글쓰기의 정동이 어떻게 작가와 독자의 신체를 관통하는지를 잘 포착하고 있다. 이처럼 꿰뚫어 보는 레비의 통찰은 놀랄 만한 일이 아니다. 그는 우리로 하여금 수치가 인간성과 비인간성 양쪽에 모두 내재해 있다는 점을 가장 잘 느끼도록 해 줄 만한 작가이기 때문이다.

레비는 그 이전에 살았던 로렌스처럼 역사가 던진 주사위였다. 이탈리아 피에몬테 출신의 유대인인 그는 반反파시스트 빨치산 조직에 연루되어 1943년에 체포되었다. 그는 경찰에게 자신이 유대인임을 밝혔다. 그렇지 않으면 빨치산으로 처형당할까 봐 두려웠기 때문이다. 유대인임을 인정한 것으로 인해 그는 1944년 아우슈비츠-모노비츠에 강제수용 된다. 레비는 스스로 우연한 상황들의 결합물이라고 말하는 것 덕분에 라거[5]에서 간신히 살아남았다. 전쟁이 나기 전에 화학과를 졸업했던 그는 우연히 부나 공장에서 일할 수 있게 되었다. 부나 공장은 아우슈비츠의 일부로 커다란 화학 회사인 I. G. 파르벤 소유였다. "그리고 이 일은 내게 갑자기 떨어진 행운이었다. 나는 우리가 화학공장의 노동자가 되리란 걸 모르고 내가 화학자라고 말했으니까"라고 레비는 이후에 회고한다(레비 2001, 212). 레비는 또한 그의 생존이 화학책을 읽는 동안 독일어를 약간 익혔던 덕분에 가능했다고 본다. 레비와의 인터뷰에서 드러나는 주요 주제들 중 하나는 의사소통을 할 수 있는 능력의 필요성이다. 레비와 함께 이송되어 수용되었던 이탈리아인들 대부분은 독일어나 폴란드어 명령을 알아듣지 못해서 아우슈비

---

5. [옮긴이] 라거(Lager)는 '수용소'를 의미하는 독일어. 이 말은 다양한 나라, 다양한 인종이 수감되었던 아우슈비츠 수용소를 일컫는 말들 중에서 어느 언어권 출신이든 모두에게 보편적으로 통용되던 것이었다. 레비는 그의 글에서 줄곧 이 단어를 사용하고 있다.

츠에 도착한 직후에 죽음을 맞았다.

레비는 스스로 표현했듯이 화학자였다가 아우슈비츠에 의해 작가로 만들어진 사람으로 우리에게 다가온다. 레비의 글은 종종 목격자 혹은 기록자의 것으로 읽혀지곤 하는데, 이는 물론 그의 첫 두 책인 『이것이 인간인가』 *If This Is a Man*(1958)와 『휴전』 *The Truce*(1963)에 정확하게 해당한다. 하지만 또한 그는 자신의 재주를 자랑스러워하며 그것에 대해 상세하게 적었던 지극히 숙련된 작가이기도 했다. 나는 먼저 그의 글과 증언이 우리에게 인간성과 비인간성의 지도를 제공하기 위해 어떻게 수치를 이용하는지에 대해 생각해 보고자 한다. 그런 다음 글쓰기에 대한 그의 통찰들에 대해 논의할 것이다. 내 생각에 후자는 가치가 저평가되어 온 자원으로 남아 있는 것 같다.

1982년 봄에 프리모 레비는 (자기 말에 따르면) 관광객으로 아우슈비츠에 다시 갔다. 다른 수용소 생존자들뿐만 아니라 이탈리아 학생들과 교수들로 이루어진 여행단에 그가 끼여 있었다는 사실은 틀림없이 그 여행을 주목할 만한 것으로 만들었을 것이다. 나중에 레비가 회상한 바에 의하면 한 이탈리아 기자가 아우슈비츠 시의 일상성normality의 모습들에서 보이는 부조화를 지적한다. 그는 레비에게 "오늘 우리는 아우슈비츠에 있는 식당에서 식사하게 되겠군요"라고 말한다. 레비는 그의 글을 특징짓는 예의 상식과 섬세한 명료성이 특이하게 혼합된 태도로 대꾸한다. "예, 아우슈비츠에 식당이 있다니 거의 코미디에 가깝군요. 난 뭘 먹을지 모르겠어요. 제겐 거의 신성해 보이기까지 하고, 좀 부조리한 일이네요. 한편으로 우리는 아우슈비츠가 식당과 극장, 심지어 아마도 나이트클럽까지 있었던 도시였고, 지금도 그런 도시라는 점을 잊어서는 안 됩니다. 폴란드에도 그런 것이 몇

개 있지요. 지금처럼 그때도 아우슈비츠 주변에는 아이들과 학교가 있었지요. '아우슈비츠는 수용소이다'는 건 지금의 개념인 거죠. 이런 살아 있는 자들의 다른 아우슈비츠도 존재하지요"((생명의 원천) 2001).[6]

정신은 극악한 장면 앞에서 팽창한다. 우리에게 수용소에서의 경험을 그리도 신중하게 들려주었던 레비는 다시 그것에 사로잡힌다. 하지만 그곳에서 그가 글로서 우리의 현재 중 일부가 되게 만들었던 과거에 둘러싸인 채, 그는 아우슈비츠가 사람들이 생활했던 장소이며 분명 거기에는 식당과 나이트클럽과 학교가 있었다고 나직하게 말한다. 사람들이 생활하고 먹고 쇼핑하고 춤추는 장소로서의 아우슈비츠가 갖는 일상적인 실상은 여전히 용인하기 힘들다. 공포의 장소인 레비의 아우슈비츠는 이미 '우리의' 아우슈비츠, 우리의 의식에 유령처럼 출몰하는 수치의 원천이 되어 버린 것이다.

레비의 글은 수치의 어떤 분과화에도, 소유권을 주장하는 것에도 저항한다. 수치는 단지 몇몇 개인들만 점유할 수 있는 개인적 능력이 아니다. 우리는 수용소의 트라우마와 홀로코스트의 트라우마가 몇몇 사람들에게 좀 더 밀접하게 관련된다는 사실을 분명히 인정해야 한다. 그곳의 생존자와 그들의 친척들, 일반 유대민족, 집시, 동성애자, 공산주의자와 인텔리들이 바로 그들이다. 우리가 아우슈비츠에 접근하는 방식은 레비와 같은 작가들에게 달려 있으며 모든 사람이 그러한 근접성에 동등한 권한을 가지

---

6. 이 인용은 대니얼 토아프와 에마누엘레 아스카렐리가 진행한 텔레비전 인터뷰에서 가져온 것이다. 이 방송은 1982년 아우슈비츠로 가는 여정을 방영했다(2001 1월 25일). 이 인터뷰의 다른 번역이 레비의 『기억의 목소리』(*The Voice of Memory*)에서 「아우슈비츠로 돌아가다」란 제목으로 수록되었다. 그 두 번역의 유일하고 유의미한 차이는, 책에서는 레비의 이 말이 "내가 먹을 수 있을지 모르겠어요"라고 번역되었다는 점이다. 이것은 "난 뭘 먹을지 모르겠어요"와는 상당히 다르다.

고 있진 않다. 레비의 글은 사람들로 하여금 근접성에서 차이가 있음을 피부로[내장으로]viscerally 느끼게 한다. 그래서 너무 가까이 다가간다는 것은 수치의 원천이 될 수 있다. 우카이 사토시(2001)는 '인간 존재라는 데 대한 수치'the shame of being human와 '인간으로서의 수치'shame as human 사이에는 구별이 있다고 주장한다. 전자는 인간성의 수치스러운 본성에 대한 추상적 관념을 의미한다. 후자는 인간 존재인 우리 속에 수치를 내재한 것으로 상정한다. 레비는 그런 딱딱하고 성급한 구분에 동의하지 않는 것 같다. 그는 수치의 회색지대 혹은 수치의 다수성과 색조에 관해 이야기한다. 들뢰즈는 이를 "거기서 나치가 된 사람이었다는 수치, 나치를 막을 수 없었다는, 그럴 방도를 알지 못했다는 수치, 나치와 타협했다는 수치"라고 기술한다(우카이 2001에서 인용, 23).

레비의 글쓰기는 일관되게 거창한 이념을 피해 간다. 그의 정확함에 대한 욕망은 인간의 일상적 활동들과 열망들을 묘사할 때도 발휘된다. 그의 글의 정직함은 수치에 대한 어떤 추상적인 언급들도 부끄럽게 만든다. 그는 온화한 목소리로 수치, 즉 홀로코스트의 경험이나 인간 행위의 어떤 측면을 추상적인 이론의 지점으로 바꾸려는 시도에 대해 경고하고 있다. 레비는 전유될 수 없는 인물이다. 동시에 그는 우리가 마음대로 그의 앞에서 경외심을 갖도록 허락하지도 않는다. 실용적이고 실천적인 어조로 글쓰기에 대해 말하는 그의 말은 자신의 목적이 무엇인지 분명하게 보여 준다. 그것은 바로 좋건 나쁘건 인간이 할 수 있는 것에 대한 이해를 높이기 위해—기쁨이나 희망에 대한 것과 동등하게—수치에 대해 기술하는 것이다.

레비가 아우슈비츠에서 경험한 일에 대한 첫 번째 회상록인 『이것이 인간인가』는 전후에 그가 토리노로 돌아온 직후에 씌었고 1958년에 처음

출판되었다. 두 번째 회상록인 『휴전』은 1963년에 출판되었다. 『휴전』의 끝 부분에서 레비는 석방 이후 줄곧 꾸었던 어떤 꿈에 관해 이야기한다. 그것은 가장 어두운 색깔을 띤 악몽으로, 독자들은 이를 읽으며 가슴을 쓸어내리게 된다.

그것은 세부적으로는 다양하지만 본질적으로는 하나인, 또 다른 꿈속에 든 꿈이다. 나는 가족들이나 친구들과 식탁에 앉아 있거나, 직장이나 푸른 전원에 있다. 그러니까 외관상으로는 긴장이나 괴로움이 없는 평화롭고 느긋한 환경 속에 있다. 그럼에도 미묘하고도 깊은 불안감을, 닥쳐오는 위협에 대한 뚜렷한 느낌을 갖는다. 아닌 게 아니라, 꿈이 진행되면서 조금씩 조금씩 또는 돌연히 매번 다른 식으로, 내 주위의 모든 것이 무너지고 흐물흐물해진다. 풍경과 벽들과 사람들 모두. 그러는 사이 불안감은 더욱 강렬해지고 또렷해진다. 이제 모든 것은 카오스로 변해 버렸다. 나만 홀로 흐릿하고 탁한 회색의 무無 한가운데에 있다. 이제 나는 이것이 무엇을 의미하는지 안다. 그리고 내가 항상 그것을 알고 있었다는 사실을 안다. 그것은 내가 다시 라거 안에 있고, 라거 밖에 있는 그 무엇도 진짜가 아니라는 사실이다. 나머지는, 가족과 꽃이 핀 자연과 우리 집은 모두 짧은 휴식, 감각의 속임수, 곧 꿈이었다. 이제 이 안의 꿈, 이 평화의 꿈은 끝나고, 차갑게 계속되는 바깥의 꿈속에서 익숙한 목소리가 울려 퍼진다. 단 한마디 말, 고압적이진 않지만 짧고 가라앉은 목소리. 그것은 아우슈비츠의 새벽 기상 명령, 한 단어의 외국어, 두렵고도 예상했던 말이다. 기상, "브스타바치."(1979, 380)[7]

레비가 그의 묘사에서 창조해 내는 정동의 지리는 바깥에서 안으로 움직이며, 수용소 바깥의 자유는 항상 수용소의 공포에 감싸여 있다. 아우슈비츠가 일상의 현실과 공존하는 방식에 대한 레비의 설명(그곳은 사람들이 먹고 마시고 일하며 그런 것이 지속되어 가는 공간이라는 것)과는 반대로 그의 꿈속에서 실재는 항상 그 바깥의 꿈, 즉 라거의 실재에 의해 밀려나고 갈가리 찢긴다. '현재'의 꿈은 과거의 꿈 앞에서 실패한다.

수년 후, 1987년 레비가 자살했다는 소식이 전해진 뒤, 왜 또는 과연 레비가 스스로 목숨을 끊었는지에 대해 논쟁이 불붙었다. 그는 아파트 계단에서 쓰러졌고, 모두 알다시피 유서를 남기지 않았다. 레비의 죽음이 사고였다고 생각하고 싶은 바람은 이해할 만하다. 하지만 그것은 또한 우리의 집단적 수치와 죄의식을 상쇄하려는 필요에서 자라 나오는지도 모른다. 부헨발트의 생존자인 호르헤 셈쁘룬Jorge Semprún은 작가에게 글쓰기는 카타르시스를 주는 것이 아니라 그 혹은 그녀로 하여금 수용소의 경험에 다시 연결시키는 것임을 주장하면서, 수용소의 경험을 쓴다는 것이 큰 대가를 치르는 일임을 증언한다(1984).

레비가 자살한 것이든 아니든 그 결과로 이끈 것이 원래의 경험들이었는가, 아니면 그 경험들의 재현이었는가로 흘러가는 것은 기이하고 불편한 논쟁인 것 같다. 하지만 만일 작가들이 자신의 글쓰기 때문에 자살을 한다면, 역사의 방외자들인 우리가 그들의 고통과 죽음에 연루되어 있음은 분명하다. 이러한 이해는 그들의 작품을 읽는 우리에게 부담을 줄 것이다. 인

---

7. [옮긴이] 위 인용문은 『휴전』(이소영 옮김, 돌베개, 2010)을 약간 수정하여 가져왔다. 레비는 "'브스타바치!' /그럼 나의 가슴은 한순간에 무너진다."라고 심경을 표현할 정도로 이 저음의 기상 명령 소리가 내뿜는 음산한 기운에 몸서리치곤 했다. (프리모 레비, 『살아남은 자의 아픔』, 이산하 옮김, 노마드북스, 2011 참조)

간이 인간에게 저지른 잔혹한 행위들에 대해 읽을 때의 수치스러움은 죄의식이나 심지어 혐오감과 결합되고 증폭된다. 그래서 독자들은 그것을 외면해야 될지도 모른다. 이것이 사실이라면 우리는 레비를 외면하게 될 것인가? 나는 그렇지 않기를 바란다.

레비의 인터뷰 모음집을 엮은 편집자 마르코 벨폴리티는 레비의 글에는 "화자와 청자 사이에 거리가 있다. 물론, 화자는 그의 대화 상대에게 의견을 피력하지만, 그들 사이에는 항상 어떤 거리가 있다"(2001, xix)라고 주장한다. 이러한 관찰을 좀 더 이론적인 요소들과 연계시켜 피력한 이는 도미니크 라카프라인데, 그는 생존자의 글에 너무 가까이 다가가거나 과도하게 동일시하지 말아야 할 필요가 있다고 이야기한다. 레비는 그런 필요 면에서 우리 독자들을 돕고 있었던 것일까? 라카프라에 의하면 너무 가까워지는 것은 "행동화"acting out, "맹목적인 동일시", 즉 자기와 타자를 혼동하는 것으로 귀결되고, 그렇게 해서 타자의 경험이 자기 속에 편입되게incorporated 된다. 이러한 것에 반대하며 그는 "과거와 비평적으로 조율된 대화적 교류를 한다는 목표"를 지지한다(2000, 67).

그 대화적 교류는 다음과 같은 질문들로 이루어진다. "그/그녀는 무슨 말을 하고 있는가, 혹은 무엇을 하고 있는가? 나 혹은 우리는 그것에 어떻게 응답할 것인가?"(라카프라 2000, 67). 이런 지적들은 설령 대화라는 비유가 생각 없이 내뱉은 추상적인 말이라 해도 ─ 나는 과거와 '대화'할 수 있겠지만, 과거는 어떻게 나와 '대화'할 수 있는가? ─ 중요한 것이다. 엄밀히 말해, 과거는 나와 대화할 수 없다. 하지만 수치 및 다른 정동들은 우리 몸속으로 들어오고, 우리의 우리 자신에 대한 이해 및 과거와 우리의 관계에 대한 이해를 변화시킨다. 로렌스의 수치의 쓰기에 대한 들뢰즈의 기술에서 신체와 정신은 서로 반응하며 주관적인 것을 재배치할 정도가 된다. 혹은 라카프라의 말을 빌자면, "공감empathy 8은 다르다고 인정된 타자와의 정동적 관계나 화합 또는 유대의 측면에서 이해되어야 한다"(122). 이 두 사람의 공통된 지점은 강력한 정동이 다른 근접성의 관계들, 우리 자신과 우리의 몸과 과거들에 대한 관계들을 근본적으로 방해한다는 것인 듯하다.

레비의 글을 듣기

레비 자신은 수용소와 관련된 자신의 자전적 글들이라고 말한 것과 이후의 '진짜' 글을 구별 지었다. 처음의 글쓰기에 대해 그는 증언을 할 절대적 필요성을 느꼈다고 한다. "나는 병리적인 서사적 충동을 지닌 채 수용소에서 돌아왔다"(2001, 129). 트라우마의 생생함과 사실상 그것의 체화, 즉 "삶과 기억에서 치유되지 않는 상처는 말에 대한 욕구, 명확한 소통에 대한 욕구를 양산한다"(벨폴리티 2001, xx에서 인용한 레비의 말).

레비는 반복해서 소통에 대한 욕구와 이해받지 못함이 치러야 할 큰 대가에 대해 얘기한다. "책은 잘 작동하는 전화기가 되어야 합니다"(벨폴리티 2001, xix 재인용). 우리가 봐 왔듯이, 이러한 실용적 사고는 이해받지 못한다는 것이 곧 즉결 사형을 의미하는 수용소 경험에서 그가 고통스럽게 체득한 것이다. 이는 또한 하나의 재주로서의 글쓰기라는 레비의 글쓰

---

8. [옮긴이] 공감(empathy)은 19세기 미학과 심리학에서 그 의미의 기원을 찾을 수 있다. 이 말은 관찰자가 대상이 되는 사물이나 사람의 동작을 따라 해 보고 나서 자신의 운동감각으로 어떤 내용을 추론하는 것을 의미하며, 동정(sympathy)이나 연민(compassion)과 달리 중립적, 객관적 태도가 부각된다.

기 철학에서 일부가 되었다. 글쓰기는 전화기처럼 잘 작동해야 하는 도구 혹은 기술이다. "그가 쓰고 있는 것이나 글쓰기 자체"로 인해 괴로운 적이 있냐는 물음에 레비는 "아니요, 내가 쓰고 있는 것으로 인해 그런 적은 없습니다. 가끔 그 매체가 부적합하다는 건 느낍니다. 사람들이 '형언불가능성'ineffability이라 일컫는 그 말은 참 아름다운 말입니다. 우리의 언어는 인간의 것이고, 인간의 수준에서 사물을 서술하도록 생겨났지요"(2001, 173).

레비는 계속하여 증언자로서 썼던 글의 유형과, 그의 말에 따르면 작가로서 썼던 글의 유형 사이의 차이를 강조한다. 하지만 그의 또 다른 "편집증적 분열"(화학자이면서 작가인 것)에서처럼, 그 두 모습은 서로를 북돋운다. 아우슈비츠가 없었더라면 그가 작가가 되었을까 하는 물음에 그는 "'말할 것'이 없다면, '내용'이 없다면, 어떤 이야기도 없습니다"라고 대답한다(벨폴리티 2001, xxi 재인용). 증언자로 남는 대신 작가가 되었기에 그는 글쓰기의 수치에 대해서도 얘기한다. 수용소에서의 자기 경험에 기반을 두지 않은 이야기들을 지어낸 것에 대해 그는 스스로를 일종의 '화폐위조자'라고 부른다. 하지만 그는 또한 이 선택을 옹호하기도 한다. "나는 평생 동안 한 사람의 생존자로서 살아야 했을까요? 따져 보면, 나는 생존자가 맞습니다. 하지만 나는 오직 아우슈비츠에 대해서만 쓰고 싶진 않습니다."(레비 2001, 94)

그렇다고 해도, 여전히 걱정은 남는다. "거짓된 느낌"을 가지게 될까 봐, "사실을 기록하는 것이 아니라 즐거움이나 의식고양을 위해" 글쓰기를 하게 될까 봐 하는 걱정이다(133). 다른 인터뷰에서 그는 "윤색하기를 삼가기, 단지 글을 좋아 보이게 하려고 곁가지를 추가하기를 삼가기"에 대해 단호한 입장을 취한다. 재차 강조하며 그는 "나는 나 자신을 위해 글을 쓰지 않습니다. 만약 그럴 경우, 내가 쓴 것을 찢어서 없애 버립니다. 자신을 위해 글을 쓰는 것은 잘못이라고 생각합니다"(172)라고 진술한다. 몇 가지 질문을 받은 뒤 다시, 그가 쓸모없는 글쓰기라고 단정하는 "나쁜 글쓰기가 될 위험은 오직 하나뿐입니다"라고 말한다. 레비는 자신의 기술적인 작업을 상기하면서 글쓰기가 얼마나 육체노동에 가까운지 묘사한다. "적어도 머릿속에서나마, 당신은 계획을 세우고 윤곽을 그리고 디자인을 하고 나서, 가능한 그 계획에 가까운 생산물을 만들어 내려고 노력하죠"(172).

그것이 글이든 아니면 증언이든 화학자로서의 자기 직업에 대한 레비의 열정은 지속적으로 작가로서의 그의 경험에 영향을 미쳤다. 그는 과학으로서의 생물학, 그리고 삶의 힘으로서의 생물학을 크게 신뢰했다. 그의 이야기들과 그것이 전달하는 희망에 대해 그는 "나는 그런 식으로 성장했습니다. 사람들에게 이야기해 주기를 좋아하죠"라고 말한다. 자신의 낙관주의에 대해서는, "나의 태도는 나의 뿌리에서 나온 것이지 생각해 내거나 일부러 지어낸 것이 아닙니다. 그것은 체질적 낙관주의입니다"라고 말한다. 그러한 태도는 또한 "하나의 의무"이기도 하다. "염세주의 약물을 주입하는 것은……독자나 인류에게 폐를 끼치는 일"(130)이기 때문이다.

생물학에 의해 추동되고, 자서전을 통해 재구성되고, 화학에 대한 그의 사랑에 힘입은 레비의 글쓰기는 정확성precision이라는 특징을 띤다. 그가 말하듯이, 글쓰기는 "고도로 정확한 작업"(168)이다. 정확성은 그의 첫 번째 책의 "거의 법률적 형식"을 띠는 그의 증언에서 확연히 드러난다. 그리고 아마도 그의 소설인 『주기율표』(1975)에서 가장 단적으로 엿보이는, 그의 실존의 독특성singularity에 대한 논의들과 서술들에서 항상 찾아볼 수 있다. 자기 자신의 생존과 다른 사람들의 생존에 대한 레비의 서술은 단 한

번의, 그리고 예외적으로 던져진 주사위에 대한 그의 감각에 단단히 기반하고 있다. "한마디로 정의하자면, 우리 생존자들은 모두 예외들이었다. 수용소에서는 누구나 죽음을 맞이할 운명이었기 때문이다. 만일 당신이 죽지 않았다면 그것은 특별한 기적적인 행운이었다. 당신은 예외자, 일반적인 사람이 아닌 독특한 사람, 완전히 특수한 사람인 것이다"(2001, 122).[9]

　홀로코스트에서의 생존에 대한 레비의 설명에서 놀라운 점 중 하나는 그가 우리를 수용소의 경험으로 이끌어 가는 그 이야기에 정동이 결여된 것처럼 보인다는 점이다. 정동 혹은 정서에 대하여 거의 언급하지 않는다는 사실은 수용소의 밀폐된 공간에 갇혀 있는 경험이 그에 합당한 성찰의 여지를 허용하지 않았다는 점을 말해 준다. 레비는 사람들이 인간성을 다 빼앗긴 영역에서 발생하는 정서의 억압을 보여 준다. 예컨대, 병동의 안전한 막사 안[being inside 10]에 대한 그의 서술에서 어떤 수치스러움의 심정도 찾아볼 수 없다. 그래서 우리는 『휴전』의 첫 부분에서, 러시아 군인들이 수용소에 들어오고 수감자들이 해방을 맞는 순간에 그 생존자들을 휘감았던 수치에 대해 레비가 쓸 때 그만큼 더 충격을 받게 된다. "그들은 우리에게 인사를 하지도, 미소를 짓지도 않았다. 그들은 단지 연민 때문만이 아니

---

9. [옮긴이] 당시 아우슈비츠에서 살아남은 사람이 극히 소수였다는 점을 감안하면 이러한 진술을 결코 과장이 아님을 알 수 있다:레비가 수용된 부나-모노비츠 수용소는 1만 2천여 명이 수용되었고, 독일의 패색이 짙어지자 이중 극히 일부였던 병동의 병자들만 남겨 두고 나머지는 모두 독일군의 퇴각 행렬을 따라 떠나갔다. 이 퇴각 행군에서 살아남은 사람은 4분의 1정도 밖에 되지 않는다고 한다. 레비와 함께 부나-모노비츠 수용소의 병동 막사에 남은 인원은 800여 명이었는데, 러시아 군이 도착하기 전 열흘의 기간 동안 500명이 죽었고, 구출된 300명 중 200명이 러시아 군의 도착 직후에 죽었다고 레비는 적고 있다. (『휴전』 참조)

10. [옮긴이] 독일군의 퇴각 후 남겨진 병동의 수감자들은 아무것도 가진 것 없이 속수무책이었다. 레비는 자기 병동의 사람들을 설득해 여러 가지 생활의 방도를 마련하게 되고 덕분에 레비네 병동은 다른 병동에 비해 상대적으로 청결성과 안전성에서 나은 여건을 유지했다. 여기서 'being inside'는 이러한 점을 의식해서 쓴 말인 듯하다.

라 어떤 혼란스러운 감정을 억누르느라 마음이 무거워서, 입은 꾹 봉하고 눈은 시체가 널브러진 광경에만 고정시키고 있는 것 같았다"(1979, 188).

레비는 이어서 이번에는 수감자들이 그 수용소에서 벌어진 산학행위에서 느꼈던 수치스러움을 되돌아보며 그들의 자각에 대해 들려준다. 타인의 시선에 노출된 라거의 수감자들이 자신들의 몸에 대해 느꼈던 부끄러움과는 다른 부끄러움의 양상들을 레비는 다음과 같이 적고 있다. 그것은 "다른 사람이 저지른 범죄 앞에서 올바른 사람이 경험하는 부끄러움, 그런 범죄가 존재한다는 것에, 그렇게 존재하는 사물의 세계 속으로 돌이킬 수 없이 자신이 끌어들여졌다는 것에, 그리고 자신의 선에 대한 의지가 너무 약하거나 아무것도 아닌 것으로 증명되어 아무런 쓸모도 없었다는 것에 가책을 느끼는 감정"이었다(188).

다시, 자기들은 부끄러워할 만한 것이 전혀 없다고 생각했던 사람들, 즉 자신들은 더 이상 인간이 아니라고 생각했던 남자들과 여자들에게 수치스러움을 유발하는 그런 시선들에 대해 레비가 어떻게 묘사하는지 들어보자. 군인들이 수치스러움으로 고개를 숙이자 그것이 수감자들에게 수치의 씨앗을 뿌린다. 레비는 수치가 어떻게 전염성을 가지는지를 보여 준다. 그가 거의 코미디에 가까운, 토리노의 집으로 돌아오는 그 길고 끝없이 돌아갔던 귀향길을 이야기할 때, 그는 수치스럽게 묘사되는 여러 사람들을 마주친다. 우크라이나 여자들은 나치의 선동과 생활의 곤란 때문이긴 했지만, 그럼에도 불구하고 자신들의 "자유 의지로" 고향을 떠나 독일을 위해 일하라는 것에 "동의했었다." "독일에서 그들은 빵과 가시철조망, 중노동과 독일의 명령, 노예 신세와 수치스러움을 발견했다. 이제 그들은 수치의 무게에 짓눌린 채 기쁨도 없이, 희망도 없이 본국으로 송환되었다"(293). 레비에게, 수치의 회색 색조는 여러 층이다. 또 수치의 경험은 그에게 그의 인간성을 상기시키는 것이기도 하다.

레비는 자주 수용소가 어떻게 그를 작가로 만들었는지에 대해 얘기한다. 또 그들이 어떻게 그를 유대인으로 만들었는지에 대해서도 잘 알고 있다. 그는 "나는 히틀러 이전에는 중산층의 이탈리아 소년이었다"(2001, 262)고 말한다. 그의 홀로코스트 경험이 그 정체성을 유지하기 불가능하게 만들었다. 2차 세계대전이 끝난 후 그는 피에몬테스 지방 사람으로서의 그의 정체성을 유대인 전통을 가진 정체성과 통합시켰다. 그가 유대인 문화에서 가장 가치 있게 생각하는 면 중 하나는 "열정적이지만 정확한 논쟁을 하는 탈무드 전통"이다(1979, 262). 레비의 영감을 불러일으키는 많은 면들 중에서, 열정과 정확함을 결합하는 그의 방식은 우리가 글쓰기를 할 때 희망할 수 있는 하나의 모델이 된다. 레비의 글을 생기 있게 하는 열정은 천천히 타오르는 불길과 같다. 레비의 경우에서 정동의 결여는, 때때로, 매우 정확하다. 정동의 부족은 레비의 텍스트를 직조하는 일종의 감정의 고치이다. 그는 우리로 하여금 정동 없는 상태의 텅 빔, 그것이 얼마나 비인간적인지 느끼게 한다.[11] 자유의 몸이 되자 인간성이 서서히 되살아나는 것에 대해 그가 묘사할 때 우리는 꽁꽁 얼어붙었던 다른 정서들이 살아나는 것을 보게 된다. 정확함과 결합된 레비의 열정은 일반화되고 추상적인 방식으로 정동과 정서에 관한 글쓰기가 행해지는 최근의 흐름에 막강한 도전이 된다. 요즘의 이런 추세는 수치와 같은 정동이 세상 속에서 그리고 세상을 향해 발휘하는 실제 정동과 글쓰기를 분리시켜 버린다. 글쓰기는 어떤 흥미에 끌

---

11. [옮긴이] 여기서 레비가 정동의 부족을 글에 꼭 필요한 형식으로 차용하고 있음을 이해할 수 있다. 정동의 결여, 즉 건조한 서술은 그의 글의 정확함의 일부를 이룬다.

려 이루어진다. 그것은 상황에, 정치에, 몸에 깊이 새겨진다. 물론, 수치가 쓰이는 방식은 작가와 독자가 주의 깊게 다룰 필요가 있을 터이다.

그렇다면 수치스러움으로 유발된 글쓰기의 윤리는 어떤 것을 수반할까? 독자들의 흥미를 끌지 못할 거라는 망상과 우리가 선택한 주제의 흥미로움을 적절하게 전달하지 못할 것에 대한 끊임없는 걱정은 모든 작가들의 등골을 오싹하게 한다. 어떤 작가들은 독자들과 연결되지 못했던 부끄러운 경험으로 인해, 우리 중 일부가 짊어진 소통의 임무를 더 잘하기 위해 — 더 잘 되게 하기 위해 — 다시 각오를 다져 썼던 글로 되돌아가야 한다는 압박을 받을 것이다. 레비가 말하듯이, 글쓰기는 전화 걸기와 같다.

들뢰즈가 말했듯이, 수치의 쓰기는 그 위험성이 매우 크다. 작가는 단순히 수치스러운 순간을 전달하는 사람 이상이다. 작가의 몸은 생각과 경험이 충동하는 전쟁터가 되고, 이는 가끔 새로운 삶의 전망들을 만들어 내기도 한다. 약간은 영웅적인 이러한 묘사는 정직한 글쓰기라는 킹의 평범한 주장으로 조절할 수 있다. 당신의 독자들에게 관념들을 던져 줄 수 있는 단어를 발견하는 일은 철학과는 상당히 거리가 먼 것 같다. 하지만 글쓰기가 어떤 관념과 이야기를 중요하게 만드는 진지한 활동이라는 킹의 주장은 관념은 생성적이어야 한다는 들뢰즈의 주장과 그리 다르지 않다. 수치에 대한 관념들과 글쓰기는 우리가 어떻게 역사와 관련을 맺으며 우리가 현재에 어떻게 살기를 바라는지에 대한 새로운 사유 방식을 생성하길 추구한다. 바로 이것이 레비가 우리에게 물려준 유산, 즉 수치의 선물이다. 이러한 수치의 쓰기는 쉽지 않은 과제이다. 수치의 쓰기란 결국 한 신체가 다른 사람들의 관심을 끌어 보고자, 흥미라는 문제와 사투를 벌이는 것 외에 달리 무엇일 수 있으랴?

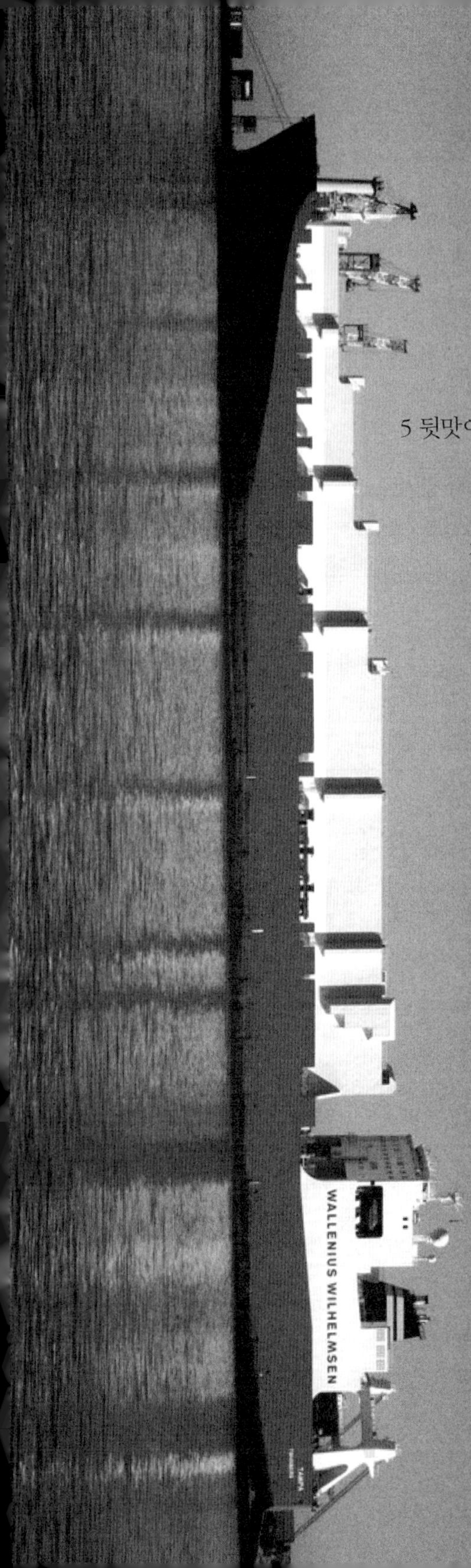

2부

미학과 일상

4

잔혹한 낙관주의

로렌 벌랜트

우리가 욕망의 대상에 관해 이야기 할 때 정말로 우리가 말하는 것은, 다른 사람이나 사물이 우리에게 약속하거나 우리를 위해 가능하게 해 주길 원하는 한 다발의 약속들[1]에 대한 것이라고 할 수 있다. 이러한 약속 다발은 한 사람이나 사물, 제도나 텍스트, 규범, 세포 다발, 냄새, 기발한 생각 등 어디에나 새겨져 있을 수 있다. '욕망의 대상'을 한 다발의 약속들이란 말로 바꿔 생각하면 우리의 애착들 속에 있는 비일관적이거나 불가사의한 측면들을 우리의 비합리성의 표시로서가 아니라, 우리가 '대상 속에 머문다'our endurance in the object라고 느끼는 것에 대한 설명으로서 마주할 수 있게 된다. 대상에 근접함proximity이 그 대상이 약속하는 한 다발의 일들, 그중 어떤 것은 우리에게 선명히 다가오고 어떤 것은 그다지 선명하지 않은

---

1. [옮긴이] '약속'(promise)이라는 이 말은 어원상으로 'pro-(앞/전에)+mittere(놓다, 보내다)'의 결합으로 '미리/앞서 내놓다'라는 뜻이 있다. 이 말은 현재에 이미 미래에 대한 전망이 기입되어 있음을 뜻한다.

그 일들에 근접함을 의미한다는 점에서 말이다. 달리 말해, 모든 애착은 낙관적optimistic이다.[2] 이 말은 모든 애착이 낙관적으로 느껴진다는 뜻이 아니다. 어떤 애착은 끔찍할 수 있기 때문이다. 가령, 배고픔이나 갈망의 장면으로 되돌아가거나, 연인이나 부모의 전형적인 오인이 일으키는 슬랩스틱 코미디같이 반복되는 상황으로 되돌아가는 일은 끔찍하다. 하지만 그 대상이 잠재적 가능성들 속에서 어른거리는 장면으로 되돌아가며 투항하고 마는 것은 정동의 한 형식인 낙관주의가 작동한 결과이다. 낙관주의 속에서 주체는 약속들에 기대는데, 그 약속들이란 그것들의 대상과 마주치는 현재 순간 속에 들어 있다(겐트 1990).[3]

'잔혹한 낙관주의'란 실현이 불가능하여 순전히 환상에 불과하거나, 혹은 너무나 가능하여 중독성이 있는 타협된/공동약속된compromised 가능성의 조건에 대한 애착 관계를 이르는 말이다.[4] 이러한 애착들에 잔혹한 점, 꼭 불편하거나 비극적이지만은 않은 잔혹한 점이란, 자신들의 삶에서 욕

---

2. [옮긴이] 이 문장에서 '낙관적'이라는 말이 감정의 문제가 아니라 정동적 형식으로서의 낙관성을 강조하고 있다는 점에 주목할 필요가 있다. '낙관적'(optimistic)이란 말의 어근으로 추정되는 'ops'는 '힘이나 자원', 또는 'ob'는 '앞'을 의미한다. 그러므로 '낙관적'이라는 말은 가장 강력하게 작용하는 것, 혹은 바로 곁에 있음(근접성)이라는 의미 맥락에서 이해할 수 있다.

3. 이 문장에서 에마누엘 겐트의 기여는 "투항하다"(surrender)라는 말인데, 그는 이 말이 '항복'(submission)과는 중요하게 다른 가치를 지닌다고 주장한다. 이것은 이 논문에서 무언가에 흡수되는 것과 그것에 의해 지배되는 것의 차이를 구별하는 방식에 매우 중요하게 작용한다. 여기서 대니얼 스턴의 "현재 순간"(2004)이라는 구절은 지속으로서의 '현재', 즉 단지 상실하거나 지나가는 것이 아닌, 사람들이 그것을 공간 속으로 투사하거나 옮김으로써 느리게 만드는 현재라는 개념을 도입한다.

4. [옮긴이] 여기서 '잔혹한 낙관주의'라는 말은 심리학적 멜랑콜리아와 대별되어 사용되고 있다. 즉 욕망의 대상의 상실을 두려워하는 마음이 '미리' 작동하여 한사코 그 대상 옆에 머물고자 하는 역학을 일컫는다. 그것이 개인적으로 불행을 심화시키거나 삶에서 별 도움이 되지 않더라도 그 대상 자체가 삶을 연속시키는 조건으로 작용하기에 포기하지 못한다는 점에서 '잔혹하다'고 할 수 있다.

망의 대상 혹은 장면 x를 지닌 주체들이 설령 그 x의 현존이 그들의 '안녕'well-being을 위협한다 해도 그것의 상실을 잘 견뎌 내지 못한다는 사실에 있다. 왜냐하면 애착의 내용이 무엇이는지 간에 그것의 형식이 지니는 연속성은, 주체가 삶을 계속해서 살아가며 세상 속에 존재하기를 바라는 것이 의미 있다고 느끼는 어떤 연속성을 제공하기 때문이다. 이 말은 멜랑콜리아의 상황과는 사뭇 다른 상황을 가리킨다. 멜랑콜리아는 주체가 그녀 자신의 자아의 연속성과 동일시했던 대상이나 장면을 상실한 경험을 시간적으로 지속하려는temporize 주체의 욕망 속에서 행해진다. 잔혹한 낙관주의는 문제적인 대상의 상실에 앞서 미리 그것에 대한 애착을 간직하는 상황을 말한다. 차이가 하나 더 있다. 내 생각에 낙관적 애착의 잔혹성은 대개 한 개인이나 집단이 x에 대해 가지는 애착에 대하여 분석가가 관찰하게 되는 어떤 것이다. 왜냐면 대체로 그런 애착은 사건 없이도 존재하거나, 좀 더 나은 경우엔 해당 개인이나 집단이 지는 짐을 가볍게 해 주는 듯 보이기 때문이다. 그런데 어떤 애착의 잔혹성이 어떤 개인이나 집단에 의해 정말 경험된다면, 심지어 부인의 방식으로 경험된다고 하더라도, 여기서 두려운 건 그 자체를 약속하는 그 대상 혹은 장면의 상실로 인해 무언가에 희망을 품을 능력이 모조리 파괴될 것이라는 점이다. 대개 그러한 낙관주의적 장면이 상실되는 것에 대한 이런 두려움은 말로 설명되지 않으며, 앞으로 우리가 살펴볼 상황에서처럼 오로지 급작스러운 상황에 처해 갑자기 아무것도 할 수 없는 지경이 되어서야 경험하곤 한다.

혹자는 모든 욕망의 대상들과 장면들은 문제가 있다고 말할지도 모른다. 욕망의 대상과 장면에 대한 투자와 그것들을 향한 투사는 그 자체에 대한 것이라기보다는 우리가 그것들에 대한 끌림을 유지해 갈 수 있는 한

다발의 욕망과 정동 들에 대한 것이라는 점에서 말이다. 실제로 나는 모든 낙관주의가 잔혹한 것이 아닌가 생각해 왔다. 낙관주의가 재생산되는 조건을 상실하는 경험은 숨이 멎을 만큼 가혹하기 때문이다. 한 사람의 애착 욕동의 영역 내에서 x를 상실할지 모른다는 위협은 살아감 자체에 대한 위협으로 느껴질 수 있다.[5] 하지만 분명히 낙관주의의 특정한 장면은 다른 장면들보다 더 잔혹하다. 잔혹한 낙관주의가 작동하는 경우에는 욕망의 대상이나 장면이 지닌 생기나 활기를 불어넣는 힘potency이 오히려 처음 애착이 작동할 때 가능했으리라 여겨지는 무성한 생장력the thriving을 감소시키는 데 기여한다. 이런 것은 '샅샅이 뒤지는 사랑'scouring love처럼 시시한 것일 수도, 또한 강박적 식욕이나 생계를 위한 노동, 애국주의 등 모든 종류의 일들에 다 열려 있다. 사람들은 대개 무의식적으로 자신의 애착의 비용에 대해 정동적인 흥정을 하지만, 이런 흥정을 통해 대부분은 욕망이나 욕망의 소모가 일어나는 그 장면에 계속 근접성을 유지한다.

이는 애착의 시학이 항상 (마치 x가 자율적인 성질을 가지고 있는 양) 내가 x 가까이 있기를 바라며 그것에 대해 말할 수 있는 이야기와 나의 정서적 아비투스[6] 활동 사이가 약간 괴리되어 있다는 사실과 관계된다는 것을 의미한다. 그 아비투스는 x가 제공하거나 권고하는 것처럼 보이는 복합

---

5. [옮긴이] 이런 맥락에서 낙관주의의 잔혹성은 일종의 대상에 대한 과잉보호의 성격을 띤다고 볼 수 있다.

6. [옮긴이] habitus. 피에르 부르디외가 말한 '아비투스'(습관 혹은 체질)라는 개념은 오랫동안 한 문화 속에서 획득된 습속이 영구적인 성향을 지니고 지속적으로 신체에 구현된 것을 말한다. 한마디로, '신체 속에 구현되어 있는 획득된 기질' 혹은 '문화의 신체화 현상'이다. 그는 이것을 무의식적으로 반복적이고 기계적, 자율적인 것으로서의 습관인 '아비튀드'(habitude)와는 구분 지으면서, 각각의 상황에 따라 이루어지는 생성적인 것으로서 의미를 부여한다. (피에르 부르디외, 『혼돈을 일으키는 과학』, 문경자 옮김, 솔 (1994), p. 40, 151~52 참고)

체에 근접한 것으로서 내 존재를 지탱해 가기 위해 내가 내 삶 속에 x를 집어넣어 구성해 온 것이다. 그러므로 잔혹한 낙관주의를 이해하려면, 무언가를 가능하게 하면서도 불능으로 만드는 어떤 대상에 대한 투사의 이상한 시간성에 관해 생각할 방도로서 수사적 간접 화법의 분석에 의지할 수밖에 없다. 나는 바바라 존슨^{Barbara Johnson}의 돈호법7과 자유간접화법을 읽으면서 이 방법을 배웠다. 간접화법에 대한 그녀의 시학에 의하면 이 수사법들 각각은 하나의 글 쓰는 주체성이 다른 주체성들을 불러내어, 환영적인 상호주체성의 수행 속에서, 그 작가가 초인적인 관찰자의 권위를 획득하고, 대상의 근접성에 의해 한 존재의 수행이 가능해지도록 하는 방식으로 형성된다. 이러한 대상이 내가 애착의 낙관주의에서 기술하고자 하는 것과 같은 것이기에 존슨의 생각과 섞인 내 생각의 단편을 더 말해 보겠다.

이 글에서 핵심 참고문헌인 「돈호법, 활성화, 낙태」(1986)에서 존슨은 태아의 인격이라고 할 만한 것에 대한 돈호법의 정치적 결과들을 추적한다. 침묵하는, 정동적으로는 존재하지만 물리적으로는 딴 곳에 있는 대화 상대자(연인, 태아)는 대화를 나누기에 충분할 만큼 거리가 있으면서도, 화자의 머릿속에서 전체 장면을 상상할 수 있을 만큼 가까이 있는 것으로 활성화된다. 하지만 그 투사된 가능성의 상황, 즉 언술행위^{enunciation}라는 측면에서 볼 때 경청이 발생할 수 없는 그 상황은('너'는 여기 없어, '너'는 내가 상상하고 있던 너와의 대화에 영영 늦었어), 그럼에도 불구하고 '말 건넴'의 수행이 발생할 수 있는 상호주체성의 가짜 현재 순간을 만들어 낸다. 그 현재 순간은 '너'의 환상, 내가 너에게 투사할 수 있는 x라는 성질들이 잔뜩

---

7. [옮긴이] apostrophe. 수사법의 하나로, 글이나 말을 써 나가다가 사람이나 사물의 이름을 불러 독자의 주의를 환기시키는 방법.

실려 있고, 너의 편리한 부재가 주어진 환상에 의해 가능해진다. 그래서 돈호법은 '너'에게 가 닿음, x의 위치에서 y의 위치로 가는 직선적 이동인 듯이 보인다. 하지만 사실상 그것은 되돌아옴이다. 즉, 화자 속에 뭔가를 실현시키거나 혹은 화자의 가능성을 더 끌어내거나 다르게 만드는 어떤 일이 바로 지금 발생하도록 만들고자 하는 욕망에서 이루어지는 수신자의 활성화이다. 왜냐하면, 어떤 점에서 화자인 그녀가 두 사람을 위한, 두 사람 사이의, 두 사람에게 말함의 중요성을 이미 인정했기 때문이다. 하지만 오직 그 둘이 사실은 하나라는(하나 속에 있다는) 조건, 그리고 한영 아래서만 인정한 셈이다.

그래서 돈호법은 간접적이고, 불안정하며, 물리적으로는 불가능하지만 현상적으로는 생명력을 불어넣는 수사적 활성화의 운동으로서, 주체로 하여금 타인들과 잠재적으로 동일한 정신적 공간을 점유하고 있다는 낙관주의 속에 잠시 머물도록 허용한다. 그 타인들이란 곧 (어느 정도 미래를 약속하는 성질을 가지면서도 거기 존재하지 않음으로써) 당신을 가능하게 만드는 욕망의 대상들이다.[8] 「침묵 선망」Muteness Envy(1998) 같은 이후의 연구에서 존슨은 이런 말이 많은 상호주관성의 투사가 가지는 성별화된gendered 수사적 정치학에 대해 상세히 서술한다. 여기서 역설은 하나의 의식이 다른 의식으로 푹 잠기는 상황이 이중의 부정을 필요로 한다는 점이다. 하나는 화자의 경계에 대한 부정으로, 그녀 혹은 그는 욕망의 대상에 수사적으로 근접함에 따라 더 커진다. 다른 하나는 청자에 대한 부정인데, 이때

---

8. 이 장면에서 존슨이 라깡의 '대상(apetit object) à'의 부재하는 현전을 상기시킨다고 느낄 수도 있다. 하지만 많은 면에서 존슨의 수사적 상호주관성에 대한 연구는 미켈 보치-야콥슨의 『프로이트의 주체』(The Freudian Subject, 1988)에서 말한 모방적 애착에서의 투사 구성에 더 가깝다.

청자는 다소 강력한 침묵하는 임의적 기호9로서 화자가 그녀 혹은 그 또는 그들의 파생물에 대해 상상할 기회를 제공한다.

물론 정신분석학적으로 상호주관성을 모두 말한다는 것은 불가능하다. 상호주관성이란 x와 함께, x 속에 있다는 오래 지속되는 감각에 대한 소망이자 욕망, 그리고 요구이다. 그것은 인식과 오인의 느낌 사이의 미결정적 관계를 특징짓는 커다란 매듭과 관련이 있다. 즉 인식은 당신이 오인한 것일 수 있으며, 꺼림칙한데도 당신을 다시 긍정하는 일종의 거래이다. (그 타협을 통해 당신의 괴물스러움을 이상화할 수도 있고, 그것을 긍정할 수도 있으며, 당신의 욕망이 그것을 의식하지 않고 살 수 있을 정도로 하찮은 것인 양 비치게 할 수도, 그냥 그대로 괜찮다고 느끼게도 할 수 있다, 등등).10 투사에 관한 존슨의 연구는 수사적으로 가공된 불가능한 정체성의 장면들이 수신 대상the object of address에 대한 부정적인/음성적인(투사적이고 경계를 해체하는) 애착의 공간들을 파고들어 감으로써 의미와 인식을 캐내는 것을 보여 준다. 그 수신 대상은 상호주관성의 욕망하는 주체가 타협을 얻어내고 그 약속의 대상 혹은 장면에 대해 안정적인 근접성을 유지하려면, 반드시 부재해야 할 것이다. 자유간접화법에서는 유사한 종류의 중지, 즉 이런 식의 합쳐 가라앉은 관찰하는 주관성의 순환이 덜 해로운 결과를 낳는다. 적어도 존슨은 조라 닐 헐스튼Zora Neale Hurston의 작품에서

---

9. [옮긴이] '임의적 기호'(placeholder)는 다른 것을 대신하여 자리를 차지하고 있는, 그 자체로 내용이나 의미가 없는 순전히 형식상의 기호나 사람을 의미한다.

10. 대상의 전이에서의 지속에 대해 더 상세한 설명을 보려거든 제시카 벤자민(Jessica Benjamin 1994)을 보라. 이 놀라운 논문 또한 누군가에 의해 어딘가에서 발견된 혹은 인지된 존재에 대한 정신분석 환자의 집요함을 해명하는 중에 애착 일반의 형식적 낙관주의와 자기보존적 욕망을 지닌 정동들을 과정렬시킨다(overaligns).

그렇게 읽어 내고 있다. 말하자면, 자유간접화법은 화자가 한 인물의 의식과 부분적으로 합쳐지면서, 관찰하는 지성이 어느 쪽에도 위치할 수 없는 불가능성을 보여 준다. 그리하여 독자가 책의 전개를 따라가는 중에 자신이 읽고, 판단하고, 존재하며 자기가 이해하고 있다고 생각되는 것과 좀 다른, 좀 더 개방적인 관계를 맺도록 만든다. 존슨의 연구에서 읽기나 말하기를 통한 그런 변형적 타협transformative transaction은 그 주체가 현저하게 다른 존재가 되지 않으려는 어떠한 욕망을 지니고 있든 상관없이 그 주체를 양호한 방식으로 "드러내 보인다"(존슨 2002, 8). 요약하자면, 존슨의 투사에 대한 연구는 애착의 낙관주의에 대한 것이며, 종종 그 자체로 독자들이 요구하는 중지된 상호주관성을 형성하는 인격의 연장과 부정들에 대해 낙관적이다.

이제부터 나올 내용은 그리 유쾌한 것은 아니다. 이 글은 프로이트가 말한, "사람들은 실상 대체물이 눈앞에 뻔히 보일 때조차도 결코 하나의 리비도적 입장을 포기하려 들지 않는다"(1957, 244)[11]는 관찰을 정치화하는 논문이기 때문이다. 이 글은 정치와 미학, 그리고 정치적 우울증의 투사에 대한 더 큰 기획에서 시작된다. 정치적 우울증은 다루기 힘든 세상의 난관에 대한 정동적 판단들, 즉 냉담affectlessness, 무감각apathy, 냉정함, 냉소 등에서 명백히 드러나는 그런 정동적 판단들 속에 집요하게 남아 있다. 그런 정동적 판단의 양식들을 무심함/거리두기detachment라고 부를 수 있을 테지만, 그 무심함은 실제로는 전혀 무심하지 않을뿐더러 현재 진행 중인 사회

---

11. [옮긴이] 프로이트는 애도와 우울증(멜랑콜리)을 구분하는데, 애도는 상실한 대상을 다른 대상으로 대체하면서 상실한 대상에 대한 리비도가 철회되는 반면, 우울증은 상실된 대상에 대한 리비도가 자아 안으로 퇴행하여 자아를 궁핍하게 만든다.

성의 관계들을 구성한다.[12] 정치적으로 우울한 위치는, 더 이상 제대로 작동한다고 말하기 힘들며 실로 자신들에게 활력을 주는 욕망들에 장애만 될 뿐인 삶의 설계 양상들에서 떨어져 나오지 못하는 어려움 속에서 드러난다. 내가 모은 자료들은 자기-단절, 자기-중지, 자기-휴면 같은 항목들로 가득 차 있다. 이는 사람들이 자신들의 삶을 만들어 가는 행위들을 주조해 온 가치 항목들을 바꾸려고 분투해 온 기록들이다. 그렇지만 그것을 외상적인 분투라고 보기는 어렵다(세즈윅 2006).

그래서 잔혹한 낙관주의란 다른 모든 구문처럼 근접한 위치를 가리키는 하나의 직시어^{deictic}이다.[13] 일종의 분석의 지렛대라고 할 수 있는 잔혹한 낙관주의는 우리가 '좋은 삶'이라고 부르는 삶 속에 거주하며 그것에 정동적 애착을 가지도록 자극한다. 하지만 많은 사람들에게 그 '좋은 삶'이란 나쁜 삶이다. 주체들을 기진맥진하게 하지만, 그럼에도 불구하고 그리고 동시에, 그들은 그 속에서 자신들의 가능성의 조건을 발견하기 때문이다. 나의 가정은 미국처럼 상대적으로 부유한 현대 세계에서조차 일상적 삶의 조건들은 주체들을 소모시키는 혹은 기진맥진하게 하는 조건이라는 것이며, 현대 세계에서 삶을 재생산하는 노동이 동시에 그 세계에 의해 소진되는 활동이기도 하다는 아이러니가 고통의 일상성, 규범성의 폭력, 그리고 '인내의 기술들', 즉 '나중'의 개념으로 '지금'의 잔혹함에 대한 물음을 유예시킬 수 있게 하는 지체에 대해 생각하는 데 특별한 의미를 지닌다는 것이

---

12. "정치적 우울증"이라는 말은 대중적 정서에 대한 연구 집단에서 이루어진 토론에서 나왔다. 특히 앤 체코비치, 데비 굴드, 레베카 조라흐, 매리 패튼에 감사드린다.
13. [옮긴이] '직시어'는 'here, there, now, next' 등 화자나 청자의 위치에 따라 뜻이 달라지는 말이다.

다(벌랜트 1997, 222). 이런 의미에서 잔혹한 낙관주의는 실제로 체험되는 위급함의 양식을 가리키는 개념이다. 그것은 왜 사람들이 멜빌의 바틀비[14]가 아닌지, 왜 사람들은 갖가지 비참한 처지에 끼어들고 싶어 하지 않으며 대신 그들에게 익숙한 애착 체계를 영위하면서 이와 함께 삶을 축소하는 쪽을 선택하는지, 달리 말해 딱히 패배라고는 할 수 없는 상호성이나 화합, 단념의 관계를 고수하기를 선택하는지 등에 대한 이유를 생각하면서부터 자라나는 개념이다. 아니면 아마도 사람들은 그저 규범적 형식으로 옮겨가서 합의된 약속에 무디어지고 그 약속을 성취로 오인하게 되는지도 모른다. 이 글에서는 습관화되거나 규범적인 삶의 재생산에서의 중지를 다룬 세 개의 에피소드를 횡단한다. 각각 존 애쉬베리(2005), 찰스 존슨(1994), 제프 라이먼(1992)의 책에 나오는 에피소드들이다. 이러한 중지들은 사람들의 욕망 대상으로서 한데 모인 약속들에 대하여 폭로하고, 정상적인 것 가까이에서 교착상태에 빠진 과열exuberance의 순간들을 보여 주며, 왜 이런 과열된 애착들이 우리가 짐작하듯 시한폭탄처럼 째깍거리는 것이 아니라 백색소음 기계[15]처럼 울리는지에 대한 이유를 제시하는 도구를 제공한다. 백색소음 기계는 정적인 현실로 보이는 것이 사실 결국, 사람들이 걸어 들어갈 수 있는 하나의 리듬이라는 사실을 확신시켜 준다. 그 리듬 속으로 사람들은 멈칫대거나 비틀대거나 이리저리 재면서 걸어 들어가거나 아니면

---

14. [옮긴이] 멜빌의 단편 「필경사 바틀비」(Bartleby the Scrivener)에서 주인공이자 법률사무소에 근무하는 필경사 바틀비는 어느 날부터 변호사의 작업 지시를 "그러고 싶지 않습니다"(I would prefer not to)라는 한마디 말로 거부한다.

15. [옮긴이] 백색소음은 불규칙한 리듬의 무작위적인 소리이다. 그것은 하나하나의 마디를 가진 소리로 들리는 것이 아니라 전체적인 레벨로 들려오기 때문에 우리 귀는 이 소리에 쉽게 익숙해진다. 그래서 백색소음은 주변의 거슬리는 소리나 대화들을 덮는 데 이용될 수 있기 때문에 백색소음기는 주로 이런 기능을 위해 쓰인다.

자신들이 이 세계에서 애착을 붙였던 약속들에 지쳐 소진된 상태로 걸어 들어간다.

대상의 약속

존 애쉬베리가 최근에 쓴 제목이 없는 시 한 편이 이런 약속의 장면 중에서도 가장 약속하는 버전을 선보인다. 이 시는 인식의 도플러 효과[16]를 전면에 내세우며 우리가 그림자처럼 끌고 다니는 부인의 정치경제학을 일종의 공간 지체 현상처럼 써 내려가면서도, 살아봄직할 뿐만 아니라 단순화하는 동시에 혁명적인 대상 속에서 겪는 살아 있음의 경험을 제공한다. 말하자면, 부르주아적인 꿈의 시이다.

우리는 거미를 조심하라는 경고를 들었다, 그리고
　　간간이 찾아오는 기근도.
우리는 이웃들을 만나러 시내로 달렸다, 그런데
　　아무도 집home에 없었다.
우리는 시 당국에서 마련해 준 땅에 둥지를
　　틀었다, 하지만
다른, 좀 다른 장소들을 그리워했다.
그런 게 있던가? 그것을 이전에는

---

16. [옮긴이] 소리나 빛의 발원체나 이를 관찰하는 관측자 중 한쪽이나 양쪽 모두가 운동하고 있을 때, 관측자에게 관측되는 그 소리나 빛의 진동수에 차이가 나는 현상.

전혀 몰랐던가?

벌들의 찬가^{hymn}가 정적을 깨는

　포도밭에서

우리는 평화롭게 잠을 청했다, 그 대행진에

　참여하기 위해.

그가 내게로 왔다.

여느 때와 똑같았다,

우리가 천상과 맺은 조약을 무산시킨

현재의 무게 외에는.

사실 기뻐할 아무런 이유도

돌아볼 필요도 없었다.

우리는 가만히 서서 어찌할 바를 몰랐다,^{we were lost}

머리 위의 전깃줄이 윙윙거리는 소리를 듣고 있었다.

(애쉬베리 2005)

시작 부분은 아직 실현되지는 않았으나 거의^{almost} 실현된 아메리칸 드림의
장면을 보여 준다. 혹은 애쉬베리가 비슷한 시기에 쓴 다른 시에서 "신기루
로 경계선을 발라 놓았네/빛으로 그리고 빛이 지닌 끝없는 수줍음으로"(애
쉬베리, 「투명문양」^{Filagrane})라고 말하는 것과 같다. 이 시에서 집^{home}과 찬
가^{hymn}는 거의 운^{rhyme}을 이루지만[17] 자연은 우리의 충만감을 위협한다. 여

---

17. [옮긴이] 기본적인 운은 단어의 마지막 1음절, 즉 마지막 모음+자음으로 이루어진다. 'home'
과 'hymn'은 모음이 일치하지 않아 약간 불완전한 운이므로 '거의'라고 말한다. 이 '거의'라

기에 화자가 "현재의 무게"라고 부르는 것이 있다. 이 현재의 무게는 평화로운 잠을 불러오고 상징적인 것을 육신의 것으로 끌어내리며 우리의 정치를 가장 고요한 것으로 만든다. 얼마나 오랫동안 사람들은 현재를 무게를 가진 것, 다른 것들과의 연결이 끊어진 것이라고, 삶의 방해물이라고 생각해 왔을까? 이 시에 들어 있는 모든 것은 아주 일반적이지만, 우리는 그 안에서 조금 다른 맥락을 끌어낼 수 있다. 가령, 이 시에서 아메리칸 드림의 한 사례로서 교외생활을 말할 때 이 시의 기본 공간이default space 지닌 무게를 생각해 보자. 깔끔하게 손질된 공간의 외양을 유지하는 사람들이 이 시의 "우리"에는 나타나지 않는다는 점, 즉 이 시가 그런 멋진 삶을 재생산해 내는 노동자의 모습도, 그들이 어디서 왔으며 그들의 일상과 여가의 잡음들이 어디서 유래하는지도 이미지화하지 않는다는 점을 지적한다면 단지 도덕적이거나 정치적인 우쭐거림에 불과할까? 교외의 여가 소리가 바로 다른 사람들이 노동하는 소리라면? 여기서 특별한 언급이 없는 사람들이 대개 백인인 미국인이며 그들이 부리는 사람은 보통 그렇지 않다면?

　이러한 생각거리는 왕성하게 뻗쳐 가는 의식의 사건 혹은 장면에 대한 이 시의 이해 속에서 전면에 드러나지는 않지만, 이 시 속의 자율의 생산 조건에 대해 생각해본다고 해서 이 시의 미학적 자율성 혹은 독특성을 해치지는 않을 것이다. 오히려, 이웃에 대한 솔직한 수사법으로 인해 결국 아메리칸 드림이라는 것은, 호기심을 가져서 편할 것도 생산적일 것도 없을 사람들에 대한 호기심을 가질 만한 시간적 여유를 허용하지 않는다는 사실을 깨닫게 된다. 아메리칸 드림이란 이웃이 제공하는 즐거움이 손을 뻗으

는 말은 글쓴이가 말하려는 약속과 현실의 관계를 잘 드러내는 말로서 이 글에서 여러 번 반복된다.

면 닿을 만한 지척에 있고, 이웃과 가볍게 접촉할 수 있는 공간이다. 아메리칸 드림 속에서는 우리가 원할 때나, 밖에서 어슬렁거리다가 혹은 아마 식당에서도 이웃 사람들을 볼 수 있다. 어떤 경우든 이웃이 제공하는 즐거움은 어느 정도의 거리 밖에 있다. 그것은 시골의 포도밭처럼 화자가 그 속에 거주하지 않으면서 그의 여가생활을 위해 숨겨 둔(내 말은 즐긴다는 뜻이다) 그의 '지방에' 위치한 소유지municipally zoned property에 비견될 만하다. 그런 곳에서는 시끄러운 이웃이나 초자아의 침범은 '뒤뜰의 제국'에서 유래하는 그의 행복의 투사에 방해가 될 것이다.[18] 다른 사람들이 포도밭에서 일하면서 두런거리는 소리는 삶에 권태를 느끼고 7할 정도는 거리를 두고 있는, 순환되는 삶의 과정에 열중하고는 있으나 애매하게 비껴 난 방식으로 임하고 있는 존재의 특권을 이루는 조건이 된다.

요약하자면, 이 무제의 시에서 "우리"는 죽은 시민이기를 선택했다. 누군가 그려 놓은 선 안에 칠해진 색깔로 만족하는 것이다. "우리"는 만일 "우리"가 도널드 바셀미Donald Barthelme의 단편소설 「나는 작은 도시를 샀다」(1976)에 나오는 인물들이라면 결국 만족해할 수도 있다. 그들은 상공에서 보면, 즉 어느 정도의 조망을 지닌 곳에 거주하는 시간과 돈이 많은 누군가에게는 모나리자를 닮은 것처럼 보이는 어떤 주택단지에서 단출한 삶을 살아가고 있다. "우리"는 예술에는 못 미쳐도 형식미는 갖춘 작품처럼 우리의

---

18. 이웃은 조금씩 불평등한 권력의 상황에서 발생하는 친밀성과 인식 및 오인의 복잡성을 판별하는 상으로 떠오르고 있다. 나는 여기서 조안 콥젝이 『내 욕망을 읽어라』(Read My Desire, 1994, 65~116)와 슬라보예 지젝의 「이웃과 다른 괴물들: 윤리적 폭력을 호소함」(Žižek, Santner, and Reinhard 2006), 에이미 헴펠의 「해변가 마을」(2005)에 나오는 식민지와 식민화된 이웃들 사이의 전이적 관계를 분석한 것을 인용한다. 헴펠의 이야기에서 화자는 그녀 자신의 삶에 대한 감각이 둔해지는 것을 피하려고 뒤뜰에서 한 이웃 사람이 자기 남편의 배신과 자기를 버린 것에 대해 다른 여자에게 말하는 대화를 유심히 듣는다.

삶을 살아간다. "우리"는 약간의 흥분된 감각으로 살아가며, 슬라보예 지젝이라면 카페인이 제거된 숭고미decaffeinated sublime라고 말했을 법한(2004) 좋은 삶을 살려는 약속promise을 완수하기 위해, 그다지 강렬하지는 않지만 인내심을 가지고 우리 자신을 구성해 가고 있다. 애쉬베리의 교외생활의 즐거움에 대한 조롱에는 특별히 독창적이거나 심오한 면은 없다. 진부한 말들의 편안한 사운드와 약간 지루한 리듬은 정확히 사람들이 거기서 사는 삶을 얼마나 견딜 수 있을지, 환상이 되어 왔던 잘 손질된 장소, 즉 그 지역사회 속에서 자유롭게 운신하길 욕망한다는 것이 무엇을 의미하는지를 몸소 보여 준다perform.

소유와 관련된 관점을 가진 정치경제학, 그리고 자기-치료와 관련된 소유의 정치경제학에 대해 맑스의 『경제학-철학 수고』에서 다음과 같이 언급하고 있다.

사적 소유private property가 우리를 너무나 우둔하고 너무나 일면적으로 만들기 버린 결과, 우리가 어떤 대상을 가질have 때만 그것은 비로소 우리의 것이 된다. 즉 그 대상이 우리에게 자본으로서 존재할 때나 우리가 그것을 직접적으로 점유할 때, 먹고 마시고 걸치고 거주하는 등 한마디로 우리가 그것을 사용할 때 말이다.……따라서 모든 육체적 및 정신적 감각들 대신에 이러한 모든 감각들의 완전한 소외, 즉 가짐이라는 감각이 들어섰다. 인간 존재는 절대적 빈곤으로 환원되어 자기 내면의 부를 바깥 세계로 방출하게 되었다.……그러므로 사적 소유의 폐기는 인간의 모든 감각과 자질의 완전한 해방이다. 정확히 이런 감각들과 속성들이, 주관적으로건 객관적으로건, 인간적으로 되었기 때문에 해방이라고 하는 것이다. [사적 소유가 폐기되었을 때] 눈은 그 대상이 사회적·인간적 대상, 즉 인간을 위한 인간으로부터 유래하는 대상으로 되어 있는 만큼이나 인간의 눈이 되어 있다. 따라서 감각들은 그 실천 상에서 직접적으로 이론가가 되어 있다. 감각들은 사물을 위해 사물과 관계하지만, 사물 자체는 그 자체나 인간에 대한 대상적·인간적 관계[실천 속에서 내가 사물에 대해 인간적으로 관계할 수 있는 것은 오직 사물이 인간에 대해 인간적으로 관계할 때뿐이다]이며 그 역도 마찬가지이다. 그러므로 욕구나 향유가 결과적으로 이기주의적 본성을 잃고, 자연이 그 단순한 효용성을 상실하게 된 것은 효용이 인간적인 효용이 되었기 때문이다.[19]

감각에 대한 맑스의 분석이 주는 울림은 애쉬베리의 시를 복합적으로 꿰뚫고 있다. 맑스가 예언하듯, 이 시의 "우리"는 자신이 보는 것을 소유하고 자신이 소유한 것을 봄으로써, 즉 자연을 그의 자기지시적인 세계에 대한 일종의 침해로 느낌으로써 시작한다. 하지만 그 뒤 "우리"는 그 "우리"의 인식이 자신이 정말로 기억할 수 없는 무언가의 반복이라는 생각에 사로잡힌다. 이는 정확히 "우리"가 생산적 자본과 소비적 자본의 주체로서 우리의 기억들을 기꺼이 의존적 삶의 기계와 외양을 유지하는 데 필수적인, 끊임없는 짜깁기에 따라 재구역화하고 있었기 때문이다. "우리"는 유순하고 고분고분하고 만만한 놀잇감이었던 것이다. "우리"는 이제 이런 버전의 좋은 삶에 구속되어 버린 욕망에 근접하여 살아가며 이전에도 그 속에서 살고 있었음을 거의 기억할 수 있다. "우리"가 알기로는 오직 소유와 그것을 마련하기 위한 민

---

19. [옮긴이] 칼 맑스, 『1844년의 경제학 철학 초고』, 최인호 옮김, 박종철출판사, 1991 참조. 일부 수정.

음직한 삶만으로 시사되는 기대감에 함몰된 채 말이다. 우리의 감각은 아직 이론가가 아니다. 왜냐하면, 그것들은 규칙과 지도, 물려받은 환상, 우리가 관통하여 지나가는 삶을 물질적으로 윤택하게 만드는 일벌들의 윙윙거림에 구속되어 있기 때문이다. 한편으로 아마 우리는 우리의 감각이 이론가가 되길 진심으로 바라지 않을 수도 있다. 왜냐하면, 그렇게 되면 우리는 종국에는 우리 자신을 세계와의 교환의 결과물로 보게 될 것이기 때문이다. 세계에 대해 주도권을 가지고 있다기보다 세계에 신세 지고, 세계에 유용한 그런 결과물로서 말이다. 결국, 우리는 삶을 위해 무엇을 하는가? "우리"는 한량들 folks of leisure, 끝없이 계속되는 주말을 즐기는 사람들, 우리 자신을 착취하는 화면 밖의 사람들인 것처럼 보인다. 그런 곳에서는 익숙함 속에서 행해지는 행복한 소비 활동이 거의 가장 중요한 문제가 된다. "우리는 그것을 이전에는 전혀 몰랐던가?"

하지만 이 시에서 표면적으로 드러나는 얼굴에도 불구하고, 이 시의 목소리는 자기지시적인 얼굴 없는 보편적 주체들로 이루어진 공동체 내부로부터 나오기 때문에 이 시의 행위 전체가 아메리칸 드림에 대하여 모호한 애착 속에 있는 것으로 엮이지는 않는다. 아메리칸 드림은 가까스로 모면한 자연재해와 인간적 접촉이 일어나는 연속물로서 체험되며, 거의 경험할 수 없을 성싶은 에피소드들로 잘게 쪼개진다. 하지만 이 시의 행위는 집 home, 찬가hymn, 윙윙거림/흥얼거림hum 사이의 작은 운동들로 전개된다. 가장 중요한 것은 아무런 드라마도 없는 집단적 삶의 비축을 깨뜨리는 사건이 있다는 것이고, 그 사건은 교외의 비생산성의 휴식이 지시하는 포도밭의 휴가는 아니라는 점이다.

애쉬베리는 몽상과 경건 사이에서 어떤 기독교적인 생각을 하고 있었을지도 모른다. 여기서 벌은 토마스 브라운 경의 『의사의 종교』에 나오는 유명한 구절과 공명하는 것 같다.[20] 이 구절은 벌의 지혜가 인간의 이성이 그것에 대해 이해하는 것보다 얼마나 더 앞섰는지를 묘사한다. 이와 연동하여, 이 시의 수사에서 보이는 밀턴적이고 엘리엇적인 모든 공명과 더불어 애쉬베리는 종교적 서정시에 대한 그의 관계를 교정하고 있는지도 모른다.[21] 우리는 심지어 여기서 핵심은 발랄하게 아이러니하고 희미하게 신성하기까지 한 이 시의 성찰과, 이 시에서 아주 현재적이고 세속적인 사건인, "그가 나에게 왔다"라는 구절에 새겨진 미국의 동성애 장면을 대비시키는

---

20. "정말 어떤 이성이 벌, 개미, 거미의 지혜의 부속학교에 가지 않겠는가? 어떤 지혜의 손이 그들에게 이성이 우리에게 가르쳐주지 못하는 것을 하도록 가르치는가? 더 거만한 머리들은 고래, 코끼리, 단봉낙타와 낙타 같은 자연의 굉장한 작품들에 깜짝 놀란다. 장담하건대 이러한 것들은 자연의 손길로 이른 거상(巨像)이자 장엄한 작품이다. 하지만 이 이 가느다란 엔진들에는 더 신기한 장엄들이 있다. 그리고 이 작은 시민들의 시민성은 그들의 생산자의 지혜를 더 단정하게 피력한다"(Browne 2007, 15절).

21. 브래딘 코맥은 나에게 애쉬베리가 하늘과 갈라서면서 밀턴과도 갈라섰다고 말한 적이 있다. 밀턴의 시 「눈이 멀고서」(On His Blindness)는 "잠자코 서서 기다리는 자도 역시 그분을 섬기는 것이다"로 끝맺는다. 애쉬베리는 서 있음에 대한 밀턴의 설명과 갈라서고 있다. 그것은 더 이상 신의 지켜봄이 아니라 다가가는 자의 서 있음이다. 기다림 역시 이제 감미롭고 관능적이고, 개방적이고 노골적인 것으로 더 이상 노예 상태와는 아무런 관련이 없다. 하지만 밀턴과 비슷하게 애쉬베리가 특화시키는 것은 보기가 아니라 듣기이다. 그 듣기는 누군가가 그냥 그대로 줄곧 찾아 헤매거나 몰아가지 않을 때 더욱 강렬해진다. 엘리엇(Eliot)의 『재의 수요일』(Ash Wednesday)의 유명한 구절들에서처럼 말이다. "다시는 되돌아가리라 바라지 않기에/바라지 않기에/되돌아가리라 바라지 않기에/이 사람의 재주와 저 사람의 기회를 탐내는 일/나는 더 이상 그런 것들을 얻으려 애써 애쓰지 않는다/(늙은 독수리가 왜 날개를 펴야 한단 말인가?)/여느 때의 권력이 사라진다고 해서/왜 슬퍼해야 하는가?……다시 알리라 희망하지 않기에" 혹자는 이 시가 씨어도어 뢰트케의 「한 여자를 알았네」(I Knew a Woman)와 유사하다고 지적할지도 모른다. "그녀의 소망은 어찌나 잘 통했는지! 그녀는 나의 턱을 쓰다듬었지/그녀는 나에게 돌기, 반대로 돌기, 정지를 가르쳤네/그녀는 나에게 애무를 가르쳤지, 그 물결치는 하얀 피부/나는 그녀가 내민 손을 순하게 잡았네/그녀는 낫이었고, 나는, 가여운 나는 갈퀴/진심 그녀를 위해 뒤따르는/(하지만 얼마나 많은 건초를 우리가 모았던가.)" 애쉬베리의 모든 교정은 영광스러운 무감동성이 행위의 반대가 아니라 가장행위에 딱 맞는 것으로서 누군가에게 가질지도 모르는 의미를 근본적으로 수정하는 방향으로 나아간다.

것이라고까지 생각해 볼 수 있다. 그 구절은 마치 "클로이는 올리비아를 좋아했다"는 말처럼 들린다. 애쉬베리의 서정시에서 이 감각을-뒤흔드는 전환적transformative 사건은 버지니아 울프(1957)에서의 유사한 전환 효과를 상기시킨다.[22] 그는 나에게 와서, 게이가 되지 말라는 천상과 나의 계약을 깨뜨렸다. 퀴어적인 것queerness과 종교적 정동이 여기에 경건의 공간을 열어 놓는다. 결국, 인생이 상상할 수 있는 최고의 난관에 봉착한 셈이다. 인생이 단절되거나 혹은 바디우식으로 말하자면, 충실성을 요구하는 한 사건에 붙들렸다.[23]

하지만 이 사건은 자전적인 것임에도 불구하고 충격을 준다. 이 시는 누군가가 어떤 대상과 함께하는 어떤 사건으로 인해 스스로가 변하도록 내버려 두었을 때 무슨 일이 발생하는가에 초점을 맞추면서 끝난다. 이 시의 결말은 반쯤 익명적으로 투사된 돈호법의 근접성이나, 첫 연에서처럼 '우리는 이러한 것을 했다', '우리는 그런 사귐을 가졌다'로 끝나지도 않고, 탄로난 성적 정체성의 드라마 같은 행위들로 끝나지도 않으며, 전혀 전기적인 것으로도 끝나지 않는다. 이러한 격심한 변화는 단지 저만치 서서 새로 연결된 두 사람 사이의 공간을 여는 접근의 몸짓으로 형성된, 말로 정의할 수 없는 친밀감의 근접을 따르는 중에 발생한다.

시의 화자를 어딘가 중지된 곳somewhere suspended으로 재위치시키는

---

22. 전체적으로 구절을 살펴볼 필요가 있다. " '클로이는 올리비아를 좋아했다⋯⋯.' 시작하지 말라. 낯을 붉히지도 말라. 이런 일들이 가끔 일어나는 우리 사회의 프라이버시를 인정하도록 하자. 가끔은 여자가 여자를 좋아한다"(Woolf 1957, 82).

23. 사건에 붙들린다는 것은 그 사건의 진실의 전개에 따른 가능성의 영역에서 해방된 미지의 것들에 대한 충실성으로 조직되는 주체가 된다는 것이다. 바디우는 사랑의 만남 속에 있는 진실의 잠재성들을 혁명적 활동까지 포함하는 덜 개인적인 정동의 포획에 연결시킨다(Badiou 2001, 41~43, 118).

이러한 영역의 이동을 하버마스식으로 이해할 수 있다. 『공론장의 구조 변동』(1989)에서 하버마스는 규범적 존재의 공적/사적 구역 나누기를 근대적 인간 속의 균열이라는 말로 이야기한다. 즉 근대적 인간은 가정의 인간이면서 시장의 인간이다. 하버마스는 자본주의 근대를 산다는 문제는 이러한 부르주아이자 정서의 주체인 각 영역 사이의 관계를 조율해 나가는 데 있다고 제시한다. 부르주아란 자신의 사회적 관계들을 시장의 규칙에 따라 도구로 사용하는 사람이며, 자기 자산에 근접해 있음[마음대로 할 수 있음]proximity to his property과 자기 자신을 소유한self-possessed 존재라는 점에서 가치를 갖는 식으로 소유/자산에 가치를 부여하는 사람들로 분류된다. 부르주아에게는 재산이 있고, 가정이 있으며, 집에서는 작은 지도자이고, 누구든지 그가 그의 재산을 어떻게 쓰든지 간에 그의 권위를 인정한다. 이와 동시에 그 사람은 자신이 기본적으로 자본이 아니라 정서의 교류 속에서 인격이 형성되었다는 자기 자신의 이미지를 일구어 나간다. 자신이 세계에서 영향력을 행사하며 모든 활동 영역에서 권위를 가진다고 생각하는 그 가정의 '인간'은 사랑의 공동체에 참여함으로써, 즉 서로를 선택하고, 누군가의 표현대로 서로에게 다가가는 사람들 사이에 있음으로써 특별해지고 독특하게 된다(30~35). 시는 "사실 기뻐할 아무런 이유가 없었다"고 말한다. 말하자면, 진실로 혹은 객관적으로 기뻐할 이유가 없었다. 대신, 친밀함에 대한 기대가 있다. 그래서 서정시이다.

하지만 이 시 속에서 친밀하게 산다는 것은 집과 지역사회 바깥에서, 구획되지 않은 장소에서 발생하는 것처럼 보인다. 이 시의 사건은 "그"가 "나에게로" 와서 내가 찬가의 주체가 아니라 윙윙거림의 주체라는 것을 상기시킬 때 발생하는 일이다. 그 윙윙거림은 천상의 소리이거나 벌의 소리,

혹은 욕망이나 전깃줄의 소리일 수도 있는 내 주변에서 울리는 것이며, 그 것이 무엇이든 사랑스러운 방식으로 누군가의 근접 속에서 당황하고 거기 서 어찌할 줄을 모르게 되는 것과 연관된다. 그와 나는 함께 "우리"가 있었 던 곳이 아닌 도처에서 윙윙거림을 경험한다. 그런데 그 윙윙거림은 일종의 시간 끌기ª temporizing, 즉 자동차 여행과 주행의 세계의 시간이 아닌 시간 속의 망설임이다. 그것은 지도상에 그려진 공간 속에 있다기보다는 잃어버 린 공간 속에 있다고 할 수 있다. 거기서 일어나는 어떤 상호주관성은 아무 런 내용도 없으며, 보이기는 하고 들리지는 않는 주관적 경험의 장면인 '듣 기의 동시성' 속에서 형성된다. 이러한 친밀함은 가시적이고 근본적으로 사 적이며, 정말로 기존의 코드에서 벗어난 것이다. '가정'home과 '찬가'hymn 사 이에 있는 **남자들**les hommes에게서 삶은 '음'um 24에 의해, 즉 진실의 침입에 의해 교란된다. 그런 중에 그 사람들은 이제 방향을 잃었으나 살아 있으며 그들의 위치이탈displacement로 인해 정복당한 상태에서 벗어난다.

이 시를 현재의 교착상태가 생산되는 방식에 대해 그려 내는 시로 생 각하는 것이 좀 끔찍한 일일지도 모른다. 그런 교착상태는 아직 부르주아 의 감각에 흡수되지 않았지만, 사람들을 귀 기울여 주고 환영하며 이론을 요청하는 사회성의 공간으로 데려간다. 당신에게 다가오는 그에게 열려 있 으라. 우연한 만남으로 변하도록 하라. 일화, 음 탈락, 단어 생략……의 시 인이 되라.

동시에, 누가 이 시를 썼는가가 중요하다고 지적할 수도 있을 것이다. 그는 자신감 있는 사람이다. 그는 중지의 순간에 가능성을 발견하며, 그의

---

24. [옮긴이] 곧 망설임을 나타내는 소리.

가치를 확고히 하기 위해 시장의 논리를 필요로 하지도 않고, 자기 테두리를 보장받기 위해 지역사회에서 정상적이거나 가정적인 어떤 것에 대한 내적 인정을 필요로 하지도 않는다. 그는 별다른 의미부여 없이도 비-공간에 머물 수 있다. 이러한 사실이 그를 위협하지는 않는 것 같다. 그래서 이러한 심급의 낙관주의는 잔혹한 낙관주의의 일부일 수도 있고 아닐 수도 있다. 그 여부를 우리는 알 수 없다. 약속은 모든 곳에 존재하며, 그 사건 이전에 존재했던 존재의 형태가 붕괴되었다고 해서 애통해 하거나 기뻐할 이유가 없다. 그건 단지 하나의 사실일 뿐이다. 그 순간 이후에, 일화적 성격을 띤 그 교란으로 인해 그는 재충전된 채 다시 교외생활로 돌아가게 될까? 그들은 고급 카페에 가서 설탕과 우유가 듬뿍 들어간 짙은 커피를 마시게 될까? 아니면 다른 식으로 자극을 찾아다닐까? 그들은 세계를 짓는 방식에서 달라질 것인가? 그 커플은 이제 몽유병 상태에서 벗어나 평화를 향해 깨어 있는 집단의 대리인인가? 그들이 공상 속에 함께 있을 때 얻는 상이한 자율성의 미학적 계기는 시장에서 떨어져 나오기 위한 하나의 조건이 아니라 그 속에 살기 위한 바로 그 조건이 되고, 그래서 그들이 실제로 누구인가란 어떤 계기 속에서 길을 잃을 수 있는^{can be lost in a moment} 사람들이라고 생각할 수 있게 되는가? 아마도 하버마스라면 그 연인들의 절정에 이른 환상은 '시장의 인간' 그 자신이 정원사들의 착취자이기도 하다는 소식, 즉 도구적이고 도구화하는 행위자라는 소식을 한 귀로 듣고 흘려버릴 수 있게 한다고 지적할지도 모른다. 존 리코(2002)라면 그 남자들의 외부성^{out-sideness}과 외부자성^{outsiderness}은 가정생활을 열망하며 뒤돌아보는 일이 없을 퀴어의 반^反정상성을 형성하는 너무나 게이다운 것의 잠재적 원천을 보여 준다고 주장할지도 모른다. 그 간극이 얼마나 큰지 이루 다 말할 수 없다. 끝 부분에서 화자는, 중지의 순간에, 그가 이제 진짜로really 살고 있다고 생각한다. 그는 진짜로 연인이며 친밀한 사람이지, 더 이상 기름이나 비료의 사용자이거나 고된 일을 다른 이들에게 맡기는 사람이 아니다. 그것은 또 하나의 삶이었고, 그렇게 보인다.

아니면, 아마 우리는 그 변화의 정도를 흥얼거리는humming 배경음악이라는 관점에서 읽을 수도 있을 것이다. 그 배경음악은 멜로드라마에 가장 관습적으로 사용되는 눌변의 장르이다. 그것은 당신이 정서에 흠뻑 젖을 때 실제로 가장 스스로 편안하게at home 느낀다는 사실을 항상 인정할 수 있다는 점을, 그리고 당신이 어떤 물질적 궁핍을 겪든 그것은 실제가 아니며 단지 당신이 극복해야 할 하나의 사건에 지나지 않고, 당신이 일하는 동안 휘파람을 불면 더 즐거워질 수도 있을 만한 사건이라는 점을 말해 준다. "우리 삶의 배경음악"the soundtrack of our lives이라는 개념(진부한 인용이긴 하지만, 이름난 포스트-펑크 신-사이키델릭 록밴드25의 이름이기도 하고 떠오르는 틈새시장 공략의 범주를 칭하기도 하는 아이러니한 이름을 빌려 말하자면)은 막강한 힘을 지니는데, 이것이 한 사람의 진실한 내면적 취향과 고부가 가치를 표현하는 휴대용 비축물로서 그 사람과 동행하기 때문이다. 그것은 삶의 리듬을 낙관적으로 다시 읽도록 열린 장소를 제공하고 모든 이들을 스타처럼 보이게 만든다. 당신의 배경음악은 당신이 스스로와 사랑에 빠져 그 음악의 특수성과 상관없이 숭고한 관례 속에서 당신 자신의 진실함에 대한 당신의 충실성을 표현할 수 있는 하나의 장소이다. 우리는 우주의 흥얼거림hum을 듣는다고, 그리고 그것에 근접해 있기를 갈망한

---

25. [옮긴이] 1992년에 결성된 스웨덴의 록밴드 이름. 이 밴드는 〈롤링스톤즈〉 같은 1960~70년대 펑크 록 스타일과 사이키델릭 록을 구사했다.

다고 애쉬베리의 낙관주의자는 말한다. 하지만 그 잔혹한 낙관주의의 분석가는 감상적 추상 또는 정서적 충만의 심급이 얼마만큼의 비용이 드는지, 어떤 노동이 구체적 현실로부터 배경음악 테이프로 옮겨가는 이동을 가열시키는지, 누가 그러한 이동의 의미, 그 이동의 속도, 그리고 비록 한순간이나마 합의된 신기루로부터 분리됨의 결과들을 통제하는지에 대해 이해하고 싶어 한다. 가정에서 찬가로, 다시 윙윙거림/흥얼거림으로 옮겨가는 애쉬베리의 시는 눌변이면서 달변인 교란적인 정적靜寂을 의미심장한 것으로, 그리고 형태가 없는 정험을 위한 인위적 기호로 만든다. 그가 듣는 배경음악은 서정시 자체와 닮았다. 둘 다 삶의 물질적 재생산에 대한 현실감과 친밀함의 고통, 다른 시공간에 대한 불감증을 몰아내면서 마음을 편안하게 한다.

'가정'home에서 '흥얼거림'hum으로, '남자'homme에서 '머뭇거림'um으로 이동하기, 바로 교란이다. 그것은 말장난처럼 들린다. 어떤 순간의 공간을 소리 내어 타진해 보는 이 쏘로[26]적인 방식은 그 공간의 윤곽을 가늠하기 위한 것이며, 무엇이 정지하고 있고, 누가 그것이 그렇게 하도록 하며, 그런 것이 이 순간, 그리고 그 너머에서 어떤 의미가 있을지를 묻기 위한 것이다. 누군가를 맞아들이는 것, 생산적인 행보, 말하자면 자본주의적 규범성을 지닌 생산적인 행보와는 다른 행보를 고집하는 것은 항상 위험한 일이다. 물론 "그"는 나의 대상, 즉 나의 약속들의 더미가 아니다. 그냥 "그"는 나에게로 다가왔다. 비록 대상이 되는 것이 대상을 가지고 실망을 무릅쓰는 것보다 더 안전하긴 하지만, 이 시는 누구든지 너무 깊이 투사하고 심취하기 전

---

26. [옮긴이] 헨리 데이비드 쏘로(Henry David Thoreau, 1817~62).

에 멈춘다. 이 시는 아직 커플 형태나 친구 관계, 막간의 성적 여흥 등 그 무엇으로도 굳어지지 않는, 잠재적으로 전환적인 마주침encounter에 열리는 것에 대한 시이다. 이 시는 함께하는 행위collaborative action의 장면이, 그 안에 뭔가를 지을 수 있는 공간이 아니라 잠재적 살아 있음liveness의 공간을 어떻게 열어 놓을지에 대해 아무것도 모르는 중에 발생하는 방향상실 혹은 중지를 보여 주고 있다. 그와 나 사이에 있는 지체 공간space of lag에서 뭔가가 발생하여 이 시 속의 귀족적 혹은 주권적인 "우리"는 더 이상 엉뚱한 곳에 정신을 팔지 않고, 독특한 사회성의 머뭇거림 속에서 자기 자신과 보조를 맞추려 한다. 그 사회성의 정치경제학에 대해서는 우리는 여전히 질문을 던지고 있다. 그러한 행복은 다른 누군가가 비용을 치러야 할 잔인한 것일 수 있다. 그리고 우리는 결코 알 수 없을 것이다. 습관화된 무심함 대신 뻗어 가는 쾌락을 택하는 것이 대안적 삶의 윤리가 될 수 있을지 없을지를 말이다. 그다음에 발생할 일은 이 시에서 미처 끝맺지 못한 것이다. 바로 지금, 이 시가 선보이는 감각들은 이론가 되기에 열려 있다.

그것이 무엇이든, 일상의 삶을 대체하고 해체하는 한 사건 속에서 이 시가 그려 내는 교착상태의 의미를 알아보기 위해 이 시를 타진한다고 해서, 모든 시적인 또는 일화적인 교란들이 비록 잠재적으로나마 완전히 새로운 감각을 갖춘 포스트-포드주의적 주체들을 상상할 가능성의 조건이 될 수 있을지에 대해 확신할 순 없다. 하지만 분석적으로 읽으면 이 독특한 시는 어떤 중지의 순간들에 관심을 기울이고 전이되는 것을 배울 기회를 열어 놓는다. 그 중지의 순간들이란 주체가 그 속에서 더 이상 그의 역사적 연속성을 당연한 것을 여길 수 없으며, 반대로 전반적으로 낙관주의와 잔혹한 낙관주의의 조건에 대하여 눌변으로 약속하는 어떤 것something, 계시하는 어떤 것으로, 동시에 통렬한 비판을 가하는 무^{nothing}로 가득 차 있음을 느끼는 순간이다. 한 사건이 일상의 시간, 소리, 감각들을 중지시키는 그러한 자본 속의 이질-소리와 이질-시간의 공간에 주의를 기울이는 것은, 우리가 역사적으로 존재한다는 것의 의미를 이해하는 방식을 잠재적으로 변화시킬 수 있다. 내 생각에 애쉬베리의 화자는 자신감에 차 있기에, 그의 삶의 습관 속에 사회적으로 속함이라는 규범적 인정과 양식의 안전장치를 가지고 있기에, 습관화된 삶의 약속들로부터 떨어져서도 견뎌 낼 수 있으며, 또한 욕망의 열림 속에서 잘 생장하여 다소 몽롱할지는 모르지만 어떤 형태를 일굴 수 있으리라 생각한다. 하지만 이 시가 그의 독특성에 대한 이야기 이상이 되기 위해서는, 그 새로운 상호주관적인 감각의 장면을 통해 그 순간을 행동으로, 이제는 전치되어 버린 세계에 기입된 낙관주의의 합법성과 함께 그 낙관주의가 약속하는 독점 지대들·장면들·광경들·조직들을 해체할 행동으로 확장시킬 수 있어야 할 것이다. 그렇지 않다면 그것은 하나의 사건이 아니라, 자발적인 작은 여가활동을 잘 흡수하고 심지어 제재하기까지 하는 환경에서 일어난 하나의 일화에 불과할 것이다.

교환 가치의 약속

애쉬베리의 화자는 그런 몸짓과 그런 만남, 그리고 그 정체가 무엇이든 간에 이제 "그/나"가 편안하게 귀를 기울일 수 있는 것을 잠재적으로 끄집어내는 그런 사건으로 시작되는 '함께하는 알지 못함'^{collaborative unknowing} 속에 녹아들어 생장하게 되니 매우 운이 좋은 편이다. 찰스 존슨의 「교환 가치」(1994)에서는 역시 그런 식으로 드러날 법한 상황이 그렇게 되어 가지 않는다. 새로운 대상들로 이루어진 새로운 분위기, 즉 습관화된 하나의 삶과 아직 꾸며지지 않은 다른 삶 사이에 놓인 장면에 들어선 사람들에게 일어나는 일을 열거하고 있는 이 이야기는 '정치경제학'이라는 말이 왜 잔혹하면서도 일반적인 낙관주의에 대한 우리의 분석에 동반될 수밖에 없는지 그 이유를 말해 준다. 왜 어떤 사람들은 미지의 순간을 즉흥적으로 연주하는 솜씨를 가지며, 다른 사람들은 숨이 턱에 차서 흥얼거리지 못하고 비축하기만 하는가?

이 이야기도 애쉬베리의 시에서처럼 이웃과 이웃 관계에 대한 성찰로 시작한다. 「교환 가치」는 1970년대 시카고의 사우스 사이드 49번가 부근을 배경으로 한다.[27] 주인공인 열일곱 살의 쿠터와 그의 형인 롭티스는 가난한 아프리카계 미국인이다. 그들은 주말마다 친구들을 만나러 가지도 않고, 일상적으로 이웃들과 교류하지도 않는다. 그들은 차가 없다. 그들의 집과 주변은 구역별로 개인적인 기호에 따라 우연한 만남과 방황, 좀도둑질이 이루어지는 곳이다. 하지만 여기서, 근접함의 친밀성은 어떤 이의 시적인 상호주관성과는 아무런 관련이 없다. 비록 이 이야기가 새로운 상황을 면밀히 분석하는 쿠터의 명상적 리듬에 따라 전개되는데도 말이다. 「교환 가치」의 주체들은 자기 표출적이고 종잡을 수 없지만, 앞서 본 사례의 주체들과는 상당히 다른 색깔을 가진다.

이야기는 그 두 형제가 그들의 이웃인, 아마도 죽었다고 짐작되는 미스

---

27. 쿠터는 자기 형이 "제프리 홀더"의 웃음을 웃는다고 지적하는데, 이것은 이 이야기가 1970년대 중반을 배경으로 한다는 사실을 말해 준다. 당시 홀더는 〈사느냐 죽느냐〉(Live and Let Die)에서 맡은 역할과 세븐업의 "콜라가 아닙니다" 대변인으로 유명해졌다.

베일리에게서 도둑질을 할 계획을 꾸미면서 발전된다. 미스 베일리는 누구인가? 아무도 모른다. 그녀는 한 사람의 이웃일 뿐이다. 그러니 그녀가 누군지 알 필요는 없다. 그녀의 역할이란 주변을 맴도는 것이며 하나의 '배경인물'이 되는 것이다. 우리 주변에서 일련의 익숙한 행위를 하지만 우리와 친밀하지는 않은 누군가를 지칭할 때 우리는 배경인물이란 말을 쓴다. 미스 베일리는 남자의 헌 옷가지를 입고, 쿠터와 롭티스처럼 그 지방의 한 크레올 식당에서 구걸해 온 공짜 음식을 먹는다. 쿠터가 그녀에게 잔돈을 몇 푼 주었을 때 그녀는 쓰지 않고 그것을 저금했다. 이런 것이 쿠터가 그녀에 대해 알고 있는 전부다. 그녀의 행동으로 그녀에 대해 추측할 수 있는 것이 더 이상 없었다. 이야기는 그녀가 항상 주변에 있다가 보이지 않기 때문에 발생한다. 쿠터와 롭티스는 그녀가 죽었을 거라 여기고 첫 번째 장물을 손에 넣기로 한다.

이러한 종류의 행동, 다른 사람의 물건을 뒤지는 행동은 쿠터의 성격이 아니며 세계에 대한 그의 근본적인 관계를 흩트리지도 않는다. 그의 형에 비해 쿠터는 항상 실패자라는 꼬리표를 붙이고 살았다. "엄마는 항상 한 자리를 차지할 놈은 롭티스이지 나는 아니라고 했지……롭티스는 뒤사블레 고등학교 5학년을 마쳤고 일자리가 두 개나 되고, 아빠처럼 하이드파크에서 백인들이 가지고 있던 물건들을 항상 가지고 싶어 했다. 하이드파크는 엄마가 주간 일을 했던 곳이다." 그 아이들의 부모는 이즈음 둘 다 세상을 떠났다. 아빠는 과로로 죽었고, 엄마는 "프리지데어[냉장고 상표명] 만큼이나 커다란" 몸집 때문이었다. 이런 일들을 지켜보면서 쿠터는 아메리칸 드림을 쫓지 않기로 했다. "안쓰러운 죽 한 사발을 위한 푼돈이나 벌자고 자기네들을 죽게 한" 그의 부모들을 회고하며, "내가 원하는 걸 모두 갖고 있지 않다고 해도, 어쩜 난 내가 가질 만한 걸 다 가졌는지도 모르지." 그는 환상이라는 간접적인 향유를 통해 그의 삶을 꾸려 간다. "난 어떤 직업도 갖질 못하고 그냥 집 부근에서만 생활하면서 TV를 보거나 『세계의 영웅들』World's Finest 만화책을 보거나, 아니면 그냥 죽은 듯이 누워서 음악을 들으면서, 벽지 위에 흘러내린 물 얼룩에서 얼굴 모양이나 세계의 지도를 보고 있다고 상상한다"(28~29).

『세계의 영웅들』 시리즈는 1970년대 동안 배트맨과 슈퍼맨을 범죄에 맞서 싸우는 팀으로 만들어 그려 내었다. 하지만 쿠터의 환상들은 모방적이지 않다. 그의 환상들은 우발적이고 수동적인 방식으로 어떤 환경을 만들어 내고 그 속에 거주하는 식이다. 그런 환경 속에서 애착은 초월적인 약속의 다발을 낙관적으로 향하는 것이 아니라 뭔가 다른 것, 단지 임박한 상실을 멀리하는 것이 아니라 불가피하게 방금 발생한 상실을 멀리하는 좀 더 견디기 쉬운 것을 향해 있다. 쿠터에게 환상은 계획이 아니다. 그의 환상은 어떻게 살아야 할지에 대해 목표를 정하지 않는다. 그것은 자기를 위해 사는 행위, 즉 그가 착취와 교환의 체계 속에서 인정받기 위해 애쓰지 않고 시간을 보내는 방식이다. 그의 세계의 정치경제학에서 볼 때, 착취와 교환의 체계는 휴식이나 낭비를 생산하는 것이 아니라, 서서히 이루어지는 죽음, 즉 자본의 교환 가치에 의한 주체들의 마모를 생산할 뿐이다. 그리고 그런 구조 속에서 인정받는 것은 그 노동자의 몸을 지연된 향유와 맞바꾸는 것인데, 계급 구조의 바닥에 있는 사람들이라면 그의 부모의 운명이 보여주었듯이, 쾌락을 즐길 가능성은 거의 없어 보인다(벌랜트 2007a).

이와 반대로 롭티스의 환상은 현실주의적이다. 그는 자기 부모의 낙관주의를 물려받아 그의 삶에 대해 당찬 야망을 품고 있다. 하지만 그의 전략은 지극히 판에 박힌 것이다. 그는 "흑인들의 지형학적 도서관"에서 흑인민족주의자들의 수업을 들으며 『에스콰이어』와 『흑인 학자』를 읽고 그의 저렴한 옷에 고가의 상표를 기워 붙인다. 그에게는 오직 앞으로 나아가는 것만이 중요하며 그 수단이 권력이든 노동이든 '사기'든 상관없다(29). 그는 쿠터를 매우 낮게 평가하는데 그의 동생이 꿈만 꾸고 아무런 욕심이 없기 때문이다. 그렇지만 여하튼 그들은 그 일을 함께하기로 결정한다.

미스 베일리의 방은 새카맣게 때에 절었고 지린내가 진동한다. 쓰레기 더미 사이에 있던 『시카고 디펜더』에서 오려낸 신문지 조각으로 인해, 그녀의 고용주였던 헨리 코너스가 그녀에게 자신의 전 재산을 남겼으며 그녀가 수년간 했던 좀도둑질과 초라함은 막대한 부를 소유한 사실을 위장하기 위한 것이었다는 사실이 드러난다. 어둠에 가렸던 모든 궁금증이 풀렸다. 하지만 쿠터는 불이 켜졌을 때 "불빛 속에서 형체들이 드러나자 한순간 내가 다른 공간으로 빠져든 것 같았다"(30)고 적고 있다. 이 순간 쿠터는 교착 상태에 빠진다. 낯선 형체들을 이해하는 그의 재능이 이제 그의 삶에 적용되지만, 그것은 더는 통하지 않는다. 마찬가지로 무기력한 삶의 양식 속에서 음악을 듣는 것이 더는 시간 보내기 수단으로서 유효하지 않게 되었다.

거미줄이 무성한 그녀의 거실은, 낡은 화이트아울 시가 상자나 다 닳은 지갑 속에 담기거나 혹은 분홍색 리본으로 묶인 각종 단위의 화폐들과 제너럴모터스, 걸프오일, 3M 회사의 주식들로 가득히 차 있었다⋯⋯세계 속의 다른 세계처럼 그 속에는 당신이 생각할 수 있는 모든 것이 있었다. 온갖 것이 가득 들어 있는 그림책의 그림처럼, 당신은 여기서 한 짐 챙겨 영원히 정착할 수 있었을 것이다. 롭티스와 나는 둘 다 숨이 딱 멎었다. 거기에는 열리지 않는 잭다니얼 여행 가방과 바닥에 붙박아 놓은 삼중안전 금고, 몇백 개의 종이 성냥, 새것 같은 옷가지들, 기름을 때는 난로, 수십 개의 결혼반지, 쓰레기, 2차 세계대전의 잡지들, 정어리 캔 수백 개가 든 판지 상자 하나, 여러 개의 밍크 스톨과 낡은 누더기, 새장 하나, 은화 한 통, 수천 권의 책, 그림들, 담배함에 든 25센트 은화들, 피아노 두 대, 유리병에 든 1페니 동전들, 먼지로 얼룩져 있지만 거의 완벽한 포드 A 모델, 그리고 장담컨대 삼 단짜리 죽은 크리스마스트리도 있었다.(30~31)

우리는 이러한 수집품을 자질구레한 물건들이라고 밖에 달리 어떻게 이해할 수 있을까? 쿠터가 말로 내뱉은 반응은 역사학자의 것이 아니라 도덕론자의 것이었다. "트리라니, 정상이 아니야"(31). 하지만 내가 보기에 이 이야기의 주요 사건, 잠재적 변화를 암시하는 장면은 신체적이다. 변화는 어떤 것도 이해되기 전에 몸으로 체감되는 효과이며, 의미심장함과 동시에 어눌한, 쿠터와 롭티스가 남은 이야기 내내, 그리고 그들 삶의 나머지 기간 동안 따라잡으려고 하는 분위기이다. 그것은 로또에 당첨된 사람처럼 우리가 한 번도 벌어 본 적 없는 돈벼락을 맞는 것과 같다. 소유물들의 소유 속으로 들어감으로써 소유된 채 그들은 갑작스러운 충격에 무감각한 상태에 빠지고 만다. 필수품에 전전긍긍하며 살아가던 역사에 일어난 이러한 균열이 쿠터의 정신을 번쩍 들게 했다. "내 무릎이 휘청거렸어. 할리우드 영화처럼 현기증이 났어"(32). 롭티스는 "약간 숨을 헐떡이고", "생전 처음으로……다음에 뭘 할지를 모르는 것처럼 보였다"(31). 그들의 몸은 일시 중지되었다.
　하지만 만일 부가 역사를 바꾼다면, 또한 역사를 거의 상상된 적 없거나 잘못 상상된 가능성의 지대가 아닌 다른 어떤 것으로 만들 수도 있다.

롭티스는 미쳐버린 이성을 되찾아 그들의 아드레날린 분비에 제동을 건다. 그는 쿠터에게 모든 것의 목록을 만들라고 닦달한다. 결국,

괴상한 늙은 바보 멍청이의 비축물은 모두 합쳐 현금이 879,543달러였고, 은행 수표책이 32권이었다……나는 내가 꿈을 꾸는 건지 뭔지 알 수 없지만, 불현듯 이런 느낌이 들었다. 우리가 그녀의 아파트를 나서자마자 롭티스와 내가 미래에 대해 가졌던 모든 두려움이 사라질 것이라고. 왜냐면 미스 베일리의 재산은 과거, 그 친구 헨리 코너스가 술병의 혼령처럼 가둬버린 힘이었기 때문이다. 우리는 그것을 쓰면서 살아갈 수 있기에 그것은 미래이기도 했다. 그것은 순수한 잠재성이며, '할 수 있다'였다. 롭티스는 우리가 집으로 밀고 온 피아노가 천 달러나 될 만큼이나 얼마나 가치 있는 것인지에 대해 쉬지 않고 이야기했다. 낡은 TEAC A-3340 테이프 녹음재생기도 그만큼의 가치가 있으며, 아무리 낮게 잡아도 2톤짜리 화물 트럭만큼은 값이 나간다는 것이었다. 그 테이프 재생기의 가치는 상대적이며 수처럼 비실제적인, 보편적인 측정 기준을 따르는 가치라서, 그것은 마술처럼 금빛 실로 짠 의상 두 벌과 티후아나[28] 관광이나 창녀에게 스무 번의 구강 섹스를 받을 수 있는 것으로 바뀔 수도 있다(라고 롭티스는 말한다). 우리는 잘 다루기만 한다면 879,543달러어치의 소망을 가질 수 있다는 거였다. 미스 베일리의 물건은 날 것의 에너지와 같아서 롭티스와 나는 마치 마술사처럼 그녀의 물건을 원하는 대로 어떤 것으로든 변형시킬 수 있었다. 우리가 해야 할 일이라곤, 내 생각엔, 그것을 정확히 무엇으로 교환할

---

28. [옮긴이] 멕시코의 국경 도시이자 국제 관광 도시

것인지를 결정하는 일인 듯했다.(34~35)

사물들 주위에 결집된 약속들에 깨어나게 된 쿠터의 감각은 진정 이론가의 감각이 되었다. 교환 가치는 사물의 값과 일치하지 않지만, 꼭 돈이 연루되지 않더라도, 정확히 말해 매개 작용이 없더라도, 한 물건이 다른 어떤 물건으로 교환될 수 있는지를 결정짓는 것을 의미한다. 우리의 옷은 피아노로 교환될 수 있고, 우리의 돈은 우리의 삶으로 교환될 수 있다.

갑작스러운 부의 장면은 삶의 의미와 삶의 재생산의 의미, 그리고 교환 자체의 의미라는 항목들을 변화시킨다. 롭티스는 아주 신중해진다. 쿠터는 돈 한 다발을 들고 나가 시내에 가서 다 써 버린다. 시카고가 불과 몇 마일 밖에 떨어져 있지 않지만 쿠터에겐 마치 외국 같다. 그는 그곳의 경제적 언어들을 쓰지 않는다. 쿠터는 이론은 제쳐 두고 실천하면서 그 돈으로 뭘 할지 감을 잡지 못하다가 한 순간 아프게 깨닫게 된다. 돈은 이미 우리가 돈을 소유할 특권을 부여받지 않은 이상 우리가 거기에 속한다고 느끼게 하지 못한다는 사실을 말이다. 그는 사자마자 곧장 스스로 민망하게 하는 조잡하고 별로 잘 만든 것이 아닌 값비싼 옷을 산다. 그는 속이 거북할 때까지 식사를 한다. 그는 어딜 가든 택시를 탄다. 쿠터가 집에 돌아왔을 때 그의 형은 정신병자처럼 되어 있었다. 롭티스는 아주 정교한 기구, 돈을 보호하기 위한 아치형 금고를 만들었다. 그는 쿠터에게 돈을 낭비한다고 소리 질렀는데, 유일한 힘은 비축하는 것이기 때문이다. 롭티스는 "네가 뭔가를 사면 살수록 너는 뭔가를 살 힘을 상실하는 거야"라고 말한다. 그는 미스 베일리의 운명인, "우리가 이 삶에서 가진 얼마 되지 않는 것들을 다 써 버릴까 봐 두려워하는 니그로만의 특별한 두려움을 겪는 것"(37)으로부터 자신을 보호하지 못한다. 유산이 "그녀에게 많은 변화를 겪게 했다. 그녀는 주문에 걸려, 삶의 약속에 사로잡혀, 탕진할까 봐 전전긍긍하며 지금을 과거 속에 잠가 놓았다. 아시다시피, 모든 구입이 형편없는 구입일 뿐이기 때문이다. 즉, 삶의 상실이다"(37~38).

존슨이 얼마나 빈번하게 '삶'이라는 단어로 되돌아가는지 주목하자. 한 밑바닥 인생이, 그것이 어떤 종류이든 그가 대충 꿰맞추어 살아왔던 환영의 실행을 통해 유지해 온 무한한 인내의 환상이 벗겨진 채, 생생한 '삶'을 견뎌 낼 수 있을까? 그는 얼마나 빨리 변명과 욕망 사이의 오랜 흥정을 내던져 버리고, 아무런 위안의 느낌도 제공하지 않는 규칙을 지닌 체제에 적응할 수 있을까? 그 형제가 적응할 수 없는 어떤 단절을 보여 주는 이 이야기는 시간이 돈이라는 증거인가? 「교환 가치」는 두 가지 종류의 잔혹한 낙관주의의 근접성을 명백하게 보여 준다. 당신이 문화적 자본이나 경제적 자본이 거의 없고, 백인 우월주의적 권력 규범으로부터 인종적 상속권이 없는 역사를 지니고 있다면, 당신은 죽을 때까지 일하거나 아니면 설렁설렁 지내면서 비존재가 된다. 또는 안정 자본이 있다면, 당신은 죽을 때까지 죽음에 맞서 저축하면서 삶을 연기한다. 쿠터는 현실주의자이다. 이제 그는 빠져나갈 출구가 없다는 것, 죽음과 아무런 관련이 없는 삶 같은 건 없다는 것을 알 수 있다. 그러한 것은 죽음을 앞서는 모든 잠재적인 상실 속에서 드러난다.

이 이야기는 부가 불안정만 부추기는 너무도 극심한 가난에 처한 초현실주의적인 생존에 대해 정교하고 부드럽게 접근하고 있다. 자본의 분할에 의한 이쪽저쪽 모두에서 인간의 창조성, 에너지, 행위들은 모두 흥정하기와 전략 짜기에 구속되어 있다. 그것은 그들의 어머니가 아들 중 누가 그 체계에서 처세의 물결을 탈 감각이 있는지 예언하는 순간부터 벌써 시작된다. 그 부모는 성년이 되기도 전에 죽었다. 쿠터가 신랄하게 "푼돈"이라고 말하는 그런 것을 벌기 위해 거리 청소부로 일해야 했기 때문이었다. 쿠터는 자신의 수동성과 환상을 지어내는 능력을 키우며 살기를 택하고, 롭티스는 위로 올라가기 위한 여러 가지 방식 중에 비도덕적으로 살기를 택한다. 예의 그 횡재를 하기 전에 그들은 밑바닥 사람들의 즉흥적인 낙관주의를 보여 준다. 그런 사람들은 잃을 것이 없으며, 구걸하고 공유하고 숨기는 경제 속에 살면서 기회만 생기면 덤벼들 태세를 취한다(29).

하지만 이 남자들이 차지하려고 꾀하는 그 유산은 그들에게 감각의 단절sensorial break을 일으킨다. 처음의 낙관주의 양식이, 어떤 스타일의 삶을 선택했든 상관없이 어딘가에 있음과 사람들과 알고 지내는 것을 의미하는 일종의 공동체 또는 그와 비스름한 것을 포함한다면, 나중의 낙관주의는 은밀한 사생활과 비축, 순수 잠재성 자체가 될 것을 거의 강요한다. 그 유산은 약속의 약속, 기술적 낙관주의의 약속이 된다. 그 유산은 위험 없이 사는 삶과 즐거움 없이 사는 풍요로움에 근접한 삶 속에 그들을 옭아맨다. 롭티스의 경우 유산은 하루하루 지탱해 가는 긴장이 주는 즐거움을 빼앗는다. 유산의 잠재적 손실의 규모가 너무 거대하기 때문이다. 쿠터는 좀 더 수동적이다. 그는 형의 지하실로 기어들어 간다. 왜냐하면, 그런 것이 현재의 그, 사용 가능한 공간을 만들어 내는 것이 아니라 사용 가능한 공간에서 돌아다니는 사람이기 때문이다. 이와 동시에, 그 형제가 계획을 통하여 삶에 희미하게나마 참여했던 것에서 물러나는 것은 그들이 새로이 편입된 자본의 논리의 한 측면과 닮았다. 유산-이후의 감수성은 잔혹한 이성이 미쳐버린 방식으로 미쳐 버렸다. 왜냐하면, 자본의 잔혹한 낙관주의는 너무나 많은 상반된 논리로 파편화되기 때문이다. 비축하기가 즐김 없는 가치의 약속을 지배하며, 소비는 만족을 약속하지만 곧 그것을 부정한다. 모든 대상은 결코 만족되지 않는 즐김을 위한 임의적 기호이기 때문이다. 지출은 교환이 아니라 손실이며 실제적인 감소라기보다는 정서적인 감소를 일으킨다. 「교환 가치」에서는 미친 짓이 신기루를 대체한다. 돈을 소유하는 것이 사회성을 매개할 때, 교환 가치란 환상이며 어떤 교환 가치도 존재했던 적이 없었다는 인식을 거부할 수 있게 해 주는 그런 신기루를 말이다.

낙관주의는, 선사 미국에서처럼 깊게 뿌리박힌 자본주의적 불평등을 경험하게 하는 인종 차별 아래 있더라도, 우리가 교환 속에서 인정을 받을 수 있다는 생각과 관련된다. 하지만 우리는 '무엇에 대한 인정인가?'라고 물어야 할 것이다. 우리의 자기-이상화인가, 우리의 양가적 스타일인가, 우리의 부드러운 구속인가, 혹은 인정 그 자체인 사건이 일어나기를 바라는 우리의 갈망인가? 애쉬베리에게 인정의 교환 가치는 그를 인격성, 즉 한 다발의 익숙한 반복들에서 벗어나게 한다. 그것은 양식良識, good sense의 순수 잠재성이며, 생계를 꾸려 가기 위해 허둥지둥하는 사는 것은 하나의 교착상태로서 이제 다른, 더 느린 활동으로 대체되었다는 사실을 깨닫는 근사한 경험을 선사한다. 그런 느린 삶 속에서 사람들은 뭔가를 경험하기도 하고, 주변을 어슬렁거리기도 하고, 어떤 사물이나 사람이 소리가 스며들 듯 들어오도록 무방비로 내버려두기도 하고, 가능성의 조건이 단순한 대상이나 장면들에 새겨짐으로써 오인되어 왔다는 사실을 아직은 느끼지 못할 수도 있다. 「교환 가치」의 마지막 장면에서 여전히 소년처럼 보이는 그 남자들에게 낙관주의에 부착된 정동은 두렵거나 무감각한 것이지 흥얼거리는 것이 아니다. 일종의 방어로서 마비에 가까운 동요를 보여 주는 이러한 양식들이 미스 베일리가 죽기 전에 보여 준 그럭저럭 살아가는 양식들과 동종이라고 한다면, 가치 아래서 부유하면서 환상으로 향하는 경향을 띤 초기의 양식들은, 금전적 낙관주의로 인해 잔혹하게 양산된 '부서진 존재의 지하실'에 견주어 보면 오히려 유토피아적인 것으로 보인다.

가르침의 약속

이와 같은 낙관주의의 계기들은 하나의 역사를 이루는 습관들이 재생산되지 않을 수도 있다는 가능성을 보여 주는데, 그것이 엄청나게 부정적 힘을 발산한다는 사실은 놀라운 일이다. 사람들은 트라우마의 장면에서 그러한 효과가 나타나리라고는 예측하지만, 보통 어떤 낙관적 사건이 그와 동일한 잠재적 결과를 가져올 수 있다고는 생각지 못한다. 새로운 대상이나 약속의 장면에서 존재의 혁명적인 상승이 일어날 것이라는 전통적인 환상에서는, 한 사람이나 집단이 결국은 모호하게 말해지는 한 다발의 전망에 기대면서 이런저런 일들을 겪어 나가길 원한다는 식으로는 예측하지 못할 것이다. 하지만 트라우마로 인해서이건 낙관주의로 인해서이건 그 둘을 어느 정도 추상화해 보면, 자기-해체라는 감각적 경험과 근본적으로 새로운 형태를 띤 의식, 새로운 감각 기관, 서사의 단절은 서로 비슷해 보인다. 또 해체될 위기에 처하여 안정적인 형태를 취하고자 하는 주체의 안간힘도 전형적인 보상인 것처럼 보인다. 즉 정서적인 안정성을 모조리 잃어버리는 것에 대한 방어로서 예측 가능성을 위한 습관의 생산인 것처럼 보인다.

나는 자본주의 문화 속에서 정체성과 욕망이 절합되고articulated 감각적으로 체험되는 특정한 방식들이 그처럼 반직관적인 겹침들을 양산한다고 주장해 왔다. 하지만 앞의 사례들을, 어떤 사람이 자본의 낙관적 가치 구조와 주관적으로 타협하는 것이 잔혹한 낙관주의 일반의 얽히고설킨 제반 문제들을 생산한다는 주장으로서 읽는다면 환원적인 것이 되고 만다. 사람들, 특히 가난한 사람들과 규범에서 벗어난 사람들은 삶을 설계하는 활동 때문에 매우 지쳐 있다. 그러나 모든 삶은 독특한 것이다. 사람들은 실수도 하고, 일관성이 없으며, 잔인하면서도 친절하다. 그리고 여러 가지 사건이 일어난다. 이 글에서는 독특한 것들을 비부편적이지만 일반적인 추상의 사례로 교정시켜 버리는 작품들에 초점을 맞춘다. 이 작품들은 사람들이 자신들의 애착이 결코 그들의 소유물이 아니라 약속에 불과한데도, 어떻게 x가 되고 x를 가지려는 애착의 희미한 발광체와 자신을 동일시하고 그것을 관리하며 유지하는 법을 배워 가는지에 대한 서사적 시나리오를 제공한다.

제프 라이먼의 역사소설인 『옛날에』Was(1992)는 규범적인 것의 지속적인 카리스마를 추적하는 사뭇 다른 시나리오를 제공한다. 농업 중심의 캔사스와 대중문화 산업을 통한 지극히 주관적인 환상 만들기 활동들을 한데 엮어 보여 주는 『옛날에』는 『오즈의 마법사』와의 조우를 계기로 사람들이 자기-해체에 대비하여 자신을 비축하면서도 그 비축물을 애착의 변형적인 경험들 속에서 해체하고자 하는 과정을 이야기한다. 그런 애착의 변형적 경험은 무서우면서도 기분을 고무시키는 효과가 있으며, 삶을 살만한 가치가 있게 만드는 유일한 것이면서 실존 자체에 대한 위협이기도 하다. 『옛날에』는 일종의 잔혹한 낙관주의의 극한 상황을 보여 준다고 할 수 있다. 스스로 펼쳐지는 흥분 속에서 트라우마와 낙관주의가 가지는 정동적 연속성을 추적하는 이 작품의 진행은 우스꽝스럽지도 비극적이지도 멜로드라마 같지도 않으며, 오히려 메타 형식적이다. 이 작품은 그 모든 것들을 흡수하여 하나의 문학 양식 속에 집어넣는다. 그것은 일상적인 폭력의 역사로 인한 부침에 맞서 삶을 긍정하는 방어로서 (사소한 것들부터 광기 어린 망상까지) 환상을 정당화하는 문학 양식이다.

우리가 표본으로 살펴본 다른 소설들처럼 이 소설에서도 규범성에 대한 정동적 느낌은 우리가 세상에서 부드러운 대우를 받아야 하며, 좌절감을 주는 노동과 노동으로 인한 좌절감에 의해 찢기지도 지치지도 않고, 낯설거나 친밀한 이들과 더불어 행복하게 살아야 한다는 의미로 표현된다. 하지만 여기서 누군가의 대상 혹은 장면 속에서 그런 방식을 지속할 가능성의 증거는 커플의 형태나 사랑 이야기, 가족, 명성이나 직업, 부나 자산 속에 새겨져 있지 않다. 그런 것들은 잔혹한 낙관주의의 장소들, 즉 명백하게 주체의 생장을 방해하는 관습적 욕망의 장면들이다. 대신 이 소설은 일상 세계의 무자비한 트라우마와 낙관주의에서 살아남는 문제에 대한 해답으로서 대중의 환상과 역사 속으로 2단계에 걸친 침잠을 제안한다. 이 소설은 생장을 위한 최고의 자원은 광범위한 종류의 낯선 친밀감을 통하여 독특한 것을 떠나 일반적인 것으로 나아가는 것이라고 본다. 하지만 적어도 하나의 사례에서는 그러한 마주침들조차 열악한 삶에서 생존하는 일로 인해 너무도 고단한 주체를 위험에 빠트린다. 어떤 의미에서 그녀가 떠나왔던 그 모든 것이 그녀의 방어수단이었기 때문이다.

『옛날에』는 결국 빌 데이비슨이라는 한 정신건강서비스 종사자의 의식에 의해 통제됨으로써 일관성을 지니는 일종의 외상후^{外傷後} 드라마를 구성한다. 그 의사는 중서부 출신의 백인 이성애자로서 그가 이전에 겪었던 개인적인 트라우마적 경험이라고는 그의 약혼자에 대한 양가감정이 유일했다. 하지만 환자들과의 관계의 교착상태 속으로 들어가고 그들의 교착상태를 그의 안에서 풀어놓게 하는 그의 전문적 능력으로 인해 그는 능히 이 소설의 낙관적인 예외자, 즉 풍부한 증언자가 된다. 첫 번째 외상 이야기는 실제 도로시 게일Dorothy Gale의 이야기이다. 때로 'Gael'이라는 철자를 쓰기도 하는 도로시는, 내가 보기엔 강한 바람에 오즈로 날려 가 감옥에 갇힌 사람을 만나는 그 소녀와 연결되면서도 또한 역사 소설의 본거지인 스코틀랜드의 게일 지역을 연상시키는 듯하다. 역사 소설 장르의 그 정동적이고 정치적인 전통은 캔자스, 캐나다, 미국 전역에 산재하는 도서관과 풍경들, 몸의 흔적으로 남아 있는 작가 라이먼의 경험들과 기억들에 대한 사색에 구체적인 형태를 부여한다. 쿠터와 마찬가지로, 이 도로시 게일은 희망 없는 역사적 피구속성embeddedness을 지닌 자신의 무대에서 살아남기 위해 그녀가 끌어모을 수 있는 환상은 어떤 것이든 이용한다. 하지만 그녀가 그렇게 하는 과정이 막연하게 부유하는 것은 아니다. 그녀는 꿈, 환상, 사적인 유희private plays, 정신병적 투사, 공격적 침묵, 거짓말하기, 큰 소리로 떠들기, 솔직하게 진실을 말하기 등 다종다양한 방법들을 고안하여 강렬하게 부유한다. 도로시는 창조적으로 외상-후 소음의 벽을 만들어 낸다. 부모에게 버림받고 그녀의 삼촌 헨리 걸치에게 강간당하는 수치를 겪고, 아이들로부터 덩치가 크고 뚱뚱하며 말이 어눌하다고 따돌림을 받았기 때문이다. 『옛날에』의 2부는 어린 시절에 프랜시스 검이었던 주디 갈런드의 이야기를 들려준다. 주디 갈런드는 영화 『오즈의 마법사』에서 아이로 보이기 위해, 그래서 도둑맞은 자신의 어린 시절을 가지기 위해 가슴을 단단하게 묶고서 도로시 게일을 탈성화된desexualized 마음 착한 아이로 연기한다. 그녀의 어린 시절이 도둑맞은 것은 강간 때문이 아니라, 돈과 명성(검의 어머니), 또는 섹스(검의 아버지, 그의 성적 대상은 소년들이었다)를 통하여 내내 아이로 살아가려는 환상에 붙들려 있는 부모들 때문이었다. 『옛날에』의 세 번째 이야기는 조나단이라는 동성애자이며 이류 할리우드 배우인 한 허구적 인물에 대한 것이다. 그는 〈보육 교사〉The Child Minder라는 연쇄살인범 영화에서 괴물처럼 그려지면서 유명세를 떨쳤다. 책의 시작 부분에서 그는 에이즈치매가 발병할 즈음 〈오즈의 마법사〉 순회공연에 배역을 맡아 달라는 제안을 받는다. 이 이야기들 모두는 자신들의 삶에서 물질적 조건들을 통제할 수 없는 사람들이나, 환상과 현실 사이를 도착적으로 오가면서, 라이먼식으로 말하자면, 민족과 국가를 파괴할 지경으로 환상과 관계를 맺는 사람들에게 폭로되는 낙관주의의 잔혹함에 대한 것이다. 나는 이 책의 이야기 하나하나에 걸쳐 낙관주의가 가능하게 하거나 불가능하게 만드는 독특성들에 대해 충분히 다 다룰 수는 없지만, 이 책 전체를 가능하게 만드는 한 장면에 초점을 맞추고 싶다. 바로 이 장면에서 도로시 게일은 그녀가 다녔던 시골 캔자스 초등학교에서 대체 교사인 프랭크 바움[29]을 만나게 된다.

"아이들은 그 대체 교사가 너무도 부드러워서 진짜 선생님이 아니라는 걸 알았다"(168)고 라이먼은 쓰고 있다. '대체'substitute라는 말은 '계승/성공'succeed이라는 말에서 파생된 것으로, 이 말 속에는 전환의 순간이 지니는 가능성의 의미가 깊게 배여 있다. 대체 교사는 아직 그가 생활에 의해서든 학생에 의해서든 패배하지 않았을 때는 낙관주의를 일으킨다. 그는 새로운 애착 지점으로, 과장되지 않은 가능성으로서 그들의 삶에 등장한다.

---

29. [옮긴이] Frank Baum. 『오즈의 마법사』 작가.

그는 일종의 임의적 기호, 보류의 공간, 우연성의 사건이다. 그의 도래는 인격적인 것이 아니다. 그는 특정한 누군가를 위해 거기에 있지 않다. 그의 주변에서 풀려나오는 정동의 양은 덜 시들하고, 덜 마비되고, 덜 중성화되거나, 습관에 덜 탐닉하고 싶어 하는 아이들의 욕망의 강도에 대해 말해 준다. 하지만 그것으로 진부한 삶에서 그 밖의 다른 모든 것들로 이행하는 것이 어떤 느낌인지, 그 느낌이 좋은 쪽으로 귀결될 수 있을지에 대해서는 전혀 알 수 없다.

물론 학생들은 종종 대체 교사들에게 잔인하다. 이는 예측할 수 없는 것에 대한 흥분으로 인한 것이거나, 아직 그들을 고분고분하게 할 정도의 두려움이나 전이가 일어나지 않아서이기도 하고, 혹은 인정 욕구가 형성될 만한 시간을 갖지 못한 탓이라고도 할 수 있다. 하지만 그 대체 교사는 도로시에게 특별하다. 그는 그녀의 부모처럼 배우이다. 그는 그들에게 터키어를 가르쳐준다. 그리고 그는 지금 현재와 과거에 체험되었던 다른 역사들에 대해 말해 준다(171). 도로시는 서사적인 방식으로가 아니라 순수한 쾌락과 방어가 혼합된 방식으로 프랭크 바움을 상상한다. "그녀의 삼촌이 그녀를 만질 때, 프랭크, 프랭크"(169)라고 외친다. 그때 그녀는 "자신의 보잘것없음"을 자책한다(169). 그녀는 "당신은 얼마나 아름다운지" 잘 알고, "나는 얼마나 추하며 당신이 얼마나 나와는 아무런 관계가 없을지 잘 알기" 때문이다(174). 그녀는 프랭크라는 그의 이름을 반복해서 되뇐다. 그 이름은 "그녀의 삶에서 잃어버린 모든 것들을 다 압축하고 있는 듯했다"(169). 하지만 얼굴을 직접 맞대면 그 대체 교사가 가까이 있다는 것만으로 그녀에게 주는 삶의 위안을 참을 수 없게 된다. 그의 정중한 태도, 그의 무람없는 친절함에 발끈했다가 누그러지기를 반복하는 것이다. 그녀는 그를 놀리고 수업을 방해하면서 자신의 다정함이 묻히게 만들어 버리지만, 그가 교실 밖에 나가서 뭐 좀 써오라고, 뭐든 써 오라고 요구하자 순순히 그 말에 따른다.

그녀가 다시 돌아왔을 때 가지고 온 것은 거짓말, 즉 소망이다. 예전에 그녀의 개 토토를 그녀의 숙모와 삼촌이 죽인 일이 있었는데, 그들이 그 개를 싫어했고 개에게 먹일 음식이 충분치 않았기 때문이었다. 하지만 그 대체 교사에게 그녀가 건넨 이야기는 하나의 대체물이었다. 그 이야기[30]는 그녀와 토토가 얼마나 행복한지에 대한 것이었다. 그것은 그들이 어떻게 놀고, 그 개가 "마치 모든 것에게 인사라도 하는 것처럼"(174) 짖어 대며 뛰어다니면서 얼마나 신나 하는지에 대한 문장들로 표현된다. 상상 속의 토토는 그녀의 무릎에 앉아 그녀의 손을 핥고, 코는 축축하고, 그녀의 무릎에서 잠을 자며, 엠 숙모가 그녀에게 주라고 건넨 음식을 받아먹는다. 그 글은 그녀가 실제로 살고 있는 삶이 아니라 어떤 성공적인 삶, 사랑을 주고받으며 사랑의 공감대를 확장해 가는 삶을 보여 준다. 실제의 삶에서는 "그들 모두가 목청껏 '사랑'을 외치지만 서로 등지고 서서, 잘못된 방향으로 서로 멀어져 가는 것 같았다"(221). 그 글은 도로시가 지금껏 가졌던 모든 좋은 경험들의 흔적을 간직하고 있다. 그 글은 이런 식으로 끝맺는다. "나는 그 개를 토토라고 부르지 않았다. 그 이름은 우리 엄마가 살아 계실 때 붙인 이름이다. 내 이름하고 똑같다"(175).

토토, 도도, 도로시. 교사는 아이가 마음속에 있던 것을 터놓았으며 방어를 풀었다는 것을 알고, 그녀가 자신의 동일시와 애착을 인정한 용기

---

30. [옮긴이] 이 소설에서 도로시가 써온 글의 제목은 "토토"이다.

에 감동받는다. 하지만 그는 그저 모방적인 반응을 보이는 실수를 하고 만다. 아마도 그녀가 기대하리라고 생각한 방식으로 그녀에게 부드러운 몸짓을 하며, "나는 네가 그 작은 동물만큼이나 사랑스러운 점을 가지고 있어서 기뻐"라고 작은 목소리로 말했다. 도로시는 이러한 반응에 발끈하여 바움을 모욕한다. 그녀는 공개적으로, 다른 학생들 앞에서 그녀의 삶의 진실을 모두 말해 버린다. 그녀는 단숨에 강간당한 일이며 항상 배고팠다는 것에 대해, 그녀의 살해된 개에 대해, 그녀의 어눌함에 대해 말한다. 그리고 "난 아무것도 말할 수 없어요"라며 말을 마친다(176). 그 말의 의미는 그녀가 어떤 것을 변화시킬 만한 어떤 것도 할 수 없다는 뜻이다. 여기서부터 그녀는 컹컹 짖는 퇴행을 보이고, 땅에 구멍을 파고 그녀가 느끼는 크기로 몸을 웅크리는 몸짓을 보인다. 또, 어떤 의미에서는, 그녀가 사랑했던 마지막 대상을 체현하려고 시도한다. 그 후 도로시는 미쳐 가며 그녀 자신만의 환상의 세계에 살면서, 집도 없이 아무런 걸림 없이, 특히 사실주의나 비극, 멜로드라마 양식에서 보이는 상실에 대한 성찰 능력도 없이 떠돌아다닌다. 마지막으로 사라져 가는 그녀의 한줄기 낙관주의를 보호하기 위해 그녀는 미쳐 간다.

『옛날에』에서 바움은 자신의 삶을 물질적으로 바꾸기 위해 어떤 것도 말할 수도, 행할 수도 없는 그녀에게, 그리고 너무나 깊숙이 사로잡혀 있어서 그녀 자신에서 벗어날 수 있는 구제의 계기조차 그녀의 생존에 필요한 장르에 영원한 균열을 내고 마는 그녀에게 하나의 대안이 되는 선물로서 『오즈의 마법사』를 쓰기 시작한다. 「소수문학이란 무엇인가?」에서 들뢰즈와 가타리는 사람들에게 정확히 그런 방식으로 소수자가 되라고, 개나 두더지처럼 의미에 구멍을 파는 식으로 규범적인 것에서 탈영토화하라고 촉구한다(1990). 이러한 관점에서 보면 교착상태, 내적 전치 공간을 창조하는 것은 규범적 위계들, 명증성들, 독재들, 그리고 순종을 자율적 독립성을 혼동하는 것들을 뒤흔든다. 이러한 전략은 애쉬베리의 시에서 전도유망한 것 같다. 하지만 「교환 가치」에서는 구제의 순간이 낙관주의를 상실할 위험에 대한 정신병적인 방어를 생산한다. 『옛날에』에서 도로시 게일에게 다른 생명체에 대한 애착의 낙관주의는 그 자체로 모든 것에 가장 잔인한 타격을 가한다.

이러한 사례들의 모음을 통하여 우리는 잔혹한 낙관주의에 자석 같은 애착을 가지는 것에 대해, 더불어 깨질 위험이 있는 애착의 짓누름에 대해 더 많이 이해할 수 있다. 애정의 변화나 감각의 변화, 상호주관성, 미래를 약속하는 대상으로의 전이가 그 자체로 더 좋은 삶을 생성해 내지 못할 뿐더러 커플이나 형제 또는 교육의 협력으로도 그렇게 할 수 없다. 규범적 낙관주의의 모호한 미래성은 구조적 불평등을 지닌 유토피아로서 자잘한 자기-단절들self-interuptions을 생산한다. 여기서 우리가 살펴보았던 텍스트들은 다른 식으로 될 수 있었던 순간들을 극화하고 있지만, 정동적 분위기의 전환은 세계를 변화시키는 것에 상응하지 못한다. 여기 이 텍스트들은 타협된/공동약속된 일상성의 구역에서 생존하는 문제에서 낙관주의적 환상이 가지는 중심성을 주장하는 것 중 일부에 지나지 않는다. 그리고 그런 논의는 우리를 압도하는 현재 순간에서 살아감의 교착상태를 가늠하는 하나의 방식이다.

5

뒷맛이 씁쓸한

정동과 음식, 그리고 사회 미학

벤 하이모어

정동은 들통 내 버린다. 숨겨 둔 마음, 축축한 내 손바닥, 당신의 목소리에 묻어 있는 분노, 그들의 눈에서 반짝이는 기쁨. 당신이 모른다고 항변할 수도 있겠지만, 우리는 모두 알고 있다. 진짜 당신은 누구인가, 어떤 존재인가가 드러나 버릴 거라는 것을. 바로 당신의 뛰는 핏줄에, 당신이 흘리는 땀의 양에, 숨죽인 기대감에, 자신도 모르게 씨익 나와 버리는 웃음에, 당신의 눈 속 반짝임에 말이다. 정동은 분란의 소지다. 당신을 뭉개 버리기 위해 적과 내통하는 스파이이며, 당신만의 거짓말 탐지기이다. 내가 어렸을 적에 놀이터에서 매일같이 하던 일이 '정동 시험'affect trial이었다. 이제 막 피어나는 남성성의 작은 전쟁터인 소년들의 무리에서, 우리는 서로를 못살게 굴고, 약 올리거나 화를 북돋웠다. 다들 아는 비결은, 감정은 최소한으로 하고 냉정을 유지하는 것이었다. 다른 사람을 '놀려서 성질을 돋우는 게' 일이었다. 그러면 상대방은 얼굴이 빨개지기도 하지만, 더 큰 수확은 그 사람이 '미쳐서' 결국 '폭발'하도록(당시엔 이런 표현을 쓰지 않았지만) 만드는 것이었다. 항상 누군가는 그렇게 됐다(하지만 그렇게 되지 않는 사람도 있었다). 우리가 자신을 스스로 통제할 수 없다는 게 분명해 보였다.

감각 정동 Sense Affects

최근 몇십 년간 문화연구는 점차 물질성이라는 쉽지 않아 보이는 일련의 주제로 관심을 돌렸다. 모든 물질 중 가장 다루기 힘든 물질일 수 있는 몸을 의미와 경험, 지식이 발생하는 문제적 근원지로 특화시키는 연구가 새로이 각광받으면서 이러한 관심이 촉발되었다.[1] 이러한 연구 중 일부는 문화의 물질적 실제성에 대한 새로운 관심과 함께 고도의 텍스트 중심주의가 가진 개념적 모호함과 극단적 추상성에서부터 변화가 일어나고 있음을 보여 주긴 하지만, 또한 (몸을 다룸에도 불구하고) 너무 핏기가 없어서 비판받기도 한다. 즉, "먹고, 일하며, 두려워하기도 하는 몸, 이러한 몸이 여기엔 없다"(바이넘 1995, 1)는 것이다. 고유한 몸The body이 텍스트의 몸 안에서 너무 자주 보이는 것 같았다. 그러나 담론이나 문화에게 속박당하지 않는(덫에 걸리지도 않는) 몸이란 인간의 몸일 수가 없을지도 모른다. (뼈와 연골, 점액, 담즙, 피 등으로 이루어진) 생명체의 몸과, 은유나 기타 도식적 상像을 통해 성찰된 몸 사이의 긴장감이 만들어 낸 이원론은 오랫동안 철학에 그림자를 드리워 왔다. 물론 더 단순하게 이렇게도 말할 수 있을 것이다. 이런 게 우리 인간 존재 아니겠냐고 말이다. 치통으로 고생할 때, 우리는 큰 병이

---

1. Feher, Nadaff, and Tazi 1997에서 예를 볼 수 있다.

라도 되는 양 유난을 떨지 않는가.

구체성(후기구조주의 등의 엄밀함에 익숙해진 정신이 만족해할 만큼 충분히 정교하고 복잡한 구체성)에 대한 요구로 인해, 문화연구는 몸을 정교하게 짜인 힘의 영역들의 결합물로 보는 유물론으로 방향을 돌렸다. 이 글에서 나는, 특히 정서와 정동, 지각과 주의력 조절에 관한 비판적인 연구 및 감각과 감각 기관, 인간의 감각 중추에 대한 연구에 대해서 이러한 접근법을 사용하려고 한다. 더 구체적으로 말해, 문화적 경험은 종종 이런 모든 요소가 치밀하게 얽혀 있는 것이라는 직관의 근거를 구축하고자 한다. 참으로 이 글을 이끌어 가는 명제는, 실체와 감정, 물질과 정동의 끈적한 얽힘이 우리가 세상과 접촉하는 데 중심이 된다는 것이다. 더 나아가 나는, 이러한 얽힘은 비판적인 해석(범주를 나누고 현상을 정리하는 식의 학자적이고 관료적인 일)을 필요로 하지 않는다는 점을 주장하고자 한다. 그 대신에 필요한 일은 정동적 경험과 비판적으로 얽힌 접촉을 하는 것이다. 이 말은, (예를 들어) 감자와 감정 사이, 모퉁이와 미소 사이의 침침한 연관성 속으로 들어가는 것을 의미한다.

감각에 대한 연구는 감각적이고 경험적이며 인지적인 양상을 각각 따로(예를 들어, 시각의 세계와 분리 가능한 촉각의 세계) 찾아서 연구한다는 것이 얼마나 어려운지를 금세 보여 주었다. 공감각synesthesia이라는 신경학적 상태(한 개의 인지 경로가 다른 경로로 흘러들어 가거나 다른 경로를 촉발하여, 예를 들어 소리가 색깔로 감지되는 것)는 감각이 연계되는 일반적인 상황의 한 극단적인 사례이다. 예를 들어, 음식을 먹는 행위는 맛을 최우선으로 할 수밖에 없을지 모르지만, 다른 감각은 제외하고 오직 맛에만 집중한다는 건 음식을 먹는 경험이 혀와 입에 느껴지는 감각에, 우리의 후각과 시각, 청각에도(가령 아삭아삭 씹어 먹는 요란한 소리는 감자 칩의 '풍미' 중 하나이다) 의존한다는 걸 인정하지 않는다는 뜻이다. 더 적절한 예는 정동, 감각, 감정 사이의 연결고리를 등록하는 교차 양상cross-modal 네트워크일 것이다. 여기서 몸 지향적인 다양한 분야의 문화연구에서 나오는 연구가 인간 주체와 관련된 공감각의 더 일반적인 조건을 충실히 다루기 위해서는 훨씬 포괄적인 개념이 필요할 수도 있다. 여기서 감각과 정동은 서로에게로 흘러들어 간다. 이곳에서는 모든 풍미가 정서적 공명(달콤함, 시큼함, 씁쓸함)을 품는다. 여기서 역겨움disgust의 생물-문화적인bio-cultural 영역은 (특히 소화되었거나 거의 소화된 음식의 역겨움은) 동시에 감각적인 지각을 불러일으키는데, 몸이 움찔할 뿐만 아니라 수치심과 경멸감까지 나타나게 된다. 그렇지만 정서가 풍미로 묘사될 때, 이것이 단순히 은유적인 관습일 뿐일까? 아니면 예를 들어 씁쓸함이라는 정서 상태가, 쓴맛을 삼켰을 때와 똑같은 위액 분비 반응을 일으키는 것인가? 우리는 어떻게 한 모드에서 다른 모드로 옮겨가는 것인가?

일상 영어에서 정동적인 경험을 가리키는 단어들은 물질과 비물질, 물리적인 것과 형이상학적인 것 사이의 경계에 엉거주춤 서 있다. 즉, 우리는 감정에 의해 마음이 움직여지며moved[감동받는다는 뜻], 감정feelings이 상한다고hurt 표현한다. 네가 와서 **감동받았다고**touched 이야기하기도 한다. 감각적이며 신체적인 경험(여기서 줄곧 언급되는 촉각 영역 ─ 만지기, 느끼기, 움직이기)이 사랑 또는 비통함이라는 열렬한 감정과 얽히면, 이 둘을 분리하거나, 물질적이냐 관념적이냐에 따라 각각 다른 범주로 분류하기가 힘들어진다. 사랑하는 사람 앞에서 창피를 당할 때 내 가슴에 멍이 드는 것은 은유적인 표현이기도 하고 문자 그대로이기도 하다. 나는 멍이 든다. 약간 푹 꺼져서 앉아 있다가, 점점 더 지치게 되고, 이 멍듦이 속으로까지 들어가서, 가슴 속이 두들겨 맞은 것처럼 느껴진다. 당신의 심장 박동이 목에까지 올라와 뛰는 것을, 손바닥에 땀이 나는 걸 느낄 수 없다면, 당신이 사랑에 빠졌다는 걸 어떻게 '느낄' 수 있겠는가? 슬픈 일을 겪고 하염없는 눈물이 뺨을 타고 흐르는 것을 경험하지 않는다면, 내가 진정 슬퍼하고 있는 것인지 알 수 있는가? 식은땀이 옆구리를 타고 흐르면, 배 속에 벌레라도 든 듯 울렁거리면 내가 불안해하고 있는 것이다. 피부 속으로, 뼛속으로 차갑게 스며드는 바람은 끔찍한 추위가 올 것을 예감하게 하는데, 이 추위는 곧 고립과 향수, 소외, 절망의 감정이기도 하다. 더위와 추위, 온기와 냉기, 열정과 냉정을 알아차리는 것은 감정적이며 정동적으로 알아차리는 것이다. 이는 또한, 즉각적으로 연상되듯이, 감각적 인지이며 감각적인 표현이다.

사회 미학

교차 양상 분석을 위해 내가 염두에 두고 있는 포괄적인 단어는 '미학'인데, 보다 구체적으로는 (일정 정도의 혼란을 피하고자 말하자면) '사회 미학'이다. 미학에 관한 이야기는 잘 알려져 있지 않아서 여기서 (간단하게나마) 다시 말해도 반복 설명이 될 우려는 없겠다. 미학은 18세기 중반에 알렉산더 바움가르텐의 저작을 통해 철학의 영역에서 한 영역으로 이름을 얻게 되었다. 바움가르텐에게 미학, 감각을 통한 지각의 영역, 즉 그의 표현에 의하면 '하급 인지 기관'을 통해 인식된 세계였다(바움가르텐 2000a,

489). 바움가르텐은 그의 저서에서, 철학이 전통적으로 논리적이고 개념적인 사고에 집착함으로써 삶의 전 영역을 하찮게 취급했음을 인정했다. 테리 이글턴은 이러한 삶의 영역에 대해 "다름 아닌 감각을 통해 우리 삶을 아우르는 전부, 즉 애정과 혐오, 그리고 세상이 몸 표면의 감각을 통해 우리를 일깨우는 방식, 우리의 시선이나 내장에 근거하고 있는 것과 가장 진부하게 생물학적으로 세상에 개입함으로써 비롯되는 모든 것에 관한 일"이라고 생생하게 묘사했다(이글턴 1990, 13). 미학은 그 첫 충동에서 우선 물질적 경험, 감각계가 감각으로 지각하는 몸을 받아들이는 방식, 그러한 만남에서 생기는 정동적인 힘과 관련된다. 미학은 '격렬한 감정'(공포, 슬픔, 희열 등)과 크고 작은 정동 및 정서(창피함, 수치, 질투, 짜증, 불안, 경멸, 놀람 등)의 두 영역 모두를 아우른다.[2] 미학은 지각과 감각, 주의의 형태들(예를 들어 산만함, 장관, 집중, 몰두)와 감각의 세계(촉각적, 청각적, 미각적, 후각적, 시각적 경험), 그리고 몸(게슈탈트와 그 부분들)에 호응한다.[3] 가장 중요하게 시사적인 바는 미학은 이 모든 요소의 얽힘에 관한 것이라는 점이다.

미학의 역사에 관심이 있는 사람이라면 누구나 이런 이상한 곤경에 마주할 것이다. 한때는 생물체의 전 세계를 대상으로 했던 연구 형태가 어떻게 순수예술에 관한 전문화된 담론이 되어 버렸는가 말이다. 정동과 몸, 감각에 대한 야심에 찬 호기심이, 어떻게 감각적인 삶의 작디작은 영역인 아름다움과 숭고함에만 갇히게 되었는가? 두려움과 분노, 실망, 만족, 냄새, 접촉, 지루함, 절망, 지침, 희망, 가려움, 허리 통증, 불안, 그리고 우리의 사회적, 성적, 정치적, 개인적 삶을 온통 채워 버리는 설명하기 힘든 그 많은

---

2. 이 분야에 관한 최근 연구를 보려면 Fisher 2002, Ngai 2005, 그리고 Altieri 2003를 보라.
3. 이것에 대한 최근 논의는 Heller-Roazen 2007을 참고하라.

감정과 기분은 어떻게 하는가? 이런 것들이 우리 삶의 순간 대부분을 채우고 있는 것들이 아니던가? 그 답은 애초의 미학 담론 바로 그 안에 있으며, 두 가지 형태를 취하고 있다. 첫 번째는, 특정한 경험이 다른 경험들보다 단순히 낫다고 보는 선험적인 가정이다(따라서 아름다움은 매번 지루함보다 나은데, 왜냐하면 아름다움은 의식을 고양하고 도덕을 향상시킨다고 여겨지는 반면, 지루함은 단지 자기 관리와 도덕적인 각성의 실패로 인식되기 때문이다〔"악마는 게으른 손에 할 일을 준다"〕). 두 번째는, 예시(예술을 통해 가장 자주 제공되곤 하는 예시)를 통하지 않고서는 생물체의 삶, 즉 경험적 삶에 대해 말하고 쓰기가 어렵다는 점이다. 미학 담론의 바로 이 두 번째 특징 때문에 미학이 잘못된 방향으로 가게 되었으며, 미학이 예술이론과 동의어가 되어 버렸다. 바움가르텐은 "감각과 환상, 감정적인 동요에서 받은 인상 등은 철학자들이 논할 가치가 없으며, 그들의 관심 영역 아래에 놓이게 되었다"고 염려했다(바움가르텐 2000a, 490). 대체로 믿을 만하지가 못하고 의식을 고양하지도 못하기 때문에 인간의(이러한 생물체의) 삶은 탈바꿈을 해야만 하는 것이며, 미학은 결국(그리고 애초에도) 도덕적인 개선의 한 형태(감각과 감정, 지각을 대상으로 하는 개선)가 되어 버린 것이다. 이러한 개선을 추구하는 한 가지 방법은 감각적으로 올바름의 모범이 될 만한 행위를 통하는 것이다. 그리하여 시詩는 감각적인 완벽함을 향한 분투의 한 예가 된다(바움가르텐 2000b). 여기서 예술작품은 도덕적 교훈이며, 선과 진실의 추구를 위해 모방하고 개발해야 할 미학적 예인 것이다.

많은 미학 담론 안에서 온전한 인간 피조물의 삶에 대해 거의 완전히 억압하고, 그에 따라 예술작품에만 강박적으로 집중하는 경향에 대해 말하려면 내가 여기서 할애할 수 있는 것보다 더 많은 설명이 필요하다.[4] 어떤 의미에서 이것은 별다르지 않은 이야기이다. 오늘날 사회과학자들이 감정과 정동, 감각의 세계를 탐구할 때 소설과 영화로 돌아가야 한다고 느끼듯이, 미학이라는 학문에서도 가장 쓸 만한 재료의 제공자는 시인과 화가 들이었던 것이다. 물론 이론을 뒷받침하기 위해 예술작품을 이용한 학문 영역은 많이 있다. 프로이트의 정신분석학이 전통적인 신화에 의존한 것은 가장 유명한 예일 뿐이다. 그러나 여기서 미학이 처한 상황은 독특하다. 정신분석학이 만약 무의식이 사회적으로 편재하며 일상적인 것이라는 생각을 포기하고, 대신에 소설이나 회화 작품에서 찾는 것만이 유용하다고 결정했더라면, 정신분석학은 미학이 처한 상황으로 갔을 것이다. 그러나 정신분석학은 우리의 공통 존재에 다가가는 능력 덕에 살기도 하고 죽기도 한다. 비록 여기에서 존재성이 종종 개인주의를 외로이 지탱하는 것 속에서 경험된다 하더라도 말이다.

미학 담론은, 고전 시대에는 특히 확실히 그러했는데(예를 들어 칸트의 작품에서), 부단히 현실성과 예술작품 사이에서 미끄러진다. 칸트에게는 숭고함과 아름다움을 경험할 수 있는 장소를 마련해 주는 것이 항상 그 무엇보다 자연과 자연에 대한 우리의 경험이었다. 그러나 이러한 경험을 미학적 감상을 위한 무언가로 정말 구체화해 주는 것은 또한 예술작품이었다. 그래서 칸트가 항상 자연과 관계하는 것으로 시작하긴 했지만, 결국 그러한 자연 경험의 가치와 영속성을 가장 확고하게 보장해 주는 것은 예술이었다. 이처럼 예술작품이 감각적인 경험을 완성(그것을 좀 더 만족스럽

---

4. 여기에는 예외들이 있는데, 너무 많아서 언급하기 힘들 정도다. 페미니즘의 미학적 참여는 우리의 생생한 삶에 더 많은 주의를 기울여 왔다. 그 예로서 Armstrong 2000을 참고하라.

고 도덕적으로 우월한 형태로 만들어 줌)해 준다는 생각은 미학 담론에서 핵심적인 믿음이며, 곧 일상적인 경험에는 일반적으로 불완전하고 불만족스러운 무언가가 있다는 것(현실에서는 종종 확실히 그렇다)을 암시하기도 한다. 하지만 이러한 관점에 따르면 미학은 오직 해체되었다가 완성될 수 있는 형태(미식적 수준에 이른 음식, 모델의 본질을 표현한 초상화, 곤혹스러운 사건을 해결해 나가는 이야기)의 경험에만 관심을 두게 될 것이다. (주류에서는) 미학적 만족이란, 계속해서 진행되는 과정 속의 어수선한 비정형ⁱⁿ⁻forme에 대해서라기보다는 그 과정의 종국적인 형식에 대한 만족이다. 하루하루의 일상을 구성하는 것들은 상당 부분 해결이 가능하지 않거나 몹시 불완전하지만, 그럼에도 불구하고 가장 필수적인 것들이기도 하다. 좌절감이나 짜증, 초조함 같은 정동적 상태를 보자. 이러한 정동을 (그 정동의 구체성을 버리지 않고) 만족스러운 형식으로 완성시키는 예술작품은 상상하기 힘들다. 왜냐하면, 이런 정동의 특징이 불만족과 불완전이기 때문이다 (말하자면, 짜증은 완성되지 않음 때문에 작동된다). 감응적이며 피조물의 기록으로서의 아름다움은 미학에서 선호된다. 아름다움이 도덕적인 사명을 가지고 있기 때문이며(그것은 더 나은 것을 전달한다), '안정적인' 양식과 모양, 비례와 비율, 이야기 형태와 음계의 반복진행 등 속에 깃들어 있는 것으로 보이기 때문이기도 하다.

그러므로 '미학'이 정동 및 정동의 감각을 통한 지각과 신체적 표현과 얽힘에 대한 경험적 연구에 포괄적인 용어로 사용되려면, 예술작품의 도덕적 사명과 그 평가에서 자유롭지 못하게 남아 있는 미학적 사고의 전통에서 자신을 분리해 내기 위해 많이 노력해야 할 것이다. 그것은 게오르그 짐멜에서부터 자크 랑시에르에 이르는 미학적 사고의 대항 전통^{countertradition}

과 만나고 이러한 대항 전통에 새로운 목소리를 모으는 일이 될 것이다. 그렇게 하지 않으면 이러한 대항 전통은 거의 미학의 평가적 전통 안에 완전히 자리 잡고 있는 것처럼 보일 수도 있다(예컨대 존 듀이).[5] 미학적 사유의 어떤 형식들은 내던져 버려야 하겠지만, 다른 미학 용어들은 새로운 울림을 가질 필요가 있다.

취향

'취향'taste이라는 단어는 종종 평가적 미학 담론의 중심에 자리하며, 감각과 지위, 안목과 경멸, 물질적인 것과 관념적인 것이 얼키설키 짜여 있는 것을 생생히 나타낸다. 세련되고 안목 있는 선택을 가리키는데 '맛'taste라는 단어를 끌어온 것을 보면 이러한 판단에 신체적인 감각이 애초부터 암시되어 있었다는 걸 알 수 있다. 서구 사상의 역사에서 '고급인' 감각들(청각과 시각, 그리고 촉각)을 특별 취급했다는 것을 고려하면, 안목을 의미하기 위해 '맛'이라는 단어를 썼다는 것은 '저급' 감각들(냄새와 맛)을 언급함으로써 이미 혐오감distaste을 불러들이고 있는 것처럼 보인다. 이렇게 감각(인지 감각과 신체 감각 모두)을 분류하는 양상은 보는 것과 듣는 것이 관념적인 인지와 관련된 문제에 언급되는 방식인 반면("내가 보기에", "듣자하니"), '맛'은 이성주의적 규칙에 영향을 받지 않는 감각적인 영역을 불러오고 있다.

---

5. Simmel 1968, Ranciere 2004, 그리고 Dewey 1934를 보라.

'취향'은 위험천만한 영역이다. 역겨움과 혐오, 경멸의 물리적 가능성이 도처에서 에워싸고 있다. 어느 누가 자신의 취향에 대해 확신할 수 있겠는가? 데이비드 흄이 18세기 중반에 분명히 했듯이, "우리는 자신의 취향 및 이해와 크게 다른 것이면 무엇이든지 상스럽다barbarous고 부르길 잘한다. 그러나 우리는 곧 그 비난의 말이 우리에게로 되돌아오는 것을 알게 된다"(흄 2008, 134). 그러나 우리의 안목이 사회적으로 공격받기 쉬운 것이라면, 매우 구체적인 방식으로 취향을 중요한 것으로 만드는 정동적인 힘에 의해 그 취약함이 더 심해진다. 결국, 혐오감distaste은 단순히 이견이 다른 것을 의미하지 않는다. 제일 약하게는 코를 움찔하거나 고개를 돌리는 등의 행위를 수반한다. 가장 심하게는 역겨움, 신체적인 메스꺼움, 토하기, 구역질을 불러온다. 혐오감은 일상적인 상황에서는 조금 무시하는 정도에서 시작해서 멸시로, 그리고 경멸에까지 이르는 정동의 표현으로 알아챌 수 있다. "내가 어떻게 이런 역겨운 물건을 마음에 들어 할 거라고 생각할 수 있어?" 그렇다면 경멸은 (혐오감을 보여 주는 가장 일반적인 방식으로서) 정동적인 고통을 가할 수 있는 한 방법이며, 이 방법은 감정적인 이해관계가 얽혀 있으며 상대방의 인정이 필요할 때 가장 효과적이다. 경멸은 상대방을 밀어내기 위해서, 그리고 동시에 파멸시키기 위해서 작동한다.

조너선 프랜즌의 야심 찬 소설 『인생 수정』The Corrections(2001)은 미국 중서부 지역에서 사는 중산층의 노년 부부와, 그 자녀들의 좀 더 세련되고 도시적인 삶의 정서를 생생히 해부해 보여 준다. 『인생 수정』은 국제 금융망과 함께 붕괴되는 정신 상태를 소름 끼치도록 잘 그려 내며, 시장과 정신 세계 사이의 고리를 끊임없이 엮어 내고 있다. 소설 속 인물 누구도 진부하게 동정적이지는 않지만, 가장 마음이 메마르게 그려진 인물은 어머니인 에니드이다. 에니드에게는 취향이 중요하다. 본인의 취향이나 그 취향이 바깥 세상에서 가지는 지위를 확신할 수 없기 때문에, 에니드에게는 취향이 그토록 중요한 것이다. 가정이라는 테두리 안에서, 에니드는 자신의 실망스러운 결혼 생활이라는 끊임없는 전쟁터에서 취향을 무기로 휘두를 수 있다. 은퇴했고 파킨슨병을 앓고 있는 남편이 처음으로 가구를 샀는데, 푸른색 가죽의 안락의자였다. 에니드는 그 의자 때문에 화가 나서, 의자를 내다 버릴 구실을 만들기 위해 거실을 다시 꾸미기에 이른다.

> 에니드가 의자를 바라보았다. 많이도 아니고 약간 짜증스러워하는 표정이었다. "저 의자가 싫어요."
> 이것은 아마도 그녀가 알프레드에게 할 수 있는 가장 끔찍한 말일 것이다. 그 의자는 알프레드가 개인적으로 미래에 대한 자신의 희망을 아직 포기하지 않았다는 것을 보여 주는 유일한 표시였다. 에니드의 말은 그를 몹시 슬프게 했다. 알프레드는 의자가 불쌍해졌다. 의자에 느낀 동질감과 함께, 그걸 배반하게 된 데서 오는 급작스러운 슬픔도 느꼈다. 그래서 그는 의자를 덮어놓은 천을 벗겨 내고 의자의 품으로 들어가 잠에 빠져들었다.(프랜즌 2001, 11)

(이미 알아챘을 수도 있겠지만, 프랜즌의 소설은 블랙 코미디와 같다.) 여기서 취향은 문화자본 이상을 의미하며, 지독히 정동적인 차원에서 행사되는 문화적 권력이다. 다른 의자 사이에 놓여 심기를 건드리는 이 의자는 나에게 미국 텔레비전 코미디 드라마인 〈프레이저〉에 나오는 의자를 생각나게 했다. 이 드라마에서 시애틀의 교양 있는 정신과 의사인 프레이저는

블루칼라의 전직 경찰인 아버지와 함께 호화롭고 고상하게 꾸며진 아파트에서 산다. 아버지인 마틴에게는 가구가 하나 있는데, 수선 자국이 있는 보기 싫은 녹색의 안락의자이다. 이 의자는 이 강렬한 정동의 영역에 앉아서 끊임없이 프레이저의 심미적 영역을 침범한다(하이모어 2001).

　　에니드는 타인을 상처 입히기 위해 취향을 이용하는 방법을 알고 있는데, 왜냐하면 어떤 사람들이(꼭 집어 말하자면 딸인 데니스가) 취향과 혐오를 통해 자신을 완전히 좌절시키는 게 가능하다는 걸 언제나 인식하고 있기 때문이다. "에니드는 딘과 트리샤의 파티에서 정말 즐거운 시간을 보냈고, 데니스가 거기 있어서 얼마나 파티가 고급스러웠는지를 보았으면 좋겠다고 생각했다. 동시에 그녀는 데니스가 파티가 전혀 고급스럽지 않다고 여기면 어떡하나, 특별한 부분 하나하나를 물고 늘어져서 결국 평범함 외에는 남지 않게 만들어 버리면 어떻게 하나 두렵기도 했다. 딸의 취향은 에니드의 시야 속에 있는 암점과 같아서, 그 구멍을 통해 그녀가 느끼는 기쁨들이 새어나가 사라져 버릴 것 같았다"(프랜즌 2001, 113).

　　데니스는 취향과 관련해서 이런 힘을 휘두를 수 있는데, 단순히 그녀가 중서부 지역을 떠나 동부 해안의 좀 더 세련돼 보이는 환경에서 산다는 것 때문이 아니라, 필라델피아에서 가장 멋진 레스토랑에 수석 주방장이 되었다는 것 때문이었다. 최고급 요리는, 요즘에는 캐주얼하고 투박한 우아함으로 보이게끔 꾸민다 해도, 그 고상함이 깔끔하면서도 독단적이다. 음식과 취향의 강력한 관계는 단순히 '맛'이 은유적으로 안목과 결합되는 데서 오는 게 아니다. 오히려 음식은 취향의 정동적인 기능의 필수 조건이다. 음식은 (민감한 미각을 갖고 있지 않아서) 생물학적인 투박함을 드러내거나, (음식에 대해 잘 몰라서) 사회적인 무시와 까다로움 앞에서 창피와 모욕을 당할 기회를 만들어 낼 뿐만 아니라 그런 기회의 생산을 더욱 강화한다. 왜냐하면, 음식은 몸(표면과 내부, 소화 과정)의 주변에 세심하게 편성되기 때문이다. 실비아 플라스의 『벨 자』*The Bell Jar*의 주인공이 경험하는 수치심은, 손을 씻으라고 내어 주는 그릇에 담긴 물과 꽃잎이 맑은 수프인 줄 알았을 때 느낀 계급적인 모욕감으로 인해 발생한다(플라스 2001). 그녀는 이러한 모멸감을 너무나 강렬히 느끼는데, 왜냐하면 그 착각이 그녀의 입과 소화기관에까지 영향을 미쳤기 때문이다.

맛(취향)은 감성적인 것의 편성orchestration이며, 명령하고 비하하는 방식이자 가치를 부여하거나 빼앗는 방식이기도 하다. 한편으로는 맛(취향)이 문화에서 얇은 층을 차지하고 있는 것처럼 보이지만(속물이나 미식가들의 집착 등으로), 다른 한편으로는 문화의 기초로 보이는데, 여기에서 문화는 단순히 그 가치체계를 의미하는 게 아니라 일군의 가치가 당신의 피부와 뼛속으로 파고드는 방식을 의미한다. 취향에 대한 논쟁 때문에 다른 집단끼리 전쟁을 할 수도 있다고 하면 과장으로 들리겠지만, 우리가 문화라고 부르는 것이 결국에는 (그리고 끊임없이) 정동과 감각적 지각, 그리고 취향으로 표현되는 생체권력의 특이한 혼합에 의해 이끌어진다는 것을 상상하기는 어렵지 않다. 적어도 어떤 시각에서는, 사회 갈등은 취향을 통한, 취향에 관한, 취향 속에서의 갈등이다. 그러나 만약 이런 진술이 '나쁜 취향'을 풍긴다면, 또는 절박한 경제적 생존 문제를 미학의 문제로 환원시키는 능숙한 말솜씨로 들린다면, 많은 형태의 대중민주주의도 같은 식의 경멸을 받는다는 것을 생각해 볼 수 있을 따름이다.

분열발생과 에토스

1935년 말에, 그레고리 베이트슨은 한편으론 유럽에서 파시즘이 부상하는 것을 보고, 다른 한편으로 인류학이 식민지 경영의 무기 역할을 하는 것을 보면서 분열발생shcismogenesis을 연구하는 프로젝트의 틀을 잡았다. 분열발생은 문화접변acculturation(서로 다른 문화적 집단이나 분파가 만남으로써 일어나는 문화적 변화 과정)의 방식에 베이트슨이 이름을 붙인 것인데, 이는 문화적인 차이나 경쟁이 더욱, 가끔은 공격적으로, 악화되는 결과를 초래하기도 한다. 문화적 교류가 "수용과 적용"으로, 그리고 "균형에 근접한" 형태로 귀결될 수 있다는 점을 명확히 밝히면서도, 베이트슨은 (1935년에) "극히 다른 공동체 사이의 접촉으로 인한 급격한 동요"를 의식하며 특별히 이에 관심을 두었다(베이트슨 1935, 179). 베이트슨에게는 분열발생 연구가 정치 행정가들에게 정보를 제공할 사회과학 전문가 집단에 꼭 필요한 프로젝트였다.

분열발생은 집단들이 서로 접촉할 때 왜 일종의 문화적 삼투 현상을 겪지 않는지, 왜 문화가 섞이면 문화의 '용광로'가 되지 않고 종종 그 접촉으로 인해 차이와 경쟁이 심화되는가에 대해 베이트슨 스스로 궁금해하며 탐구한 이론이다. 물론 베이트슨은 문화적 접촉이 거의 언제나 폭력적인 지배 상황에서 이루어진다는 것을 잊을 만큼 순진하지 않다. 또 그는 인류학자로서 대립적인 집단 간의 접촉이 그 집단의 일반적인 생활-세계의 본질적 요소인 문화 사례를 알고 있다. 분열발생은 베이트슨이 사회생활에 관해 체계이론systems theory의 형식을 대입하고자 했던 초기 시도였다. 베이트슨에게는 두 종류의 (종종 겹치기도 하는) 분열발생이 있는데, 대칭적

symmetrical 분열발생과 보완적complementary 분열발생이다. 종종 문화접변은 "대칭적 분열발생에서는 극심한 경쟁 관계로 향하며, 보완적 분열발생에서는 차이화differentiation 쪽으로 향한다(베이트슨 1958, 285)." 대칭적 분열발생의 생생한 예는 2차 세계대전 이후 냉전 체제의 주역들이 핵무기를 확산시키며 보여 준 압도적인 장면이다. 대칭적 분열발생은 보통 별개의 두 집단이(국가, 부족 집단 등) 서로 만날 때 발생한다. 보완적 분열발생은 좀 더 보편인인데, 베이트슨은 공동체 내 젠더 간, 그리고 다른 연령층 사이에서 발생하는 것을 예로 들었다. 우리는 계급 간 접촉 시 차이가 강화되는 계급 차별의 모습에서 보완적 분열발생을 목격한다. 현대의 다문화적 사회에서는 아마 보완적 분열발생이 더 많이 보일 것이다.

　　대칭적 분열발생과 보완적 분열발생 사이의 구별이 오랫동안 유지되기는 힘들다. 예를 들어 냉전 같은 상황에서, 경쟁적인 동시에 (사상적이며 문화적인) 차이가 강화되지 않는 경우를 보긴 힘들다. 마찬가지로 보완적 분열발생의 형태가 경쟁 관계를 형성하기도 한다는 것은 부인하기 힘들다. 하지만 더욱 중요한 것은, 분열발생이 일어나기 위해 필수적인 조건을 베이트슨이 이해하는 방식이다. 분열발생이 아예 일어나지 않는 것도 얼마든지 가능하기 때문이다. 베이트슨은 분열발생이 집단의 특정 '에토스'ethos에 달려 있다고 보았다. 우리는 '집단 에토스'를 (공정함과 같이) 상당히 무해한 윤리로 보는 데 익숙하지만, 베이트슨은 좀 더 복잡하며 포괄적인 개념으로 보았다. 하지만 일상적인 의미로 보더라도, 예를 들어 두 집단이 공유하는, 거드름을 피우는 에토스가 분열발생이라는 결과를 불러오는 반면, 공유와 공감의 에토스는 그렇지 않다는 것을 볼 수 있다. 베이트슨에게 에토스적인 접근은, "한 문화에서 에토스라고 하는 특정한 체계적 양상을 추출할 수 있는데, 이는 개인의 본능과 정서의 조직이 문화적으로 표준화된 체계의 표현이라고 정의할 수 있다"(베이트슨 1958, 118, 강조는 원문에 따름)는 생각에 기반을 두고 있다. 차이에 좀 더 민감한 세상이기에 여기에 제시된 표준화의 의미를 좀 완화시키고 싶을 수 있지만, "본능과 정서의 조직"이라는 말은 내가 제안하고자 하는 사회 미학의 개념에 잘 맞는 것 같다.

베이트슨은 계속해서 '에토스'를 "적절한 행동거지의 분위기", "세상을 향한 일련의 분명한 감정", "정서적인 배경" 등으로 묘사한다. 베이트슨에 따르면 이것은 하나의 추상화, 즉 사회과학자들의 시각에 기반을 둔 추상화이지만, 그 추상적인 표면 안에는 구체적인 실제 요소들, 행동하는 방식(포옹, 악수, 입맞춤, 따귀 때리기 등), 지각하기의 형식(계급, 카스트, 젠더, 섹슈얼리티 등에 대한 사회적 인정 및 거부), 정동의 강도(분노 유발하기, 모멸감 이용하기 등), 그리고 그 이상이 놓여 있다.[6] 에토스는 음조^{tonality}나 느낌과 같은 것이라고 접근하는 게 제일 좋겠지만, 이것의 다성多聲적 성격은 계속해서 강조되어야 할 필요가 있다. 자크 랑시에르에게서 용어를 빌자면, 에토스는 "감성적인 것의 배분"le partage du sensible, 즉 "감각적 경험에 무엇을 스스로 드러낼 정하는 선험적 형식들의 체계"이다. 그것은 "공간과 시간, 보이는 것과 보이지 않는 것, 말과 소음의 경계 정하기delimitation로, 동시에 경험의 한 형태로서 정치의 장소와 지분을 정한다"(랑시에르 2004, 13). 이때 에토스는 지각과 감각적 문화, 정동적인 강도 등으로 편성된 것이 된다. 좀 더 정확하게는 이것들의 교차문양interlacing이 될 것이다. 예를 들어 개인적인 위생이나 음식 준비의 형태 및 방법이 두 문화 사이에 다를 수 있

---

6. 베이트슨이 에토스를 문제적 용어로서 논의한 것에 대해서는 Bateson 1972, 73~87을 보라.

다. 그러한 차이로 인해 두 문화가 만나거나 공존해야 할 때 마찰이 발생할 수 있다. 여기에서부터 분열발생에 대한 기초적인 이해에 이를 수 있을지 모른다. 에토스(또는 사회 미학)는 특정한 빨래 방식이 왜, 어떻게 문제가 되는지를 볼 수 있게 해 준다. 즉, 깨끗함과 때, 청결과 불결에 대한 지각을 부끄러움과 안락함의 편성으로, 다른 감각적 세계의 울림으로, 그리고 몸에 대한 사회적 존재론으로 연결시켜 주는 것이다.

오웰

그레고리 베이트슨이 뉴기니 섬의 이아트물 부족 사람들 속에서 현장 연구를 진행하고 케임브리지로 돌아와 분열발생과 에토스에 관해 저술하고 있는 동안, 언론인이면서 소설가였던 조지 오웰은 분열발생에 대한 경험적 연구를 스스로 진행하고 있었다. 그는 1920년대 후반과 1930년대 초반에는 런던과 파리에서, 그리고 1936년에는 요크셔와 랭커셔의 공업 도시에서 빈곤과 더러움의 세계로 뛰어들었다. 이 시기에 쓴 책들인 『파리와 런던의 밑바닥 생활』과 『위건 부두로 가는 길』은 에토스의 한계와 가능성에 대한 실험이었다. 이 책들을 쓴다는 것은 런던에서 아무 데서나 자고 파리의 형편없는 카페에서 일하며, 위건에 있는 더러운 숙박업소에서 생활해야 하는 걸 의미했다. 『파리와 런던의 밑바닥 생활』이 조지 오웰 자신의 빈곤에서 촉발된 반면, 『위건 부두로 가는 길』은 한 출판사에서 집필 의뢰를 받은 것이었다. 하지만 두 책과 그 책에서 이야기하고 있는 경험은 오웰의 미학적 자기비판에 따른 것이기도 했다. 오웰은 식민지인 미얀마에서 영국 제국의 경찰관으로 5년간 일한 뒤 영국으로 돌아왔다. 그는 자신의 의지로 폭정에 가담했다는 데 대해 수치심을 느끼고 있었다. 그는 환영에 시달렸다. 그에 따르면, "셀 수 없이 많은 얼굴이 기억났다. 피고인석에 있던 죄수들, 사형수 감방에서 기다리던 남자들, 내가 괴롭힌 부하들, 내가 무시하곤 했던 늙은 소작농들, 화가 나면 내가 주먹으로 쳤던 하인과 막노동꾼들"(오웰 1975, 129). 오웰은 자신이 (철저히 계급에 종속된) 에토스와, 베이트슨이 '에이도스'eidos라고 부른, 이성적이고 논리적으로 사고하며 사회주의를 철저히 확신하는 자아 사이에서 분열되어 있는 것을 발견했다. 그의 말에 따르면 자신은 "속물이면서 동시에 혁명가"였다. 『위건 부두로 가는 길』은, 에토스가 우리 모두에게 행사하는 힘을 이성적 사고로는 잘 알 수 없다는 깨달음에 대한 것이었다. 자기 자신의 계급적 에토스의 광대함을 묘사하면서, 오웰은 그것이 바로 자신의 몸을 움직이는 방식을 결정짓는 것으로 보았다.

> 내가 계급적 특질을 없애고 싶다고 말하는 건 쉽다. 하지만 내가 생각하고 행동하는 거의 모든 것이 계급적 특질에 따른 것이다. 내가 가진 모든 개념 – 선과 악, 쾌와 불쾌, 웃긴 것과 진지한 것, 추함과 아름다움 – 이 본질적으로는 중산 계급의 개념이다. 즉, 책과 음식, 옷에 대한 취향, 유머 감각, 식사 예절, 말투, 억양, 심지어는 몸을 움직일 때의 특징까지, 모든 게 특정한 양육 방식 및 중산층이라는 지위의 생산물인 것이다.(오웰 1975, 114)

오웰이 밑바닥 생활에 관한 실험을 수행한 이유는, 이성적으로는 계급 분리의 종말을 보길 원했던 사람들 사이에서도 (아마도 특히 더) 계급적 분열발생의 증거를 볼 수 있었기 때문이었다. 『위건 부두로 가는 길』은 기이하고 불편한 소설이다. 우선 에토스적인 분열발생의 느낌이 텍스트의 수신지를 통해 표현되고 있다. 즉, 이 책은 노동계급 밖에 있는 사람들을 향해서만 이야기하고 있는 것이다. 마찬가지로, 오웰이 혐오에 대한 실험으로 보이는 것을 수행하고 있는 동안, 독자들은 끊임없이 취향의 문제에 대해 암묵적인 질문을 받게 되는데('이거 역겹지요, 그렇죠?'), 이 질문은 오웰이 진보 정치가 가진 문제점이라고 이야기하는 바로 그 반응을 촉발하기 위해 고안된 것이었다.

에토스의 지도를 그리는 일은 에토스의 윤곽을 따라가며 전개되는데, 이 윤곽은 한 가지 분위기만을 가지고 있다. 바로 혐오감이다. 오웰의 글, 특히 저널리즘과 회고록을 읽다 보면 다른 사람에 대한 혐오감만이 아니라 분명히 자기-혐오를 가지고 있는 인물과 마주치게 된다.[7] 생애 초기에, 특히 기숙사 학교에 다니던 8살에서 13살 사이에, 오웰은 수치와 모욕의 교육을 통해 에토스를 배웠다. 그리고 이런 식으로 자기혐오가 내면화되었다.[8] 오웰의 작품에서 혐오의 교육은 중요한 요소이며, 그것은 일반적으로 사회 계급과 연관되는 단순한 이데올로기적 신념보다는 더 효과적인 계급적 자산을 제공하는 것으로 그려진다. "보통의 중산 계급 사람이 자라면서 노동계급 사람들은 무지하고 게으르며 술주정뱅이고 상스러우며 정직하지 않다고 믿도록 교육받았다면 별문제가 되지 않을 수도 있다. 정말 해가

---

7. 이것에 대한 증거로는 Miller 1997을 보라. 밀러는 그의 책에서 당연히도 오웰에게 한 장을 할애하여 오웰이 가진 혐오감의 복잡성을 보여 준다. 이 부분에 관하여 나는 밀러의 도움을 받았다.
8. 오웰이 수치와 부끄러움, 혐오감으로 구성된 그의 초기 학창 시절에 관해 설명한 1952년 작품을 참고하라.

되는 경우는, 노동계급 사람들이 더럽다고 여기도록 길러졌을 때이다. 생애 초기에 노동계급 사람의 몸은 왠지 역겹다는 생각을 가지게 되면, 가능한 한 그 사람들 근처에 안 가려고 하게 될 것이다"(오웰 1975, 112). 이것이 오웰의 '혐오 실험'의 시작점이자 결론일 수도 있다. 그 중간에는 경험하는 일만 남아 있었다.

오웰이 『위건 부두로 가는 길』에서 하숙을 하기 위해 보통의 노동계급 가정을 찾으려 한 것이 아님은 분명하다. 그는 유난히 역겨운 가족을 찾으려 했다. 바로 브루커 씨 가족이다. 브루커 씨 가족은 하숙집과 "내장 정육점"을 같이 운영한다. 그 가게의 유리창 틈에는 죽은 파리들이 있고 내장 고기 근처에는 벌레들이 기어 다니고 있다. 여기서 파는 내장은 소의 창자인데, 싸고 영양가 있으며, 소화하기 힘들 정도로 질기고, 요리하는 데 시간이 오래 걸리는 것으로 악명이 높다. 브루커 씨 부인은 괴물같이 뚱뚱하며, 소파에 처박혀서는 엄청난 양의 식사를 하고 신문지 조각으로 입을 닦고서는 그것을 바닥에 버렸다. 대부분의 일은 브루커 씨가 하는데, 더러운 손으로 하숙인들에게 음식을 대접하는 일도 포함되었다(빵의 표면에는 언제나 시커먼 손자국이 찍혀 있었다). 요강은 언제나 가득 차 있는데, 식사할 때 식사 테이블 밑에 있었다. 브루커 씨 부부는 둘 다 끝도 없이 불평을 했고, 항상 분개함으로써 그 장소에 대한 혐오감을 더해 주었다. 정동과 감각적 경험, 지각은 (특히) (분통에 찬) 브루커 씨 주위에 응집돼 있었다. "아침마다 그는 더러운 물이 든 통을 가지고 난롯가에 앉아서 슬로우 모션 영화의 속도로 감자 껍질을 벗긴다. 나는 그처럼 음울한 분노를 풍기며 감자 껍질을 벗기는 사람을 본 적이 없다. 그가 말하듯 '이 망할 놈의 여자들 일'에 대한 증오심이 그의 내부에서 쓴 주스처럼 익어 가는 것을 느낄 수 있었다.

그는 자신의 억울함을 소처럼 되새김질하며 씹을 수 있는 사람이었다"(오웰 1975, 11).

분통함은 브루커 씨와 그의 부당하다는 느낌, 그리고 악의(그는 소처럼 악의를 씹는다)를 살찌우는 것이다. 하지만 이 분통함이 브루커 씨를 먹어 삼키고 있는 것처럼 보이기도 한다. 오웰은 브루커 씨의 이 부당하다는 느낌을 그의 배 속에서 살고 있는 벌레로 묘사하기도 한다. 브루커 씨가 감자껍질을 벗기면서 그 음식에 분통함을 불어넣고 있는 것만 같았고(분명 모든 음식이 형언할 수 없을 만큼 역겨웠다), 그 일을 통해 성 역할이 침해되었다는 느낌은 그 분통함을 더욱 강화시켰다.

오웰은 브루커 씨네에서 지낼 필요가 없었다. 브루커 씨네는 오웰이 찾던 계급의 대표급도 아니었고 위건에서 찾을 수 있는 유일한 하숙집도 아니었다. 오웰의 혐오감 실험은 결국 정확히 자기 자신에게로 향한다. 브루커 씨를 몰아가는 분통함은 오웰이 가지고 있는 분통함과 닮았으며, 이것은 오웰이 어린 시절에 겪은 모욕적인 일에 대해 쓸 때 가장 분명하게 보인다. 보완적 분열발생(계급 구분을 통해 계급 간 차이가 강화되는 것)에 대한 탐구로 시작했지만 결국 대칭적 분열발생이었음이 밝혀지는데, 여기서 서로에 대한 분통함은 계급 구분을 몰아가는 정동적인 요소이다. 오웰의 분통함은 결국 자기 반영적이며, 그것이 자신의 에토스가 옥죄어 올 때 빠져나올 수 있는 유일한 방법임을 보여 준다. 거기에 이르려면 지옥에서의 한 철을 보내야 하는 것이다.

빈달루

분열발생이 작동되기에 가장 비옥한 땅과 에토스 사이에 중간 지대가 존재한다는 것을 혐오와 경멸, 역겨움을 통해 알 수 있긴 하지만, 분열발생이 거부의 형태로만 발생한다고 보아서는 안 된다. 분열발생은 (더욱 괴상하게도) 강렬한 감각적 열광의 형태로도 나타난다. 특히 (종종 그 출처가 매우 지엽적인 경우가 많지만) '이국적'이라고 여겨지는 음식을 열광적으로 먹는 행위는, 영국에서 일어나는 분열발생의 매우 구체적인 모습을 보여 준다. 예를 들자면 백인 남성이 남성적 허세를 과시하기 위해 메뉴에서 가장 매운 음식을 주문하는 경우이다. 분열발생을 보여 주는 이 같은 장면은 영국의 축구 응원가인 '빈달루'Vindaloo처럼 대중문화의 형태로 나타나기도 한다. 또 이에 대한 영국의 아시아인 코미디언들의 문화적인 대응에서도 나타나는데, 여기에서 분열발생은 창의적으로 역할이 뒤바뀌어 있다. 산지브 바스카와 컬빈더 기어, 미라 시알이 출연한 텔레비전 시리즈인 〈이것 참 야단났네〉Goodness Gracious Me에서는 거나하게 취한 영국 '사내들'이 레스토랑에서 음식을 먹는 뻔한 장면을 변형시킴으로써 열광적으로 즐거움을 추구하는 문화를 패러디했다. '영국식으로 가기'라는 에피소드는 (형편없이 만들어지고 스크래치가 많은 영상을 사용하여) 1970년대의 극장 광고를 흉내 낸 장면으로 시작하는데, 인도 뭄바이에 있는 마운트배튼[영국의 해군 제독으로 인도 총독을 지냄]이라는 이름의 레스토랑을 광고하면서 "바로 여기 인도에서 진정한 영국의 맛을 느껴 보라"고 손님들을 재촉한다. 레스토랑 안에는 한 무리의 시끌벅적한 인도 사람들이 음식을 주문하려 하고 있다. 왜 금요일마다 우리가 여기 오는지 아느냐고 묻고는, 무리 중 한 명이 이렇게 대답한다. "놀러 나가서 라씨를 진탕 마시고 영국식으로 가는 거지요. 영국식으로 안 가면 금요일 밤이 아니죠."

영국 백인 남자들이 '인도식으로 가 보는' 장면은 허구적이기도 하고 사실적이기도 하다. 이 장면과 같은 분열발생은 보통 다음과 같은 요소를 필요로 한다. 백인 남자들(손님)은 술에 취해 있어야 한다. 남아시아계의 남성 종업원은 한없이 참을성 있고 공손해야 한다. 손님들은 남아시아 문화(특히 음식 문화)에 관해서라면 완전히 무지해야 한다. 손님들은 인종차별주의자이지만 공격적이기보다는 의도하지는 않는 방식이다. 손님들은 메뉴에서 가장 매운 음식을 주문하면서 그 음식이 맵다는 것에 개의치 않는다. 손님들은 계속해서 큰 소리로 떠들며 술을 마신다. 보통 실제는 허구보다 복잡한 법이다.

아래 이야기는 (아마도 1970년대 후반에서 1980년대까지) 영국 브래드퍼드 지역에서 식당을 운영한 자베드Javed라는 이름의 남성이 기억하는 어느 날에 관한 것이다. 그는 손님이 특히 매운 카레를 주문했던 어느 날 밤에 관해 이야기한다.

손님은 친구들과 함께 왔다. 그는 웨이터에게 빈달루 요리를 주문했는데, 나도 듣고 있었다. 나는 주방장에게 가서 그 손님에게 빈달루 요리를 해 주라고 이야기했다. 알다시피 빈달루 요리에는 그린 칠리가 엄청 들어가고 그 위에 레몬즙을 부어서 요리가 향이 강하고 써진다. 손님에게 요리를 갖다 줬더니 손님이 음식이 별로 안 맵다고 불평을 했다. 나는 깜짝 놀랐다. 웨이터에게 그 접시를 가져오라고 해서 한 숟가락 듬뿍 칠리를 넣었다. 주방장과 다른 사람들이 놀라서 말했다. "아저씨! 미쳤어요? 저 손님 죽일 작정이에요?" 나는 대답했다. "아냐, 저 사람 안 죽어." 맹세코 나는 레드 칠리를 엄청 넣고, 그 위에 그린 칠리도 넣었다. 레몬즙과 마늘도 넣었다. 마늘도 맵기 때문이다. 손님이 이 요리를 먹을 때, 그의 친구들은 그를 보며 웃어대고 있었다. 식사를 마치고 나서 손님은 계산대로 왔다. 그는 땀에 흠뻑 젖어 있었다. 그는 누가 그 요리를 만들었는지 물었다. 그가 시비를 걸 수도 있다는 생각에 나는 주방장을 뒤로 밀어 보냈다. 새벽 1시였기 때문이다. 손님에게 내가 그 요리를 만들었다고 말하고는, 무슨 문제가 있는지 물었다. 그는 앞으로 다가와서는 내 손을 잡고 악수하며, 평생 이렇게 센 요리는 못 먹어 봤다고 했다. 정말 잘 먹었다고 했다. 그리고는 마지막으로 나에게 감사를 표했다. 나는 손님에게 괜찮다고 말했다. 그러나 속으로는 "이보게, 이제 집에 가 보면 진짜 고마운지 알게 될 걸세"라고 말하며 몰래 웃었다. 그 손님은 2주 후에 다시 와서는 웃으면서 "맙소사, 그 독은 다시는 주지 마세요"라고 말했다. 나는 손님에게, 누가 빈달루 요리를 먹으라고 했는지 물어보았다. 나는 그에게 이 요리 이름 자체도 인도말이 아니라고 이야기해 주었다. 요리에 들어간 칠리는 원래 맛이 부드러워질 만큼만 넣는 것이었다. 그가 먹은 건 인도 음식이 아니었던 것이다. 나는 그에게, 손님이 이런 요리를 먹는 걸 아주 즐기시는 것 같다고 말해 주었다.(자말 1996, 23)[9]

자베드의 이야기에는 정동이 가득하다. 공격성이 은근히 암시되어 있

---

9. 영국 브래드퍼드에서의 음식 소비에 관한 아마드 자말(Ahmad Jamal)의 민속기술적 연구는 1990년대 중반에 수행되었는데, 영국의 파키스탄인과 방글라데시인 커뮤니티 및 백인 커뮤니티의 정보 제공자들의 도움을 받았다.

으나 유머를 곁들여 놓았다. 맛과 감정이 복잡하고도 상반된 양식으로 함께 짜여 있다. 쾌락과 고통, 예의 바름과 속임수. 이런 것들이 감각적 문화의 생산과 소비를 생생히 살아 있게 한다. 이 이야기는 가장 뒤엉킨 형태의 사회 미학의 한 예이다. 기본적으로는 엄청난 신체적 도전으로 보이는 것을 즐기는 한 남자 손님에 대한 이야기이다. 손님은 그 날 밤 자신이 이겼다고 생각하지만, 2주 후에 돌아와서는 자신이 졌음을 인정해야 했다. 승리와 패배 모두에도 적대감이 거의 보이지 않는다. 웨이터와 식당 주인이 폭력의 위험을 느껴야 할 만큼 손님이 민감하지 않음이 분명해 보이지만 말이다. 여기서 음식은 그 자체로 공격성의 한 형태가 되었으며(이것이 식당 주인에게는 슬픔의 원천인 것으로 보인다. 이 이야기를 하는 사람이 바로 그 자신임에도 불구하고 말이다), 결국 손님은 '맛'에 졌다.

우리는 어떻게 이 장면을 풀어서 분열발생과 사회 미학의 한 장면으로 이해할 수 있도록 만들 수 있을 것인가? 나는 '풀어헤치기'가 필요한 게 아니라고 생각한다. 이 장면의 정동적 밀도, 즉 이 장면이 그토록 괴상한 울림을 가지게 하는 것은 바로 핵폭발처럼 터지는 향신료의 맛, 뻘뻘 흘리는 땀의 신체적 효과와 (한데 엮인 강렬한 미각적 쾌락의 실타래인 것이다). 하지만 이 장면의 분위기는 어떠한가? 어떤 어조를 갖고 있는가? 내 생각에는 (물론 이것은 추측에 불과하지만) 틀림없이 여러 개의 어조를 갖고 있다고 본다. 이런 미각적 쾌락을 일으키는 분통함의 공격성이라는 벡터가 있다는 것은 의심의 여지가 없다. 이 장면의 일반적인 (그리고 허구적인) 문화 속에서 잠재적인 인종주의적 어조가 젠더와 계급을 가로질러 표현된다. 영국에 있는 남아시아 레스토랑과 테이크아웃 전문점들이 종종 자기 착취적인 방식으로 운영되긴 하지만, (식당 주인과 종업원들이 최저 임금이나 그 이하로

벌며, 관례적인 주 40시간보다 긴 시간 노동함으로써만 돈을 벌 수 있는 구조) 이런 레스토랑들은 진취적이며 출세 지향적인 문화의 한 부분을 보여준다. 많은 노동계급의 앵글로−켈틱 영국인들에게는 '인도식으로' 먹는 게 계급적인 질투로 얼룩진 렌즈를 통해 경험될 수 있다.[10] 이러한 힘에는 그 레스토랑의 남성성(영국에 있는 대부분의 남아시아 레스토랑들은 벵갈인·방글라데시인·파키스탄인 등의 이슬람교도가 운영하는데, 거의 남자들에 의해서만 운영된다)과 레스토랑 및 경제적으로 감당할 수 있는 대상으로서의 지위가 중요할 것이다.

그러나 분통함의 공격성이라는 힘은 혼자서 작동하는 게 아닐 수도 있다. 이것을 가로질러 미각적 쾌락을 다른 방향으로 이끌어 가는 것이 외국인을 선망하는 개방성으로 나타나는 힘일 수도 있다. 이 힘이 입증하기 더 어려운가? 만약 그렇다면, 왜 그러한가? 다중적인 의미가 빈달루 요리의 선택을 둘러싸고 있다. 빈달루는 가장 폭력적이자 '가장 센' 음식으로서는 신화적이다. 그러나 매운맛이 '인도다움'과 같은 것으로 연상된다면, 더 매울수록 더 인도다운 것이다. 빈달루는 노동계급의 선택이지만(덜 민감한 미각을 갖고 있다는 증거), (적어도 이런 논리 안에서는) 가장 외부 지향적인 선택이기도 하다. 베이트슨은 에토스가 교육(감각과 정동, 미각적 삶을 편성하는 훈련)을 통해 이루어진다는 것을 인정했다. 그러나 이는 에토스를 바꾸는 것 또한 감각적·정동적 교육을 필요로 한다는 것을 뜻한다. 그렇다면 인도 레스토랑은 언제나 감각적 교육의 장이 된다. 분통함이

10. 영국의 남아시아 레스토랑의 계급적 양상과 그것이 어떻게 받아들여졌는지에 대해서 여기서 충분히 설명하기는 힘들다. 이러한 해외 이주 요리의 역사와 계급적 굴절은 다음의 자료들에서 종합해 볼 수 있다. Choudhury 1993, Collingham 2005, Monroe 2005, Visram 2002.

그 손님을 자극하고 있을 수도 있지만, 그 손님은 배우는 중일 수도 있다. 가능한 한 빨리 감각을 재편성하고 싶어 하는 엄격한 독학자일 수도 있는 것이다.

그렇다면 정치는?

이 글에서 나는 사회 미학이라는 좀 더 큰 렌즈를 통해 정동을 들여다 보자고 제안했다. 그렇게 함으로써 정동과 감각적 문화, 지각 등 사이의 연관성을 강조하고자 했다. 이 글에서 나는 종종 사회생활의 미학에 관한 생각과 관련된 좀 더 오래된 전통에 대해 언급하고, 이러한 전통의 구체적인 예(베이트슨, 그리고 조금 다른 맥락에서 오웰)를 두어 차례 제시하였다. 한 집단이 (일정 수준으로) 공유하는 미학적 성향이 촘촘히 짜인 것을 두고 베이트슨은 '에토스'라고 불렀다. 다른 작가들은 다른 용어를 시도했다. 예를 들어, 루스 베네딕트에게 그것은 "패턴"pattern, 또는 "중요한 문화의 지형"이었고, 마르셀 모스와 피에르 부르디외를 통해 계속되는 프랑스 전통에서는, 이같이 좀 더 넓은 의미의 문화적 성향을 가리켜 "아비투스"habitus라고 하였다.[11] 이러한 사회 미학 연구는 놀랍도록 풍부한 사회학 연구를 제공

---

11. 관련 연구로는 Benedict 1934, Bourdieu 1977, 그리고 Mauss 2006을 보라. 이는 분명 단일한 전통이라고 보기는 힘들다. 그럼에도 불구하고, 내가 여기에서 지적하고자 하는 가능성과 문제점들이 이 연구들에 가득하다. 이러한 연구들은 살아 있는 문화의 가닥들을 한데 모아 그것에 대해 일반론적인 단계에서 논하고자 했다. 문화적 정동에 관한 문화연구는 두 가지 방향으로 전개되는 경향이 있다. 하나는 모든 가닥을 모아 하나의 매듭을 만드는 구심적인 경향이고, 다른 하나는 보다 전문화된 연구로서 이러한 가닥들을 풀고 특정한 가닥들을 따로 떼어 내는 원심적인 경향이다. 이 분야의 연구는 이러한 구심력과 원심력의 끌어당

했다. 물론 생기 넘치는 문화를 진부하고 기계론적이며 과하게 규범적으로 묘사할 때도 가끔 있었다. 기술적 얽힘에 오랫동안 집중해서 전념하기는 힘든 일이며, 학문적 결론을 얻을 수 있는 무언가로 만들기는 더 어렵다. 하지만 만약 사회 미학의 학문적인 보상이 때로 불투명해 보인다면, 그러한 접근의 정치적 유용성은 한층 더 미심쩍어 보일 것이다.

정동과 사회 미학의 세계에 정치를 위한 공간이 있을까? 있다고 해도, 확인 가능한 결과를 보여 준다는 플래카드를 휘날릴 수 있는 그런 공간은 분명 아닐 것이다. 첫째로, 이렇게 뒤섞인 영역의 복잡성 때문에 결과와 정동이 예측 가능해질 수 없게 되는 듯 보인다. 진보적인 대의를 위한 논리적인 설득의 한 형태인 것으로 정치를 본다면, 사회 미학의 영역은 그에 대한 중요한 걸림돌인 것처럼 보일 수도 있다. 오웰의 글에서는 마치 에토스가 끔찍한 원수인 것처럼, 그 안에 머물 순 있지만 빠져나올 수는 없는 감옥인 것처럼 보인다. 이것이 오웰의 주장의 근거이다. 그렇지만 그의 실제 삶과 작업은 다르게 이야기한다. 바로 삶 속에서의 실험을 통한 에토스의 전환이다. 여기서 정치는 경험에 의한 교육의 한 형태이며, 당신의 에토스 안에 불편하게 자리하고 있는 새로운 감각의 세계에 끊임없이 당신의 감각중추를 굴복시키는 것이다. 여기에 희망이 있다. 사회 미학은, 에토스와 아비투스가 보수적인 성격뿐 아니라 변동 가능성 및 역동성 또한 가지고 있음을 시사하고 있다. 이 영역에 진보주의가 꼭 필수적이지는 않듯이, 방어적인 저항 또한 반드시 있어야 하는 건 아니다. 빈달루를 먹는 사람은 (그가 좋아

___

김을 감지하게 된다. 이 글에서 내가 '얽힘'을 강조한 것은, 이러한 힘들을 완화하려는 나의 시도이다. 베네딕트와 부르디외, 모스는 그들이 분명한 구체성에서 이론적인 추상으로 옮겨감에 따라 이러한 힘들 사이에서 방향을 찾아갔다. '얽힌' 채로 남아 있는 능력은 왔다 갔다 하긴 하지만, 이러한 연구에서 분명히 보인다.

하든 그렇지 않든 간에) 일종의 감각적인 교육에 참여하고 있는 것이다. 그가 얻은 교훈이 자신의 에토스를 재확인해 주었는지, 아니면 그것을 이해하는 방향으로 확장해 주었는지는 알기 어렵다. 그럼에도 불구하고 분명해 보이는 것은, 만일 우리가 가진 '정동의 범위'가 뿌리 깊은 교육의 결과라면, 정동의 정치가 공동체의 미학의 영역을 확장하기 위해선 대항적인 정동 교육을 옹호해야 할 것이라는 점이다. 이것은 어떤 모습이 될까? 이러한 정치가 사회적인 몸을 정동적, 감각적으로 조율하고 재조율하도록 하는 데 집중하려 한다면, 틀을 벗어날 필요가 있다. 그러면서도 또한 매일의 일상적인 수준에서도 영향을 미쳐야 할 것이다. 그러한 접근법은 학교 급식을 단순히 영양적 도구로서가 아니라 다문화적인 음식을 통한 의사소통 교육의 방식으로 정치화해 볼 수 있을 것이다. 이것은 소소한 일상의 정치, 즉 마음만큼이나 몸이 반응하는 정치일 것이며, 에이도스보다는 에토스 쪽을 향해 있을 것이다.

일상의 무한성과 힘의 윤리

정동과 리토르넬로에 대한 가타리의 분석

론 버텔슨·앤드루 머피

> 수평선 위에서 표류하는 붉은 선체의 미학적 효과는
> 대중의 심리를 텔레비전으로 조정하는 것을 용이하게 했다.
> ―안젤라 미트로풀로스와 브레트 닐슨,
> 「이례적인 시대, 민간의 간격, 그리고 경솔한 움직임」―
>
> 이러한 되기가 많은 경우 얼마나 빠르게 이루어지는가.
> 외부적 특질이 선택되고 만들어지는 동시에 영토가 구성된다.
> ―질 들뢰즈와 펠릭스 가타리, 『천 개의 고원』―

광고나 정치 선전 분야에서 일하는 사람이라면, "그건 피가 아니라 붉은색이다"라고 한 장-뤽 고다르의 말이 완전히 옳지는 않다는 걸 알 것이다.[1] 붉은색은 언제나 피를 흘린다. 붉은색은 대단히 광범위한―그러나 때로는 **공공연하며 모호한**―정동을 촉발하고 정동이 촉발되는 힘을 불러일으킨다. 이미지에서조차도 붉은색은 우리의 실제 삶 속으로 피를 흘리고, 우리의 진짜 피가 흐른다. 붉은 출혈과 흐르는 피는 말 그대로 정동적인 파급

---

[1] 고다르의 영화 〈미치광이 피에로〉에 왜 이렇게 피가 많이 나오느냐는 질문을 받자 고다르는 이렇게 대답했다.

력을 가지고 있다. 그것은 "몸이 이미지를 만나는" 출혈이다(마수미 2002, 46ff).

　이 글은 '호주'에 포함되거나 '호주'에서 제외된 신체들의 집합에 정동을 촉발하고, 또 그로부터 정동이 촉발되는 힘으로 피 흘리는 이미지로 시작한다. 이것은 (한번 떠올려 보라) 수평선 위의 붉은 배-거대한 화물선이다. 이 이미지의 반복은 단지 복잡한 정치적 사건을 보여줄 뿐 아니라, 그 이미지에 실존을 부여한다.[2] 이 이미지를 구성하는 힘에서 출발하여, 우리가 전반적으로 다룰 문제는 펠릭스 가타리의 '정동의 논리'에 관한 것이다(가타리 1995a, 9). 이 논리는, 대문자로 시작하는 정치Politics와, 일상의 미시정치적인 사건들과 그 분석, 그리고 가능하게 된 생활양식의 토대로서 취급될 것이다. 이렇게 하려면 우리는 붉은 선박의 이미지가 반복적으로 사용되는 데서 찾아볼 수 있는 리토르넬로[3]의 구성적 역할에 대해 좀 더 엄밀하게 이해해야 할 것이다. 리토르넬로는 정동적인 것을 '실존적 영토'existential Territories로 구조화한다(가타리 1995a, 15). 만약 정동이 강도라면, 리토르넬로는 "순환하여 되돌아온" 정동이라고(마수미, 들뢰즈와 가타리 1987, xv에서 인용) 우리는 주장할 것이다.

　우리가 그동안 이른바 수평선 위의 붉은 선박에 대해 모호한 태도를 취했다면, 그것은 의도된 것이었다(이 선박은 2001년 '탐파 사건'Tampa crisis

---

2. 우리는 물론 탐파 사건을 둘러싼 일들에 대한 책임이 전적으로 이 이미지에에만 있다고 말하는 것이 아니다.

3. [옮긴이] ritournelle. 교향곡에서의 반복구를 말한다. 반복되면서 변화를 가져온다. 가타리는 리토르넬로를 실존적 정동들을 결정화하는 반복적인 연속체라고 하였다. 이 반복구는 소리 차원, 감정 차원, 얼굴 차원 등을 지니고 있으며, 끊임없이 서로 침윤해 간다. 시간의 결정들을 퍼뜨리는 리듬이라고 할 수 있겠다.

의 배로서, 노르웨이 화물선과 호주 정부, 그리고 4백 명이 넘는 망명 희망자가 연루된 사건이었다). 차후에 종종 잊히는 사실이긴 하지만, 정동은, 그리고 정치적인 사건들은 모호하게 시작할 때가 많다. 아니 그보다는, 정동적인 사건이 강력한 미결정성 속에서, "수평선 위에서" 시작된다. 이러한 미결정성의 힘, 곧 상황을 압도하기 시작할 카오스가 그 속에서 구조를 잡기 시작하고 어느 정도의 질서를 찾기 위해서는 리토르넬로가 필요하다(들뢰즈와 가타리 1987, 311). 이것이 정동적 영토를 구성하는 데 있어서 결정적인 순간이다. 리토르넬로는 얼마나 자비롭거나 매서운지와는 상관없이 언제나 위태로울 영토를 시간 속에서 구성한다. 이로 인해 새로운 형태의 표현이 가능해지지만, 다른 것들은 표현할 수 없게 된다.

이 글의 목적은 리토르넬로와 가타리의 '정동의 논리'와의 관계를, 정치적 삶과 일상적 삶의 중심에서 이루어지는 정동의 배치에 관한 현시대의 투쟁 속에서 그려보고자 하는 것이다. 이렇게 함으로써, 다른 무엇보다도, 종종 위계 질서적인 "문화 전통"에 대한 "고루한 애착"(가타리 1995a, 4)을 놓아 버리고 "주체성의 다수성"(가타리 1996, 216)으로 나아가는 데 적으나마 기여할 수 있게 되기를 바란다. 여기에서 다수성은 일상생활에서 접할 수 있는 무한한 작은 정동적 힘을 위하여 갈수록 보수화되는 '정치'를 탈출할 수도 있는 다수성이다.

여기서 잠시 서론을 펼칠 필요가 있겠다. 첫째로, 우리가 리토르넬로를 새로운 종류의 기표로 보지 않는다는 것을 짚어 둘 필요가 있다. 그보다는 오히려, 리토르넬로가 정동적 힘을 재편성하는 데는 기호 체계와 표현의 기존 범위, "이미 분류된" 것들을 "분자적으로 파괴"할 것을 요구한다(가타리 1995a, 19~20). 리토르넬로는 가끔 담론적인 것들에서 비롯되기는 하지만 결국 담론의 틀을 깨부숴 버리는데, 처음에는 정동적 강도를 거쳐 감지할 수 없을 정도로 틀을 파편화하는 것으로 시작한다. 이러한 정동적 강도는 변형과 새로운 삶의 방식(이에 대한 이야기로 글을 마무리 지을 것이다)을 위해 담론의 질서를 송두리째 엎어 버릴 수 있다.

둘째로, 정치와 일상생활에 대한 이러한 접근법은 기호와 담론, 권리와 이성에 대해 조금 더 직접적인 (종종 기껏해야 주어진 틀들의 충돌밖에 되지 않는 선에서) 분석으로 향하는 경향이 있는 접근법과는 구별된다. 이런 접근법에서는 영토들이 유용하게 종종 공격적으로 경합을 벌이지만, 이는 영토들이 형성된 후에야 가능하다. 그러나 이 글은 "공격성을 영토의 기반으로 보는 경향을 가진 논거"(들뢰즈와 가타리 1987, 315)를 더는 받아들이지 않을 것이다. 공격은 영토화 이후에 많을 것이다. 공격은 말 그대로, 영토와 함께 오기 때문이다. 그러나 먼저 영토, 즉 영토의 표현적인 기반이 형성되어야 한다. 형성된 후에도, 영토들은 항상 허물어진다. 그리고 나서 영토들 사이의 정동적 소통, 즉 기호의 전달이라기보다는 힘의 변환(변형)에 관한 또 다른 문제가 있다. 우리는 수평선 위의 붉은 선박의 정동적 역량을 정동적 힘의 변환기, 즉 기호라기보다는 리토르넬로로 볼 것이다.

셋째로, 우리는 정동에 세 가지 다른 측면이 있다고 본다. 첫째는 전이 transitive로서의(가타리 1996, 158), 그리고 (지구 온난화가 분명히 보여 주듯이) 우리가 휘말리게 되는 비인격적, 또는 "전前인격적"pre-personal인(가타리 1995a, 9) 힘의 운동으로서의 정동이다. 이것은 "인간이 인간 아닌 모든 것과 공유하는 것의 한계 표현, 즉 사물에 자신을 포함시키도록 하는 것"(마수미 2002, 128)으로서의 정동이다. 두 번째 측면은 좀 더 인격적인, 말 그대로 더 친근한 정동이다. 쓰는 용어는 다양하지만, 이것은 감정이나 느낌, 광범위한 정동적 강도들이 신경계로 들어가서 종국에는 등록되어 인지 가능하게 되는 것, 자아와 세계가 계속해서 접혀 들어가는 것, 즉 인격체의 표상으로서의 정동이다. 감정은 (화나면 열이 나고 심장 박동이 증가하는 것, 공포에 질리면 몸이 떨리는 것과 같이) 물리적인 상태를 동반한다. 느낌은 감정을 가로지르며 재배치하는 생각들이 복잡하게 꼬인 실 뭉치이다(다마지오 2004, 28). 정동의 세 번째 측면은 아마도 앞의 두 측면 사이에 있을 것이다. 이것은 스피노자가 말한 "정동을 촉발하고, 정동이 촉발될 수 있는 능력"인데, 이것으로 인해 "이러한 정동의 생각들과 함께 신체가 행동하는 힘 자체가 증가하기도, 감소하기도, 도움을 받거나 방해를 받기도 한다"(스피노자 1952, 395). 정동은 다시금 끊임없는 변주 속에서 "전이"하며, 하나의 상태라기보다는 계속해서 "한 상태에서 다른 상태로 가는 과정"이다(들뢰즈 1998a, 49). 이것이 거시 정치와 미시 정치를 받치는 지렛대이다.

넷째로, 보수주의자들은 종종 정치 영역에서 활용하거나 반복 사용해야 할 정동의 존재를 찾은 것처럼 보인다(마수미 2002, 2005a; 뷰캐넌 2003). 거의 백여 년 동안 보수주의자들의 주요 정치 활동 중 하나는 정동을 포착해서 통제하는 것이었고, 이는 정동적인 힘의 카오스 너머에 다소 동떨어져 있는 합리적인 엘리트 계층을 위한 것이었다(리프먼 2007, 버네이스 2004, 커티스 2002). 그러므로 붉은 배 사건은 오랜 전통을 가진 셈이다.

이와는 다른 의도에서 가타리는 정동적인 것을 다시 불러오려고 한다. 우선 그는 정동적인 힘 바깥이나, 물론 그 너머의 위치는 허락하지 않는다. 그에게는 정동이 전부라고 말해도 무리가 없을 것이다. 이에 따라 정치로의 미학적인 접근이 대두하는데, 이는 곧 가타리가 감각작용과 창조 모두를 가장 중요한 것으로 인정한다는 말이다. 물론, 가타리는 환원주의적이면서 엘리트주의적인 "한정된 일련의 논리"(가타리 1995a, 9)로만 정동을 포착하기 위해서 정동을 동원하는 보수주의자들의 시도에 반대한다. 그가 이러한 시도에 반대하는 사상은 유연하고 열린 방법론(메타 방법론)(가타리 1995a 31)을 지닌 사회적 실천이나 분석의 사상이다. 이 방법론은 정동적인 사건의 복잡성을 다루는 데 있어서 "주체성의 다수성"을 가능하게 해 준다(탐파호 사건을 보수적으로 포착하려는 세력은 마땅히 이를 피하고자 한다). 더욱이, 가타리가 사회적 실천 속에서 정동을 받아들이는 것은 삶의 실천을 평가한다는 점에서 윤리적이다. 요약하자면, 가타리는 "윤리-미학적 패러다임"으로 정동을 받아들인다. 그는 이것을 "인문학과 사회과학"에서 전통적으로 채택되어 온, 보다 일반적인 유사-"과학적 패러다임"에 대한 대안으로 제시한다(가타리 1995a, 10). 윤리 미학에서 "창조에 관해 이야기한다는 것은 창조된 것과 사물의 상태의 굴절과 기존의 도식 너머의 분기점과 관련하여 창조적 심급의 책임성에 관해 이야기하는 것인데, 이는 다시 한 번 극단적인 양상들의 타자성을 고려하는 것이다"(107).

근대는 합리주의적 사고방식에서뿐 아니라 감각작용 체제의 발달에서도 끊임없는 혁신을 가져왔다. 이 두 가지 모두에서 우리의 일상생활을 구성하는 작은 정동적 사건들의 무한성을 미시적으로 식민화하는 경향이 커져 왔다. 이에 대한 가타리의 응답은 일상의 무한성과 정동의 힘을 매우 진지하게 받아들이고, 생활양식들이 존재하게 될 때 그에 대한 창조적 응답가능성responsibility을 개발하는 것이다.

수평선 위의 붉은 배

2001년 9·11 사건이 발생하기 몇 주 전, 붉은색의 노르웨이 화물선과, 대부분 아프가니스탄에서 온 438명의 난민에 관한 사건이 호주의 정치적 영토를 뒤바꿔 놓았다. 어떻게 이런 일이 일어났느냐는 질문은 많은 호주인에게 굉장히 중요한 문제가 되었고, 이에 대해 많은 구체적이고 총명한 답변들이 나왔다.[4]

붉은 선박이 수평선 위에 나타났다. 그 수평선은 지리적으로 인도양의 크리스마스 섬의 북쪽(호주 퍼쓰에서 2,600킬로미터 떨어진 북서쪽이며 인도네시아와 가깝다)이었다. 이 사건을 둘러싼 정치적 지형은 (존 하워드 총리와 그의 자유-국민 연합당의) 보수 정부가 총선을 앞두고 패배가 확실시될 만큼 절박한 상황이었다. 호주 정부는 붉은 배 사건(그리고 '배 밖의 아이들 사건'[5]과 같은 다른 사건들)을, 총선에서 예상되는 실패를 "어두운 승리"로 바꾸기 위해 이용했다(마르와 윌킨슨 2003).

"표류하는 붉은 선체의 미학적 효과"(미트로풀로스와 닐슨 2006)를 제공하는 이미지 중에서도, 이것은 다른 무엇보다도 붉은, 수평선 위의 한 선박이었으며, 말하자면 일반적 시야에 떠오른 강렬하고 두드러진 "선박의 붉음"red shipness이었다. 그러나 이 "선박의 붉음" 안에 숨겨져 있던 것은 평범

---

4. 이에 대해서는 Buchanan 2003, Ross 2004, Maley 2004, Mitropoulos and Neilson 2006, Marr and Wilkinson 2003을 보라.

5. 총선 직전이었던 2001년 10월, 탐파호 사건 처리 과정에 대한 비판에 직면한 호주 정부는, 난민으로 가득 찬 배 옆 물속에 아이들이 빠져 있는 사진을 일부러 잘못 해석되도록 내보냈다. 이 사진들은 "물불 가리지 않는 난민들"이 입국을 위해 무슨 짓이든 한다는 것을, 심지어는 자신의 아이들이 "구조될 수 있도록" 아이들을 물속에 던지기까지 한다는 것을 보여 주고자 했다. 그러나 사실 이 난민들의 배는 진짜로 가라앉고 있었다.

한 화물이 아니었다. 배 위에는 438명의 난민(대부분이 아프가니스탄인)이 있었는데, 이들은 한 작은 인도네시아 어선에 타고 있다가 8월 26일에 노르웨이 화물선인 탐파호^{MV Tampa}에 의해 구조되었다.

호주 정부는 구조 요청이 전달되기 적어도 "20시간" 전부터, 이미 난민들을 태운 인도네시아 어선이 "곤경에 처해" 있다는 것을 알고 있었다. 호주 정부는 "인도네시아 정부가 이 문제에 대한 책임을 지기를" 원했지만, "구조가 지연되면서 사람 438명의 목숨이 끔찍한 위험에 처하게" 되었다(마르와 윌킨슨 2003, 3). 난민들이 탐파호에 의해 성공적으로 구조되자, 하워드 총리의 호주 정부는 "탐파호가 호주의 영해에 들어오는 것을 불허"했다(말리 2004, 154). 8월 29일, 결국 배에 탄 사람들 모두의 건강과 안전을 위해서 탐파호의 선장인 아르네 리난은 크리스마스 섬 근해의 호주 영해로 들어가기로 결정하였다. 그의 배는 결국에는 호주의 특별 군대에게 인계되었다.

그 후 난민들은 호주 정부가 '퍼시픽 솔루션'^{Pacific Solution}이라고 부른 광범위한 정책의 일환으로, 나우루 섬[호주 동북방의 섬나라]에 보내졌다.[6] 이때부터 호주에 망명을 신청하기 위해 배를 타고 들어오는 난민들은 호주 영해에 이르기 전에 바다에서 나포되었다. 이들은 나우루나, 호주 북쪽의 이웃 나라인 파푸아뉴기니로 보내졌다. 양 국가 모두 호주에서 수백만 달러를 받았다.

우리는 탐파호 사건에서 세 가지 측면을 따로 볼 필요가 있다. 리토르넬로를 통한 영토의 등장, 이 영토 안의 새로운 기능들의 등장, 그리고 이 새로운 영토와 기능들의 추가적인 리토르넬로이다. 첫째로, 들뢰즈와 가타

---

6. 150명의 난민은 뉴질랜드가 받아들였다.

리가 사용한 용어에 따르면 사건이 하나의 영토로서 떠오르게 되는데, 붉은 선박은 그 영토의 리토르넬로 또는 표시이다. 탐파호는 (난민들 자신도 그러했듯이) 기능을 상실하고(들뢰즈와 가타리 1987, 315), 일상적인 국제 해상 운송과 관련한 기호 체계 및 물질 과정에서 제거된다. 그것은 새로운 사건(일이 다르게 발생할 수 있는 새로운 사실상의 잠재력)과 일련의 새로운 물질적 영토들(실제 국경, 난민 수용소, 선박의 갑판, 섬들, 신체들) 및 일련의 새로운 실존적 영토들(사실상의 가능성, 물질적 공간, 새로운 생활 방식, 새로운 법, 새로운 기호 체계, 담론, 어조, 새로운 감정과 느낌, 정동을 촉발하고 정동이 촉발되는 새로운 힘)의 표시이자 가능성이 된다. 요약하자면, 다른 리토르넬로를 가능하게 하는 리토르넬로라는 표현의 새로운 지평이 떠오른 것이다.

오늘날 정부 활동과 관련한 언론 보도의 검열이 광범위하게 법제화된 것을 예고하면서, 호주 정부는 탐파호 위에 언론의 출입을 허용하지 않았으며, 심지어 적십자도 허용하지 않았다. 무방비 상태의 절박한 사람들과 물이 새는 작은 어선에 대해 눈으로 확인 가능한 증거가 있어서는 안 되었다(번사이드, 년도 없음). 붉은 배는 전혀 다른 미학적 특징을 제공했다. 배의 이미지는 거대하고 인상적이며, 수평선 위에서 가끔 열기에 일렁이는 모습으로 남아 있었다. 사건을 인격화하지 못하게 되면서 이 사건은 다른 느낌을 주었다. 리토르넬로는 "전前인격적인" 정동적 힘이 고리 모양을 만들며 스턴이 "시간의 윤곽선"이라고 부르는(스턴 2004, 62) 가변적인 시간적 "질감"으로 짜였다. 탐파호의 이미지는 느리고 오래 끄는 윤곽선, 거의 꼼짝하지 않는 강도를 가지고 있었다. 그것의 리토르넬로는 (타블로이드 신문과 저녁 뉴스에서) 고집스러우며 풀리지 않는 완고함을 만들어 냈는데, 수평선 위에 앉아 있는, 쉽게 사라지지 않을 붉은색이었다. 그것은 위협 아니면 구조, 침입 아니면 망명, '아시아'(아프가니스탄, 인도네시아) 아니면 심지어 '유럽'(노르웨이를 비롯하여 복지 제도를 가진 몹시 자애로운 스칸디나비아 국가들)에 대한 메타포이면서, 국제화와 고립이라는, 호주에게 매우 중요한 동시적 위협의 메타포일 수도 있었다. 그것은 이들 모두이자 그 이상이었지만, 처음에 그것은 수평선 위에 자리한, 불안하고 끈질긴 붉음이었다.

보수적인 정부에게 갈수록 호의적이지 않았던 영토가 신중하게 재편성될 수 있게 한 것은 이 사건의 시간적 질감이었다. 호주에서는 이것이 미국의 9·11 공격에서 반복되는 이미지의 다른 판본인 "시간의 윤곽선"을 보완하게 되었을 것이다. 여기에, 무언가 충격적인 일이 신속하게 갑자기 반복적으로 발생했다는 윤곽선(리토르넬로)이 있었다. 호주 정치계에서 이 두 윤곽선의 상호 작용은 향후 몇 년 동안 억압적인 정부 모델이 광범위하게 활성화되는 계기가 되었다.

탐파호 사건의 두 번째 측면은 붉은 배에 의해 표시된 새로운 '실존적' 영토 안에서 떠오른 새로운 기능들과 관련되어 있다. 새로운 표현 능력은 종종 꽤 모순적인 일련의 힘들을 얻게 되었다. 정동을 촉발하거나 정동이 촉발되는 힘들의 무대가 배의 갑판 위에, 바다 위에, 그리고 미디어에 마련되었다. 배역은 난민 희망자들, 상선 선원들, 군인들, 몇몇 국가들, UN, 해양법 및 국제법, 그리고 물론 정당들과 같은 힘들이 맡았다. 일련의 새로운 정동적 힘들이 자기 역할을 수행하기 시작했고, 이에 대한 응답으로 새로운 사회적 관습, 새로운 법이 만들어졌으며, 붉은 배의 리토르넬로는 '나약함'을 내비치는 것은 무엇이든 경계하도록 이끌려지는 문화 속으로 번져 들어갔다. 연민에서 비롯된 행동들이 있기는 했지만, 새로운 영토에서는 가시화될 수 없었다. 그러나 새로운 형태의 공격성은 가시화되었다. '정치'는 가시적이지만 추상적인, 심지어는 육체에서 이탈된 경쟁으로 여겨졌다. 이라크 전쟁의 예행연습처럼 선박을 장악하는 과정에서, 공격은 방어로 여겨졌다. 공격성은, 붉은 선박에 의해 억류된 일련의 추상적인 표적들, 즉 '난민들', 국제법과 의무, 국제 해운, 그리고 연민에 대항하는 역할을 하기 시작했다. 모든 공격성과 마찬가지로, 그것은 양분화되고 있었다. 모든 것이 공격 아니면 방어의 문제가 되었다. 모든 사람이 입장을 가지고 있어야 했다. 기호와 담론, 틀과 질서가 완전히 모습을 드러낸 것이 이 시점이었다. 의견과 논거의 내용도 물론 중요하지만, 어쩌면 더욱 중요한 것은 의견이 있어야 한다는 점이었는지도 모른다. 새로운 영토는, 호주 정부뿐만 아니라 전 세계의 보수주의자들에게도 더욱 적합한 조건으로 정치적인 경쟁을 개척하도록 했다.

탐파호 사건은 다르게 풀렸을 수도 있었을 것이다. 하지만 데이비드 마르와 마리안 윌킨슨이 암시했듯이, 그것은 "어두운 승리"가 되었다. 이것은 심리적인 것과 사회적인 것, 법적인 것과 지리적인 것들을 촘촘히 엮는 "국경 보안"과 "국가 안보"가 뒤섞이도록 했다. 붉은 배는 그 이상의 리토르넬로도 가능하도록 만들었다. 이에 따라, 총리는 능란하고 의기양양하게, 그리고 위협적으로 이렇게 말했다. "이 나라로 누가 들어오고 어떤 상황에서 들어올 것인지는 우리가 결정한다"(마르와 윌킨슨 2003, 277). 이것은 점점 더 넓어지고 지속적으로 되어 가는 실존적 영토 내에서 모호한 정동적 힘들이 담론적 리토르넬로가 되는 전형적인 예를 보여 주었다. 이는 점차 대통령의 방식대로 "국가를 이끄는" 것을 "우리"와 혼동하도록 했는데, 여기서 "우리"는 그 자체로 정당, 정부, 그리고 같은 생각을 가진 "진짜" 시민들의 열린 집합이었다(물론 이 집합에서 많은 사람이 제외된다). 이미지-리토르넬로의 느린 "시간의 윤곽선" 때문에, 또는 그것에도 불구하고, 이 시기는 불안할 정도로 역동적이었다. 법이 바뀌었고(로스 2004, 프로우 2007), 법 적용이 배제되는 예외 상황들이 늘어났다(뷰캐넌 2003). 윌리엄 말리에 의하면, "국경 보안을 강조하며 난민들을 사악하게 묘사하는 것은 (선거 부동층의) 공포를 야기하도록 완벽히 계산된 것이었다"(말리 2004, 161).

탐파호 사건의 세 번째 측면은 이 사건이 정동 역학의 리토르넬로를 더욱 확산하게 한 방식이다. 이 사건은 소수 인종 그룹, 노조, 실업자, 지식인, 예술인 등 하워드 총리가 말한 '기회의 땅'에 그다지 매료되지 않는 것으로 보이는 사람들을 악마처럼 다루는 왜곡을 증대하여 예외 상태를 강화하는 데 기여를 했다고 충분히 볼 수 있다. 좀 더 직접적으로 말하자면, 그것은 '렐렉스 작전'Operation Relex에서 보다 냉혹하고 비밀스러우며 자금 지원을 많이 받는 '새로운 국경 통제 기술'을 시행할 수 있는 기반을 제공했다(미트로풀로스와 닐슨 2006). 말 그대로 호주의 국경이 옮겨졌고, 크리스마스 섬을 비롯한 섬들을 호주의 이민구역에서 제외시켰다. 이에 대해 미트로풀로스와 닐슨은 이렇게 설명한다. "형식적으로는 난민 자격을 신청할 수 있는 권리가 남아 있지만, 이 법들은 이 섬들에 도착한 이민자들이 난민 자격을 신청할 수 있는 힘을 사실상 빼앗아 버렸다."

외부로부터

리토르넬로가 힘들의 집합이라면, 이 힘들은 외부에서 온다. 그것은 수평선 위의 붉은 배나 난민들처럼, 기존의 형식에 대한 도전이다. 붉은 배는 바로 그 고집스러운 붉음 속에서 힘과 새로운 형태의 (정치적?) 표현의 생성 사이의 경계에 놓여 있는 것처럼 보였기 때문에 정치적인 기회를 제공했다. 그러나 그것은 아직 내용이라고 할 수는 없었다.

붉은 배는 정동이 형식이 아니라는 것을 우리에게 보여 준다. 정동은 상태들 사이의 전이이다(가타리 1996, 158). '정동의 논리'는 '상태'가 그 자체로 느리고 반복되며 순환하는 정동이라고, 간단히 말해서 통로라고 주장할 수도 있다. 전이 사이의 전이로서, 중계 영역의 통로로서, 정동은 현실적인 면과 잠재적인 면을 가지고 있다. 예를 들면, 정동은 비록 항상 전이 과정에 있기는 하지만, 감각이나 정서 속에서 일종의 존재화로서 현실적이다(마수미 2002, 35, 207). 정동은 그것이 "정동을 촉발하고 정동이 촉발되는, 현실화되지 않은 능력"을 가지고 있기에 잠재적이다(데란다 2002, 62). "시간적 윤곽"과 공명이 엮여 들어가면서, 이들 중 무엇도 리토르넬로 안에서가 아니면 최종적인 형태를 찾을 수 없다. 그러므로 리토리넬로의 형태는 '만들어진' 정동의 안정적인 분배가 될 수 없다. 그것은 존재가 되어 가는 것과 정동을 촉발하는, 그리고 정동이 촉발되는 힘이 불규칙하게 서서히 분배되는 것이다. 그리고 그것의 힘이다. 리토르넬로는 일상의 무한한 잠재적인 가능성과 실제적 (단순히 이론상으로가 아닌) 힘의 작용 사이의 관계를 협상하는 데 특히 유용한 방식이다. 리토르넬로는 삶의 방식들을 '상태' 속에서가 아니라 시간 속에서 가능하도록 해 준다.

탑파호 사건 이후 많은 사람의 외침은 이 힘을 이해하고자 하는 시도였다. "어떻게 그렇게 되었는가?" 가타리는 이렇게 말했을 수도 있다. "그것이 어떻게 될 수도 있었을까? 그것이 어떻게 다를 수 있을까?" 이 질문은 다소 구체적인 답변을 필요로 한다.

정동의 시간적 공명

리토르넬로가 단지 가능한 변화의 종결이 아니라 그 시작이라는 것을 사람들은 종종 잊는다. 리토르넬로는 우리가 "미래의 힘과 함께 나아갈 수 있도록" 해 준다(들뢰즈와 가타리 1987, 311). 리토르넬로는 스스로를 미래의 힘으로 기워 넣음으로써 그것과 결합한다. 리토르넬로가 이렇게 할 수 있는 것은, 정동이 전이 또는 통로로서 리토르넬로의 다른 측면들 안에서, 또는 그 사이에서 감각과 사건, "시간의 윤곽선"을 가로질러 연결될 수 있기 때문이다. 리토르넬로는 "교차 양상적"이다(스턴 2004, 65). 이것의 한 측면은 마수미가 말하듯 "정동이 공감각적이라는, 즉 다른 감각들이 서로에게 작용한다는 것"이다. 역시, 변이는 힘이다. 즉, "생명체가 상호 작용할 수 있는 수단은 하나의 감각이 다른 감각에 미치는 영향을 변환할 수 있는 능력이다"(마수미 2002, 35).

마찬가지로, 정동은 "시간의 윤곽선"이 서로에게 따로, 또는 리토르넬로의 고리 속에서 참여한다는 면에서 교차 시간적이다. 이러한 교차 시간성은 경험의 이동이 미래를(기억으로서는 과거를) 구성하도록 만든다. 이것의 거시적인 예는 느린 '난민 위협'의 리토르넬로가, 진행 중인 인플레이션 위협의 리토르넬로와 공명하는 것이다. 또 다른 예는, 적어도 호주에서는, 탐파호 사건의 치명적인 느림과 보류의 미래를 9·11 사건의 속도와 급작스러움에 교차 시간적으로 연결시키는 것이다. 이것을 미시적 차원에서 이해하기 위해서 우리는 대니얼 스턴이 "시간의 윤곽선"에서 발전시킨 "활력 정동"vitality affects에 대한 논의를 살펴볼 수 있다. 이렇게 함으로써 우리는 "직접적인 경험"의 "미시 시간적 역동"을 이해하게 될 수 있을 것이다(스턴 2004, 62).

스턴은 원래 "어머니가 아기에게 정서적으로 호응하는 것을 상호주관성의 초기 형태로 설명"하기 위해 "활력 정동"이라는 개념을 도입했다. 그러나 스턴은 "이 개념은 더 광범위하게 적용될 수 있다"고 밝혔다. 우리는 여기서 "시간의 윤곽선"을 분명하게 정의할 수 있다. 그것은, "안 또는 밖으로부터 중추 신경계를 건드리는 자극의, 객관화시킬 수 있는 시간의 윤곽선"이다. 그는 이것의 즐거운 예로 미소를 든다. "다른 사람의 얼굴에서 보이는 미소는 형성되는 데 시간이 걸리는 독특한 시간의 윤곽선을 갖고 있다.……별개의 상태나 사건의 연속이 아니라 유사성이 펼쳐지는 것이다.……우리가 보고, 듣고, 느끼고, 듣는 모든 것은 시간의 윤곽선이 있다.……우리는 국지적 단계에서 세계의 '음악'(여러 개의 음과 화음으로 이루어진 복잡한 입체 음향)에 빠져 있다"(스턴 2004, 62~64).

구체적인 윤곽선들이 중요하다. 스턴이 말하듯, "수백 가지의 미소가 있다"(63). 친구가 짓는 두 가지 미소를 떠올려 보자. 비슷하게 지어졌지만 하나는 평소보다 더 빨리, 다른 하나는 매우 느리게 지어진 미소. 이 미소들은 당신에게 매우 다른 정동을 촉발할 것이다.

활력 정동은 "내적 상태에 있어서 주관적으로 경험된 전환"인데 이것은 "시간의 윤곽선에 대한 보완"이다(스턴 2004, 64). 이것은 "범주적 정동"(간단히 말하자면 '두려움' 또는 '분노'처럼 못 박기 쉬운, 인식 가능한 감정들)과는 다르다. 사실, 스턴의 관점에 따르면 활력 정동(그리고 시간적 윤곽)은 보다 '범주적인 정동들'을 가로질러, 그리고 그 사이에서 작용한다.(64) 친구의 낯선 미소를 생각해 보라. 친구가 행복한 것인가, 화난 것인가, 아니면 그 중간의 어디쯤인가? 붉은 배의 비범한 리토르넬로적 윤곽과 그것의 작용을 생각해 보라. "미시-시간적 역동"은 일상생활과 정치적 생활에서 가장 중요한 요소이다. 그것은 정동적이고 "유사성"이 있으며, 사회생활과 정치적 생활에 결정적으로, (감정, "상태", 다른 감각, 이미지, 다른 "시간의 윤곽선" 사이에서) 양식을 전환하는 데 열려 있다. 그것은 주로 관계적이다. 스턴이 말하길, "교차 양상적 번역에 대한 우리의 역량으로 인해, 한 양식에서 촉발된 활력 정동은 다른 어떤 양식이나 시간, 상황에서 나온 활력 정동과도 연결될 수 있다. 활력 정동은 연합적 그물망 형성에 이바지한다"(65, 저자 강조).

붉은 배 사건과 같은 위기 상황에서 국가는 더욱 살아 있는 것처럼 느껴지는데, 이는 정확히 말해 매우 새로운 "시간의 윤곽선", 즉 습관의 전환과 파괴, 수많은 새로운 "교차 양상적" 소통이 이루어지기 때문이다. 바로 이러한 특성으로 인하여 이러한 시기가 거시 정치 생활과 미시 정치 생활의 만남 속에서 정치적으로 대단히 생산적인 시기가 된다.

요약하면, 우리가 가진 "활력 정동"과 "시간의 윤곽선"은 사건을 통해 떠오르고 리토르넬로로 한데 모여들며, 다른 리토르넬로와 함께 도표화되어 국가의 신경계를 자극한다. 붉은 배 사건의 경우엔 이런 과정이 슬로우 모션으로 일어남으로써 모든 게 더욱 효과적으로 되었다. 이러한 과정은 ("나의 두려움", "나의 분노"처럼 보통 상식적으로 개인화되었거나 "범주적"이라고 좁게 정의되는) 다양한 개인적 감정을 통해, 결국에는 감정적인 경험에서 비롯된 느낌과 복잡한 생각들을 통해 상황에 수반하거나 상황에서 확장되어 전개된다. 미시적 경험이 내러티브와 이야기로, 그리고 종종 "실제 정치"로 여겨지는 어떤 것으로 진화하거나 "실제" 사회적 삶이 시작되는 것은 아마도 느낌을 수반할 때만 가능할 것이다. 그리고 그때도 이미 정동적 강도 속에는 "의미망의 교차"(마수미 2002, 24)가 진행 중일 것이다.

마수미에게 정동이란 정확히, 강도들이 어떻게 모여서 서로를 움직이고 의미와 의미론, 고정 체계와 인지 아래에서, 또는 그 너머에서 변환하고 번역하는가의 문제이다. 여기서 우리는, 최악의 반동적인 상황일지라도 정동적 강도가 아직 우리에게 도달하지 않았다면 아무 일도 일어나지 않았다고 가정해 볼 수 있다. 이것은 왜 (공간적·시간적) 영토가 항상 "실존적 영토"일 수밖에 없는가를 새롭게 이해하도록 해 준다. 그것은 제 자리를 지키는 차원에서뿐 아니라 운동성을 부여한다는 의미에서 영토라고 할 수 있다. 그것은 그 자체로 운동이다. 가타리에게 영토는 "결코 대상으로서가 아니라 강렬한 반복으로서 주어진다"(가타리 1995a, 28).

그러나 정치적 생활과 이론상의 생활, 일상생활에서는 이러한 강렬함을 구체화하고 안정시키려는, 정동을 누그러뜨리고 줄어들게 하며 분류하고 수량화하려는 시도가 종종 있다. 어떤 의미에서는, 정동은 때로 실험실에 묶여 전기 충격을 받고 나서 한낱 침샘 기능(그리고 "실험 신경증"이라고 불리게 된 것)으로만 축소되는 파블로프의 개와 같은 상황에 놓이게 된다. 그러나 정동은 탈출한다(마수미 2002, 35). 이것은 정부와 전문가들, 아마도 때로는 이론가들에게도 말썽거리가 된다. 정동이 도망칠수록, 정부 통치 또는 현대 생활의 상당 부분은 "신경계를 파고드는" "시간의 윤곽선들"을 관리하려고 시도해 보지만 불가능한 시도인 것처럼 보인다. 예를 들어 마수미는, 미국에 일단 색상별로 코드화된 테러 경보 시스템이 도입되자 "대중의 정동 조정이 갈수록 시간에 예민해지는 정부 통치의 공식적인 중심 기능이 되었다"고 저술에서 밝혔다(마수미 2005b, 32).

감정이나 느낌을 지나치게 강조하면 정치와 그 외 영역에서 정동적 사건의 확장된 역동성을 놓치게 될 수 있다는 것을 짚고 넘어가야 한다. 애초부터 (마수미가 말했듯이) "감정과 정동은 다른 논리를 따른다." 정동의 논리는 "일반적으로 인정되는 심리학적 범주"에 따르지 않는다(마수미 2002, 27). 게다가 감정은 "제한적인 강도"인 반면 정동은 "무제한적인" 강도이다. "그 차이점을 이론화하는 것이 매우 중요하다"(28). 둘 다 정동에서 감정이나 느낌으로 자연적으로 진행되거나 필수적으로 진전되는 것은 아니다. 들뢰즈는 화가 프랜시스 베이컨의 작품에 대한 그의 글에서 이를 분명히 했다. 들뢰즈는 심지어 베이컨의 작품에서 (아마도 다른 데서도) "느낌이란 없다. 정동, 즉 '감각'과 '본능' 외에는 아무것도 없다"라고 했다(들뢰즈 2005, 39). 요약하자면, 우리는 리토르넬로와 '정동적 조정'이 작용하도록 하기 위해 붉은 배, 난민, 세계무역센터, 비행기와 관련하여 어떤 감정도 느낄 필요가 없다. 오히려 이러한 사건들은 우리를 둔감하게 만든다. 그러나 이 사건들은 여전히 감각과 직감의 재편성을 통해 행동하면서 우리에게 힘을 가져다주기도 하고 우리에게서 힘을 빼앗기도 한다. 우리가 만일 일상생활 속에서 미시-파시즘을 실행한다면(푸코 재인용, 들뢰즈와 가타리 1983, xiii), 이것은 감각의 통로를 통한 것이기에, 느낌이 있든 없든, 동의나 반대가 있거나 없거나, 이 모두를 통해 이루어질 것이다.

리토르넬로와 초조한 세상들

이를 염두에 두면, 가타리의 이론에 따라 정동과 리토르넬로의 범주를 도표화할 수 있게 된다. 그러나 한 가지 유형의 정동이나 리토르넬로가 다른 유형을 배제하거나, 그들 사이의 관계에 안정적인 구조가 존재하는 방식은 아닐 것이다. 이는 오히려 리토르넬로의 리좀 내부의 구성의 정도에 관한 문제이다.

가타리에게 "감각의 정동"은 단순한 정동이다(가타리 1996, 163). 내 눈 속의 빛, 수평선 위의 붉은 배, 신문 제1면에 실린 붉은 배의 사진과 같은 예를 들 수 있다. 이들은 가타리가 "가장 단순한" 리토르넬로라고 부른 것(가타리 1995a, 15), 예를 들면 새 소리, 어둠 속에서 노래 부르는 아이(들뢰즈와 가타리 1987, 311), 붉은 배 이미지의 반복과 상응한다.

그러나 대부분은 이렇게 단순하지 않다. 실제 존재에게는 언제든 (건강한 주체성을 위한) "주체화 방식의 다성성"과 "박자를 맞추는 방식의 복수성"(가타리 1995a, 15), 즉 작동 중인 단순 리토르넬로의 복수성이 있다. 이러한 리토르넬로들 (그리고 시간) 사이의 관계의 복수성은 가타리가 "문제적 정동"이라고 부른 것으로 표현된다(1996, 163). 이것은 "복합적 정동", 즉 "이질적인 양식의 주체성이 교차하는 지점을 표시"하는 단순 리토르넬로들의 혼합이다(가타리 1996, 199). 가타리가 제시하는 한 가지 예는 텔레비전 시청이다(1995a, 16). 수평선 위에서 움직이지 않는 붉은 배를 텔레비전에서 보여 주고 있다고 가정해 보자. 뉴스를 시청하는 사람은 그러한 특별한 톤의 목소리를 통해 뉴스를 보고 있다. 그때 총리가 나오는데, 나를 구해 줄 것만 같다(그렇지 않으면 일 초도 못 견딜 것 같다). 눈썹이 잘 정돈된 총리는 저음의 목소리로, 특이하게 턱을 움직이며 말한다. 나는 차를 마신다(또 다른 시간적 형태). 나는 방금 명상을 했고, 평소보다 천천히 숨을 쉬고 있다. 느낌이 있든 그렇지 않든, 내 의견과 일치하든 그렇지 않든, 복합적 리토르넬로, 즉 문제적 정동이 나를 감싼다.

구성의 더 바깥층에는 "과도하게 복합적인 리토르넬로"가 "과도하게 복합적인 문제들"과 함께 있다. 이들은 수학과 같이 굉장히 흥미진진하고 특이한 '세계들'을 체험 속으로 끌어들인다. 과도하게 복합적인 리토르넬로들은 종종 하나의 세계를 추상적인 '내부' 세계로, 음악 또는 수학의 '무형의 세계' 속으로 이동시킨다. 이들은 종종 "우리를 슬픔으로, 또는 진정 희열과 흥분의 분위기 속으로 빠뜨리는 거대한 정동"과 관련된다(가타리 1995a, 16). 나는 내가 붉은 배와 국경 통제의 세계 속에 살고 있다고 느낀다. 나는 '하워드주의'Howardism의 슬픔 속으로, 또는 멜리사 그레그와 글렌 풀러가 '의로운 이의 리토르넬로'라고 부른 것으로 빠져든다(그레그와 풀러 2005). 나는 친구들과 함께 음악을 들으러 나가고, 우리는 '희열과 흥분'의 세계 속으로 침잠한다.

대체로, 우리는 단순하고 감각적이며, 문제적이고 거대한 정동들의 강력한 혼합물에 직면한다. 구성과 해체의 다양한 과정 속에 있는 단순하고 복합적이며 과도하게 복합적인 리토르넬로들에 의해 시간 속에 일정한 구조가 주어지는 것이다. 이들은 신경계 안에서, 또는 신경계를 가로질러 감각과 직감, 시간성과 공명의 재편성을 수행하는데, 이는 세계화와 신자유주의 경제, 지구 온난화, 테러와의 전쟁, 수학, 사랑, 음악과 관련되어 있다. 마수미는 "정동은 이데올로기 이후의 포스트모던 권력을 다시 고려할 열쇠를 가지고 있다.……이는 이데올로기를 그것의 실제 출현 조건과 연결시키는 것을 시급한 현안으로 만든다"고 하며 정치적인 문제를 명확히 드러낸다(마수미 2002, 42, 강조 첨가). 여기서 리토르넬로의 힘은 (여기서 우리는 음악을 넘어선 그 이상을 고려해야 한다〔가타리 2000, 46〕) 강력하고 창조적이며 자기 구성적인 횡단성transversality 안에 있다. 리토르넬로가 정동과 작동할 때, 그것은 교차 양상적이며 상호 시간적이다. 탐파호의 리토르넬로와 마찬가지로, 문제는 리토르넬로의 힘과 직면하여, 완전한 종결의(사실상 국경 통제의) 필요성이다.

"고루한 애착"에서 "주체성의 다수성"으로

1992년, 수평선 위의 붉은 배 사건과 같은 상황에 대한 가타리의 설명은 미래를 예견하는 바가 있었다. 그는 "주체성의 단수성에 대한 요구가 증가함으로써" 세상이 점점, 그리고 종종 심각할 정도로 이러한 요구에 지배당하는 것에 대해 서술했다(가타리 1995a, 3). 붉은 배 사건과 같은 사건들은 "언어에 대한 논쟁〔예를 들어 시민권 시험 중 영어 테스트〕, 자치론자들의 요구〔지구 온난화 문제와 관련한 교토 의정서로부터의 자율을 주장하는 호주와 미국〕, 국가주의와 국가의 문제〔시민권 시험에 도입될 수 있는 '호주적 가치관' 테스트〕"의 새로운 국면에서 매우 중요한데, 이런 이슈들은 "주체성의 보수적인 재영토화"에서 분명히 나타난다(가타리 1995a, 강조 첨가). 이것은 협소하게 규정되고, 강화된다. 가타리에게 그것은 "그럼에도 불구하고 현대적 주체성의 혼합체로 특징되는 기술적, 과학적 근대성을 열망하는 문화적 전통에 대한 고루한 애착의 혼합"으로 이루어진다(1995a, 4).

이것의 분명한 예는 호주의 인종 차별주의에 대한 '케케묵은' 잠재력인데, 이는 호주 사람들의 삶 속에서 깊게 공명하는 수많은 리토르넬로에 의존하고 있으며, 국경 통제와 강제 수용의 새로운 기술에 반영된다(미트로풀로스와 닐슨 2006). 일부 논객은 외국인 혐오와 인종 차별주의에 대한 고루한 애착이 '편집증적으로' 부활하도록 도운 게 (경제적 또는 기타) 불안정의 새로운 실존적 영토라고 지적했다(헤이지 2003).

가타리는 "집단적 욕구의 경제는 양방향으로 가는데, 탈바꿈 및 해방의 방향과 권력에의 편집증적 의지의 방향이다"(1995b, 15)고 강조했다. 그러나 정동을 단지 계급적 목적을 달성하기 위한 수단으로서만이 아니라 좀 더 진지하게 받아들이는 것은 **사회생활과 문화생활에서 실험**의 시작이 될 수도 있다(24). 가타리가 '주체성의 다수성'의 개념과 윤리, 실천을 위치시키는 것이 바로 여기다(1996, 216).

이것은 주체성 안의 다수성이라는 바로 그 개념과 부분적인 시간성의 혼합, 의견 불일치, 심지어는 "자신 안의 복수성"(가타리 1996, 216) 분석과 사회적 실천의 변화할 수밖에 없는 복잡성을 받아들이는 것에서 시작한다(262~72). 이러한 다수성은 과정과 사건, 강도들의 복합적인 유동성인데, 이는 붉은 배의 리토르넬로, 또는 "중추적 신경과민"(마수미 2005b, 32)[7]을 초래하는 컬러 코드화된 경보 시스템에서부터, 한 잔의 커피, 사랑에 빠지기, 갑자기 피곤함을 느끼기, 또는 "고루한 애착"의 끈질긴 공명, 그리고 아마도 이렇게 공명하는 것들 모두를 합친 리토르넬로의 "다성성"polyphony으로 움직이는 것이다(가타리 1995a, 15).

이어지는 글에서, 우리는 "주체성의 다수성"과 관련한 정동의 재배치에서 무엇이 위태로운지를 검토할 것이다. 현재 사회적 통제의 상당 부분은 "주체성의 다수성"을 닫아 버리려는 시도이다.

---

7. [옮긴이] 9·11 테러 이후 미국의 색깔별 경보시스템이 작용하는 방식은 직접적 통제가 아니라 분산된 감각을 통해서이며, 이에 사람들의 반응은 다양하지만, 중추신경에 잭으로 연결되어 '중추적 신경과민'을 공유하고 있다고 마수미는 주장한다.

"한정된 집합들의 논리보다는 정동의 논리를"

어느 짧은 인터뷰에서, 가타리는 현대 사회에서 "우리는 대중 매체와 획일화된 행동 방식을 통해서 주체성을 신경학적으로 이완시키려 한다"고 말했다(가타리 1996, 215). 신경 이완제는 '항정신병 약'이다. 그것은 말 그대로 우리의 신경계에 '영향을 미칠 수 있'거나 신경계를 '제어'하는 것을 의미한다. 가타리는 좀 더 일반적인 형태의 문화적 신경 이완 현상을 포착하는데, 이는 "중추적 신경과민"의 정치학, 즉 신경 이완과 "중추적 신경과민" 사이에서 정동적 삶을 강렬하고 반동적으로 재조정하는 것을 동반한다. 이것은 현대 자본주의와 대중매체가 "주체성을 어린애처럼 취급"하는 데서 나타난다. 이것이 억압으로, "종교적 근본주의의 부흥"으로, 착취와 인종 차별로, "그리고 여성 억압"으로 이어지는 요인이다(266). 이처럼 주체성을 어린애처럼 취급하는 것이 하워드 총리의 "어두운 승리"를 도왔던 것이다.

이에 대한 대응으로서 가타리의 첫 번째 "중요한 윤리적 선택"(1995a, 13)은 '과학주의'와 미학적인 것 사이의 선택이다. 가타리에 의하면, "우리는 주체성을 대상화, 구체화, 과학화하거나, 아니면 그와 반대로 과정적 창조력의 차원으로 파악하려고 한다"(13). 개념과 실천의 면에서, 리토르넬로는 윤리-미학적 패러다임, 즉 "기표와 과학적 합리성으로의 보편주의적 환원"에 맞서는 창조적 대안(30)에 호응한다. 리토르넬로를 이용해, 우리는 "리토르넬로의 특이한 결합, 가치 체계로의 통로, 사회적 및 문화적 영향"(1995a, 4)에 따라 주체성을 "'횡단적으로' 생각"(가타리 2000, 43)할 수 있다. 여기서 차이를 가로지르는 (즉, 정동하는) 횡단적 연결의 강도는 불가피하다. 정동적 강도는 말 그대로 영토적 과정들의 삶이다. 영토는 그것의 차이 나는 강도들(갈등 또는/그리고 연민)이며, "한정된 집합들"로 축소될 수 없다(9).

완전히 윤리적이기 위해서 가타리의 횡단적 연결은 "타자들이 들어오는 것, 주체성의 다수성이 들어오는 것"을 허용해야만 한다(1996, 216). 그러므로 윤리-미학적 패러다임은 '윤리-정치적'이기도 하다(104). 이 둘 사이의 관계는 탐파호를 둘러싼 사건들에서 분명히 드러난다. 탐파호와 관련 사건들에 대해 논하면서, 로잘린 딥로스는 "의미의 표현에 필수적인 신체들 사이의 차이"를 유지하는 것의 중요성을 강조했다(딥로스 2003, 36; 미트로폴로스와 닐슨의 2006 참고).

여기서 모든 차이를 만드는 것은 정동적 "엔진"(가타리 1996, 159)이다. 이런 차이, 즉 의미로서의, 실존적 영토에서의 변환으로서의 차이가 발생하기 위해서 실제 신체는 정동적인 관계(말하자면 실제 난민들, 호주 국민 대중의 실제 구성원들) 속에 있어야 한다. 하워드 총리 정부의 경우에는 그 난민들이 어디에서도 보이지 않았는데, 왜냐하면 "신체들 사이의 차이"가 배와 정부, 추상적인 유권자 사이에 있었기 때문이다. 이것은 가시적으로는, 결합되어 있는 두 리토르넬로, 즉 수평선 위의 붉은 선체와 총리의 클로즈업 화면 사이의 갈등으로 더욱 축소되었다. 화면 속에서 총리는 거만하게 턱을 빼고 '우리'라는 단어를 '호주'가 기입하려 한 '한정된 집합들'과 함께 결합시키며 그럴듯하게 국가를 들먹였다. 이 속에서 보이지 않았던 것은 난민들만이 아니다. 유권자들도 사라져 버렸는데, 그들은 거대한 붉은 배와 중요한 차별적 관계를 가진 총리의 얼굴 속으로 없어졌다. 우리는 이제 왜 "주체성의 다수성"이 단지 근사한 목표가 아니라 지도자가 말하는 '우리'와는 매우 다른 공동체의 생명선과 같은지를 알 수 있다. 딥로스는 이 문제에 대해 강력히 이야기한다. "공동체는 차이로 인해, 내 신체에 동화될 수 없는 다른 신체들의 차이에 의거해 살아간다.……배제의 정치는 공동체가 함께 살아 갈 수 없는 다른 공동체의 그림을 보여 준다"(딥로스 2003, 39~48; 딥로스 2005 참고).

가타리에 의하면, 정동적인 공동체가 되기 위해서 안으로부터 해체되어야 하는 것은 통일된 '우리'만이 아니다. 언제나 이미 "스스로의 안에 복수성"으로 존재하는 '나'도 포함된다(가타리 1996, 216). 게리 제노스코는 가타리가 "개인을 근본적으로는 집단적 주체group subject로 보는 개념"(제노스코 2000, 156)을 고안했다고 말한다. 가타리는 이렇게 설명한다. "이것은 단지 다른 집단이나 인종, 성별의 포용 문제가 아니라 다름, 타자성, 차이에 대한 욕망의 문제이기도 하다. 타자성의 포용은 권리에 관한 문제라기보다는 욕망에 관한 문제이다. 이러한 포용은 바로 우리 안의 복수성을 끌어안는 조건에서 가능하다"(1996, 216, 강조 첨가). 이러한 복수성은 정동적인 강도와 리토르넬로에 의해 일으켜진다는 바로 그 점 때문에 과도하고 생산적일 수도 있다. 복수성은 체현의 정동적 사회성을 인정한다. 가타리는 "우리는 우리의 신체, 친구들, 어떤 종류의 인간 집단 밖에서 살 수 없다"고 말한다 (1996, 216).

그러나 하나의 신체 안에 겹쳐져 있는 강도들의 복수성은 "동시에, 우리가 이 상황에서 뛰쳐나올 것이라는 점"을 의미한다(가타리 1996, 216). 붉은 배에, 총리의 얼굴에, 아니면 침몰하는 배에서 살아남은 난민들의 이야기에 투자될 정동적 강도의 과잉(마수미 2002, 217)은 언제나 존재하며, 이것이 접혀 들어갈, 안에서 역동적으로 공명할 수 있는 '집단적 주체'도 언제나 존재한다. 이러한 집단적 대상은, 그게 우리 자신이든 더 큰 사회 집단이든지 간에, 절대로 '핵심 성과 지표'나 '고객 평가'에 의해 범위가 정해지고 합리적으로 알려진, 즉 한정된 '인간 집단'일 수가 없다. 정동은 언제나 주체성을 다른 곳으로, 즉 새로운 영토들과 낡은 것들의 해체의 장으로, 우리의 신체와 친구들(그리고 적들?), 그리고 그들의 생태적 맥락 안에 담긴 무한한 가능성과 힘들을 향해 옮겨 간다(가타리 1996, 215~16). 각각의 사건과 신체는, ('한정된 집합들의 논리'에도 불구하고) 마땅히 그렇게 되겠지만, 다르게 진행될 '정동적 잠재력'(매닝 2006)을 가지고 있다. 우리는 정동적 전이, 즉 사건들이 존재하게 되면서 그 사건들의 감각들을 살아간다. 동시에, 우리는 미래 잠재력의 정동적 운반, 다른 시간성을 통한 정동의 횡단성, 즉 정동의 **잠재성**^{virtuality}을 살아간다.

잠재성이란 정동적인 사건이 나오는 **관계적 잠재력**^{relational potential}의 장이다(마수미 2002 참고). "주체성의 재특이화^{re-singularization}"가 계속되도록 하는 것이 이러한 잠재성이다(가타리 1996, 202). 그러나 우리가 탐파호의 리토르넬로에서 보았듯이 "잠재성의 정치가 꼭 좌파에 속하는 것은 아니다"(그레그와 폴러 2005, 152). 혹은 적어도, 모든 정치 형태는 열린 틈에 대한 욕망을 이따금 수반하는데, 그 결과는 보통 '고루한 애착'과 과정의 폐쇄를 다시 불러일으키는 것으로 끝난다. "관계적 잠재성"의 장은 인종차별주의와 공포를 포함한다. 가타리가 "잠재성의 정치"의 중요성에 관해 이야기할 때, (우리가 이내 돌아오게 될) "잠재성의 윤리와 정치"를 꼭 집어 지적하는 이유가 여기에 있는데(가타리 1995a, 29, 강조 첨가), 이 부분은 곧 다룰 것이다. 또 이러한 잠재성은 기호 속에도 있다. 가타리는 신체가 그것에 주어진 맥락으로 환원될 수 없는 것처럼, 기호도 그들의 정동적 차원에서 "엄격하게 언어적인 공리들"로부터 튀쳐나온다고 말한다(1995a, 4). 정동에 이

끌려, 기호들은 "비담론적인" 양상, 즉 담론의 제약을 넘어 행동하는 모습을 보여 준다(가타리 1995a, 1~31).

어떤 주체의 사건도 (직접 체현되었든지 담론적이든지 간에) '신경이 이완된' 정동이나 '한정된 집합들의 논리'로 환원될 수 없다. 모든 주체적인 사건은 (담론적인 것을 포함하여) '비담론적'이고 '체감적'pathic 8 차원을 가지고 있다(가타리 1995a, 25~30). (붉은 배, 총리, 나의 집단 대상 등의) 요소들 사이에는 언제나 정동적인 통로들이 있다. 더 정확하게는, 요소들과 주체성이 이러한 체감적 사건들로부터 모습을 드러낸다. 총리/붉은/배/나의/집단/대상/긴장한/난민들/긴장한/특수부대/국인들/저녁/뉴스의 집합체가, 다른 정동적 사건들이(온갖 종류의 다른 정동들, 사실은 무한한 정동들) 통과해 나가는 하나의 복합 리토르넬로로서 출현한다. 체감적/정동적인 주관적 양식이 출현하고 통과한 다음에 "주체-객체 관계"가 생긴다(가타리 1995a, 25; 마수미 2002, 217 참고). "체감적 주체성"과 함께(가타리 1995a, 25), 이것은 "공존의" 문제(30)이다. 그러나 "합리주의적·자본주의적 주관성 안에서"(26), 그리고 과학적 패러다임 안에서, "체감적 주체화"는 "조직적으로 회피된다"(26). 아니면 적어도, 체감적인 것과 정동을 끊임없이, 비록 불가능하지만, 피하려고 한다.

이와 동시에, 정동의 역동성을 피할 수 없다는 것이 매우 중요하다. 이는 "정동이 '정신과 의사들'이 흔히 그렇게 표현하듯이, 수동적으로 참아진 상태가 아니다. 정동은⋯⋯작동 장소, 잠재적 실천"이라는 것을 의미한다(가

---

8. [옮긴이] 'pathic'은 공감(sympathy)이나 무감(apathy) 등에서 보는 어미 'pathy'의 형용사형인데 '고통'이나 '감정'의 뜻을 갖고 있다. 이 단어를 가타리가 사용하는 용법은 생명체가 외부 현상을 받아들일 때 지각이나 의식이 아니라 즉각적이고 직관적이고 전개념적으로 받아들이는 상황을 함축한다. 따라서 이 글에서는 '체감적'이라고 번역한다.

타리 1996, 166, 강조 첨가). 자본주의와 과학적 패러다임이 계속해서 정동적 강도를 길들이려고 시도하지만, 그것은 절대 완성될 수 없을 것이다. '체계'는 과학적 패러다임과 '한정된 논리'가 종종 주장하는 방식으로는 절대 성공할 수 없다.

새로운 사회, 그리고 "주체적인 음악"

탐파호나 9·11 같은 사건을 분석할 때, 사회가 이제 우파 정치에 의해 통제되는 것처럼 표현하는 경향이 있는데, 이는 납득할 만하다. 이런 관점은 엄밀히 말하자면, 대체로 옳다. 신자유주의적 경영 기법을 통한 새로운 언론 통제가 이루어지고 있다. (경계 짓기의 새로운 논리인) 법률 체계가 수정되고 법률 기관들은 좀 더 보수적인 판사들로 채워지고 있다. 중요한 법적 변화에는 새로운 난민 비자 등을 통한 인구 통제를 포함한다. 국경 통제와 감시, 교육 수행 평가 등에 대해 새로운 과학기술도 나오고 있다.

그러나 이 모든 것은 효과적인 만큼이나 파열되어 있다. 왜냐하면, 이들은 정동적 강도를 인정하고는 그것을 다시 (새로운) '한정된 논리' 안에 가두어 두려고만 하기 때문이다. 그것은 구획 짓기로 환원될 수 있는, 인식 가능한 사회체를 취한다(취해야 한다). 가타리는, 이를 타파하기 위해서는 사회적 실천이 신체나 언어와 마찬가지로, 엄밀히 말해, 사회적인 것에 대한 과잉과 연관된다는 것을 사회 이론이 인정해야 한다고 말한다. 여기서 가타리는, "'집단적'이라는 용어가 개인을 넘어, 사회체the socius의 편에서, 개인 이전에, 언어 이전의 강도의 편에서 자신을 활용하는 복수성의 의미로 이해되어야 한다"고 지적한다(가타리 1995a, 9).

여기서 대니얼 스턴은 가타리에게 다시 중요한 의미를 가진다. 왜냐하면, 스턴은 주체성의 '횡단 주체적인' 면을 개념화하였기 때문이다. 스턴은 ('활력', '범주적 정동'과 함께) '공유할 수 있는 정동'과 '공유할 수 없는 정동'이라는 개념을 전개했다(가타리 1995a, 6). 공유할 수 있는 정동은 "유아의 초기 경험에서 선천적으로 나타나는 횡단 주체적 성격, 즉 자아에 대한 감각이 타자에 대한 감각과 분리되지 않는 것"을 가리킨다. " '공유할 수 있는 정동'과 '공유할 수 없는 정동' 사이의 변증법"이 계속된다(가타리 1995a, 6). 다시 말하면, 집단 주체 안에는 더 열린 정동과 덜 열린 정동, 또는 더 구조화된 방식의 개별화와 덜 구조화된 방식의 개별화 사이의 지속적인 집합체가 있다는 것이다. 가타리는 또한 이러한 지속적인 집합체 안에 그들 자신의 "시간적 윤곽"과 정동적 논리를 "공유"하는 "비인간적" 측면들이 있다고 말한다. 여기에는 미술, 음악, 컴퓨터 테크놀로지, 교육 제도와 기타 제도, 그리고 언론이 포함된다. 참으로, "주체성의 개인 이전의 비인간적 부분은, 바로 이것에서 주체성의 이질발생이 일어날 수 있기 때문에 매우 중요하다(가타리 1995a, 1). 이러한 결과로 주체/사회의 대립(가타리 1995a, 1)은 이제는 무의미해진다. 더 정확히 말하면, 복합적이고 정동적이며 집중적인 교환들이 세계의 더 광범위한 생태계 안에 자리하고 있다는 것이다(가타리 2000).

여기서 우리는 다시금 정동의 가장 큰 중요성을 본다. 마수미는 정동이 "세계를 결합시키는 보이지 않는, 횡단 상황적인trans-situational 접착제"라고 말한다(마수미 2002, 217). 가타리에 의하면, "정동은 주체성에 달라붙는다. 그것은 접착 물질이다"(가타리 1996, 158). 정동은 '듣는 자'에게 만큼이나 '말하는 자'에게도 '달라붙으며', 공감 속에, 욕망 속에, 일반적인 '정동의 전이적 특성' 안에 박혀 있다. 이로 인해, 복합적이며 개방된 정동적 지식이 "다극성의 정동적 구성"multi-polar affective composition 속에서 떠오른다(158).

가타리는 "새로운……사회적 실천"(272)을 위한 희망을 이러한 "다극성의 정동적" 사회성과 광범위한 "존재론적 다수성"(216)에서 찾는다. 그는 '책임의 윤리'를 지지하면서도 여전히 확고하게 평등을 주장하는 한편, '차이의 주체성'을 옹호해야 한다고 주장한다(한스 요나스, 가타리 재인용 1996, 271). 그러나 주체성에 대한 그의 관념이 그러하듯이, 가타리는 사회 관계나 정치적 저항의 형태에 광범위하거나 근본적인 통일이 있어야 한다고 주장하지 않는다. 더 정확히 말하면, 가타리의 윤리는 실제 상황 속의 정동적인 것들과 내재적으로 관계 맺는 편에 속한다. 정동적인 것들은 구체적이고 비非전체주의적인 '지도 제작법'cartographies에 의해 지속적으로 세심하게 지도가 그려진다. 이들 각각의 지도 그리기는 "특별한 세계관을 나타내는데, 그것은 많은 사람에 의해 수용될 때조차도 언제나 불확실성의 요소를 그 속에 품고 있다. 사실, 이것이 가장 위태로운 자산이다"(가타리 1996, 271).

이러한 불확실성의 요소를 양성하는 데서 비로소 리토르넬로는 윤리적으로 된다. 리토르넬로는 그 자체로는 실용적인 것이지, 윤리적이지는 않다. 그러나 그러한 실용주의가 리토르넬로로 하여금 불확실한 것들을 다루도록 만든다. 탐파호 사건에서처럼 단호히 '확실성'이나 경계를 만들려고 할 때조차, 리토르넬로는 동시에 반드시 내재적으로, 정동적인 것들을 작동시켜야 한다. 좀 더 윤리적인 리토르넬로들은 일정 정도의 불확실성, 즉 정동적인 무한성과 힘으로의 입구를 가지고 있으며, 정동적인 것들을 견딜 만하게 만들어 준다. 이것이 바로 '정동의 논리'가 리토르넬로를 필요로 하는 이유이다. 정동이 탈영토화되고 '비담론화'되어도, 그때도 정동은 여전히 "그들의 존재적 완성"을 기다리고 있을 것이며(가타리 1996, 158), 리토르넬로가 자기 역할을 해야 하는 것이 바로 이 부분이다. 정동적인 세계와 관계 맺고 기간과 반복, 차이의 미학적 실천 속에서 "박자를 맞춤"으로써 (1995a, 15) 가타리의 다수주의적 주체성을 기능하게 하는 것이 리토르넬로이다.

여기서 가타리는 '사회성의 새로워진 형태'의 중요성에 관해 이야기한다. 그는 이를 '대립 관계'의 측면에서 이야기하지 않는다. 오히려 "이것은 개인과 사회 간에 다성적 교차를 형성하는 것에 관한 문제이다. 그래서 그에 따라 주체적인 음악이 작곡된다"라고 그는 쓴다(가타리 1996, 267). 좀 더 복합적인 리토르넬로는 이러한 주체적인 음악을 새롭고 특이한 '준거 세계들'universes of reference로 구조화할 수도 있는데, 이 세계는 닫혀서는 안 된다. "준거를 회전시키면서", 리토르넬로는 "존재의 느낌(감각 정동)뿐 아니라 능동적인 존재 방식(문제적 정동) 또한" 제공한다(가타리 1996, 167). 이러한 능동적 존재 방식과 관련한 윤리적 문제는, "어떻게 집단적인 너그러움을 창조하려는 욕망을, 대규모로 만들어 낼 수 있는가?"(가타리 1995b, 24)이다. 가타리는, 이렇게 하려면 "시간과 연구, 실험"(24)이 필요하지만 "사회적 삶을 구성하는 다른 공식을 상상하는 것은 가능하다"(25)고 말한다. 다시금 가타리는 불확실성을 강조한다. "이러한 곤경[불확실성]을 받아들여야 할 뿐만 아니라, 그것을 사랑하고,……찾아내고, 그것과 소통하고, 그 안으로 들어가, 그것을 증가시켜야 한다. 그것은 나의 나르시시즘, 즉 관료주의적 맹목에서 나를 끄집어내어, 대중 매체의 모든 유아적 주관성이 은폐하려고 하는 유한성의 감각을 나에게 회복시켜 줄 것이다.……책임이란 자아로부터 나와서 타자에게로 넘어가는 것이다"(가타리 1996, 271~72). 마수미는 차이 나는 "소속됨의 돌봄"의 정치(2002, 255), 즉 국경이나 정치 정당의 미래를 보장하는 게 아니라 해상 난민구조를 확실히 하는 정치를 이야기했다.

　우리는 이 글을 수평선 위의 특이한 붉은 배와 관련된 사건 속의 정동과 리토르넬로에 대한 분석으로 시작하였다. 이러한 분석을 통해, 우리는 보수 정치가 정동의 강력한 미결정성을 자신에게 유리하게 이용할 수 있었던 그 복잡성을 이해할 수 있게 되었다. 그러나 정동의 관점에서 생각하는 것은 비판을 넘어서는 힘을 가지고 있다. 여기서 우리는 붉은 배 사건의 붉음 뒤에, 그리고 국내 정치의 바깥에, (해상 구조 현장의 선원들과 난민들의) 윤리적 접촉이 있었다는 것을 상기할 필요가 있다. 이러한 접촉의 윤리는 정동적 역량의 일상적 무한성이 받아들여질 수 있는 정도에 달려 있다. 이러한 일은 좀처럼 일어나지 않는다. 국가, 정치, 심지어 학제적 분석은 정동적 힘이 문화적 성숙이나 심지어 건전한 비판의 탈을 쓴 "유아적 주관성"으로 돌아와야 한다고 여긴다.

3부

비육신적/무기적

정동의 과잉 조절하기

'총력전' 상황의 사기진작

벤 앤더슨

정동에 대한 관심은 문화이론에 많은 것을 약속해 주었다. 문화적인 것을 이루는 관계들의 발생과 유지를 이해하는 방식과 그 기저에서 새로운 문화가 생산되는 조건들에 주목하는 방식을 제공하였고, 동시에 정동을 촉발하고affect 정동에 촉발되는be affected 능력을 유발하고 증식시켜 전달하는 데 기초한 새로운 형태의 문화정치를 구성하는 목표와 기술 들을 예측할 방법을 제공하였던 것이다(예를 들어, 시그워스 2007b, 마수미 2002, 프로빈 2005, 세즈윅 2003). 정동은 주체나 객체에 속하지도 않으며, 주체와 객체 사이를 매개하는 공간에도 머물지 않는 비인격적인 강도들로 이해된다. 그래서 정동의 문화정치에서 핵심적인 정치 및 윤리적 임무는 각기 다른 정동들의 계보학들, 조건들, 수행성들, 가능태들을 포괄적으로 이해함으로써 "의미론적 유효성의 바로 그 가장자리"(윌리엄즈 1977, 134)의 잠재적인 지점들을 밝히고 열어젖히는 것이다.

정동적 문화정치학의 부상이 약속의 성격을 띠는 것이라면, 이와 동시에 그것은 정동이 '생명'으로 수신되는 권력의 형태들 속에서 조절되고 전송된다는 발아적 인식에서 출현하는 일종의 긴급명령imperative이기도 하다(하트와 네그리 2004; 스리프트 2005). 그간 일련의 정동 연구들은 오로지 규율 권력 형식들의 규범적 표준화를 통해서가 아니라, 항상 진행 중인 과정에 개입하고 직접적으로 간여함으로써, 정동들의 순환과 분배를 조절하는 권력 구성체들 power formations 안에서 다양한 정동들의 겹침의 지형도를 그려 왔다(들뢰즈 1992). 여기서 생동권력 혹은 생체권력이 활용할 수 있게 된 것은 바로 정동의 전송, 운동, 균열, 반향이다. 이러한 권력형태들은 정동의 힘을 저지하거나 지시하는 게 아니라, 정동의 힘과 결합하여 작용하면서, 신체가 구성체 안팎으로 드나들 수 있는 물질적-정동적 과정을 강화하고, 다수화하고multiplying, 스며들게 한다.

따라서 문화이론에서 정동에 대한 관심이 갖는 약속과 긴급성은 과잉과 정동 사이의, 어떤 형태를 갖는 관계를 규명해야 한다는 요청에 집중된다. 이러한 과잉과 정동의 관계에 대한 질문이 이 글의 초점인데, 그 관계가 최근의 정동과 정치적인 것 사이의 결합에 활기를 불어넣는 어떤 생산적 역설을 드러내기 때문이다. 한편으로, 의미화나 서사화의 체계에서 넘쳐 나는 정동의 동화될 수 없는 과잉에 대한 주장들은, 영속적이며 통제되지 않는 방식으로 움직이는 사회적인 것 혹은 문화적인 것에 주목할 새로운 방식을 제공한다는 약속에 대하여 존재론적 기반을 제공한다. 그러한 정동의 움직임에 대해 혹자는 정동의 "자율"(마수미 2002)로 정리하기도 하고, 혹자는 정동의 "측정불가능성"(하트와 네그리 2004)으로 정리하기도 한다. 다른 한편으로, 정동의 변이적 과잉transitive excess은 새로운 형태의 권력에서 목표가 되고 강화되고 조정되는 것과 정확히 일치한다는 주장이 있다. 그런 형태의 권력들은 삶에 침투하고 투입되는 과잉된 역학들을 통하여 스스로 기능해 나가는 것으로, "통제사회"(들뢰즈 1992)나 "생체권력"(하트와 네그리 2000)으로 불리기도 한다. 최근 정동과 결부되는 문화이론의 약속과 긴급명령 들은 과잉의 주제 주변에서 함께 공명하며, 나아가 정동의 과잉과 현재 권력의 양상들이 맺는 관계 주변에서 공명한다. 그런데 이러한 것들을 함께 끌어오다 보면 한 타래의 물음이 떠오른다. 어떻게 미결정성에, 정동의 잠재성virtuality에 주의를 기울이며 환대하고 다룰 것인가? 간단히 말해, 어떻게 정동에 깃든 약속들을 실현할 것인가? 이와 함께, 이러한 미결정성을 축소하지 않고 그것에 흠뻑 젖어서 혹은 그것을 강화하면서, 어떻게 그 미결정성을 통하여 기능하는 권력의 형태들에 대해 증언할 것인가? 달리 말해, 한계도 바깥도 없이 작용하는 권력에 현혹되지 않고 지식 및 절차, 기술의 과잉 속에서 어떻게 정동의 겹침들에 반응할 것인가?

이런 물음들은 정동의 영속적인 되기에 어떻게 응대할 것인가 라는 문제가 생각보다 뿌리가 깊고 경로가 복잡하여 수많은 정동 이론들을 얽어매고 있다는 사실을 감안한다면, 더 큰 중요성을 띤다. 이것은 참으로 험난한 계보학이다. 그것은 정동과, 이성을 피하고 부수고 유혹하는 정동의 능력에 대한 지적인 담론들을 포함한다. 또 그것은 비합리적인 여성과 같이 성별화된 상이나, 성난 군중과 같이 계층화된 상들과 감정 사이에 너무나 뚜렷한 등식을 유발하기도 한다. 정동을 과잉과 등식화하는 것은 위험하다. 설사 그러한 등식화가 근래의 많은 정동 이론들에서 보이는 후렴구처럼 새로운 것이 아니라 점점 더 진부해지기는 하지만 그래도 위험하다. 그래서 과잉에 관한 주장들은 정동 이론을 부인하는 데 주축이 되어 왔다. 이러한 말썽 많은 계보학에도 불구하고, 정동과 과잉 사이의 등식을 다루는 것은 정동의 정치학에 대한 물음을 가능하게 하므로 필요하다. 즉, 동화될 수 없는 정동의 과잉과, 정동을 기술의 과잉을 통하여 투자하는 권력 양상들 사이의 복잡다단한 겹침에 대하여 어떻게 사유할 것인가 라는 물음이다.

이 글은 이러한 문제적 사안을, 2차 세계대전 초기에 사기진작morale 1이 상황과 인구 사이의 관계를 변화시키는 일환으로서 어떻게 특정한 권력 기술의 대상으로 부상하게 되었는가 하는 사례연구를 통해 탐구해 본다. 나는 '총력전'의 상황에서 '사기'를 창출하고 통제하려고 노력하는 사례에 초점을 맞출 것이다. 왜냐하면, 그렇게 하는 것이 정동의 과잉들을 추적하고 연동하면서 기능하는 과도한 국가 장치에 대한 사례연구를 제공하기 때문이다. 이러한 초점은 정동의 미결정성에 대한 최근의 관심과 어울리지 않을지도 모른다. 왜냐하면, 얼핏 생각할 때 권력의 대상에는 아무런 모호한 점이 없으며, 정동이라는 용어가 문화이론에 불러일으키는 생각거리인 다수성, 유동성, 개방성과도 전혀 공명하지 않기 때문이다. 이런 점에 비추어 볼 때, 어떤 이름이 붙은 정동이 어떻게 권력의 대상이 되는지를 서술하는 것은 정동의 열림이 다시 닫히고 축소되어 이름 짓기와 분류하기라는 익숙한 과정에 갇혀 버리는 매우 다른 방식을 서술하는 셈이 된다. 그러므로 내가 사용하는 '권력의 대상'("object of power" 혹은 "power's object")이라는 용어에는 두 가지 자격요건이 필요하다. 첫째, 권력의 '대상'이란 권력의 양상들을 위한 접촉면을 말하는 것이며, 따라서 대상은 원했던 결과와, 권력의 실행을 보완하는 조치들 사이를 잇는 돌쩌귀hinge로 작용한다. 하지만 권력의 어떤 실행도 추상화와 경계 짓기, 환원의 과정의 수동적이고 환

---

1. [옮긴이] 'morale'은 문맥에 따라 '사기' 또는 '사기진작'으로 번역한다.

원된 결과라는 의미에서의 '대상'을 필요로 하지 않는다. '대상'이란 말의 어원을 찾아보면, 좀 더 제어하기 힘들다는 의미를 발견하게 된다. 바로 장애물, 즉 "길 위에 내던져진" 것 혹은 "길 위를 막고 있는"(보울노이즈 2006) 것으로서의 대상의 의미이다. 그래서 권력의 대상이 어떻게 나타나는가는 열린 질문이다. 둘째, 권력을 위한 접촉면을 확립한다는 것은 어떻게 행동을 미래로 확장시킬까 하는 문제에 해답을 제공한다. 그런 희망과 기대, 약속은 권력의 대상을 알고, 이름 짓고, 조처를 하는 과정에 활기를 불어넣는다. 권력의 예상적 구조를 알아내고 나면 '총력전'에서의 사기진작에 관련된 질문에 이르게 된다. 어떤 환경에서, 사기진작의 경로를 추적하고 발생하게 하는 것이 대량 파괴를 위한 대중 동원을 보장할 것이라는 희망을 축적하게 하는가?

이 글은 다음과 같이 진행된다. 전반부에서는 정동의 과잉의 문제적인 면을 탐구하면서, 정동을 포함하는 정치적인 것의 확장이 어떻게 생산적 역설로 작용하는가를 기술할 것이다. 여기서 생산적 역설이란, 정동은 '아래로부터' 작동하는 권력 형태에 흠뻑 적시게끔 되어 있지만, 또한 권력 자체의 한계를 표시한다는 역설을 말한다. 이 논의를 통하여 우리는 문화 이론이 점점 더 정동과 결부되는 점과 관련된 물음에 직면한다. 정동의 과잉─정동의 표현적이며 차이화하는 능력─이 과잉된 권력의 작업들과 겹쳐질 때, 어떤 식으로 정치적이 될 수 있는가?

이 글의 후반부는 미국이 2차 세계대전에 참전할 즈음에 사기진작이 어떻게 보호되어야 할 목표로 부상하게 되었는가 하는 사례연구에 초점을 맞추어 이러한 주장을 전개해 나간다. 사기를 동원하는 일은 '과잉으로서의 정동'affect-as-excess을, 예측과 구제, 복구의 관계들로 규정되는 '섭리적'providential 장치와 동기화하고, 파괴, 손상, 상실의 관계들로 규정되는 '파국적'catastrophic 장치의 과잉 작동들과 동기화하도록 약속하였다.[2] 결론에서는, 이러한 사기진작의 사례가 과잉으로서의 정동과 과잉된 권력(들) 양상들이 겹쳐지는 더 오래된 계보를 드러냄으로써, 근래의 정동적 전회를 둘러싼 긴급명령과 약속 들의 혼합을 더욱 까다로운 문제로 만든다고 주장한다. 이러한 까다로움은 정동이 안정된 기반이나 과도한 외부라기보다, 문화이론의 지평에서 끊임없이 연기되는 하나의 약속으로 존재해야 한다는 점을 시사한다.

정동과 정치적인 것

정동과 정치를 다루는 출발점은 정동이 정치적인 것의 확대된 정의 내에서 불가피한 요소라는 것이며, 단순히 회복되고 복원되는 생명의 자연적 수준이라든지, 권력의 비밀스러운 이데올로기 작용의 이차적 효과가 아니라는 점이다. 정동과 정치 사이의 이러한 광범한 상호결정에 대한 주장은 현대 정동 이론의 많은 부분에서 발견된다. 예컨대, 예전부터 있어 왔던 페미니즘에서 주관적 관념성과 세계 사이의 미결정적인 수렴점으로서 감정을 언급하는 데서 그 반향을 찾을 수 있다(테라다 2001). 이 글은 정동의 정치학이 이후 취했던 궤적 중의 하나에 초점을 맞출 것인데, 마수미가 멘델을 따라서 '후기 자본주의 문화'라고 했던 것, 또 하트와 네그리가 자율

---

2. '섭리적' 상태와 '파국적' 상태에 대해서는 Ophir 2007 참조.

주의적 맑스주의 운동에 따라 '생명의 실질적 포섭'이라고 했던 것의 일부로 나타난 새로운 권력 구성체에 대한 응답으로서 정동 특유의 어휘 발달을 다룰 것이다.

이 궤적의 독특한 점은 문화이론에서 정동에 대한 관심이 필요할 뿐 아니라, 문화이론과 정동에의 관심이 동시발생적이라는 주장에 근거하고 있다는 점이다. 그것은 생명의 생산적 힘을 투자하거나 이용하려는 일련의 경제 발전과 문화 발전과 병행하여 일어났다. 따라서 정동적 전회는 자본주의 변화의 맥락에서 사회적 (재)생산 내에서 일련의 광범한 변화들을 이해하고 관계하는 방식을 제공하기 때문에 시기적절한 것으로 정당화될 수 있다. 이런 변화가 포함하는 것은 정보와 이미지를 중심으로 한 가치와 노동의 새로운 형태의 도래와, 규율, 감시, 통제의 생명정치적 네트워크의 부상 및 합병과, 분자과학과 디지털과학의 발전이다(클라프 2007, 패리지와 굿맨 2005).[3]

이러한 맥락에서 정동은 "생명 자체"를 생산하고 조정하는 데 투자하는 권력 형태 중 하나의 대상으로 취해지지 유일한 대상으로 취해지는 것은 아니다(스리프트 2005). 정동하는 신체 능력의 증대와 축소는 다각적인 권력 기술들을 통해서 조정되며, 다양한 형태의 지식(신경과학, 다양한 심리 분과학문들, 분자과학, 시스템이론 등)을 통해 알려진다. 이러한 현대의 권력 구성체의 이름을 '통제'라고 하는데, 이는 푸코가 대중적 구성체(규율

---

3. 이러한 변화들의 성격과 정도와 중요성에 대해서는 아무런 합의가 없는 상태이다. 게다가, 왜 문화이론이 정동에 주목해야 하는가에 대해 다각적인 주장들이 제시되고 있다는 점을 기억하는 것이 중요하다. 여기에는 어떻게 또 왜 이데올로기들이 단지 가끔만 효과가 있는지를 이해하거나(Grossberg 1992), 주변화된 주체와 역사 들에 목소리를 복원하고 부여하거나 (Cvetkovich 2003), 일상생활의 진행 중인 구성에 주목하는 일(Stewart 2007)이 포함된다.

권력) 내의 개별 주체 주조로부터, 들뢰즈가 '분할체'dividuals 4라고 불렀던 것(형성 중의-몸의 단계에서 개인적인 차원 아래 또는 개인적인 차원을 가로지르는 강도들의 배치)의 조정으로 이행할 것이라고 예견했던 변동을 지칭한다(하트와 네그리 2004, 마수미와 주르나지 2002 참조). 여기에 새로운 물질적/비물질적 혼종체가 발명되는 가운데 생물학적이고 문화적인 범주들이 섞이고 뒤범벅이 된다. 푸코가 "살아 있는-존재-로서-인간"이라고 불렀던 것(2003, 242)은 단지 생물학(출생부터 사망, 번식, 재생산 등)의 측면에서 호출되고 다루어지는 것은 아니다. 그 대신 대중을 인구의 정동적 극으로 다루는 푸코의 논의(2007)의 확장이라 할 수 있는 것 안에서,5 정동하고 정동받는 전前개인적이고 후後개인적인 능력들의 출현, 분배, 순환, 변화가 관심의 대상이 된다(마수미 2002, 하트와 네그리 2004).

따라서 우선 과제는 정치에 정동을 포함하기 위해 정치를 확대하는 것인데, 현재 정동의 역할에 대한 양가적이고 종종 양다리를 걸친 주장들이 있다. 아마도 이는 벌랜트(2000)의 간명하고도 짐짓 자극적이지만 조건부적인 공식인 "비인격적인 것 또한 정치적이다"로 요약할 수 있을 것이다. 이처럼 현재의 국면을 올바르게 파악하고 목격하고 개입하고자 한다면, 정동적 전회는 시기적절할 뿐 아니라, 시급히 해야 할 일이다. 이러한 행보들과

---

4. [옮긴이] 분할체는 들뢰즈가 '통제사회'를 설명하면서 사용했던 용어이다. 푸코의 '규율사회'가 개인(individual)을 대상으로 권력을 작동시킨다면, 통제사회에서 개인은 컴퓨터를 기반으로 한 테크놀로지에 의해 데이터로 환원되고 재현되는 분할체가 된다.

5. 인구-생물학적 과정들(출생률, 사망률 등)에 대한 푸코의 논의보다는 관심을 덜 받았지만, 우리는 푸코가 '대중'은 하나의 방향에서 바라본, 즉 "의견들, 일하는 방식들, 행동의 형태들, 관습들, 두려움들, 편견들, 자격요건들"에서 바라본 인구라고 주장한 것을 기억해야 한다(Foucault 2007, 75). 생체권력의 '적절한 공간'은 인간 종족에서 대중으로 확대된다. 이는 18세기 말부터 인구에 개입하기 시작한 내용이 "인간 집단들의 생물학적이거나 생물사회학적 과정들"을 포함한다는 그의 논평과도 일치한다(Foucault 2003, 250, 강조 첨가).

나란히 보다 파열적인 또 다른 행보가 있는데, 정동이 권력의 대상일 때라도 정동이 권력의 효과적인 기능을 제한한다고 보는 시각이다. 이를 간결하게 요약하면 다음과 같다. 만약 권력이 정동을 그 대상으로 삼는다면, 이는 권력이 – 어떤 정치적 구성체이건 – 정동의 이차적이고 반동적인 축소밖에 되지 않는다는 것을 보증한다. 정동은 그 자체 한계가 없기 때문에 권력의 한계로 작용한다. 정동이 불특정한 외부(그중의 하나가 잠재성으로 불린다)에 가해진 '관점'이기에, 그것은 생명을 표현적이고 expressive 차이 나는 differential 것으로 드러낸다. 표현적이라고 하는 이유는 정동이 선험적인 담론적 또는 이데올로기적 질서의 이차적인 예로서 존재한다기보다 영구히 형성되기 때문이고, 차이 난다고 하는 이유는 이 형성의 과정이, 정동이 현실화하는 방식에서 예측할 수 없는 새로움을 생산하기 때문이다. 요컨대 정동은 언제나 아직 행해지지 않은 것 가운데 있는 사회적인 것의 우연적이고 열린 본성의 이름이 된다. 그래서 정동과 일상생활에 대한 작업에서 파열의 순간들과 불연속의 경우들과 이행의 섬광들 속에서 외부로 열리는 창조적인 열림에 강한 초점을 두는 것이다. (앤더슨 2006, 림 2007, 맥코맥 2005)

정동이 '통제'라고 불리는 정치 구성체에서 생동권력 또는 생체권력의 범례적 대상이 되는 동시에, 아무 모순 없이 그것에 대항하는, 유일하지는 않지만 최고의 희망이 된다는 데에는 생산적인 역설이 존재한다. 하트와 네그리의 글(2000, 2004)에서 자본주의에 의한 생명의 "실질적 포섭"을 따라 "산 노동"의 위상에 대해 논의한 부분은 정동에 주어진 이중의 위상을 극적으로 보여 준다. '정동적 노동'에 대한 하트와 네그리의 간결하고 사색적이며 중요한 논평은 정치적으로 사유하기에 문을 여는 동시에, 정동을 권력의 과잉과 동의어로 만드는 일의 몇 가지 문제점들을 해명한다.[6] 정동적 노동은 "편안함, 안녕, 만족, 흥분, 열정의 느낌 같은 정동들을 생산하고 조작하는" 비물질 노동의 부분집합이다(하트와 네그리 2004, 108). 이 정의에서 보면, 정동이 무엇인지 또 무엇을 할 수 있는지는 상당히 결정되지 않은 채 남겨져 있다. 그럼에도 불구하고 정동에 그렇게 중요한 위치를 부여하는 것은, 그것이 "위반과 소외의 새롭고 강렬한 형태들"(하트와 네그리 2004, 67)과 묶여 있기 때문에 척도의 '외부'와 '너머'에 존재한다고 주장될 수도 있기 때문이다. 네그리가 스피노자를 따라 정동의 위상을 "자유의 역량"인 "존재론적 열림"의 "확대된 역량"으로 규정했기 때문에, 일면 그런 위상으로 인해 정동적 노동은 척도를 능가한다(1999b, 77).

따라서 정동적 노동은 '다중'multitude이라는 이름이 주어진 창조적이고 무한한 생명정치적 생산의 과정의 핵심 성분이 된다. 네그리는 『제국』과 『다중』의 정동 부분의 기초를 제공한 짧은 글인 「가치와 정동」에서, 어떻게 정동이 측정 가능성을 벗어나는지 명확한 설명을 제공한다. 이 설명에서 정동은 다른 곳에서 네그리가 산 노동의 전적인 창조성이라고 불렀던 것의 근거가 된다(네그리 1999a, 326). "만약 실제로 정동이 가치를 아래서부터 구성한다면, 정동이 '공통적인 것'의 리듬에 따라 가치를 변화시킨다면, 그리고 정동이 자신의 실현화 조건들을 전유한다면, 이 모든 것에 확장하는 역

---

6. 이 부분에서의 초점은 하트와 네그리가 정동과 과잉의 등식에 부여하는 중심 역할 때문에 그들의 '정동적 노동' 용어 사용에 맞추어져 있다. 그러나 하트와 네그리가 그 용어를 '비물질 노동'의 부분집합으로 사용하는 데는 다양한 자료가 있다. 두 가지의 계보가 특히 중요하다. 첫 번째는 유급경제나 무급경제에서 감정 노동의 성격과 가치를 규명하는 맑스주의 페미니즘의 다양한 유형들을 포함한다. 이것은 비행기 승무원, 매춘, 가사노동과 같은 활동들을 연구한다(Fortunati 1995, Hochschild 1983). 두 번째는 포스트포드주의 생산 과정의 '비물질적' 성격에 초점을 둔 이탈리아의 '노동자주의'(Workerism, operaismo)의 저작들을 포함하며, 최근에는 다중의 복잡한 '정서 상황'에 대한 저작을 포함한다('기회주의'와 '냉소주의'에 대한 Virno 2004 참조).

량^{potenza espaniva}이 있다는 것은 더할 나위 없이 분명하다"(1999b, 86).

여기서 정동은 단순히 정치적인 것 내에서 우연적인 것, 다시 말해 우발성의 끊임없는 침범에 대한 보증인 것만은 아니다. 더 구체적으로 정동은 연합하고 협력하고 형태를 만드는 노동의 물질적 힘에서 필수적인 것이다. 우리가 주의해야 할 점은 이것이 정동과 정치의 관계를 틀 짓는 유일한 방식이 아니라는 점이다. 다른 방식에서 정동은 '열정'이라는 위장 하에, 불화와 불일치의 영역으로서 정치적인 것의 지표로 작용한다(라클라우와 무페 1995 참조). 여기서 정동의 방해 작용과 변형들은 생명에 대한 권력의 지배 이야기에 맞서 밸러스트[배에 균형 맞추기 위해 바닥에 싣는 중량물]로 작용한다. 권력이 되찾으려고 노력하지만 결국에는 놓치게 되어 있는 과잉이 언제나 이미 존재한다. 이러한 과잉이 생명정치적 생산의 창조성과 벌거벗은 생명의 권력에 핵심적이다(하트와 네그리 2004, 348). 산 노동이 자본보다 먼저라는 더 넓은 주장의 맥락에서 정동의 관점으로 시작하는 것은, 초월적 포획(potestas로서의 권력)이 역량^{potentia}으로서의 정동보다 허약한 이차적인 반응이라는 점을 분명히 한다. 따라서 정동의 첫 번째 조건이 달아나고 해방하는 것이라면 권력은 놓치거나 실패할 수밖에 없는 운명에 처한다(낭시 2006).

그러나 이것은 정동의 과잉과, 권력의 생산적이지만 궁극적으로는 축소하는 작용 사이의 관계를 틀 짓는 하나의 방법에 지나지 않는다. 마수미는 보다 미묘한 차이가 있는 다른 방식을 제시하는데, 그는 창조하고 즉흥적인 권력이 정동을 투자한다는 점과, 정동이 사유와 생명의 "결코 의식적일 수 없는 자율적 잔여물"과 친밀하다는 점을 모두 긍정한다(마수미 2002, 25). 마수미는 하트와 네그리보다 더 강력하게, 권력이 정보를 알려

주며[안으로 형태를 만들며] *inform*, 따라서 초월적인 척도의 형태만이 아니라는 점을 분명히 한다(223). 그렇지만 권력은 정동의 추산으로 간주되고 따라서 '정동'이란 용어가 명명하는 모호한 열림을 생산적으로 한정 짓는 것으로 설명된다(223). 이러한 차이에도 불구하고 이 두 번째 행보는 정치적인 것의 단순한 확장보다 더 급진적인데, 왜냐하면 여기서 정동은 명령하고 포획하고 제한하는 권력의 유효성에 대한 한계로서 설정되기 때문이다. 따라서 정동에의 관심은 약속과 동의어이다. 정동의 약속이란, '아래에서부터' 오는 권력의 생산적 효과를 목격할 때조차 창조적 생산의 운동이 더 우선적이라는 것을 의미한다. 우리가 올바른 기술과 감성, 또는 개념을 발견하기만 한다면, 실재의 개방은 (그 표현을 자발적으로 출현하는 다중에서 찾든, 다른 식으로 될 수 있는 가능태와 일상을 같은 것으로 생각하든 간에) 다양하게 확인되고 주목받고 실험될 수 있을 것이다.

그러나 기술의 과잉이 정동을 포화상태로 만들어, '통제' 또는 '생명정치'로 다양하게 (그러나 또한 하트와 네그리에 의하면, 서로 바꿀 수 있게) 불리는 정치구성체의 일부로 정동을 투자한다는 주장을 돌이켜본다면, 정동의 과잉을 불러오는 것은 문제가 된다. 물론 오랫동안 정동의 힘을 규제하려고 하는 시도가 있어 왔다. 이는 단지 정동적 토대를 갖는 특정 미덕의 함양(우애 같은 정치적 정동부터 영광이나 명예 같은 군사적 정동, 또는 경이 같은 과학적 정동까지)을 생각해 보기만 해도 된다. 현재 국면에서 이론가들이 주장하는 바는, 정동의 과잉이 규제되기보다는 유도되며, 금지되기보다는 요청된다는 점이다. 조절이 제한을 대체했다. 요컨대, 권력은 마수미가 "소유할 수 없거나" "초–상황적인" 정동의 차원이라고 부른 것을 통해 작용한다(2002). 그러나 만약 그렇다면 정동을 초월적 포획 형태의 한계로 만드는 것은 문제가 있다. 만약 정동이 초월적 포획을 넘어서는 정치적인 것의 한계라면, 정동(구성되거나 또는 역량constitutive or potentia)과 권력(구성하거나 또는 권력constituent or potestas)7 사이에는 선험적인 분리가 있게 된다. 이 분리는 다양한 결과를 낳는다. 정동과 초월적 척도로서의 권력 사이에 반목이 형성되든지, 아니면 정동이, 환원적일 수밖에 없는 생산적 권력에 대한 무한한 외부로 작용하든지 하게 된다. 이러한 차이에도 불구하고, 이 분리는 과잉으로서의-정동을 통해 역할 하게 된 권력 형태들의 생산적 작동에 참여하기도 이해하기도 어렵게 만든다. 어떻게 권력의 형태가 정동의 파괴적 열림을 자신의 지시대상으로 정립하게 되는가? 어떻게 그러한 잔여나 보충이 불리고 알려지는가? 어떻게 권력의 기술과 테크놀로지가 정동의 과도기적 과잉과 관련하여 기능하는가? 만약 정동이 그 대상이고(이거나) 매체라면 어떻게 권력 양식들이 작동하는가?

이러한 문제들을 다루는 것은, '정동'이라고 불리는 신비롭고 일반적인 실체(프로빈 2005)가 아니라, 다양한 정동들이 목표, 예상 결과와 실제 결과, 경첩, 공간 형태 등에서 다양한 권력의 가변적이고 다양한 양식들과 겹치는 방식을 이해하는 일이다(닐런 2008). 그 첫걸음은 정동이 이제 현대

---

7. [옮긴이] potentia와 potestas는 불어로는 puissance와 pouvoir로 번역되지만 영어로는 둘 다 power로 번역되고 우리말로는 흔히 역량과 권력으로 번역된다. 들뢰즈의 스피노자 해석에 따르면 역량은 전체 세계와 관계하는 능력과 강렬함이고, 권력은 실현을 위해서 지배하거나 지배될 지시대상이 필요한 다른 신체와의 관계이다. 쉽게 생각하면 역량은 자기 존재의 힘이고 권력은 타인에게 행사하는 힘이다. 그래서 들뢰즈는 모든 권력은 그것이 권력을 가진 자에게도 슬픈 권력이라고 말하고 모든 역량은 기쁜 것이라고 말했다. 역량과 권력은 네 그리에 의해 '구성하는'(constituent)과 '구성된'(constituted or constitutive)의 형용사와 각각 연결되어 '구성하는 역량'(constituent potentia)은 다중의 힘을, '구성된 권력'(constituted potestas)은 국가의 힘을 가리키게 된다. 그러나 앤더슨의 이 글에서는 이러한 수식 관계가 도치되어 있는데, 그것이 의도적인 것인지 실수인지는 알 수가 없다.

국면에서 전형적인 권력의 대상이 되었다는 획기적인 주장들을 중지하는 것이다. 그러한 주장들은 다음 두 가지 이유에서 기껏해야 애매모호하게 제시된다. 첫째, 최근 저작들은 근대성이 무질서한 정념의 정화나 규제 위에 세워졌다는 주장을 거부했다. 예를 들어 수잔 제임스(1997)는 17세기 정치철학이 정념의 과잉을 정치가 이용하고 다루어야 할 인간 본성의 고압적이고 불가피한 부분으로 취급했음을 보여 주었다. 스피노자의 유명한 선언을 의역하자면, 우리는 몸이 무엇을 할 수 있는지 모를 뿐 아니라, 몸이 무엇을 해 왔으며 무엇을 할 수 있었는지도 모른다. 그러므로 정동을 권력에 한계를 짓는 그런 포획을 넘어서는 창조적 권력이라고 선험적으로 칭송하는 것을 중지해야 할 것이며, 현재 진정한 정동이나 정동 그 자체의 상실을 선험적으로 슬퍼하는 것도 거부해야 할 것이다.[8] 둘째, 정동의 열림이 구체적이고 다양한 권력의 양상들과 겹침에 대해 풀어내는 작업이 시작되었다. 지배나 규율과 같은 권력 양식들은 다른 관계적 결합과 연루되어 있으며 구체적 효과들을 가진다. 이러한 작업은 우리 시대의 총체화 작업을 의문시하거나, 중심적이고 의도적인 지배에 근거한 권력 형태들에서 생체권력의 형태들로의 이동이라고 연대기적으로 기술하는 것을 의문시한다. 여기에서 교훈은 정동이 언제나 권력의 형태들과 결합되어 있으며, 이들은 서로를 단순히 대체하는 것이 아니라 공존하고 반향하고 개입하고 변화시킨다는 것이다.[9]

'총력전'에서 사기진작 조정의 예는, 그 자체가 어떠한 한계나 잔여 없이

---

8. '정동의 쇠퇴'에 대한 Jameson 1991, 또는 '정서의 민주주의의 위협'에 대한 Virilio 2005 참조.
9. 예컨대 식민주의에서 정동과 규율적 권력에 대한 Stoler 2004, 또는 유혹과 도시통치에 대한 Allen 2006 참조.

삶에 전반적으로 퍼져 있다는 점에서 과잉인 권력의 형태들을 통하여, 어떻게 적절 자격을 넘어서는 정동의 과잉이 추적되며 공조화되는가를 보여주는 하나의 예를 제공할 것이다.

'총력전'과 전쟁의 강도들

'총력전'이 출현하면서, 정부들은 사기를 목표로 하거나 파괴하는 방법들과, 사기를 보호하고 이용하는 방법들을 발명해 내었다. '총력전'이란 말은 1차 세계대전 중 에리히 룬스도르프가 '총력전'이란 팸플릿에서 사용함으로써 처음으로 대중화되었다. 그러나 그 말을 처음 사용한 것은 프랑스 민간 지도자들이 1차 세계대전에서 '총력전'guerre totale과 '전면전'guerre inte-grale이란 용어를 만들고부터이다(치커링, 푀르스터, 그라이너 2004 참조). 전쟁의 이상적인 유형이라기보다 구체적인 역사적 현상을 가리키는 말인 '총력전'은 전쟁을 '신경전'으로 만들어 '평화의 성격'을 바꾸는 두 가지 변화를 야기한다(파크 1941, 360). 첫 번째 변화는 파괴와 파손의 새로운 확장된 테크놀로지의 출현으로 전쟁의 '전선'이 확대된 것인데, 이는 후방과 전방 사이의 거리를 축소하여 둘을 하나로 만든다. 예컨대 전략적 폭탄 투하는 폭탄을 투하하는 자의 파괴적 능력과 폭탄 투하를 당하는 자들의 취약성과의 비대칭성과 관련되어 있다. 그것은 "공중 점령"의 가능성을 열어 놓는다(린드크비스트 2002). 심리적 작전은 약간 다르지만, 지각을 주조하고 틀 지우는 것을 목표로 하는 루머나 잘못된 정보와 같은 기술을 포함한다. 이들은 일상생활을 구성하는 다양한 정보 채널들(라디오, 포스터, 신문

등)을 통해 작동하며 또 이 정보 채널들을 전복시킨다(비릴리오와 롯링거 1997). 두 번째 변화는 전쟁 동원이 '총체적'이 되면서 민간인과 군인, 전투원과 비전투원의 구분이 사라지거나 제거된다는 것이다. 전쟁은 경제와 휴가의 공간에서 다 확대되며 그 결과 모든 인구의 참여에 의존한다. 전장이 확대된다. '산업 노동자'나 '가사 노동자' 같은 새로운 행위자들로 구성되는 '후방 전선'이 만들어진다. 이들은 (예컨대 방호소의 건축물을 통해) 다양한 방식으로 보호되거나 (폭탄이 투하되는 지역에서나 루머 생산으로) 표적이 된다. 이 두 가지 변화가 전쟁을 '총체적'으로 만들었는데, 이는 국가 기구가 생활의 모든 분야를 확대하고, 따라서 모든 생활이 전쟁 노력을 위하여 동원되고 종속된다는 점에서 그렇다(밴 크레벨드 1991).

전쟁의 공간적 형식에서 일어나는 이런 변화들에 일련의 강도 높은 사회성이 동반되는데, 그 가운데 사기는 단지 하나의 부분일 뿐이다. 여기에는 '총력전'의 파괴적 행위의 쾌락과 열정, 그리고 이러한 열정을 '명예'나 '영광'과 같은 이상을 통해서, 또 훈련과 같은 규율적 실천을 통해서 규제하려는 다양한 시도들이 포함된다(에런라이크 1997, 버크 1999). 여기에는 또한 희생자나, 때로는 '총력전'을 이루는 폭력의 가해자들까지 따라다니는 고통과 상실감의 트라우마적 경험의 지형도까지 포함된다(휴윗 1994). '총체적' 전장을 소용돌이치고 울려 퍼지는 정동들의 장소로 이해하는 것은, 전쟁의 공포를 생생하게 제시하기에 보통은 반전주의 술책으로 간주되긴 해도, 이는 또한 인간적인 취약한 형태를 무효화하고 해체해 버리는 비인간적 힘의 계시로서 '총력전'을 광적으로 칭송하는 데 핵심이라는 점을 주목할 만하다(토스카노 2007). 예컨대 에른스트 윙거가 그의 파시즘 회고록 『강철의 폭풍』(1920)에서 '총동원'을 요청한 것은 개인의 안락과 습관을 전쟁이 산산조각 내는 가운데, "어떠한 본질적인 유기적 방호기관도 없는 운동 속의-강도, 즉 본성상 생리적이건, 정치적이건, 미학적이건 상관없이 생명체의 극한에서 유일하게 나타나는 활력론"이라고 토스카노가 비판적으로 부른 것을 발견한다(2007, 189).

전장에서 가정 또는 참호까지 '총력전'의 공간들은 정동의 공간이며, 이는 오랫동안 군대 사상에서 인정되어 왔다. 그러나 사기는 전쟁의 일부로 '강렬한 동지애'라는 전쟁의 새로운 차원이 출현하면서 태어났고, 또 서구 군대 사상에서 약속으로 결집되었다는 이유에서 독특하다고 할 수 있다. 그 약속은 결정되지 않고 정의되지 않은 표적이지만, 파괴되든 보호되든 간에 전쟁활동이 스스로의 집행의 추진력을 계속할 수 있게 해 준다. 어떤 기대에 찬 음조가 오랫동안 사기의 논의에 스며들었으며 생동감을 주었다. 이는 희망적이라고 부를 수 있는 어떤 가능성의 감각이다. 다음의 두 절은 이러한 약속에 대한 역사 속의 한 예를 다룰 것인데, 어떻게 사기진작이 확산된 가능태로 출현하여, '총력전'을 이루는 섭리적이고 파국적인 행위들의 과잉의 일부로서 확보되는지 보여 줄 것이다.

위협 그리고 자원으로서 사기진작

1941년 『미국 사회학 저널』 특별 호는 '사기진작'에 대해 다루면서, 어떻게 미래의 사기 상실이나 사기 손상의 위협이 국가의 기대 지평선 안에 들어와 문제로 부상하게 되었는지 범례를 제시하였다. 심리학자 해리 설리번은 사기의 위상을 파괴 기술이나 테크놀로지의 확대와 직접적으로 연관시킨다. 전쟁에는 한계도 외부도 없다. 전쟁은 어디나 있다. 전쟁은 '총체적인' 동원을 포함하기에 '총체적인' 전쟁이 된다. 이러한 동원은 정동의 영역에 확대되고, 사기가 '확보'되어야 할 국민국가의 핵심 자원이 되게 한다. "현대 전의 상황은 사실상 모든 이의 협동을 요구한다. 사회 조직체의 어디에나 있는 비효율적인 인간들은 전체에 위협이 된다. 사기 저하의 방지와 사기의 진작과 유지는 전장에서 중요한 것과 똑같이, 민간인 가정 전선과 산업 및 상업 지원조직체들에 있어서도 중요하다"(설리번 1941, 288).

따라서 기존 인구의 사기를 확보하는 데 주목하는 것은 국가가 새로운 형태의 취약성과 상처를 인정하는 것과 밀접한 관계가 있다. 그 특별 호는 국내 인구를 위협하는 다각적인 기술들을 분류하고 어떻게 국가가 사기 손상이나 파괴에 이르는 방법을 상상했는지를 보여 준다. 사기가 위협받고 있다는 파국적 상상의 느낌을 얻기 위하여 그 당시 저자들이 사용했던 용어들을 인용할 가치가 있다. 폭력은 "준-사실적", "이데올로기적", "분석적" 인 것들을 통하여 기능한다(에스토릭 1941, 468). "효과적인 중앙 통제의 해체"(설리번 1941, 289)는 개별 공동체들을 겨눈다. 그리고 "희생자들이 점점 더 참기 힘들다고 느끼는 긴장상태의 재발의 느낌을 전달하는"(290) 기술에 의한 개인들의 직접적인 사기 저하.

사기가 위협받을 거라는 예상은 이를 예방하거나 예비하기 위한 행동을 요청한다. 그렇다면 사기진작은 자신의 해체에 대한 예상 속에서 발동되는 것이다. '총력전'의 맥락에서 위협받는 것은 인구이다. 다양한 방식들로 생명정치의 형태들이 '인구'를 표적으로 하고 이를 통해 작용하는 것을 고려해 볼 때, 어떻게 인구가 이해되는지 풀어헤쳐 보자. '총력전'과 관련하여 '인구'의 논의는 '인구'를 주어진 영토 단위에 관련된 집단이라는 명시적인 이해에서 출발한다. 이는 국민국가 내의 특정 영역이나 지역이 될 수도 있고, 국경으로 둘러싸인 지리적 독립체인 국가일 수도 있다. 여기서 인구의 의미는 16세기 말과 17세기 초 "민족 또는 살고 있는 장소"라는 이해와 아주 가깝다(레그 2005). 이 출발점에서부터 '인구'는 정동적 존재들의 집단으로 구성된 것이라고 간주된다. 사기 그 자체는 미결정적인 것이지만, 아래에서 보다 자세히 논의되듯이, 사기는 사람들 사이의 일련의 심리학적 요인들("전투성, 경쟁, 선두, 동지애, 사교성, 순종, 전염적인 쾌활함"〔랜디스 1941, 332〕 등)과 신체의 생화학적 기저상태("신체 조직의 탈수"〔284〕 또는 "초과 냉각에서 오는 모호한 생화학적 효과"〔285〕 등)에 두루 걸쳐 기록된다고 간주된다.

그러나 사기를 구성하는 인구는 단지 전의식적이고 자율적인 몸의 정동에 사로잡힌 개인들의 집합이 아니다. 인구 그 자체가 정동 구조이다. 그러나 어떻게? 여기에 대해 만장일치를 이룬 의견은 없다. 그 반대로, 집단성과 사기의 관계에 대한 여러 가지 의견들의 판본이 있다. 한 예로 사기는 행사와 회합의 속성으로 설명된다. 긴장과 의지가 개인과 사회에서 확실히 드러나는 가장 일반적인 형태 중의 하나가 기분이다. 모든 행사는 장례식이건 결혼식이건 특징적인 분위기를 가지고 있다. 모든 회합은 그것이 거리의 군중에 지나지 않을지라도 어떤 정서에 의해 지배된다(파크 1941, 369). 다른 예에서 사기는 집단이나 모임의 속성이다. "사기의 특징적 문제들은 집단기질에 속하고, 이 용어가 가장 잘 적용될 수 있는 것은 집단정신이다. 집단정신Esprit de corps은 분명코 집단의 현상이다"(호킹 1941, 311). 또 다른 예에서 사기는 '대중'이나 '군중'이란 이름으로 불리는 마음들의 집합의 속성이다. "한 사람에게서가 아니라 많은 사람에게서 존재하는 마음의 상태이다. 그것은 즐기는 마음의 상태가 아니라 행동을 일으키는 역할을 하는 마음의 상태이다. 그것은 모든 상황에서 똑같이 나타나는 단일한 마음의 상태가 아니라 목적에 따라 상대적이다'(랜디스 1941, 331).

표적이 되는 것은 특정 방향에서 본 인구이고 그것의 정동적 삶이다. 즉, 주체에서 시작하여 한편으로는 정동적으로 고취된 몸의 기저층으로 확산되고, 다른 한편으로는 다양한 유형의 집단성으로 확산되는 정동적 삶이다. 관련된 활동 공간은 생물리학적 몸에서 회합이나 행사의 장소로 과도하게 확대된다.

집단적인 것의 형태에 대해서는 일치된 의견이 없지만, 그러한 집단적인 것들의 통일이나 일관성이 위협받고 있으며, 따라서 어떻게 집단적인 것들이 '총력전'의 일부로 동원되는가가 관건이 된다. 사기를 파괴하면 인구의 삶-세계에 균열과 파열이 생기고, 따라서 '총동원'의 원심 운동이 해체된다. 사기를 위협하는 것은 사기를 확보하고자 하는 노력이 그렇듯 특별한 힘을 가진다. 위협은 사기와 인구의 행동 사이에 아주 특별한 관계를 상정하기 때문이다. 사기는 현재 몸의 감소하는 감응들affections을 능가하기 때문에 행동의 기초가 된다.[10] 사기는 '미래적이고' '미래에 대한 믿음' 주위에 형성되기 때문에 행동의 '솟는 샘'(호킹 1941, 303)이거나 행동의 '선물'(파크 1941, 366)이다. 일레인 스캐리는 사기의 약속을 이루는 토대는 미래 세계의 창조적 건설, 가능, 설립과 사기 사이의 암시적인 연합이라고 지적한다. 그러나 사기는 또한 파국적인 상황에서 시민들이 '총력전' 동안, 특히 '고생'

10. [옮긴이] 감응은 몸들이 영향을 주고받는 것이며, 감응들의 증감이 정동이다. 감응이 감소한다는 것은 슬픔의 경우에서처럼 부정적인 정동의 영역에 있다는 것이다. 전쟁 시 감응들이 감소하고 축소될 때 사기진작은 이를 북돋는 효과를 가지기에 사기가 감소하는 감응들을 능가한다고 한 것이다.

과 '고통'의 조건에서 동원을 계속할 수 있도록 하는 동기가 되는 힘이다(랜디스 1941, 333). 그 상황에서 육체는 "내부로부터의 약화시키는 영향력(피로, 마지못함, 불안, 초조, 갈등, 절망, 혼란, 좌절)과 외부로부터의 약화시키는 영향력(장애, 공격, 재난의 루머)에 정동적으로 영향을 받는다(에스토릭 1941, 462).

민간인과 군인의 경계가 함몰되는, 생활과 재산의 '총체적' 동원과 파괴의 '총체적' 방법들 아래, 민간인의 몸은 손상을 입히는 수많은 사건과 조건에 노출된다. 따라서 '총력전'의 상황에서 사기가 직접적으로 목표가 되든지 혹은 깨어지든지 하는 현재에도 불구하고, 사기는 몸들이 계속 앞으로 나가도록 약속한다. 위협적인 것은 사기가 갑자기 깨어지거나 흩어지고, 몸들이 현재의 조건들에 노출되고, '총체적인' 동원운동이 실패하거나 끝장이 나는 예측할 수 없고 불확실한 미래의 '위기'이다. 사기의 미래의 위기를 상상하는 사람들이 두려워하는, 사기에의 또 다른 위협은 '공황'panic이라고 불리는 것이다. 사이버네틱스가 공황의 '판본들'을 생산하는 데 핵심적이었던 초기 냉전과는 달리(오르 2006), 여기서 공황은 초기 행동주의적 심리학에 따라 조직해체의 형태로서 이해된다(맥클레인 1979 참조). 공황은 강도의 정도에서 다양하지만, 일반적으로는 붕괴나 장애로 인해 나타나는 질서의 와해로 이해된다. 이러한 붕괴와 장애는 다음과 같이 묘사된다. "한 사건으로 인해 갑자기 보편적인 것이 터무니없다는 것이 드러나고, 사람들은 심하게 사기가 꺾인다"(설리번 1941, 282)라거나, "우리가 발생한 일을 이해하는 훌륭한 이성적 분석이나 종합이 금지된 상황에서 불안감이나 모든 만족의 중단이라는 심각한 위협이 감지된다"(282).

사기의 파괴나 손상은 총동원에 필수적이고 내적인 것, 즉 몸들의 집합체, 자주 반복되는 활동, 이성적 분석, 이해 등을 파괴적인 힘으로 바꿔 버리는 위험을 가져온다(오르 2006). 사기의 위기를 가져오는 '공황 유발 상황'은 정동적 존재로서 개인이 혼란에 빠지는 상황이다. 이것은 사기에 대한 특별호에서 기고자 중의 한 명이 설명했던 것이다. 보호되어야 하는 몸이 어떻게 의식적 지각과 신중함을 뒷받침하는 본능과 자기수용적인 현상(감각, 골격체계 등)의 측면에서 설명되는가를 주목하라. "내부로부터 올라오는 섬뜩한 감각이 있을 것이다. 추론이나 정교한 지각력 같은 것은 찾아볼 수 없을 것이다. 무작위로 행동하는 경향이 있지만, 실제로는 자극의 확산과 모순적인 운동 충동 때문에 아무런 골격체계의 운동이 없을 것이다. 당신이 회복되면서 내장에 있었던 강한 마비가 완화되면, 당신은 녹초가 되고 몸이 떨리고 아마도 목소리를 조절할 수 없을 것이다"(설리번 1941, 279).

그렇다면 공황의 혼란과는 달리, 사기를 진작하는 약속은 몸들을 약화시키거나 파괴하는 감응들이 끈질기게 존재함에도 불구하고 몸들이 합치도록 해 준다. 사기에 따라 행동하는 것은 '총력전'의 '불확실성의 바다'에서 '예측 가능한 어떤 섬'의 꿈을 꾸게 한다(아렌트 1958b, 220). 달리 말하면, 사기는 '총력전'의 엄청난 파괴와 피해에도 불구하고 시민들의 '총체적' 동원이 계속될 수 있다는 약속을 한다. 사기는 개인적 몸이나 집단적 몸의 ('총력전'의 테크놀로지가 유도하는 약화시키는 만남을 통하여) 정동받는 능력과, 그 몸의 정동하는 능력 (이 경우에는 '총력전'에서 민간인을 정의하는 활동들을 계속하는 능력) 사이의 관계에 개입하여 깨트리는 수단을 약속한다. 그렇다면 사기는 몸의 감응들과 분리되고 어느 정도는 능가한다고 간주되기 때문에 '세계 만들기'와 일면 연계된다고 할 수 있다. 사기는 "정신적인 것의 아우라를 가지며, 물리적 사건들과는 다른 의식의 형태나 자기초월성의 능력을 가리키는 경향이 있다"(스캐리 1985, 106).

잠재화와 사기의 악속

사기를 권력의 표적으로 확립하는 것은 대량파괴를 위하여 대중을 동원하는 방법을 약속한다. 사기는 엄청나게 이질적이고 당황스러울 만큼 수많은 현대 사회들을 분화되지 않은 전체 – 명확하고 안정된 형태에는 저항할지라도 일치하여 행동할 전체 – 로 합병하는 것을 가능하게 한다. 요컨대, 인구의 속성으로서의 사기는 '총력전'의 국가-대-국가의 동력학에서 한 국가의 잠재적 권력의 근본적인 성분으로 호출된다. 사기는 공장 생산성을 고취한다. 사기는 농업 노동을 뒷받침한다. 사기는 민주적인 이상들에 대한 믿음을 유지시킨다. 사기는 전쟁 경제에 힘을 실어 준다. 행동의 경첩으로서 사기는 '총력전'에서 표적이 되는데, 베버(2005)에 의하면 '표적'이라는 단어가 원래 가지고 있는 의미는 단순하지 않다. 표적^{target}은 어원적 뿌리는 명확하진 않아도 아마도 방패(특히 궁수들이 들고 다녔던 가벼운 휴대용 방패)를 의미하는 'targa'에서 나왔을 것으로 추정된다. 이러한 방어적 기원을 기억하는 것은 표적을 "맞추거나" "잡는 것"이 "위험의 느낌, 불안과 공포의 감정, 그리고 보호받고 봉사 받고자 하는 욕망"과 연결되어 있음을 의미한다(베버 2005, vii). 전쟁 전야에 확립되는 섭리적 장치는 국가 사기의 '위기'가 닥칠지도 모른다는 불안과 공포에 의해 활성화된다는 점에서 미래 지향적이다. 예견되는 미래는 상실과 피해의 불가피성이라는 특징을 띤다. 고통이 생길 것이다. 문제는 어떻게 그것을 다루는가이다. 따라서 파국적 미래의 그림자 속에서 사기를 확보하는 것이 국가나 시민 사회에 관건이 된다. 이 재난의 그림자가 드리워진 미래를 살아 나가고 국가가 지속하려면 사기는 동원되어야 한다. 사기를 유지하고자 하는 약속은 그것이 '총동원'을 가능하게 하고 그러면 때와 장소에 관계없이 사기가 확보되어야 한다는 것이다.

데리다(2006, 89)에게서 배우듯이, 약속은 쉽지 않다. "약속은 지키겠다고 약속해야 한다. 즉 '정신적인' 것이거나 '추상적인' 것으로 남아 있는 게 아니라, 사건들과 새로운 형태의 행동과 실천과 조직 등을 생산하겠다고 약속해야 한다"(베넷 2005 재인용). 약속은 행동을 요청하며 요구하며 제시한다. 사기를 표적으로 하는 약속을 실현하기 위하여, 전쟁 이전의 시기에는 예측, 유비무환, 복구라는 국가 장치를 확충하여 집합적 인구의 사기가 표적으로 확보되게끔 한다. 그리하여 정확히 말하면 사기의 동원력이야말로 사기를 확보하기 위해 사기가 무엇인지 알려고 하는 다양한 기술들을 통해 예측하는 것이며, 사기를 생성하고 유지하려고 하는 기술을 통해 이용하는 것이며, 그 손실 효과를 완화하는 기술들(주로 민방위)을 통해 복구하는 것이다.[11]

이러한 장치와 공군력의 파국적인 장치의 핵심에는, 차후에 사기를 확보하기 위해 사기의 현재 상태를 추적하고자 하는 시도들이 있다. 그러나 사기와 행동이 맺는 관계가 미결정적이고, 사기의 장소가 미결정적이기 때문에, 지식의 대상으로서 사기는 삶에 전반적으로 퍼져 있는, 모호하지만 행동 가능한 '그 이상의 것'something more이 된다. 여기에서 심리학자인 호킹은 '그것'이 추려 내어질 수 있는지 의아해한다. "그렇다면 사기는 물리적

---

11. 민방위의 기원에 대해서 Oakes 1994 참조.

인 유비무환과는 다른 것이며, 무언가 부가적이지만 분리할 수 없는 것이다. 그러나 사기 그 자체는 전쟁 능력의 인식 이상의 것이며, 능력이 저하돼도 사기는 높을 수 있다. 이러한 그 이상의 것을 추려 낼 수 있을까?"(호킹 1941, 303)

미국의 2차 세계대전 참전 전 시기에, 이러한 '뭔가 다른 것'something else을 추적하고 개입해서 행동을 일으키고자 시도했던, 엄청나게 다양한 측정기술들과 계산기술들이 있었다. 미국에서 이는 '사회적 조사'(에스토릭 1941)와 '여론 조사'(듀런트 1941)와 같이 정동적 대중을 환기하고 언급하는 이제는 보편적이 된 기법들을 포함하는데, 사회적 조사와 여론 조사는 나중에 사기 폭격의 효과와 효율성을 알고자 하는 시도에 핵심적인 것이 되었다(미국 전략적 폭격 조사 1947a와 1947b 참조).[12]

그러나 이런 기술들을 통해 알려진 것은 사기가 무엇인지에 대한 '진짜 본성'이 아니었다. 사기는 그것을 물物자체로 정립하고자 하는 시도를 능가한다는 것을 기억하라. 제임스 울리오 소령은 군대 내 사기 유지 기술들이 어떻게 민간인과 관련하여 사용될 수 있는가를 토론하면서 다음과 같이 말한다. "그것[사기]은 당신이 그것을 정의하려고 하는 순간, 그것의 의미를 단순한 언어의 제한적 한계 내에 가두어 버린다는 점에서 생명 자체와 같다"(1941, 321). 차라리 인구의 행동들을 사회생물학적 과정의 집합체로 측정하고 계산하는 것을 통한 "사기 형성의 작동 조건들"에 초점을 두어야

---

12. 영국에서의 기술도 유사했다. 1941년 5월부터 10월까지 영국정보부는 사기에 대한 일간보고를 작성하였고, 그다음 월간보고와 연간보고에서 요약하였다. 이는 대중관찰 연구가 뒷받침하였고, 또한 우편검열, 경찰, W. H. 스미스 뉴스사와 같은 기타 다양한 자료들에 근거하였다. 1941년에 시작하여 국가안보부는 대중의 분위기에 대한 수많은 보고서를 위임하였다 (Jones et al. 2006 참조).

한다(듀런트 1941, 413). 사기는 "생명과 같고" "그 이상의 것"으로서 "능가하는" 것이기에, 그것은 간접적으로 추적되어야 한다. 대중관찰mass-observation의 사용(햄슨 1976)과 같은 관찰 방법 이외에, 사기는 다양하고 변하는 흔적들을 통해 추적되었다. 흔적들은 삶의 도처에서 발견될 수 있다. 삶의 모든 양상은 잠재적으로 사기의 현존이나 부재를 드러내며, 따라서 지식의 기술들은 제한이나 남김없이 삶의 모든 것을 알아야 한다. 사기는 어디에나 있다. 그것은 특정 활동에 한정되거나 부여된 자격요건을 능가한다. 예컨대 영국에서 사기는 파업과 산업생산, 음주운전 판결, 절도 범죄의 빈도수, 정도, 지속을 통해 이해되었다(듀런트 1941, 411~12). 프랑스에서 "나쁜 사기"는 "정치적 긴장, 대중 폭력, 시민들의 기존 정부에 대한 반발, 악화된 개인주의, 일반적인 수동성, 인구적 요인들, 공황과 절망에의 취약성"에 의해 알려졌다(듀런트 1941, 408). 한편 중국에서 사기는 "영미 구호물자에의 의존, '해안 복귀'파와 '신新 내륙'파의 관계, 곡물 가격, 의료 시설의 부재, 중앙 정부의 만주 군대 처리"를 통해 알려졌다(듀런트 1941, 408).

이러한 목록이 처음 보기에는 임의적인 것처럼 보여도, 이것은 권력의 대상이 된 사기의 유형에 대해 중요한 것을 알려준다. 첫째, 사기와 이러한 기타 요인들은 푸코(2007)가 일차적 자료라고 부른 것이 아니다. 오히려 사기와 기타 요인들 사이의 상호작용이 일차적 자료이다. 사기는 곡물 가격과 관계있다. 사기는 인구적 요인과 관계있다. 사기는 음주 판결과 관계있다. 요컨대 사기는 다양하다. 지식의 기술이 아는 일은 단지 사기 자체의 있음이나 없음을 설정하는 것이 아니라, 그 변화를 조사하고 그 변화 가능성을 설정함으로써 그 움직임을 추적하는 것이다. 둘째, 사기는 생명 자체와 비슷해서 투명하게 알려지지 않는다. 그것은 확인되거나 분류될 수 있는 안정된 대상이 아니다. 측정과 계산의 기술들은 사기의 범위와 효과를 공시하기 위하여 외관상 사기와 관련 없어 보이는 일련의 요인들을 포함해야 한다. 그 결과 사기의 통치는 생명의 통치가 된다. 통치는 '총체적'이 된다. 그것은 삶 도처에서 발견된다. 사기는 도시 사회학자인 로버트 파크가 다음과 같이 주장한 정도까지 확대된다. "우리는 사기를 우리의 모든 집단적 기획의 요인으로 인정해야 한다. 그것은 공산당의 활동 요인인 것과 같이 증권거래 운영의 요인이다"(1941, 367).

사기의 현존과 부재는 결정할 수 없거나 미결정적인 것이 된다. 그것은 수많은 다양한 효과들을 통해 알려질 뿐이다. 이것이 사기가 약속어음으로 기능한다는 두 번째 의미인데, 사기는 단순히 '총력전'을 겪는 국가에 "미래를 현재인 것처럼 처분할 수 있는"(아렌트 1958b, 245) 통치권을 제공하는 "확실하고 고립된 섬"(220)이 아니다. 더 나아가 사기는 통치의 대상이라기보다 통치의 지평이 되며, 삶 전체에 확산된 활동들의 임의적인 것처럼 보이는 목록에서 추론될 뿐인, 영원히 지연된 부재하는 현존이다. 역설적이게도 사기를 확보하는 것은 사기의 잠재화를 수반한다. '총력전' 행동의 표적이자 경첩으로서, 사기는 오로지 다양한 흔적들을 통해서만 알려지는 잠재성으로 존재한다. 이것이 "문제가 되고 있는 존재의 '잠재력의 고양'"이라고 피에르 레비가 말했던 의미에서의 잠재화이다(레비, 베버 2004, 284에서 재인용). 사기는 더 이상 관찰 가능한 정동적 존재들에 위치한 현실적 존재가 아니며, 관찰이나 실험 과정을 통한 정동 구조도 아니다. 사기를 확보하는 것은 다루기 힘들 만큼 넘치는 활동들, 과정들, 사건들의 원인이자 결과인 미결정적인 '그 이상의 것'으로 끌어올리는 것이다. 이러한 고양은 현실적인 것에서 잠재적인 것으로의 운동 과정으로 이해할 수 있다. 따라서 "원칙상 현실성으로(하나의 '해결'로서) 규정되는 대신에, 그 존재는 본질적 일관성을 문제적 장에서 발견한다"(레비, 베버 2004, 284에서 재인용). 따라서 사기는 벗어나고, 삶과 동등한 것이 되고, 한정된 대상으로서 부재하기 때문에 사기는 약속한다. 그렇다고 사기가 동화될 수 없는 타자라든지, 부서지고 와해하는 구멍이 뚫린 경험이라든지 하는 것은 아니다. 오히려 사기는 평범하며 모든 활동의 한 차원이다. 잠재적으로 노출된 인구를 보호하기 위해서는 모든 생명에 의거해 행동해야 하며, 여기에서 "풍부한 표적 감인"target rich 생명이 공중폭격이나 루머 형성이라는 파국적인 국가 장치들의 대상으로 떠오른다. 이러한 장치들 안에서 사기는 "부서지고", "상실되며", "사라지거나", "붕괴된다"(두헷 1972, 케넷 1982, 페이프 1996 참조).

사기의 발생이 규칙성을 가지지만 약속의 구조를 취하고 있고, 총력전이 모든 생명을 새로운 위협들에 노출시킨다면, 이후 어떻게 정부가 행동을 위한 '만반의 준비'를 육성할 수 있을까?(에스토릭 1941, 462) 어떻게 사기에 의거해서 행동하는 것이 인구의 '총체적 통제'의 일부가 될 것인가? 사기가 위협받고 있다고 할 때, 핵심 문제는 사기의 "발전, 보호, 유지"(설리번 1941, 282)가 되며, 실용적인 질문은 "좋은 사기가 만들어지고 보존되기 위한 통제 방법은 무엇인가"가 된다(랜디스 1941, 331). 그러나 이것은 문제를 낳는다. 사기는 손에 잡힐 수 있는 행동 경첩을 제공하지 않는다. 그것은 삶의 도처에서 발견되는 것처럼 모든 곳에 있는 동시에, 삶이 규정을 피하는 것처럼 어느 곳에도 없다. 대응책은 신체적이고 집단적인 정동적 삶이라는 각도에서 인구에 대해 작용하는 기술들의 개발인데, 이는 "민족의 집단적 기질"이라든지(린드만 1941, 397), "집단기질"(호킹 1941, 311), 또는 "사람들을 전체로 만드는 근본 결속"(설리번 1941, 300) 등으로 다양하게 불린다.

인구에 작용하는 것은 두 가지 유형의 기술을 포함한다. 첫째는 주로 커뮤니케이션의 형태를 통해 개인들을 직접 정동적 존재로서 호출하는 것이다. 라디오, 신문, 영화, 연극, 교육제도는 "민주주의에서 이용 가능한 주요 사기 형성 기구"로 묘사된다(엔젤 1941, 352). 두 번째 기술은 사기와는 관련이 없어 보이지만 그럼에도 불구하고 집단을 정동 구조로 함축하는 일련의 요인들과 요소들에 작용하는 것이다. 예컨대 사상자가 발생한 사고 뉴스는 얼마나 자주 보내야 할까? 민주주의는 어떻게 이상적 형태에서 주체들이 열정적으로 느끼는 사실로 이동할 수 있을까? 주거는 어떻게 신체적 편안함을 보증하기 위해 설계될 수 있을까? 어떤 수준의 신체 활동이 국가의 레크리에이션 계획에 통합되어야 하나?

'총력전'에서 사기에 대해 작용하는 경우, 권력의 활동들은 푸코(2007, 326)가 16세기에서 18세기까지의 시기에 불어로 치안police이라고 불렸던 것(독일어로는 Polizei)의 배치를 설명하면서, "삶에서 단지 살아 있음 이상으로 넘어가는 어마어마한 영역"이라고 불렀던 것과 유사하다.[13] 행동의 장소는 삶의 '전면적인' 판본이거나 오자칸가스(2005)가 주장하듯 생성 중인 풍부한 삶인데, 여기에서 사기 동원은 제한이나 외부 없이 삶의 모든 부분에 확대하고자 한다는 점에서 '총체적'이다. 사기가 삶의 도처에서 기록되기

---

13. '치안'은 푸코에 의하면 16세기 말에서 18세기 말까지 정치적 기술들의 배치의 하나인데, "경쟁적 성장을 포함하는 경쟁의 공간 내에서 힘의 관계들을 조작하고, 유지하고, 분배하고, 재정립하는 것"(Foucault 2007, 312)에 의해, '삶을 돌보는 것'(Foucault 1994a, 413)과 관련된다. 치안은 "질서와, 적절하게 도전된 부의 성장과, '전반적으로' 건강 보존의 조건들을 보장하기 위하여 역할 하는 메커니즘들의 총체"이다(Foucault 1994c, 94). 치안의 근본 목적은 "남자들이 서로 잘 공존하는" 모든 형태에 의해 국가의 힘(국가의 '영예')을 잘 사용하는 것이다(Foucault 2007, 326). 치안은 모든 것을 포함하지만, 특별한 관점 — 살아 있고 활동적이고 생산적인 사람 — 의 관점에서 보여진다(Foucault 1994a, 412; 1994b 참조).

때문에 사기 동원 행동 역시 삶의 도처에서 일어나야 한다. 정동적 존재들과, 정동 구조로서의 인구에 대해 작용하는 기술들의 교차점의 본보기로서 사기를 생성하기 위한 라디오의 활용을 예로 들어보자.[14] 라디오는 로버트 파크(1941)가 민주주의의 이념/이상이 "사람들의 정신과 가슴 속에" 살도록 해 주는 수단에 의한 사기진작의 '마술적 힘'이라고 불렀던 것을 이용한 커뮤니케이션 기술의 하나이다. 라디오는 목소리의 따뜻함을 포함하여 일정 정도의 집단적 정동들을 멀리서도 전달하게 해 주는 직접성을 가진다. 국영방송의 경영자는 라디오를 다음의 세 가지 기준에 맞추어 판단한다. "(1) 뉴스 전달의 직접성 (2) 라디오를 듣는 엄청난 대중. 이들 중 많은 이들은 나중에야 신문을 읽으며, 적지 않은 수가 독서에 익숙하지 않거나 글을 읽지 못한다. (3) 살아 있는 사람 목소리의 심리적 호소. 이는 요즘 신문에서 일반적으로 많은 사진을 동반해도 차가울 수밖에 없는 유형과 대조를 이룬다"(엔젤 1941, 355).

기술이 개인을 정동적 존재로, 즉 살아 있는 사람 목소리에 감동받는 존재로 호출할지라도, 사기진작은 그 외 다른 변수들의 간접적인 효과이다. 라디오의 유효성에 핵심적인 것은 그것이 분산되고 이질적인 인구를 이슈에 공감하는 규정된 대중으로 통합하는 것을 약속한다는 점이다. 따라서 라디오는 이질적인 인구를 멀리 있는 몸들의 조응을 통하여 공조할 것을 약속하기 때문에 가치가 있다. 이와 대조적으로 뉴스는 사기를 "발전시키거나" "유지시키는" 적절한 기술이 되지 못한다. 이는 뉴스가 언제나 갱신

---

14. 때때로 사기를 다스리는 일은 정상과 비정상을 분리하여 문제가 된다. '민주적인' 기술에 초점을 맞추는 것에 한 가지 예외는 심리학자인 해리 설리번이다. 설리번은 "인격 왜곡, 정신 결함, 정신 장애의 이유로"(Sullivan 1941, 294) 국가의 사기를 저해하는 사람들을 가두도록 한 "포로수용소의 문명화된 판본"(294)을 제시했다.

되기 때문이고 따라서 "주의를 분산시키고 산만하게 하여서 긴장을 증가하기보다는 감소시키는 경향이 있기" 때문이다(파크 1941, 374).

라디오와 같은 권력의 기술은 통치권자와 신민 사이에 직접적인 복종이나 일치의 관계를 세움으로써 작동되지만, 사기는 그런 식으로 다스려지지는 않는다. 사실 다양한 많은 기술이 처방이나 금지의 기술을 통해 사기를 조야하게 '조작'하는 것에 의존하기 때문에 기각되었다. 어떻게 정동적 조정의 '총체적' 방법들이 작동하는지 이해하기 위하여, 섭리적 기술로서 라디오 이용과 파국적인 기술로서 루머 생산을 비교할 가치가 있다. 루머 유포는 〈전략적 용역 기획 사무국〉(OSSPG)의 '사기 운용' 팀의 핵심적 기술이며, 루머들은 정동적으로 작용하도록, 즉 혼란과 불신을 퍼트리고, 억울한 감정을 자극하며, 공황을 만드는 식으로 작용하도록 설계되었다(하먼 1995). OSSPG의 1943년도 브리핑은 '루머에 대한 독트린'을 정립하였다. 여기에는 루머가 무엇이고, 사람들에게 전파함으로써 어떻게 작동하는지에 대한 논의가 포함되어 있다. 핵심적인 질문은 어떻게 루머가 확산되면서 나름의 본연의 내용을 간직하고 있는가 하는 것인데, 그 본연의 내용이란 이런 유형의 유포가 개연성과 단순성과 적절성을 가져서 임무와 생생함과 암시의 역할을 잘하도록 하는 것이다. 그럴 경우 루머는 세 가지 방식에서 정동적으로 작용할 수 있다. OSSPG는 이를 다음과 같이 정리하였다.

1. 군사 자원에 대한 믿음을 잃기 시작한 사람들 사이에 불안과 공포를 이끌어 내고 확산시킬 것.
2. 환멸로 이끌 일시적인 과신을 이용할 것.
3. 민간인들의 공황에 가까운 반응들을 통해 재정적 위기나 기타 위기를

재촉할 것.

루머와 라디오는 정동적으로 작용한다. 그러나 그 어느 것도 직접적인 효과를 낳는다는 보장을 하지 못하는데, 이는 둘 다 사기를 형성하고 변형하는 복잡하고 살아 있는 조건들의 일부이기 때문이다. 루머의 표적들은 위에서 언급했듯이 인구를 정동적으로 이해하도록, "판타지의 사용을 좋아하는 단조로운 삶을 사는 사람들의 집단이나 계층"으로 이해하도록 한다(OSSPG 1943, 8). 혹은 "그들의 개인적 안녕에 대해 이미 두려워하거나 불안해하는 사람들의 집단이나 계층[으로 이해하도록 한다]. 문제가 되고 있는 집단의 비관적인 세계관을 확정하는 '정보'에 초점을 맞추어라. 공황상태를 유발하도록 계획된 극단적인 루머는 군사작전과 타이밍이 맞아야 한다"(8).

라디오와 루머 각각의 기술이 정동의 발생과 맺는 관계는 단순히 소극적인 것이 아니다. 이 두 가지 기술은 모두 사기와 공황의 새로운 정동을 낳는 것을 겨냥한다. 그래서 루머는 '공황상태'를 생산함으로써 작용하고, 이와 대조적으로 라디오는 어떻게 '좋은 사기'가 발생하고 유포되고 합쳐지고 국가의 행동에 반영될 수 있도록 할 것인가에 따라 가치가 정해진다.

라디오와 루머의 경우 사기는 직접적으로 만들어지는 것은 아니고, 단지 간접적으로 삶의 일부가 되는 기술들을 통하여 생긴다. 이런 기술들은 사기 진작의 과정들과 기타 사기 생성 메커니즘과 똑같은 현실의 일부가 됨으로써 기능한다. 따라서 루머와 라디오는 다른 것들을 촉매하고 감독함으로써 사기와 공황의 유포를 체크하고 제한한다. 이로써 루머와 라디오는 표적이 보다 분산될 때 권력의 기술들의 범위의 확장을 보여 주는 본보기가 된다. 이 둘은 모든 삶에 확대된다는 점에서, 또 성공하기 위해서는 삶이 전개하는 역학과 구분할 수 없게 되어야 한다는 이중적인 의미에서 '총체적'이다.

결론: 정동과 권력

'총력전'에서 사기는 추적과 조율이라는 두 가지 유형의 과정을 통하여 무한한 잠재력으로 표적이 되는데, 이 두 과정은 함께 정동의 과잉을 섭리적이고 파국적인 상태의 과도한 메커니즘과 공조하는 것을 목표로 한다. 이러한 과정들은 합쳐져서 **정동의 병참술**logistics of affect이라고 불리는 것을 생산하는데, 이것의 목표는 대중 형성의 잠재력을 동원하여 그 잠재력을 대량 파괴의 과정으로 이행하는 것이다(비릴리오와 롯링거 1997, 24). 이렇게 하여 사기를 표적으로 하는 약속이 지정학적이고 생명정치적인 현재로 돌아온다. 현재의 '테러에 대한 전쟁'은 사기를 포함하여 정동들을 대상과 매체로 삼는 섭리적이고 파국적인 기술들과 관련 있다. '충격과 공포'Shock and Awe라는 네트워크 중심의 공군 독트린과 인지 관리 작전은, 1차 세계대전 때 독일이 영국을 공습했던 체펠린과 고타 공중폭격 이후로 '도덕적 효과' 또는 '공포 효과'라고 알려진 것의 가장 최근의 선명한 예에 지나지 않는다. 칸트의 숭고에서 전기충격 요법까지 모든 것을 아우르는 '충격과 공포'는 정동적인 손상과 피해를 입히는데, 이른바 "완전히 탈진하여 멍한"(울만과 웨이드 1996, 20), "무력감"(61), "적의 취약함과 아군의 천하무적"(62), "싸울 의지 상실과 좌절"(64)로 불리는 것들이다. '총력전'과 '테러와의 전쟁'

을 이어 주는 것은 냉전의 '심리전'이라는 확장된 장치이다(로빈 2001, 심프슨 1994 참조). 그러나 이 두 가지가 역사적으로 형성된 과정과 군사화한 과정 사이에 공명하는 바가 있을지라도 또한 차이점도 있다. '총력전'에서 사기에 의거한 행동은 국가가 집단의 동원력을 이용하고 그 힘을 미래에 유지할 수 있다고 약속한다. 국가적 잠재력의 대중 동원은 대량 파괴를 가능하게 한다. 한편 '네트워크 중심의 전쟁'에서 사기는 하나의 덩어리라기보다는 복잡한 적응 네트워크들의 속성으로 이해되며, 그 네트워크가 지탱되고 합쳐지는 방식에 내재적인 특별한 '효과들'을 만들어 냄으로써 사기가 표적이 된다. 네트워크는 네트워크를 표적으로 삼는다. 이런 차이와 기타 차이점들은 있어도, 분산된 잠재력으로서의 사기를 표적 삼음으로써 승리가 얻어질 것이라는 희망은 공통적이다.

여기서 우리는, 정동에 주목하는 것이 문화이론에 많은 것을 약속하는 반면 동시에, 정동이 권력의 다양한 양상들에서 조정된다는 인식에서 나온 긴급명령이 된다는 명제로 되돌아오면서 이를 다시 확인한다. 하지만 정동이 중앙 집중적이거나 분산적인 권력 양식들의 표적이 될지라도, 정동은 마음대로 매끈하게 형성하고 규범화하고 도구화하는 식으로 단순히 얻어질 수 있는 게 아니다. 또 정동은 헤아릴 수 없는 과잉에 대한 관점으로서 작동하는 것도 아니다. 이 글에서 거론했듯이, 사기는 그것의 범위와 효과를 정하려고 하는 지나친 시도들을 피하는 바로 그 이유 때문에, 권력의 대상과 매체로서 존재한다. 사기는 고정되고 정확한 위치를 가지는 표적이 아니라 분산된 잠재력으로서 파악되고 다루어진다. 사기가 무엇이고 무엇을 하는가는, 그것을 알고 이용하고 복구하는 데 희망이 관여하기 때문에 다양하고 변이가 있다. 사기는 생명 자체와 같다. 사기는 모임들의 일부이다. 사기는 몸의 생물리학적 조건의 기능이다. 사기는 전략의 대상이다……이러한 증식의 종착지는 사기 '자체'라는 것이 없다는 것이다. 사기가 무엇이고 무엇을 하는가에 대한 여러 가지 판본들은, 사기의 불변하는 성질을 명명하고 분류할 단 하나의 설명에 합쳐짐 없이 공존한다. 달리 말하면, 사기의 우연적이고 미결정적인 존재가, '총력전'을 이루는 과도한 기술들을 통해 구축되며, 그 기술들과 구별할 수 없게 된다.

정동과 권력의 관계에 대하여 두 가지 결론이 도출된다. 첫째, 이 글에서 논의된 메커니즘들은 단지 정동의 과잉을 줄이는 것이 아니라 다른 식으로, 생명의 미결정성과 밀접한 집단적 현상으로서 정동을 알고 정동에 의거해 행동하고자 하는 것을 목표로 한다. 그 미결정성이란 정동적인 생명의 기저 층과 어떻게 인구가 만들어지고 변형되는가 라는 두 가지 측면에 있어서 그 자체 위치가 결정되어 있지 않은 미결정성을 말한다. 권력은 순종하지 않는 생명의 정동적 잠재력을 명령하고 통제하고 궁극적으로 축소하려고 하면서 그 생명에 이차적이거나 기생하여 있는 게 아니다. 사기를 목표로 하는 경우, 권력은 무엇에 의거해서 행동해야 하는가를 끊임없이 증식함으로써 잠재화하고, 전개될 때 생명 자체와 구별할 수 없게 되는 파국적이고 섭리적인 행동을 통해 대중집단의 동원력을 유지하고자 희망하면서 조절한다. 이러한 메커니즘이 창발을 알고 재촉함으로써 과잉을 만들고 과잉을 통하여 기능한다면, 그렇다면 정동이 자동으로 무한한 외부에 열려 있다고 생각하기는 어렵다. 권력의 양식들은 표적, 경첩, 실천, 바라는 결과에 있어서 다양하며, 권력으로서의 힘과 역량으로서의 힘을 나누는 구분을 해체하며, 생명에 군림하는 지배와 야생적이며 순종하지 않는 생명 사이의 대립을 없애 버린다.

둘째로 정동이 '통제'라는 이름의 권력의 새로운 양상의 대상이 되었다는 주장과는 달리, 정동은 (연속적인 관계에서 하나가 다른 하나를 대체하는 게 아니라) 서로 공존하고 공명하고 개입하는 권력의 다양한 양식들과 오랫동안 겹쳐왔다. 이 글에서 이러한 권력의 양식들은 ('총력전'에서 국가의) 통치권의 형태와 (예컨대 어떻게 라디오가 역할 하는가에서) 생체권력의 형태들을 포함한다. 다른 권력의 형태들이 존재하고 존재해 왔고 존재할 것이다. 그래서 정동의 순환과 분배를 알고 공조하고 추적하는 권력 형태들의 오랜 계보학이 존재한다. 그렇다면 '오늘날' 정동의 위상의 문제는 권력 양식들에서 출현과 변화와 이동을 이해하는 문제가 된다. 최근의 정동에 대한 관심이 주로 '생명 자체'의 정치학의 출현이나, 생명의 자본주의 단계 안으로의 '실질적 포섭'에 있지만, 사기진작의 경우는 사회심리학, 행동주의 유형들, 사이버네틱스와 같은 지식들과, 루머 유포와 초기 라디오 같은 기술들을 포함하는 긴 계보학을 연다.

정동의 문화이론들은 권력의 새로운 대상을 명명하는 동시에 동화될 수 없는 한계와 외부를 권력에 둠으로써 사회정치적 통찰력을 약속한다. 아마도 우리가 정동과 권력의 선험적 분리가 아니라 연합에서 시작한다면, 정동은 그 자체 안정된 근거라기보다 탐색의 끊임없이 연기된 지평으로서 약속의 방식으로 작용할 것이다. "도망하면서 스스로를 약속하고, 달아나면서 스스로를 주고, 엄격히 말한다면 현존이라고도 말할 수 없는 것"(데리다 1992, 96~97)이기에, 정동이 무엇이고 무엇을 하는가 라는 질문은 다양한 정동들이 가변적이고 변덕스러운 권력의 양식들과 복잡하게 얽혀 있는 겹침을 따라감으로써만 대답할 수 있을 것이다.

정동 이후

공감, 동화 그리고 모방 소통[1]

안나 깁스

전염은 현대 세계 도처에 있다. 그것은 신체에서 신체로 뛰어다니며, 들불의 속도로 하나가 된mediatized 인구를 휩쓴다. 전염병이나 심지어 히스테리조차 지역적인 발발에 그치지 않고, 이제 유행성 전염병은 전자매체 덕분에 잠재적으로 전지구적 규모에서 믿을 수 없는 속도로 일어난다. 소비경제학은 사실상 일상 기능에서 전염에 의존하며, 소통과 교환의 전지구적 흐름으로 사람들과 돈과 상품과 자원과 생각과 믿음을 연결하여, 근본적으로 과정의 관계를 바꾸어 버린다. 이는 내가 '모방 소통'mimetic communication 이라고 부른 것에 대한 새로운 이해를 요구한다. '모방 소통' 또는 미메시스는 일차적으로, 의지적이건 비의지적이건 신체에 기반한 형태의 모방이며, 여기에 문학적 재현이 궁극적으로 의존하고 있다. 가장 원초적인 단계에서 이는 정동 전염의 본능적 차원으로, "표정, 목소리, 자세, 움직임을 다른 사

---

1. 이 논문의 각 부분들의 초기 버전은 「문화와 임상 사이에서」(2001), NMLA(2001), 국제 문학과 심리학 회의(2002), "정동을 이론화하기" 회의(2006)에 제출되었다.

람의 것과 공조"하는 것이며, 관련된 이들을 "정서적으로 수렴하도록" 하는 경향을 낳는다(햇필드, 카치오포, 랩슨 1994, 5).

이 논문은 여러 가지 현상들(공감, 공시적 동화synchrony 2, 그리고 미메시스라는 광범위한 제하에 끌어모을 수 있는 다양한 형태의 흉내와 모방)을 살펴보고, 이런 것들이 다 함께 모여 모방 소통을 이론으로 만드는 출발점을 제공한다고 주장한다. 여기에 관건이 되는 것은, 인본주의적인 사유 형태와 비인본주의적인 사유 형태 사이의 긴장, 주체 형성에 대한 이해가 필요하다는 사람들과, 사유란 주체의 알려진 형식 너머로 이끄는 실천이라고 주장하는 사람들 사이의 긴장이다. 미메시스는 형체와 배경이 언제나 역전될 수 있는 이미지 같은 것이라고 할 수 있다. 그래서 때로는 주체성이 초점이 되었다가 그다음에는 주체성이 배경으로 물러나고 그 자리에 새로운 것이 나타난다. 이론의 임무는 하나의 견해를 다른 견해에 비하여 우선시하기보다, 어떤 관점을 통해 보는 것이 문제의 순간을 보는 가장 생산적인 방법인가를 아는 것이다. 혹은 — 보다 어렵겠지만 — 어느 관점이건 버리지 않고, 둘 사이를 왕래하는 방법을 배우는 것이다. 그렇다면 어떻게 우리는 다수적인 영역들에 걸쳐 사유하는 법을 배울 수 있는가? 우리가 주체로 구성되어 있거나 구성될 필요가 있는 영역들이기도 하고, 또한 주체화의 바로 그 과정이 가능태들potentials을 생산하는 영역들인 다수적인 영역들에 걸쳐 사고하는 법을? 새로운 사유, 존재, 행동 방식을 위한 뜻밖의 가능성을 여는 그런 잠재력을?

모방 소통은 동화, 즉 골고루 스며든 '형태의 공유'의 예로 보아질 수 있

---

2. [옮긴이] 'synchrony'는 한순간에 일어나는 신체적 닮음 현상을 의미한다. 이를 '공시적 동화'라고 번역한다.

다. 이는 인간이건 동물이건 모든 행동의 차원에서, 자연 세계의 다른 주기적인 과정에 연결된 "기본적 소통 원칙인 것 같다"(컨던 1984, 37). 그러나 그것은 또한 매체와 대화, 말과 이미지, 신체와 사물 등 이질적인 네트워크를 연결하는 위상학을 횡단하며 발생하는 전염과정으로 볼 수 있다. 이러한 모방 연결은 정동이 중요한 역할을 하는 전염과정의 결과이다. 혹은 적어도, 인문학과 문화연구가 최근 몇 년간 주로 관여해 왔던 정동의 양상이다. 여기서 그것은 넓은 범위에서 스피노자-들뢰즈식의 의미를 가진다. 즉, 인간을 개별 유기체로 보는 관념에 드러난 유한한 총체성이나 본질로 생각되기보다는, 가능성들을 감싸고 있는 것envelope이라는 관점에서 비주관적 힘으로 출현한다. 이것은 또 브라이언 마수미가 정동을 활력적인 차원 내지 '능력'으로 정의하는 반면, 정서란 가능태의 '잠재적 공존'으로부터 기억·경험·사고·습관에 기반하여 정동을 선택적으로 활성화하거나 표현한 것으로 정의했던 관점이기도 하다(마수미 2003). 이러한 관점에서 빠진 것은 '범주별' 또는 '별개의' 정동이 행하는 고도로 미분화된 작업인데, 이는 미국 심리학자인 실번 톰킨스의 몫이 되었다. 톰킨스는 다윈의 『인간과 동물에서의 감정 표현』에서 나타나기 시작한 관찰들에서 정동을 타고난 것으로 보는 자신의 관점을 가져왔다. 이브 코소프스키 세즈윅과 애덤 프랭크는 톰킨스의 작업을 1995년 문화연구에 소개하면서 충분히 활용했지만, 미국에서는 비교적 다루어지지 않았고, 유럽에서는 사실상 알려지지 않았다. 다만 호주에서는 흥미롭고 이질적인 사유의 영역을 개척했다.[3]

---

3. 특히, 엘스페스 프로빈, 제니퍼 비들, 멜리사 하디, 마리아 엔젤, 질 베넷, 멜리사 그레그, 메건 왓킨스, 수 베스트, 크리스틴 데이비즈, 길버트 칼루야, 케인 레이스의 문화연구 업적을 이야기한다.

정동을 이해하는 두 가지 방식[스피노자-들뢰즈와 톰킨스]은 모두 정동을 인간 자율계와 복잡하게 관련된 것으로 여기며, 활동을 위한 신체의 능력을 자극하고 조절하는 활력적인 차원과 관련 있다고 이해한다. 그러나 들뢰즈적인 의미에서 정동이 유기체와 비유기체 사이를 넘나드는 비주관적이고 반재현적인 것이라면, 톰킨스의 정동 이론은 정동의 활력적인 차원을 아주 세밀한 방식으로 설명한다. 그것은 상정된 아홉 개의 정동 각각에 대해 신경학적, 생리학적, 표현적인 개요를 세분화하여 설명하는데, 이는 불안과 공격성 발생의 정도에 집중했던 정신분석학적인 전통적 방법보다 더 정교한 방식으로 정동을 구분한다. 그것은 어느 정동이 다른 어느 정동에 대한 반응으로 불려 나오는지, 왜 그러한지를 설명하는 일종의 정동 역학affect dynamics을 기술한다. 또 정동적 반응들은 지속적으로 스크립트 구성script formation 과정에 의해 패턴화―내지 조직화―되므로, 인간 발달을 사유하는 시스템 지향적이고 비목적론적인 방식을 기술한다. 비록 정동을 이해하는 이러한 두 가지의 광범위한 방식이 매우 다른 철학적 전제에서 시작된 것이긴 하지만, 서구 합리성 비판의 궤적에 따라 인간을 다시 생각하는 지적인 프로젝트의 중심이라는 점에서 이 둘은 다 중요해 보인다.

이러한 주된 두 가지 정동 이론을 벗어나면, 정동에서 주요한 위치를 차지한다고 주장하는 다양한 분과학문들―심리학, 신경과학, 생물학, 사회학, 문화연구, 인류학 등―의 내부에서나 사이에는 불일치가 만연해 있다. 즉, 정동을 타고난 것으로 볼지, 사회적으로 구성된 것으로 볼지, 정동과 인지, 정서, 감정의 관계를 어떻게 정립해야 할지, 이러한 결정이 이론적으로 또 정치적으로 어떤 함의를 가지는지에 대해 일치된 바가 거의 없다. 정동 이론에 대한 학제 간 연구에는 명백한 위험이 도사리고 있는데, 이는 정동 이론에 대한 사고의 총체와 겨루어야 하기 때문이고, 또한 분과학문들 사이나 심지어 그 내부에서도 공통분모 없는 불일치와 겨루어야 하기 때문이다. 따라서 동일한 대상으로 보이던 것이 시각이 바뀌면 종종 아닌 경우가 많으며, 발견했다고 확신했던 것이 부단히 의심으로 해체된다. 미메시스는 정동만큼 논란이 많은 분야이다. 인지과학에서 모방 소통은 정교화의 위계질서에 있는 양식들의 총화─흉내, 본뜸, 모방, 미메시스─를 일컫는다. 이들을 구분하는 일은 중요한데, 특히 건전한 실험 표준을 따르기 위해 이들이 무엇을 의미하는지를 명시할 필요가 있는 경험 토대의 인지과학에서 그렇고, 그렇게 함으로써 다양한 동물과 인간의 능력을 비교하는 비교행동학에서 그렇다. 그러나 이러한 구분은 플라톤에서 비롯되는 미메시스에 대한 서구의 양가적인 태도를 종종 드러낸다. 이는 미메시스를 단지 가짜나 아류를 만드는 복제의 형식으로 보고 이에 따라 어린아이나 '원시인'이나 동물에게 잔존한 것으로 보고자 한다. 한 예로, 미메시스에 대한 주요한 논의 중 하나에서, 테오도르 아도르노는 미메시스를 "생물학적 선사"先史인 동시에 "계몽이 억압된 것"으로 본다(호르크하이머와 아도르노, 포톨스키 2006, 144에서 인용). 부분적으로는 이러한 이유로, 나는 여기서 이러한 구분보다 미메시스의 다양한 양태가 가진 공통점이 더 중요하다고 주장하고 싶다. 이 모든 양태에서 정동이 강력한 방향성이기 때문이기도 하고, 철학적 편견과는 다른 현상인 미메시스의 양태들이 새로운 '정동의 유행병학'epidemiology of affect에의 길을 연다고 할 수 있기 때문이다. 이는 예전에 별개라고 생각되었던 사물들 사이에서 연속성을 보고, 예전에 동일성이 있었던 곳에서 불일치와 차이를 본다(깁스 2001). 궁극적으로 이는 비서구 문화에서 발달하였고 서구 인류학자들이 '마법'이라고 부른 미메시스의 이론과 실천을 재고하는 기회를 제공하는데, '마법'은 아도르노가 예견했듯이, 현대 서구의 사회들에서 보통 생각하는 것보다 훨씬 더 호응도가 큰 개념이다(호르크하이머와 아도르노 1972, 깁스 2008; 마법 이론에 대해서는 모스 1972와 프레이저 2000을 보라).

학제간의 과정은 특히 인문학과 과학이 만날 때 논란거리가 된다. 레이 초우(2002)는 서구 사상에서 자연현상과 문화현상으로서 가장 영향력 있는 미메시스에 대한 분석 – 르네 지라르의 분석 – 이 경험적이고 과학적인 타당성을 결여했기 때문에 생산적으로 다루어지지 못했다고 논평한다. 그럴지도 모른다. 그러나 지금부터 내가 다양한 종류의 경험적인 작업들에서 되풀이되는 미메시스에 대한 관심의 지도를 대략 그리려고 할 때, 이는 모방 소통을 재고하기 위한 경험적인 '배경'이나 정당화를 제공하고자 함이 아니다. 그보다 내가 제시하는 것은, 세계를 이런 식으로 상상하면 무슨 일이 일어날 것인가를 묻기 위해 다양한 형태의 지식을 창조적으로 끌어들이면서, 이론이 해석적 역할을 할 필요가 있다는 것이다. 그렇다면 테레사 드로레티스(1994)의 용어로, 이러한 '정념적인 허구'passionate fiction가 열어 놓은 공간에서 무엇이 가능하게 되는가?

만약 사람의 미메시스가 – 생물학적 능력과 사회성이 켜켜이 겹쳐진 복잡한 상황에서 – 정확히 이해되려면, 인문학뿐 아니라 과학을 참조하는 다중 학제 간의 접근방식이 필요하다. 인간 생활의 생물학적 기초에 대한 새로워진 관심이 생겨나고, (예컨대) 동물에서 인간으로의 장기 이식의 가능성이 일상적인 인식이 되면서, 인간과 동물의 삶 사이의 경계의 침투성에 대한 새로운 호기심이 생겨났다. 흉내는 천성이면서 문화이다. 마이클 토시그는 흉내를 "문화가 제2의 천성을 만들기 위하여 사용하는 천성"이라고 부르면서 이 관계의 복잡성을 요약하여 설명한다(1993, xiii). 매리 베이트슨이 주장하듯, "부모를 모방의 적합한 모델로 삼는 것은 분명히 생물학적 패턴에 근거한 것이며, 문화는 학교 선생님과 정신분석학자를 발명함으로써 이를 지속적으로 정교하게 만든다"(1979, 62~68). 그리고 문화가 생물학적 능력들에 입각하고 있을지라도, 분명한 것은 생물학적 몸이 인간의 천성에 대해 결정적인 영향력이 아니라 제한적인 영향력을 미친다는 점이다. 그리고―일부는 그 제한 때문에―그것은 또한 일정 종류의 발달을 가능하게 한다. 이는 더 이상 무엇이 천성이고 무엇이 제2의 천성인지 해결하려는 노력이 아니다. 인간 유기체와 그 환경이 "상호 겹쳐지며 펼쳐지는 구조"가 되고 (바렐라, 톰슨, 로쉬 1993, 199), 그 교환 안에서 또 교환을 통하여 서로 재구성되는 복잡한 방식들을 일단 인식하면, 선천이냐 후천이냐의 문제가 인위적인 것이라는 것을 알게 된다.[4] 사실상 진화는 생물의 영속성에 맞서 생물의 변하기 쉬운 성질과 유연성을 보여 준다(어떤 문화에서 두뇌의 기능적 구성이 글쓰기의 도래와 함께 변하는 방식을 생각해 보라). 또 어떤 시기에는 약물에서 심박 조정기에 이르는 테크놀로지의 도움으로, 또는 히스테리 유행병의 발발이나 다각적인 인격 장애에 의해, 생물학적인 것이 문화에 의해 다시 쓰인다(그 각각은 적어도 부분적으로 전염적인 모방 현상으로 보일 수 있는데, 전자는 이안 해킹(1998)이, 후자는 줄리엣 미첼(2001)이 논의하였다).

　"흉내는 나쁜 개념이다"라고 들뢰즈와 가타리는 쓰고 있다(1987, 11).[5] 그러나 자연과 문화를 이어 주는 경첩의 역할도 하는 체현된 복사embodied

---

4. 달리 말하면, 둘 다, 용어가 아닌 관계들로 봐야만 한다.
5. 나는 이를 재고의 여지가 있는 것으로 받아들인다.

copying의 형태로서 흉내를 이해할 다른 방도는 없는가? 서구 문화에서 문화와 소통의 일상적 형식에서 미메시스의 중요성이 아이들과 동물들에 주로 연계됨으로써 올바르게 이해되지 못했다면, 비교행동학자들과 아동연구가들이 진지하게 행한 연구에 주목함으로써 무언가 얻어지는 것이 없을까?[6] 왜 이렇게 하는 것이 중요할까? 이 방향으로 가면 우리는 미메시스를 시각에 의존한 단순한 흉내나 복사(원숭이는 본다, 원숭이는 한다)가 아니라, 다른 감각과 정동의 양상들이 주로 관련된 복잡한 소통 과정으로 재고할 수 있게 된다. 여기서 우리는 사회 과정에서 모방 소통의 역할에 대하여, 특히 사회적 연대의 형성과 해체에 대한 더 나은 이해를 얻게 된다. 이것이 '소속' 감각과 시민polis 감각의 토대를 형성하여, 궁극적으로는 정치 체제의 정동적 근거를 구성한다.[7]

미메시스의 핵심에는 정동 전염이, 즉 특정한 정동들이 이 신체에서 저 신체로 전달되는 생명신경학적 수단이 작동한다. 실번 톰킨스가 거론했던 각각의 선천적인 정동들은, 목소리는 물론 얼굴을 통하여 신속하고 자동으로 전달되므로, 강력한 정동 전염의 공급자이다. 이는 정동 각각의 독특한 신경학적 프로필이 근육과 선腺과 피부의 반응을 포함하여 특정한 신체적 감각과 상호연관 되기 때문이다. 특별히 흥미로운 것은 관찰자의 표정에

---

6. 동물이 실제로 모방하는지(imitate) 아니면 단순히 따라 하는지(emulate)에 대한 몇 년의 논쟁 거친 후 많은 동물이 실제로 모방한다는 점에 동의하는 이들이 증가한 듯 보인다. 예를 들자면, 기젤라 캐플런(2007)은 호주 까치가 가지고 있는 다양한 발성.레퍼토리는 번식력이나 단순한 자기 영역을 주장하려는 기능과는 다르며, 어쩌면 지시적인 신호법(referential signaling)이라 불리는 언어의 기본적인 형태를 구성하는 것이라고 주장한다. 페퍼버그(1990)는 앵무새에 관한 비슷한 주장을 하고, 하면(2002) 역시 돌고래에 대해 이와 유사한 주장을 한다.

7. 흉내의 대상이 되는 것은 인간을 더욱 친사회적으로 만든다는 주장이 있다(Van Baaren et al. 2004). 하지만 그 반대의 주장 역시 가능하다(Gibbs 2008).

응답하여 모방 충동이 표정을 활성화하면서 동일한 정동을 이끌어 낸다는 점이다. 타인의 자발적인 미소에 자신의 자발적인 미소로 응답하지 않기란 어려운 일이며, 스스로의 자발적인 미소는 우리 자신의 몸에 피드백을 하여 기쁨의 생리학적이고 신경학적인 정동을 활성화한다.[8] "정동은 사적이고 모호한 내부 장기의 반응이 아니라 표정이며, 이는 미소 짓거나 울거나 상을 찌푸리거나 다른 식으로 정동을 표현하면서 상대편에게 공개적으로 외부로 향하는 동시에 그 표정을 만든 사람 쪽으로 되돌아와서 소통하고 자극한다"는 사실이 정동의 작용에 핵심이다(톰킨스 1966, vii).

사람들은 표정을 읽는 데 전문가이며, 이 소통은 종종 의식하지 않는 중에도 이해된다. 그래서 얼굴은 정동의 표현과 소통에 중요한 역할을 하고, 그것의 중요성은 일상에서 미디어의 침투로 더욱 증대된다(깁스 2001, 엔젤과 깁스 2006을 보라). 얼굴은 이미지의 영역 안에 어디에나 있다. 얼굴은 구체적인 정동들을 불러내며 동시에 (톰킨스가 "정동 백업"이라고 표현했듯이) 이 정동들을 위장하려고 시도하는데, 이는 특히 텔레비전 드라마 배우들이 능수능란하다. 그러나 인간의 얼굴은 액면 그대로 드러나지는 않아도 많은 다른 이미지들—풍경, 집, 음식, 동물, 피부, 안무하는 신체 등—에 자신을 도표diagram로 제시하는 것처럼 보인다. 그래서 세계는 이미지에서 얼굴이 없을지라도 얼굴화된다고 할 수 있다. 텔레비전뿐 아니라 잡지들도 이런 식으로 얼굴화를 활용하여, 문화적으로 또 역사적으로 큰 편차를 보이는 감정들로 다듬어진 지속적인 복잡한 정동을 포함하여 더욱 복합적인 분위기를 불러낸다.

---

8. 이것은 반응(여기서는 표정)의 한 부분의 활성화는 다른 부분들을 활성화하기에 충분하기 때문이다.

그러나 얼굴만이 통합된 정동 전염의 유일한 방향성은 아니다. 광고매체의 소비자들 역시, 질베르 시몽동의 용어로 "전前개체적"이라고 할 수준에서, 그러한 흐름에 징집된다(1992, 302). 나이키의 휙 하는 그래픽 로고나, 맥도날드의 음악 알림이나, 컴퓨터나 휴대폰의 시작 음이 이 수준에서 작용한다. 이런 사인이나 로고는 소리이건 이미지이건, 모든 감각적 신호를 지나갈 때 스위치 역할을 하는, 공감각하는 신체 능력을 활성화하는 느낌들을 생산한다. 토요타의 "아, 이 기분!" 광고는 슬로모션으로 점프를 보여 주고, 점프의 올라가는 윤곽을 반영하는 음과 함께 정지화면으로 끝나는데, 〈델마와 루이스〉 스타일로 천천히 올라가서, "토요~타"라고 떨어지면서 중력의 스릴감을 불러일으킨다. 소리와 이미지 모두가 기쁨이라는 구체적 정동의 전형적인 유발과 지속의 흔적을 쫓는다.

시각적이건 청각적이건 로고스는 "'몰려오는' '사라지는' '쏜살같은' '폭발적인' '점점 세게' '점점 약하게' '솟구치는' '사그라지는' 등 역동적이고 운동적인 용어들로 포착되는, 손에 잡히지 않는 특질들"을 환기한다. 아동연구가인 대니얼 스턴은 이를 개별 정동의 활성 윤곽선activation contours이라고 정의한다(스턴 1985, 55~57). 이러한 활성 윤곽선은 개개 정동들이 유발될 때 올라가고 내려가는 속도에 따라 개별 정동을 한정한다. 스턴은 기쁨과 분노의 분출을 예로 든다. 정동이 오거나 가는 것은 정보이며, 그 후 의미의 기호 체계에 징발된다. 도달하는 기쁨은 떠나는 기쁨이나 오그라드는 기쁨과는 전혀 다른 의미를 가진다. 그러나 일련의 단순한 이차원의 도표가 제한된 숫자의 범주적 정동들("기쁜, 슬픈, 화난")을 확실하게 유도한다는 워너의 인상적 지각physiognomic perception의 이론에 따르면, 떠나거나 줄어드는 기쁨을 알리는 동일한 하락선이 보통 슬픔으로 불릴 수 있다(스턴

1985, 53). 마찬가지로 "슬픔" 도표를 구성하는 선을 약간만 늘려도 활성화하는 경향이 있다. 그 선은 몸짓의 운동학을 일으키기 때문에 시간적 차원이 다시 작동된다. 이는 우리가 어떤 서명에서 장식체를 추론하여 그 서명을 한 사람에 대한 이야깃거리를 만들기 때문에 이것이 그 서명에 특별한 의미를 주는 것과 동일한 방식이다.[9] 시각적 또는 음악적 로고는 개별 정동의 활성 윤곽선을 지휘하여 우리 자신의 몸이 즉각적으로 모방 반응을 하도록 자극하고, 같은 순간에 같은 움직임으로 정동을 의미작용 속에 징발한다.

스턴의 작업은 두 종류[톰킨스와 마수미의]의 정동 이론에 큰 중요성을 가진다. 즉, 정동의 파악에 대한 톰킨스의 사고에 새로운 차원을 덧붙이고, 마수미가 발터 벤야민의 '비감각적 유사성'nonsensuous similarity 개념과 긴밀한 관련을 맺도록 해 준다. '비감각적 유사성'이란 감각과 연결되어 있지만 감각 내용은 결여되어 있으며, "직접적으로 지각될" 수 있지만 오직 느낌에서만 직접적으로 지각되는 것이다(마수미 2003, 142).[10] 나중에 마수미가 '활력 정동'vital affects [11]이라고 부르게 될 것이 수행하는 역할에 대해 생각하면서, 스턴은 정동이 '양식을 초월한 흐름'supramodal currency으로서, 어떤 감각적 양식의 경험이건 그 안으로 번역될 수 있다고 결론짓는다(스턴

---

9. "루드비히 비트겐슈타인은 아름다운 것 - 눈꺼풀, 대성당 - 을 볼 때 손은 그것을 그리길 원한다고 말했다"(Scarry 1997). 물론, 그림 그리는 것은 우리 앞에서 보는 곡선을 부드러운 애무로 번역하는 우리의 능력을 참조하는 몸짓 차원을 포함한다. 흔적으로부터의 운동학의 추론에 대한 많은 경험적 연구들을 보려면 Hommel et al. 2001을 보라.
10. 이 글에 엄청난 도움으로 나를 일깨우고, 편집과 관련된 매우 유용한 조언을 해 준 그레그 시그워스에게 감사한다.
11. [옮긴이] 활력 정동은 기쁨이나 분노 같은 개별적인 범주적 정동과는 다르게 모든 행동에 선천적으로 존재하는 것으로 간주된다. 스턴은 활력 정동을 무양식적이며 비국지적인 유아의 감각 경험과 관련시킨다.

1985, 53).[12] 마수미는 활력 정동을 양식이 없는 것으로 규정한다. 활력 정동은 상황들 사이에서뿐 아니라 감각 양식들 사이에서도 도약할 수 있고, 형태들이 "무양식amodal 연쇄의 감각적 흔적"으로 나타나는 "비국지적"[13] 상응물을 생산한다(마수미 2003, 148). 이것은 흉내라는 가장 단순한 수준에서도 미메시스의 작용을 정확히 설명한다.

흉내는 자신의 정체를 위장하려는 욕망을 나타내거나(동물은 포식자를 피하므로, 인터넷 포식자는 어린 십 대인 척한다), 또는 다른 것이 되고자 하는 욕망을 나타낸다(유아는 부모와 동일시한다). 흉내는 존경을 의미할 수도 있고 적대감을 의미할 수도 있다. 또 흉내는 동정, 유혹, 기만, 방어, 공격을 의미할 수도 있다.[14] 그것은 배움의 진지한 목적과 재미있는 놀이의 목적을 위해 봉사할 수도 있다. 이것이 발터 벤야민이 「모방 능력에 대하여」에서 "어린이는 구두장이와 선생님뿐 아니라 풍차나 기차가 되는 놀이를 한다"고 썼을 때 염두에 둔 것의 일부일 것이다(1976, 160). 그러나 미메시스의 핵심에는 신체들 사이를 통과하는 것의 직접성이 있는데, 이는 인지적으로 매개된 재현에 대립한다. 재현은 이를 전적으로 대신하거나 대체하지 못한다. 그것은 기호 모델 내에서 분석할 수 없으며, '나'를 필요로 하지도 않는다. 그것은 주체성의 형성에 중대한 역할을 하지만 본질적으로 비주관적이다. 미메시스는 색, 냄새, 형태, 움직임을 바꾸면서 몸

---

12. 사이토워(2002과 2003)은 정동과 공감각(synesthesia)의 복잡함에 대한 신경학적 증거를 제시한다.

13. [옮긴이] "비국지적"이란 용어는 어느 하나의 영역에 특화되지 않았다는 뜻이다.

14. "동물성의 모든 단계에서 미메시스는 신호를 나타나게 하고 사라지게 하려고 차이를 없앨 뿐만 아니라 생산하는 경향이 있다. 예를 들어 우리가 어떤 벌레들의 미메시스를 어떨 때는 '협박'으로, 어떨 때는 '위장'으로 해석할 때, 우리의 해석은 모든 면에서 이러한 이중 특성으로 되돌아간다"(Girard 2000).

의 꼴을 만든다. 또 매개체로서 단어나 옷, 차, 심지어 생각을 선택할 수도 있다. 그러나 흉내가 의미하는 바와, 흉내가 작동되는 매개체보다 더 중요한 것은 흉내의 작동 양식이다. 흉내는 상대방의 재현이 아니라 옮김render-ing — 그 안에서 "섬광처럼 유사성이 나타나는" 사물들 사이의 관계이다(푸코 1973, 24).

흉내는 상대방에 대한 반응으로, 즉 소통이라고 생산적으로 생각할 수 있는 형태의 차용으로 이해될 수 있다. 그러나 이 맥락에서 '소통'이 의미하는 바는 정보의 전달이 아니라 신체에 가해지는 행위(또는 더 정확히 말해서 신체 양상들에 가해지는 행위)이다. 예컨대 소설을 읽을 때 우리 안에 새로운 정동 상태가 일어나서, 서사로부터 의미의 구조를 만들고 있노라면, 우리의 신체 화학뿐 아니라 결과적으로 우리의 태도와 생각도 바뀌는 것과 같다(깁스 2001, 2006을 보라). 이러한 형태의 공유는 인공두뇌학 이전의 수준에서 정보를 형성한다. 즉, 그것은 미메시스를 통한 형태의 일시적 포착을 통해, (공간적, 시간적, 어감적, 활력적, 논리적, 인과적 등) 관계들의 조직이나 소통을 나타낸다. 비트 단위로 환원될 수 없는 이런 종류의 정보는 "환경에서 차이[또는 패턴, 관계]가 발견되는 생명과정이다"(요쉬미 2006).

정동처럼 미메시스는 반드시 개체나 유기체의 수준에서 일어나는 것은 아니다. 그것은 주체의 속성이나 객체의 속성이 아니라, 주체와 객체가 다 쓸려 가서 형태들이 주체와 객체 사이의 "비양식 연쇄의 감각적 흔적"으로 보이는 궤적이다(마수미 2003, 148). 이것에 대해 생각할 수 있는 또 다른 방식은, 미메시스가 상대방에게서 복사되는 것의 (전부는 아닐지라도) 일부 양상들을 시각, 청각, 후각, 형태, 행동, 또는 이들 중 몇 가지를 활용하여 추상화한다고 말하는 것이다. 그러나 이는 단지 흉내쟁이와 모델 사이의 주체와 객체의 문제이거나, 적극적인 흉내쟁이와 수동적인 모델의 문제가 아니다. 오히려 진화론적 생태학은 흉내쟁이, (흉내쟁이와 다른 종일 수 있는) 모델, 그리고 '잘 속는 자'(속이는 신호를 받아들이는 자)를 포함하는 '의태 콤플렉스'mimicry complex 15에 관해 이야기하는데, 잘 속는 자는 포식자의 예를 취한다면 제3의 종일 수가 있다. 의태가 보통 흉내쟁이에게는 유리하게, 모델에게는 불리하게 작동되지만, 항상 그런 것은 아니다. 의태를 생존 장치로 보는 생각을 비판하는 카이유와의 유명한 논문은, 자신의 종족이 잎을 먹는 종인데도 잎으로 위장하는 위험을 묘사하면서 이 점을 분명히 하고 있다(카이유와 1987, 67). 그럼에도 불구하고 의태 콤플렉스는 [흉내쟁이와 모델] 양측에 변신 — 들뢰즈와 가타리의 용어로 '비평행적인 진화'a-parallel evolution(1987) — 을 가한다.

모델에게 미친 의태의 효과 중 가장 뛰어난 예는 아마도 들뢰즈와 가타리가 '되기'becoming라고 이름을 붙인 비대칭적 상호진화일 것이다. 말벌과 난초의 유명한 사례가 이 점을 명백히 보여 준다. 말벌은 난초를 모방하여 잠시 동안 난초의 형태와 번식 체계의 일부가 된다. 한편 난초는 말벌의 영양 체계의 일부가 된다. 여기에서 상호성의 형태는 비대칭적이지만, 그 과정의 양측은 "탈영토화되어 있다."16 내가 이 특별한 예를 언급하는 것은, 연구자인 앤 개스켓에 대한 신문 기사를 읽었을 때 이 예가 생각이 났기 때문이다. 그녀의 발견에 의하면, 말벌은 시간이 지나면서 난초임을 알게 되

---

15. [옮긴이] '의태 콤플렉스'란 말이 상용되고 있어 여기서는 'mimicry'를 '의태'로 번역한다.
16. 아니면, 들뢰즈와 가타리가 명시하듯이 이 탈영토화 과정은 "선택적 압력을 휩쓸어 없애는 탈주선을 따라 블록을 형성하기 위해 결합하는 두 개의 비대칭적인 움직임의 '공–존'(co-existence)"(1987, 293~94)과 관련된다.

지만, 난초는 말벌보다 앞서 있기 위해 더욱 유혹적인 향과 강렬한 색깔과 아름다운 형태를 발달시키는 것처럼 보였다(메이시 2007). 비록 그녀의 글에 대한 기사가 이를 자세히 설명하지는 않았지만, 이러한 '군비 경쟁'에 영향을 받은 난초의 유일한 부분은 향기와 형태인 반면, 말벌의 '거짓말 탐지기'만이 그것들과 보조를 맞추려고 바뀐다. (또는 이 경쟁에서 반대로 말할 수 있는데, 그 이유는 주어진 순간에 어느 쪽이 앞서 있는지 말할 수 없기 때문이다.) 이것은 말벌과 난초 사이의 소통이라기보다 말벌의 영양 체계와 난초의 번식 체계 사이의 소통이다(마수미 1992, 165). 의태는 감각 채널을 사용하는 데서 아주 선택적인데, 이 사례에서 사용된 것은 후각·시각·형태이다.

인간의 의태[흉내]도 역시 선택적이다. (그리고 말벌과 난초의 관계처럼, 종을 가로지르는 욕망을 가지고 있다.) 매력을 북돋기 위해 우리는 꽃 향수나 동물 모피를 걸친다. 그러나 이런 선택성은 또한 인간의 의태에서 다른 아주 특별한 의미를 지니는데, 바로 조직의 중심적 장소, 즉 자아를 형성한다. 대니얼 스턴은 아홉 달 된 여아가 장난감을 보고 흥분하여 그것을 쥐고서는 '꺄아!'라고 말하며 엄마를 보는 방식에 관해 기술한다. "엄마는 아기를 되돌아보면서 어깨를 움켜잡고는 고고 댄스를 추는 것처럼 아이의 상체를 즐겁게 흔들었다. 춤은 아기의 '꺄아!' 하는 소리기 지속되는 만큼만 계속되었지만, 그에 못지않게 흥분되고 즐겁고 강렬했다"(스턴 1985, 140).

유아의 기쁨에 찬 소리를 그 만큼의 길이와 율동적인 윤곽에 맞추어 춤으로 바꾸는 엄마의 교차 양식적 모방 — 또는 번역 — 에 대한 스턴의 이야기는, 유사성이 결정적이긴 해도 이 감각적인 번역에서 발생하는 차이 역시 중요하다는 점을 한층 더 분명하게 보여 준다. 하나의 감각 양식에서 다른 감각 양식으로 번역하는 데서 생기는 상응 – 동일성 없는 동형 – 또는 **차이**가, 자아 형성의 시야 내에서 (자신의 내면성은 물론) 상대방의 내면성에 대해 유아가 점진적으로 인식을 발달하는 것을 쉽게 해 준다. 경험이 소통되고 공유될 수 있다는 아기의 인식이 커지는 가운데, 두 개의 주관적 세계가 일시적으로 접촉한다. 비록 엄마와 아기의 주관적 세계에서 이 접촉이 갖는 의미와 기능이 각자에게 다를지라도 말이다. 이 번역의 정확도, 특히 아기의 흥분 유발과 일치하는 정도가 번역의 성공에 결정적인데, 톰킨스의 정동 이론이 이를 비교적 정확하게 짚어 내고 있다. 죽이 잘 맞는 (즉, 충격적이 아닌) 번역이 가지는 감각 채널의 변화로 인한 새로움에 의해, (경악보다는) 놀람이 촉발된다. 이 수준에서 흥분 유발의 놀람은 긍정적인 정동으로서, 아기의 주의를 엄마와의 관계로 향하게 하고 흥미를 지속시키는 반면, (더 높은 수준의 유발에서 동일한 정동인) 경악[경기]은 아기에게 무서운 것이 될 것이다.[17]

다양한 양식 사이의 이러한 번역 과정은 초기에 경험을 친숙한 패턴으로 정리하는데, 그 예가 처벌하는 부정적인 정동을 관리하고, 보상하는 긍정적인 정동을 최대화하도록 설계된 '정동 스크립트'의 형성이다(톰킨스 1962).[18] 이렇게 출현하는 경험의 배치는 주로 의식 밖에서 이루어지지만, 세계에 대해 계속되고 있는 정동적 반응과 세계의 구축을 위한 경험적인 매트릭스를 형성한다. 양식을 넘나드는 번역으로 차이를 생산하면서, 정

---

17. 여기서 나는 지속되고 있던 것을 방해하고 관심을 "재–시작"(re-set)하는 기능을 하는 색다름에 의해 발생하는 개별적 정동으로서의 놀람–경악(surprise-startle)의 동일성에 대한 톰킨스의 주장(1962)을 취한다.

18. [옮긴이] 스크립트(대본)라는 개념이 심리학에서 사용될 때에는 인간의 행동이 스크립트라는 패턴들로 나뉘어 행동에 대한 프로그램을 제공한다는 의미이다.

동은 신체 내부에서 또 신체들 사이에서 조직하며, 문화마다 다른 방식으로 이루어진다. 자아가 정동에 의해 패턴화된 지속적이고 유연한 과정으로 조직되는 것은 상대적으로 높은 유대감과 시간 속의 지속감을 용이하게 한다. 자아가 계속하여 기억과 예기의 작용을 통해 돌아보고 예상하면서 재구성할 때도 그렇다. 자아가 다양한 문화 속에서 어떤 형태를 취하건, 주어진 문화에서 행위자^{agency 19}의 의미가 자아와 세계 사이에서 어떻게 분배되건, 자아는 복합적이고 계속 진화하는 사회적 인터페이스가 된다.

아동연구가인 멜트조프와 무어가 시사하듯, 모방 지식은 자아와 타인 둘 다에 있어서 가장 초기 형태의 지식일지도 모른다. 그리고 이는 느낌의 작용으로 가능해지는 지식이다. 왜냐하면, "인간 행동이란 타인에게 보이면서 자아에 의해 수행되기 때문에, 유아는 타인이 어떤 수준에서 '나와 같다'는 것을 알 수 있다. 타인은 나처럼 행동하고 나는 타인처럼 행동한다. 보여진 행동을 하고 싶은 느낌이 든다는 양식 교차적 지식은 사람들에게 사물이 할 수 없는 특별한 접근을 가능하게 한다"(1995, 55, 강조첨가).

이 맥락에서 '느낌'이란 용어는 마수미적인 의미에서 '능력'에 해당하는 고유수용감각^{proprioception}과 정동부터 감정이입의 토대가 되는 이해까지, 일련의 의미들을 망라하는 것처럼 보인다. 거울신경 체계의 운용으로 가능해진 "체현된 시뮬레이션"에 의해 발생하는 느낌의 종류도 마찬가지이다. 누군가 행동하는 것을 볼 때, 인간 속에 있는 거울 체계는 자극의 '감각적 묘사'와 행동 자체의 운동 도식 둘 다를 불러일으킨다(갈레세 2007).²⁰ 다

---

19. [옮긴이] 주체라는 개념이 주관적이고 인간적인 분위기를 강하게 뿜는 반면, 이를 대신할 용어인 행위자는 모든 영역을 망라하여 사용할 수 있는 이점이 있다.

20. 거울신경세포에 대한 많은 언급이 시각에 중점을 두지만, 거울신경세포는 또한 청각을 위

시 말해, 어떤 행동을 볼 때, 우리가 그걸 한다면 관련될 동일한 신경 네트워크가 활성화된다. 어떤 사람이 점프하는 것을 보고 우리 자신의 몸이 그 운동 쪽으로 긴장되는 것을 느낄 때, 우리는 사실 그 행동을 하고 싶다는 느낌의 무언가를 실제로 경험할지도 모른다. 다윈은 이를 두 신체 사이의 운동 감응motor sympathy이라고 이야기했다(1998, 40).

모방 소통과 자아발달로 가능해진 신체들 사이의 관계 구성은 행위자 감각 또한 용이하게 한다. 아동연구가들이 엄마와 아기 사이의 상호작용의 필름을 천천히 돌렸을 때, 그들은 일견 아기의 무작위로 보이는 발질과 꿈틀거림이, 아기의 엄마가 '엄마말'motherese이라고 불리는 언어를 이야기할 때 엄마의 목소리 리듬과 일치하여 일어난다는 것을 알아차렸다. 엄마말은 높이와 억양이 과장된 변화를 가지고 있고, 고도로 표현적이고 패턴화되어 있으며, 반복적인 말하기 방식이다. 이는 아기의 주의를 끌고, 아기가 좋아하는 소리와 움직임에, 특별한 리듬, 속도, 강도로 일치되도록 설계된 것처럼 보인다. 이러한 공시적 동화가 엄마와 아기의 '상호 정동 조절'에 필수조건이다. 이는 엄마가 아기의 욕구에 반응할 수 있다는 것을 의미하는데, 한 예로 엄마는 아기의 슬픔 수준에 맞추거나 어떻게 아기의 흥미를 지속시키는지 알기 때문이다. 엄마는 아이의 슬픔을 조정하고 기쁨을 증대시킬 수 있으며, 이는 아기의 정동 상태의 조절이라는 초창기 경험을 형성한다. 언젠가 이루어질 아기의 정동의 자기 조절 능력의 기초가 아기에게 자율성의 척

해서도 존재한다(Kohler et al. 2002). 더 나아가, Wolf et al이 지적하듯이, "시각적/감각운동 신경세포인 F뉴런은 다양상(multimodal) 뉴런으로 지정된 뉴런이라는 큰 집단의 부분집합을 나타낸다(Graziano and Gross 1994, 1031). 그들은 그들 안에 다른 감각적 양상들 예를 들어, 청각적, 체지각적 그리고 시각적인 것에 의해 동시에 직접적으로 활성화되는 능력을 포함하기 때문이다(Wolf et al. 2001).

도를 부여한다. 아기는 또한 엄마의 주의가 없다면 살아남지 못할 것이므로 엄마의 주의를 끄는 법을 안다. 1950년대에 원숭이를 대상으로 한 논쟁거리였던 할로우의 심리학적 실험보다 더 생생하게, 루마니아 고아원에서의 경험은 아기들이 충분히 먹더라도, 만족스러운 인간적 안락함을 받지 못하면 죽음에 이른다는 것을 보여 주었다.

그러나 이러한 공시적 동화를 위한 모방 능력은 (그리고 그것에 의해 용이해진 정동적 조화는) 단지 유아기의 특징이라든지, 엄마와 아기의 관계의 특징만이 아니다. 한 사람과 다른 사람의 '동승'entrainment이라고 알려진 이 현상은, 누군가의 몸짓과 움직임이 그들의 말과 동화할 때나, 주의 깊은 청취자나 청중의 눈에 띄지 않는 움직임이 화자의 말의 리듬과 동화할 때 일어난다. 컨던이 썼듯이 "곡선 도로를 돌아가는 차와 같이, 신체들은 말해지고 있는 것의 미세구조를 반영하는 변화의 구성 속에서 움직이게 된다"(1984). 그러나 최종적으로는 어떤 사람을 꼬집어서 행위자의 위치를 찾기란 가능하지 않을 것이다. 행동의 모든 양상은 "차례로 또 위계적으로 동시에 연속하기" 때문이다(컨던 1979, 135). 행동은 "모두 함께 조직되며, 각각의 양상은 나머지와 대비하여 하나의 관계 패턴으로 구별된다"(컨던 1979, 135). 행동의 한 양상은 자신의 신체와 다른 사람들의 신체 안에서 다른 양상들을 동승할 수도 있다. 여기서 유아와 관련된 연구는 보통 자아의 발달을 대상으로 하는데, 실제로는 마수미의 미메시스와 가깝다고 할 관계의 이해를 돕는다. 즉, 신체 자체의 속성이라기보다, 신체들을 가로지를 때 지나가는 자국에 형태를 흔적으로 남기면서 관계들을 배치하는 움직임으로서의 미메시스에 대한 이해를 돕는다. 그럼에도 불구하고, 자아의 작용은 인지 속에 정동을 배치하고 어떤 '의지의 자유'를 가능하게 하면서, 인간의 동화를 복잡하게 한다.[21] 아마도 그래서 인간들은 다른 사람과 함께 모이기도 하고 떨어지기도 할 것이다.

인간을 특징짓는 것은 정동과 인지 사이의 관계의 복잡성이며, 인지는 정동과 감각에 의지하고 있다. 이는 언어가—의미를 만드는 바로 그 과정에서—리듬과 움직임과 함께 내포되어 있는 방식을 생각해 보면 보다 명확하게 표면에 떠오른다. 엄마가 반복하는 짧은 '구문'을 유아가 따르는 데는 음악적인 측면이 있다. 그리고 나중에 (아기가 두 살쯤이면) 아기의 놀이는 율동적으로 변하고, 게임은 가운 맞추기라든지 다른 형태의 멜로디 패턴을 띤다. 이러한 동승 요인들을 고려하면서 콜윈 트레바던은 인간 두뇌에 심겨 있는 것처럼 보이는 선천적인 시간 감각에 대해 숙고한다. 이것이 공시적 동화나 교대에서 사용되는 '공유된 맥박'으로서, 번갈아 대화하기가 그 한 예이다. 트레바던은 맥박이나 리듬, 그리고 정동적 공감이 엄마와 유아 사이의 조화의 두 가지 주요 성분이라고 단언한다. 리듬(또는 '맥박')은 정동처럼 조직한다(1999/2000). 컨턴이 썼듯이, "[심지어 다른 속도, 다른 방향이라도 동시에 움직이는 다양한 신체 부분들 사이의] 지속적인 관계에는 내적인 통일성과 완전성이 있다. [이는] 마치 신체 부분들이 그들을 함께 조직하는 맥박이나 파동에 복종하는 것 같다. 신체의 운동은 창발하고 계속되는 일련의 맥박 같은 조직된 형태들인 듯하다"(1984, 42).

동물과 인간의 신체는 둘 다 다중리듬적 표현의 분출 속에서 움직인다. 이는 "형태가 쉽게 바뀌는 변신의 조화로운 맥박 내에서 환경으로 밀친 근육의 에너지가 복잡한 주기로 고동치게 한다"(트레바던 2002). 마찬가지

---

21. 나는 정동 체계의 구조가 어떻게 의지의 자유를 강제하고 동시에 가능하게 하는지에 대한 톰킨스의 훌륭한 설명(1962)을 인용한다.

로 말과 글도 역시 리듬에 동승한다.[22] 엄마-아기의 상호작용에서 순서를 바꾸거나 교대하는 목소리의 형태는 소통을 조직하는 중요한 수단이며, 매리 베이트슨은 이를 '원초적 대화'proto-conversation라고 이름 붙였다(1971). 일찍이 그녀는 다른 양상들과의 상호작용에서 대화의 상보성을 강조했다.

> 대화의 본질은 사실상 일상 대화에서 몸짓과 주변 언어에 의해, 통사론적 문장보다 큰 단위로 조직되는 가능성이며, 이를 통해 참여자 양측은 진행 중인 패턴에 포함된다. 유아의 응시는 어른의 응시의 전신前身이며, 유아의 몸짓은 어른의 몸짓의 전신이며, 유아의 발성은 어른의 발성의 전신이다. 그러나 이러한 각각의 신호 유형들이 병치되지 않고 그 소통 기능이 상보적이.아니라면, 과연 여기에서 배움이 일어나겠는가?(베이트슨 1979, 72)

이들은 상보적일 뿐 아니라 유비적이고 번역 가능하다. 그것들은 서로 치환할 수 있고 서로 상응할 수 있다. 그리고 그들은 때로는 서로 모순될 수 있다. 엄마-아기 소통의 참여자들은, (통문화적 소통의 경우처럼) 자신의 행동을 공통된 행위 안에서 조정하는 다양한 코드를 사용한다. 그러나 어른들은 많은 다른 코드들을 쓸 수 있고, 따라서 때로는 행위를 지배하는 코드 전환이 복잡한 맥락의 결과이기도 하다(베이트슨 1979, 7).

움직임, 소리, 리듬은 모두 상징적 언어 소통보다 앞서며 언어 소통에 원형을 제공한다. 언어적 대화는, 그것이 전적으로 대신할 수도 대체할 수도

---

22. 트레바던은 이것이 서사적 편성의 기반을 형성할 것이라 주장하며, 그가 고유의 기동 맥박(intrinsic motive pulse)이라 부르는 것 내의 시간 이해를 여기에 핵심적인 것으로 본다 (1999/2000).

없는 비언어적 행동의 리듬에 공식적으로 입각해 있다. 움직임, 소리, 리듬은 언어의 퇴화 흔적도 아니고 무조직의 부속물도 아니다. 예컨대 몸짓은 언어에서 "강력한 현존"이다(아감벤 1999, 77). 몸짓은 사고와 말을 용이하게 하며, 개념이 휩쓸고 가는 곳에 형식을 빌려주며, 개념을 끄집어내는 것을 도와준다. 작가는 메시지를 전달하지 않는다. 메를로-뽕띠가 말하듯, 그들은 몸짓을 한다(1974, 60).

그러면 몸짓은 "의미가 존재하게끔 도와주는 '물질적 운반책'material carrier이다"(맥닐 1992).23 그래서 소통의 공감적 양식들은 언어적 양식들과 함께 존속할 뿐 아니라 거기에 깃들어 적극적으로 그것들을 구성한다. 공감적 양식들은 소통의 미발달적이고 유아적인, 그리고 소위 원시적인 방식이 아니라, 오히려 언어적 소통의 본질적 필요조건이며, 함께 작업하는 협력자이다. 이는 체계 내의 소음이 아니라, 체계의 본질적인 부분이다.

미메시스는 완전히 전체적이고 아날로그인 소통 양식이다. 이 소통 내에서 "세계는 각각의 다른 요소들에서 생성되었다기보다는 지속적인 차원들의 변이로 파악된다"(부치 2001).24 언어는 직렬처리 과정과 병렬처리 과

---

23. 실제로 리촐라티와 아르비브는 마음속으로 말하기보다 몸짓이 상징적 소통의 진화상의 전신이라고 주장한다(1998). 그리고 인간의 거울신경 체계가 아마도 이 과정을 용이하게 해 주었을 것이다 : "본다(Bonda)와 동료들이 1994년 인간에게 수행한 PET연구를 생각해 보라. 이는 브로카 영역[좌뇌]에 있는 언어중취 내의 중요한 손 움직임 재현이 있다는 것을 가리킨다. 이는 이 영역이 몸짓적인 소통에서 발달한 언어 표현에 구체적으로 연결되어 있음을 암시한다. 그리고 이는 "얼굴의 소통적 몸짓을 만들고 해석하는 능력과 '음성적 몸짓'을 방출하고 이해하는 능력"(Rizzolatti 1994, 139)내에 있는 거울신경 체계의 중요성에 대한 생각을 다시 강조한다. 이는 궁극적으로 몸짓을 음성적 소통과 연결 짓는다. 대뇌 변연계[감정적 행동에 관여함]와의 연결이 부분적으로 거울신경 체계에 의해 지배되는 행동들에 정서적 균형을 적용하기 위해 전송된다는 것을 기억하는 것은 중요하다. 이것은 소통에서 인간들이 정동적 미묘함을 알게 한다."(Wolf et al. 2001, 강조는 원문)
24. "상징아래의(subsymbolic) 과정은 일상의 활동들과 결정에서 우리에게 경험적으로 즉각적

정 모두와 관련되어 있지만, 다른 한편 언어를 이미 병렬처리된 경험을 직렬처리하는 형태라고 생각할 수 있다. 이러한 병렬처리는 다양한 다른 감각에서 온 정보input의 분산된 양식들을 통해 수행된다. 각각의 감각에서 온 정보는 결합되기 이전에 각각의 양상 내의 이전 경험의 기억과 비교된다. 물론 이 모든 것은 즉각적으로 일어나며 언제나 진행 중이다. 톰킨스의 관점에서 보면 의식은 "제한된 채널"이기 때문에 필히 정보 압축이 일어난다(톰킨스 1992, 287). 이런 압축은 정동적이고, 감각적이며 소위 인지적이라 불리는 지식의 형태를 압축하면서, 절차상의(또는 더 넓게는 비단언적인) 기억을 창조한다. 이것이 습관의 영역이고, 이것 없이 우리는 기능할 수 없다. 그것은 운동, 지각, 인지의 기술을 포함하며, 또한 톰킨스가 정동 스크립트라고 했던 것과 같은 복잡한 정서적 패턴을 포함한다. 이러한 자율적 지식 형태와 기타 자율적 지식 형태는 우리가 익숙한 길을 운전하면서 다른 것을 생각할 때처럼 복잡한 멀티태스킹을 가능하게 하는 것이다.

이 압축 과정은 특히나 언어와 일상적으로 관련될 때 인지의 의미를 재고하도록 촉구한다. 톰킨스는 그가 '인지체계'라 부른 것이 지식의 감각 운동 양식에 중요하다는 점을 감안하여 인지체계가 복잡하다고 주장한다. 지식의 감각 운동 양식은 "의식의 외부에서 작동하고, 의식이 지식의 다른 대상들에 스스로를 제한하도록 할" 뿐만 아니라, 감각적 지식의 경우에는 다양한 감각(충동drive, 정동, 근육 감각뿐 아니라 자기수용감각까지)을 넘

이며, 친숙하다. 종이를 쓰레기통을 향해 조준하는 것이나 대중교통을 이용하려고 줄을 서는 것에서부터, 비가 오는 것을 느끼고, 언제쯤 파스타가 거의 다 되어 '적당히 씹히는 맛이 나도록' 물을 빼야 하는 것을 알고, 표정이나 몸짓에 반응하는 것에 이르기까지. 〔그것은〕 체육학과 예술 그리고 과학에서 고도로 발달한 기량을 차지하며, 신체의 지식과 정서적 경험의 중심이 된다(Bucci 2001).

어서 다른 종류의 지식의 과잉이 생기게 한다(톰킨스 1992, 16). 이러한 다양한 기능에 의해 생산된 다른 종류의 지식들을 자세히 서술하면서, 톰킨스는 그것들이 위의 모든 것을 포함한 인지체계에 필수적이라는 점을 분명히 한다. 그는 인지가 너무 좁게 정의되었으며, 동시에 앎의 다른 방식을 평가하고 조정하는 독립적인 '통수기관'으로 너무 쉽게 상상되었다고 말한다. 대신에 그는 독립된 인지 메커니즘의 존재에 대해 반박하며, "특정 메커니즘에 모든 책임을 지우지 않고, 만약 책임이 있더라도 안정된 메커니즘으로서 유지되는 보다 민주적인 체계"를 주장한다(톰킨스 1992, 17). 이러한 그림에서 얻을 수 있는 것은 '분산된 권한'이며, 이는 민주적인 통치 형태에서의 '권력'이나 문장 내의 '의미'가 정의하기 어려운 것처럼 인지를 정의하기 어렵게 만든다(톰킨스 1992, 17).

그런 다음 톰킨스는 극단적으로 어떠한 '순수 인지'pure cognition도 없다고, 정동적 경험을 포함하여 풍부한 감각적 경험으로 오염되지 않은 인지는 없다는 점을 분명히 한다. 이러한 수준의 경험의 양상들을 말로 번역하는 일은 자각awareness의 총체성에, 예컨대 다양한 감각적 경험들을 불가분으로 만드는 동시성에 폭력을 가하는 게 된다. 예를 들어, 카페의 창가에 앉아, 등으로 아침 햇볕의 따뜻함을 느끼며, 바쁜 거리 풍경을 보면서, 커피의 향긋한 아로마를 맡고, 혀로 커피의 따뜻함을 느끼고 맛보며, 커피콩을 구별하고, 내 주위의 카페 내에서 들려오는 잡담 소리에 한가로이 귀를 기울이면, 모든 것들은 '카페 내 존재'being in the cafe라는 나의 경험으로 섞여들어온다. 일상 지각의 총체적인 본성은 언어로 직접 번역될 수 없으며, 단어로 이것을 표현하기 위해서는 감각적 구성 요소들로 쪼개야 하고, 중요성의 순서에 따라 이들을 연속적으로 열거하는 등의 일을 해야 한다. 물론 언어는 또한 경험을 반성적으로 다룰 수 있으며, 행위자의 새로운 형식을 열고, 시간 관계를 분명히 표현하며, 시공간적으로 떨어져 있는 사물들을 연결한다.[25]

벤야민에 따르면 언어는 "모방 행동의 최고 단계이다. 〔그것은〕 이전의 모방적 생산과 이해의 권능들이 남김없이 전이되어 들어가서, 마법의 권능을 무화하는 지경에 이른 매체이다"(1973, 163). 말과 글은 둘 다 "비감각적 상응의 서고"(162)를 구성하는데, 여기에서 마수미가 '느낀 관계들'이라고 부른 것이 "그들이 일으킨 감각적 형태로부터 거리가 얼마나 떨어져 있든" 공유될 수 있다(마수미 2003, 148). 하지만 언어가 언어와 연결된 형태들과 거리를 둔 활동이라 하더라도, 그것은 신체에 직접적으로 작용한다.[26] 은유는 종종 몸의 과정들에서 유래할 뿐만 아니라(라코프와 존슨 1999), 거울신경세포와 같은 방식으로 체현된 시뮬레이션의 형태 내에서 '공감적' 반응을 일으킨다(R. 깁스 2006을 보라).[27] 이 시뮬레이션은 의지적이지 않으며, 가식의 형태도 아니다. 그것은 "자율적이고, 무의식적이며, 전前반성적이다"(갈레세 2003, R. 깁스 2006에서 인용). 시뮬레이션들은 육체의somatic 기억에 의해서 형성되기 때문에, 어떻게 은유들(또 많은 유형들의 비은유적 언어)이 이해될 수 있는지에 대한 구체적인 결과를 내놓는다. 언어는 효율성을 위하여 신체의 물리적 능력에 크게 의존한다. 언어는 또한 매우 선택적이며, 한 번에 하나의 감각 수단 내에서 발생하는 경험에 집중한다. 이러

---

25. 언어와 감각의 관계에 대한 더욱 충실한 논의는 Angel and Gibbs 2009를 보라.
26. 언어의 이러한 양상에 대한 확장된 논의는 A. Gibbs 2006을 보라.
27. 마수미는 독서에서 더욱 광범위하게 일어나는 이 현상을 '막 시작된 활동'(incipient action)이라고 언급한다(2002, 139).

한 관점에서 언어는 신체를 통합된 불가분의 전체로 다루는 것이 아니라, 선택적으로 활성화될 수 있고 되어야 하는 가능태들의 집합으로 다룬다. 그렇다면 신체는 하나의 매체라기보다는 일련의 매체들인데, 각각의 신체는 글쓰기를 포함하는 테크놀로지 매체에 자신의 방식으로 연결된다. 미메시스는 이질적인 부분들로 이루어진 매체들의 재조립을 가능하게 함으로써 잠재성을 생산하며, 프루스트가 꿈에 대해 쓴 것처럼 "현실화됨 없이 실재적이고, 추상화됨 없이 이상적인"(1992, 906) 것을 불러일으킨다.

멀린 도널드는 진화적 시각에서, 미메시스는 상징적 사유를 가능하게 한다고 제안한다. 상징적 사유는 '표면화된 행위'externalized acts(이후에 발달하는 능력인 소리 안 내고 책 읽기보다는 크게 소리 내어 읽는 행위와 같은)에서 비롯되기 때문이다. 이러한 행위들은 "두뇌 능력에 근거를 둔다. 이 두뇌 능력은 우리로 하여금 우리의 근원적인 사건 지각을 행동으로 옮기는 지도를 만들게 하며, 이렇게 하여 단 한 번에 행동, 은유, 몸짓, 팬터마임, 재연기 놀이, 자신에게 주의시키기, 기술의 모방적 확산 그리고 원초적 교육법 proto-pedagogy의 가능성을 창조한다"(2000, 33).

미메시스는 가장 즉각적인 신체적 단계부터 가장 추상적인 단계까지 모든 경험의 단계에서 작동한다. 모방 소통의 신체적, 비언어적 차원들을 이해하는 것은 인간의 사회적 관계들 속에 모방 소통이 골고루 스며들어 있음을 설명하는 데 중요하다. 또 이것은 영화와 공연 같은 문화 형식에서도 중요한데, 이는 관중들을 이야기, 영화 관객성, 청중 멤버십 등의 복잡한 사회성의 형태들로 묶어 내는 것을 목표로 한다. 우리는 특히 시각을 이미지의 시대에 흉내를 위한 가장 중요한 감각 양식이라고 생각하는 경향이 있다. 하지만 소위 고등 영장류에서 보는 것이 신경학적으로 지배적이라고 하더라도, 다른 감각들로부터 고립되어서는 거의 작동하지 않는다. 시각이 다른 감각들에 의존하고 있음은 미메시스에서 감각의 교차-양식화 cross-modalization 또는 공감각의 중요성을 알려준다.[28] 미메시스를 교차 양식적 모방 소통으로 재구성하는 것은 시각vision과 시각적 심상visuality에 대한 사유의 전환을 가져온다. 시각적 심상은 생물리학적 현상으로서뿐만 아니라, 보이는 것에 관계하는 방식인 사회적 과정으로서도 나타난다. 그렇다면 미메시스는 파악apprehension의 일차적인 방식으로 생각될 수 있다. 이는 신체에 의해, 영화, 텔레비전 심지어 인터넷 같은 사회적 테크놀로지에 의해, 그리고 군중 행동, 유행, 유명인 그리고 거식증 또는 우울증의 전 세계적 전염과 관련된 문화적 과정들뿐만 아니라, 사회적이고 정치적인 급속한 변환을 일으킬지도 모르는 과정들에 의해서 활용된다.[29] 미메시스가 이러한 과정에 어떻게 관련되어 있는지 잘 이해하는 것이 중요하다. 모방 소통이 "정동적 사회 유대감"affective social tie(보치-야콥슨 1988)을 발생시키는 원인이 되기 때문이다. 그것은 부모-자식, 또래, 친구, 연인 관계를 결속시키며, 특정한 상황에서는 이방인들 사이에서도 동료 의식이 번뜩인다. 그것은 또한 타자들과의 윤리적 관계를 위한 정동적 기반을 형성한다.

그렇다면 인간 문화 전체는 어쩌면 모방에 근거를 둘 것이며, 여기서 차이와 혁신은 재생산과 유사성만큼이나 중요하다. 하지만 ─ 부분적으로는 정확히 이것 때문에 ─ 미메시스에 대한 인간의 본성적 능력은, 아주 다르고

---

28. 마수미가 쓰듯, 공감각과 감각분리는 "함께-중요(co-primary)하며, 각각의 가능태들이 둘 다의 현실태 실현을 조건 짓기 때문이다"(2002, 282~83).

29. 19세기 프랑스 사회학자 가브리엘 타르드의 작업은 혁신이 확산되는 흐름 속에서 새롭게 중요성이 있는데, 나는 이를 Gibbs 2008에서 가져온다.

거의 공통 척도가 없는 체험된 정서의 양식들을 발생시킬 뿐만 아니라, 다양한 문화 내에서 체험된 경험의 질과 추상적 지식의 형태들로 구성된 비감각적 유사성을 생산하고 보관하는 완전히 다른 방식을 불러일으킨다.[30] 마수미는 "현실의 두 가지 체제orders 즉, 국지적이고 배움에 의하거나 의도된 체제와, 비국지적이고 자기-조직적인 체제에, 자발적으로 그리고 동시에" 참여하는 "형식의 이중성"을 우리에게 상기시킨다(마수미 2003, 151). 이 이중성은 두 관점 사이를 왕래하는 움직임을 필요로 한다. 한편으로는, 만약 우리가 '인간'이라고 부르는 것이 이미지에 지나지 않고 언제나 배제와 규정을 요한다는 점을 기억한다면, 문화적으로 유연하고 역사적으로 변하는 주체성의 형태에 집중하는 재현의 관점을 통해 보는 전략적 인본주의는 여전히 필수적인 것처럼 보인다. 다른 한편으로, 이러한 형태들이 단순히 다른 움직임의 순간적 흔적들로만 나타나는 '비국지적,' 무주체적 되기들의 세계는 이미 알려진 것 너머를 상상하도록 하겠노라고 약속한다. 심지어 그들의 발견이 중요한 차이들, 특히나 문화적, 성적 차이의 특수함과 독특함을 무시하는 보편적인 담론을 생산한다고 협박하더라도 말이다. 글쓰기의 '정념적인 허구들,' 그리고 더 일반적으로 예술은 이 두 가지 차원에서의 작업 방식을 동시에 제공하는 것처럼 보이며, 그리고 오늘날 이론적 글쓰기는 이 목적을 위해 허구의 기법과 방법을 차용하여 감각을 스토리와 얽히게 하고, 그 과정에서 혁신의 해석자로서 글을 재창조한다.[31]

---

30. 이 글에서 나는 내가 가장 잘 아는 서구적 형태만을 참조하였다.
31. 미메시스로서 글쓰기에 대한 멋진 논의와 논증을 위해 Schlunke 2006을 보라.

9

정동적 전회

정치경제, 바이오미디어, 신체들[1]

패트리샤 T. 클라프

1990년대 초반에서 중반 무렵 비평이론가들과 문화비평가들이 정동적 전회로 관심을 돌리게 되었을 때, 이는 후기구조주의와 해체주의의 한계라고 그들이 주장하던 것에 대한 대응이었다. 레이 테라다가 시사했듯이 후기구조주의 전반에서, 특히 해체주의가 "정말로 냉정하게" 주체의 죽음을 선언했고, 따라서 정동 혹은 정서와 거의 관련이 없다는 느낌이 고조되었다(2001, 4). 더욱 정확하게 말하면, 정동과 정서로의 전회는 후기구조주의와 해체주의의 영향하에 비평이론과 문화비평에서 시작된 문화, 주체성, 정체성, 몸에 대한 논의를 확장시켰다고 테라다는 주장한다. 어쨌거나 정동과 정서는 후기구조주의와 해체주의가 그러했듯이, 주체 내의 자신과의 불연속성과, 주체의 의식적 경험과 정서와 정동의 비지향성과의 불연속성에

1. 내가 이 논문을 다시 쓰는 내내 나에게 도움을 주었던 동료들에게 감사를 보낸다. 특히 아미트 라이, 재스비르 푸아, 조셉 슈나이더, 아나히드 카사비언, 재키 오르, 우나 청, 크레그 윌스에게 감사한다. 그리고 유용한 논평과 편집을 해준 쿠즈 벤과 그레고리 시그워스에게 특별히 감사한다.

주목했다. 그렇지만 또한 정동적 전회는 비평이론과 문화비평을 신체적 물질로 되돌렸다는 점에서 실질적인 변화를 제시했다고 할 것이다. 신체적 물질bodily matter은 그때까지 후기구조주의와 해체주의의 영향 속에서 다양한 구성주의적 관점에서 다루어지고 있었는데, 이와는 달리 정동적 전회는 신체적 물질과 물질 일반에 내재한 역동주의, 즉 물질이 정보가 되면서 자기조직화하는 능력에 주목하였다. 이 점이 정동적 전회가 한 가장 도발적이고 영구적인 기여라고 나는 주장하고 싶다.

그러나 정동으로 돌아선 많은 비평가와 이론가가 정동에서 정서로의 회로에 초점을 맞춘 가운데 결국 주관적으로 느껴진 상태의 정서로 끝나는 경우, 즉 정서적 주체로서의 주체로 환원하는 경우가 종종 있었다.[2] 이와 달리 나는 질 들뢰즈와 펠릭스 가타리, 바루흐 스피노자, 앙리 베르그손의 영향하에, 신체의 행동하는 능력을 증강하거나 감소하는 전前개체적인 신체의 힘으로 정동을 개념화하는 비평가 및 이론가, 또 정동의 지각되지 않는 역동주의를 파악하거나 조작할 수 있게 만드는 테크놀로지에 비판적으로 참여하는 비평가 및 이론가에 주목하고자 한다. 정동에서 주관적으로 느껴진 정서적 상태로 이어지는 회로를 따라가는 게 아니라 정동에 주목한다면, 정동적 전회가 생체매개된 몸biomediated body이라고 불리는 새로운 신체를 벼리는 데 선구자이자 담론적 동반자가 된다는 사실이 명확해진다는 게 나의 주장이다.

나는 생체매개된 몸의 기술적 프레임들, 특히 유전물질의 대량생산을 가능하게 한 '바이오미디어'와, 디지털화로 감각의 정교한 기술적 확장을

---

2. 정서와 정동의 차이에 주목하지만 결국 감정이나 정서로 끝나는 문화연구와 문학연구에서 정동적 전회를 다룬 최근의 논평에 대해서는 Ngai 2005와 Clough 2007을 참조할 것.

가능하게 한 '뉴미디어'를 탐구할 것이다. 나는 생체매개된 몸이 19세기 후반까지 몸의 모델로 간주되었던 '유기체로서의 몸'의 자가생산유지적 성격에 도전한다고 주장할 것이다. 유기체로서의 몸은 자가생산유지적으로는 에너지에 열려 있지만 정보적[형식부여적]으로는 환경에 닫혀 있어 스스로의 경계 조건을 만들고 있기 때문에, 루시애나 패리지와 티지아나 테라노바는 유기체로서의 몸이, "신체들 사이와 외부를 순환하는 흐름들이⋯⋯스스로 접혀서 유기체/자아/주체의 단단한 벽들 내부에 통로를 만드는"(2000, 4) 19세기 후반 산업 자본주의의 규율 사회에 적합하다고 주장한다. 유기체로서의 몸은 "축적과 비용의 열역학적 순환 내에서 재생산하게끔 조직되어 있고 노동을 하도록 훈련되어 있다"(5).

유기체로서의 몸과 마찬가지로 생체매개된 몸은 물질적 힘들의 역사적 특수성을 지닌 조직 양식이라고 할 수 있는데, 자본이 투자되어 생겨났으며, 생물학과 물리학, 열역학과 복잡계, 준*안정성과 비선형적 관계성, 재구성하는 신체, 노동, 재생산 같은 다양한 담론에 의해 정교하게 다듬어져 왔다. 생체매개된 몸은 몸과 그것이 할 수 있는 것(그것의 정동)에 대한 하나의 정의라고 할 수 있는데, 정보를 제공하는, 즉 신체적 형식을 부여하는 물질 내지 물질의 능력에 내재하는 자기조직화[3]에 대한 정치경제적이고 이론적인 투여에 주목한다. 그러나 물질을 정보를 제공하는[형식부여적인] 것 또는 자기조직하는 것으로 "볼" 수 있게 하는 것이 "(비선형적인) 수학을 물질적으로 지지하는 테크놀로지의 진보이며 따라서 수학적 테크놀로지"(데

---

3. [옮긴이] '자기조직화'(self-organization)와 '자가생산유지적'(autopoietic)은 이 글에서 대립되는 개념으로 쓰인다. 전자는 생체매개된 몸의 정보적이며 물질적인 정동적 성격을 말하는 한편, 후자는 유기체로서의 몸의 규율적 성격에 적합한 것으로 사용되고 있다.

란다 1992, 134)라고 해도, 생체매개된 몸은 단지 테크놀로지라고 하기는 어렵다. 더 중요한 것은, 생체매개된 몸이 바이오미디어나 뉴미디어 같은 디지털 테크놀로지가 신체적 물질과 물질 전반의 정보 기저층에 부착되어 확장하는 양상을 드러내어 주며, 아울러 '포스트생물학적 문턱'[4]이 '생명 자체'[5]에 도입되는 지점을 드러낸다는 점이다. 따라서 나는 뉴미디어나 바이오미디어를 생물학적 몸이 할 수 있는 것을 기술적으로 확장한 것으로 정의하면서도 여전히 생물학적인 것으로 남아 있는 비평적 담론들에 의지하기는 하겠지만, 이러한 담론들의 한계로서 포스트생물학적 문턱에 대해서도 주목할 것이다.[6]

나는 정동, 바이오미디어, 뉴미디어에 비판적으로 참여하는 몇몇 학자들의 예들을 제시하면서, 정동과 바이오미디어 그리고 뉴미디어가 여전히 특권시하는 유기체로서의 몸을 넘어서 정동적 전회를 고찰하고자 한다. 그렇게 하고자 하는 이유는 물질적 힘들의 조직화에 있어 역사적으로 특정한 양태를 자세히 살펴보고자 함이다. 즉, 생체매개된 몸이 정동의 영역에서는 자본 축적과 관계있으며, 또 통치규범이 규율에서 생명정치적인 관리로 이동하는 권력관계에서는 생체매개된 몸이 일종의 인종주의와 관련 있는 변화라는 점을 살펴보고자 함이다.

---

4. 나는 이 용어를 Pearson 1999에서 가져왔다.

5. 나는 유진 색커를 따라 '생명 자체'에 따옴표를 붙일 것이다. 이는 생명 자체에는 발견할 수 있는 본질이 없다는 것을 가리킨다. 그러나 이 용어가 1950년대 이후로 분자 생물학자들에 의해 사용되어 왔기 때문에 색커는 이 용어를 그대로 유지한다. 나는 또한 생명 자체가 정동의 영역에서 자본 축적을 통해 추상화되고 있음을 주장한다(Thacker 2005b, 60~61).

6. 브라이언 마수미는 주장하기를, "한계에 접근하는 것이 기능을 가지는 것은 오로지 한계를 참조할 때이다. 한계는 접근에 효율성과 현실성을 준다." 한계가 주는 현실성은 "운동이거나 경향이다"(Massumi 2002, 147).

비평이론과 문화비평에서 정동으로의 전회는 매우 광범위한 탐구의 기회를 제공한다. 왜냐하면, 정동에 참여하는 비평가들, 특히 내가 곧 살펴볼 정동 비평가들은 경험적으로 실현된 것과, 잠재적인 것의 철학적 개념의 양측에서 정동을 다루어 왔기 때문이다. 경험적인 것과 잠재적인 것이 교차하는 지점에서, '생명 자체'로 기입되는 포스트생물학적 문턱은 노출되는 동시에 가려진다. 이 문턱에서 잠재성이란 생체매개된 몸이 유기체로서의 몸의 자가생산유지에 대해 제기하는 도전을 실현하려는 바이오미디어와 뉴미디어의 잠재적 경향을 말한다. 그러나 이 문턱은 또한 잠재성이 정치경제적 포획과 만나게 되는 지점이기도 하다.

정동, 신체적 능력, 잠재성

정동을 잠재성의 철학적 개념화와 연결하는 중요한 논문에서, 브라이언 마수미는 정동을 신체적 반응, 자율적 반응으로 정의하는데, 이는 곧 의식적 지각의 상태를 넘어서서 지각에 앞서는 "내장의 지각"visceral perception 말한다(마수미 2002).[7] 그러나 자율반응에 대한 언급이 정동을 신체효과의 경험적인 측정과 같은 것으로, 즉 동공 확장이나 장 연동, 선 분비, 피부 경련을 말하는 것처럼 보이게 할지라도, 마수미는 이 측정들을 철학적인 탈출구로 사용하여, 정동을 잠재성의 측면에서, 미결정적으로 생겨나

---

7. 마수미의 주장에 따르면, "내장의 감수성은 다섯 개의 '외부 수용적'(exteroceptive) 감각기관이 모은 흥분들을 두뇌가 완전히 처리하기 이전에 즉각적으로 기록한다. 내장성의 차원은 자기수용감각의 차원과 인접해 있지만 겹치지는 않는다"(2002, 60~61).

는 경향이나 발아행위로서, 살아질 수 없는[8] 잠재력의 영역으로 생각한다.

마수미에게 정동적 전회는 몸을 미결정성으로, 곧 자율반응의 미결정성으로 여기는 데 있다. 따라서 마수미가 정동을 의식적 지각과 언어뿐 아니라 정서에서 벗어난 자율성으로 정의하는 것은 당연하다. 만약 정서의 경우에서처럼 의식적 지각을 정동의 서술로 이해한다면, 그럼에도 불구하고 "결코 의식될 수 없는 자율적 잔여물"인 "잠재적 잔여물" 즉 일종의 정동의 과잉이 언제나 존재한다는 게 그의 주장이다(2002, 25). 게다가 이 과잉에서 정서의 서술이 "감산되어"subtracted 나오는 것이며, "연속성과 선형적 인과성이라는 의식적 요건에 맞추어" 과잉을 사후적으로 매끈하게 만든다(29). 의식은 복잡계를 축소하기 때문에 "감산적"이다. 게다가 의식은 "제한적"인데, 미리 주어진 경험적 한계가 없는 잠재성의 영역에서 현실화하는 순간에 한계가 그어지면서 파생되기 때문이다. 정동과 의식은 잠재적-현실적 회로 안에 있으며, 이런 이유로 정동은 잠재적이고 발생하는 것으로 규정된다.

그러므로 마수미가 몸의 미결정성에 주목하는 것은 "전前-사회적" 몸으로의 회귀가 아니다. 정동을 전-사회적인 것으로 오해해서는 안 된다고 주장하면서, 마수미는 정동이 "무한히 사회적"이라고, 즉 "개인들[과 집단들]의 분리 '이전의' 방식으로 사회적"이라고 말한다(2009, 9). 의식적 경험에서 정동으로 역류가 일어날 때 이는 정동으로 등록된다. 그리하여 "지나간 행동과 맥락은 보존되고 반복되고 자율적으로 다시 작동되지만 완결되지는

---

8. [옮긴이] unlivable. 살아질 수 없는 것이란 구체적인 삶의 내용이 되지 않는다는 뜻이다. 앞으로 나올 마수미의 실험에서 두뇌가 인식하는 것과 몸이 인식하는 것 사이의 0.5초가 잠재성의 영역인데 이는 우리의 구체적인 삶의 내용을 이루는 것이 아니다.

않는다. 즉 시작되지만 끝나지는 않는다"(30). 정동의 강화가 일어나기도 한다. 마수미가 "내용 없는 기억"이라고 부르는 몸의 기억 – "방향"vectors 또는 "살의 관점" – 이 있다. 이는 미결정의 상태로서, 확실한 기억과 의식적 지각의 가능성에 대한 미결정적인 조건이다(59). 정동은 몸의 준안정성metastability 9을 말한다. 몸의 준안정성을 구성하는 불안정한 전前개체적 힘들과 몸의 준안정성의 관계는 선형적인 것도, 결정적인 것도 아니다. 정동의 시간성은 문턱, 분기, 발생으로, 즉 잠재성의 시간성으로 이해되어야 한다.

정동에 자율성이 부여되는 것은 정동이 잠재성에 참여함으로써이다. 곧, 정동은 구체화하는 개별성에서 벗어난다. 이처럼 정동은 신체의 열림을 말하는데, 이는 마수미가 데이비드 봄을 따라 "내포적 질서"implicate order의 양자 미결정성이라고 지칭한 것에 참여하는 열림이다(마수미 2002, 37). 내포적인 형식으로서 정동은 형식을 취하자마자 모든 물질의 차원에 걸쳐 복잡계로 도로 용해되어 버리는 잠재력이다. 이는 마치 양자 효과가 아원자, 물리, 생물, 문화 등 각 차원에 적절한 미결정성을 북돋우는 것과 같다. 마수미가 주장하듯, 양자 미결정성은 정동을 물질의 모든 차원에 배치하기에, 생명체와 비생명체, 생물과 물리, 자연과 문화의 구별이 사라지기 시작한다(37).

마수미가 몸의 자율반응에 주목한 것이 사실상 준안정성의 사회성을 사유하려는 방법이라면, 그것은 또한 물질성을 비현상적인 것과 비물질적인 것과 함께 사유하도록 하는데, 이는 비선형성과 준안정성, 열린 시스템과 내포된 질서의 양자 미결정성의 이론들에 기대어 펼쳐지는 잠재성의 철

---

9. [옮긴이] 준안정성은 안정화한 값을 가지지 않는 상태를 말한다.

학적 개념화를 통해서 이루어진다. 나는 이러한 철학적-이론적 연결에서 문제가 되는 것은 단지 인간 몸의 정동성이 아니라, 물질의 정동성, 즉 물질의 자기조직화와 정보화/형식부여의 능력이라고 본다. 물질을 정동적인 것으로, 정보로, 자기조직하는 것으로 이해하는 것이 바로 몸의 자율반응(마수미의 용어로 인간 몸의 "하부경험적"infraempirical 경험)을 경험적인 것의 가능성의 조건인 비물질적이고 비현상적인 복잡계(마수미의 용어로 "초경험적"superempirical인 것)와 연결한다(2002, 144~61). 잠재성이 현실화가 되면 사라지듯, 초경험적인 것은 경험적인 것이 출현하면 사라진다.

그러나 내가 가정하듯이, 초경험적인 것의 역동주의를 물질의 역동주의로 기입하는 것이 가능하다면, 이는 초경험적인 것이 잠재성을 철학적으로 개념화한 것일 뿐 아니라, 물질의 (형식부여적) 정보 능력을 드러내는 기술의 확장이기도 하기 때문이다. 이를 이해하기 위해서는 마수미가 정동성을 실례로 보여 주었던, 몸의 반응을 측정하는 실험으로 되돌아가서, 그 실험이 정동성의 모범적인 설명이 되게끔 한 테크놀로지 또는 기술적 프레임에 주목할 필요가 있다. 예컨대 어떤 실례는 이미지들에 대한 참가자의 언어와 생리의 반응을 측정하는데, 이것을 가지고 마수미는 이미지의 강렬함의 효과라고 할 수 있는 이미지의 정동과 이미지의 내용을 구분한다. 또 어떤 실례는 신체 반응들을 모니터할 때, 참가자들이 의식적으로 반응을 기입하기 이전 0.5초 동안 일어나는 두뇌 활동을 보여 준다, 또 어떤 실례는 완전한 스펙트럼의 색들로 망막에 충격을 가하는 장치를 이용하여 시각의 물리적이고 생리적인 조건들을 연구한다.

마수미에게 이 실험들은 정동의 자율성을 예증하는 동시에 초경험적인 것의 흔적을 남기는 것으로서, 그는 잠정적으로 잠재성의 철학적 개념화를 통해 이를 확대 연구한다. 반면 내가 주장하는 바는 이 실험들이 신체 반응의 기술적이고 개념적인 틀 짓기로서, 정동을 생산하며 잠재성의 포획을 드러낸다는 것이다. 정동의 자율성에 대한 마수미의 모범적인 예증은 단지 몸이 할 수 있는 것을 보여 주는 데서 끝나지 않는다. 그것은 몸이 무엇을 할 수 있도록 만들어지는지를 보여 준다. 그것은 몸이 포스트생물학적 문턱에서 한계와 만날 때 무엇으로 되고 있는지를 보여 준다. 이는 유기체로서의 몸이 생명과 비생명, 물리와 생물, 자연과 문화 사이에 설정한 이분법들 속에 은폐했던 물질의 역동주의에 접근하는 것이다. 정동, 뉴미디어, 바이오미디어를 다루는 비평 담론들을 끌어당기는 것은 포스트생물학적 문턱이며, 이러한 비평 담론들이 포스트생물학적 문턱에 대하여 양면적인 태도를 보인다는 게 내가 주장하고자 하는 바이다.

뉴미디어와 바이오미디어 : 정동의 기술적 틀 짓기

후기구조주의적 사유와 뉴미디어 비평에 대한 일련의 인상적인 해석에서 마크 한슨은 테크놀로지와 디지털화, 그리고 몸의 관계를 재고한다.[10] 독립적으로 존재하는 실재와 관련된 모든 참조를 잘라 버린 알고리듬 처리 및 수® 매트릭스의 층이 디지털 이미지의 하부구조이기 때문에, 디지털

---

10. [옮긴이] 한슨이 말하는 뉴미디어는 뉴미디어 아트로서, 빌 비올라와 같은 뉴미디어 아티스트의 작품을 주로 다룬다. 한슨은 우리가 이미지를 창조하기 위해 우리가 받아들이는 정보를 여과한다고 주장하는데, 이러한 틀 짓는 기능이 그가 디지털 이미지라고 부르는 것이다. 즉, 디지털 이미지는 정보가 지각 가능하게 되는 전체 과정을 포함하며, 이 과정에서 이미지를 창조하기 위해 정보를 여과하는 행위주체인 몸이 특권시된다.

이미지가 철저한 반反미메시스라는 것을 잘 알고 있음에도 불구하고, 한슨은 놀랍게도 이것을 뉴미디어를 재고하는 가능성 자체로 만든다. 그는 디지털화가 요청하는바, 디지털 이미지와, 몸의 운동과 경향 내지 발아에 대한 내적 감각, 즉 마수미를 따라 그도 정동이라고 부르는 것 사이의 관계에 주목한다(2004a, 7). 디지털화와 신체적 정동이 어떻게 연루되는가에 대해, 그는 디지털화로 인해 신체적 정동이 정보에 신체를 부여한다고 주장한다. 신체적 정동은 "틀도 없고 구체화되지도 않고 형태가 없는 것을, 본질적으로 (인간적) 의미가 주입된 구체적이고 형태가 부여된 정보로" 바꾸는 데 요청된다(13). 뉴미디어를 다루는 한슨의 방식은 디지털화와 신체적 정동의 관계를 독특하게 다룬다는 점에서는 중요한 시도라고 할 것이다. 하지만 결과적으로 그의 논의는 디지털화 문제를 다루면서 제기되는 듯 보이는 도전으로부터, 유기체로서의 몸의 자가생산유지를 보호하는 쪽으로 전개되고 만다.

한슨이 제기하는 신체적 정동과 디지털화의 관계는 우리가 이미지를 정보적[형식부여적]informational로 것으로 재고해야 함을 요구한다. 그는 주장하기를, 디지털화에서 이미지는 그 자체 하나의 과정이 되는데, 단지 사용자의 상호작용을 요청하는 데 그치지 않고, 인간의 몸이 정보의 계속되는 흐름의 틀을 짓기를 요구한다. 뉴미디어는 몸의 정동성을 요구한다. 이는 뉴미디어가 몸 자체의 정동적 미결정성의 감각을 확대함으로써 정동성의 경험을 참작하는 것과 같다. 베르그손이 이미지의 총합인 세계에서 지각을 끄집어내거나 "빼내는"subtract 특권적 이미지 내지는 미결정성의 중심으로 몸을 다루었던 것을 되새기면서, 한슨은 신체적 정동성, 즉 행동하고 움직이는 몸의 능력이 디지털 이미지에 중요하고 사실상 그 이미지를 만들어낸다고 주장한다. 따라서 주체와 테크놀로지를 연결하는 것은 신체적 정동 그 자체이다. 한슨에 따르면, 몸의 정동적 능력에 주목하는 것은, 디지털의 경우에 "체현된embodied 지각적 현재에 색과 맛을 입힘으로써," 테크놀로지가 무엇보다도 몸을 통하여 주체에 진입하는 방식을 파악하게 해 준다.

디지털화는 이처럼 현재에 대한 몸의 감각과 관련 있는데, 특히 현재 속에서 시간의 경과를 정동적으로 느끼는 몸의 능력에 관여한다. 디지털 이미지는 현재 속에 기술적인 틀을 집어넣어 신체적 정동성을 확장하고, 이에 의해 "구성적인 살아 있는 현재가 시시각각으로 끊임없이 (재)발생하는 과정을, 즉 살아 있는 현재와 동시에 발생하는 살아 있지 않은 것으로부터의 선택을" 우리로 하여금 경험하게 한다(한슨 2004b, 614). 한슨에 의하면, 현재와 동시에 존재하는 살아지지 않은 것unlived 11은 디지털에 의해 포착되며, 따라서 디지털은 살아지지 않은 비선형적인 복잡계 및 신체적 정동의 미결정성을 테크놀로지적으로 강화 내지 확장하는 역할을 한다. 한슨에게 정동적 능력과 디지털화는 유기체로서의 몸에 의해 틀 지워진 결합체이다.12 여기서 한슨은 정동과 신경 역학에 대한 프란시스코 바렐라의 논의를 참고하는데, 신경 역학은 정동을 시간의 흐름에 연결하는 의식적 지각을 구성한다.

한슨은 특히 넥커 큐브13와 같은 현상에서 일어나는 갑작스러운 지각

---

11. [옮긴이] 여기서 '살아지지 않은 것'은 마수미의 '살아질 수 없는 것'과 유사하다. 주8 참조.

12. 한슨은 최근에 몸과 디지털화의 문제를 재고하는 가운데, 몸이 원시적 기술성을 가지고 있다고 제안하는 데까지 논의를 확장시켰다. 그럼에도 불구하고 그는 여전히 인간 몸을 디지털 정보에 의미를 주는 것으로 특권시한다. Hansen 2006을 참조.

13. [옮긴이] Necker cube. 스위스의 결정학자(結晶學者)인 넥커가 1832년 처음 발표한 실선으로 이루어진 육면체로서 시각적 착시의 예로 사용된다. 우리는 보통 육면체를 그릴 때 안 보이는 밑면과 높이를 점선으로 표시하여 입체감을 해석해 내지만 넥커 큐브는 육면체를 이루는 선이 모두 실선이어서 두 개의 다른 육면체가 동시에 가능하다. 이 글에서는 이러한 동시적 지각을 시간성, 즉 "시간의 깊이"와 연계하여 논의하고 있다.

적 변화 내지 이미지의 역전에 대한 바렐라의 논의에 초점을 맞추면서, 이 변화가 의미하는, 신경 역학에서의 "시간의 깊이"에 주목한다(바렐라 1999). 바렐라는 이러한 "시간의 깊이," 즉 현재의 깊이가, 한쪽 측면에서 반대편 측면으로의 돌발적인 변화로서(선형 변화의 점진적 연속체가 아니라), 지각된 이미지의 역전을 가능하게 한다고 주장한다(한슨 2004a, 250~51).[14] 그 갑작스러운 시간의 변화 내지 깊이 안에 "안정화" 즉 분포된 인지체계가 한 방향을 따라 조립되는 일이 생기는데, '깊이' 또는 '두께'가 서로 경쟁하는 분포된 신경활동 과정들의 호스트와 상호관계를 맺는 가운데 이 안정화가 출현한다. 이로써 "신경 역학의 미시물리학적인 요소들이 선택적으로 총합을 이루어서(세포 모임), 압축할 수 없지만 완결된 인식 행위들"로 나타난다(251). 바렐라의 결론은 다음과 같다. "지속적인 인지 활동과 관련된 두뇌 과정은 공간상에 분배될 뿐 아니라 시간의 확장 속에서도 분배되는데, 이는 기초적인 사건들의 통합의 지속인 찰나를 넘어설 수 없는 시간이다"(바렐라 1999, 7). 바렐라에 의하면 살아 있는 현재의 지속에 상응하는 '틀' 또는 '동시성의 창문'이 있는데, 여기서 복잡계로부터 창발하여emerging 15 총합이 조립된다. 이 틀이 "통합의 지평'인데, 여기서 통합은 언제나 창발하고 본래 불안정한 일종의 준안정성이다(한슨 2004a, 251).

이 찰나, 신경생리학적으로 기입된 시간의 경과에서 현재라는 이 불가능한 시간은 마수미가 언급했던, 주체가 자극에 대한 의식적 반응을 지시

---

14. 한슨은 Varela 1999에서 논의를 끌어오고 있다.

15. [옮긴이] 'emerging'은 '발생하는', '부상하는' 등의 뜻이 있지만 복잡계 이론에서는 '창발'이라는 특수한 번역용어를 사용한다. 창발은 구성 요소의 하위 수준에는 없는 특성이나 행동이 전체 구조의 상위 수준에서 자발적으로 돌연히 출현하는 현상을 말한다. 따라서 복잡계와 관련이 있는 문맥에서는 창발로 번역한다.

하기 전의 두뇌 활동의 0.5초와 다르지 않다. 이들은 몸의 능력 또는 발아 행위로서 정동을 설명한다. 바렐라 역시 "기초적인 사건들의 자기조직화"가 일어나는 이러한 찰나를 정동의 문제로 다룬다. 그는 조직화의 찰나에 함축된 것이, "경향으로서의 정동의 본성 그 자체라고, 즉 오로지 시간 속에서, 따라서 시간으로서 나타나는 '압출'pulsion과 운동"이라고 주장한다(한슨 2004a, 253). 한슨이 말하듯, 바렐라의 분석은 "획기적인 방식으로 미시물리학적 영역에" 진입했으며(250), 따라서 "시간 의식의 생성에서" 정동의 기능을 보여 준다. 정동은 "동일성의 모드를 유지하고자 하는 인간의 노력과, (인간) 생명의 체화된 기본과 연결한다. 요컨대 정동은 (인간) 유기체가 시간 속에서 자가생산유지를 유지하고자 하는 동기로 구성되어 있다"(250).

디지털이 "인간으로 하여금 스스로를 재조직하기"를 도전한다는 것을 인정하면서도, 한슨은 재조직화의 논의의 발단이 되는 정동적 신체를 여전히 유기체로서의 몸으로 취급한다. 정동의 신경생리학적 기입에서 몸의 자가생산유지를 발견하여 자가생산유지의 개념으로 되돌아간 한슨은 자신의 뉴미디어 논의를 생명매개를 포함한 더 넓은 테크놀로지적 환경에서 철수시킨다. 이러한 더 넓은 테크놀로지적 환경에서 한슨이 정보의 비물질성으로 본 것은 사실상 물질의 자기조직 능력 및 스스로 내적-형성/정보형성in-form하는 능력이다. 즉 디지털화를 통해 보이게 만들어지고 조작할 수 있게 만들어진 정보에 고유한 물질성으로서, 이는 뉴미디어 아트뿐 아니라 정치경제의 문제이기도 하다. 유전학과 정보학의 교차점에서 몸이 정보라는 것은, 단지 생물학과 정보, 물질과 정보, '생명 자체'와 정보 사이에 만들어지고 있는 관계를 의문시하는 것만은 아니다. 그것은 이 관계들의 생산성과, 정치경제 생산에서의 물질성에 대해 질문을 제기한다.

한슨의 뉴미디어 논의가 인간 몸과 인간-기계의 배치물 사이의 차이, 신체적 정동과 디지털화 사이의 차이 – 구성주의를 쫓아다녔던 차이에 다시 귀를 기울이는 차이 – 를 고집한 반면, 유진 색커의 바이오미디어[16] 논의는 몸의 정보적[형식부여적] 기저층을 밝히면서, 한슨이 유지하고자 했던 구분이 불가능함을 피력한다. 색커는 생명매개의 몸이 단지 '구성된 것으로서 몸'body-as-constructed은 아니라고 주장하는데, "구성주의는 '바이오'과 '미디어'를 존재론적으로 구분하고, 미디어의 임무가 매개할 수 없는 '사물'의 매개라고 보기" 때문이다(색커 2004, 12). 이와 달리 색커는 바이오미디어를 생명 작용biology [17]의 기술적인 재조건화로, 즉 생명 작용이 생물학적으로 남아 있으면서도 새로운 방식으로 스스로를 넘어 수행하도록 하는 테크놀로지적 틀 짓기로 정의한다(14~15).

색커에 의하면 바이오미디어는 컴퓨터의 연산 논리와 생명 작용을 철저히 통합하여 정보적인 몸을 생산한다. 이는 단지 DNA를 정보로 재현하는 테크놀로지의 문제가 아니라, 정보를 "기술적 원리로서," 생물의 연산능력으로서 DNA에 내재된 것으로 이해하는 문제이다(색커 2004, 39). 색커에게 "정보는 분자적 수준에서 우리의 생명에 대한 이해의 발전 자체를 구성하는 것으로 간주된다. 하나의 은유로서 외적으로 전유한 게 아니라, 정보를 DNA의 구성 요소로서 인식론적으로 내재화한 것이자 기술적인 자율

---

16. [옮긴이] 바이오미디어는 생물학과 테크놀로지가 결합된 분야를 일컫는다. 색커가 모색하는 바이오미디어는 복제라든지 유전공학과 같이 유전자에 초점을 둔 기존 분야를 넘어 분자생물학이나 컴퓨터 과학까지 망라하는 영역에서, 생명이 정보라는 이해의 함의를 여러 각도에서 분석한다.
17. [옮긴이] 'biology'는 '생물학' 외에도 '생명 작용'이라는 뜻이 있다. 문맥에 따라 적절하게 이 두 가지를 혼용할 것이다.

화로 간주된다"(40).

색커는 생명 작용이나 생명을 DNA와 등치시키는 시각에 반대한다. 생명 작용은 "운영 매트릭스를 집합적으로 형성하는 이질적인 요소들의 다양성"인 반면, 여기서 DNA는 오직 한 부분에 지나지 않기 때문이다(색커 2005b, 98). 그가 DNA에 집중하는 이유는 정보화된 몸, 즉 생체매개된 몸인 신체의 분자적 차원에 계속해서 자본과 기술과학 담론이 투자되는 것에 주목하기 위함이다. 따라서 생체매개된 몸은 육체를 이탈한 것이 아니다. 그것은 최근 들어 신체적 물질의 정보화 능력이 보다 뚜렷해지고 생산적이 되자, 분자적 수준에서 신체적 물질을 더욱 복잡하게 만든 것이다. 바이오미디어가 독특한 점은 생명 작용이 "생산을 추진함"과 동시에 그것의 "원료"가 된다는 점이라고 색커는 주장한다. 생명 작용은 "생산 과정"이며, 기계를 대체한 생명 작용은 "테크놀로지가 된다"(2005b, 201). "세포, 단백질, DNA가 일상적으로 수행하는 노동"의 테크놀로지적 틀에서, 바이오미디어는 생물학적으로 매개된 신체를 노동하는 신체로 생산한다(201).

따라서 바이오미디어는 정보과학에 기반한 생산물을 "여러 세대에 걸친 정보"로 지속적으로 전환하는 것을 목표로 하는 정치경제의 생산기반이다(색커 2005b, 80). 색커는 실례로 유전 특효약의 발전을 든다. 한편으로 약은 경제적 이익을 위하여 "정보와 생물학적 몸을 연결하며" 소비되어야 한다(79). 다른 한편으로 약의 판매보다 더욱 수익성이 높은 것은 "진단 시약 산업의 붐"이며 데이터베이스의 생산이다. "생산물(알약, 시험 테크놀로지)을 정보(데이터베이스, 시험 결과, 마케팅, 언론 홍보)로 다시 순환시키는 것"에는 경제적 이익이 있다(85). 그러나 "데이터베이스 관리, 데이터 분석, 소프트웨어 디자인, 정보의료, 그리고 물론 진단학"의 발전에서 이러한 상품들을 소비하는 몸은 "몸과 '생명 자체'가 정보적 방식으로 이해되는 정도로만" 다루어질 것이라고 색커는 주장한다(85).

색커는 바이오미디어의 정치경제를 탐구하는 데 멀리 들어가긴 했지만, 바이오미디어가 키쓰 안셀 피어슨이 "포스트생물학적 혁명의 기술-존재론적 문턱"이라고 부른(1999, 216) 것을 '생명 자체'에 도입할 때, 어떻게 생체매개된 몸이 변화하고 창조하는 생명 작용의 능력을 전유하면서 자가생산유지(유기체로서의 몸의 특징)의 문제에 도전하는가 하는 것은 다루지 않았다. 내가 이제 다루고자 하는 것은 진화에 있어서 포스트생물학적 문턱의 논의와 생체매개된 몸의 생명정치적 경제에 대해서이다.

노동, 에너지, 정보, 그리고 유기체로서의 몸

19세기 후반까지 규율적인 산업 자본주의의 신체는 자가생산유지의 특징을 가진 유기체로서의 몸이었지만, 20세기 후반에 와서야 움베르토 마뚜라나와 프란시스코 바렐라는 유전적 환원주의를 거부하기 위해 자가생산유지를 이론화할 수 있었다(1980). 어쨌거나, 유기체를 스스로의 경계조건을 만드는 것으로, 그리하여 정보적으로 환경에 닫힌 것으로 정의함으로써, 유기체의 자가생산유지에 대한 마뚜라나와 바렐라의 이론화 작업은 구성 요소나 유전적 구조보다는 유기체의 항상성과 평형을 보존하고자 하는 추진력에 더 많은 주안점을 두었다. 그러나 그렇게 하면서 자가생산유지는 유기체를 진화의 관점에서 생각하기 어렵게 만들었다. 캐서린 헤일즈가 지적했듯이, 유기체의 모든 상황에 보존된 자가생산유지의 순환성은 진화와 대립하는데, 진화에서는 종이 연속성을 통하여 진화하는 동시에 변화와 유전 다양성을 통해 진화하기 때문이다(1999). 피어슨은 헤일즈보다 한 걸음 더 나아가, "진화 문제에 대한 '기계적인'machinic 18 접근법"이라는 관점에서 자가생산유지에 대해 비판한다(1999, 3).

자가생산유지는 다윈의 유전 다양성 이론과 모순될 뿐 아니라, 피어슨이 주장하듯, "기계적 진화의 역동적이고 과정적인 성격을 이해하지 못하게 한다." "기계적 진화는 가능태의 장과 잠재적 요소들의 관점에서 이질적인 요소들을 연결하고 얽히게 하고, 또 종과 속의 관계에 상관없이 기술-존재론적 문턱을 넘나든다"(1999, 170). 피어슨이 말하듯, 유기체는 그것을 존재하게 한, 더욱 광범위한 힘들, 강렬함들, 지속의 장 안에서 있으며, 비유기체와 지층화된 생명 사이의 끊임없는 놀이인 열린계로 재고되어야 한다(154). 이는 자가생산유지에 "비선형적이며 평형과는 관계없는 조건들의 복잡계"를 도입할 것인데, 이것이 인간을 "포스트생물학적 진화의 기술-존재론적 문턱"으로 이끌 것이다(216). 자가생산유지에 대한 피어슨의 재사유는 생물 정보학에 계속되는 투자 즉, 생체매개된 몸이 포스트생물학적 문턱을 '생명 자체'로 도입하는 데 계속되는 투자를 고려한 것이다. 그는 또한 유전 생식의 진화적 역사를 다시 고찰한다.

자가생산유지를 비판함에 있어서, 피어슨은 린 마굴리스와 도리언 세이건의 내공생endosymbiosis의 이론에 의지하는데, 이는 기계적 진화가 생체 매개된 몸에 적합할 뿐 아니라, 오랜 진화적 역사를 가지고 있다고 시사한

---

18. [옮긴이] '기계적'(machinic)이란 결정론적이나 환원적이라는 관습적인 기계의 성격을 말하는 것이 아니라, 들뢰즈와 가타리가 사용하는 기계, 즉 생산적이고 관계적이고 문제적인 특성을 말한다.

다(1986). 마굴리스와 세이건은 핵산 DNA를 통한 번식의 출현 이전에 있었던 기생과 공생의 관계, 즉 내공생이라고 불리는 과정에 주목한다. 또 그들은 세포 내에서 계속되고 있는 내공생의 과정에 주목하면서 선형적인 직계 진화의 모델을 문제시한다. 내공생은 핵산 DNA 외의 요소, 즉 미토콘드리아와 같은 세포상의 요소에서 발견되는데, 이는 세포 안에서 그들의 번식 기계 장치의 자율성과 그들 나름의 정보전달 방식을 유지한다. 미토콘드리아는 박테리아처럼 공생적으로 번식하는데, 종이나 속의 관계에 대한 충성 없이 문phylum의 범위에서 (접촉과 저염을 통하여) 모인다. 루시애나 패리지가 말했듯, 내공생은 핵산 DNA를 통한 번식에 일종의 난류亂流 19를, 즉 "미생물의 기억과 세포의 기생을" 부가한다(2004, 175). 이러한 난류는 종이나 속에 대한 충성 없이 정보를 전달한다는 점에서 내공생과 생체매개된 번식을 연계한다.

　패리지는 또한 바이오디지털 성20과 기계적 진화를 잠재성의 철학적 개념화와 연계한다. 그녀는 잠재성에 정치경제적 의미가 있다고 주장하는데, 바이오디지털 성이 "상태 사이의 간극을" 포획하면서 "기대 이상으로 분화하는 예측할 수 없는 잠재력을 확장하도록" 되어 있기 때문이다(2004, 157). 패리지에게 이는 자기조직하는 능력을 가진, 정보로서의 물질의 측면에서

---

19. [옮긴이] 난류(turbulence)는 무질서한 유체의 흐름으로 복잡계 이론에서 무한대의 자유도를 갖는 비평형적, 비선형적 혼돈의 대표적 예이다.

20. [옮긴이] biodigital sex. 패리지의 바이오디지털 성은 지금부터 미래에 이르는 바이오디지털 시대의 추상적 성으로서, 생식이나 번식과 관계없고 대신 재조합이나 복제와 관련 있는, 생물학과 정보학의 통합적 개념이다. 패리지는 성을 세 가지 지층으로 분류하는데, 첫 번째는 박테리아와 감수분열의 성으로서 생(바이오)물리학적 지층이고, 두 번째는 인간의 성처럼 이성애적 결합에 근거한 생(바이오)문화적 지층이고, 세 번째가 복제와 재조합적 욕망과 관련되어 있을 뿐 아니라 이전의 첫 번째와 두 번째의 경향을 바이오디지털 시대에 포획해서 전개하는 바이오디지털 지층이다.

이해된 재조합된 정보의 경향에의 투자를 의미한다. 그렇다면 바이오디지털성은 "물질의 방향을 바꾸는 흐름 속으로의 몰입의 입구"의 지도를 그려 내는 데 투자하는 것이다(165). 즉, "시시각각으로 선택 활동을 변화하면서 물질의 자율 변환을 따르는 정보의 쉼 없는 변이"에의 투자를 의미한다(133).

물질과 정보에 대한 이러한 이해를 위하여, 패리지는 정보, 에너지, 엔트로피, 그리고 '생명 자체'의 관계를 이론화해 왔던 여러 가지 시도들에 주목한다. 19세기가 열역학과 엔트로피적으로 닫힌계에 대한 관심을 보여 주었다면, 20세기에는 소산 구조와 비평형 조건하에 있는 열려 있고 비선형적인 계에 관심이 있었다.[21] 정보를 이론화하고자 하는 이러한 시도들이 시사하는 것은, 닫힌 기계적 체계 내에서는 열역학 상태의 제2법칙으로서 엔트로피의 증가가 돌이킬 수 없는 열사의 과정으로서 불가피하다는 것이다. 반면 열린계에서는 비가역성 및 시간의 경과가 열사나 엔트로피적으로 닫힌계와는 분리되어 다루어진다. 이와 관련하여 클로드 섀넌의 연구(1948)는 엔트로피를 정보의 가능성의 조건으로 다루는데, 이를 확장하고 검토할 필요가 있다. 정보의 수학적 이론을 제시하면서 섀넌은 정보가 채널을 통해 송신자에서 수신자에게로 가는 메시지의 (비)개연성의 척도라고 주장한다. 이 수학적 설명에서 의미는 정보보다 이차적인 것으로 다루어진다. 정보는 일차적으로 접촉과 접속 가능성의 문제가 되고, 가능성들의 배제를 통하여 실재를 형성하거나 축소함으로써 주의집중이나 정동의 변이의 문제가 된다.

1940년대 후반 섀넌의 정보 이론화가 "유전자 코드의 알고리즘적이고

---

21. 이 다음에 오는 정보에 대한 나의 논의는 Terranova 2004와 Hayles 1999 외에도 Johnston 1998과 Taylor 2001을 포함하는 수많은 자료에서 가져왔다.

연산적인 속성"을 다룬 그의 박사논문을 따른 것이었다면(색커 2005b, 52), 비슷한 시기에 이루어진 노버트 위너의 정보 이론화는 보다 직접적으로 생물학과 '생명 자체'를 연계한다(1950). 섀넌은 정보와 엔트로피를 정비례의 관계를 가진 것으로, 그래서 엔트로피가 많을수록, 보내지는 메시지의 비개연성은 커지고, 따라서 정보가 더 많아지는 것으로 이론화했었다. 하지만 위너는 정보란 엔트로피와 소음에는 무관심한 차이들 내의 조직과 질서이기 때문에, 정보는 엔트로피를 감소시키는 것으로 이해되어야 한다고 주장했다. 정보는 엔트로피에 맞선 국지적 조직이자 엔트로피의 일시적 지연으로서 이것이 바로 생명이다. 전체적으로 우주에서 엔트로피가 증가할지라도, 정보적 질서나 에너지라는 외적 자원이 발생하기 때문에 정보는 일시적으로 엔트로피의 붕괴를 막는다.

정보를 엔트로피의 역^逆엔트로피적 감소로 이해하는 것은, 정보를 엔트로피와 정비례의 상호관계로 보는 이해에 덧붙여, 정보를 다시 한 번 이론화하는 것을 가능하게 한다. 그러나 이번에는 열린계의 측면에서, 정보는 시간의 비가역성과의 관계 속에서, 질서에서 무질서로와 무질서에서 질서로의 운동 둘 다에 관련된다. 열린계를, 미시적 힘들이 개연성으로서 존재론적으로 정의되는 준안정성의 비선형적이고 비결정적인 관계들로 이해해 보자. 그렇다면 정보의 엔트로피의 역엔트로피적 감소는 정보를 감소하는 것으로 (또는 미시적 힘들의 개연성을 증가하는 것으로), 그리고 그와 동시에 복잡성 또는 난류의 증가, 즉 질서의 무질서화가 나타나서 정보(또는 어떤 특정한 미시적 힘의 비개연성)를 증가하는 것으로 이해될 수 있다. 이것이 일리야 프리고진과 이자벨 스땅게스가 전혀 평형적이지 않은^{far-from-equilibrium} 조건에서 우연히 창발하는 소산구조^{dissipative structures}를 이론화하면서 파악한 것인데, 엔트로피의 소산은 그 자체가 소산 구조의 우연적 창발에서 소산되거나 일시적으로 역전된다(1984). 여기서 접촉 내지 접속 가능성으로서의 정보는 단지 정보의 수학 이론이 제시하듯 모든 다른 가능성을 배제함으로써 일어나는 실재의 문제만이 아니다. 전혀 평형적이 아닌 조건에서 준안정성과 관련하여 정보를 이론화하는 것은 잠재적인 창발을 고려하는 것으로, 이는 엔트로피의 지연, 또는 다양한 규모의 물질에 걸쳐 다양한 차원, 속도, 또는 시간성을 작동시키면서 일어나는 역엔트로피적 소산의 소산이다.

프리고진과 스땅게스에 의지하면서, 패리지는 난류가 이제 "모든 에너지 힘들의 배치를 구성하는 전前개체적인 다양성과 개체화된 다양성들 사이의 비대칭적 관계"가 강화되는 생물리학적 세계에서 규범이 되었다고 주장한다(2004, 158~59). 이 난류에서 질서와 무질서가 창발하고, 난류는 정보의 바이러스적 확장이나 박테리아적 재조합의 가능성을 가진 생체매개된 몸에서 포획된다. 생체매개된 몸은 "정보의 비아날로그적 양식들의 공생적 배치가 바이러스, 인간, 동물, 컴퓨터 등 모든 종류의 커뮤니케이션 사이에서 정보의 전달 라인, 즉 자극과 수용을 다각화한다(134).

포스트생물학적 문턱에서 경험적인 것과 잠재적인 것의 관계 변화는, (가장 최근에는 분자 수준에서 작동하는 바이오디지털 성의 기계를 포함하여) "모든 번식기계의 자본에의 실질적 포섭"이라고 패리지가 언급했던 것으로 향한다(2004, 127~40). 그래서 자본은 생명 내부에서 축적되기 시작한다. '생명 자체'가 에너지 비용과 번식 내지는 교체 사이의 등가를 협상하는 일종의 새로운 단위라고 할 수 있는 추상화─포스트생물학적 진화를 방해하진 않을지라도 관리하고 유발하게 되어 있는 생명의 추상화─를 말하기 때문이다. 그와 동시에 자본 자체의 역학은 외부적인 적합도의 기준보다는 내재적인 관리에 의해 다스릴 수 있는 것이 된다.

생체매개된 몸의 정치경제학

1990년대 초반과 중반에 정동적 전회가 문화비평과 비평이론에서 요청될 때, ㄱ ㅇ청은 한층 심해진 금융화의 빠른 자본주의와 관계가 있었다. 자본은 광속을 가능하게 한 혁신적 테크놀로지와 함께 세계 도처에서 가속화하였고, 동시에 이데올로기적 제도들 ─ 초국가주의의 압력하에서 국가의 이데올로기적 제도들과, 상품시장과 미디어 테크놀로지의 전지구적 팽창의 압력하에서 민간 부문과 공공 부문에서의 이데올로기적 제도들 ─ 을 변화시켰다. 문화비평과 비평이론에서는 경계문화, 하이픈 붙은 정체성hyphenated identities 22, 퀴어 주체성들에 대한 찬양이 있었지만, 1990년대 후반이 되자 이는 멜랑콜리에 대한 세밀한 작업과, 트라우마에 대한 집중과, 기억하기와 망각하기를 몸으로 옮기는 기억에 대한 우려로 바뀌었다. 이러한 맥락에서 정동적 전회는, 이브 코소프스키 세즈윅이 지적하듯, 문화비평을 해체주의적 접근법의 "강성 편집증적" 이론화에서 벗어나게 하면서 트라우마의 효과를 역전시킬 수 있었다(2003, 1995). 그렇게 할 수 있는 이유는 정동이, 정신분석학에서 이론화되는 충동보다 "자유로우며" 따라서 정동은 훨씬 변하기 쉽기 때문이다.

---

22. [옮긴이] 하이픈 붙은 정체성이란 아프리카계 미국인(Afro-American), 아랍계 미국인(Arab-American)처럼 이중적인 정체성이나 혼종적 정체성을 말한다.

이러한 설명에서 정동적인 전회가 몸과 관련하여 운동, 창발, 잠재력을 특권시하는 것은 주체로, 곧 정서의 주체로 회귀하는 경우가 종종 있었으니, 이는 자유의 과잉이 세계화라고 불리는 것과 제휴했기 때문이었다. 세계화는 자본 축적의 포드-케인즈 체제의 붕괴에 따라 일어났는데, 그 부정적인 면이 문화비평과 비평이론에서 멜랑콜리와 트라우마에 대한 집중으로 어둡게 나타났지만, 그 붕괴는 일말의 가능성을 제공하리라 생각되었다. 그러나 정동으로 돌아선 비평이론가들과 문화비평가들 가운데는, 포드-케인즈 체제가, "유연한 축적"(1989)이라고 데이비드 하비가 부른 것을 동반한 난류와 복잡계로 전환한 것이, 형식적 포섭에서 실질적 포섭으로 이동했음을 말해 주는 표시라는 점을 인식한 이들도 있었다. 이 전환은 정동적 전회에 대한 정치적, 경제적, 문화적 타당성을 제공하였다.

과잉축적에 대한 규제로서 포드-케인즈 체제는 노동자들의 재생산을, 팽창하는 상품 시장의 교환 관계로 끌어당기는 '형식적 포섭'을 감독해 왔다. 이는 노동자들의 사회화를 겨냥한 시민 사회의 국가장치의 발전을 동반했으며, 아울러 대량생산 상품의 대량소비를 쉽게 하는 데 있어서 대중매체의 팽창을 가져왔다. 자본에 포섭되어, 노동자들의 재생산은 그 자체가 생산력이 되었고, 테크놀로지가 모든 양상의 재생산과 커뮤니케이션을 전유하게끔 자극하였으며, 정보 테크놀로지의 발전과 함께 대중매체의 범위를 넓혔고, 서비스 경제를 확대했다.

형식적 포섭은 과잉축적 문제에 대한 답으로서 의도되었지만, 그것 역시 과잉축적을 유발했다. 이는 노동자들이 상품과 서비스의 시장 교환을 통하여 그들 자신과 가족을 재생산하는 비용을 맞추기 위해 고임금을 요구한 것에 따른 임금 상승 때문이었다. 그러나 그들은 또한 삶의 질의 차원에서 더 많은 것을 요구했고, 이는 정체성과 인정의 사회운동에서 확산된 실망감으로 표현되었다. 1970년대 초에 노동과 삶의 관계가 재조정될 때, 임금은 정치적 요구의 문제가 되었으며, 잉여가치의 생산과 노동자의 잉여생산을 분리해 버렸다. 한편으로는 1973년 오일쇼크 때 기본적인 에너지 자원을 조작함으로써 가격과 임금을 안정화하려는 시도가 있었다. 다른 한편으로는 미디어의 기능 자체를 바꿔 버리려는 테크놀로지 발전의 추진이 있었다. 상품 판매에서부터 정동 조작으로의 관심 이동이 있었고, 서비스 경제의 확장과, 서비스 기능을 테크놀로지적으로 자동화하는 바람이 불었다(카펜치스 1992)

사회적 재생산은 시간의 문제, 즉 TV 시청이나 테라피 받기 또는 헬스장에서 운동하기와 같은 예에서 드러나듯, 소비자에 의해 소비되는 이미지에서 구체화되는, 자본이 투자한 시간의 문제가 되었다(디인스트 1994). 사회화하고 이데올로기적인 메커니즘으로서의 미디어의 기능보다 중요한 것은 실시간에서 지속적으로 정동적 반응을 조정하고 변화하고 강화하는 것이며, 여기에서 신체적 정동은 가치를 창출하는 광맥이 되었다. 미디어가 정동을 주관적인 내용 이전의 비개인적인 흐름으로 만들기 때문에 시간의 사회화가 이루어진다고 마수미는 주장한다(1998, 61).

이러한 맥락에서, 정동에서 정서로의 회로가, 이미 만족한 욕망, 이미 충족된 요구를 흉내 내도록 의도된 이미지들의 순환에 첨부되며, 자본은 정동에서, 즉 소비자의 자신감, 정치적 두려움 등에서 가치를 뽑아낸다. 그리하여 상품화와 노동의 차이, 생산과 재생산의 차이는 정동을 순환시키는 능력의 변이 속에서 붕괴된다. 이 모든 것이 오로지 제1세계 경제에만 해당하는 것처럼 보일지라도, 사실상 형식적 포섭은 지구 곳곳에 뻗쳐 나갔다. 미디어와 디지털 테크놀로지 덕분에 자본주의 생산의 아웃소싱은 1970년대 초반부터 전 세계 지역으로 확장되었고, 이때 세계화의 바람을 타고 제1세계 외의 다른 지역에서도 금융화가 시작되었으며, 국가들은 지역의 차이는 물론 있겠지만, 전 세계적인 자본주의 경제로 내몰려졌다.[23]

이러한 전 지구적 상황에서 정동과 자본의 결합은 단지 서비스 경제에서 증가하는 정동 노동에의 요구나, 미디어가 정동에서 정서로 회로를 조정하는 것만을 의미하지는 않는다. 사실상 자본 축적이 정동의 영역으로 이동하면서, 전前개체적인 정동의 능력이, 형식적 포섭에서 '생명 자체'가 자본에 포섭되는 실질적 포섭으로의 이행에 핵심이 되었다. 정동 노동의 확대와 미디어의 정동에서 정서로의 회로 조정으로 나타나건, 장기매매의 국제적 교환으로 나타나건, 경제 회로에의 진입을 통제하기 위해 인권 의정서와 같이 삶을 지키는 규범적 절차 고수의 요구로 나타나건 간에(스리프트 2005, 버태넌 2004, 초우 2002, 네그리 1999b 참조), 정동 영역에서의 자본 축적은 보다 깊은 차원에서, 인간 몸과 '생명 자체'의 정보적 기저 층의 측면에서 에너지를 측정하고자 한다. 그리하여 하나의 생명 형태를 다른 생명 형태와 견주어, 하나의 활력을 다른 활력에 견주어 가치를 측정할 수 있는 등가물을 발견하고자 한다. 정보가 단위를 제공하는 가운데, 정동 영역에서의 자본 축적은 정보의 축적과 정보에의 투자라고 할 수 있다. 이때 정보는 물질에 내재한 원동력이며, 자기조직, 창발적 변이, 창조하는 물질의 능력이다. 이처럼 형식적 포섭에서 실질적 포섭으로 이행하는 가운데, 자본주의의 경향들은 기술-존재론적 포스트생물학적 문턱 쪽으로 나아간다.

---

23. 나는 여기서 데이비드 하비의 "박탈에 의한 축적" 논의(2003)를 차용해 와서 나만의 의견을 덧붙였다.

생명정치적 인종주의와 생체매개된 몸

정동 영역에서의 자본 축적은 현존하는 권력들이 부상하는(단계적으로 이행하는) 순간에 그 권력들의 흡수가 있음을 의미한다. 그렇다면 이 흡수는 또한 생명정치적 통치에 봉사한다고 마수미는 주장하는데, 현존하는 권력들이 규범적인 궤도들을 결정하는 분류 도식으로 이행하여 그 궤도 주위로 협상과 지지를 위한 절차상의 조건들이 세워지기 때문이다(1998, 57). 생명정치적 통제는 행동을 통해 내면화된 사회 규범을 표현하는 주체들의 생산이 아니다. 오히려 생명정치적 통제는 "분류하고 규제하는 메커니즘들이 사회적으로 인식되는 존재의 모든 상태에서 정교화되면서 신속한 팽창을 겪는" '규범적인' 것의 결과이자 원인이다. " '정상'은 이제 독립 변수가 되었으며, 극단적인 경우를 제외하고는 규율적인 권력하에 있기 때문에, 더 이상 '비정상'·'일탈'·'기능장애'의 반대 뜻을 가진 필수적인 보충어가 아니다"(57). 마수미에게 통제는 규율의 주체를 정동적 포획의 포괄적인 형상들로 전환시켰는데, "그 형상들은 끌어당기는 중력을 가지고 있어서 그 주위로 정동과 사고의 경쟁하는 궤도들이 조직된다"(54). 이 형상들은 개별individual 주체가 아니라 들뢰즈가 "분할체"dividuals라고 불렸던 것(1995, 180), 즉 신체가 지금 그리고 미래에 할 수 있는 것을 가리키는 신체적 능력들의 개요표로서 표면에 떠오른 개체군 안에서 통계적으로 구성된 것이다. 몸의 정동적 능력은 위험 인자처럼 보이게 통계적으로 만들어져, 주체 없이, 심지어 개별적인 주체의 몸 없이도 파악될 수 있고, 인구의 생명을 안전하게 한다는 측면에서, 서로 경합하는 통제와 정치명령의 관료주의적 절차들을 생산한다.

통제와 정치명령을, 통계적으로 생산된 인구의 위험 인자와 연결하는 것이 미셸 푸코가 생명정치라고 불렀던 권력의 형태이다. 규율과는 달리 생명정치는 권력의 장악력을 개별적 주체에서 '생명 자체'로 전환한다. 푸코가 말했듯이, "그래서 권력이 개별화하는 양식으로 몸을 첫 번째로 장악한 후에 두 번째 장악이 있는데, 이번에는 개별화하는 것이 아니라 집단화하는 massifying 것으로, '몸으로서의 인간'이 아니라 '종으로서의 인간'을 겨냥한 것으로 이루어진다"(2003, 243). 그러나 생명정치는 개인에게 완전히 관심이 없지는 않다. 생명정치는 집단화하면서 개별화한다. 색커는 생명정치와 바이오미디어를 연결하면서, "생명정치는 개인과 집단, 그리고 집단 안의 집단(빈자, 실업자, 이주 거주자, 만성병자) 등 인구의 '각각의 그리고 모든' 요소를 고려한다"고 주장한다(색커 2005b, 25). 그러나 이러한 점진적인 접근법에서 "인구가 영토, 경제적 계층, 민족, 성별, 사회적 요소들에 의해 다양한 맥락에서 존재한다 하더라도, 그 인구에 독특한 생물학적 활동의 흐름을 분석하는 틀 내에서" 다양한 것이다(25). 그렇다면 생체매개된 몸의 생명정치를 하나의 정치경제로 만드는 것은 생물학 또는 '생명 자체'에 잠입하여 들어가는 것인데, 이는 다양한 인구를 분류하여, 생명을 위한 그들의 능력, 또는 더욱 정확하게 말해서 생명을 자본에 제공할 수 있는 능력의 가치를 측정함으로써 이루어진다. 푸코는 이러한 인구의 정렬화된 배치deployment를 인종주의라고 기술했다(음벰베 2003 참조).

푸코에게 인종주의는 생명정치의 맥락에서 죽일 수 있는 통치권자의 권리 같은 것의 복원을 허용한다. 그가 말했듯, "정상화의 권력이 죽일 수 있는 옛 통치권의 권리를 행사하고 싶다면 그것은 인종주의가 되어야 한다"(2003, 256). 20세기 초반의 사건들에 관해 이야기하고 19세기의 식민주의를 상기하는 순간에도, 푸코는 동시대의 생명정치에서 실행되고 있는 인종주의에 관해 중요한 언급을 놓치지 않는다. 그는 주장하기를, 그것[생명정치의 인종주의]은 "인종 간의 상호 경멸 내지 증오의 형태를 띠거나, 국가나 계급이 그들로 향한 적대감이나 사회를 괴롭히는 적의를 가공의 적으로 돌리는 이데올로기 운용의 종류"인 인종주의와는 "상당히 거리가 있다"(258). 문제가 되는 인종주의는 조잡한 진화주의 같은 것을 전개하는데, 어떤 인구집단의 건강한 삶이 자연의 퇴보나 건강하지 않은 자라고 낙인찍힌 타인들의 죽음을 필요로 하는 것을 묵인한다. 물론 인종들 사이의 상호 증오나, 증오와 공포를 한 인구집단에 투사하여 가공의 적으로 만드는 것이 인구집단 평가를 하는 데 도움을 주어서, 어떤 자들은 삶으로, 또 어떤 자들은 죽음으로 낙인찍을 수도 있다(아메드 2004b 참조).

이 인종주의가 생체매개된 몸의 정치경제에 중심적 역할을 한다면, 이는 인종주의가 추가적인 데이터 신체들을 구성하면서 인구집단들 내부와 사이에서 분화가 만들어지는 순간마다 전개되기 때문이다. 유기체로서의 몸과 피부 형태론에 연결된 인종주의와는 대조적으로, 푸코가 주목하는 인종주의는 생체매개된 몸에 차이들을 부여하며, 이에 생체매개된 몸은 인종주의에게 정보적 존재를 준다. 유기체로서의 몸의 가시성이 여전히 일정한 역할을 한다 하더라도, 생체매개된 몸은 인종의 낙인이 찍힌 몸이 정보로서 파악되도록 해 준다. 여기에 현재 인종 집단에 진행되고 있는 감시와 안보의 테크놀로지가 몸의 정동을 정보로서 감시하고 있으며, 그 범위는 DNA 테스트에서 두뇌 지문, 신경 영상, 체열 감지, 홍채 또는 손 인식 등에 이르며, 이 모든 것이 "총체/테러리즘 정보 인식 테크놀로지"로서 확산되고 있다.[24] 생체매개된 몸의 생명정치적 인종주의는 인구의 "취약한 생명 활동들"의 측면에서 인구에 관여하고 있는데, 인구는 단지 병, 삶, 죽음에 취약할 뿐 아니라, 국가적이며 국제적인 규제 정책, 군사 연구 프로그램, 그리고 위협 수준에 관련된 일련의 사회불안에도 취약하다(색커 2005b, 228).

결론

포스트생물학적 문턱에서 인종주의의 파괴적인 잠재력을 지적하면서도, 문턱이 미결정이라는 점을 기억하는 것은 중요하다. 그것은 그 점을 넘어서면 원인으로 되돌릴 수 없는 변화가 일어나는 극한점이다. 생체매개된 몸의 정치경제를 연구하는 일은 생체매개된 몸이나 그것의 잠재력의 원인으로서 정치경제를 결정하려고 하는 것은 아니다. 그것은 오히려 이러한 문턱에 도달하는 가능성의 조건들을 역逆조성하는 분석을 제안하기 위함이다. 이는 정치경제에 대한 생각을 사후적 분석에서 벗어나 무엇을 해야 하는지에 대한 전략으로 향하게 도와줄 것이다. 자본이 정동 영역에서 축적하기로 바뀌었고, 이러한 축적을 실현하기 위한 경제를 생산하기 위해 인종주의를 전개하고 있는 상황에서, 정동적 전회에서 기대되는 정치적 이익 ─ 개방성, 창발, 창조성 ─ 이 이미 자본주의적 포획의 대상이 되었지만, 문턱에서 잠재성을 기억하는 것은 중요하다. 그 너머에는 언제나 무언가 다른 것, 예기치 못한 새로운 것을 위한 기회가 있다.

---

24. 나는 여기서 재스비르 푸아의 책 『테러리스트 배치:퀴어 시대의 동일국가주의』(2007)의 논의에 의지하고 있다.

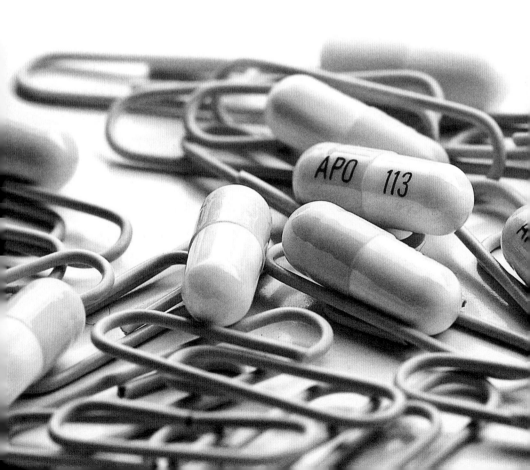

형언할 수 없는 것 엿먹이기

정동과 육체의 관리, 그리고 정신건강서비스 이용자

스티븐 브라운·이안 터커

> 인간의 심리적 고통의 원인과 치료에 대해 공론화하고자 하는 심리학자로서, 우리는
> 형언할 수 있는 것에 집중해야 한다. 설사 표현될 수 있는 것들이 절대 전부 이야기해
> 주지 않는다 해도.
> ─ 데이비드 존 스메일, 「말로 표현할 수 없는 것을 무시할 수 없음에 대해」 ─

 릭은 한 달에 한 번 있는 정신과 상담 중이다.[1] 정신과 의사는 서류로
뒤덮인 책상 가까이에 앉아 있다. 그녀는 이전에 외부 기관의 분석을 의뢰
했던 릭의 혈액 검사 결과가 담긴 서류 한 장을 유심히 보고 있다. 릭은 몇
년 전 공식적으로 정신분열증 진단받은 후 현재까지 광범위한 정신과 약
을 처방받아 복용하는 중이다. 오늘 상담은 이 중 하나인 클로자릴(클로
자핀의 상품명. 처방이 흔하지 않은 정신과 약)에 관한 것이다. 릭은 이전
번 상담에서, 클로자릴 복용량을 400밀리그램에서 300밀리그램으로 줄
이고 싶다고 주장하여 허락을 받았다. 그는 이제 클로자릴을 한 알도 먹

---

1. 이 글에 사용된 발췌문은 영국 이스트 미들랜드 지역의 여러 복지센터의 정신건강서비스 이
 용자들과의 인터뷰를 포함한 광범위한 프로젝트에서 가져왔다. (터커의 2006년 저서를 보라.)

고 싶지 않다고 말한다. 이는 클로자핀을 복용하는 사람들이 흔히 이야기하는 수많은 불쾌한 부작용들을 생각하면 놀라운 일은 아니다. 의사는 동의하지 않는다. 의사가 반대하는 것은, 부분적으로는 원칙에 관한 일이다. 어떤 식으로든 약을 줄이는 것은 원칙을 '엄수'하는 것에서 한 걸음 멀어지는 것이다. 이 원칙이란 곧, 최적의 의료 투약 계획을 유지하는 것이다. 원칙을 엄수하는 데 실패하면, 가시적인 정신병적 증상과 비정상적인 행동이 다시 시작될 위험이 있다. 그렇게 가다 보면 정말 릭에게 입원 치료 명령이 내려질 가능성도 생기게 된다(이 말은 즉, 릭의 의지에 반해 그를 합법적으로 정신병동에 감금시킨다는 것이다). 의사는 검사 결과를 면밀히 검토한다. 그녀는 릭이 불편함을 호소하는 것을 듣는다. 이 문제가 의사의 의견에만 달려 있다면 복용량을 바꾸는 데 아무런 문제가 없을 것이다. 그러나 불행하게도, 검사 결과에 따르면 릭의 혈액 샘플에 있는 클로자핀 기능의 강도에 문제가 있다. 릭의 혈액 속에 일정한 수준의 약물이 있어야 하기 때문에, 이 시점에서 클로자릴의 복용량을 줄이면 불행한 결과를 불러올 수 있다. 조금이라도 약을 줄이면 릭을 '위험 수준'으로 끌어내릴 수 있고, 그렇게 되면 전체 치료 계획을 망치게 될 수도 있는 것이다. 의사는 자신에게 달리 선택의 권한이 없다고 말한다. 릭은 300밀리그램 복용을 유지해야만 한다.

이 장면을 우리는 어떻게 해석할 수 있는가? 현대 사회과학은 우리가 릭의 경험을 이해하는 데 어떤 도움을 줄 수 있는가? 어떤 면에서는 이것이 단순한 문제라고 볼 수도 있다. 우리는 의료 권력이 정신과 의사의 모습으로 행사되는 것과, 이것이 릭에게 미치는 억압적인 결과를 보고 있다. 여기서 그의 법적인 권리와 도덕적인 권리는 정신분열증 진단으로 무효가 된다.

그 결과, 릭은 주류 사회에 완전히 참여하지 못하고 배제되고 소외되며, 궁극적으로는 정신과 의사의 처분에 대해 찬성하거나 반대할 자유를 빼앗기는 제재를 당하게 된다. 로널드 랭, 데이비드 쿠퍼, 프랑코 바살리아, 펠릭스 가타리, (그리고 특히) 미셸 푸코를 포함하는, 1950년대부터 지속된 풍성한 연구 흐름은 이러한 설명에 많은 근거를 제공한다. 공식적으로 말하면, 이러한 연구가 우리로 하여금 근대 국가 형성의 구성 요소로서의 '비정상성'이 만들어지는 방식을 분석할 수 있게 해 주었으며, 불행히도 의료 서비스의 대상이 된 상당수의 사람에게는 '내적 배제'의 형식을 만들어 주었다.

그러면 위의 사례 같은 경우에 대해서 설명할 게 그다지 남지 않는다. 릭과 같은 정신건강서비스 이용자들은 정신의학적 지식이 동원되고 끊임없이 재구성되는, 계속 분화하는 권력관계의 그물망 안에 갇혀 있다. 우리는 이러한 관계의 특수성을 릭의 사례에서 볼 수 있다. (그리고 여기서 정신과 의사가 릭과 관련된 결정의 최종 심판자가 검사 결과인 것처럼 언급하면서, 자신이 활용하는 권위의 자리를 바꾸면서도 여전히 권력을 행사하는 방식은 매우 흥미롭다.)[2] 겉으로 보기에는 정신의학에 대한 비판 담론을 뒷받침하는 신新푸코적 논리의 전반적인 요지를 능가하기 위해 우리가 할 수 있는 것은 거의 없는 것 같다.

이 글에서 우리의 목적은 정신건강서비스 이용자라는 위치로는 완전히 설명되지 않는 릭의 경험의 광범위한 측면들과 주체화 사이의 간극에 대해 분석하는 것이다. 정신건강에 대한 비판적 연구에서, 학술 연구자들(예를 들면 벤탈의 2009년작)과 정신건강서비스 이용자 운동에 참여한 사

---

2. 이러한 관점에 대한 전체적인 분석을 위해서는 터커의 2006년 저서 6장을 보라.

람들(예를 들어 뉴스, 홈스, 던의 1999년작)은 모두 정신의학적 사례와 기타 일반 건강서비스 사용에서도, 이러한 경험이 체계적으로 무시되고 있음을 강조했다. 이 글에서 풍부히 예증하고 있는, 공식적으로 정신질환 진단을 받은 삶의 잔혹한 방치에 대한 강력한 이야기들은 추가적인 이론을 필요로 하지는 않는 것 같다. 이렇게 하면 사회과학이 제공하는 권력관계와 지식 실천, 그리고 주체화에 대한 하향식 분석과, 이 글에서 볼 수 있는 서비스 이용자들의 일상에 대한 상향식 설명 사이에 연결이 끊기게 된다. 양측 모두 정신의학적 환원주의에 대해 비판하고 싶어 한다는 점에서는 같지만, 사용하는 용어에서는 교차점을 찾기 힘들다. (이에 대한 초기 논쟁에 관해서는 세즈윅의 1982년 작을 보라.)

여기서 딜레마는, 일상적인 약물치료의 고통과 고역을 겪고 있는 서비스 이용자와, 혈액 검사·복용량·진단을 통제하지만 의료 서비스 제공의 도덕적·윤리적 모순 때문에 고심하기도 하는 정신과 의사 사이의 생생하고 체현된 만남을 묘사할 수단을 찾는 것이다. 또 이러한 모색은 그들 만남의 필수 조건으로 작용하는 복잡한 장치dispositif(건강보험 시스템, 법적 한계, 제약 산업, 가족과 보호자의 촘촘한 망)를 포착하는 것을 놓치지 않으면서 행해져야 한다. 이 두 가지를 모두 놓치지 않기 위해서는 끊임없는 게슈탈트적 전환, 즉 전경과 배경, 경험과 장치 사이를 오가는 전환이 필요할 것이다.

사회과학적 시각에서, 우리는 이와 같은 개념적 난관을 푸코의 '섹슈얼리티'에 대한 후기 연구(1979, 1990a, 1990b)에서 유사하게 찾을 수 있다. 푸코가 『쾌락의 활용』 서문에서 서술했듯이, '섹슈얼리티'는 여기서 특히 중요한 의미를 가진다. 논의의 대상이 되는 것이 성적인 문제 그 자체라기보는 신체와 쾌락, 행위, 지식, 윤리를 둘러싼 일련의 문제 설정이기 때문이다

(1990a). 푸코에게는 섹슈얼리티에 대한 어떠한 역사적인 해석도 신체와 그 쾌락을 관심의 대상으로 삼는 장치들을 경유하지 않을 수 없다. 하지만 이는 쾌락의 위상에 대한 문제를 제기한다. 쾌락은 주어진 장치 바깥에서 어떤 실체를 가질 수 있는가? 좀 다르게 표현하자면, 쾌락의 생산성은 무엇인가? 쾌락이 무엇을 하길래, 그리고 무엇을 할 수 있길래 이렇게 관심의 대상이 되는 것인가?

들뢰즈는 중요한 짧은 글에서, 푸코가 "쾌락"을 가지고 한 활용의 문제를 다룬다. 그는 쾌락이 이미 장치의 결정에 따라 매개되고 굴절되는 것처럼 보인다고 썼다. "쾌락은 지층strata과 구조organization의 편에 있는 것으로 보인다"(들뢰즈 2006, 131). 쾌락을 추구하는 것은 자신의 욕망을 어떻게 소유하고 싶은지를 이미 사전에 알고 있는 것과 같다. 그러면 "쾌락이라는 관념"은 "욕망의 긍정성과, 욕망의 내재성의 장의 구성을 방해하는"(131) 전략적 요소가 된다. 그러므로 들뢰즈에게 욕망은 (욕망을 결핍의 굴절로 보는 라깡의 관점에 대해 푸코가 가지는 우려에 동의하기는 하지만) 장치의 일부가 되어 그 안에서 배치되는 것에 대한 용어가 되어야 한다. 욕망에 대한 들뢰즈의 스피노자식 관점은 그러한 부정성을 의미하지 않는다.[3] "나에게 욕망은 그러한 결핍을 포함하지 않는다. 또 욕망은 자연적으로 주어진 소여所與도 아니다. 욕망은 전적으로, 적극적으로 기능하는 이질적인 것들의 집합체의 한 부분이다. 그것은 구조나 기원이 아니라 과정이다. 그것은 감정이 아니라 정동이다. 그것은 이것임haecceity, 즉 어느 하루, 어느 계절, 어

---

3. 이는 스피노자의 개념인 코나투스(conatus), 또는 "존재 안에 지속되고자 애씀"에서 유래한다. 욕망이 가타리와의 공저인 『안티 오이디푸스』에서 하나의 개념으로서 광범위하게 탐구되기는 하지만, 들뢰즈가 스피노자에 대해 쓴 두 편의 긴 글이 코나투스와의 관계에 대해 가장 분명한 설명을 제공한다(Deleuze 1998a, 1992).

느 삶의 개별적인 독특성이다. 주체성과는 대조적으로, 그것은 하나의 사물이나 사람이 아니라 사건이다. 무엇보다도, 그것은 내재성의 장의 구성, 또는 기관 없는 신체body-without-organs를 의미하는데, 강도들과 문턱들, 정도들, 흐름들의 구역에 의해서만 정의된다"(들뢰즈 2006, 130).

욕망을 쾌락과 대조하면서,[4] 들뢰즈는 욕망이 자연적일 수 없다는 것을 강조한다. 그것은 "전적으로" 장치의 "일부"이다. 즉 "작동하는 이질적인 것들의 배치"이다. 그러나 이 말은 곧 욕망이 주체화된다거나 그 반대로 어떤 위치에 고정된다는 의미는 아니다. 왜냐하면, 욕망은 하나의 과정으로서 장치의 잠재적인 면에 참여하는데, 이 장치는 합리적이고 의식적인 이해보다는 "강도의 구역에 의해 규정"되기 때문이다. 욕망에는 아직 완성되지 않은 (그리고 시작되지 않은) 특성이 있어서, 말로 표현될 수 없는 독특성으로서 주체화의 바깥으로 새어 나온다.

들뢰즈가 욕망을 '정동'이라고 묘사함으로써, 서비스 이용자들의 주체화와, 그들이 경험하지만 정신의학적 진단에는 완전히 포함되지 않는 '불쾌감'을 연결하여 함께 다룰 수 있게 되었다. 우리가 밝히고자 하는 것은 (어느 정도는 의식의 경계 바깥에 있는 특정 경험인) 불쾌감이 정신의학적 주체화의 정식 절차와 뒤얽히게 되는 방식이다. 이 글에서 우리가 주장하는 것은, 정동이라는 용어가 그 말이 가질 수밖에 없는 다의적인 모호함에도 불구하고, 휴머니즘의 옷을 벗은 '경험'과 연관 지을 방법을 제공한다는 것이다. 그것은 우리로 하여금 경험은 단일하지 않으며 (앙리 베르그손의 말

---

4. [옮긴이] 들뢰즈가 보는 욕망과 쾌락의 관계는 거칠게 말하면 탈영토화와 재영토화의 관계와도 같다. '기관 없는 몸'과 '생체 권력'의 관계도 그러하다. 권력이 '기관 없는 몸'에 작용하여 몸의 조직화를 만드는 것이 '생체 권력'이다.

처럼) 교차하는 차원들의 다수성multiplicity이라고 주장할 수 있도록 해 준 다(1988). 이러한 차원들 중 일부는 권력관계의 측면에서 정확히 설명될 수 있지만, 그렇지 않은 차원들도 있다. 확실히, 어떤 사건에서든지 잠재적으로 문제가 되는 차원들이 있다는 사실만으로 종합적인 설명이라는 분석의 꿈 자체가 치명적인 결함을 가지게 된다. 휴머니즘이 주체가 세계와 질적으로 다르고 외연적으로 세계에서 떨어져 있다는 (즉, 그 자체의 내적 생명과 깊이를 부여받았다는) 이유로, 주체를 '국가 안의 국가'imperium in imperio로 보았다면, 정동에 관심을 기울임으로써 우리는 다음과 같이 주장할 수 있을 것이다. 사람은 다른 피조물 및 사물들과 교차하는 경험의 평면들의 수와 복잡성에서 양적으로만 다르며, 강도에서는 인간의 신체가 지탱할 수 있는 특정한 연결성과 연관성을 통해서 다르다. 베르그손에 의하면, "기타 이미지들의 경우처럼 단지 그 바깥의 외피만을 아는 것이 아니라, 우리가 정동적이라고 부르는 감각작용으로 신체를 안으로부터 아는" 한에서만 우리 인간의 신체는 다른 몸들과 다르다(1998, 61).

이어지는 글에서 우리는 먼저 '정동적 전회'가 사회과학에서 취한 다양한 실마리와 들뢰즈적인 요소와의 관련을 살펴볼 것이다. 그리고 피터 홀워드가 최근의 저작에서 제안하듯이, 우리는 들뢰즈의 논의에서의 잠재적인 것과 현실적인 것의 구분, 그리고 그 구분이 경험의 구체적 조건을 증발시키기보다는 해명할 수 있다는 능력에 대해 의문을 제기할 것이다. 그러고 나서 정신건강서비스 이용자들에 대한 연구에서 가져온 사례들을 가지고, 들뢰즈와 미셸 세르에게서 동등하게 끌어온 '육체의 관리'somatic management 라는 개념이 어떻게 그 밑에 있는 권력관계에 대한 분석을 훼손시키지 않으면서 경험을 중심적인 것으로 만들 수 있게 해 주는지를 밝힐 것이다.

사회과학의 언어적 전회에서 정동적 전회로

철학에서의 언어적 전회linguistic turn가 왜 사회과학 전반을 그토록 깊숙이 장악하게 되었는지에 대해 그동안 많은 논쟁이 있었다. 일반적으로 합의된 사항은 담론적이고 기호적인 실천에 대한 분석으로 전회한 것이, 사회과학적 사유의 이분법들(개인/사회, 신체/정신, 문화/자연)을 각각 특수한 역사와 쓰임새를 가진 언어적 자원으로 취급함으로써 피해 갈 수 있다는 환상을 만들어 내는 데 일조했다는 점이다. 존 로(1994)가 말하듯, 그 결과는 '이분법들의 화장火葬'이었다. 우리의 연구 분야(사회심리학)에서, 언어적 전회의 옹호는 정신(그리고 사회)에 대한 신新인공두뇌학적 모델의 환원주의적 요소를 반박하는 데 있어서 중요한 거점이었다. 이러한 모델은 주체성의 역사적, 문화적 조건을 망각한 듯 협소한 실험주의의 급진적 프로그램을 동반하며 1970년대 후반을 풍미했다(커트 1994, 포터 1996 참조).

언어적 전회는 세계 안의 인간을 맥락 의존적인 관계들의 복수성의 일부이자 그것을 통해 생산된 것으로서 '사유'하려는, 만족을 모르는 비평적 사고의 물결의 선구자였다. 그러나 역설적이게도 이런 노력은 '담론'을, 사회과학 사상에 핵심적인 바로 그 관계들이 녹아서 사라지는 일종의 다용도 용액으로 만들어 버렸다. 예를 들어, 사회심리학과 사회학, 과학 연구에 비트겐슈타인의 후기 연구가 수용됨으로써 사회과학은 철학적 인류학의 한 형태라는 생각이 등장하게 되었다(이에 대해서는 블로어의 1983년 저서, 또는 하레의 1991년 저서를 보라). 부분적으로 의미가 있는 실천들은 그 특수성 내에서는 분석될 수 있겠지만, 어떤 설득력 있는 방법으로 열거되거나 한데 모일 수 없었다. 이런 '조각보 깁기 식'patchwork 접근법은 구조주의적 사회과학의 보편화하는 경향에 대해 필요한 수정을 가하는 역할을 하는 한편, 사회 현상의 연구는 근본적인 특수성이 있어서 다른 인식론적 시도와는 전적으로 분리되어 탐구할 필요가 있다는 생각을 불러일으키기도 했다. 예를 들어, 대화 분석은 상호 작용의 각 장면을 상세히 연구하는 데 엄격한 방법을 적용하면서도, 그 미시 방법론적 연구를 사회과학 전반의 광범위한 논의에 연결시키는 것은 거부한다. 그 결과는 일련의 세밀한 '스냅사진' 또는 사회생활의 얼어붙은 순간들과 비슷하게 되었다.

우리는 이러한 사태가 브라이언 마수미가 문화연구에서 지적한 문제들(2002)과 유사하다는 것에 놀란다. 그는 '기호학적 패러다임'이 지배적이 되면서 일종의 지적인 교착 상태가 형성되었다고 지적한다. 마수미가 분석하듯이, 여기서 난관은 담론적 실천에 의해 제공된 주체의 입장들에 대한 분석이, 결국엔 원래 포착하려고 의도했던 바로 그 역동성을 없애 버린다는 것이다. 주체성을 기호의 장 안에서 다소 명백히 규정된 입장으로 이해하게 되면, 모든 흐름과 변신이 사라지게 된다. 신체 또한 '안으로부터' 이해된 어떤 것이라기보다는 담론이 새겨지는 표면으로 보이게 된다. "'입장성'positionality이라는 개념은 그림에서 운동을 제거함으로써 생긴다. 이것은 문화적으로 정지된 프레임 안에서 신체를 포착한다. 설명의 시작점은 정확히 고정된, 정지된 것의 영점zero-point이다. 어떤 것을 하나의 입장으로 위치시키는 것이 결정적인 첫 번째라면, 운동은 문제성이 있는 두 번째이다. 모든 것에 의미와 위치가 주어진 후에는, 운동을 어떻게 그림 안에 다시 넣을 것인가 라는 성가신 문제가 계속된다. 그러나 정지 상태에 운동을 부가하는 것은 영으로 숫자를 곱해서 양수를 얻는 일만큼이나 쉽지 않다"(마수미 2002, 7). 마수미의 이러한 주장은 19세기 말 앙리 베르그손이 한 주장의 최신 버전이다. 『물질과 기억』에서 베르그손이 관념론적 철학을 공격한 일은 유명하다. 관념론은 정신작용을, 지각하는 사람 주위의 공간 속에서 연장된 신체들의 특성을 인지적으로 세부화해서 재현하는 것이라고 간주한다. 베르그손은 이러한 '부가적인'additive 재현 모델이 잘못되었다고 논증한다. 왜냐하면, 이 모델은 세상보다 정신에 뭔가 '더' 있는 것처럼 믿게 하기 때문이다. 그보다는 정신이 연장된 신체들의 요소(또는 베르그손의 표현을 빌리면 '이미지')를 "감산"하거나 "추출"한다는 게 맞을 것이다. 감산된 subtracted 것은, 지각하는 사람과 지각된 것 사이에서 얻어질 수 있는 행동이나 관계들의 가능한 형태에 대한 예기豫期이다. "여기에는 플러스적인 것은 아무것도 없다. 이미지에 더해진 것도, 새로운 것도 없다. 대상들은 그들에 대한 살아 있는 존재의 잠재적 영향을 드러내 보이기 위해 실제 작용의 일부를 포기할 뿐이다. 그러므로 지각은 방해받은 굴절에서 비롯된 반사 현상과 유사하다. 마치 신기루 효과와 같다"(베르그손 1988, 37).

세상에는 특정 시간에 어떤 사람이 지각할 수 있는 것보다 '더 많은' 것들이 언제나 있다. 베르그손은 지각을 역동적이며 적응하는 과정으로 취급한다. 지각은 일종의 '탐조등'과 같은데, 이것은 움직이며 계속 변화하는 현실 속에서 발판으로 기능할 수 있는 가능한 관계들을 찾아냄으로써, "감지할 수 있는 현실"의 일부를 "깎고 다듬어 만들어야 하는" 우리의 지속적인 필요에 의해 관장된다(베르그손 1998, 18).

베르그손은 안정성 또는 명확성을 포괄적인 운동이나 변화에서 추출된 위치 지어진 관점으로 본다. 항들을 이렇게 매혹적으로 역전시켜 놓으면 이러한 역전이 주관적인 것을 적당한 크기로 축소하기 때문에 관념론과 실재론 사이로 깔끔하게 미끄러져 들어간다. 그러나 이는 우리가 '실재'를 전체적으로는 근본적으로 알 수 없는, 유동적이며 끊임없는 물질 운동으로 구성된 것으로 본다는 조건에서만 그렇다. 『창조적 진화』[5]에서 베르그손은 다음과 같은 주장을 논증하기 위해 이러한 논리를 적용한다. 그에 따르면, 진화를 명확하게 규정된 진화적 압력이나 적응력이 있는 돌연변이들을 중심으로 형성된 것으로 이해하는 것은, 유기적 생명체의 운동이나 변화를 파악 불가능하게 하는 '우성 메커니즘'superior mechanism에 이를 뿐이다. 마수미는 문화이론에서 베르그손의 이론을 부활시켜 이와 비슷한 성과를 일구어 낸다. 그는 기호적/언어적 전회가, 종국에는 정적인 용어로부터 운동과 변화의 실재를 재구성할 수 없는 우성 메커니즘의 한 종임을 밝혀낸다. 예를 들자면, 언어적 전회는 정신의학적 언어에서나 대항 담론에 존재하는 대안적 언어(예를 들자면 '환청')에서, 기호적 용어 선택의 고착성을 회피하는 릭의 경험을 잘 설명하지 못한다. 역동성을 되찾기 위해서는 지각하는 자와 지각되는 것 사이의 관계에 새롭게 초점을 맞추면서, 동시에 이러한 관계가 이전의, 어느 정도는 전前인격적이며 가장 확실하게는 전前개인적인 신체들과 관계들의 물질적 흐름에서 출현하여 상황과 시간 속에 위치 지워졌다는 것을 인식해야 한다(즉, 다시 말하면 개인성이라는 감각은 조건에서 나왔다기보다 신체들의 이러한 배치에서 나온다). 이 점에서 마수미는, 과학성의 아우라를 빌려주는 생산적인 메타포들의 저장고로서 복잡계 이론에 의지할 수 있었던 점에서 베르그손을 앞서는 현대적 이점을 가졌다고 하겠다.[6]

---

5. [한국어판] 앙리 베르그손, 『창조적 진화』, 황수영 옮김, 아카넷, 2005.
6. 이것은 베르그손이 현대의 과학에서의 발전을 모르고 있었다고 이야기하는 것이 아니다. 오히려 그 반대이다. 베르그손의 참여는 아인슈타인과의 유명한(또는 악명 높은) 논쟁에서처

'정동'이라는 용어가 마수미의 연구 활동에 가지는 중요성은 그가 베르그손의 철학을 활용하는 것과 직접 연결되어 있다. 예를 들어, 이러한 정의를 보라. "이 글에서 정동이라고 불리는 것은 정확히 이런 양면성을 가리키는데, 잠재적인 것이 현실적인 것에, 그리고 현실적인 것이 잠재적인 것에 동시적으로 참여하는 것, 즉 하나가 다른 하나로부터 일어나고, 거기로 돌아가는 것이다. 정동은 이처럼 현실적인 것의 측면에서 보이는, 그것의 지각과 인지 안에 웅크리고 있는 것으로서의 양면성이다(마수미 2002, 35). 여기서 마수미는 실재의 완료되지 않은 물질적 흐름과, 이러한 흐름의 구체적 실증(지각하는 자와 지각되는 것 사이에 주어진 관계와 관련하여 기대되는 행동과 지각) 사이의 차이를 지적하기 위해, 베르그손이 언급한 잠재적인 것과 현실적인 것의 구분을 빌려온다. 베르그손에게서와 마찬가지로, 이러한 구분과 관련하여 정말 놀라운 것은, 여기서 '실재적'인 것이 물질적인 흐름 그 자체의 (들뢰즈의 말을 빌리자면) '끊임없는 변형'이라는 믿음을 요구한다는 것이다. 이와 대조적으로, 일상적인 차원에서 '실재적'이라 함은 우리가 행할 수 있는 능력과 자동으로 연결되는 반면, 우리의 '현실적인' 주어진 지각은 온통 우리의 현재 욕구와 특정 관심사와 관련된 생활에 대한 저품질의 '스냅 사진들'과 같으며, 따라서 잠재적인 것의 이제 막 시작된, 끊임없이 미완인 본성과는 그 종류가 다르다.

정동은 여러 가지 면에서 이러한 '양면성'과 깔끔하게 연결된다. 정동은, 구체적인 상황에 기반한 현실적인 것의 관점에서 분석을 시작해야 한다고 제안한다. 현실적인 것이 물질적인 흐름 속에서 발판을 추출하기 때문

럼, 직접적이면서 논쟁적이었다(Durie 1999를 보라).

이다. 그리고는 이러한 발판이, 현실적인 것이 다른 신체를 가지고 이해할 수 있는 관계들과 상호의존적임을 상기시킨다. 약간 다르게 말하면, 행동하는 어떤 잠재력을 감안한 신체들 사이에는 관계의 물질적인 배열이 있다는 것이다. 그 말뜻 그대로 이러한 관계들은 열려 있고 미완이기에, 현실적인 것은 자신의 가능한 특성을 직접 재현하기보다는 오직 **부분적으로만** 감지하거나 느낄 수 있다. 그러므로 정동은, 현실적인 것이 세속의 활동에 참여하는 비^非인지적이거나 더 이성적인 또는 덜 이성적인 양상을 나타내므로 중요하다. 더욱이 정동은 정동이 참여하는 물질적인 흐름을 표현하고, 그 흐름을 더욱 복잡하도록 만들면서 구체적인 행동의 미결정적이고 사건적인 본성을 나타낸다.

이 모든 것의 결론은, 분석은 두 가지 정동적 운동, 즉 현실화^{actualization}의 감지된 '감산적'^{subtractive} 운동과, 잠재화^{virtualization}의 희미하게 느껴지는 '정교한'^{elaborate} 운동에 관여되어야 한다는 것이다.[7] 전자는 특정한 방식으로 행동하거나 행동의 영향을 받을 준비가 된 상태를 말하는 반면, 후자는 그러한 행동을 관계에 대한 새로운 가능성에 연루시킨다. 경험적인 측면에서 두 운동에 대한 연구는 매우 특별한 도전에 직면하게 된다. 만일 잠재적인 것과 현실적인 것 사이에서 정동적으로 매개된 관계가 부분적으로 비^非인지적이거나 더 이성적으로 또는 덜 이성적으로 경험되면, 사회과학 분석의 평면적 언어로 그러한 경험을 합리화하는 것은 요점을 놓치게 될 수 있다. 그러므로 마수미는 (공식적인 실험과 행위 예술 둘 다의 측면에서) '실험적인' 장소들 사이를 방랑하는 탁월한 절차를 개발하는데, 여

---

7. 베르그손은 후자의 운동을 "직관" 또는 "현실을 그 본질인 운동성 속에서 재포착하려는" 시도라고 부른다(1992, 32).

기에서는 위의 두 가지 운동[현실화와 잠재화] 중 하나가 실험적인 절차 속에서 일종의 방해나 붕괴를 통해 알려지게 된다. 마수미가 시도하는 것은 현상에 대해 심사숙고하며 설명하는 것이 아니라 그 방해와 붕괴 주위에, 정동적 운동을 해방시키는, 실제적이며 이론적인 실험대를 세우는 것이다. 그는 적절한 설명을 통해 이해를 구하기보다는 레이건 전前대통령의 영화배우 경력, 행위예술가 스텔락의 매달리기 퍼포먼스, 또는 카츠의 색깔 실험을 연관시킨다.

이제 마수미의 작품은 정동을 합리화에 대치시킨 첫 번째 사례가 아니다. 심리학에는 이러한 사상의 길고 풍부한 전통이 있으며, 여기에는 갈수록 유명해지고 있는 실번 톰킨스뿐 아니라 초기의 윌리엄 제임스와 월터 캐논의 철학적-실험적 추측에서부터 현대의 실험심리학에서의 정동적 경로의 복잡한 지도 그리기까지 포함된다(이에 대한 유용한 요약은 아이자드의 2007년 저서에서 볼 수 있다). 참으로 심리학 내의 일부 연구는 마수미가 추구했던, 신체와 정신의 "주체 없는"subject-less, 전前인격적인 배열에 대한 같은 종류의 탐험을 추구한다. 예를 들면, 브라운과 스테너는 '마주침'encounters이라는 언어를 추출하기 위해 스피노자에 대한 들뢰즈의 이해를 상세히 설명한다.

요약하면, 정동적 전회는 확실히 언어적 전회나 기호학적 전회에 빠져 꼼짝할 수 없었던, 사회과학의 형식들에게 사유의 길을 (다시) 연다. 패트리샤 클라프(2007)가 묘사하듯, 정동적 전회의 가장 중요한 측면은, 그것이 사회과학자 및 비평이론가로 하여금 어느 정도는 자신을 뛰어넘도록 요구한다는 것이다. 만일 정동이 사회적인 것과 기술적인 것과 함께 신체와 정신까지 같이 사유해야 할 필요성을 나타낸다면, 연구의 목적은 한없이 복잡해지며 하나의 학술 담론 안에 담기가 불가능해진다. 클라프에게는 이것은 "사회적인 것을 통제하고자 하는 우리의 노력을 뛰어넘고, 심지어는 사회적인 것의 사유를 정동적 전회 안에 가두어 두려는 우리의 노력을 뛰어넘는, 이미 변했고 현재 변하고 있는 사회적인 것과의 불충분한 대치"를 추구하는 것이다(2007, 28).

우리가 이 글의 나머지 부분에서 초점을 맞추고 전개시키고자 하는 것이 정동의 이러한 마지막 측면, 즉 통제 불가능성^{uncontainability}인데, 이는 무척 어려운 일로 보인다. 만일 (마수미처럼) 우리가 정동을 본질에서는 일상의 경험 너머의 것이라고 정의한다면(이것 역시 베르그손 철학의 핵심 논지이다), 실상 우리는 정동적 현상의 동력이 되는 핵심을 분석 바깥으로[분석할 수 없는 것으로] 밀어내는 것이 된다.

형언할 수 없음^{ineffability}, 즉 정동의 표현 불가능성은 경험적 연구의 모든 형식에서 의식처럼 반복되는 정동의 핵심 모티프가 된다. 동시에, (클라프가 지적하듯) 통제될 수 있는 것은 단일한 담론에서 쉽게 요약되기 어려우므로, 정동은 작동 중인 과정과 실제 메커니즘을 이해하는 데 서 우리 지식의 한계를 표시하는 편리한 라벨이 될 뿐이다.

다양한 경험주의

들뢰즈의 최고의 업적은 철학의 역할을 개념의 발명이라고, 믿을 수 없을 만큼 간단하게 정의 내린 것이다(들뢰즈와 가타리 1994). 철학의 실용적 역할은 "언제나 사물과 존재들로부터 하나의 사건을 추출해 내고, 그 새로운 사건이 사물과 존재들로부터 시작되도록 하며, 언제나 이 사물과 존재들에게 새로운 사건, 즉 공간과 시간, 문제, 생각, 사건으로서 가능한 것들을 주는 것이다"(들뢰즈와 가타리 1994, 33). "사물"과 "존재들"은 물론 "현실화된" 사물과 존재들이다. 그러면 사건을 추출한다는 것은 현실의 어떤 것을 잠재적인 것으로 되돌려 놓는 것, 또는 지각할 수 있는 실제(일상의 경험, 즉 이것에 대한 우리의 상황에 따른 잠정적인, 우리의 끊임없는 욕구와 투사에 이끌려진 지식)를 잠재적인 관계들의 복수성과 다수성에서 추출한 하나의 가능한 파생물로 보는 것이 된다. 윌리엄 제임스는 이러한 복수성의 개념을 '순수 경험'이라고 명명했고, 들뢰즈는 '순수한 내재성'이라고 불렀다(이에 대해서는 라푸자드의 2000년 작을 보라). 들뢰즈에 의하면, 철학은 필수적으로 개념의 발명이라는 임무를 가질 수밖에 없다. 왜냐하면, 이러한 순수한 경험/순수한 내재성은 일상의 경험을 넘어서며 끊임없이 도전하기 때문이다. 만일 칸트 철학이 이해 가능성의 범주에서 명확성이 필요함을 강조함으로써 통제 불가능성의 위협에 대응한다면, 들뢰즈의 철학은 사유 그 자체가 순수 경험을 통해 부과된 위기에서 진화한다고 주장함으로써 반격한다.

순수 경험은 의식의 바깥에 있는, 주체가 없는 경험의 일종을 가리키기 때문에 모순적인 단어인 것처럼 보인다. 라푸자드가 말하듯, 여기서 우리는 경험을 "매우 일반적인 의미에서" 이해해야 한다. 즉, "순수 경험은, 다른 무언가에 연관되어 있으면서 그러한 관계에 대해 반드시 의식하지는 않는 모든 것의 집합체이다."(2000, 193) 그는 계속해서 "faire une experience"라는 구문(이는 '경험을 하다'와 '실험을 행하다'라는 두 가지의 뜻을 모두 가지고 있다)을 사용한다. 나트륨과 염화물을 결정화하는 실험의 경우, 실험을 행하는 사람은 확실히 그러한 경험을 하지만, 정확히 말하자면 결정화라는 경험을 거치는 것은 나트륨과 염화물이다. 라푸자드가 제시하는 예에서, 경험은 주체나 대상에게 전적으로 속하기보다는 대신 "중간 현실"intermediary reality로 분류된다(193). 이것은 결정화되는 나트륨과 염화물, 그리고 이 사건의 참여자인 구체적 실험자라는 관계들의 짜임으로 구성된다.

제임스처럼 라푸자드는 중간 현실을 일차적인 것으로 위치시키고 싶어 한다.[8] 물질적 관계성과 그것의 가능태들은 그로부터 현실화된 '사물'과 '의식'이 떠오르는 것이 된다. 이에 상응하여, 감각은 (또는 마수미가 칭하듯 관계들의 복수성에서 떠오르는 "기대의 느낌"이나 "잠재성의 등록"은) 중간 현실에 참여하는 일차적인 방법이 된다(2002, 92). 이러한 구체적인 의미에 따르면, 정동은 전前개인적이며 전前인격적인, "정동을 촉발하고 정동이 촉발될 수 있는 신체적 능력, 또는 행동하고 연결될 수 있는 신체의 능력이 향상하거나 감소되는 것"(클라프 2007, 2)으로 이해된다. 신체적 능력의 면에서, 궁극적으로 인식되는 것은 선택, 즉 순수 경험에서 추출된 것뿐이다. 더 넓은 범위의 잠재적인 신체의 행함doings은 언제나 우리가 아는 것에 앞서서, 그리고 그것을 넘어서 존재한다. 우리가 그것을 '중간 현실'(제임스), 또는 '잠재적인 것'(들뢰즈), 아니면 간단하게 '변화'(베르그손)라고 부르는가

---

8. 라푸자드는 여기서 제임스가 자신의 저서에서 선언한 '급진적 경험주의'의 전통에 따르고 있다. 거칠게 말하자면, 급진적 경험주의는 관계를 중심적 과제로 본다. 그렇게 하는 데 있어서 주체와 대상의 경계는 관계성의 표현보다 부차적이다(James 2003을 보라). 급진적 경험주의는 그것이 따르고자 하는 관계들의 이동성과 유동성(제임스에 의하면, 그들의 '이동하는' 특성)에 따라야 한다. 이렇게 경험주의를 주체-대상의 이원론의 한계 바깥으로 이해하는 것은 제임스가 심리학에서 토대의 지위를 가짐에도 불구하고 심리학 안에서 잘 이해되지 않았다. 급진적 경험주의를 '반성적 정초주의'로 발전시키고자 하는 현대의 시도에 대해서는 Brown and Stenner 2009를 보라.

에 상관없이, 이렇게 언제나 현존하는 잠재적 관계성의 초과는 삶의 역동적인 핵심으로 볼 수 있다. "정동적 탈출의 지속성이 언어로 옮겨질 때, 그것은 긍정적 함축을 취하는 경향이 있다. 왜냐하면, 그것은 바로 (종종 '자유'를 뜻하는) 자신의 활력을 지각하는 것, 살아 있음의 감각, 변화 가능성을 지각하는 것과 다름없기 때문이다(마수미 2002, 36). 마수미는 뭐라 꼬집어 말할 수 없는 '그 이상'more, 또는 경험/행동의 저장소에 근거한, 해방의 잠재적 정치성과 같은 어떤 것에 대해 묘사하는데, 여기에는 앞으로 형성될 것의 초과 속에 존재하는 행동에 대한, 항상 현존하는 범위의 가능성들이 있다. 마수미가 신경학적 "0.5초 차이"에 대한 논의(2002, 29)에서 언급하듯, 이것은 우리가 적절히 경험할 수 있는 능력을 뛰어넘어 "느낄" 수 있음을 의미한다. 클라프는 이에 덧붙여, 우리의 "생물학적-물리적 제한"의 직접적인 한계를 넘어서서 "보고" "느낄" 수 있게 해 주는 기술과 기술적 증가는, 그것이 어떻게 "느껴진 활력"에 삽입되고 그에 대한 가능성을 제공하느냐의 면에서 고려되어야 한다고 말한다(2007, 2).

예를 들면 릭의 사례에서, 주체화에 좁게 초점을 맞춤으로써 알 수 있는 것보다 훨씬 더 정동적으로 매개되는 관계들이 잠재적으로 작동 중이라고 가정해 볼 수 있다. 릭이 복용하는 클로자릴은 그의 행위 능력에 심각한 영향을 미친다. 이러한 변화에 대해서 릭이 허리 통증을 통해 그 일부를 느낄 수 있기는 하지만 상당 부분은 모르고 있을 가능성이 크다. 그러면 허리 통증은 릭의 생물화학적/신경화학적 능력과 클로자릴의 약학적 가능성 사이의 가능한 관계들의 복수성에서 추출된 현실화된 지각이 된다. 여기서 정동 이론의 가치는, 그것이 우리로 하여금 이러한 관계들이 현실화될 수 있는 다른 방식들의 범위를 짐작할 수 있게 해 준다는 것이다. 허리 통증이, 추출될 수 있는 유일한 형태의 경험일 필요는 없다. 다른 방향으로 가 보면, 우리는 또한 릭이 그의 혈액 샘플을 처리하는 실험실에서 만들어진 평가와 절차에 의해 영향을 받는다는 것을 알 수 있다. 릭은 클로자릴이 기능하는 강도에 대한 그들의 평가에 의해 '접촉된다'touched. 즉, 이는 릭의 행위 능력에 일련의 구체적인 영향을 미친다는 것이다. 그렇다면 이러한 만남에서 현실화되는 가능한 관계들은 정신과 의사의 사무실 벽을 훌쩍 넘어서 확장하게 된다. 비록 그러한 관계들이 궁극적으로는 릭 자신의 일상 경험 속에 '접히게'infolded 되긴 하지만 말이다.

정동 이론으로 전회하면 그에 따르는 위험도 있다. 우리가 가정한 '잠재력들'potentialities이, 정동과 관련하여 우리가 릭과 정신과 의사의 마주침을 다시 기술할 때 나타나는 인공물 이상이 될 수 있는가? 좀 다르게 표현하면, 우리는 이러한 잠재적인, 정동적으로 매개된 관계들이 분석적 범위 안에서 무력화된 이론적 장식에 불과한 것이 아니라 사유에 관련되며 생산적이라는 것을 어떻게 입증할 것인가?

들뢰즈에 대해 피터 홀워드가 한 유력한 비평(2006)을 잠시 들여다볼 필요가 있다. 홀워드에 의하면, 들뢰즈의 사고의 움직임은 지속적으로 창조의 사건 쪽으로 돌아가 있으며, 창조된 것에서는 멀어진다. 들뢰즈가 본 스피노자의 생성적 속발續發에서는 내재적 창조성이 핵심적인 철학적 주제이지, 행동할 수 있는 이 힘의 구체적 표현인 유한한 존재(또는 양식)가 주제는 아니다. 이는 들뢰즈로 하여금 잠재적인 것을 현실적인 것보다 더 높게 평가하도록 했다. 의식에서 끊임없이 탈출하는, 이제 막 시작된 창조는 인간 존재의 구체적인 조건보다 높은 가치가 부여된다. 그리하여 홀워드의 결론은, 잠재적인 것에 대한 관념으로 자유나 해방을 구하는 프로젝트는

"유토피아적 공상에 지나지 않는 것"에 이른다는 것이다(2006, 162). 그레그 시그워스는 홀워드의 글에 이의를 제기한다. 그는 홀워드가 표현에 대한 스피노자의 개념(표현하는 것과 표현인 것은 전자가 후자에 완전히 내재하기에 구분이 없다고 봄)과 '발산emanation(창조된 것은 더 우월한 창조적 힘의 잔여물이며 자취, 반향이라고 봄)을 혼동하는 것처럼 보인다고 지적한다. 결론적으로 시그워스는, 홀워드가 현실적인 것 속에 있는 잠재적인 것의 정동성, 즉 '창조된 것들'creatures이 '창조'creatings를 감지하거나 거기에 참여히는 수많은 방법을 포착하지 못한다고 주장한다.

시그워스의 중요한 지적에도 불구하고 우리가 홀워드의 주장에 어느 정도 공감하는 한편, 좀 더 심각한 문제는 들뢰즈가 남긴, 사회과학과 철학의 문제적 관계인 것으로 보인다. 앞에서 말했듯이, 철학은 개념을 만들어 내는 활동이라고 여겨진다. 이 개념들은 순수한 내재성의 통제 불가능한 운동에 대하여 사유 속에서 이루어진 응답이며 변형들이다. 『철학이란 무엇인가』(들뢰즈와 가타리 1994)에서, 과학과 예술은 그들만의 독특한 창조적 노력(기능소functives와 지각이 각각 구성된 것)으로 서로 비슷하게 대우받는다. 그러나 사회과학에는 어떠한 역할도 부여되지 않는다. 사회과학은 철학의 보조(진실한 철학적 개념들을 세상으로 가지고 오는 임무를 맡은 실용 철학적 인류학의 일종) 아니면 과학의 열등한 종(브라운의 2009년 저서를 보라) 중에서 자신의 위치를 선택해야 한다. 마누엘 데란다 같은 들뢰즈 철학자들이, 사회에 대한 일관성 있는 이론을 만드는 데 있어서 어떻게 들뢰즈의 개념들이 견고한 기반을 제공하는지에 대해 사회과학자들에게 알려주긴 했지만, 확실히 별 도움이 되지는 않는다.

문제는 사회과학을 규정짓는 좀 더 세속적 형태의 경험주의와 함께 들뢰즈의 '초월적 경험주의'transcendental empiricism를 연관시킬 방법을 찾는 데 있다. 들뢰즈 버전의 정동은 특정의 철학적 문제(예를 들어 어떻게 경험이 "무無주체" 상태가 될 수 있는지)를 명명하려는 강력한 작업을 하지만, 이는 분석적 힘을 상당량 잃어버리지 않고는 사회과학적 용어로 한꺼번에 번역될 수 없다. 예를 들어, 릭이 경험하는 클로자릴의 부작용은 산만하게 설명된다. 릭을 단지 자신의 상태에 대해서 신뢰할 만한 보고를 할 능력이 없다고 보고, 릭이 한 말을 공식적으로 확인된 범위의 부작용의 증거로서 분석하고자 하는 경험주의에는 분명 오류가 있다. 왜냐하면, 약과의 마주침에서 발생하는, 이제 막 시작된 감각을 적절히 활용하는 데 실패할 것이기 때문이다. 하지만 들뢰즈식으로 이러한 표현 불가능성을 정동이라 재명명하고 그것을 (아마도) 약을 복용하는 신체들의 생명정치적 관리와 관련하여 위치시키는 것 또한 문제가 있다. 왜냐하면, 그렇게 함으로써, 관계들을 통과해서 길을 낼 도구를 제공하지 않으면서 이러한 표현 불가능성의 범위를 넓히는 것만 되기 때문이다.

이제부터 이 글에서 우리는 정동 이론이 사회과학의 실증적 대상을 확보하기 위해서는 특정한 절차를 통해 번역되어야 할 필요가 있음을 주장하려고 한다. 우리는 이것을 '매개 개념'intermediary concepts의 창조라고 부를 것이다. 여기서 '매개'라 함은 주체/대상과 같은 이원성들 사이의 추정적 연결이 아니라, 정동적 관계들의 "가운데 공간"middle space를 설명하는 개념이다. 이러한 개념은 일반적인 상태보다는 주어진 경험의 구체적인 상태를 표현하기 위한 것이어야 한다. 예를 들면 릭의 사례에서 우리는 약물을 복용한 어떤 몸이 아니라, 서비스 이용자와 정신활성약물의 마주침을 명명하는 개념을 찾고자 한다. 이보다 더 중요한 것은 매개 개념이 현실적인 것과 잠재적인 것 사이의 고리, 즉 현실화된 지각이 변화를 위해서 관계에 '다시 작용하는 것'acting back을 허용하는 방식(예를 들면 경험을 확장하거나 변형시키는 약물에 대한 대응으로 만들어진 자기 실천)을 가시화시켜야 한다는 것이다. 결국 들뢰즈가 철학적 텍스트를 다룬 방식을 상기해 볼 때, 매개 개념은 어떤 점에서도 참여자들이 제공한 설명에서 벗어나서는 안 된다는 점이 중요하다. 비록 매개 개념이 그러한 설명을 재정리하고 다시 설명하려고 한다 해도 말이다.

육체의 관리

정신건강서비스 이용자들과 정신건강 전문가들(예를 들면 정신과 의사, 정신과 간호사)과의 만남은 복잡한 사회적 상호작용이다. 서비스 이용자들은 의무적으로 모임에 참석해야 하며, 전문가가 내리는 결정의 결과(예를 들면 약물 처방)에 얽매이게 된다. 동시에, 서비스 이용자들은 자기 생각과 감정, 행동에 대해 신뢰할 만한 관찰과 보고를 해야 한다는 기대하에 놓이게 된다. 그들은 자신의 의식적인, 그리고 신체적인 상태를 '알아차리고' '보고하라'는 요구를 받는다. 그러면 정신건강 전문가들은 이러한 보고를 표준적인 진단 기준(DSM 또는 ICD)에 의해 정의된 '증상'과 '지표'의 관점으로 해석한다.

이런 절차는 반反정신의학적 연구와 비판적 심리학에서 폭넓은 비판의 대상이 되어 왔지만(예를 들면 보일의 2002년 저서, 드룰라웃과 리라우드, 베르두의 2003년 저서, 하퍼의 1994년 저서, 파커 등의 1995년 저서, 새들러의 2005년 저서, 스자츠의 1974년 저서), 지금 우리의 관심을 끄는 것은 이러한 마주침에 포함된 근본적인 역설이다. 자신의 몸을 그 속에서부터 '아는' 사람은 자신의 감정과 생각에 대한 일차적 접근권을 가지고 있는 서비스 이용자 자신이다. 그러나 서비스 이용자의 지식은 정신건강 전문가들에 의해 완성되고, 적절히 해석되어야 한다는 이유로 다소 무시된다. 혹자는 이것을 거꾸로 본 스피노자 철학의 일종으로 볼 수도 있겠다. 신체가 할 수 있는 것을 확인시켜 주는 대신, 이런 만남에서는 주의 깊은 관리를 필요로 하는 역기능적 정동의 수동적인 집합으로서 서비스 이용자를 본다. 그리고는 서비스 이용자는 능동적 능력과 그것의 표현보다는 격정과 결함의 면에서 정동적 관계들에 초점을 맞추라는 요구를 받는다. 아래의 예를 살펴보자. 여기서 그레이엄은 그의 약물 변경과 관련한 일련의 상담의 결과를 묘사한다.

이안:약 때문에 생겼다고 생각되는 부작용이 있었나요?

그레이엄:음, 클로프로마진을 복용할 때 피부가 화끈거리고 다리가 따끔거리곤 했어요. 그리고 허벅지가 떨리는 것 같은 느낌은 정말 끔찍했어요. 그래서 프로싸이클리딘을 처방받았고, 결국에는 벤제솔을 받았는데 이 약을 먹으니 떨리는 느낌은 없어졌어요. 그렇지만 그 피, 피부는 여전히 화끈거렸어요. 그래서 바르는 크림 같은 걸 받았는데 그걸 얼……그러니까 피부에 바르는 건 정말 싫었어요.(터커 2006, 231번째 줄부터 238번째 줄까지)

그레이엄은 먼저 자신이 지각한 부작용들이 클로프로마진에 의해 생긴 것이라고 설명한다. 그레이엄이 일련의 매우 뚜렷한 느낌들(화끈거림, 따끔거림, 떨림)을 말한다는 것에 주목하자. 피부가 어떻게 **화끈거렸는지를**burned 이 야기할 때, 그레이엄은 신체적인/열과 관련된 묘사를 한다. 또 그는 다리에 느껴지는 불편을 설명하기 위해 **따끔거린다**tingling는 표현을 쓸 때 시간적 차원을 끌어온다. 따끔거림은 그것이 느낌의 율동적인 패턴을 가리키므로 시간적이다. 즉, 따끔거린다는 것은 가볍게 반복적으로, 다층적으로 느껴지는, "있다가 없다가 하는" 감각이다.(스캐리 1985) 결과적으로 그레이엄은 프로싸이클리딘을, 그다음에는 벤제솔을 처방받았다. 이것들은 모두 부작용을 다스리기 위해 흔히 처방되는 콜린 억제성의 약물인데[9], 각각 추체외로계(의도되지 않은) 증상들이 있으며, 이는 사용자에 따라 다르게 경험된다. 그레이엄은 효과에 대해 말할 때 떨리는 증상 감소의 측면에서만 보고한다. 화끈거리는 증상은 여전했고, 그래서 결국 크림을 발라서 나아졌는데, 그는 크림이 피부와 얼굴에 일으키는 감각 때문에 이를 싫어했다.

그레이엄은 여기서 그가 감지했다고 여기는 육체적 사건들의 잠재적으로 광대한 집합에서 끌어낸, 일련의 이질적이고 현실화된 지각을 제공하는 것이다. 화끈거림, 따끔거림, 떨림은 공간적, 시간적 측면에서 일치하지 않는, 복잡한 경험들이다. 정신건강 전문가와의 연속적인 만남은 그레이엄이 생물화학과 신경화학에 새롭게 개입하는 결과를 가져왔다. 새로운 정동적 변경이 이루어졌고 이는 그레이엄에 의해서 처음에는 '떨림'으로, 그다음에는 '화끈거림'으로 등록된다. 여기서 흥미로운 것은 복잡한 정동적 변화들(그레이엄의 신체가 변경되고, 이러한 변경이 감지된 행동 능력의 면에서 표현되는 방식)이 의료 전문가와의 만남에서 그레이엄이 보고한 특정 느낌들

---

9. 이들은 정신병치료제의 부작용을 줄이기 위해 만들어진 약이다.

을 둘러싸면서 결정체를 이룬다는 것이다.

우리는 미셸 세르의 연구에서 개발된 용어인 "수정"rectification을 사용해서 이러한 과정을 설명하고 싶다. 초기작인「언어의 기원」에서, 세르는 인간의 신체를 맞물려 있는 각각의 층들로 구성된 광대한 시스템으로 이해하자고 제안한다. 그리고는 정보적인 용어로 각 층을 묘사하는데, 각 층은 다음 층이 받을 수 있도록 신호와 소음을 발산한다. 그는 생물물리학자인 앙리 아틀랑의 연구에서 형성된 관찰을 은연중에 끌어오는데, 생물학적 시스템 안에는 신호와 소음으로 발산되는 것과 이러한 관계가 수신되는 방식 사이에 실제적인 차이가 있다는 것이다. 한 층에서 단순히 배경 소음이었던 것이 다음 층에서는 정보로서 가치를 가질 수도 있다. 반대로, 한 층에서는 신호가 되는 것이 실제로는 순전히 소음으로 수신될 수도 있다. 세르는 이렇게 말한다. "정보의 각 층은 가장자리를 이루는 포괄적인 층을 위한 무의식으로서, 즉 닫힌 시스템 내지 비교적 고립된 시스템으로서 기능하는데, 이 시스템과 관련하여 소음-정보의 쌍이 경계를 지날 때 역전되며, 또 이 시스템을 다음의 연속하는 시스템이 해독하거나 해석한다"(1982, 80).

이 모든 것의 결론은, 인간의 신체는 총체적으로 보면 소음과 신호로 이루어진 거대한 바다라는 것이다. 그러나 연속적인 수정과 통합의 과정을 통해, 보다 정제되고 높은 수준의 신호와 소음 쌍들이 의식으로서 나타나는데, 상당 부분 마수미가 지각의 감산적 특성을 이야기하는 것과 같은 방식이다. 하지만 세르의 주장의 핵심은 그 전체 과정이 비선형적이라는 것이다. 즉, 떠오르는 것은 연쇄적인 변형의 결과인데, 여기서 넘겨 전해지는 것은 차례대로 수신되어서 넘겨지는 것과 결코 같지 않다.

연속적으로 정신병치료제와 콜린 억제성 약물을 복용한 신체의 경우에, 수정 과정은 매우 가변적이며 복잡할 가능성이 크다. 그러면 문제는 화끈거림과 따끔거림, 떨림과 같은 일련의 느낌들이 어떻게 이 모든 연이은 수정으로부터 현실화된 지각(최종적인 신호/소음 쌍)으로서 떠오를 수 있느냐는 것이다. 한 가지 대답은 서비스 이용자들이 자신의 약 복용을 관리하는 방법들에서 찾아볼 수 있다. 서비스 이용자들은 모두 처방된 약을 공식적으로 '엄수'할 것이라 기대된다. 그러나 실제로는, 많은 서비스 이용자들이 정해진 계획에서 벗어나 약을 복용하는 습관을 비공식적으로 만들어간다. 이런 식의 '맞춤식 엄수'tailored adherence는 다음의 사례에서 로이에 의해 묘사된다.

이안:그러면 그 약을 얼마나 자주 복용해야 하나요?

로이:아, 저는 매일 먹어요.

이안:하루에 한 번이요, 두 번이요?

로이:원래 하루에 두 번 먹어야 하지만 저는 항상 저녁때 먹어요. 하루에 네 알을 먹어야 하지만 , 저는 다른 약들도 먹기 때문에 이 약은 저녁때 먹는 거로 제한해요. 그리고 나머지 약들은 아침에 먹어요. 그럼 결국 똑같이 먹게 되는 거예요. 원래 그렇게 하면 안 되는 건 알지만, 저는 이렇게 먹어도 문제가 없으니까요.

이안:그러면 어떻게 해서 그 방법이 자신에게 제일 좋다는 걸 알게 되었나요?

로이:음, 알아챈 거죠. 한동안 그렇게 해 봤는데, 별문제가 없다고 생각됐어요. 하루에 네 알을 먹는 한에서는 말이에요. 무슨 말인지 아시겠죠? 클

로자이핀 말이에요. 그렇게 하는 동안 알아챈 거죠. 똑같은 양의 약을 먹는 한은 그게 별 차이가 없다는 걸요.

이안: 그럼, 전에는 약을 아침이랑 저녁에 나누어 먹었다는 건가요? 간호사가 시킨 대로?

로이: 그런 식으로 약을 먹을 때 좀 혼란스러웠어요. 제 방식을 찾아서 했는데 그게 잘 되더라고요. 무슨 말인지 아시죠?

(터커 2006, 201째 줄부터 219째 줄까지)

여기서 로이가 묘사하는 것은 자신의 신체적 과정을 수정하는 것에 대한 스스로의 실험의 과정인데, (클라프의 말에 따르면) 지속적으로 자기가 관리하는 육체적 자기 정동화auto-affection, 또는 더 간단하게는 "육체의 관리"라고 부를 수도 있을 것이다(2000). 이것은 자신의 의료적 투약 계획을 수정하고 자신의 느낌과 신체 상태를 스스로 면밀히 관찰하는 과정을 둘러싸고 이루어진다. 로이의 육체 관리에 대한 인터뷰 당시의 (잠정적) 결과는 "그게 별 차이가 없었어요."라는 결론이다. 하지만 여기서 로이가 말하는 "그것"은 무엇인가? 약을 섞어서 복용하거나 복용 시간을 바꾸면 어느 정도는 효과에 차이가 생긴다고 짐작할 수 있다. 그것은 로이의 신체에 영향을 미치고affect 신체적 능력에 다른 가능성을 가져다준다. 우리는 로이가 말한 "그것"이 정신과 의사에게 보고할 만한 관련성을 가진, 일종의 느낌이나 상태를 가리킨다고 추론해 볼 수 있을 것이다. 엄수의 패턴을 바꾸는 것은 로이가 나중에 책임을 져야 할 만한 경험(예를 들면 목소리가 들린다거나 정신착란과 같은 증상을 겪는다거나 추체외로계적 신체 증상을 경험하는 것)을 만들어 내지 않는 이상 문제가 되지 않는다. 그렇다면 로이가 "그것"에서 생략하고 있는 것은 그의 육체 관리가 만들어 내는 다른 배경적인 정동적 수정의 폭이다.

　이런 방법을 통해, 우리는 정신의학에 활용된 정동성affectivity의 현실화된 범주들이 어떻게 서비스 이용자들의 육체 관리 활동이 이루어지는 이해 가능성의 가능한 망으로서 기능하는지를 볼 수 있다. 로이는 그가 책임져야 할 수도 있는 경험의 한도 내에서 자신의 자기-정동적인 상태에 변화를 준다. 마찬가지로, 그레이엄이 왜 "화끈거림"에 초점을 맞추는지 그 이유를 알 수 있는데, 그것은 "따끔거림"은 그렇지 않아 보이는 데 비해서 "화끈거림"이라는 느낌은 정신과 상담에서 중요하게 취급되기 때문이다. 그렇다면 육체 관리는 정신의학을 포함하지만, 권력관계의 분석에서 제시되는 것과 같은 직접적이고 직선적인 방식은 아니다. 그보다는, 정신의학의 현실화된 정동적 범주들이 느낌을 보고하는 과정(즉, 뚜렷한 육체적 상태를 감산하는 방식으로 설명하는 것)에 영향을 미치며, 이와 관련하여 이후의 추가적인 정동적 수정이라는 결과를 낳는 약물 처방을 이끌어 낸다. 그렇다면 육체의 관리는 알아차리기와 보고하기(서비스 이용자가 정신과 의사에게 현실화된 지각을 제공하는 것), 진단하기와 처방하기(약물치료 계획이 정해지고, 재검토됨), 그리고 수정하기와 관찰하기(서비스 이용자가 자신의 엄수 패턴을 실험함에 따라)라는 일련의 과정으로 구성된다. 이 과정의 모든 국면은 신호와 소음의 변화를 동반한다. 예를 들면, 정신과 의사는 그레이엄과 같은 서비스 이용자가 제공하는 다양한 느낌들을 면밀히 살피고 처방에 활용하기 위해 하나의 느낌만을 선택한다. 마찬가지로 로이처럼 자신의 투약 패턴을 실험하고 있는 서비스 이용자들은 자신이 느끼기에 자신이 책임지게 될 것 같은 경험과 느낌들에만 의식적으로 신경을 쓴다.

다음의 마지막 발췌에서, 우리는 베아트리체를 통해 여기에 묘사된 모든 국면을 한 번에 볼 수 있다. 베아트리체는 자신이 심각한 근육 경직을 경험한 것에 관해 이야기한다.

베아트리체:간호사는 일단 두 알씩 먹으라고, 그리고 어떻게 되는지 한 번 보자고 했어요. 그래서 그렇게 했어요. 그랬더니 금방 상태가 호전되었어요. 여기서 금방이라는 건 30분 정도, 30분에서 한 시간 정도를 말하는 거예요. 정말 나아졌다고 느껴졌어요. 그전에는 종일 침대에 들어가 있다가 정말 나와야 할 때만 나왔고, 그래도 상태가 좋지 않았어요. 요리하고 싶지도 않고 청소하고 싶지도 않고, 아무것도 하고 싶지 않았어요. 근데 이 프로싸이클리딘은 정말 도움이 됐어요. 그래서 저는, 아, 이 약의 부작용을 겪고 있나 보다, 그렇게 생각했어요. 어쨌든, 전 다음 날엔 두 알을 더 먹었어요. 그랬더니 완전히 회복되었어요. 제 간호사한테 이야기했죠. 금요일마다 간호사를 만나는데, 그때가 주말이었어요. 그래서 월요일에 간호사한테 전화해서 이야기했죠. 이 프로싸이클리딘 말인데, 그걸 저한테 더 주셔야 할 것 같다고요.(터커 2006, 466째 줄부터 476째 줄까지)

여기서 베아트리체는 프로싸이클리딘 복용에 변화를 준 뒤의 경험과, 이전에 경험했던 피로와 무기력을 비교한다. 로이의 사례와 마찬가지로, 흥미로운 것은 베아트리체가 자신이 책임져야 할 수도 있는 범주의 주변으로 자신의 경험을 배열한다는 것이다. 그녀는 프로싸이클리딘이 실제로 만들어내는 정동적 수정에 관해서 이야기하기보다는, 프로싸이클리딘이 만들어내지 않는 것(그것은 그녀를 피로하게 만들지 않는다)에 관해 이야기한다.

약에 대한 그녀의 실험은 ("어떻게 되는지 한 번 보자"라고 말한 간호사의 축복 아래) '알아차리기와 보고하기' 구조의 새로운 순환 안으로 들어간다. 이 예에서 베아트리체는 자신의 경험에 대해서 일종의 전문 지식을 갖고 있다고 주장할 수 있는 것으로 보인다. 그러나 이것은 오직 그녀가 자신의 신체 상태에 대해서 매우 면밀히 신경 쓴다는 것을 보여 준다는 조건에서이다. 우리가 여기서 볼 수 있는 것은 서비스 이용자들이 (베아트리체가 앞으로의 처방 패턴에 대해서 그녀의 간호사에게 조언을 해 줄 수 있을 정도까지) 일반적으로 자신의 경험에 대한 전문 지식을 되찾는 수단으로서 자신의 느낌과 신체 상태를 잠재적으로 활용할 수 있는 방법이다. 개인적 경험에 대한 이러한 다소 겸손한 주장이 받아들여지는 데는 한계가 있다는 것을 인정할 수밖에 없지만, (예를 들면, 베아트리체는 자신에 대한 치료가 모두 중단되어도 되는지에 대해서는 의견을 제시할 수 없다) 흔히 반정신의학 운동에서는 불필요하게 여겨지는 서비스 이용자와 정신건강 전문가들 사이의 매개된 정동적 관계의 복잡성과 유동성을 보여 준다.

정동 이론, 그리고 사회과학 실천

이 글의 도입부에 나온 인용은 영국의 임상 심리학자인 데이비드 스메일의 글에서 가져온 것이다. 노팅엄셔 지역 임상 심리 서비스의 수장으로서 스메일은 여느 사회과학자가 성취할 수 있는 것보다 훨씬 더 많이, 정신건강서비스 이용자들의 삶에 진정으로 영향을 미치는 일을 했다. 정신건강에 대한 스메일의 학술적인 글(예를 들면 스메일의 2001년과 2005년 저서)에 주목할 필요가 있는데, 왜냐하면 그의 글은 들뢰즈의 글이 칭송한 삶의 구체적인 조건에 대해 재고하고 관여하기 위한 구체적인 시도로서 현장에 기반을 두고 쓰였기 때문이다. 정신건강 문제에 대한 스메일을 입장은, 그것이 본질에서 의료적 문제가 아니라는 것이다. 심리적 괴로움은 경제적, 정치적 힘의 합류 지점에서 떠오르는 사회적 조건에 의해 만들어진다.

우리가 이해한 바대로, 사회과학에서의 정동적 전회에서 중요한 상당수 연구는 형언할 수 없는 것, 즉 변화 그 자체이자 비평적 사고의 기존 범주에 담길 수 없는, 정동적으로 매개된 관계들 속에서 새로운 자유의 공간을 찾으려고 애써 왔다. 이는 내재성의 창조적 활력으로 초월성의 추상성을 극복하기 위한 가장 정교한 시도들을 활용하는 적절한 철학적 시도라고 할 수 있다. 이러한 시도는 또 방법에 있어서 주관성과 객관성을 둘러싼 무의미하고 끝없는 논쟁과 단절하겠다고 약속하는 경험주의의 형식에 의지한다. 그러나 들뢰즈의 초월적 경험주의, 제임스의 급진적 경험주의, 또는 베르그손의 직관은 사회과학과 인문학으로 몽땅 옮겨질 수가 없다. 왜냐하면, 거의 동일한 방법의 다른 버전인 이들의 기원이 철학 한 곳으로 모이기 때문이다. 이들이 단순히 옮겨지기만 한다면, 그 결과로 사회과학 실천의 특성이 대체로 가볍게 무시되고, 그래서 새로운 정동과 새로운 경험을 만들어 낼 수 없게 된다.

그렇다면 우리는 스메일의 안내에 따라 형언할 수 있는 것에 천착해야 할까? 스메일의 주장의 맥락은 흥미롭다. 폴라니처럼, 스메일은 기꺼이 형언 불가능성을 인간 과업의 광대한 영역에 제 자리를 가지고 있는 경험의 한 양식으로 위치시킨다. 그가 제기하는 문제는 경험의 이러한 특정 양식이 (그리고 그 결과, 전문적인 훈련과 자격 인증의 문제도) 정신건강 전문가들의 관심 대상이 되어야 하는지이다. 모든 것을 감안하면, 스메일은 아닌 것 같다고 결론 내린다.

그의 대답이 사회과학 전반에서도 유지될 수 있는가? 여기서 우리는 그에게 동의하지 않는다. 예를 들면 브라이언 마수미와 패트리샤 클라프의 글은 1980년대 이래의 사회과학이 빠져 버린 기호학적, 포스트푸코적 낙담의 구렁텅이에서 빠져나올 수 있는 분석의 길을 제공하는 형언 불가능성을 상세히 보여 준다. 이 형언 불가능성은 전前인격적이며 정동적으로 매개된 관계들로 위장된 채 나타난다. 여기에는 개념적 혁신이, 기쁨이, (현대 자본의 지칠 줄 모르는 탈영토화에 어느 정도 발맞출 수 있을 정도로까지 빠른) 창조적 신속함이 있다.

그러나 우리의 열정을 좀 누그러뜨릴 필요가 있다. 사회과학이 발명한 매개 개념들은 초월적 경험주의에 의해 추구되는 철학적 깊이나 야망을 가질 수 없기 때문이다. 이 개념들은 좀 더 소박하며, 우리가 마주치는 대상들의 구체적인 특성에 더 잘 맞아야 한다. 육체의 관리, 즉 정신건강서비스 이용자들을 둘러싼 정동적 관계들을 설명하기 위해 우리가 여기서 제시한 개념은 한 가지 작용만 하도록 의도된 것이다. 그것은 관련된 개념들에 대해 일종의 대조를 이루는 것 외에는 다른 쓰임새나 목적이 없다. 우리가 정동 이론에서 보고자 하는 것이 이것이다. 즉 주체성을 넘어서 경험을 이해하려는 필수적인 철학적 노력에서, 현시대의 사회문화적 환경을 통해 엮인 경험의 복잡성을 설명하는, 개별적으로 맞추어진 특정 개념의 복수성을 촉발하고 구축하는 방향으로의 전회이다.

금요일 밤의 회식

칸막이 사무실 시대의 직장에서의 정동

멜리사 그레그

당신이 만약 이것을 하지 않으면, 곤란해지게 될 것이다.
— 데일 카네기, 『친구를 사귀고 사람들에게 영향을 미치는 방법』 —

HBO 방송국 드라마인 〈식스 핏 언더〉의 마지막 시즌에서, 클레어 피셔는 문제투성이 남자친구 빌리와 헤어진 후 독립하기 위해 예술학교 중퇴생에서 임시직 사원으로 변모한다. 섹스와 마약, 예술적 표현으로 가득한 보헤미안적 세계를 즐기다가 갑자기 기업 문화의 구속에 적응해야 하는 클레어의 갈등은 처음에는 꿈 장면으로 나타난다. 그중에서 인상적인 장면은 사무실에서 흘러나오는 노래를 무심코 따라 부르던 클레어가 책상 위로 올라가 꽉 조이는 팬티스타킹에 바치는 춤을 추는 장면이다.[1] 그러나 오

---

1. "You Light Up My Life"를 개사한 클레어의 노래는 그녀가 마이크 대신 스테이플러를 잡고 책상 위에 올라가 "그대는 내 허벅지로 올라오죠. 그대는 내 엉덩이를 끌어당겨요. 그대는 내 사타구니로 올라오죠……당신은 내 하루를 망치고 내 영혼을 혐오로 채워요……"라고 노래하면서 구색을 맞춘다. 노래의 막바지 클라이맥스에 이르자, ("이렇게 꽉 끼게 느껴지는 게 올바를 리 없죠.") 동료가 음악 소리가 너무 큰지, 좀 줄여야 할지 클레어에게 물어보면서 클레어의 몽상은 갑작스럽게 깨진다. 클레어는 순순히 대답한다. "아, 네. 조금요. 고맙습니다." 깔끔한, 수동-공격적인 조우의 유형인데, 밑에서 자세히 다룰 예정이다.

빠인 네이트의 죽음 이후, 클레어의 직장에서의 태도는 금요일 밤 술자리의 통속성에 어이없어하고 냉소적인 태도를 취하는 것을 넘어 금세 자기 파괴적으로 변하고, 약물을 복용하는가 하면 직장 동료들을 함부로 대하기에 이른다. 최근의 사회이론에서는 직장이 "창의적 계층"creative class의 일정과 우선순위를 반영하는 쪽으로 바뀌고 있다고 주장하는 데 반해(플로리다 2002, 2005), 클레어의 화려한 추락은 정반대 움직임을 보여 준다. 직장에서 허용되는 제한된 범위의 정동 상태와 주체성이 전문직의 '쿨함'cool에 의존한다는 것이다(류Liu 2004).

클레어라는 캐릭터는, 광범위한 경제적 변화가 불러온 중간 계급의 전환뿐만 아니라 고된 직장 생활을 견디기 위해 사람들이 이용하는 대응 기제를 논의하고자 하는 이 글의 시작점이 된다. 종래 월급 받는 직장인을 육체노동자로부터 구분시켜 주었던 특권과 안정성이 갈수록 위협받고 있으며, 그로 인해 전 지구적으로 새로운 "프레카리아트"[2](닐슨과 로시터 2005, 로스 2009), "코그니타리아트"[3](베라르디 2004), 또는 "사이버타리아트"cybertariat(휴즈 2003)와 같이 불확실성에 의해 경험이 구성되는 계층이 등장하게 되었음을 많은 학자가 지적해 왔다[4]. "불안정성"precarity라는 용어는 이러한 변화를 압축해 보여 주며, "불법 고용과 계절직 및 임시직 고용에서부터 재택근무, 유연 노동 및 임시 노동까지, 그리고 하청업자와 프

---

2. [옮긴이] precariat. '불안정한'(precarious)와 '프롤레타리아트'(proletariat)를 합성한 조어로서, 불안정한 고용 상황에 놓인 노동자들을 총칭한다.
3. [옮긴이] cognitariat. 지식과 정보에 기반을 둔 유식 계급을 가리키는 신조어.
4. 최근 몇 년 사이 화이트칼라 노동에 대한 저술이 늘어나기는 하였지만(Andresky Fraser 2001, A. Ross 2004, McKercher and Mosco 2007도 참조), 이 주제에 대한 관심의 증가는 페미니스트 연구가 20여 년 앞서 있음을 언급할 필요가 있겠다. 예를 들어서 Huws 2003, Crompton and Jones 1984, 그리고 Pringle 1988 참조.

리랜서, 또는 소위 자영업자들까지 모든 가능한 형태의 불확실하고 보장되지 않으며 유연한 착취를 가리킨다"(닐슨과 로시터 2005). 닐슨과 로시터는, 불안정한 고용이 시민들로 하여금 국가적으로 승인된 존재론적 웰빙의 징표를 획득하지 못하게 한다고 하면서, 그것을 잘 보여 주는 이러한 정체성 안에 정치적인 잠재성이 있다고 보았는데, 이러한 주장은 이들만 한 것이 아니다. 길과 프래트는, 불안정성을 가져온 자본주의의 새로운 국면이 "억압적이기만 한 것이 아니라", "새로운 주체성과 새로운 사회성, 그리고 새로운 종류의 정치성에 대한 가능성" 또한 제공한다고 가정한다(길과 프래트 2008). 이 글에서는 이 부분을 다룰 예정이다.

앨런 류Alan Liu에 따르면, 우리는 지금 "현대 중간 계급의 조마조마한, 지속적인 보류 상태를 목격하고 있으며, 이것은 20세기의 원조 화이트칼라 계급보다 한층 더 구조적으로 모순적이다"(2004, 19). 이것은 단순히 기업의 국외 이전과 외부 위탁, 하청 계약 같은, 지그프리트 크라카우어부터 C. 라이트 밀즈, 윌리엄 H. 와이트에 이르는 이전 작가들이 그 규모를 전혀 예상할 수 없었던 오늘날의 세계적 역동성 때문만은 아니다. 오늘날의 노동 환경에서는, 한때 근무 기간 동안 축적한 지식(세네트 1998)이나 남성 지배적인 기업 문화의 사교적 분위기를 북돋웠던 태도(카네기 1988)에 기반하여 자기 자신을 회사의 소중한 자산으로 자리매김했던 피고용인들은 그런 기술들이 '유연성'과 '변화에의 대처 능력'이라는 더 큰 가치에 의해 부차적인 것으로 밀려났음을 발견하게 된다.[5] 현재와 같은 시대에 화이트칼라 직업

---

5. 이러한 변화는 『누가 내 치즈를 옮겼나?』(S. Johnson 1998) 같은 동기부여 유의 텍스트가 거두는 경이적인 성공에서 풍부히 보인다. 순전히 기업적인 근무 환경을 별도로 하고, 우리 대학에서 올해 직원 능력 개발을 위해 제공하는 프로그램을 슬쩍 보기만 해도 '변화와 함께 살아가기'가 피고용인들에게 요구되는 기술의 일부로 포함되어 있음을 볼 수 있다.

을 구하는 것은 "한층 더 불안정한 지식에 자신의 권위를 내거는 것과 같은데, 이러한 지식은 모든 새로운 테크놀로지 변화와 경기 순환에 의해, 또는 스스로의 삶의 규모를 축소함으로써 다시 획득해야 하는 것이다. 그러므로 이는 '평생 학습'lifelong learning이라는, 토대가 없는 긴장 상태, 지속되는 불안이 된다."(류 2004, 19) 류가 월급 노동의 모순적 특질로 보는 이러한 특성에는 피고용인들이 탈숙련화되면서도 동시에 자기 일에 깊은 정서적 애착을 느끼도록 장려된다는 사실을 포함한다(모런 2005, 39).

이러한 경험과 퀴어 현상학의 긴 역사를 연관 지으면서, 로렌 벌랜트는 불안정성을 "활성화된 중지"animated suspension라는 말로 묘사하고, 신자유주의의 일반적 감성을 "교착상태"impasse의 하나로서 묘사한다(벌랜트 2007c). 이는 사람들은 "발판과 방향, 존재의 방식, 그리고 평정의 새로운 양식을 얻기 위해" 다양한 모습으로 노력하는 "장르 없이 살아가는 시대의 공간"이다(벌랜트 2007c). 프랑스 영화감독인 로랑 깡테의 영화에서 나타나는 노동자의 감성에 대한 벌랜트의 글은 이에 대한 분석의 방향을 제시하는데, 여기에서는 사무실이라는 공간의 맥락에서 "자신의 태도를 얻고, 잃고, 지켜가는"(벌랜트 2007c) 수많은 노동자를 보여 준다. 내가 검토한 두 가지 예가 벌랜트의 프로젝트로 연결되는데, 벌랜트는 행복과 만족에 대한 전통적 내러티브가 고갈되었을 때 예의와 친밀감, 헌신적인 태도를 즉흥적으로 만들어 내는 것이 어려움을 강조했다. 이 예들은 중산층의 전문직업적인 '쿨함'의 취약성을 보여 주고, 중산층 직장에서의 정동을 좀 더 잘 아우르는 정치적 지평이 필요함을 암시한다.

독일 바이마르 지역의 '월급 생활자 대중'salaried masses에 대한 지그프리트 크라카우어의 연구는 나의 접근법에 대한 또 다른 모델이다. 그는 세계 역사의 격변하는 큰 사건들이 사람들의 행동에 미치는 영향은 "일상을 구성하는 작은 재앙들"이 미치는 영향보다 작음을 논증한다(1998, 62). 이 글에 등장하는 온라인과 영화 속의 미세한 마주침들은 이행적 정동에 대한 중심점을 제공한다. 이를 통해서 나는 그러한 마주침들이 현재의 고립된 노동 환경에 대처하는 데 요구되는 좀 더 통합되고 포괄적인 운동에 대한 방해 요소이면서 구원이기도 하다는 것을 주장할 것이다.

스나크[6]의 증가

클레어의 임시직 역할은 사무실 생활의 따분함을 묘사한 최근의 몇 가지 초상 중 하나이다. BBC의 코미디 드라마인 〈오피스〉에 대한 훌륭한 분석에서, 조 모런Joe Moran은 이러한 묘사가 "반복되는 일상의 지루함과 함께, 이렇게 빈약한 실존과 특권적 지위에 대한 (갈수록 공허해지는) 권리조차 곧 끝날지도 모른다는 두려움"(모런 2005, 31)을 포착하고 있다고 말한다. 텔레비전 드라마와 영화 외에도, 이러한 공포감과 함께 LCD 모니터와 키보드에 매일 고삐가 묶여 있는 사람들의 희망과 절망을 다루는 매체가 갈수록 늘어나고 있다. 웹 만화에서부터 개인 웹페이지, 신문의 가십난과 독자 의견란까지, 정보를 다루는 직업에 필수적인 인터넷이 새로운 동맹의 커뮤니티를 만들어 내고 있다. 이들 중 상당수는 스스로가 가진 문화적 자본의 잉여량에 따라 특정한 양식의 유머를 개발한다(윌슨 2006). 잡지 『바

---

6. [옮긴이] Snark. 'snide'(비꼬는)과 'remark'(언급)를 합성한 신조어.

이스』[7]와 같은 출판물의 특권적 거리두기와 블로거들의 '스나크' 정치를 모두 뒷받침해 주는 잔혹한 앎knowingness은 사무실 책상에 얽매인 하위문화적 유머를 전형적으로 보여 준다.

스나크의 공격적이며 항상 깔보는 듯한 어조가 문제가 될 수도 있지만, 스나크는 현시대의 직장 문화가 자본주의 기업의 속박을 유지하기 위해 정동의 시뮬라시옹simulations에 의존하는 수많은 방법의 부작용쯤으로 이해해야 할 것이다. 쉽게 즉각적으로 메시지를 주고받을 수 있는 친구들이 사무실 옆 칸에서 얼굴을 대하는 동료보다 더 효과적인 지지를 제공해 줄 수 있듯이, 온라인 문화의 익명성은 사무실 노동에 수반되는 수많은 부정적 정동을 표현할 수 있는 안전한 분출구가 될 수 있다. 팀 협력성을 높이기 위한 오전 티타임에서부터 비밀 산타로 선물 주고받기, 페이스북 친구에 이르기까지, 표준화된 정동 표현은, 동지적 접촉을 위해 전투적으로 요구되는 의무이자 지겨울 만큼 긍정적인 보증수표이다. 이러한 현상은, 완전히 위장하지 않는다 할지라도, 긴 근무시간이라는 문화와 관련되어 있다. 긴 근무시간은 종종 노동자들이 직장의 의무적인 사교행사를 넘어서 좀 더 전통적인 의미에서의 우정과 공동체 네트워크를 형성하지 못하도록 만든다. 좀 더 사적이며 개인적인 문제들은 사무실 칸막이 안의 고독 속에 남겨지는 반면, '연락처들'과의 의례적인 접촉이 우위를 점한다. 벽 없이 확 트인 사무실이 가지는 경제적 이점은 (이동식 책상과 휴대 가능한 기기들과 함께) 이러한 공간이 유사한 방식으로 침해되도록 만든다. 온라인과 기타 소통의 장들은 사무실에서의 소외를 탈출하는 수단이 되었다. 이들은 팀

---

7. [옮긴이] *Vice.* 1994년에 설립된, 예술과 문화에 관한 잡지.

웍과 효율성이라는 이름 아래 침묵으로 남겨지곤 하는 불만과 고충에 목소리를 부여하는 지속적이고 믿을 만한 공간이다.

복도 사이와 사무실 건물 바닥과 상업 지구, 모든 종류의 캠퍼스를 가로질러 축적되는 이메일의 거대한 확장은 직장 동료 사이의 구두□頭 교류가 사무직에서 무력화되도록 만들었다. 수신자가 다수인 메시지들과 긴급한 이메일이라는 표시는 끝없는 정보의 흐름과, 그로 인한 괴로움을 야기한다. 그럼에도 불구하고, 넉넉한 이메일 저장 용량은 이메일을 보내는 것이 불필요한 번거로움을 피하고 생산성을 증대시켜 줄 것이라는 가정에 부합한다(그레그 2010). 대수롭지 않은 이메일 주소와 편안한 구두점으로 인해, 이메일은 수직적 근무 환경에서 직접적인 명령을 없애고 어떤 것을 요청하는 것이 친근하면서도 당사자 재량에 달린 것처럼 보이게 만든다. 동시에, 기업들은 법적 요구사항을 만족시키고 직원들에 대해 법적 구속력 있는 지시 사항을 전달하기 위해 마찬가지 소통 양식을 이용한다. 매체는 메시지가 될 수 없다. 이메일을 열어보는 행위는 혼란스럽고 예측 불가능한 마주침이 된다.

결국, 이메일이 성공할 수 없는 곳이 메시지 전달의 정동적 측면, 즉 신체적 현존을 수반하는 소통의 뉘앙스이다. 그것이 관리자의 요청 뒤에 숨은 정중함이든, 새로 온 직원의 수줍음이든, 또는 상관의 진지함이든지 간에, 이메일은 발신자와 수신자를 모두 동등하게 만든다. 이런 면에서 이메일이 중간 계급이 선호하는 소통 형식이 되었다는 것이 그다지 놀랍지 않다. 이메일이 성공적인 소통 수단으로 기능하기 위해서 일정의 언어 능력을 요구하듯이, 그것은 직장에서의 동등함이라는 기분 좋은 허구를 충족시킨다.

「글쓰기의 경제」The Scriptural Economy에서 미셸 드 세르또는 중간 계급이 우월한 언어 능력을 숙달함으로써 어떻게 자신의 위치와 지위를 확보하게 되었는가를 묘사한다. 글쓰기 능력은 "역사를 만들고 언어를 구성하는" 힘을 가능하게 했다. "본질적으로 문자와 관련된 이러한 힘은 귀족 계층의 '태생'이라는 특권에 도전할 뿐 아니라, 사회경제적 계층 상승을 관장하는 규칙을 규정하고 이러한 언어 능력을 소유하지 못한 사람들을 지배하고 규정하며 그들의 규범을 선택한다"(드 세르또 1986, 139).

지식 경제로의 전환에서 드 세르또의 진단은 새로운 함의를 가진다. 컴퓨터 프로그래머에서 전문적인 홍보업자에 이르는 모든 사람이 권력, 교육, 특권에 관한 이전의 위계질서에 도전하고 있다. 오늘날 사무실과 회의실에서 일하는 지배적인 계층은 언어를 "생산의 도구"로 만듦으로써 성공을 거두며(드 세르또 1986, 139), 이를 통해 (그들의 상징적 노동에 없어서는 안 될) 광대한 층을 이루는 서비스 종사자들과 분리된다.

드 세르또의 분석은 이메일의 급격한 증가를 설명하는 데도 도움이 된다. 이메일의 텍스트적인 성격은, 언어에는 능숙하지만 직접 만났을 때는 덜 자신 있는 사람들, 즉 미소 띤 얼굴을 이메일로 쓰는 것은 잘하지만 "미소로 서비스를 제공"하는 것은 힘들어하는 사람들에게 잘 맞는다(류 2004, 123). 사무실 일에서 (다른 화면상의 생활에서와 마찬가지로) 감정은 이메일의 단조로움을 보완하는 내정된 저장소이다. 미소 띤 얼굴은 (또는 여자들 사이에서 쓰는 키스 사인(X)는) 그것이 화면을 통해 정동을 전달하는 문제에 관한 지표가 되는 만큼, 임시적인 해결책이 되기도 한다. 그래서 아직도 많은 피고용인은 전화를 거는 것보다 이메일을 보내는 것을 선호한다. 대면 접촉에서 있을 수 있는 시간 낭비와 번잡함을 피할 수 있기 때문이다.

직장에서의 텍스트적 소통이 미흡한 많은 경우, 그 결과는 우려스러운 만큼이나 우스울 수 있다. 2007년에 만들어진 〈수동-공격적인 메모〉Passive-Aggressive Notes라는 웹사이트는 재미를 우선으로 하는 이런 종류의 소통 붕괴의 사례를 보여 준다. 이 인기 블로그는 위에서 설명한 스나크와 냉소주의의 모든 특징을 가지고 있으며, 정보 직종에서의 모순과 소외를 가시화한다. 〈수동-공격적인 메모〉에서 잠깐이라도 시간을 보내는 것은 중간 계급의 삶에서 안정감과 만족감이 얼마나 미약하게 유지되고 있는지를 감상하는 것과 같다. 이 웹사이트는 또한 댓글 란에 재치 있게 한 줄 남기고 가는 수많은 사람이 완전히 감추지 못하는 화이트칼라 주체성의 정신세계의 단층을 보여 주기도 한다.

그냥 살짝 상기시켜 드리는 거랍니다 ☺ : 사무실의 수동 공격성

웹사이트 자체의 설명에 의하면 〈수동-공격적인 메모〉는 "전 세계의 공유 공간에서 나온, 고통스러울 정도로 예의 바르고 웃기게 공격적인 글"에 바친다고 되어 있다. 이 사이트의 일반적 게시물들은 독자들이 대부분 익명으로 보낸, 손으로 쓴 메모 사진 한두 장과 그에 대한 짧은 설명으로 구성된다. 이 블로그는 보통 한 글에 100여 개의 댓글이 달리며, 방문자 집계 사이트에 따르면 실제 독자는 훨씬 더 많다고 한다. 메모가 원래 붙여진 장소는 공동으로 거주하는 집의 부엌에서부터 백화점 탈의실 내부까지 다양하다. 메모를 쓴 대상도 집 청소는 안 하면서 남의 칫솔은 주저 없이 쓰는 룸메이트부터, 하필 그 블로거처럼 지적질 잘하는 도시 거주자들의 아파트 건물 밖에서 잠을 자는 노숙인까지 다채롭다.

이 사이트의 분위기는 항상 농담조이지만, 크라카우어가 일찍이 "축소판 사건들"miniature occurrences의 연속이라고 말한 소소한 폭압들이 매일같이 얼마나 일어나는지를 추측하게 해 줄 만한 풍부한 근거를 제공한다. 이 사이트의 목적상, 메모를 적은 사람은 독자들로부터 평가를 받는데, 그 기준은 "일상의 업무를 완수하는 것에 수동적으로 저항하고, 자신이 이해받지 못하거나 충분히 인정받지 못하는 것에 대해 불평하며, 비이성적으로 권위를 경멸하고 개인적 불행에 대해 과장하여 불평하는 완고한 불평분자"인지, 그래서 수동-공격적인지 여부이다. 사이트에 올라온 메모들에 관하여, 사이트 설립자는 이렇게 설명한다.

이 메모 중 일부는 정말 더 공격적인 어조이고 일부는 더 수동적이며 심지어 공손하기까지 하다. 공통점이 있다면 좌절감을 직접 대면해서 해결하기보다는 글로 적는다는 것이다. 그것은 가시 돋친 비난이지만, 유용한 조언이나 우스운 농담, 또는 단순히 깜빡한 것으로 위장하고 있다. 『수동-공격적인 남자와 살기』의 저자이며 임상 심리학자인 스콧 베츨러가 말하듯, "농담은 가장 교묘한 방식의 수동-공격적인 행동이 될 수 있다.[8]

여기서 메모 작성자와 메모를 읽는 사람 사이의 관계란, 보통 그 불평이 공손한 부탁의 형태를 띠어서 기분 나쁘지 않은 방식으로 기분 나쁜 (그렇게 생각되는) 행동에 관심을 불러일으키는 것이다. 그 결과 따라오는 태도의

---

8. 이 사이트에서는 대문자를 가려 쓰지 않거나 서식을 지키지 않는 방식이 유지되는데, 웹에 기반한 하위문화의 정신 아래 용인된다.

희극성은 이 사이트가 관음증적 유희를 위해 제공하는 것이다. 독자들은 예의의 기준이나 행동을 평가하고 분석하며, 그것이 독자들의 공감대와 현저히 다를 때는 비판한다.

웹사이트의 메인 페이지 앞부분에 있는 노란색 포스트잇 노트는 이 웹사이트에 올라온 메모들의 핵심 출처가 직장이라는 것을 암시한다. 블로그 포스트 범주의 상당 부분이 구체적으로 사무실 생활에 할애되어 있으며, 특히 성가신 단체 이메일과 공동 사용하는 냉장고에 붙은 메모, 그리고 화장실에 붙어 있는 간청의 메모가 많다. 블로거들이 붙인 제목과 태그들이 재미를 더하며, 종종 주제에 맞추어 포스트를 올리기도 한다. 예를 들어 "사무실 의인법"과 같은 포스트에서는 직장을 배경으로 말하는 스펀지(절 사용하세요!)나 문(저를 닫아 주세요!), 전자레인지(저를 닦아 주세요!), 변기(물 내려 주세요!) 등을 묘사하는 다양한 종류의 메모를 모아 놓았다.[9]

블로그 아카이브와 태그 모음을 훑어 보다 보면 메모 작성자들이 수동-공격적으로 굴기 위해 사용한 언어가 비판받거나 칭찬받는 정도를 보고 놀라게 된다. 메모를 분류하기 위해 사용된 범주는 '중요 항목', '캡스락'CAPS LOCK, '생략 광', '느낌표로 기쁜!', '불규칙한 대문자 사용', '스마일', '철자와 문법 경찰', '밑줄 긋기', '불필요한 인용 부호' 등이 포함되며, '미심쩍은 논리'나 '반어법' 같은 항목도 보인다. 자기 자신을 표현하기 위해 메모 작성자들이 취하는 전략은 분명, 문자 언어의 제약과 공개적으로 정동을 표현하는 데 대한 한계를 둘 다 극복하기 위해 고안된다. 그래도 독자들이 글과 문법, 메모의 구성에 대해 놀라울 만큼 관심을 보이는 것은, 사람들이 언어

---

9. 2007년 12월 29일 포스트. http://www.passiveaggressivenotes.com/

사용상의 특이점이나 잘못을 지적하는 데서 즐거움을 찾는다는 것을 보여 준다. 이 사이트에서 링크하는 다른 추천 블로그들은 이러한 수준과 취향을 유지하는 데 관심이 있는 더 넓은 커뮤니티로 확장해 들어간다. (《소유격 부호 남용》과 〈'불필요한' 인용 부호의 '블로그'〉는 이 사이트의 취지에 공감하는 다른 두 프로젝트이다.) 이 사이트는 문자 언어에 능통하고 학식이 있는 사람들을 위한 안식처이며, 동류의 공격적인 논평자들은 언어를 통해 자신의 우월성을 과시하며 세세한 것들에 집착하고 비판한다.

스나크의 좀 더 오래된 전통 속에서, 이처럼 검열하고 조롱하는 행동 문화는 좀 더 심각한 공격성의, 무자비하고 수치스러운 하위문화와 유사성을 가지고 있다. 바로 엔지니어와 컴퓨터 프로그래머의 작품이 기존의 기대에 어긋날 때는 비난을 당하는, 처벌을 통한 입문 의식이다(울먼 1996, 길보아 1996을 보라). 하지만 이 사이트는 정보 산업군에서 일하는 사무직 종사자들이 자신의 직업적 전문성과 능력, '쿨함'을 동료들의 아마추어리즘과 불합리, 사소한 강박과 구분 짓기 위해 애쓰며 느낀 분노를 드러내 주고 있기도 하다. 메모를 분류하는 과정에서 미묘하게 끊임없이 평가가 이루어진다. 한편, 온라인이라는 영역성은 이렇게 분류하는 못된 행동을 익명으로 가상화하고 '실제 삶'의 노출이나 모욕으로부터 안전하게 만들어 준다.

각각의 경우, 다른 사람들의 행동을 선택하고 등급을 매기고, 규제하는 것은 문자 언어를 얼마나 잘 구사하는가에 관한 능력이다. 첫째로, 메모의 대상에게 영향을 미치려 하는 메모 작성자에 관해서, 두 번째로는 사후에 메모 작성자를 평가하는 내부의 큰 커뮤니티에 관해서이다. 첫 번째 경우, "사유된 체제(상상된 텍스트)는 하나의 신체로서 그 자체로" 메모를 "만들어 내"는데, 철저히 분석하는 웹사이트에 메모를 올림으로써 '우주의 모순 사이로 합리성의 네트워크'가 연속적으로 만들어진다(드 세르또 1986, 144). 우리가 어느 메모가 적절하다고 그 메모 작성자에 대해서 처음에 내린 결론에 집중하든, 아니면 그 메모가 '수동-공격적'인 지위를 가지는가에 관한 이차적 평가에 집중하든지 간에, 드 세르또의 말에 의하면 각각의 행동은 "하나의 체제를 만들어서 그것이 미개하고 타락한 사회의 몸체에 문자로 쓰일 수 있도록 하려는" 실천이다(144).

여기에서 "몸체"는 가끔 문자 그대로의 뜻을 의미한다. 사무실에서 메모가 남겨지는 가장 흔한 장소 두 군데가 공동 주방과 화장실이라는 것은 우연이 아니다. 직원들이 일반적으로 연결된 사무실 칸막이와는 다르게, 주방과 화장실은 타인의 신체의 물질성을 피할 수 있는 곳이 아니다. 여러 메모에서 바람직한 화장실 행동거지를 창의적으로 묘사하고 있는데(옆 칸에서 힘쓰고 있는 동료를 위해 물 내림 버튼을 누르는 친절을 베푸는 것, "우리 모두에 대한 존중을 표시하기 위해" "모든 것이 사라질 때까지 물 내림 버튼을 누르고 있기" 등이 포함된다), 이것은 공적인 영역(특히 메모의 상당수가 유래하는 미국에서)에서의 에티켓과 예의의 조건을 반영한다. 사무실 냉장고에서 음식이 없어지는 일을 기록한 메모가 어처구니없게도 정기적으로 나타난다는 사실은 그 자체로 근무 현장이 세분되는 것을 보여 주는 바로미터이며 선택 근무제와 계약직 증가의 징후이기도 하다. 이러한 요소들은 많은 노동자가 서로를 알지 못하도록 하거나 서로 다른 시간대에 같은 공간을 사용하도록 만든다.

이 웹사이트의 작업 방식이 유머라면, 2007년에 올라온 한 메모는 (이러한 하위문화의 관급상) 일상적인 절도로 보이는 일에 대한 한 사람의 반응에 대해서 좀 더 음울한 모습을 보여 준다. 이 메모의 한 부분을 인용하

면 이렇다. (서식 그대로 따름)

> 사람들 음식을 훔치는 건 괜찮아(과장법임). 하지만
> 나는 임산부인데, 내가 점심으로 싸온 고기와 치즈를 당신이
> 한 입 먹어 버려서 나는 굶고 있어.

> 나를 굶기고 싶으면 기꺼이 그렇게 해. 하지만 내 아이는 안 돼!!!!

요점을 강조하기 위해 모두 대문자로 쓰면서, 이 임산부는 계속해서 말한다.

> 다른 사람들 음식 좀 건드리지 마!!!

> 식사비를 제공하거나 적절한
> 식비 용돈을 지급하는 데를
> 찾는 거라면, 그런 데는
> 얼마든지 있어.

> 제발 네가 내 음식을 맛보거나,
> 먹거나, 훔쳐서 내 아이를(태어났든 안 태어났든)
> 굶게 만드는 걸 내가 잡는 일이 없도록 하라고.[10]

이 메모에는, 사진을 찍으려고 냉장고에서 메모를 몰래 떼어내 웹사이트에 올리기 위해 수행한 "세심한 계획"에 대한 자세한 설명이 덧붙여져 있

---

10. [옮긴이] 원문에 전부 대문자로 되어 있는 것을 강조체로 처리하였다.

다. 메모에 드러나는 인간적 감정에 대한 어떤 개념의 공감이든지 간에 그것을 넘어서 사이트에서 사용되는 주요 통화는 유머이며, 이를 통해 보상이 이루어진다. 댓글 란에서 이 장래의 어머니에게 감정적 지지를 보여 주는 독자도 있지만, 다수의 독자는 메모를 칭찬하며 점수를 매기며, 계속해서 농담을 하는 공식에 따른다. 줄줄이 달린 댓글들은 이러한 특정의 지식 계급 분야에서 이런 식으로 대화하고, 자극하고, 점수를 매기는 것을 부추긴다.

사이트에 올라온 메모들이 모르는 타인들을 향해 작성된 것처럼, 〈수동-공격적인 메모〉 사이트가 이토록 성공할 수 있도록 만든 컴퓨터상의 하위문화는 일군의 개인들의 경험에서 비롯된다. 이들의 고용 조건은 그들이 동료들의 삶에서 일시적으로 스쳐 지나가는 존재가 된다는 것을 의미할 때가 많다. 이러한 상황에서, 노동자들의 정체성은 신체적 근접성을 통해 공유하는 마주침보다는 문자적 표현을 통해 수행되고 의미화된다. 드세르또의 표현을 빌리면, 직접적인 접촉이 아니라 온라인으로 동료 의식이 일어나도록 만들어 준 것은 "숙달된 언어"라는, 중간 계급의 문화자본의 잔여적 권위이다. 이러는 동안, 이렇게 증명 가능한 앎에 관한 행동들은 현실에서의 비판이나 직접적인 대립이 위협할 수 있는 정동의 창피스러운 표출로부터 거리를 유지한다.

류의 말에 따르면, 〈수동-공격적인 메모〉는 "사람들이 저항하는, 그러나 아주 은밀하고 미묘하게, (수동성과 행동주의, 절망과 희망 사이에서 유예된 채) 우유부단하게 저항하는" 사무실 정치의 중요한 예이다(2004, 277). 류는, 정보 산업의 직장에서 '쿨함'을 유지하려는 욕구는 노동 정치의 역사에서 후퇴를 의미한다고 보았다. 왜냐하면, "그러한 욕구는 놀라울 만큼 분위기가 협소하고 조절 능력이 없으며, 파토스에 대한 보상도 없이 잔인하고, 무차별적이며, 무엇보다도 자기중심적이며 사적이기 때문이다. 다른 식으로 말하면, 쿨함의 순간에 지식 노동자들은 (지식 노동자가 되기 위해 훈련하는 학생들은 말할 것도 없고) '청소년기'로 퇴행하는 것이다. 여기에서 '청소년기'는 사회적인 고루함에 반대되는 개인에 대한 구조적인 묘사보다는 덜 경멸적인 별칭이다"(305).

직장 정치가 개인주의로 전환되는 측면은 중요한 의미를 가진다. "지식 노동자들이 학교를 졸업하고 일하러 갈 때조차도, 경영 합리화에 대항하는 폭넓은 공공의 역사에 참여하는 대신 '쿨함'이라는 방법으로 즉시 그들의 정신적인 '방'으로 들어가 버린다"(류 2004, 305). 류는 화면에 기반한 하위문화를 중요하게 여기지 않는데, 왜냐하면 이러한 문화는 부정하는 고립 집단으로 남으며 화이트칼라 일터에 영향을 미치는 압박에 대해 어떠한 실행 가능한 해결책도 가지고 있지 않기 때문이다. 스나크와 냉소주의는 정보 분야의 고립된 노동 조건을 보여 주는 징후일 수도 있지만, 그 단기간의 즐거움이라는 가치는 불신이라는 정당한 감정을 직장에서의 저항이라는 오래된 역사에 맞춰 조절하는 데는 별 쓸모가 없다.

클레어 피셔라는 캐릭터가 허구이지만 유익한 차이를 제공하는 것도 이 지점이다. 직장 내 규율을 거부하려 하는 클레어의 실험은, 최근에 많은 텔레비전 드라마[11]와 리얼리티쇼의 정형화된 절차에서 미화시키는 '승자 독식'의 문화적 경제에서 젊은 세대가 얼마나 자주 실패하는가에 대한 인정

---

11. 시각적, 서사적 스타일은 매우 다르지만, 〈엘워드〉(The L Word)와 〈앙투라지〉, 〈열정을 죽여라〉, 〈어글리 베티〉(Ugly Betty), 〈선셋가의 스튜디오〉(60 Studio 60 on the Sunset Strip), 〈엑스트라〉, 〈30 Rock〉과 같은 다양한 TV 프로그램은 모두 문화 산업 속 참여자/관찰자의 경계에서 작동한다. 이런 식으로 TV 프로그램들은 시청자들이 전통적 의미의 감상자일 뿐 아니라 창의적 내용의 생산자를 포함하기도 한다는 것을 암시한다.

이기에 반갑다(헤스몬드헤이그 2007, 터너 2004). 클레어의 직장에 대한 묘사는 사무실 생활을 대표하는 시각적 단서를 보여 주는데, 조 모런(2005)에 따르면 이는 〈사무실 공간〉Office Space이라는 영화에서 시작되었다. 클레어의 직장을 묘사하는 장면들은 NBC 드라마인 〈웨스트 윙〉의 능력지상주의적 판타지와 HBO의 〈열정을 죽여라〉Curb Your Enthusiasm 또는 〈앙투라지〉에서 보여 주는 익살, 그리고 〈식스 핏 언더〉 스스로도 종종 보여 주는 참기 힘든 진지함과는 다르게 풍자적 유머를 보여 주는데, 이는 이러한 이전의 장르적 기대 사이 어딘가에 위치함으로써 독특한 방식으로 흥미롭다.

모르는 분들을 위해 설명하면, 클레어는 '피셔와 아들들'라는, 가족이 운영하는 장례식장의 매일의 일상을 둘러싸고 그려지는 〈식스 핏 언더〉에서 막내이자 외동딸이다. 사업장의 이름이 말해 주듯이, 클레어는 사업 승계나 분명한 진로의 덕을 볼 가능성이 없었다. 그러나 이런 상속제의 가부장적 무시와 그에 따른 구도는 드라마 첫 회에서 예기치 않게 아버지가 사망함으로써 혼란에 빠진다.[12] 미국 전반과 〈식스 핏 언더〉의 로스앤젤레스라는 특정 배경의 변화하는 문화적 구성을 상징하는 변화 속에서, 드라마의 후반에 가서는 사업체 이름을 '피셔와 아들들'에서 '피셔와 디아즈'로 바꾸는 것에 관한 갈등을 자세히 보여 준다. 사업체의 바뀐 이름은 이 장례식

---

12. 이러한 서사적 반전은 〈식스 핏 언더〉의 주인공 중 한 명인 레이첼 그리피스가 이어서 출연한 〈형제자매들〉에서도 반복된다. 이 드라마에는 〈엘리의 사랑 만들기〉(Ally McBeal)에서 1990년대와 2000년대의 매우 인상적인 사무실 노동자 중 한 명을 연기한 칼리스타 플록하트도 출연했다. 이 글의 주제와 관련하여, 케이블TV에 가입해야 볼 수 있는 HBO와는 다르게 공중파로 방송되는 ABC를 통해 방송된 〈형제자매들〉은 이라크 전쟁에 대한 민주당의 자유주의적 입장과 공화당의 '애국주의적' 입장 사이의 갈등을 좀 더 노골적으로 그렸다. 이에 대해서는 이 글의 뒷부분에서 다루겠다. 드라마의 제목이 암시하듯, 이 드라마의 서사는 중산층 가정의 좀 더 감성적인 장치 안에서 조직되었다.

장의 시체 방부 처리 담당 주임이자 드라마의 주요 라틴계 인물인 프레데리코의 경제적 영향력이 커져 가는 것을 반영한다.

이 드라마 속의 남자들과는 다르게, 클레어는 아버지의 직업적 야망을 따라갈 것인지에 관한 딜레마를 겪지 않는다. 드라마 속에서 클레어가 포스트 페미니즘의 문화 속에서 성취 가능한 형태와 관련하여 어색하게 위치 지어진 젊은 여성으로서 인생의 방향을 정하지 못하는 모습이 간간이 보인다(길 2007a, 맥로비 2004). 클레어가 결국 예술가로서 '각성'하는 것은 드라마에서 흥미 있는 하위 줄거리로 계속 사용된다. 왜냐하면, 그녀는 이러한, 그리고 모든 하위문화에서 아웃사이더이기 때문이다. 예술계에 입문하는 데 대한 역할 모델이 없는 상황에서, 클레어는 어떻게 신뢰성을 쌓고 유지하는지를 스스로 배울 수밖에 없다. 마약 복용, 성적인 실험, 자기중심적으로 성깔 부리기, 심지어는 지적 재산권에 대한 갈등 등 창작에 대한 온갖 클리셰를 경험하는 긴 기간을 거쳐, 드라마의 다섯 번째 시즌의 시작과 함께 클레어는 정신분열증을 가진 사진 강사와 위태로운 관계를 시작한다. 빌리는 약을 계속 복용함으로써 자신의 창의력을 해치며 책임감 있는, 신자유주의적 주체 형성에 관한 자신만의 실험을 수행하고 있다. 스스로가 지겨워지고, 그의 예술적 천재성에 중심적인 역할을 했던 불안함이 그리워지자, 시즌의 초반 에피소드에서 빌리의 광적인 페르소나는 복수와 함께 돌아온다. 두려움에 휩싸인 클레어는 자신의 연인과, 그의 흥미로운 세계가 대표하는 모든 것들로부터 도망치게 된다.

임시직은 임시적이라는 뜻: 새로운 경제의 공동 사용 책상에서 친구 사귀기

클레어가 처음으로 임시직 중개사무실을 방문하는 장면에서, 그녀는 직원에게 자신이 예술 학교를 그만두었는데 이유는 "창작할" 시간이 부족해서였다고 설명한다. 자신의 진짜 포부를 털어놓아야 할 것 같다고 느낀 클레어는, 예술 기금 지원을 신청했는데 받게 될 것 같다고, 만약 받게 되면 "그 즉시" 일을 그만두어야 할 거라고 말한다. 이런 작은 몸짓은 성인 고용의 무자비한 현실에 들어가려는 진실하고 정직한 영혼으로 그녀를 위치시킨다. 그녀의 깜찍함은 상담원이 그녀의 관대함에 "그렇죠. 뭐, 임시직은 결국 임시적이라는 뜻이니까요"라고 대답하자 더욱 가중되기만 한다. 컴퓨터의 데이터베이스로 고개를 돌린 후, 상담원은 잠시 뒤 클레어의 일자리를 찾아낸다. 그러나 클레어에게 경고하기를, 이 회사는 보수적이며, "단정한 블라우스와 치마를 입고 팬티스타킹을 신어야 할 것"이라고 이야기해 준다.

다음 장면에서는, 클레어가 새로운 사무실 동료와 친해지려 노력한다. 동료의 동료애적 몸짓들(상투적인 격려의 말인 "할 만해요?"라고 묻거나, 다른 동료 비벌리를 위한 깜짝 생일 카드에 사인하라고 권함)는 현대 화이트칼라 사무실의 핵심 기표이다.[13] 클레어가 아직 비벌리를 못 만나 봐서

---

13. "할 만해요?"(Having fun yet?)는 '큐브' 사무실 장난감에 들어 있는 스티커 중 하나이다. 미니어처 책상 크기이며 레고같이 생긴 이 장난감을 가지고 사람들은 장난감 근무자를 위한 사무실 환경을 만들고 스티커로 그 공간을 꾸밀 수 있는데, 이 스티커에는 지루한 컴퓨터 모니터 화면과 생산성 도표, 휴양지 사진 등이 포함된다. 세트를 구매하면 "당신이 보스"인 사무실을 창조해 낼 수 있다. 이러한 사실을 알려주고 내 사무실 큐브를 선물해 준 헤더 스튜어트와 미셸 디시노스키에게 감사를 전한다.

카드에 사인하지 말아야 할 것 같다고 하자, 동료는 상관없다고 안심시켜 준다. 왜냐하면, 누구도 카드를 읽지 않기 때문이다. ("작년에 내가 히틀러라고 사인했는데 비벌리가 아무 말도 안 했어.") 이 특정 장면은 입문이라는 과정의 모든 특징을 담고 있다. 즉, 장소와 관련된 농담(수동-공격적인 메모들처럼, 이런 농담은 파토스로 가득 차 있다), 집단 내부의 언어와 의식, 어떻게 행동하고 어떻게 사람들을 대해야 하는지에 대한 팁 등이다. 시청자가 발견하게 되는 것은, 이런 상황에서 친구가 되는 것은 선택의 문제가 아니라는 것이다. 그 사람에 대해 알 필요도 없으며, 그냥 참여해야 한다. 게다가 이런 의무적인 친구들 사이에서 주고받는 선물은 별 의미가 없다. 순전히 몸짓에 불과할 뿐이다. 그에 수반되는 적절한 정동이 있을 '것 같다'고 기대하는 건 우스운 일이 되고 만다.

또 다른 당혹스러운 에티켓에 관한 장면에서, 클레어는 강아지들이 춤추는 e-카드를 동료로부터 받고 감사를 표시해야 할 것 같다고 느낀다. 이런 우호적인 (문자적인) 몸짓은, 동료가 클레어가 좀 더 팀의 구성원으로 느낄 수 있도록 화장실 사용권을 주면서 어색한 순간으로 전개되고 만다. 이러한 예에서도, 직장 문화는 우정의 표시를 거절할 수 없다는 가정하에 작동되는 것으로 보인다. 즉, 초대를 할 땐 거절의 선택권을 함께 주지 않는다. 자신이 받은 빈약한 선물에 항의하려 하는 클레어를 보면 류가 지식 노동의 "영원한, 피할 수 없는 우정"(2004, 172)이라고 말한 것이 무슨 뜻인지 알 수 있다. 이에 대해 모런은 "보통의 인간적 관계를 손상시키고는 사후에 그것을 생산해 내려 한다"고 주장한다(모런 2005, 38).

동료들의 사교적인 언행에도 불구하고, 또는 이 때문에, 클레어는 분명한 모순에 처하게 된다. 임시직으로서, 그녀는 자신만의 화장실 사용권에 대한 자격을 갖지 못하지만 다른 사람들과 어울리기 위해 마땅히 카드에 사인을 하도록 기대된다. 이 시즌 내내 몇몇 경위를 통해, 직장 의례들이 고등학교 시절의 서열 구조로 회귀한 듯한 느낌을 자아낸다. 화장실에 가기 위한 허락을 받으려면 신뢰를 얻어내야 하는 것이다. 공교롭게도 이러한 차이가 중요하다는 것이 드러난다. 화장실은 극 중에서 가장 극적인 장소가 되는데, 왜냐하면 감시로부터 자유로운 유일한 공간이기 때문이다. 화장실은 지치도록 직업적인 쿨함을 수행해야 하는 것으로부터 일시적으로 유예되는 공간을 제공한다.

사무실 직장에서 궁극적인 우정의 행위는 아마도 일 마친 후의 술자리일 것이다. 클레어가 일찍이 이런 술자리에 초대받았을 때, 그녀는 근처 쇼핑몰에 있는 술집에 가는 것에 대해 별 열의를 느끼지 않는다. 그녀는 다음번에 가겠다고 말하며 정중히 거절한다. 그러자 그녀의 동료들은 클레어가 호주 사람들 말로 "젠체한다"고 비난한다. 클레어의 동료 중 한 명은 (가장 많이 쓰이는 집단 용어 중 하나인) "뭐가 문제야? 클레어. 너만 잘난 줄 알아?"라고 말한다. 그녀를 맥주 피처와 포켓볼, 광란의 파티로 끌어들이려는 숨 막히는 시도는, 특히 클레어가 자신의 예술 지원금 신청이 실패하여 임시직에서 벗어날 길이 암담해짐에 따라 그 효과를 보게 된다.

술자리에서 드물게 고백적인 태도로, 동료 커스틴은 자신이 말쑥한 외모의 변호사인 테드와 직장 내 연애 관계에 있음을 클레어에게 이야기해 준다. "우리, 좀 쿨하게 지내려고 하는 중이에요."라고 커스틴은 깜짝 고백하듯 말한다. "한 달 동안은 말을 안 했는데 그러다 남자 화장실에서 장난치게 됐지 뭐예요……이 남자가 심각한 관계에 대한 자기 두려움을 좀 해결하면 다음 단계로 가야 할 것 같아요." 이렇게 여자들만의 수다를 나눈 뒤 클레어는 술을 가지러 바에 가는데, 여기서 테드는 '새로 온 여자 직원과 친해지기'라는 고전적인 방법으로 클레어의 관심을 끌려 한다. 두 사람은 예기치 않게 통하게 되는데, 공식적인 첫 데이트에서 테드가 자신이 공화당 지지자이며 대통령 선거에서 부시 2세에게 투표했고 진심으로 이라크 전쟁을 지지한다는 것을 인정했기에 더욱 그러하다. 테드는 클레어의 좌파적 정치관을 "순진함"이라 칭하며 슬쩍 넘어가고는, 진보하기 위해 폭력을 사용하는 것은 "인간 본성"이라고 주장한다. 이 순간, 이 드라마의 정치적 국면을 밝히며 가장 의미심장한 이데올로기적 차이를 포착하는 이 순간에, 클레어의 오빠가 쓰러졌다는 소식을 알리는 전화 때문에 두 사람의 대화는 중단된다.

공화당 지지자도 좋은 사람일 수 있다는 것을 증명하며, 테드는 그날 밤 내내 병원에서 클레어의 곁을 지킨다. 정치에 관한 이슈에 대해 의견 차이가 있음에도 불구하고, 테드는 클레어의 삶에서 무엇이 오랫동안 빠져 있었는가를 알아챈다. 클레어의 저항에 개의치 않고 ("여기 있을 필요 없어. 여기서 날 도와줄 사람들 있어.") 테드는 그녀에게 위안이 되어 준다. 왜냐하면, 그는 클레어의 고집스러운 독립심을 꿰뚫어 보고, 그동안 클레어가 힘든 시기에 그녀의 가족이 지지의 원천이 되어 주지 못했음을 알아차릴 수 있었기 때문이다.

팀을 실망시킨다는 것

오빠 네이트의 장례식과 〈식스 핏 언더〉의 결말 에피소드 사이의 시간 동안 분명해지는 것은 테드가 주의 깊게 신경을 써 줬음에도 불구하고 클레어가 오빠의 죽음을 잘 극복하지 못했으며, 자유분방한 보헤미안적 습관을 새로운 직장에서 완전히 변화시키는 데 실패했다는 것이다. 계약직이기 때문에, 클레어는 병가도 낼 수 없고 다른 보조도 받을 수 없으며, 상속받은 재산은 학교를 중퇴했기 때문에 묶여 버렸다. 약물과 술을 밥 먹듯 하게 되면서 클레어가 직장에서 동료들에게도 함부로 대하자, 커스틴은 마침내 사무실 화장실에서 클레어에게 충고를 해 준다. 클레어가 취한 것이 뻔히 보이지만(클레어가 "보드카 냄새가 나는 건 아니잖아요"라고 중얼거리듯 항변하지만), 커스틴은 처음부터 그들의 관계를 규정지었던 팀워크를 똑같이 표현하며 클레어에게 호소한다.

"오빠 돌아가신 거, 우리 모두 정말 유감이에요." 커스틴이 말한다. "사람들한테 클레어 좀 너그럽게 봐주라고 이야기했어요." 클레어는 커스틴의 염려를 훈계로 알아듣고는 격분해서 상황을 더 악화시키고, 커스틴은 협상을 하기에 이른다. 클레어가 이날 그냥 집에 가면 모든 부적절한 행동에 대해서 인사과에 "이야기하지 않겠다"는 것이다. 친한 친구의 애정에서 우러나온 듯한 이런 행동이 학창 시절 학교 애들의 뻔한 연기처럼 느껴진 클레어는 동료의 선의를 페이퍼 타올과 함께 커스틴의 얼굴에 던져 버린다. 더 심각한 자매애적 배신의 행동이 곧 뒤따르는데, 클레어가 그동안 쭉 테드와 잤다는 것을 밝힌 것이다. (앞에서 논의한, 사무실 칸막이 안에서 되풀이되는 정동인) 아이 같은 옹졸함의 수준으로까지 떨어진 클레어는, 명목상의 친구를 상처 입히기 위해 자신이 가진 유일한 무기를 사용한다. 수동-공격적인 메모에서와 마찬가지로, 이런 사례에서 동료들이 무언가를 느끼도록 강제하는 것은 신체의 행동이라는 것을 주목할 필요가 있다.

고등학교에서와 마찬가지로, 사무실이라는 공간에는 처벌과 훈계, 배

척의 결과를 불러올 수 있는 엄격한 행동 규칙이 있는 것으로 보인다. 소지품을 챙기도록 강제당한 클레어는 결국 매우 불쾌한 모습으로 사무실을 나가게 된다. 클레어는 심리적 외상에 대처할 능력이 부족하여 동료들의 인내심이 한계에 달하게 했고, 이런 공간은 그 본질상 어려움에 부닥친 개인의 지나친 요구를 받아들여 줄 수 없기 마련이다. 이러한 사무실 문화에서 개인주의가 칭송되는 만큼, 그것은 커피와 라떼 차를 주문하는 것이나 IBM컴퓨터를 장식하는 미학과 같이 공허한 독특성을 통해서이다. 슬픔에 무너져, 더 이상 견디는 것이 무의미하다고 느낀 클레어의 전문 직업인다운 쿨한 페르소나는 완전히 붕괴하고 만다.

가족이 운영하는 장례식장에 돌아와서, 클레어의 분노는 더 커진다. 집 앞에 주차된 SUV차에 주목한 그녀는 새로 온 손님에게 언어적인 공격을 가한다. 애초에 전쟁을 촉발한 그 기름을 그렇게나 많이 먹는 차에다가 감히 "우리의 군대를 지지합니다"라는 스티커를 붙인 게 범죄라는 것이다. "군대를 지지한다고? 이게 무슨 엿 같은 소리야." 클레어는 깜짝 놀란 여성 차주에게 말한다. (클레어가 "우린 누구의 기분도 상하지 않게 노력하는데 저 사람들은 군대를 지지하잖아!"라고 말할 때) 테드가 클레어를 집 안으로 데리고 들어가려고 하자, 그녀는 뿌리치고 나와서는 그 미망인에게 더욱 심한 모욕을 가한다. "망할 이라크인들이 하루에 수십 명씩 죽어 가고 있다고. 애초에 거기 간 것 때문에 전 세계가 우리를 혐오하고, 테러리스트들이 앞으로 수백 년 동안 이 나라를 폭파하려고 할 텐데 저 여자가 생각해 낸 거라고는 저 무지막지한 차에다가 스티커를 붙이는 거야. 아직도 미국 군인들이 매일 미쳐 가고 있는데 아무도 이야기를 안 해. 이게 다 당신 같은 사람들이 이 망할 놈의 차에다가 기름을 처넣어서 그놈의 잘난 미국인처럼 느낄 수 있게 하기 위해서란 말이지!" 클레어가 적절한 직장 내 행동의 원칙에서 탈선하자, 자유주의의 지배적인 진부함에 따라 이라크 전쟁에 대한 분노를 억제해야 한다는 마음도 없어진다. 고프먼의 논의에 따라,(1971) 우리는 진보적 정서의 "후방 영역"에 대한 통찰력을 갖게 된 것이 클레어가 "자기 자신을 표현"하는 것에 대한 모든 투자 가치를 잃어버렸기 때문에 가능한 것이라고 주장할 수 있다. 적절한 정동 관리의 제약에서 자유로워짐으로써 그녀는 직장 내 우정과 주류 정치계 타협의 피상성을 똑바로 볼 수 있게 되었다. 이 시점에서 클레어를 마침내 입 다물게 한 것은 SUV 차주의 오빠가 사망했다는 프레데리코의 꾸짖음이었다. 이 말은 즉각적인 효과가 있게 되는데, 왜냐하면 그것은 클레어의 분노와 화를 관장하는 것과 같은 수준의 강렬함으로 인식되기 때문이다. '쿨함'이라는 겉모습을 유지하도록 요구하는 일종의 투자로부터 멀어져서, 클레어는 (감정의 분출이 일어나는 원천인) 오빠를 잃은 고통에 반응한다.

팀워크라는 경쟁적인 메타포와 팀을 실망하게 했다는 클레어의 가장 심각한 직장 내 범죄 사이의 연결 지점은 국가에 대한 충성의 문제와 공명하는데, 이는 〈식스 핏 언더〉의 다섯 시즌과 시기가 겹친 대통령 임기 동안 중요한 정치적 문제였다. 조지 W. 부시가 제공한 "우리 편이 아니면 적의 편이다"라는 진단은 2000년대의 시작 시점에서 애국심에 대한 핵심적 지표가 되었다. 사업과 군대의 진취성을 확보하는 데 있어서 사기 진작이 중대한 요소라면(이 책의 앤더슨의 글을 보라), 클레어가 무너진 것은 부분적으로는 이런 관습적인 형태의 동지애가 (젠더와 연령, 학력, 운명의 변천 등의 이유로) 클레어에게는 결코 허락된 적이 없다는 사실 때문이다.

모런은 미국 드라마 〈오피스〉의 성공이 등장인물에 대한 시청자들의 공감에 기반하고 있다고 말한다. 이 드라마의 주인공들은 "어딘가에 있지만 아무 데도 있지 않으며, 악명 높게 지루한 공간에 갇혀 있다. 이 공간은 종종 그들의 유치한 농담의 소재가 되기도 하지만, 그들이 영향을 미칠 수도, 이해할 수도 없는 더 광범위한 경제적 힘으로 통제된다"(2005, 42). 이와 대조적으로, 자신의 동료들과 정부의 지각없는 행위에 대한 클레어의 분노는 너무도 강해서, 더 큰 경제적 힘이 현대 미국에 대한 그녀의 경험을 표현할 언어를 결정한다는 정교한 설명으로 정당화될 정도이다. 이 후자의 묘사가 진실로 암시하는 것은, 시민들이 더 큰 그림을 정말 이해하는지는 아무런 차이를 만들지 않는다는, 즉 현대 지정학적 현실에 대한 사람들의 영향을 그들에게 단순히 말해 주기만 하는 것은 SUV 자동차를 핸드백으로 치는 것만큼의 효과밖에 있지 않다는 것이다.

장례식장에서의 클라이맥스 장면의 의미심장함은 이전에 나온 클레어의 다른 오빠인 데이비드와 프레데리코 사이의 훨씬 더 내밀한 조우에 의해 고조된다. 직장 내 역학을 좀 더 탐구하는 과정에서, 프레데리코에 의해 대변되는 가족의 가치(충실한 시청자들은 그의 외도를 알기에 위선적이라고 여긴다)는 데이비드가 생각하는 가족의 가치와 대립하게 된다. 데이비드는 가장 친한 동료가 사실은 자신과 한 남자와의 오래된 관계를 인정하지 않는다는 것을 깨닫는다. 이처럼 동료애의 한계에 대한 사뭇 다른 표현 속에서, 두 남자 사이의 수년에 걸친 우정은 서로의 수용으로까지 나아가지 못한다. 그리고 이 둘은 이런 실패를 알면서 이에 대해 어찌해야 할지 모르는 것처럼 보인다.

드라마의 마지막 부분의 이런 비통함은 이 드라마의 중심적 인물의 죽음으로 인해 한층 강화된다. 이 에피소드에서는 네이트의 장례식이 그려지는데(매회 에피소드마다 장례식이 그려진다), 그는 "결국, 이상주의자"였던 사람으로 묘사된다. 그래서 〈식스 핏 언더〉의 마지막 시즌에서 보이는 비참한 절망과 끊임없는 고통, 폐쇄공포가 미국의 정동적 상태와 관련된 것처럼 보인다. 미국 국민들은 이상주의에 대한 능력을 일시적으로 잃었고, 그래서 버락 오바마는 국민들이 "희망"을 갖게 하려고 "담대함"을 필요로 했던 것이다(오바마 2007).

앞에서 언급한 각각의 텍스트 속에서, 집단으로 망신 주는 방법을 비롯한 하위문화적 의식들은 사무실 안의 무규범 상태를 극복하기 위한 기반을 형성한다. 직원 네트워크라는 가상의 우정은 여러 가지 깐깐한 규칙과 규제에 시달리는 동료들 간에 공유하는 사소한 친밀성을 보충하고 완화해 준다. 〈수동-공격적인 메모〉와 〈식스 핏 언더〉는 포드주의적 산업 시대의 소외와 기업적인 쿨함의 피상성이 지금의 지식 산업 일터에서 "마지막 드라마"로 대체된 직장을 보여 준다. 이 드라마란, "노동자들을 단지 기업 문화의 우정 시스템으로만 묶는 것이 아니라 '사용자 친화성'이라는 보편적 환경에의 자동적인 참여를 통해 기업 문화로 묶는 프로그램이다. 이 기업 문화는 일반적 문화의 무대이며, 일반적인 사회성과 교류, 소통의 새로운 모델이다. 우리는 더 이상 친절하거나 관대하거나 관용적이거나 동정적이거나, 한마디로 사교적일 필요가 없다. 우리는 단지 사용자 친화적이기만 하면 되며, 이것은 곧 기업적이 된다는 것이다"(류 2004, 172).

사무실 환경에서 일하는 노동자들의 핵심적인 임무는 클레어가 제대로 말했듯이, "누구도 기분 상하게 하지 않는 것"이다. 이러한 예들에서 동료애적 관계는 진정한 소통이나 애착을 위해 애쓰는 것에 관한 문제라기보다는 불확실성이라는 고용 환경을 고려하여 양면성과 예의 바른 거리 두기의 자세를 유지하는 것에 관한 문제이다.

"모든 것이. 모두가. 모든 곳에서. 끝난다."

〈식스 핏 언더〉의 마지막 장면에서, 클레어는 가족에 그리고 테드와의 꽃피는 로맨스에 작별을 고하고 뉴욕으로 향하는 길을 떠난다. '뉴 이미지'라는 사진 회사의 신입 사원으로 들어가고자 로스앤젤레스를 떠날 준비를 하던 클레어는(옛 스승이 추천해 준 일자리인데, 이를 통해 다른 분야에서와 마찬가지로 예술 쪽에서도 권위 있는 사람의 소개를 통해 일자리를 얻는 시스템이나 "누구를 안다"는 게 아직도 통한다는 것을 보여 준다) '뉴 이미지'가 법정 관리에 들어갔다는 사실을 듣게 된다. 대단한 데뷔도, 해피 엔딩도 없게 된 것이다. 기꺼이 일하려 하는 예술적 재능인을 무턱대고 고용하는 신생 기업에 대해 우리가 알고 있듯이, 시청자들은 클레어의 앞날이 경쟁적이고 예측 불가능한 커리어가 되리라는 것을, 자기 자신에게 투자하는 것이 곧 안정성과 지속적인, 성취감을 주는 일에 대한 만족과 같이 편안한 종착지에 이르는 것을 보장받지 못하는 것을 의미한다는 것을 알 수 있다.

불안정성이라는 조건에서 살아가는 것은 〈식스 핏 언더〉 마지막 시즌의 광고에 적힌 다음과 같은 존재론적 교훈에 주의를 기울이는 것과 같다. "모든 것이. 모두가. 모든 곳에서. 끝난다." 그러므로 클레어가 고속도로 위에서 홀로 운전해 가는 마지막 장면에서 그녀는, 누구든지 자신의 꿈을 믿고 열심히 노력하면 꿈을 이룰 수 있는 재탄생의 공간으로서 미국을 믿고 수수한 희망을 품었던 모든 노동자를 상징한다. 몇십 년 동안 대중문화에서 그러했듯이, 확 트인 도로는 탈출할 수 있는, 새로운 곳으로 가고 다시 시작할 수 있는 자유를 상징한다. 9·11 사건 이후 이 이미지가 변색되기도 하고 더 강해지기도 했지만, 뉴욕은 기회와 재탄생의 정점으로서의 신비로운 지위를 유지하고 있다. 클레어의 도로 위 여행이 '식스 핏 언더'의 모든 인물의 불가피한 죽음과 겹쳐 보여질 때, 클레어의 여정을 반추하며 산업과 투자, 노동에 대한 인정의 이미지들 또한 마지막 숨을 거둘 수 있다고 결론 내리는 것은 부적합한 것일까? 새로운, 유연화된 노동 현장에서는 어떤 형태의 보상과 유지 장치가 적용될 것인가?

이 글 속의 예들은 사무실 환경에서 보이는 부정적인 정동의 일부를 보여 주었다. 이 예들이 암시하는 바는, 오늘날의 노동자들에게는 핵심적인 정당한 동기가 결여되어 있다는 것이다. 그것은 윌리엄 H. 와이트가 화이트칼라 직종의 "사회적 윤리"라고 부른 가치 체계이다. 인터넷상의 스나크 문화의 증가는, 비영속성과 죽음의 문제를 모티브로 한 텔레비전 드라마와 함께, 중간 계급의 정신세계에 뭔가 잘못된 것이 있음을 암시한다. 성취감 있는 삶을 산다는 것의 예전 의미는 그 매력을 일부 잃었고, 사무실 문화의 예의와 격식은 사람들이 자기 일에서 찾는 본질적 의미가 부족하다는 것을 가려 주지 못한다. 수동적인 공격성과 노골적인 적의는, 이미 창의적인 일터의 승리를 선언한 일반적인 관리 원칙에 저항하는 경계성 경고이다.

『자본주의의 새로운 정신』에서, 뤽 볼탕스키와 이브 치아펠로(2005)는 1990년대 화이트칼라 노동의 원리를 1960년대의 원리와 비교했다. 1960년대는 관료적인 기업과, 그에 따라 도덕적인 의무를 띤 사회학적 저술의 황금시대였다. 그들은 차이점이 다음과 같다고 보았다. "이제는 누구도 한 부서에 속하는 제한을 받거나 상관의 권위에 완전히 속박되지 않는다. 모든 경계는 프로젝트의 힘을 통해 넘나들 수 있기 때문이다.……새로운 조직에 의해, 관료적인 감옥은 폭발하여 없어진다. 사람들은 세계 반대편, 다른 기업, 다른 문화의 사람들과 함께 일한다. 끊임없이 새로운 것을 발견하고 계발해야 한다. 그리고 멀리 떨어져서도 가능한 새로운 '전자적 관계'는 직접 대면하는 관계보다 더욱 진실하고 자유로움을 보여 주었다"(90).

이 글은 물리적으로 현존하는 동료들 사이의 관계가 도구적 상업화의 대상이 된 시대에 월급 노동자들 사이의 간접적인, 온라인 우정이 갖는 중요성을 거듭 강조한다. "가장 구체적으로 인간적인 차원에서의 인간(2005, 98)"을 표적으로 하는 관리 기술과 새로운 매체 기술 사이의 공모 관계를 지적하며, 볼탕스키와 치아펠로는 정동 연구자들에게 중요한 실증적 자료를 제공한다. 이들은 앞으로 요구될 자본주의적 일터에 관한 중요한 해석을 보여 준다.

〈수동-공격적인 메모〉와 〈식스 핏 언더〉는 볼탕스키와 치아펠로가 진단한 불길한 역사적 국면을 공유하고 있다. 이 글을 마치는 시점에, 완전히 다른 경제의 시대가 도래하고 있다. 세계의 금융 시장이 휘청거리고 있으며, 미국 선거에서 유권자들은 더 나은 미래에 대한 희망에 표를 던지고 있다. 아마도 이런 새로운 순간은 좀 더 낙관적인 이야기들이 사무실 칸막이 속의 고독에서 떠올라 나오도록 고무할 수도 있을 것이며, 이를 통해 컴퓨터를 통해서만이 아니라 직접적으로 공유할 필요가 있는 연대를 일깨울 수도 있을 것이다. 만약 최근에 우리가 "교착 상태"의 느낌에 빠져 버린 것이 사실이라면, (이전의 모든 계급 형성에서 그러했듯이) 우리의 동료들에게 시선을 돌림으로써만 우리가 문제를 혼자서 직면할 필요가 없음을 깨달을 수 있을 것이기 때문이다.

인정 욕구와 정동의 축적

메건 왓킨스

정동 연구에서는 정동과 감정의 차이점에 대한 연구가 많은 부분을 차지한다. 보다 사회적인 표현인 감정과 다르게, 정동은 종종 전前감각적이며 전의식적인 현상으로 여겨지곤 한다. 그 결과 정동은 자동적이며 순식간에 스쳐 지나가는 것으로 인식된다. 여기서 정동의 즉각적인 영향이 강조되는 데, 이는 정동이 개인이나 집단에게 어떤 느낌을 불러일으킬 수 있지만 거의 아무런 효과 없이 재빨리 사라지는 방식이다.[1] [감정과 정동의] 이러한 대조가 특정한 유형의 정동적 경험을 다루는 데는 생산적일 수 있지만, 스피노자가 말한 아펙투스affectus와 아펙티오affectio, 즉 정동을 촉발하는 신체의 영향력과 그것이 정동을 촉발 받는 신체에 남기는 영향 사이의 차이에 대해서는 설명해 주지 못한다. 아펙티오는 스쳐 지나가는 것일 수 있지만

---

[1] 정동에 대한 이러한 해석에는 예외가 있다. 예를 들어 그레그는 문화연구에서 주요 인물들이 사용한 정동적 태도의 사용에 대해 분석하면서 그들이 도입한 글쓰기 테크닉이 지속적인 정치적 영향을 가진다고 주장한다(2006).

잔여물을 남기기도 하는데, 그것은 특정한 종류의 신체적 능력을 만들어 내는 지속적인 느낌이다. 스피노자가 설명하듯, "신체는 많은 변화를 겪을 수 있지만, 그럼에도 불구하고 인상이나 흔적을 계속 간직한다"(1959, III, Post. 2). 이렇게 간직되고 축적되고 기질을 만들며, 그래서 주체성을 형성하는 정동의 능력이 내가 관심을 두는 부분이다. 이는 우리가 세상 및 타인과의 관계, 그리고 이런 관계가 생산해 내는 정동을 통해 자아감이 형성되는 교육상의 과정으로서 이 문제를 다룬다는 것을 의미한다. 그러나 나는 정동의 축적적인 면에 주의를 기울이는 데 있어서 단순히 학술적 논의의 초점을 뒤집길 원하는 것이 아니다. 나는 정동의 두 가지 측면, 즉 힘으로서 기능하는 아펙투스와 능력으로서 기능하는 아펙티오를 모두 탐구하고자 한다. 축적에 대해서 논의하는 것이 후자의 아펙티오를 강조하는 것 같이 들리겠지만, 아펙티오는 아펙투스의 생산물에 다름 아니며, 따라서 힘으로의 정동 또는 과정적 측면의 정동은 사실 정동적 능력에 대한 논의에 내포되어 있다. 정동은 무엇보다 관계적인 현상이며, 정동을 이론화하기 위해 교육법pedagogy을 탐구할 때 이러한 관계성을 강조하게 된다.

이 글에서는 교사와 학생의 관계가 교육적 관계를 이루는 특정한 유형의 교육 과정, 즉 초등 교육을 탐구한다. 아동 발달 연구의 주요 학자들(도널드 위니콧, 대니얼 스턴, 레프 비고츠키)을 참고하여, 정동이 아동 발달의 맥락 안에서 축적되고 교사와 학생들 모두에게 유효한 영향을 미치는 방식을 고민해 보고자 한다. 정동과 교육법 이론 양자가 서로를 탐구하는 데 유용한 메커니즘을 제공하므로, 여기서는 정동과 교육법 이론의 쟁점들을 모두 다룰 것이다. 또한 이 글이 이러한 문제들에 대한 이론적인 설명을 주로 다루긴 하지만, 그러한 요지를 보여 주기 위해 가르치고자 하는 욕망과 수업 방식에 관한 연구를 언급할 것이다. 그렇게 하면서 오늘날 교육법의 측면, 즉 학생 주도 학습과 온라인상의 전달을 강조하며 교육의 모든 단계에서 교사를 소외시키고 있는 측면에 문제를 제기할 것이다. 교육의 재정적인 부분을 담당하는 사람들에게는 이러한 개발이 만족스러울 것이다. "독립적인 학습"과 "개인화된 학습", "자기 속도에 맞춘 학습" 등 어떻게 이름을 붙이든지 간에, 학습이 가르침과 분리된 활동으로 재편성되고, 또 신체가 외부적으로 그 과정을 지휘하면서 교사는 옆으로 밀려난다. 이러한 변화가 비용의 면에서 효율적인 것은 분명하지만, 교육의 면에서도 효율적인가? 학습을 교사와 학생 간의 상호주관적인 참여의 과정으로서 보기보다는 주로 자율적인 활동으로 보고 교사의 역할을 제한하여 촉진자, 또는 '학습 관리자'로 재구성함으로써 잃는 것은 무엇인가?[2] 정보와 컴퓨터 기술의 영향, 그리고 가르치는 비용을 최소화하고자 하는 경제적 합리주의의 동기에 의해 이러한 변화가 최근에 더욱 심화되긴 했지만, 가르치는 일과 배우는 일이 나눠지는 현상은 좀 더 오래된 기원을 가지고 있다. 이러한 불화가 시작된 것은 1970년대 초반으로 거슬러 올라가는데, 이때 심리학이 교육 사상을 지배하게 되고, 학생들이 스스로의 학습을 관장하는 사람으로서 강조되었다(워커딘 1984, 맥윌리엄 1996, 빅 1996, 왓킨스 2005). 과학적 '진실'을 등에 업은 심리학은, 유사하게 아동의 '자연적' 발달을 강조하는 오래된 진보주의적 교육관에 신뢰성을 부여했다. 이러한 전통에서는 (피아제가 그러했듯이) 학습을 주로 성숙 과정의 작용으로 보고 사회적인 개입의 효과를 무시했다.

---

2. 온라인 학습이 교사와 학생 간의 상호주관적인 경험으로 기능하는 경우도 있긴 하지만, 이러한 교류가 테크놀로지에 의해 연계되므로, 여기서 생산되는 정동은 매우 다르다.

이러한 문제들을 탐구하는 데 있어서, 나는 교육적 과정의 본질적인 요소인 인정recognition의 개념을 참조하려고 한다. 이 인정은 단순히 자기 선생님의 인정을 열망하는 학생에 관한 것이 아니라, 자기 학생들의 인정을 열망하는 교사에 대한 것이기도 하다. 이러한 교육적 관계는 배우고자 하는 열망과 가르치고자 하는 열망을 한 번에, 그리고 동시에 양성할 수 있는 정동적 교환으로서 실현되는 상호적 인정의 과정을 거친다. 그러므로 현재 교육 현장에서 교사와 학생 간의 접촉을 최소화하고 반 전체의 공동 지도보다는 독립적 학습을 장려하려 하는 모습은 흥미로워 보인다. 물론 학생들이 고학년으로 올라가고 고등 교육 과정에 진입함에 따라서 독립적으로 탐구하고 교사에게 덜 의지하는 것이 장기적인 목표가 될 수 있다. 그러나 학습에서의 독립성은 긴 시간에 걸쳐 얻어지는 것이며 학생들이 독립적으로 지식과 신체적 능력을 가질 수 있도록 돕는 것은 교사의 역할이다. 이런 점에서, 고학년 학습에 대한 유일한 접근법으로서 독립적인 학습을 저학년 학생들에게 적용하는 것은 효과적이지 않아 보인다. 교사들은 (유치원 단계에서든 박사과정 지도교수이든 상관없이) 학생들이 더 높은 수준의 학습능력을 획득하도록 학습에 디딤돌을 제공하는 중요한 역할을 한다. 이것은 프로빈이 가르치는 일의 정동적 측면에 대해 설명할 때 취한 관점이기도 하다(2004). 스스로를 "다른 무엇보다도" 교사라고 칭하는 그녀는, 고등 교육에서의 소위 진보적인 사상의 영향과 온라인 학습의 무비판적인 수용에 대해 비판적이다(프로빈 2004, 21). 그녀는 이 분야에 관한 브라바존의 연구를 언급하는데, 브라바존은 온라인 학습의 유연성에도 불구하고 학생들은 결국 "선생님이 흥미로운 방식으로 가르쳐주길" 바란다는 것을 지적했다(브라바존 2002). 그러나 교사 중심적인 지도에서 멀어져 가는 현재의 변화를 고려하면, 이 주제와 관련하여 초등 교육 과정에서 내가 수행한 연구에서, 교사들은 학생들의 학습에서 자신이 가지는 역할을 내세우기를 주저했다(왓킨스 2007). 특히 반 전체를 공동으로 지도하는 방식은 "적절한 교육법"으로 여겨지지 않았다. 그럼에도 불구하고 현장에서의 실천을 논의하면, 교사들의 가르치고자 하는 열망이 이러한 반 전체 교수법을 통해 보다 분명히 실현된다는 것이 명확했다. 게다가 교사들은 이런 방법을 더 효과적인 교육의 수단으로 여기기도 했다. 이것은 가르치는 일과 배우는 일에 있어서의 정동과 인정의 역할에 대해 시사하는 점이 있다.

이 점을 앞에서 언급한 연구에 등장하는 교사 중 한 명과 연관하여 생각해 보기 전에, 나는 인정과 교육 간의 연결점을 보다 일반적으로 탐색해 보고, 그리고 위니콧과 스턴, 비고츠키의 아동 발달 연구를 참조하여 정동의 영향과 특히 그것이 학습의 과정에서 축적되는 방식을 탐구해 보고자 한다.

인정과 교육

지루(1983, 1988), 맥라렌(1989) 같은 비판적 교육학자들이 제시한 교사 주도적 학습에 대한 진보주의적 비판은, 권력의 문제와 그들이 교사 권위의 남용으로 보는 것에 초점을 맞추는 경향이 있다. 그들의 전환적 교육법의 비전은 교사 권력을 문제시하고, 그 권력을 학생의 손으로 넘겨 스스로의 학습에 대한 책임을 지어 주는 것에 기대고 있다. 현대 비판 이론과 문화이론에서도 인정에 대해 인식할 때 권력을 유사한 방식으로 보고 있다. 야르의 설명에 따르면, "인정은 대상화되고 종속된 주체를 만들어 내는 권력의 경제에 관한 예시로서, 그리고/또는, 타자성과 다름, 차이를 같음의 전체성으로 축소시키는 존재론의 필수 조건으로서 받아들여진다"(야르 2001, 57). 야르의 발언은 정체성의 정치학에서 인정이 사용되는 것에 대한 비판이긴 하지만, 교사 주도적 학습에 대해 특별히 부정적인 인식을 가지고 있다. 교사를 교육 과정의 전달자로 보는 것은, 자신의 지식을 학생들에게 강요하고 교실 내 상호 작용을 제한하며 학생들의 인정을 얻기 위해 자신의 영향력을 행사하는, 그래서 잠재적으로 폭력적인 태도로 행동하는 교사를 위해 배우는 학생들을 희생시키는 것으로 보인다.

교육법에 대한 논의에서 인정의 문제가 명시적으로 다루어진 적은 거의 없지만, 부르디외의 연구에서 확인할 수 있듯이 역시 부정적으로 여겨졌다. 부르디외는 인정을 추구하는 것이 교육의 원동력을 제공한다고 보았지만, 또한 이것이 문제적이라고 여겼다. 그는 인정을 "상징적 의존"의 한 형태이자 타인의 승인에 대한 "자기중심적인 추구"로 본다(부르디외 2000, 166). 부르디외가 중심적으로 관심을 두는 부분은 아동의 입장이며, 인정과 연관된 상징 자본이 "지배를 가능하게 하는 방식이다. 여기에서 지배는 지배당할 수 있는 자들에게는 의존성을 의미한다"(부르디외 2000). 부르디외를 비롯해서 인정에 대해 마찬가지로 회의적인 시각을 가진 사람들이 취하는 관점은, 비판 이론과 문화이론에서 헤겔의 상호주관성intersubjectivity 모델을 부정적으로 보는 경향이 있다고 하는 야르의 의견을 확인시켜 준다. 켈너는 이렇게 말한다. "헤겔의 주인/노예 변증법은 오늘날의 학생과 교사 간의 관계의 특성을 밝히는 데 도움이 된다. 오늘날 세대적, 문화적, 사회적 경험들과 심지어 주체성들 사이에 부조화가 있을 수 있는 상황에서 교사들은 자신의 커리큘럼과 의제를 학생들에게 강요한다"(켈너 2003, 67).

물론 권력 남용의 가능성은 언제나 있다. 이것은 주인/노예 변증법을 정초하는 갈등이다. 그러나 꼭 그렇게 될 필요는 없다. 교육적인 맥락에서, 교사가 행사하는 우월적인 지위가 단순히 학생들을 함부로 대해도 된다는 전권 위임장의 일종으로 해석될 필요는 없다. 그러나 진보주의자들은 이러한 관점에서 교사의 권력을 상쇄시키고 학생들에게 유리한 학생 주도적인 교육을 강조해 왔다. 제시카 벤자민은 이렇게 설명한다. "이분법은 항상 그 조건을 단순히 뒤집어서 평가 절하되었던 것을 더 높이고 과대평가되었던 것을 낮추고자 하는 유혹을 만들어 낸다." 하지만 "진정 필요한 것은 편을 나누는 게 아니라 이원적인 구조 그 자체에 초점을 맞추는 일이다"(벤자민 1988, 9). 이것이 교육적 관계와 그 안에서 인정의 역할을 이해하는 데 중심점인 것으로 보인다. 교사와 학생 간의 관계가 평등하지 않을 수도 있지만, 그 성공 여부는 상호성, 즉 양측의 자아감에 중요한 영향을 미치는 상호주관적인 인정과 함께 양측 모두의 가치를 인정하는 것에 달려 있다. 호네스(1995)도 인정에 대한 설명에서 비슷한 관점을 취한다. 헤겔의 주인/노예 변증법에 대해 보다 생산적인 시각을 제공하면서, 그는 개별적인 주체성이 어떻게 서로에 대한 인정을 전제로 하는지를 설명한다. 여기서 권력은 중화되지 않는다. 그보다는 푸코식 용어로 말하면 단순히 억압적인 것이 아니라, 자존감의 확인과 인정에 대한 욕구를 동시에 만족시키는 인정의 순간에 힘을 부여하는 역할을 한다. 이 과정에서 정동의 역할이 필수적이다. 호네스는 이렇게 설명한다. "인정은 그 스스로가 정동적 승인과 격려의 특징을 가지고 있어야 한다"(1995, 95). 이처럼 정동은 인정의 신체적 예시화이며, 인정받을 때 자아 존중감과 함께 시간에 걸쳐 축적되는 감각이다. 그러므로 인정의 순간은 정동적인 힘, 또는 스피노자의 표현에 따르면 아펙투스와 같은 기능을 한다.

여기서 강조되는 것은 긍정적인 정동을 끌어내는 긍정적인 과정으로서의 인정이지만, 항상 이렇게 되는 것은 아니다. 인정은 또한 부정적인 방식으로, 그에 따라 부정적인 정동의 영향력을 가지고 기능할 수도 있다. 학교 현장의 맥락에서, 이것은 어떤 학생이 학업 성취도나 행동거지가 자주 좋지 않은 것으로 찍혀서 그 학생의 자존감과 배우고자 하는 열망에 해로운 영향을 미치는 것으로 나타날 수도 있다. 마찬가지로, 학생이 수업에 참여하고 바르게 처신하는 데 실패하면 교사의 자존감이 부서지고 가르치고자 하는 열망도 영향을 받을 수 있다. 그러나 부정적인 정동은 모두 나쁘기만 한 것으로 인식되어서는 안 된다. 주체성과 관련하여, 부정적인 정동은 모순적으로 보이는 효과를 가지고 있을 수 있다. 수치심에 대한 설명에서 프로빈이 설명하듯, 수치심이 부정적인 정동이기는 하지만 그러한 반응을 불러일으키는 대상에 어느 정도의 관심이 있을 때만 느낄 수 있기도 하다 (2005). 이처럼 수치심은 윤리적으로 긍정적인 측면, 즉 인간 존재의 본질적인 요소를 가지고 있다. 프로빈은 이러한 통찰의 근거를 실번 톰킨스(1962)의 저작에서 끌어오고 있는데, 톰킨스는 학습 과정에서 생기는 부정적인 정동에 상당한 중요성을 두었다. 이와 관련하여 진보주의적 교육에 대해 흥미 있는 비판을 제공하므로, 길지만 여기서 인용하겠다.

비록 진보적 교육 운동이 교육에서 긍정적인 정동을 불러일으키는 것의 중요성을 강조했다 하더라도, 부정적인 정동을 극복하는 일의 중요성은 상당 부분 간과되었다. 그 이유는 간단하다. 반대쪽의 교육 철학이 암기와 훈련, 규율을 중시했기에, 부정적인 요소를 극복하는 것은 당연히 이러한 청교도주의와 권위주의의 특정 경우로 제한된다고 여긴 것이다. 그러나 진보적인 교육 철학이라 할지라도 부정적인 정동을 견디는 능력을 발달시키는 것을 중요한 부분으로 프로그램에 포함해야 한다.(톰킨스 1962, 368)

톰킨스가 글을 쓴 시대에는 진보주의가 하나의 운동일 뿐이었다. 1970년대 이래의 많은 서구 사회가 그랬듯이 진보주의가 지배적인 패러다임의 지위를 갖게 되기 전의 일이었다.[3] 주류적인 교육 철학이 되기 이전인 이 시점에서도, 톰킨스는 진보주의가 칭찬과 긍정성 강화를 지나치게 강조하면서 학생들이 학습의 중요한 요소인 비판을 직면하고 받아들일 수 있도록 적절히 준비를 시키는 데는 실패했다고 보았다.

인정과 정동

지배보다는 상호성을, 개별성보다는 사회성을 강조하며 인정을 좀 더 긍정적으로 해석하는 것은 스턴뿐만 아니라 그 이전의 이론가들인 위니콧(1965, 1978, 2006)과 비고츠키(1986)의 저술에서도 그러하듯이 상당수의 최근 아동 발달 연구 분야에서 보이는 특징이다. 정신분석학적 틀 안에서는 "욕구에 의해 추동되는 자아"라는 프로이트적 모델에 근거하여 아동의 심리적 발달을 이해하는 데서 벗어나, 중요한 타자들, 특히 어머니와의 교

---

3. 진보주의가 미친 영향에 대한 역사적인 설명에 관해서는 Cope and Kalantzis 1993 참조.

류에 의지하는 쪽으로 강조점이 옮겨졌다. 이것은 곧 오이디푸스에서 전[前]오이디푸스로, 아버지에서 어머니에로의 이행을 뜻한다(브레넌 2004, 33). 정신분석학에서의 이러한 전환은 교육법 연구에, 그리고 특히 교육적 관계의 성격을 이론화하는 데 중요한 영향을 미친다.

그러나 홀로 있는 자아라는 개념과 사회적이거나 상징적인 세계에의 불편한 몰입이라는 개념들이 우세를 떨친다. 예를 들면 부르디외는 아이가 자기 자신을 욕망의 대상으로 보는 리비도의 자기애적 구성에서 자기 자신이 아닌 타인에게로 방향을 돌려 대상 관계[object relations]의 세계로 들어가는 상태로의 이행을 탐구한다(부르디외 2000, 166). 이러한 변화를 논하면서, 부르디외는 "자기 사랑의 희생"을 언급하는데, 여기서 사회적인 것에의 참여는 상실로 표현되며, 따라서 인정을 자아의 상실로 보는 부정적인 인식이 나온다. 부르디외의 실천적 논리가 아비투스, 즉 개인의 행동을 구성하는 사회적인 구조의 구체화라는 개념에 기반하고 있다는 점을 감안하면, 이런 관점은 행위주체[agency]보다는 아비투스에 대한 비판의 개념으로 자주 쓰이는 재생산[reproduction]을 강조하므로 특이하게 보일 수 있다. 그러나 노블이 설명하듯, 그 유용성에도 불구하고 부르디외의 사고의 초점은 주체성과 대인 관계를 검토하는 것보다는 사회적인 재생산을 설명하는 것에 맞추어져 있다(노블 2004). 대상 관계를 초기의 자기 – 자기애적 자아 – 에 몰입된 상태 뒤에 오는 단계로 설정함으로써 부르디외는 어떤 의미에서는 아동 발달에 대한 위니콧의 관점을 잘못 이해했다고 할 수 있다.[4] 위니콧의 대상 관계 이론은 자기에게서 타인에로의 방향 전환에 대한 것이

---

4. 피아제도 이런 움직임을 비슷한 방식으로 이론화했는데, 그의 용어에 따르면 "자기중심적인" 화법에서 "사회적인" 화법으로의 전환을 설명할 때(1997) 이런 점이 잘 보인다.

아니다. 오히려 여러 가지 점에서 그 반대이다.

위니콧의 의도는 분화differentiation의 과정을 설명하는 것이다. 그가 초점을 맞추는 부분은 어머니와의 완전한 융합으로 보는 상태에서(따라서 유아라는 것은 존재하지 않는다고 한 그의 유명한 선언에서 나타나듯) 별개의 자아로 독립한 상태로의 움직임이며, 여기에 그 과정을 중계하는 이행 대상transitional object이라는 그의 개념이 있다(위니콧 1965, 39). 그러나 이렇게 하는 데 있어서 위니콧은 상호주관적인 관계에 바탕을 둔 자아의 발달과 함께 어머니와 아이의 상호작용을 강조한다.5 인정은 이런 과정에서 매우 중요하다. 코제브가 지적하듯, "사람이 자기에 대한 이해를 확립하는 것은 필연적으로 타인의 인정과 확인에 의지한다"(1996, 11). 자아감의 발달을 설명하는 데 있어서, 위니콧이 문제 삼는 것은 단순히 우리가 어떻게 타인으로부터 독립하는가가 아니라, 제시카 벤자민이 설명하듯 "어떻게 우리가 타인과의 관계에 능동적으로 참여하고 자신의 존재를 알리는가"(1988, 18)이다. 위니콧은 독립성이 의존의 초기 시기들을 전제로 하고 있으며, 이 의존성은 실제로 그가 "이중 의존"double dependence(2006, 5)이라고 부르는 것에서 발달한 것임을 강조한다. 여기서 위니콧의 사고는 교육법 이론에 기여할 것이 많은데, 왜냐하면 교사와 학생 간의 교육적 관계에 대한 생산적인 개념화를 뒷받침하는 상호 인정을 전형적으로 보여 주기 때문이다. 호네스는 이러한 타인과의 관계가 우리의 자아 개념을 형성하는 방식의 또

---

5. 아동 발달에 관한 연구의 상당수는 어머니/아이의 양자적 관계를 언급하고 있다. 어머니와의 접촉은 유아에게 최초의 중요한 관계인 것으로 인식된다. 현대 서구 사회에서 많은 경우 아버지가 아이를 기르는 데 있어서 좀 더 중요한 역할을 맡긴 하지만, 모유 수유가 일어나는 초기 6개월 동안은 특히 어머니가 더 중요한 역할을 한다는 점을 고려하여 여기서는 '양육자'보다는 '어머니'라는 용어를 쓴다.

다른 차원을 논의한다(1995, 99). 위니콧을 참조하여, 그는 유아가 품에 안기는 과정을 통해 신체적 도식^{bodily schema}을 감지하게 되는 방식을 언급한다. 상호물질성^{intercorporeality}, 피부 접촉, 접촉의 감각, 그리고 정동의 영역은 유아가 자신의 몸을 알 수 있도록 해 준다. 메를로퐁티의 몸 현상학에서도 비슷한 관점이 보이는데, 세상에의 참여를 통해 우리의 신체적 자아를 이해한다는 것이다(1999).

1980년대 이래 아동 발달에 관한 최근 연구 중에서, 스턴 역시 자아 형성에서 상호주관성이 갖는 역할을 강조한다. 그러나 스턴이 논의를 시작하는 시점과 발달을 설명하는 방식은 위니콧과는 상당히 다르다. 스턴에 의하면 분화의 과정에 수반되는, 자기와 타인에 대한 감각과 관련하여 혼란에 빠지는 시점이 유아에게는 없다. 스턴은 유아가 애초부터 자아 구성의 과정을 인지한다고 본다(1985, 10). 스턴은 자아에 대한 다른 감각들(초기 자아, 핵심 자아, 주관적 자아, 구술적 자아)이 어떻게 드러나는가에 관심을 가졌는데, 그에게는 이런 자아들이 발달의 연속적인 국면을 이루는 것은 아니다. 그는 이러한 자아의 각 요소가 한 번 획득되면 계속해서 기능하며 전 생애를 통해 활동적으로 남아 있다고 설명한다. 이러한 다른 자아감들은 각각이 주요한 상호주관적 관계로서의 어머니/아이 관계로부터 시작하여 점점 더 복잡해지는 관계 형성의 생산물이다. 이것은 자아의 축적이며, 정동의 축적에 의존하고 있는 것으로 보이는데, 스턴은 어머니/아이의 상호작용에 대한 설명에서 이를 시사한다.

이러한 양자적 상호작용과 유아가 세상과 관계하는 방식을 논의할 때, 심리학자들은 "의존적 반응성"^{contingent responsiveness}이라고 부르는 것을 언급한다. 이는 자신이 야기한 반응에 대해 유아가 느끼는 쾌락의 감각이다

(벤자민 1988, 21). 공이나 다른 장난감을 밀었을 때 그것이 움직이는 데서 오는 기쁨과 같은 것이다. 유아는 무생물 물체의 반응에 기뻐하기도 하지만, 어머니나 다른 중요한 타자가 반응해 준다면 더욱 기뻐한다. 이렇게 반복적인 행위에서 중요한 것은 행동 그 자체가 아니라 다른 주체의 반응과 이 반응이 만들어 내는 인정이라는 느낌이다. 이러한 인정은 그 이상의 행위를 자극하는 원동력이 된다. 인정에 대한 유아의 갈망은 물체를 움직이게 하는 데 수반되는 과정을 성공적으로 완수하는 데 있어서 일종의 행위 주체를 심어 준다. 이 예에서 인정에 대한 갈망은 일방적이지 않고 상호적이다. 어머니도 마찬가지로 아이의 인정을 갈망하며, 아이가 놀이에서 반응하면 성취감을 얻는다. 그러므로 어머니와 아이 사이의 관계가 권력의 면에서 차등이 있음에도 불구하고, 양쪽 모두 상대방을 인정하고 결국 자신도 인정받고자 하는 욕구가 있다. 이같이 어머니와 아이 사이의 대화적인 놀이에 대해 논하면서, 제시카 벤자민은 두 사람이 반응할 때 보이는 표정, 몸짓, 목소리의 변화를 프레임별로 분석한 연구를 언급하는데, 이 연구에서 양 당사자는 일종의 "상호작용의 춤"을 드러냈다(1988, 27). 벤자민이 설명하길, "파트너들은 서로에게 잘 맞춰 주어서 하나로 움직이며", 정동으로 촉발된 것으로 보이는 상호 인정의 놀이를 한다(27).

이러한 상호정동성interaffectivity이 스턴에게는 핵심 주제이다. 그는 "정동적 상태를 공유하는 것은 상호주관적 관계성의 가장 강력하고 임상적으로 밀접한 관련이 있는 양상"이라고 지적한다(스턴 1985, 138). 그는 또한 유아가 오직 이러한 형태의 상호작용의 강도를 통해서만이 높은 수준의 감정을 획득할 수 있게 된다고 강조했다(스턴 1993, 207). 그러나 유아가 경험하는 것은 단순히 기쁨만이 아니다. 이러한 느낌의 증폭은 인지cognition와 직접적으로 연결된다. 톰킨스의 연구가 있기 전에는 정동과 인지가 분리되어 있으며 서로 관계없는 기능이라고 여겨졌다. 정동이 독립적으로 작용할수 있기는 하지만, 톰킨스는 정동이 사고와 행동 모두에 미치는 영향을 보여줄 수 있었고 어떤 의미에서는 스피노자가 상세히 설명한 심신 평행론뿐아니라 정동의 합리성을 확인시켜 주었다(엔젤과 깁스 2006).[6] 정동과 인지의 상호관련성 및 정동이 인지에 미치는 영향을 밝히는 것의 어려움은 아마도 관심이라는 정동을 분석하는 데서 가장 잘 나타날 것이다. 톰킨스는감정에 대한 연구에서, 다윈이 관심을 통째로 간과했으며, 관심을 사고의기능과 혼동했다고 설명한다(1962, 338). 그러나 톰킨스에 의하면 "관심이라는 정동적 뒷받침이 없으면 뇌 조직이 파괴되는 것만큼이나 지적 발달에손상을 가져올 것이다"(343).

정동과 인지의 관계 및 인지가 촉발할 수 있는 정동의 고조는 교사와학생의 교육적 관계, 즉 교사의 지지가 학생의 학습에 영향을 미치는 방식의 중요성과 관련하여 교육법 이론에서 특히 중요성을 가진다. 스턴의 연구의 초점이 유아의 대인 관계적 세계이며 정동 증폭과 대인 관계적 참여의 관계에 대한 그의 논의가 생애 초기에 관련된 것이긴 하다. 하지만 그는 또한성인이 혼자서 높은 수준의 기쁨에 도달할 수 있긴 하지만 이는 타인에 대한 상상에 크게 의존하고 있다는 관점을 가지고 있다. 관심의 경우처럼 긍정적인 정동이 강렬해지는 것은 타인과 관계를 맺는 데서, 그리고 교육학적으로는 중요한 타자와 관계 맺는 데서 오는 기능인 것처럼 보인다. 교사가 수

---

6. 최근의 신경학 연구는 감정의 신경 시스템과 기본적 인지 기능 사이의 상호작용을 확인시켜주었다. 이에 관해서는 펠프스를 참조할 수 있는데, 그는 "이러한 상호작용은 인지를 이해하는 데서의 감정의 역할을 재고하도록 촉구"한다고 설명한다(2005, 52).

업에서 활용하는 기술은 관심을 촉발하는 영향력으로 작용할 수 있으며, 학습에 대한 자극을 스스로 제공하는 인지적 능력으로서 시간을 걸쳐 축적된다. 이에 대해서는 아래에서 다시 논하겠다.

정동의 축적

그러나 스턴이 정동을 논할 때 단순히 톰킨스가 밝힌 것과 같은 범주적 정동을 이야기하는 것이 아니다. 그는 그가 "활력 정동"vitality affects이라고 부른 것, 즉 "살아 있음의 자연적인 과정에 포함된 감정 상태의 순간적인 변화에 상응하는, 감정의 역동적이며 움직이는 성질"(스턴 1985, 156)에 대해서도 기록한다.7 스턴은 "활력 정동이 무슨 행동이 행해지는가가 아니라, 하나의 행동, 여느 행동, 모든 행동이 어떻게 행해지는가에 관련되어 있다"고 설명한다(스턴 1985, 157, 강조는 원문을 따름). 활력 정동이라는 개념은 정동의 특정 범주를 잘 보완해 주는 듯이 보인다. 이 범주들은 함께 자아와 타인, 자아와 세계 간의 지속적인 상호작용을 설명해 줄 수 있기 때문이다. 이것은 기쁨이나 관심과 같은 긍정적인 정동의 경험과 수치심, 혐오와 같은 부정적인 정동의 경험과 같은 특정한 간격에서 최고조에 달할

---

7. 스턴은 사실 세 가지 범주의 정동에 대해 언급하는데, 범주적 정동과 활력 정동, 관계적 정동이다(1993). 그는 이 세 번째 정동, 또는 '감정의 등록(register of feeling)'이 다른 두 정동과 병행해서 작동하며, 사랑받고 미움받는 감정, 안정감 등과 관계된다고 설명한다. 스턴이 관계적 정동은 범주적 정동, 또는 활력 정동으로 환원될 수 없다고 보고 별개의 유형으로 구성되어야 한다고 보는 입장이지만, 나는 이러한 구분이 특히 유용하다고 본다. 정동이 다른 살아 있는 신체와 연관될 때 대부분 관계적이라고 보기 때문이다.

수 있다. 그러나 (스턴이 '감정의 대인 관계적 흐름'이라고 잘 이름 붙인) 감각의 일반적인 흐름은 분명히 덜 강렬하긴 하지만 여전히 존재의 다양한 상태를 야기하는 정동적 자질을 가지고 있다. 이렇게 이해되는 정동은 단순히 일시적인 자질을 가지고 있는 것이 아니다. 존재의 이러한 상태들은 순간적이기만 한 것이 아니다. 유사한 경험과 그에 따른 유사한 정동의 반복을 통해서, 이들은 사람이 특정 방식으로 행동하거나 반응하게 하는 기질과 같은 것의 형태로 축적된다.

심리학에서 철학, 문화연구와 문학이론에 이르는 정동에 대한 다양한 글 속에서, 정동이 축적되는 능력은 거부되거나 분명히 표현되지 않았다. 감정이 인지적인 측면을 갖고 있고 오래 지속되며, 전 생애를 통해 지속적으로 촉발된다고 인식되는 반면, 정동은 일종의 신체적 현상으로서 스쳐 지나가는 것으로 흔히 여겨진다.[8] 예를 들어 마수미는 정동이 "구속에서 탈출한다"는 점에서 감정을 정동의 포착으로 본다(2002, 35). 이와 유사하게, 네이선슨은 "정동이 지속되기는 하지만 몇 초간일 뿐이다."라고 설명한다(1992, 51). 그의 관점에 의하면 "감정이 전기biography라면, 정동은 생물학biology이다."(네이선슨 1992, 50) 네이선슨은 이렇게 감정과 정동을 구별할 때, '생물체'가 정보를 보유하고 저장할 수 있는 능력을 갖추고 있기는 하지만 이러한 저장 능력은 거의 전적으로 의식적인 현상으로, 즉 감정을 생산하는 기억으로 보인다고 지적한다. 이처럼 정동은 감정의 생물적인 요소인 것으로 여겨진다. 이것이 사실일 수도 있지만, 정동은 독립적으로 작동하기도 한다. 이때 정동은 인지를 돕고 행동을 유발하면서 의식에서 빠져나

---

8. 정동과 감정의 차이에 대한 더 자세한 논의는 Watkins 2006을 참고하라.

갈 수 있는 신체적 기억으로 축적된다. 이것은 샤우스가 제시한 예에서 가장 잘 드러난다(2005). 샤우스는 신경학자인 올리버 색스가 치료한 연로한 여성 환자의 사례를 이야기한다. 이 환자는 사고로 3년간 다리의 감각을 잃었다. 이동능력을 되찾기 위한 지속적인 치료도 성공을 거두지 못했는데, 색스는 환자가 음악을 들을 때 발이 음악에 맞춰 자동으로 바닥을 두드리는 것을 포착했다. 음악 치료를 받은 후, 그녀는 결국 완전히 회복되었다. 음악에 대한 기억이 신체에 저장되어 여자의 다리를 움직이게 만들었다고 보며, 샤우스는 정동이 어떻게 의지를 능가하는지를 강조하기 위해 이 사례를 활용한다. 그는 또한 이 사례가 정동이 언제나 의지와 의식을 앞서 있다는 것을 보여 준다고 생각한다.

그러나 이런 분석에서 무언가가 빠진 것처럼 보인다. 샤우스의 설명은 어떻게 신체가 수많은 자극에 지속해서 영향을 받고, 그 자극들을 강도로 등록하며 "안으로 접히는지"infold를 지적하기는 하지만, 정동이 실제로 신체 안에서 축적되는 방식, 또는 그 과정에서의 교육법의 역할을 포착하지 못한다. 이 여성의 발이 음악에 맞춰 자동으로) 바닥을 두드린 것은 이 여성이 평생토록 음악을 들었고, 아마도 악기나 춤을 배웠으며, 특정한 리듬을 체화했음을 암시한다. 여기서 정동은 의지와 의식을 그렇게 많이 앞서 있지 않다. 정동은 단지 이들을 빠져나가거나 우회해 가면서 "근육의 기억", 메를로-뽕띠가 "운동적 의의"motor significance(1999)라고 부른 것에 저장된 익숙한 행동을 촉발한다.[9] 정동이 언제나 독립적으로 작용한다고 말하려

---

9. 마리아 몬테소리는 '근육의 기억'을, 다양한 과제를 성공적으로 수행하기 위해 요구된 신체적 노하우의 한 형태로써 활용한다(1966, 145). 생리적 움직임의 발달과 관련하여, 그녀는 아이들이 특정한 기술을 확실히 습득하기 위해 어떤 행동은 반복적으로 수행한다고 주장했다.

는 것이 아니다. 앞에서 언급했듯이, 정동은 의식에 원동력을 제공한다. 그러나 정동과 의식 간의 관계를 강조하는 데 있어서 정신과 신체, 의식과 무의식, 감정과 정동의 각 범주가 가지는 교육적 의미를 고려하여 이들 사이의 분석적 차이를 유지하는 것이 중요하다. 또한, 내가 관심을 두는 부분은 교육에서의 감정의 역할이 아니라 정동의 역할과 신체 안에서의 정동의 축적이 학습 욕구와 능력을 촉진하는 방식이다.

정동과 교육적 관계

교사와 학생 간의 상호작용과 관련하여 내가 고려하고 싶은 것은 특히 학급 전체를 기반으로 한 정동의 축적 능력과 그것이 인정과 가지는 관련성이며, 가르치는 일과 배우는 일이 이렇게 상호연결된 과정을 통해 촉진되는 것으로 보이는 방식이다. 학습은 일반적으로 인지적인 활동으로 여겨진다. 인지가 정동적인 측면이 있음에도 불구하고 이에 대해서는 이론적 설명이 매우 부족한 것으로 보인다. 톰킨슨이 설명한 정동과 인지의 연결점은 앞에서 언급했다. 마찬가지로 스턴도 "정동적 과정과 인지적 과정은 쉽게 분리될 수 없다"는 보는 입장이며, 어떻게 "학습이 그 자체로 동기를 부여받으며 정동으로 가득 차 있는지"를 설명한다(스턴 1985, 42). 20세기의 러시아 심리학자이며 아동 언어 발달 분야의 선구자인 레프 비고츠키도 이러한 관점을 공유한다. 그는 지적 능력과 정동의 관계에 관심을 두었으며, "심리학 연구의 전통적 접근법이 가진 기본적 결함 중 하나는 지적인 것을 의지적인 것과 분리하고, 의식의 정동적 측면과 분리하는 것이다"라고 언급했다(비고츠키 1987, 50). 교육 분야에서 비고츠키는 근접발달영역^{zone} of proximal development, ZPD에 대한 이론으로 잘 알려져 있는데, 이는 아동이 독자적으로 문제를 해결하는 데서 결정되는 실제 발달 수준과 도움을 받았을 때 잠재적으로 성취할 수 있는 발달 수준 간의 차이를 말한다(비고츠키 1986, 187). 비고츠키는 학습에서 놀이와 또래 동료의 지원이 가지는 이점에 관심을 두었으나, 교사의 역할과 교사가 학생에게 제공하는 지지에 큰 중요성을 부과했다. 그는 실제로 1920년대에 소비에트 연방에서 유행한 진보주의적 자유 교육 운동을 치열하게 비판하였고(반 데르 빈, 벌시니어 1991, 53), "지도는 취학 아동의 개념들을 형성하는 주요한 원천 중 하나이며 또한 아동의 발달을 인도하는 데 강력한 영향력으로 작용한다. 즉, 지도는 아동의 정신 발달 전체의 운명을 결정짓는다"라고 주장했다(비고츠키 1986, 157).

비고츠키가 언어에 대한 정동의 영향에 대해 어느 정도 설명을 하긴 했지만, 일찍 사망한 탓에 정동과 학습에 대한 그의 생각을 풀어낼 수 없었다(비고츠키 1986). 스턴의 연구와 같이 이 분야에서 최근에 이루어진 전개를 고려하면, 정동과 상호정동성은 교육적 실천과 학습 참여의 이론화에 특히 유용하며 비고츠키의 ZPD 개념의 연장선상에서 교사의 역할에 대해 좀 더 긍정적인 해석을 가능하게 해 주는 것으로 보인다.

이러한 개념들은 내가 가르치고자 하는 열망^{teaching desire}에 대한 연구의 일환으로 교사들을 인터뷰할 때 생각난 것이었다. 가르치고자 하는 열망은 가르치고자 하는 욕구 또는 동기이자, 이것이 학생들에게 증진할 수 있는 학습에의 참여 둘 다를 설명하는 것으로 이해될 수 있다. 특히 초등 교육 맥락에서 독립적이고 그룹에 기반한 학습을 선호하는 한편, 학급 전체에 대한 지도에 대한 강조는 줄어듦에 따라, 나는 교사들이 어떤 교육 방법이 가장 효과적이라고 여기는지, 어떤 교육 방법이 교사들에게 가장 큰 만족감을 주었는지를 조사해 보고 싶었다. 이 연구에는 호주 뉴사우스 웨일스의 시드니 광역시 내에 있는 세 학교의 12명의 교사와 그들의 교장에 대한 인터뷰가 포함되었다. 교사들은 유치원 단계에서부터 6학년까지 다양한 학년을 가르쳤고 연령은 22살부터 64살까지여서 이 직업에 대해 다양한 경험과 이해를 가지고 있었다. 마찬가지로 학교들도 시드니의 지리적 위치와 사회경제적 지위, 학생들의 인종적 분포의 면에서 다양한 집단을 보여 주었다. 그러나 이 글에서 초점을 두는 부분은 이 연구 자체가 아니다(이 연구에 대해서는 다른 곳에서 자세히 다뤄진다. 왓킨스의 2007년 저서를 보라). 대신, 나는 이 연구와 이전의 조사에서 나온 몇몇 교사의 말을 참조하고자 하며, 특히 여기서 제시한 교육의 정동적 측면을 보여 주는 한 여성 교사의 예를 언급하고 싶다. 나는 실증적 증거로서 이 사례를 제시하고자 하는 것이 아니라 정동의 축적과 교육적 관계에 대한 보다 상세한 분석이 이러한 논점을 설명하는 데 더 유익할 수 있음을 보여 주는 방식을 뒷받침하기 위해 이 사례를 활용하고자 할 뿐이다.

교사들을 인터뷰할 때, 나는 가르치는 일에 관해 묻고 그들의 교육 방법이 교사 주도적인지 학생 주도적인지 밝히도록 했다. 이 연구에 참여한 교사 대부분과 마찬가지로, 2학년 교사인 네리다는 자신의 교수법이 좀 더 학생 주도적이거나 진보적인 것으로 의도되었다고 보았다. 네리다는 경력이 중간급 되는 교사였다. 그녀는 13년 동안 가르쳤고, 진보주의적 교육과 학습 방법이 강조되던 시기에 교사로서 훈련을 받았다. 이러한 관점은 호주의 교사 훈련 기관에서 아직도 우세를 점하고 있다. 네리다는 이렇게 설명한다. "교사들은 앞에 서서 지식을 제공하는 사람보다는 촉진자가 되도록 장려되었어요. 무슨 말인지 아시겠죠? 교사는 학습을 촉진하고 아이디어를 제시하는 사람이라는 거죠."

네리다는 교실에서의 자신의 역할과 학생들의 학습에 대한 자신의 개입을 앞에 내세우길 주저했다. 그러나 인터뷰가 진행되면서 그녀가 자신의 교수법의 구체적인 예를 이야기하기 시작하자, 그녀의 가르치고자 하는 열망은 학급 전체에 대한 지도, 즉 실제로 가르치는 행위와 학생들과의 관계 맺음을 통해서 좀 더 분명히 실현된다는 것이 명백해졌다. 네리다는 이런 욕망을 구체적으로 묘사하지 못하는 것 같았지만, 몇몇 다른 교사들은 주저하면서도 이를 설명해 주었다. 예를 들어 다른 학교에서 근무하는 좀 더 경험 많은 교사인 샐리는 "지도할 때 내 위치가 앞, 그리고 중앙일 때가 더 좋다는 걸 인정할 수밖에 없군요."라고 말했다. 다른 두 명의 교사는 효과적인 교육의 핵심 요소가 무엇이라고 생각하는지에 관해 이야기하면서, 학생들의 주의 집중을 얻는 것이 얼마나 중요한가를 지적했다. "공연을 하는 것과 같아요." 한 명은 이렇게 말했다. "연기를 해서 학생들을 참여시키고, 집중시켜야 해요. 아이들의 주의를 집중시키기 위해서는 정말 생생하게 움직여야 해요." 다른 동료는 이렇게 덧붙였다. "올바로 가르치려면 정말 가르쳐야 해요. 앞에 딱 서 있는 교사가 되어야 해요. 저는 이건 정말 아직도 믿어요. 이게 제가 믿는 거고, 현장에서 정말 그렇기도 하고요."

교실 안에서의 그녀의 위치가 중심에 있다는 것을 인정하지 않으면서도, 네리다는 인터뷰 당일 있었던 시 수업에 대해 묘사하며 즐거워했다. 네리다는 스프링힐이라는 공립학교에서 일하는데, 이 학교는 시드니에서 좀 더 풍요로운 북쪽 지역에 위치해 있었다. 이 학교 학생들은 높은 사회경제적 지위를 가지고 있지만, 영어 외의 언어적 배경을 가진 수는 낮았다. 뉴사우스웨일스 지역의 대부분 초등학교에서와 마찬가지로, 네리다의 2학년 반도 8~9살의 학생들로 이루어져 있고 학생들 간의 능력 차이가 있었지만 읽기와 산수 점수로 치자면 주 평균보다 높았다. 이날 있었던 수업에 대해 그녀는 이렇게 설명했다. "오늘은 '와!'라고 밖에 할 수 없는 그런 날이었어요. 날마다 오늘 같았으면 좋겠어요. 시 한 편을 같이 만들었는데 아이들이 멋진 표현들을 생각해 냈어요. 한 해 동안 계속 가르쳤던 거였어요."

그리고 그녀는 수업에서 자신의 역할에 대해 좀 더 자세히 이야기해 주었다. "음, 꽤 재미있었어요. 저는 아이들 사이로 왔다 갔다 하면서 '그럼, 이걸 묘사할 수 있는 다른 단어는 뭐가 있을까?'라고 말하면 아이들이 모두 소리치고 그럼 저는 그걸 칠판에 적었지요. 무슨 말인지 아시겠어요? 분위기가 중요한 것 같아요."

수업이 자신과 학급에 미친 영향에 대해 설명하면서, 그녀는 이렇게 지적했다. "아이들과 같은 느낌을 갖게 되죠. 왜냐하면, 아이들이 특정 활동이나 경험에 대해서 신나 하고 저도 신이 나거든요. 아이들이 배우길 바라는 것이 실제로 아이들이 배우고 있는 것이니까요. 아이들이 배우고 있다는 걸 표정을 보면 알 수 있어요. 뻔한 이야기같이 들리겠지만, 아이들이 푹 빠져 있다는 걸 알아차릴 수 있답니다."

자신의 수업에 대한 이 짧은 설명에서, 네리다는 자신의 교육법이 학생들에게 영향을 미친 방법을 효과적으로 포착한다. 학급을 가르치는 과정에서 그녀는 인지를 돕는 방법을 통해 학생들이 시를 짓는 데 필요한 단어를 알도록 도와주는 것 이상을 하고 있었다. 이 교사의 행동을 추동한 욕구는 가르치는 행위를 통해 배우고자 하는 열망, 즉 학생들이 체현하여 수업에 참여하도록 독려하는 강력한 영향력 또는 일련의 정동으로 전환된 것같이 보인다. 여기서 분명히 보이는 것은 제시카 벤자민이 묘사한, 어머니와 아이 사이의 상호작용의 춤과 유사하다. 이는 교사와 학생 모두를 사로잡는 것 같아 보이는 집단적인 상호 인정이며 네리다가 사용한 교육법의 학습 경험과 효과성을 강화시킨다. 그녀는 이렇게 설명한다. "저도 같은 느낌을 갖게 되죠." 스턴이 언급한, 이러한 정동의 조율은 학습 활동의 학급 전체라는 특성상 이러한 상황에서 증폭되며, 독립적으로 공부하거나 작은 집단 속에서 공부하는 학생들과는 대조된다(1985). 이는 단순히 교사와 학생 간의 양자적 관계가 아니라 여기서 발생하는 흥분과 관심이 다른 학생들에게도 전염되어 그 경험에 참여하고 싶도록 한다는 것이다. 정동의 이러한 전염성은 톰킨스(1962)와 브레넌(2004)에 의해 탐구되었는데, 브레넌은 신경학적 용어인 "동승"entrainment을 빌려와 이러한 과정에서 신경 및 호르몬 시스템이 어떻게 활성화되는지를 논의한다.

네리다의 설명에서 나타나는 전염성과 그녀가 수업뿐 아니라 학생들이 반 전체로서 그리고 나중에 개인적으로 만들어 낸 시들이 성공했다고 보는 것은 단순히 단일한 정동적 경험에서 비롯된 것이 아니다. 이러한 효과들, 그리고 특히 학생들이 나중에 쓴 글의 수준은 정동의 축적을 암시한다. 개인은 선천적으로 정동적으로 반응하지만, 우리가 반응하는 대상과 어떻게 반응하는지는 학습의 결과이며, 유사한 정동이 반복적으로 경험되면 성향으로서 축적된다. 네리다가 설명하듯, 그녀는 "한 해 동안 계속 가르쳤다." 그녀의 학생들 중 다수는 일 년 동안 그녀가 글짓기에 대한 관심을 독려한 대로 반응했고, 이는 수업에 대한 그녀의 묘사에서 나타난다. 그리고 이러한 관심은 학생들의 배우고자 하는 열망을 부채질했다.[10] 톰킨스는 "관심에는 지속적인 노력을 돕는 생리적인 기능이 있다"고 설명한다(1962, 337). 네리다가 촉발한 관심의 결과를 스스로 적용하는 과정에서, 학생들은 효과적으로 글을 쓰는 기술을 체현했다. 어머니와 아이의 양자적 관계와 마찬가지로 교사와 학생들 간의 관계도 불평등하지만, 이 때문에 상호 인정의 욕구가 배제되지는 않는다. 네리다가 우위의 지위를 가지고 있기는 하지만 그녀는 학생들로부터 인정을 획득하려 하는 의도를 갖고 있는 것으로 보이며, 가르치고자 하는 열망을 불러일으키는 것도 이것이다. 이와 유사하게, 선생님을 기쁘게 하려는 학생들의 열망이 그들이 학습에 참여하도록 촉구하며 이미 불 지펴진 관심을 더욱 고조시키는데, 이는 네리다가 묘사하듯 학생들의 얼굴(톰킨스가 정동의 일차적 위치라고 여기는)에서 분명히 보인다.

결론

이 사례가 보여 주는 것은 교육법이 학습 욕구를 불러일으킬 수 있는 정동의 축적에서 중요한 역할을 한다는 것이다. 그러나 비고츠키가 ZPD라는 개념과 관련하여 보여 주듯이, 교사의 역할이 이러한 과정에서 중심적인 것으로 보인다. 이러한 관계의 잠재적인 남용 위험성을 강조하는 대신, 자아 형성의 상호주관적인 본질과 그 안에서 인정의 중요한 역할을 강조한

---

10. Watkins 2006을 참고하라. 여기에는 교사가 사용한 방법에 학생들이 비슷한 반응을 보이는 학급에 대한 관찰적 자료가 실려 있다.

아동 발달 연구가 제공한 관점을 유념하는 것이 중요하다. 리드가 설명하듯, "자신이 되는 것은 혼자서 해낼 수 있는 것이 아니다. 그것은 집중적으로 사회적인 과정이다(1995, 431)." 그러나 사회적인 것은 일련의 지속적인 정동의 교환으로 체화되듯이 종속의 원천으로서만 여길 것이 아니라 가능성의 장소로 볼 필요가 있다. 가르치고자 하는 열망도 같은 식으로, 즉 생산적인 가능성을 가진 힘으로서 볼 만하다. 가르치는 것보다는 배우는 데 강조점을 두면 교사의 역할, 그리고 인정과 상호정동성이 교육적 과정을 향상시킬 수 있는 강력한 잠재력을 경시하게 된다. 권력은 항상 현존할 수 있지만, 행위주체가 성취될 수 있는 수단을 제공하기도 한다. 이렇게 함으로써 교육의 전환적 가능성이 좀 더 효과적으로 이론화될 수 있다. 왜냐하면, 권력을 행위주체적 잠재력agentic potential을 가진 능력으로 보기보다 저항해야 할 힘으로만 여겨서 교사의 역할을 축소하고 학생들이 스스로의 학습에 책임을 지도록 하는 비판적 교육학과 재생산 모델에 의해 너무 오랫동안 이러한 가능성이 가려져 왔기 때문이다.

5부

정동 이후

13 글래머의 물질적 실행에 대한 이해

14 정동의 미래:
현실태 속의 잠재태 되찾아 오기

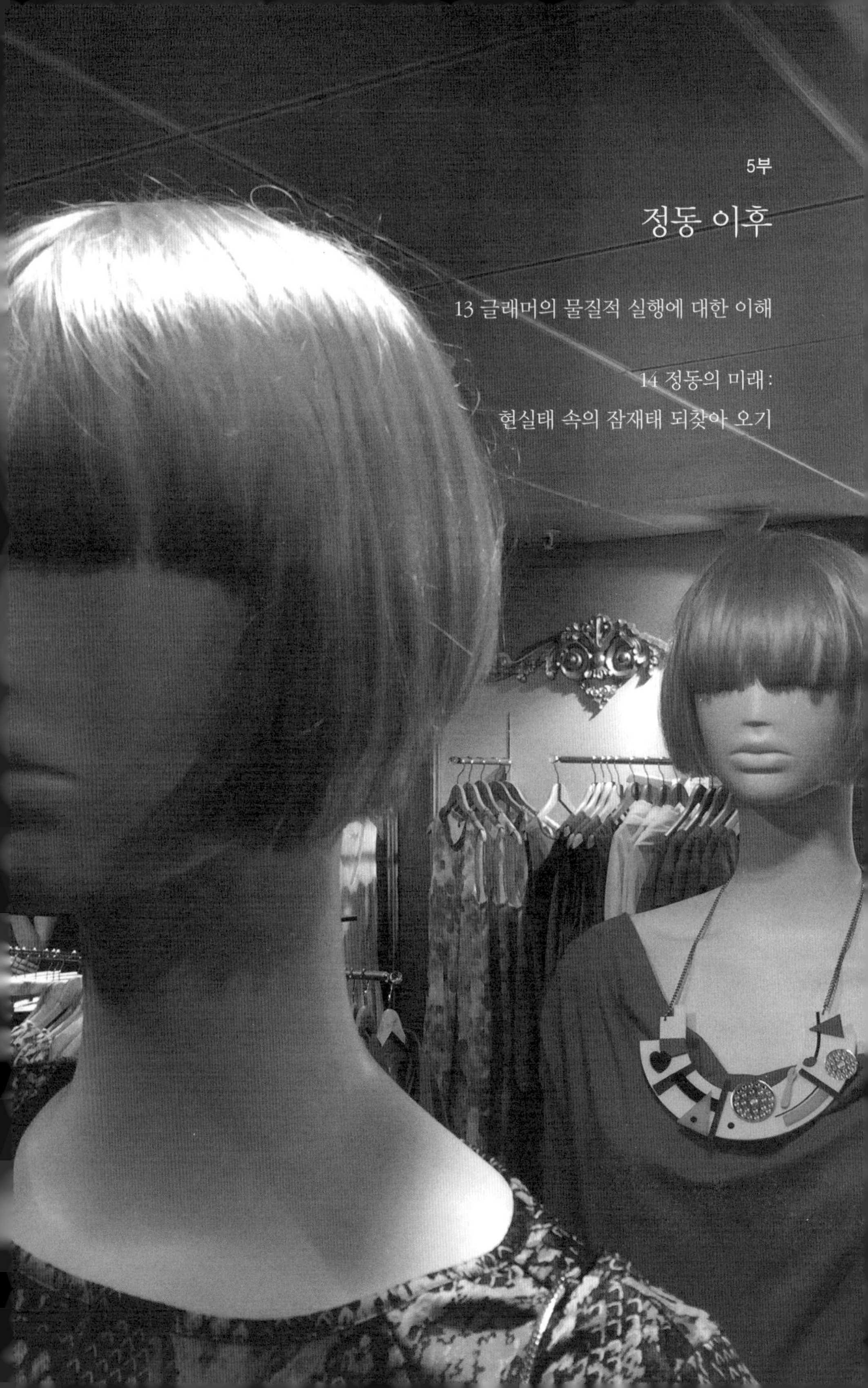

글래머의 물질적 실행에 대한 이해[1]

나이절 스리프트

정동의 시기는 지나갔다. 더 이상 정동이 중요하다고 말하는 것만으로 충분치 않기 때문이다. 그런 의미에서 우리는 적어도 정동의 시기 이후의 시기를 맞고 있다. 이것이 사실이라는 것은 몇 가지 방식으로 확인되고 있는 듯하다. 첫 번째는 특정한 정치-문화적인 상황을 분석하는 수단으로 특정한 정동 형태를 분석하는 연구들이 풍부하게 나타나고 있다는 점이다(그 예로서 벌랜트 2004, 2006, 2007a, 갤롭 2006, 응가이 2005, 스튜어트 2007, 트레일킬 2007을 들 수 있다). 다른 하나는 정동을 자신들의 핵심 요소로 받아들인 특정한 이론 및 방법론적 전통들에서 더 심화된 분석을 하기 시작했다는 점을 들 수 있다. 이탈리아의 '오뻬라이스모'[2] 전통에서 비물질 노동과 정동 노동이라는 한 쌍의 개념을 사용하는 것이나(벌랜트 2007b, 다울링, 누네스, 트롯 2007), 계급의 숨겨진 폐해에 대해 좀 더 관습

---

1. 이 글에 대해 논평해 준 그레그 시그워스에게 감사를 표하고 싶다. 이 글은 곧 출간될 『문화 경제 저널』에 실린 논문을 확장하고 수정한 것이다.

적으로 설명하는 경우(레이^{Reay} 2005)가 이에 해당한다. 또 다른 하나는 정동의 시기가 자신만의 생산물을 만들어 내기 시작했으며, 그런 것이 우리가 사는 환경의 일부로 수용되고 있다는 점이다. 이 점에서 나는 특히 설치 미술과 장소 맞춤형 미술, 대화형 및 참여형 미술에서 있었던 최근의 시도를 떠올린다. 이들은 특정한 정동 이론에서 영감을 취하지만, 이러한 이론의 단순한 확장이라기보다는 그 이상임을 보여 주었다(예컨대 비숍 2005). 그리고 마지막으로, 정동이 많은 연구들에서 이미 하나의 배경으로 받아들여져, 그 분야의 필수적인 부분으로서 어떤 분석의 형식과 변화가 그로부터 도출되는 경향이 있다.

이 글은 마지막 범주에 들어간다. 특히 경제를 열정적인 관심의 생산에 관한 것으로 이해하는 데 처음 길을 닦은 가브리엘 타르드의 관점을 따른다(베리와 스리프트 2007). 이 글은 경제가 매혹적이어야 한다는 타르드의 주장을 따르고 있다. 즉 경제는 가치를 생산하기 위해 정동을 생성하거나 퍼 올려서 결집하고 증폭시키며, 다양한 매혹의 메커니즘을 생산해 내야 하는 것이라고 설명한다. 경제는 단순히 이익과 손실에 대한 음울한 과학이 아니며, 그랬던 적도 없다(분명 그 효과의 상당 부분은 우울하긴 하지만). 타르드의 설명은 오직 풍요로움이 증가하는 상황에서만 중요성을 띤다. 이런 상황에서는 대개 생산물과 환경의 차이가 미미하다. 붐비는 시장에서 미학의 적용은 상품이나 환경을 다른 무리보다 돋보이게 하는 유일

---

2. [옮긴이] operaismo. 이탈리아의 '노동자주의'라고도 불린다. 고도의 경제 성장을 이룩하던 이탈리아의 1960년대에 대규모로 북부로 이동해 온 공장 노동자들은 기존의 노동조합에 가입하지 못하고 공산당과 사회당은 자본가들에게 타협적인 태도를 취하고 있었다. 이런 상황에서 안또니오 네그리를 위시한 젊은 좌파 지식인들이 자본으로부터 자율적인 노동계급의 주체성을 강조하며 급진적인 변혁의 가능성을 모색하기 시작한 것이 이 운동의 시발점이다.

한 방법일 것이다. 특히나 개별적 정체성과 개인적 스타일이 점점 더 강조되는 상황을 고려해 볼 때 그렇다. 다시 말해, 기꺼이 포로가 되고 싶은 마음을 일으키는 세속적인 마술을 부리는 능력이 이득을 창출하는 핵심적인 수단이 될 수 있다.[3]

그러므로 이 글은 대체로 긴 역사를 가진 일련의 '마술적인' 공적 친밀성의 기술technologies of public intimacy을 통해 상품성에 대한 상상이 어떻게 포착되어 자본주의적 수단으로 이용되고 있는지를 다룬다. 이러한 기술 각각은 매혹captivation이라는 인간적이면서도 비인간적인 영역이 형성되는 중에 작용하는 '매력'allure이라는 독특한 성질을 보여 준다. 왜냐하면, 확실히 자본주의가 생산하는 물건과 환경의 상당수는 사람들을 끌어들이려면 매력이라는 계산된 진정성을 보여 주어야 하는 것으로 보이기 때문이다. 즉, 초자연적 힘이 없이도 마술에 걸린 듯한 상태를 만들어 내는 특별한 스타일을 나타낼 필요가 있다. 내 생각에, 오늘날 매력의 이러한 성격은 모든 종류의 새로운 방법에 적용되고 있으며, 더욱더 마술적이면서 동시에 더욱 계산된 세계를 만들어 내고 있다. 이 과정에서 새로운 '무형의'intangible 가치가 이미 세계의 핵심적인 돈벌이 수단이 된 산업들에서 계속 창출되고 있다.

---

3. 좌파는 이러한 종류의 마술적 쾌락을 언제나 사기나 속임수로 여겼는데, 이는 도움이 되지 않는다. 복잡한 형태의 의심과 단순한 우월감 사이 어딘가에 위치한 것 같은 이러한 태도는 이러한 마술이 왜 사람들의 삶을 지배하는지를 이해할 수 없도록 만들며, 자본주의의 마술적 힘을 과대평가하는 것이자 과소평가하는 것이다. 스땅게스(Stengers)는 이렇게 말한다. "또 개념적 딜레마 또는 제거주의적(eliminativist) 관점을 통해 엉망인 실천의 세계와의 맞대결을 간편하게 회피한 것이 우리에게 '개념의 극장'만 남겨둔 것은 아닐까? 돌아보건대, 가진 힘이라고는 변화에 무력함일 뿐인 그런 개념의 극장을 말이다. 우리가 어떤 확신에서 수익을 창출할 수 있었던 힘을 마법이라 이름 붙이면서 이를 편리하게 단순화시켰다는 사실은, 우리가 미신으로 치부했던 행위, 즉 마법과 마법으로부터의 보호가 진지한 실천적 문제인 사람들의 행위로부터 무언가 배울 것이 있음을 의미한다. 그러한 행동을 따라 해야 한다고 주장하는 것이 아니다. 그러한 행위를 '보고', 궁금해할 여지를 허용해야 한다는 것이다"(2007, 15).

그러므로 이 논문은 세 부분으로 구성된다. 첫 번째 절은 논점의 근거를 확립하기 위해 미학의 문제를 매력의 보증 수표로서, 또 공적 친밀성이라는 (또는 종종 '외밀함'extimacy라고 불리는) 제도를 통해 매력이 순환되게 하는 주요 수단 중 하나로서 논할 것이다. 두 번째 절은 매력이라는 기술의 한 특정 유형인 글래머에 대해 검토한다. 나는 이러한 형태의 매력이 사람과 사물 사이의 경계를 흐리면서 더 큰 매혹을 만들어 낸다고 주장할 것이다. 이는 보통 미크로네시아의 어떤 문화에서 전형적으로 나타난다고 여겨지는 현상으로, 예를 들면 각자의 몸은 자율적인 개체로서 존재하는 것이 아니라 직접적으로 서로에게 영향을 미칠 수 있는 능력을 갖추고 있다는 식이다. 즉, 사람들은 "프랙털"⁴이어서 타자의 몸이나 그 일부와 합쳐질 수 있다는 것이다(뱀포드 2007). 나는 글래머에 부착되어 그것을 변형시키는 색깔 물질의 두 사례, 즉 새로운 디자인 환경과 헤어에 의거하여 이러한 주장을 펼칠 것이다. 이 두 가지 예는 대상 세계가 오로지 인간적 투사라기보다는, 살아 있지도 죽어 있지도 않은 영역을 차지하는 물질들로서 어떻게 세계의 거기 있음being there에 효과적으로 개입하는지를 보여 주는 동시에, 현재 자본주의가 '세계-만들기'worlding에 연루되어 있는 방식을 우리에게 보여 준다. 이러한 발전이 절망해야 할 문제인지는 이 논문의 결론 부분에서 다룰 것이며, 거기서 미학과 도덕에 대한 문제를 간단히 언급할 것이다.

---

4. [옮긴이] fractal. 부분이 반복, 순환하면서 전체를 이루는 구조. 그래서 부분과 전체는 같은 모양을 하고 있다.

상상력과 미학

현대 자본주의의 마술 같은 힘은 두 가지 서로 교차하는 상상적 힘으로부터 일어난다. 하나는 수 세기에 걸쳐 연마된 미학적 실행의 힘이며, 다른 하나는 똑같이 긴 역사적 혈통을 가진 일련의 실천으로서 소위 공적 친밀성이라 불리는 것의 부상이다. 실행적 미학적 상상에 대한 이야기부터 시작하자.

여기서 주요하게 주목할 만한 점은 경기가 좋을 때는 미학이 부수적인 사치나 하찮은 부가물이 아닌 인간 삶의 근본적인 요소로 여겨진다는 점이다. 포스트럴은 이렇게 말한다.

> 미학은 우리가 감각을 통해서 소통하는 방식이다. 그것은 언어를 통해서가 아니라, 사람, 장소, 사물의 외양과 느낌을 통해 반응을 일으키는 예술이다. 그러므로 미학은 서사와 재담, 또는 복잡하고 지적인 암시에 인지적으로 참여해야 하는 오락과는 구분된다. 시의 운율은 분명 미학적이라고 할 수 있지만, 시의 의미는 그렇지 않다. 화려한 특수 효과와 아름다운 영화배우는 해외 시장에서의 영화 흥행 성적을 높이는데, 이런 것들이 보편적인 미학적 쾌락을 제공하기 때문이다. 재치 있는 대사는 인지적이고 문화에 얽매이므로 해외에서 그렇게 잘 통하지 않는다. 미학은 스토리텔링을 보완할 수 있지만, 그 자체로서는 서사가 아니다. 미학은 이야기한다기보다 보여 주며, 가르친다기보다는 기쁨을 준다. 효과는 즉각적이고 감각적이며 감정적이다.(2003, 6)

여기에서 요점은 미학적 쾌락이 순전히 형태 없는 기쁨인 감각의 측면에 의해 생성되는 성질과 실체를 갖고 있다는 것이다(하먼Harman 2005). 그것은 능동적이고 알기 쉬우며, 진정한 효능을 가진 **정동적** 힘이다. 그것은 움직여지기도 하고 마음을 움직이기도 한다(스리프트, 출간 예정). 그것은 감각적 만족과 정서적 만족을 만들어 내는 힘이다. 그것은 공유된 능력과 공통성을 만들어 내는 힘이다. 그것은 수많은 종류의 충동에 의해 침입받긴 하지만 자신만의 고유한 가치를 가지고 있다.

미학적 실행은 다양한 형태를 취할 수 있지만 확실히 그 주요 표현들 가운데에는 광대한 스펙트럼의 소비 대상들이 있다. 수많은 문화기술들에서 보여 주었듯이 그 소비대상들은 모든 종류의 정동적 충성을 양산해 낼 수 있다. 미학은 스스로를 되새김하는 새롭고 매혹적인 상상의 영토를 발견하는 것과 밀접하게 관련된다. 보통 이러한 영토들은 대리만족을 제공하긴 하지만, 그렇다고 실제적이지 않은 것은 아니다. 상품은 이러한 상상적 탐험의 실체적인 부분이다. 일찍부터 상품은 감각적 점유inhabitation의 수단을 제공해 왔는데 이는 또한 매혹의 수단이기도 하다. 상품은 미학적 경험의 요소로서, 단지 지나간 시간을 불러일으키거나 도덕적 판단을 제공하는 것이 아니라 공간에 대한 정동적 감각, 즉 (문자 그대로) 감정의 영토를 제공한다.

그러나 미학적 고양에 대해 이러한 주장을 하면서 나는 한 단계 더 나아가 미적 대상은 또한 그들 자신의 존재성을 가지고 있다는 주장도 하고 싶다. 트레일킬이 설명하듯, 미적 대상aesthetic objects은 "관통이나 소유의 형태로 받아들여지거나(월터 마이클스가 말하듯 '두뇌 세포 속으로 곧장 들어오는'), 영원히 읽히지도, 받아들여지지도, 인식되지도, 않은 채로 남아 있는(자넷 말콤이 '우리는 서로를 알 수 없다'고 하듯) 전보 그 이상이다"(2007, 250). 그러므로 내가 지적했듯이 미적 대상은 어떤 차원에서는 접속 기계, 즉 상상적 인지를 용이하게 만드는 기술이다. 그러나 또 다른 차원에서는, 미적 대상은 분리된 존재로서 거주한다. 대상의 성질은 대상 그 자체에 속한 것이지 그 대상들에 대한 우리의 의식에 속한 것이 아니다. 즉, 그것들은 우리의 생각으로 활성화시킬 수 있는 비활성의 표적이 아니다(하면 2005). 다시 말하자면, 나는 단순히 대상에 대한 인간의 접근으로서가 아닌 미학의 문제에 관해 이야기하고 싶다. 대상[물체]은 인간 존재와 다중으로 겹치는 협상에 얽혀 있는 것으로 이해되어야 하며, 단순히 일련의 수동적이며 무생물적인 속성으로 이해되어서는 안 된다.

대상[물체]5의 힘은 내가 하려고 하는 미학에 대한 설명에서 필수적이므로 이 부분에 대해 더 이야기하겠다. 물체는 단순히 인간의 지각의 한 특성으로서 인간 세상의 비치물로 놓여 있으면서, 우리가 어디를 가든 따라다니며 인간 주체가 동반해 줄 때만 존재하는 것이 아니다(하면 2005). 물체는 현실 그 자체의 특성으로, 한꺼번에 여러 수준에서 배치될 수 있어서 그 일부는 인간 존재 및 인식의 지평과 교차하지만 다른 일부는 교차하지 않는다. 대상은 일종의 잉여이다. 이들은 하면(2005)에 따르면 '인광성'phosphorescent이다. 이처럼, 인간은 온갖 종류의 대상들을 자기의 품 안에 담아두지만, 그 현존을 고갈시키지 못한다. 물체는 우리가 오직 부분적으로만 인식하거나, 혹은 연합과 접합, 해리와 반향을 일으키기에 우리가 '마술적'이라고 감지하는 온갖 종류의 방식으로 신호를 보낼 수 있다. 그런 것들이 지각과 상상력, 그리고 진정으로 즐거움을 자극한다. 물체는 우리가 잠시 고정될 수 있는 정신적인 대상을 창조할 수 있게 하며, 지각의

---

5. [옮긴이] 'object'는 대상, 물체, 객체, 물건으로 다양하게 번역될 수 있으며, 여기서는 문맥에 따라 이 역어들을 번갈아 사용한다.

윤곽만 형성하는 것이 아니라 그 지각들이 정동의 파도로 번져 나갈 수 있도록 해 준다(스태포드 2007). 현대 예술작품들은 바로 이러한 특질들을 조명하기 위해 분투해 왔으며, 수시로 변형되는 과정을 간단히 보여 주는 다이어그램, 그리고 동영상 일람표들을 만들었다.

현재 그 어느 때보다 많은 상품이 존재하고 상품의 중요성이 커졌다고 주장하는 데 좀 더 신중할 필요가 있지만, 지난 삼십여 년 동안 큰 변화가 있었던 것은 사실이다. [물질적] 풍요로움이 훨씬 더 일반화되었는데, 이는 부분적으로 개인의 표현의 자유를 강조하고, 특히 계속 증가하기만 하는 가치를 생성하는 심미적 경제를 강조하는 라이프스타일 소비라는 것이 발명되었기 때문이다(빈클리 2007). 이러한 소비의 개인주의화와 이에 동반하는 순응주의적 불순응은 미학 그 자체를 더욱 강조하는 데 그치지 않고 다른 많은 미학적 결과들도 양산하였다. 첫 번째는 스타일의 일반화이다. 현재는 군림하는 한 가지 미학적 표현 스타일이 존재하지 않는다. 그보다는, 경직된 수직 구조가 무너지고 다양한 스타일이 공존한다. 가장 좋은 한 가지 방식이란 존재하지 않는다. 일종의 미학적 다수주의가 우세해졌다. 두 번째 결과는 심미적 디자인에 대한 단서로서 정동에 더욱 집중하는 것이다. 포스트럴이 지적하듯, "형태는 기능을 따른다"가 "형태는 감정을 따른다"로 대체되었다(2003, 9). 세 번째 결과는, 일단 경직된 스타일의 위계가 무너지면서 나타난, 비견할 데 없는 미학적 풍요로움이다. 수입 증가 및 가격 하락뿐 아니라 더 효율적인 유통 방법과 새로운 상품에 의해 일종의 미학적 풍요 같은 것이 도래했으며 그러한 풍요는 노동계급에게도 파고들었다. 자본주의적 기업들이 시장의 세분화와 고객 맞춤화를 달성하기 위해 이러한 개발을 추동한 동시에 이에 따르도록 강요당하기도 하였다. 최근에 인터넷을 통해 고객을 파악하는 데 관심을 기울이는 것은 단순히 상업적인 전략이 아니라 종종 소비자의 변화하는 필요와 욕구에 발맞추기 위한 절박한 노력이기도 하다. 그 결과 우리는 미학이 핵심적인 사회적 장면이면서 경제적 가치를 생산해 내는 주요 수단이기도 한, 표현의 시대에 살고 있다(래시와 루리 2007).

그러나, 또는 주장컨대, 나의 설명은 또 다른 핵심적인 상상적 힘의 진화를 언급하지 않으면 완전할 수 없다. 즉 지속적으로 발달해 온 새로운 매체 형식에 의해 가능해진 **공적 친밀성**public intimacy의 부상이다. 다시 한 번 나는 감성과 취향이 획기적으로 대중적인 융합을 이루었던 '긴 18세기'[6]로 돌아가 보려 한다. 그런 감성과 취향의 융합은 지금이라면 정서적 감수성이나 미학적 표현으로 여겨질 만한 것이다(엘리슨 1999). [당시] 정동적인 것과 미적인 것이 친밀성의 코드에 함께 묶였는데, 그것은 기이한 종류의 친밀성이었다.[7] 이 시기에 친밀성에 대한 서구의 협약이 최종적으로 날인되었다.

달리 말해 한때 사적인 정념으로 여겨졌던 것들을 소통하는 데 공적인 영역이 점점 더 많이 이용되게 된다. 한때는 이러한 처리 방식이 17세기의 연극 무대에만 한정되어 행해졌다. 당시 연극의 프롤로그와 에필로그에서는 극단 유명 여배우들의 무대 밖 성생활에 대해 넌지시 언급함으로써 신선한 조합 속에서 전경과 후경이 섞이도록 하였다. 반면 이제는 이런 것이 사회성의 일상적인 한 형태가 되었으며, 인터넷과 그것이 **합성 경험**syn-

---

6. [옮긴이] 'the long eighteenth century'. 영국의 역사학자들이 표준적 역법이 아니라 역사적 사건에 기반하여 시대를 구분할 때 사용하는 용어로, 명예혁명(1688년)부터 워털루 전투(1815년)까지 포함하는 시기를 일컫는다.

7. [옮긴이] 오늘날 'aesthetic'이라는 말을 종종 '심미적'이라고 번역하는 데서 그 흔적을 볼 수 있다.

thetic experience을 만들어 내는 수많은 수단들에 의해 증폭되고 있다. 합성 경험이란 가질 수 없는 현실을 모방하거나 대체하기 위해 꾸며낸 경험이며 그런 과정에서 그 자체가 현실이 된다.

물론 이런 사태를 해석하는 데는 여러 가지 방식이 있다. 하나는 절차와 관련된 방식으로, 사회적인 것과 심리적인 것 사이의 항상 미심쩍은 구분이 영원히 무너졌다는 것이다(라뚜르 2007). 다른 하나는 우리가 자기 것에만 집중하는 소비자 모나드monad의 세계에 살고 있다는 비판에 기반하고 있다. 그 세계는 슬로터다이크Sloterdijk(2007)가 표현하듯 "상호-백치 같은"interidiotically 안정을 유지하고 있으며, 겉보기엔 독창적인 것 같지만, 실상은 표준화된 정동적 몸짓들의 광란 속에서 끊임없이 스스로를 반복한다. 또 다른 하나는 경제적인 방식이다. 즉, 공적 친밀성은 가치를 가지고 있어서 거기서 이익을 취할 수 있다는 것이다. 어떤 방식이든, 공적 친밀성이 현재 한층 더 중요한 충동이 되어 가고 있다는 것은 명백한 사실이다. 물론 우리는 그런 역사적 평가를 할 때 조심할 필요가 있지만, 특히 새로운 표면이 생산될 수 있게 하는 새로운 물질이자 접속을 만들어 내는 새로운 수단인 정보기술이 우세함에 따라, 현재 존재하는 공적 친밀성이라는 미학적 기계의 영향력은 이제 중간 매개자 이상의 중요성을 띠게 되었다. 그것은 대상을 감각하는 새로운 수단들을 만들어 낼 수 있는 잠재력을 생성시키는데, 특히 새로운 매력의 형태를 생산함으로써 그렇게 한다.

이러한 두 가지 상상적 힘이 얽힌 결과는 분명하다. 미학과 공적 친밀성은 새로운 방식으로 내가 "세계들"worlds이라고 부른 공간의 일부로서 얽혀들고 있다. 자본주의에 의해 형성된 그 공간들은 (더 예전의 훈육법에서 그랬듯이) 주체를 창조하는 것이 목표가 아니라, 주체가 존재할 수 있는 세계를 만들어 내는 것이 목표이다(랏자라또 2004). 이러한 공간들은 이전에는 감지될 수 없었던 것을 의식할 수 있게 하는(그 결과 당연히 특정 대상들은 더 이상 감지되지 않는다) 능력을 갖춘, 따라서 새로운 종류의 매력을 생성하는 잠재력을 만들어 내는, 새로운 형태의 몸으로 이해할 수 있다.

여기서 내가 세계들이라는 용어를 사용하면서 단지 쇼핑 몰이나 테마 파크, 특히 컴퓨터 게임에서처럼 하나하나 공들여 디자인된, 소비자 기호에 맞춘 환경을 생산할 수 있는 능력을 의미하는 것이 아니다. 즉 내가 말하는 것은 좀 더 일반적으로 '소화할 수 있는'digestible 환경, 즉 모든 미적 기준에 맞는 메시지를 제공하는 대상들로 채워진 환경을 생산해 내는 능력이다. 여기 한데 모인 것은 자산들이 아니라 그냥 사물들이기 때문에 그 메시지들은 종종 의미가 모호하다. 그러나 가끔은 이 메시지들이 하먼이 "신비로운 전체cryptic totality(2005)"라고 부른, 이해 가능성을 능동적으로 형성하는 시스템으로 응축된다. 이러한 관점은 맥스 블랙의 관점과 유사한데, 그는 늑대의 의미가 사실은 "관련된 평범한 것들로 된 늑대-시스템"이라는 점을 발견한다. 다시 말하면, "대개 우리의 눈길을 끄는 하나의 특정한 늑대-자질 같은 것은 없다. 왜냐하면, 그 늑대라는 메타포가 우리가 보아야 할 바로 그것을 흐려 놓기 때문이다. 대신, 존재하는 것은 반쯤 직관된 늑대-특징과 늑대-표시를 지닌, 일종의 전기적 기초 토대이다"(재인용, 하먼 2005, 119).

그러므로, 세계들은 도드라지게 만드는rendering prominent 자신만의 방식이 있는데, 이는 인간과 비非인간들을 한데 모아 온갖 종류의 분배된 조합으로 만들며, 결과적으로 정념을 집중시키는 그런 종류의 특정한 스타일을 발생시킨다. 이처럼 분산된 조합은 고정 인물들과 아이콘, 표면과 색깔들로 채워질 것이며, 이는 특정한 역사적 무의식에 의해 유지된다. 그리고 그런 조합들은 온갖 종류의 활기찬 모방 행위들, 즉 급속히 퍼질 수 있는 모방 영역들을 촉발시킬 수 있다(스리프트, 출간 예정). 그러나 늑대의 예가 분명히 보여 주듯, 세계들은 한때 종종 그러했듯이 모든 디테일이 꼼꼼히 디자인되거나, 완전하거나, 완성된 전체일 필요는 없다. 그리고 이는 세계들의 공간적 성격이 분산된 것일 수 있음을 의미한다. 가끔은 경계가 있는 한 공간이 정확히 하나의 세계와 일치할 수도 있다. 그러나 더 가능성이 큰 쪽은, 하나의 세계는 다른 세계들의 선들과 종횡으로 교차하지만 잠깐일망정 같은 공간을 점유하는 일련의 선들의 연합일 것이라는 점이다.

특히 상상력은 정동 장치들의 집합에 의해 포착되고 이끌어질 수 있는데, 이 정동 장치들은 예전이라면 어려웠을 방식으로 이제 이러한 세계들에 도입될 수 있게 되었다. 이는 새로운 종류의 문화적 신경cultural nerve으로, 당신이 원한다면 '당신'의 별도의 측면을 만들어 준다. 19세기에 이루어진 멜로드라마의 발명, 20세기 초 사진과 영화의 발달 결과로 이루어진 결정적인 순간의 재발명, 20세기 후반 극단적인 것의 매력은 모두 (만약 용어상 모순이 아니라면) 비담론적인 서사 지능nondiscursive narrative intelligence이 점진적으로 발달되게 만든 방식의 사례들이라 할 수 있다. 비담론적 서사 지능은 소비 환경이 "감정적으로 연루된다는 것과 세계에 관해 재위치된다는 이중적인 의미에서 '움직이도록[감동받도록]'moved" 함으로써 정념들이 경제적 이익에 이용되도록 배치시킨다(트레일킬 2006, 366, 강조는 저자). 일상 생활이 수익을 위해 이용될 수 있는 미적인 순간의 행렬이 되어 감에 따라, 쉬지 않는 상상력은 값을 매길 수 있는 자산이 된다. 특히 모든 표면은 뭔가를 전달하기 때문이다.

다시 말해, 나는 요즘에 매력 중의 매력은 대개 살아 있는 것과 살아 있지 않은 것, 물질적인 것과 비물질적인 것 사이의 경계가 점차 흐려져 버린 세계들이 창조됨으로써 생산된다는 주장을 하려는 것이다. 그래서 과거에 살아 있는 것으로 여겨졌던 것은 사물과 같은 것이 될 수 있고, 죽은 것으로 여겨졌던 것은 생명력을 보여줄 수 있게 되었다. 나는 이러한 살아 있는 것 같은 물체들이 살아 있는 것으로 간주된다고 주장하는 게 아니다. 그러나 이것들은 단순히 상상의 산물로 여겨지는 것도 아니다. 이들에게는 심리학이 허용된다(터클 2005). 그리고 이 물체들은 불확실한 지위로 인해 매혹적일 수 있다. 즉, 그것들은 반복적으로 관심을 불러일으키고 호기심을 자극할 수 있기에 자기들의 본성과 특징을 탐험하도록 자극할 수 있다. 자본주의는 살아 있는 것 같은 외관, 어떤 유령 같은 성질을 지닌 유사함을 만들어 내는데 그것은 분명 보여지기 위한 것이고 계산된 것이지만 여전히 우리를 사로잡는다. 다음 장에서는 이러한 유사성을 만들어 내기 위해 자본주의가 어떻게 앞서 말한 경계들을 다루었는지에 대해 서술하겠다.

글래머의 기술들

그러면 자본주의는 어떻게 미학적 영역에 큰 영향을 끼치게 되었는가? 가치의 원천은 무엇인가? 그리고 자본주의는 어떻게 그것을 가동하는가? 나는 이러한 매력의 시대에서 결정적인 부분으로 작동하는 두 가지 기술technologies을 짚어 보고자 한다. 즉, 다른 매혹의 형태와 마찬가지로 우리의 시각을 한정 또는 고정시키기도 하지만, 탐험의 도구로도 작동하기도 하는 성질이다. 두 기술 모두 부분적으로는 인간이며 부분적으로는 다른 무엇인, 그 자체로 생명을 가진 것처럼 보인다는 점에서 마술적이라 할 수 있을 터이다. 그리고 사실 정말로 그렇다는 것이 내가 말하고자 하는 바이다. 만일 우리가 이러한 동류의 마술적인 성질을 묘사할 필요가 있다면 스타일의 묘사를 통해 서술하는 것이 더 나을지 모른다.

그러나 스타일은 체크 표시해야 할 사실들의 목록으로 이루어지지 않는다. 의미의 총체도 아니다. 스타일은 매혹을 생산하는 존재의 변형이며, 부분적으로는 우리가 그것을 탐험할 때 얻어진다. 스타일은 우리가 그것을 사랑하길 바라며, 우리는 그것에 매료당하고 싶어 한다. 우리는 그것을 따라잡고 싶어 하며, 우리는 그것에 대해 확신하고 싶어 하며, 그것에 빠져들고 싶어 하고, 그것이 이룩한 것에 우리 자신을 맡기고 싶어 한다. 다른 말로 하면, 스타일은 그 자체로 우리가 참여할 수 있는 세상에서 무엇이 이슈인가를 규정하는 하나의 행위자로 간주될 수 있다(하면 2005). 이러한 최소한의 정의를 가지고 우리는 이제 자본주의가 어떻게 우리를 사로잡는지를 살펴보기 위해 매력의 특정 스타일인 이른바 글래머^{glamour}를 다룰 것이다.

글래머

글래머는 소비자 세계에서 변덕스럽긴 하나 불변하는 특질이며, 매혹을 생산하기 위해서 인간과 비인간을 뒤섞는 환경에서 생겨난다. 그런데 글래머는 어디에서 유래하는가? 글래머는 어떻게 수많은 사람이 탐험하고자 하는 정동적 영역이 된 것인가? 이 절과 다음 절에서 나는 글래머의 역사를 요약적으로 다룰 것인데 특히 연극, 영화, 공연의 역할을 살펴보면서, 왜 글래머가 더욱 중요해졌으며 현재 유럽-북미 문명을 사로잡게 되었는지에 대해 적어 보려 한다.

풍요는 그에 수반하여 글래머라는 자질을 매력을 생산하는 핵심적인 상상적 요소를 구축하게 된다. '글래머'라는 용어를 사용하는 것과 관련하여 나는 이 표현이 조금 어색하다는 것을 알고 있다. 그러나 일상적으로 사용되면서도 경제적인 힘과 상상적인 힘 모두로 작동하는 용어가 필요하다. 즉 이 용어는 (18세기에 마술이나 마법이 의미했듯이) 박식하면서도 비교^{秘敎}적인 주문이면서도 '현혹적이거나 넋을 빼놓는 아름다움 또는 매력'이라는 19세기적 의미까지 아우를 수 있는 주문일 뿐만 아니라, 현재 사용되고 있듯이 '가질 수 없는 현실이 거는 주문'이라는 뜻도 가지고 있어야 한다. 글래머라는 말은 이러한 의미들을 다 가지고 있다. 글래머는 자신의 모든 기막힌 자질들에 대하여 경외심을 불러일으키지 않는다. 글래머는 인간의 수준에서 일상적으로 작동하며, 상상력을 발동시킬 만큼의 익숙함, 다른 삶의 가능성 또는 만져질 수 있는 현존으로서의 유토피아를 상기시킬 만큼의 익숙함만 허용한다. 즉, "당신의 손에 쥘 수 있는 영속적인 완벽한 대상"(포스트럴 2005, 31)이다. 글래머는 어떤 물건과 사람을 특징짓는 그 특별한 흥분과 매력과 관련된다. 글래머는 상업적인 영역에 의해 만들어진, 세속적인 마술이다. 우리는 그것을 일종의 페티쉬로 볼 수도 있고, 아니면 생각을 느끼고 생각을 맛보는 수단으로 볼 수도 있다. 분명한 것은 우리가 그것을 갈구한다는 것이다. 그러면 우리가 갈구하는 그것은 무엇인가?

글래머는 세 가지 문화적 축에 의존한다. 첫 번째 축은 대상 효과^{object effect}이다. 즉, 한 대상이 성가신 골칫거리가 없거나 있는 당신이 원하는 세계를 나타낸다. 이런 효과를 이해하는 하나의 방식은 그것을 대체 의미

displaced meaning으로 보는 것이다(맥크라큰McCracken 1996). 모든 문화는 정체성과 희망의 원천으로서 일상에서는 절대로 완전히 실현할 수 없는 이상들을 보여 준다. 그런 이상들은 "양립할 수 없는 원칙들을 지지하거나, 인과 관계를 부정할 수도 있고, 불가능한 지식이 필요하거나, 인간이 감당할 수 있는 것 이상으로 감정적으로 모순된 행동을 요구할 수도 있다"(포스트럴 2003, 31). 그런데 이러한 이상들은 상상의 영역에서, 특히 이러한 이상이 실현될 수 있는 세계로서의 상상적 영역에서 얼핏 엿볼 수 있다. 그것은 스쳐 지나가는 공상과 환상, 또는 좀 더 이해 가능하게 만들어진 천국, 유토피아, 그리고 도래할 세계로서의 이상이다. 이러한 세상에서는 전형적 인물, 선행이나 악행에 대한 서로 다른 이야기, 빼어난 인공물, 강박적인 지리가 "무의식의 시"를 통해 간절한 상상적 관념들이 성취 가능한 것처럼 보이게 만든다. "이상들이 먼 문화 영역으로 옮겨지면 실행 가능한 현실처럼 보이게 된다. 현재 세상에서 아무런 근거가 없고 문화적으로 일어날 법하지 않은 것이 이제는 유효한 것으로 인정된다. 즉 또 다른 먼 곳에 있는 그것의 존재로 얼마간 '증명'되는 것이다"(맥크라큰 1996, 106).

이러한 세계들은 대리적 경험의 저장소이면서 생성소이기도 한 합성적 경험들, 즉 상상의 공간을 점유하지만 그렇다고 덜 실제적인 것은 아닌 경험으로 간주된다. 이들은 "현실에 둥지를 튼 허구"(우드Wood, 12)이다. 상상은 그 자체로 체험된 경험이다. 그러나 상상을 경험으로서 이해하려면 공간에 대해 제대로 이해해야 한다.

두 번째 축은 특정한 상상적 규범으로 작동하는 대안적 형태의 '나'를 끌어들이며, 이는 종종 사색적으로 그리고 동시적으로 특정한 형태의 인물을 실현하기 위한 것이다(매클로스키McCloskey 2006). 이것은 '단편적 자기'episodic self의 연극을 중심에 두고 하는 성찰이다(스태포드 2007). 그것은 배우가 그러듯이 의도적으로 자기 재현에 참여하고 관객에게 인정을 받는 것으로 이루어진다. 그런데 이 경우 관객은 그 자신이다. 달리 말해, 우리는 "보조적인 당신들"extra-yous이 번성할 수 있게 하는 가상의/잠재적virtual 자기-차이의 세계가 창조되는 것을 목격한다. 이러한 "보조적인 당신들"은 "주체이면서 대상이고, 아는 자이면서 알려지는 자이고, 재현하는 자이면서 재현되고 있는 자"이다(트레일킬 2006, 382). 이 새로운 당신들은 "자기 자신의 지각적 경험에 대한 통찰을 추구하거나 수용하는, 생산적으로 분화된 존재 상태"(트레일킬 2006, 382)를 구성한다. 이러한 존재 상태는 불안정하며 다루기 어렵다. 그러나 가끔은 즐겁기도 하다. '당신'은 많은 경우 자기 자신과 사이가 좋을 때 웃음을 짓는 것처럼, '보조적 당신' 속에서 기쁨을 얻기 때문이다. 그리고 이러한 존재 상태에는 약간의 부가물이 수반된다. "보조적 당신들"의 세대는 어떤 행위 방식에 반만 집중하면서 내내 그것에 대해 비평하는 게 가능함을 의미한다. 마찬가지로, 이는 갖가지 종류의 세계들이 존재하도록 허용한다. 그 세계들은 더하거나 덜하거나 정도의 차이는 있지만 서로 붙들린 채 존재하며 각각 다른 신호에 따라 움직일 것이다.

글래머의 세 번째 축은 계산인데, 하지만 이 계산은 눈치채지 못하게 이루어져야 한다. 노력한 흔적이 보이지 않아야 한다. 글래머는 궁정인의[8] 태연자약함을 요구한다. "모든 것을 자연스럽게sprezzatura [9] 수행하여, 기교

---

8. [옮긴이] 르네상스 시대에 궁정인은 이상적인 사교인 또는 교양인으로 여겨졌다. 카스틸리오네의 『궁정인』(Il cotigiano)은 군주를 위한 봉사자로서가 아니라 그 자체로 독립적인 품위를 지니고 자신의 인격 완성에 힘을 쏟는 궁정인의 상을 제시한다.

9. [옮긴이] 꾸미지 않은 듯한 자연스러운 우아함을 나타내는 말로, 어떤 일을 할 때 힘이 들어가지 않는 듯한 무심한 행동 방식을 표현하기 위해 카스틸리오네가 새롭게 사용한 용어이다.

가 전혀 드러나지 않게 하고 행해진 것이나 말해진 것들이 힘들이지 않은 것처럼 보여야 한다"(카스틸리오네^{Castiglione} 1959, 43). 그러므로 글래머는 판매이며, 교묘한 조종이고, 유혹이다. 그것은 기만의 한 형태이다. 그러나 그 이상의 무엇이기도 하다. 그것은 세심한 선택이며 통제이다. "창조자는 주술을 깨뜨릴 수 있는 거슬리는 디테일들을 제거해야 한다. 피부의 잡티, 창문의 얼룩, 건물을 가로지르는 전선들, 부엌 싱크대 위에 쌓여 있는 고지서들과 같은 것들 말이다"(포스트럴 2003, 28). 이러한 관습들과 그 외 관습들로부터 '가짜' 감정을 만들어 내는 능력이 나온다. 그러므로 글래머는 어려운 것을 쉽게 만든다는 증표가 되며, 여기엔 생동력이 필요하지만 때로는 매서운 정확성도 필요하다. 글래머는 부러움과 동시에 동일시도 요구한다. 다른 말로 하면, 글래머는 "가짜" 감정을 통한 교묘한 조작을 기꺼이 받아들이게 하는 것과 관련된다. "가짜 감정"은 특히, 그것을 틀 지우며 동시에 거칠긴 하더라도 사회에 대한 분석을 제공하는 부러움, 불안, 경쟁심과 같은 소위 부정적인 감정들에 가해진 처리의 결과이다(응가이 2005, 2006).

이러한 축으로 지탱되는 세계들은 점점 이야기나 기타 선형적 인지 도구에서 발견되는 순차적인 과정을 넘어서(스리프트 참조, 출간 예정), 대상과의 인터페이스에 곧바로 접근함으로써 신경생리학적 차원에서 직접적으로 매력을 발산하려고 한다. 그것은 신경 써서 디자인된 괜찮은 상품일 수도, 대상과 문화적 이상이 한데 결합된 이미지, 아이콘, 초상^{effigies}일수도, 또는 다른 "동작 상징"$^{enactive\ symbols}$(스태포드 2007)일 수도 있다(물론 그건 상징 이상이다). 오히려 이 세계들은 체험된 경험의 형태들이다. 과거의 소비자 사회에서는 대상세계가 충분한 인구를 가진 경우는 아주 드물었기 때문에 일상적으로 분위기를 만들어 낼 수 있었다. 그러나 이제 이러한 종류의 세계-만들기가 단지 개별적인 상품보다 훨씬 더 많은 것을 넘어서는 것을 포함하는 하나의 활동이 되었다고 나는 주장하고 싶다. 오히려 그것은 수행적인 대상-허구의 확산을 의미하며, 그런 확산 속에서 시각과 미각, 촉각, 기타의 감각들은 한데 결합되어 우리가 희미하게만 알고 있는 인지적 유산들을 작동시키기 시작한다. 수행적 대상-허구의 확산은 곧 시장성 있는 물질성을 생산해 낼 수 있다고 그 가능성을 인정받은 물질의 범위가 훌쩍 증가한 결과이다. 이와 관련하여 지적해야 할 분명한 영역은 정보기술 덕분에 가능해진 세계들이다. 그러나 이러한 특정의 미학적 샛길을 따르는 대신, 나는 새롭게 채색된 물질들로부터 떠오른 미학적 가능성에 대해 말해 보겠다.

글래머러스한 물질들

글래머를 생산하기 위해 가능한 방법은 여러 가지가 있고, 내가 그 모든 방법들에 다 집중할 수는 없다. 글래머와 같은 도상적 경험iconic experience은 많은 구성 요소들로 만들어진다. 그것은 소리일 수도 있고, 밝은 빛이나 은은한 빛의 작용일 수도 있다. 강력한 냄새일 수도 있다. 촉각의 연상 작용일 수도 있으며, 걸음의 속도일 수도 있다. 이 글에서, 나는 글래머의 생산 수단 중 하나인 색깔 물질에 주목하기로 했다. 여기서 내가 색깔 물질들이 고유의 울림을 갖고 있다고 여긴다는 점에 유의하는 게 좋겠다. 특히 이들의 매력이 운동 감각의 형태로 주로 전前개인적인 영역에 직접적으로 닿아 있기 때문이다(험프리 2006). 하먼은 색에 대해 논하는 중에, "너무나 자유롭고 합목적성이 없어서 더 이상 특정한 사물에 해당하지도 않는 성질들이 있다(하먼 2005, 67)"고 말했는데, 바로 색이 그중 하나이다. 물론 색은 긴 제조의 역사를 가지고 있고, 빛과 색의 감각적 인상으로 이해되는 미학의 주요 계기 중 하나이다. 이는 뉴턴이나 괴테의 이론, 또는 베를린과 케이[미국 오클라호마주의 카운티]의 보편적 색깔 상징에서 보이기도 한다(델라 메어와 기니 2000, 레슬리 2005, 패스투로 2001). 색은 진정 우리의 현재 삶의 한 부분으로, 의례와 수행에서 짐작할 수 있는 고대의 소통 양식 중 한 요소로 우리 안에 각인되어 있을지도 모른다(루이스-윌리엄스 2004).

그러나 여기서 쟁점은 무의식적인 실체의 시학 속에서 특정 색깔의 물질들을 글래머의 미학과 연결 지을 수 있는가이다. 이는 새로운 현상이라 보기 어렵다. 그것은 특히 1833년에 룽게에 의해 처음으로 합성 색깔이 만들어진 이후로 대량 생산되는 현상이 되었다. 물론 색깔 물질들은 세계의 구축하는 데 중심적이다. 컴퓨터로 만들어진 세계들조차도 현실적 느낌을 만들어 내는 데 있어서 질감과 느낌을 생생하게 만드는 것을 핵심으로 여긴다. 머리카락이나 짐승의 털과 같은 표면을 모사한다든가, 우유나 꿀과 같은 특정 액체가 적당히 흐르는 것처럼 보이게 한다든가, 정확한 색깔 효과를 달성하는 데 더 많은 노력을 기울인다. 더 일반화해서 말하자면, 물질은 매력적인 공간을 만드는 데 결정적인 역할을 하게 되었다. 그러므로 종종 자본주의적 공간의 원형으로 (잘못) 여겨지곤 하는 [발터] 벤야민의 아케이드는 그들의 세속적 마술을 행하기 위해 유리와 인공 보석, 유리와 같은 물질들의 유용성에 의존했다(레슬리 2005).

그러나 아케이드처럼 공간을 풀어놓는 눈부시게 멋들어진 소비기술만큼이나 화학과 예술의 동맹을 통해 '색깔의 제국'을 풀어놓는, 색깔 물질을 만들어 내는 능력도 중요한 것으로 판명되었다(레슬리 2005). 내 생각에, 우리는 우리의 현재 문명이 얼마나 다채로운 색깔을 가지고 있는지를 (그것이 영화에서든 음식, 또는 플라스틱 물건에서든) 이해하지 못하고 있는 듯하다. 이제는 거의 모든 것들이 색깔이 입혀지거나 색소가 더해질 수 있으며, 종종 컴퓨터 테크놀로지를 사용하기도 하는데, 그것은 인간의 색깔 지각력의 한계까지 도달하기 위해 몰두한다. 평균적으로 인간은 십만 개의 색깔을 손쉽게 구분할 수 있으며(델라메어와 기니 2000), 색깔 상당수는 정동적이며 상징적인 속성을 가지고 있어서, 어떤 색은 역사적으로, 적어도 한 시기 동안은, 글래머러스했었다. 연보라색 염료에 대해 생각해 보면, 이 색이 발명된 19세기에는 이 색이 한동안 글래머한 것과 연결되었다(가필드 2001). 이와 마찬가지 맥락에서, 20세기 초에 개발된 첫 번째 합성 플라스틱인 베이클라이트를 생각해 보라. 이 물질도 적어도 한동안은 (1920년대와 1930년대에) 글래머러스한 물질이 되었었다. 그러나 현재 차이가 나는 점은 미학적 효과가 거의 일상적인 수준에서 성취될 수 있다는 것이다. 거론할 수 있는 효과의 범위는 어마어마하다. 색깔 있는 플라스틱들을 한번 생각해 보라. 포스트럴(2003)은 대기업들이 가지고 있는 거대한 색깔 플라스틱 저장소를 묘사한다. GE 플라스틱은 이제 일백만 개 이상의 색깔 플라스틱을 보유하고 있으며, 1995년 이래 진주, 다이아몬드, 점 찍힌 유리와 다양한 종류의 금속과 돌을 포함하여 스무 가지 이상의 새로운 시각 효과를 자기들의 합성물과 수지에 도입했다.

결국, 이처럼 새로운 색깔 물질들을 이용하고 그것을 다른 표면에 더하면서 새로운 환경을 건설하는 것이 가능해졌다. 이러한 환경은 19세기 아케이드의 글래머러스한 세계나, 1950년대에 모리스 래피더스가 자신의 호텔에 건축한 장식 계단, 최초의 쇼핑몰과 표면건축surface architecture처럼 새로운 영역을 발생시킨 것의 현대판이라고 할 수 있다. 이들은 모두 완전히 디자인된 환경들로서, 브랜드 가치를 위해 하나하나의 디테일이 협상이나 타협 없이 디자인되기 때문에 글래머를 풍길 수 있다(클링맨 2007).

이러한 환경의 원형은 램 콜하스가 디자인한 프라다의 '중심' 상점일 것이다. 2001년 뉴욕에서 문을 연 이 가게는 한 브랜드의 공간적 버전으로 여겨질 수 있을 정도이다. 콜하스는 이 공간을 생동감 있게 만들기 위해 의도적으로 글래머의 다양한 전통을 이용하면서, 글래머를 집중과 명확성이라는 성질, 더욱 지적인 물건의 개발, 촉각적 표면의 힘, 그리고 비생산적이며 심지어 과도하기까지 한 공간의 활용을 통해 주의를 집중시키는 수단이라고 정의하였다(콜하스 2001). 이러한 네 가지 원칙에 기반한 프라다 상점들은 이후 전 세계에 걸쳐 (어떤 경우에는 다른 건축가를 통해) 각기 다르게 환생했다. 이들은 종종 소비지상주의를 탐구하는 장치로 여겨지기도 한다. 그것은 사실이지만 이들은 다른 그 무엇, 즉 '세계-만들기'의 원형이기도 하다. 프라다 상점들은 공들여 디자인된 중추에 기반하고 있는데, 우연히도 이 중추는 양쪽의 무대(실제로 모든 상점은 작은 무대 공간을 가지고 있다)와, 앞서 언급된 래피더스의 계단에 경의를 표하고 있으며, 모든 종류의 변용 가능한 기반시설들의 중심축으로 작동하기도 한다. 또한 중요한 점은 이들 상점의 미학을 이루는 모든 부분이 매력을 생산하기 위해 온갖 종류의 재료들을 포함하며 하나하나까지 신경 써서 디자인되었다는 것이다. 예를 들어, 로스앤젤레스 상점은 흰색과 검은색의 대리석, 알루미늄, 지브라우드, 젤 웨이브, 폴리에스터 스크린, 실리콘 버블과 반투명에서 투명으로 바뀌는 래미네이트 입힌 유리, 그리고 프라다를 위해 특별히 디자인된 일명 '스펀지'라는 새로운 재료를 사용한다('스펀지'는 다공성 인공 배경을 제공할 수 있다). 마찬가지로 조명도 이러한 재료와 함께 상호작용하도록 주의 깊게 디자인되었다. 80가지 종류의 조명이 특정 패턴을 이루고 특정 종류의 효과를 만들어 낸다. 또한 상점은 정보기술로 무장하고 있어서 이것이 다른 표면들을 덧붙인다. 예를 들어 탈의실에는 거울 벽 속에 플라스마 스크린이 보이지 않게 설치되어 있어 손님들이 앞뒤 모습을 모두 볼 수 있게 되어 있고, RFIDs[전자태그 장치]로 연결된 재고 스크린은 어떤 상품이 재고가 있는지 보여 주며, 문은 투명에서 반투명으로 전환할 수 있는 유리로 만들어져 있다. 마지막으로, 일부 표면은 움직인다. 예를 들어 진열장이 움직이는 동안 승강기가 상품들을 보여 준다.

그러나 이러한 공간들은 이제 세계-만들기의 실천에서 작은 부분일 뿐이다. 이들이 시범적으로 보여 주는 집중적인 혁신들은 시간이 갈수록 점차 가장 작은 상점들까지 잠식하게 될 것이다. 이러한 공간과 관련하여 더욱 중요한 것은 이들이 내비치는 야망의 성격이다. 왜냐하면, 이들은 모든 표면이 뭔가를 전달하는 공간을 만들어 내려는 야망을 드러내고 있기 때문이다(스리프트, 출간 예정). 현존하는 색깔 물질들이 이러한 비언어적 글쓰기의 일부를 이룰 것이다. 이러한 색깔 물질들과 다른 매체의 결합은 오래된 것부터 최근의 발명까지 온갖 종류의 매력을 확실하게 가동시키는 것을 가능하게 만들기 시작했으며, 이렇게 하여 글래머에 또 다른 차원의 매력이 추가된다.

글래머러스한 페르소나들

글래머는 단지 물체들의 영역이라고만 볼 수 없다. 글래머는 똑같이 사람persons과도 관계가 있으며, 여기서 사람은 프랙털, 즉 단수이면서 복수이기도 한 것으로 이해된다. 프랙털로서의 사람은 한 집합과의 관계 속에 위치하는 한 단위도 아니고, 한 단위와의 관계 속에 위치하는 전체도 아니며, 항상 관계성이 필수적으로 내포된 실체이다. 사람은 분할될 수 없는 개인 an individual이라기보다는 분할체a dividual로서 사이에 놓여 있다. 사람은 자율적인 실체로서 존재하는 것이 아니며, 서로 서로에게 직접적으로 작용할 수 있는 능력을 지닌다. 그리고 사람은 '프랙털'하기 때문에 타인과 타인의 일부, 그리고 대상들까지 통합할 수 있다. 글래머러스한 페르소나가 어떻게 만들어지는지를 생각해 보면 이는 특히 분명해진다.

요즘 글래머러스한 페르소나는 종종 고급 패션과 연관된다. 고급 패션은 성적 매력과 사치스러움, 유명세, 그리고 부富의 조합을 의미한다. 역사적으로, 글래머의 사회적 담지자는 귀족 계층이었다. 그러나 이제는 유명 인사들이 글래머의 담지자가 되는 경향이 있다. 물론 유명 인사란 다양한 무리들을 아우른다. 즉, 모든 종류의 부류와 수준들로 구성된다. 그러나 나는 단 한 가지 형태의 유명세에 초점을 맞추고 싶다. 이른바 카리스마적 유명세charismatic celebrity로, 연극이나 영화 속 스타들, 어떤 정치인들(절대 모든 정치인은 아니다), 일부 스포츠 스타들과 톱모델 등에게서 발견된다.

물론 유명세는 현대 사회에서 어마어마한 가치의 원천이지만, 역사적 시간을 거슬러 올라가는 뿌리를 가지고 있기에 현재의 현상을 이해하기 위해 그 뿌리들을 검토할 필요가 있을 것이다. 그래서 로치Roach(2007)는 현대적 형태의 글래머가 17세기 런던의 연극 무대에서 연예인celebrity의 발명과 함께 발견된다고 주장한다. 이들 연극에서 새로운 형태의 공적 친밀성이 생겨났는데, 이는 마술적인 페르소나의 인기에 바탕을 두고 있었고, 그러한 페르소나는 다시 극작가가 창안한 캐릭터와 연기자의 재능 사이의 상호작용에 기반하고 있었다. "페르소나와 개성은 주고받는 농담처럼 전경과 배경 사이를 오락가락하며 출연 배우들 사이의 성격상의 궁합에 의해 강화되었고, 영화의 시대 이전의 이것-효과It-effect 10를 촉발시켰다"(로치 2007, 16). 얼마 지나지 않아 글래머는 거의 일상적인 표현이 되었는데, 이는 출판과 인쇄 미디어가 나란히 함께 성장한 것의 결과이다. 글래머러스한 영화배우들은 친숙한 사람들이 되기 시작했다. 물론 사진과 영화의 발달로 인해, 유명인의 페르소나를 새로운 영역으로 위치시키고 (어디에서나 보이지만 여전히 마술적이라고 여겨지는) 좀 더 친밀한 느낌의 친숙함을 만들어 내는 것을 가능하게 만드는 한 단계의 상승이 이루어졌다. 그러나 스크린으로 전환되면서 흔히 주장되듯 그렇게 많은 변화가 있었는지에 대해서는 이론의 여지가 있다. 그러나 한 가지 확실히 바뀐 것이 있다. 이미지가 글래머러스한 유명인의 주된 특징인, 힘들이지 않은 듯한 공적 친밀성의 느낌이 나게 하는 데 있어서 대단히 중요해졌다는 사실이다. 물론 그러한 겉모습은 꼼꼼히 계산된 것이다. 신체의 자세부터 옷, 헤어, 심지어 어떤 경우에는 인생 경로의 사건들까지도 말이다. 그러나 그렇다고 해서 힘을 잃는 것은 아니다. 글래머러스한 유명세에는 네 가지 주요 특성이 있다(로치 2007). 첫째로, 접근 가능성이라는 환상에 기반하여 공적 친밀성을 주요하게 표명한다. 접근 가능성이 환상인 이유는, 동떨어져 있음이 글래머러스한 유명세에서 똑같이 중요한 부분이기 때문이다. 둘째로, 그것은 합성 경험에 의지하는데, 이는 타인의 삶에 대한 직접적 경험이라기보다는 대리적 경험이

---

10. [옮긴이] 할리우드 배우들의 패션을 보고 대중들이 "바로 이거야!"(That's it!)라고 말한 데서 비롯된 용어로, 요즘은 잇걸(it-girl), 잇백(it-back) 등으로 다양하게 적용되어 쓰이고 있다.

다. 셋째로, 그것은 신체적 매력과 자의식의 결여, 감지되는 무심함으로 이루어진 특별한 매력에 기반한 대중적 매혹을 드러낸다. 글래머러스한 유명세는 공들이지 않은 것처럼 보이게 수행되어야만 한다. 그러나 역설적이게도 이러한 자연스러움은 상당한 노력을 요구한다. 넷째로, 그것은 모순적인 자질들을 동시에 체현할 수 있는 능력을 요구하며, 그렇게 하여 사라지지 않는 강렬함을 생산해 낸다. "강함과 연약함, 순수와 연륜, 독특성과 전형성. '이것'의 소유자는 이처럼 서로 배타적인 양쪽 사이에서 불안정한 균형을 유지하며, 한 발로 줄타기하는 댄서처럼 매달려 있다. 그리고 추락을 기다리는, 감정이 이입된 긴장은 숨 막히는 관람을 준비시킨다(로치 2007, 8)."

글래머러스한 유명세와 관련해서 이해해야 할 것은, 그것이 사물이기도 한 사람을 중심으로 움직인다는 것이다. 이들은 '특별한 무엇'something 이다. 이들은 매개된 상상의 나라를 좀 더 탐험하라고 부채질하는 자극제로 존재하며, 우리가 어쩔 수 없이 긁게 되는 충동과 욕망, 동일시라는 그 유명한 가려움을 일으킨다. 그러므로 이들은 개인의 기억에 친밀하게 접속될 수 있도록 충분히 '작아야' 하며, 대중의 상상 속 희망과 욕망, 필요를 충족시킬 정도로 '커야' 한다. 대중은 종종 모순적인 기대를 하며, 더 탐구하고자 하는 욕구로만 하나가 된다. 여기서 원칙은 "가장 카리스마 있는 유명인들은, 설사 그들의 나체를 어디에서나 볼 수 있다 해도 우리가 상상만 할 수 있는 그런 사람들이다"는 것이다(로치 2007, 22).

물론 우리는 역사적으로 상상력을 인도하는 것을 가능하게 했던 다양한 방법들을 볼 수 있는데, 이중 거의 전부가 종교적인 개념의 초상effigy에서 유래한다. 초상은 성스러운 법칙과 같은 사상과, 이와 관련된 인격에 종종 가장 희미한 연결만 지닌 사람들(성자나 순교자, 왕, 여왕 등)의 종합으로서 서 있는 물체였다.

그러나 변하는 것은 페르소나의 실체만이 아니다. 페르소나는, 이러한 모델을 확인시켜 주지만 또한 그 자체의 실존을 지닌 대상 세계에 둘러싸이게 된다. 17세기의 극장도 정교한 대상 세계가 건설되기 시작하는 것을 목격하였다. 이 세계에서는 무대 소품들이 불안정하고 임시적인 계약으로서 자체의 삶을 가질 수 있었고, 한시적으로 무생물인 대상과 생물인 주체 사이의 경계를 넘나들었다(소퍼Sofer 2003). 이러한 경향은 화면을 통한 소통이 발명된 후로, 특히 디지털 커뮤니케이션의 등장과 함께 증가세를 유지하였고, 유명인들이 그저 액세서리일 뿐인 세계가 창조됨에 따라 (문자 그대로) 그다음 무대로 넘어갔다. 이들은 "실용적인 목적을 위해서는 쓸모가 없지만, 동시대인들의 사회적 자아 개념에는 상징적인 중요성을 갖고 있다"(로치 2007, 55). 현재 유명세의 세계가 창조되고 있는 와중에, 유명세의 정동적 영역을 간접적으로 체험하는 것이 이 세계의 매혹 중 일부이다. 관심과 열망을 증폭시키고 특정의 자아개념에 의문을 제기하거나 이를 확인시켜 주는 기능을 하는 각종 다양한 정보를 통해서 이러한 초상에 대해 점점 많은 것이 전달될 수 있다.

글래머러스한 유명인은 사람도, 사물도 아니며, 사이에 있는 무엇, 즉 가질 수 없는 현실, 상상의 친구, 액세서리이고, 상상 속에서 나타나 불러내 탐험하고 내 것이 될 수 있는 정신적 이미지이며, 세상에서 쟁점이 되는 무엇이다. 유명인의 인격이 그의 외모나 느낌에 영향을 미칠 수 있지만, 광범위한 색깔 물질들도 이에 영향을 미친다. 이들 상당수는 살아 있음과 비활성의 경계에 존재하는 것들로, 옷, 보석, 헤어, 피부, 살 모두 각각의 역할이 있다. 이러한 색깔 물질들은 글래머러스한 유명인을 구성하는 중요한 부분이며, 모든 의미에서 말을 하는 생생한 위조물이다. "매력적인 사람에게서 최소한 우리가 본다고 생각하는 것은 대상들의 전체적인 지형도이며, 그 매력적인 중개자가 다른 것들을 배제하면서 인정하고 머무르는 것이다"(하먼 2005, 138). 이러한 전체적 지형도를 구성하는 색깔 물질들 하나하나를 열거하는 것은 이렇게 짧은 글에서는 분명 불가능하므로 하나를 선택해야 하겠다. 머리카락. 머리카락은 (말 그대로) 신체의 경계선에 위치하며, 신체에서 변화를 가하기에 가장 쉬운 부분이다. 머리카락은 자라며, 따라서 잘려야 한다. 머리카락은 컬을 만들 수도, 밀어 버릴 수도, 염색하거나 펴거나 기름을 바를 수도 있다. 머리카락은 평생에 걸쳐 색깔이 바뀐다. "이제 더이상 '자연적인' 헤어스타일 같은 것은 없다. 하지만 언제 그런 것이 있기나 했는가?"(콕스 1999, 269).

힐러리 클린턴이 예일 대학의 2001년 졸업식에서 한 유명한 연설에는 다음과 같은 씁쓸한 언급이 있다.

내가 오늘 말하려고 하는 것 중에 가장 중요한 것은, 헤어가 중요하다는 것입니다. 이 인생의 교훈은 제 가족이 저에게 가르쳐주지 않고, 웰즐리 대학과 예일 대학이 저에게 심어 주지 못한 것입니다. 여러분의 헤어는 중요합니다. 여러분의 헤어는 주위 사람들에게 아주 중요한 메시지를 보낼 것입니다. 여러분의 헤어는 당신이 누구이고 무엇을 지지하는지를 사람들에게 이야기해 줄 것입니다. 여러분이 세상에 대해 가지고 있는 희망과 꿈도, 그리고 특히 여러분이 헤어에 대해 가지고 있는 꿈과 희망도 말해 줄 것입니다. 신발도 마찬가지입니다. 하지만 헤어가 정말 더 중요합니다. 그래서 요약하자면, 여러분의 헤어에 관심을 기울이라는 것입니다. 왜냐하면,

다른 모든 사람이 그렇게 할 테니까요.(2001)

이러한 언급은 여러 가지 방법으로 해석될 수 있다. 페미니즘적 괴로움의 울부짖음으로, 현대 정치와 진정 전체 사회가 지닌 피상적인 본성에 대한 비난으로, 외모가 정말 중요하다는 교훈으로, 또는 헤어 때문에 망할 수도 있다는 사실에 대한 부연 설명으로. 그러나 나는 이에 대해 약간 다른 방식으로, 즉 유명인이라는 주제에 접근하는 수단으로 다루고 싶다. 힐러리 클린턴은 "헤어가 액세서리나 옷보다 훨씬 강력하게 마술적인 힘을 발휘할 수 있는데, 이것은 부분적으로는 헤어가 동시에 둘 다로 기능하기 때문이고, 〔그리고 부분적으로는〕 그것을 하고 있는 사람의 신체에 속하기 (또는 속하는 것으로 보이기) 때문이다"(로치 2007, 117)는 점을 발견했다. 다른 말로 하면, 헤어는 심미적 대상의 합성물이자 공적 친밀성을 부추기는 수단으로서 카리스마를 가질 수 있다(맥크라큰 1996).

헤어는 그동안 간과되어 왔고 이제 막 자세히 탐구되기 시작하였다. 그러나 헤어는 글래머를 생산하는 데 중요한 역할을 하게 되었는데, 이는 부분적으로는 헤어로 점점 더 미학적인 표현이 가능하도록 만든 새로운 기술들 덕분이다. 일반적으로 헤어는 주요 기술 변화의 영향 아래 놓여 있었다. 오랫동안 중심적인 헤어 테크놀로지는 가발이었다. 물론 가발에는 복잡하고 오래된 역사가 있으며, 이제는 다양한 형태의 인조 헤어가 널리 쓰이고 있다. 그러나 19세기 말 이래로 기술이 발전하여 진짜 머리카락에도 가발과 같은 효과를 낼 수 있게 되었다. 머리카락은 염색될 수 있다. 예를 들자면, 과산화수소 표백이 1818년에 발명되긴 했지만, 이는 1세기가 지난 1909년에야 로레알이 상업적인 머리 염색제를 만들기 시작하면서 미용 목적으로 쓰이게 되었다(콕스 1999). 처음엔 머리 염색이 경시되었지만, 이제는 거의 여성 인구의 절반이 염색을 하는 것으로 추산된다(콕스와 위도우스 2005). 마찬가지로, 이제 머리카락은 역사적으로도 이전엔 할 수 없었던 방법으로 컬을 입히거나 펼 수 있게 되었다. 예를 들면, 구불거리는 파마를 하는 것은 19세기 말 파리의 마르셀 웨이브와, 1909년의 파마 웨이브의 발명으로 거슬러 올라간다. 이전에는 가발이어야 가능했을 모양으로 머리를 자르는 것이 가능해졌다. 이런 발명들은 종종 상호 작용을 한다. 파마 기술은 1930년대에 단말 스타일의 보브 헤어컷이 유행할 때 비약적인 발전을 했다. 마침내는 헤어드라이어(1920년대에 처음 선보였지만 1950년대가 되어서야 일반적으로 쓰였다)와 샴푸(1870년대까지 거슬러 올라간다), 컨디셔너(19세기 말에 발명되었지만, 현대적 형태로 사용되기 시작한 것은 1970년대와 1980년대였다)에 이르는 헤어 테크놀로지가 표준이 되었다.

글래머로 통하는 유명인들은 다른 액세서리들과 결합된 새로운 표면을 만들기 위해 이러한 기술을 사용하여 특정한 외모를 만들어 낸다. 유명인들의 헤어스타일은 종종 스스로 발명한 것으로, 또는 1960년대까지 거슬러 올라가는 옷과 헤어의 상호작용의 결과물로 볼 수 있다. 헤어스타일은 새로운 유명인 얼굴을 만들어 내고 예전 얼굴을 교체하며, 글래머러스한 유명인의 신호 체계의 한 부분인 고유 특징을 만들어 내는 수단이 되었다. 이 체계는 다시 소비자에 의해 경험될 수 있다. 그러므로 "우리는 (글래머러스한 유명인의) 옷과 외모를 흉내 내기 위해 최선을 다하는데, 많은 경우 가장 쉬운 방법은 그들의 헤어를 따라 하는 것이다. 스타의 헤어컷을 따라 하는 것은 변형적 힘이 있어서 이러한 동일시의 느낌은 영화나 텔레비전 쇼가 끝난 다음에도 오랫동안 지속된다. 잡지에서 찢어 낸 스타의 사진을 들고 미용실에 들어가는 일은 많은 십 대들의 통과 의례이며, 할리우드의 스타 시스템이 존재한 이래 항상 있어 왔다(콕스와 위도우스 2005, 113~14)."

결론

한편으로는 내가 설명한 것이 셸던 월린Sheldon Wolin(2008)이 자본주의적 전체주의라고 부른 것의 또 다른 사례처럼 보일 수도 있다. 그리고 이는 아렌트가 그녀의 책 『전체주의의 기원』에서 제기한 전체주의의 추동력에 대한 정의를 연상시킨다. "전체주의의 공격성은 권력욕이나……이익에 대한 욕망에서 나오는 것이 아니라, 단지 이데올로기적 이유, 즉 세상을 일관되게 만들고 그 자신의 초감각supersense이 옳다는 것을 입증하기 위한 이유에서 나온다"(1958a, 458). 그러나 내 생각에 이는 초감각에 너무 큰 힘을 부여하는 것 같다.

마찬가지로, '존재론적 지배'ontological domination(래시와 루리 2007)에 대한 설명도 내겐 너무 과해 보인다. 새로운 형태의 자본주의가 종종 모든 것을 아우르는 것처럼 보이는 것은 사실이다. 그러나 새롭고 별난 것들이 지나갈 수 있는 빈틈이 존재하지 않으면 시스템은 작동할 수 없다. 자본주의가 미학의 힘을 이용할 수도 있고, 자기 좋을 대로 탐험하려는 결과적 충동이 제공하는 탄력을 이용할 수도 있을 것이다. 그러나 그 탐험이 오직 적대적 영토로 들어갈지도 모를 위험만을 수반할 수도 있다.

또한 중요한 것은, 이러한 설명은 소비자에 대한 풍부한 실증적 연구들을 무시하고 있다는 것이다. 이 연구들은 글래머에 이끌리는 사람이 많긴 하지만, 마찬가지로 많은 사람이 소비를 선물 주기와 나눔의 중요한 부분으로 활용하는 것을 보여 준다. 하지만 한편으로는, 많은 소비자들이 자신의 소비를 윤리적 의무에 연결시키려고 (때로는 별생각 없이, 때로는 실수로) 시도하며, 분명 스스로를 위한 맹목적인 소비 이상의 모습을 보여 준다는 것이다. 이러한 종류의 실천을 비주류나 부차적인 것으로 파악하는 것도 가능하지만, 이들은 18세기에 노예제에 반대하는 캠페인으로서 이루어진 설탕 불매 운동 이래로 종종 상당한 영향력을 가져왔다(트렌트만 2007). 모두가 글래머나 다른 형태의 매혹이 가진 세속적인 마술에 넘어가는 것은 아니지만, 가장 완고한 사람들도 종종 그 끌어당김을 느낀다. 충동적인 구매를 할 때, 환상을 가질 수밖에 없게 만드는 페르소나에 굴복하게 되는 작은 순간들에, 그리고 그런 식으로 방에 놓인 물체를 보았을 때 그러하다.

그러므로 소비 자본주의를 더 잘 이해하는 방법은 그것을 일련의 겹쳐진 정동적 영역의 일부로 보는 것일 수 있다. 아마도 저항적 실천을 일으키는 가장 강력한 방법은 이러한 영역들을 심미적으로 조정하는 것일지 모른다. 예를 들어, 벨크(2007)는 나눔이 문화적으로 학습된 행동이며 온갖 종류의 방법으로 전파될 수 있다고 주장한다. 그리고 정보와 이미지, 사상과 같은 무형 재화가 증가함에 따라 현재보다는 훨씬 더 광범위한 기반을 두고 나눔을 홍보할 수 있어야 하며, 특히 이러한 종류의 활동을 정확히 염두에 둔, 심미적으로 즐거운 대상들의 설계를 통해야 한다. 물론 이러한 재화는 자체의 매력을 가지고 있다. 어려운 점은 바로 그러한 종류의 매력이 끝날 수 있으며, 끝나야 한다는 것을 알면서 그것을 만들어 내는 일이다.[11]

---

11. 이것은 분명 힘든 일이다. 오늘날 많은 예술가들이 동시에 정치적이고 분석적이며 구조적인 프로젝트를 통해 기존의 미적 구성체를 흔들려는 의도를 가지고 시도하는 방식들을 생각해 보라.

정동의 미래

현실태 속의 잠재태 되찾아 오기

로렌스 그로스버그(그레고리 J. 시그워스, 멜리사 그레그와의 인터뷰)

『문화연구의 정동적 목소리』에서 멜리사 그레그는 로렌스 그로스버그를 "정치학의 새로운 전선으로서 열정[정념]passion, 정서emotion, 정동"을 인정했던 문화연구의 "입지전적 인물"이라고 묘사한다(그레그, 2006, 105). 그로스버그는 정동 이론이 제공할 가능성을 탐구하고 있는 지금의 작가들과 이론가들이 결실을 거두기 한참 전에, 일상생활에서 대중문화의 중요성을 이해하기 위해 "중요도 지도"와 "정동 연맹"affective alliances 같은 개념들을 선구적으로 제시했다. 가장 최근의 책인 『십자포화의 한가운데서』Caught in the Crossfire(2005)에서 그로스버그는 미국의 신보수주의자들이 미국 시민들의 약한 곳을 파고들 뿐 아니라 더 먼 지역의 "마음과 정신"을 얻기 위해 열망하는 방식을 계속해서 탐구해 들어간다. 지금 이 책의 공동편집자들이 단지 그로스버그의 주장을 아우르는 데 그치지 않았다는 증거가 풍부하고 학제적으로 드러난다. 그로스버그의 그런 주장은 『나도 모르게 춤을 추며』Dancing in Spite of Myself의 서문에서 "정치적 지식인들은 새로운 돌봄의 방식을 발굴하기 위해 정동에 대한 투쟁의 장 속으로 들어가지 않을 수 없다"(그로스버그 1997b, 23)고 한 말에서 단적으로 드러난다. 우리는 이 장시간의 인터뷰에 (여기 글은 대부분 2007년 4월 래리 킹[1]의 거실에서 행해진 3시간 동안의 대담에서 가져왔다) 그로스버그를 초대하여, 이 책에서 탐구한 개념적 영역을 관통하고 있거나 그 대부분에 관계되는 그의 궤적을 되돌아보고, 또한 정동 이론 다음에 올 것이 무엇인가에 대해서도 전망해 보았다.

그레고리 시그워스 & 멜리사 그레그[이하 GS & MG]:당신의 이야기는 어떻게 정동과 교차합니까? 처음 정동과 만났을 때를 기억합니까? 하이데거를 통해서였나요? 프로이트? 니체? 스피노자? 들뢰즈? 아니면 다른 사람/무엇입니까? 더 나아가, 정동과 그 양태들에 대한 당신의 이해에는 진전이 있었습니까? 만일 그렇다면, 그러한 이해 변화의 특징을 말해 줄 수 있을지요?

로렌스 그로스버그[이하 LG]:좋은 질문입니다. (사이) 내가 정동을 '만난' 것은 가령 레이먼드 윌리엄즈가 말하는 "느낌의 구조" 속에서인 것 같습니다. 그리고 리처드 호가트가 문화연구를 정의하려고 하면서, 어떤 시간과 장소에서 "살아 있다고 느껴지는 것"과 같은 무엇이라고 말했던 것 속에서이지요. 그리고 일종의 낮은 수준의 참여를 통해 — 나는 그것을 '논쟁'arguments이라고 말하기가 주저됩니다. 왜냐하면, 나는 사람들을 '논쟁'에 끌어들일 만큼 자신만만하지도 학식이 높지도 못했기 때문이죠 — 문화연구가 이데올로기 문제로 전화한 것과, 알뛰세르의 이데올로기 이론에서 끌어낸 경험의 개

---

1. [옮긴이] Larry King. CNN의 유명한 생방송 인터뷰 〈래리 킹 라이브〉의 진행자.

념으로 전회한 것은 윌리엄즈가 느낌의 구조에서 제기한 문제점들을 실제적으로 풀어내지 못했다는 느낌을 받았어요. 나는 어쨌든 그 개념 — 호가트가 "~처럼 느껴지는 것"이라고 불렀고 윌리엄즈가 "느낌의 구조"라고 불렀던 것 — 이 알뛰세르의 이데올로기 개념과 현존하는 경험 이론들이 포착했던 것보다 더 많은 것을 의미한다고 계속 주장하고 싶어요.

지금 보면 그런 것은 두 가지 일로 인해 부분적으로 결정되거나 형성되었어요. 하나는 내가 대중음악에 대한 관심으로 버밍엄으로 갔다는 초기의 사실입니다. 과거에 나는 대중음악 연구 분야에는 전혀 관심이 없었지만, 음악이 왜 그렇게 대항문화에서 중요한지 알아내는 데는 관심이 있었죠. 그리고 그 연장선에서, 대중음악이 전후 청년 문화라는 더 넓은 맥락 속에서 중요한 이유에 대해서도요. 그것이 어떻게 형성되었으며, 무슨 일을 하고 있었는지, 어떻게 작동했는지에 관심이 있었지요. 버밍엄에 갔을 때 나는 이러한 것이 어떤 면에서 윌리엄즈와 호가트가 느낌의 구조로 이야기하고자 했던 것과 많은 관계가 있다는 사실을 조금 이해하게 되었습니다. 그리고 어떤 면에서 대중음악이 다른 형식의 문화 매체들보다 아마 더 명백하게 느낌의 구조에 접근하는 법을 제시한다는 사실도요.

나의 길은 아마도 내가 나의 연구 대상인 음악과 함께 학문적 작업을 시작하게 되었다는 사실에 의해 이미 결정되었던 것 같습니다. 왜냐하면, 나는 재현의, 의미의, 이데올로기의 이론들이 음악을 이해할 만한 계기를 거의 제공하지 않는다는 것을 확신하고 있었기 때문이죠. 그리고 나의 초기 논문들에서 나는 정동에 관해 이야기하기 시작했습니다. 지금 그 논문들을 다시 보면 당시 내가 정동이 무엇인지에 대해 몰랐다는 생각이 들어요. 나는 아마도 정동에 대한 아이디어를 프로이트에서 얻었겠죠. 당시 학부생이었던 나는 노먼 O. 브라운과 함께 공부하면서 프로이트를 읽고 있었기 때문이에요. 물론 정신분석학에 대한 브라운의 생각은 우리가 이후 라깡을 통해서 배운 것과는 달랐어요. 그것은 오늘날 우리가 정신분석학으로 알고 있는 것보다 빌헬름 라이히의 해석에 - 그리고 들뢰즈와 니체적인 생각들에 - 훨씬 더 가까웠죠. 그런데 브라운에게는 카텍시스^cathexis(정동의 투여)라는 개념이 있었고, 나는 일부 거기에 기대고 있었던 듯해요.

하지만 여기서 다른, 내 생각에 중요한 결정적 사건은 그곳 사람들이 알뛰세르를 발견하기 전에 버밍엄을 떠났던 것이었죠. 그렇게 그들은 알뛰세르의 주장 속으로 들어가고, 그다음엔 그를 떠나는 길을 걸었죠. 글쎄, 얼마나 되는 사람들이 어느 정도까지 그러한 주장들을 버렸는지 잘 모르겠네요. (웃음) 반면에 나는 일리노이로 가서 대학원 연구를 짐 캐리와 함께했는데, 캐리와 함께 프래그머티즘, 습관에 관한 이론들, 퍼스를 읽었고 그다음에 하이데거를 읽으면서 버밍엄에서 사람들이 하고 있는 작업과는 다른 길로 갔습니다. 그래서 나중이 되어서야 나는 스튜어트 [홀]과 현대문화연구센터^CCCS와 다시 이어졌어요. 그는 나를 보자 "아, 우리는 내내 알뛰세르만 읽었지. 여기 논문과 책들을 좀 보게"라고 말했어요. 나는 앉아서 알뛰세르를 읽어야 했죠. 하지만 나는 그때 이미 변질되어 있었던 것 같아요. 알뛰세르가 노골적으로 이성주의자이며, 노골적으로 재현주의적이고 내가 "의미의 영역"이라고 부를 만한 협소한 개념에 묶여 있음을 발견했으니까요. 하지만 우리는 분명 그람시를 중심으로, 그리고 그 센터의 그람시 다시 읽기로 인해 다시 연결되었습니다.

나는 일생생활의 개념과 단지 이데올로기적으로 결정되지 않은 모호한 경험의 개념을 (그리고 물론 세계-속의-존재의 개념을) 도입하는 데 있어서 하이데거가 핵심이었다고 생각합니다. 하이데거는 니체도 도입하죠. 브라운이 니체주의에 속하는 사람이었다는 사실이 내겐 충격이에요. 여하튼, 니체의 '권력에의 의지'라는 개념과 '의지'에서 나오는 정동이라는 개념이 내게 두 번째 영감의 원천이 되었을 것입니다. 그리고 그것이 내가 그 문제를 항상 다루어 왔으면서도 여전히 풀지 못하고 있는 공간을 설명해 주는 것 같습니다. 말하자면 이렇습니다. 정동의 니체적 공간은 들뢰즈적 공간과 마찬가지로 하나의 존재론적 공간이고, 정신분석학적 공간은 경험적 공간입니다. 그것은 '정동'affectus과 '정서'affectio 사이의 관계와 같은 걸까요? 하나는 존재론적입니다. 이것은 브라이언 마수미가 항상 썼던 내용이죠. "정동을 가질 수 있고 정동될 수 있는 능력으로서의 정동"〔즉 '감응'affectio〕 말이죠. 그리고 그것은 들뢰즈와 니체에게서는 실재의 존재론적 성질입니다. 하지만 사실 나는 그런 것에는 전혀 관심이 없었어요! 나의 관심은 늘 어떤 부분적 형식의 효과성〔정동 affectus〕에 있었죠. 내 생각에는 이것이 프로이트가 그의 초기 글들에서 쓰려고 했던 것 같습니다. 내가 이 모든 일에 관심을 갖도록 만든 다른 한 사람은 폴 리쾨르입니다. 나는 리쾨르와 공부하기 위해 일년간 시카고 대학에 갔어요. 그는 나중에 『해석의 갈등』*The Conflict of Interpretations*이라는 결과물로 나온 내용과 프로이트에 대한 자신의 독해에 대해 말했습니다. 그는 나에게 프로이트가 초기에 쓴 정신 기관의 수력 이론hydraulic theory에 대한 논문을 주었어요……

GS & MG : 그럼, 그것은 프로이트의 『과학적 심리학을 위한 기획』 (1966)이었군요…….

LG:맞아요, 나는 그것을 좋아했지요. 나는 그것이 모든 것이 들어 있는 논문이라고 생각했죠. 그것은 단지 존재론적 범주로 환원되지 않는 일종의 유물론자의 투여 개념이었지요. 그것은 하나의 시스템이나 특수한 배열, 또는 요즘 내가 "기계적 배치"machinic assemblage 2라고 부르는, 여러 가지 형태를 띨 수도 있고 재조직될 수도 있는 그런 것이었지요. 일련의 가능성들 같은 겁니다. 에너지나 삶의 투여를 조직하는 기계적 배치의 잠재적 영역. 그래서 그 모든 것이 그 주변으로 수렴되었어요.

GS & MG:그럼 구체적으로 말하면 들뢰즈에 대한 것이군요. 언제 처음으로 들뢰즈의 연구를 알게 되었습니까? 1980년대 초기 일리노이, 맞나요?

LG:예, 일리노이 시절 초창기였죠. 처음 내가 들뢰즈에 대해 쓴 것은 1982년이나 1981년이었어요. 우리(찰리 스티발레, 마티 알로, 제니퍼 슬랙과 다른 몇몇)은 함께 들뢰즈와 가타리를 읽기 시작했어요. 『안티 오이디푸스』(1983)부터 시작했는데 그 책을 아주 면밀히 검토했어요. 나는 그 책이 참 좋았어요. 하나의 철학으로서 그들의 연구를 좋아했지요. 반-칸트적인 급진적인 철학, 당시 나는 그렇게 말하지 못했겠지만, 하나의 다른 근대성, 혹은 다수의 근대성의 가능성을 이해할 가능성을 주창하는 철학으로

---

2. [옮긴이] '아상블라주'(assemblage)는 들뢰즈와 가타리가 전체성의 새로운 형식을 지칭하며 쓴 '아장스망'(agencement)에서 유래하며, 이미 분열적이고 파편적인 관계의 집합, 즉 차이가 살아 있는 관계의 집합을 의미한다. 브라이언 마수미가 그들의 『천 개의 고원』을 번역하면서 이 말을 사용한 이래 영어권에서 사용이 확대되어 왔지만, 여전히 이 역어의 적확성을 두고 논란이 많다.

서 말이에요. 그리고 그 책의 어휘, 그 도구들도 좋았지요. 그 책은 정세적 [국면적] 맥락들conjunctural contexts 속에서 일어나는 문화 형성에 대해 이해하려던 그간의 나의 노력에서 경험적이고 이론적인 문제들 중 일부를 전반적으로 생각해 볼 기회를 제공했지요. 내가 들뢰즈와 가타리와 어떤 관계에 있든, 나의 어휘가 그들의 기획에 대해 '맞는' 해석인지에 대해 나는 전혀 걱정하지 않는다는 점을 인정해야겠습니다. 말하자면, 나는 그들(그리고 푸코)과 그들의 작업을 도구 상자를 제공하는 것으로 받아들이며, 이는 다층적 '차원'에서 작용하지요. 일부 사람들과 달리 나는 하나의 도구만을 취해서 그것을 모든 곳에 사용하고 싶지는 않습니다(저는 적어도 몇몇 "통치성" 관련 연구들은 그렇다는 인상을 받습니다). 그럼에도 불구하고 그것은 실재the real, 혹은 더 나은 말로 현실태the actual가 잠재태the virtual로부터 생산되는 다른 방식들을 기술하기 위해 내가 이론적으로나 분석적으로 사용할 수 있는 유용한 어휘입니다. 왜냐하면, 내 생각에 그러한 것이 바로 들뢰즈와 가타리가 상정하는 물음, 즉 '특수한 현실의 지형들configurations을 생산하는 기계는 무엇인가?'이기 때문입니다. 그래서 『안티 오이디푸스』에 의지하여 나는 기계적 배치의 세 가지 양식들의 차이라는 측면에서 생각하기 시작했지요. 한편으로 들뢰즈와 가타리의 용어로 말하면 내용과 표현이고, 좀 더 느슨하게 말하면 물질적인 것과 담론적인 것인 두 가지를 분배하고 생산하는 장치들을 지층화하는 것이고, 다른 한편으로 내용과 표현 모두를 작동시키고 조직화하는 것, 즉 구성체들을 영토화하며(장소와 공간들을 생산하고 지도를 그리며) 구성체들을 코드화하는(차이를 기입하는) 것입니다. 나는 이들 각각이 단지 다층적일 뿐만 아니라 끊임없이 변한다고 생각합니다. 예컨대, 영토화하기뿐만 아니라 탈-영토화와 재-영토화하기도 포함되는 것이지요.

방금 제가 탈고한 '맥락'context에 대한 새 논문에서 나의 논의는 이러한 양식들 혹은 기계들을 이용하여 하나의 맥락을 구성하는 적어도 세 가지 방식이 있음을 보여줍니다. 하나는 내가 "국면적"이라고 부르는 맥락으로, 중층결정의 맥락에 대한 맑스주의 개념이죠. 그러니까, 어떤 국면을 구성하는 다종다양한 물질적, 사회적, 경제적, 문화적 실천들 전부, 또는 윌리엄즈가 '문화연구'를 정의하면서 "삶의 방식 전부"a whole way of life의 모든 요소들 사이의 관계라고 말했던 것입니다. 나는 지금으로선, 이러한 첫 번째 맥락을, 다시 말해, 본래 일련의 중층결정하는 관계들을 형성하는 "코드화하는 기계들"의 결과라고 해도 좋을지에 대해 생각해 보려고 하고 있어요.

그렇지만 그런 것은 윌리엄즈가 그러한 중층결정된 맥락에서 '추상화'(더 좋은 말이 생각나지 않는군요)하길 원했던 것과 동일한 것이 아닙니다. 윌리엄즈는 어떤 면에서 좀 더 현상학적인 질문인 '당신은 어떻게 그런 관계들을 사는가'라고 물으면서, 그러한 일련의 관계들을 그가 느낌의 구조라고 부르는 것으로 재서술하려고 합니다. 이는 또한 내게는 그것이 '일상'의 영역이라는 말로 들립니다. 항상 똑같은 하나의 일상이 있다는 뜻이 아닙니다. 그것은 항상 동일한 게 아니라, '우리가 사는 방식'의 영역이 역사적으로 절합articulation 3된 것입니다. 일상은 단순히 물질적 관계들이 아니라, 느낌의 구조입니다. 나는 바로 거기에 정동을 위치시키고 싶어요. 이러한 것

---

3. [옮긴이] '절합'은 '분명하게 표현한다'는 뜻과 함께, 상이한 요소들이 하나의 통합체 속에서 작동한다는 의미가 있다. 분리와 연결의 의미가 함께 들어 있는 이 말은 요즘 많은 이론가들이 즐겨 쓰고 있는 용어 중의 하나로, 알뛰세르의 철학에서 독특한 방법론으로 사용되다가 스튜어트 홀 등이 문화연구 방법론으로 응용하여 사용하였다.

이 내가 말하는 '영토화'입니다. 당신이 어떻게 그런 관계들을 가로질러 이동하는가, 어디에 투자할 수 있는가/없는가, 어디서 멈출 수/설 수 있으며 어디서 움직여서 새로운 관계를 맺을 수 있는가, 무엇이 중요하며 어떤 식으로 그러한가에 대한 것입니다. 이것이 내가 『우린 이곳에서 빠져나가야 해』 *We Gotta Get Out of This Place*(1992)에서 구조화된 이동성이라고 말했던 것입니다. 하지만 윌리엄즈는 맥락의 이러한 두 평면 혹은 차원 사이에 유사성이 있다는 가정에서 벗어나지 못했죠.

그리고 이런 것들은 맥락의 존재론적 구성과는 다릅니다. 여기서 나는 다시 들뢰즈를 (하이데거 또한) 이용하고 싶네요. 특히 들뢰즈의 푸코 독해 부분인데, 무엇보다 기계적 배치가 지층화하고 있음을 말하기 위해서죠. 그 지형들은 어떤 특정한 순간의 현실의 존재론, 즉 일종의 역사적 존재론을 구성합니다. 들뢰즈의 용어로 말하면 내용과 표현의 층들이고, 푸코의 용어로는 "말할 수 있는 것"과 "볼 수 있는 것"을 구성하는 것으로, 어쨌든 같은 평면에 놓이지요. 그것들은 개체군과 행위의 형태들을 구성하고, 그렇게 하는 중에 어떤 유형의 관계성, 그러니까 담화적인 것과 물질적인 것의 관계성을 구성합니다.

앞서 말했듯이, 나는 정동 개념을 존재론적으로 사용하는 법을 알지만, 정동을 두 번째 맥락의 배경 속에 영토화하는 것으로서 위치시키고 싶어요. 분명 구체적인 맥락이나 현실을 전반적으로 기술하다 보면 이 모든 맥락들 혹은 "기계들", 즉 코드화하기, 영토화하기, 지층화하기를 모두 포함하게 될 겁니다. 내가 항상 묻고 싶은 물음은, '우리가 사는 삶의 방식을 구성하고 있는 기계적 장치 혹은 담론 체제는 무엇인가?'하는 겁니다. 정동의 가능성들과 그것들이 국면과 역사적 존재론에 절합된 것. 나는 정동적 장치들의 형태도 대단히 많고 마찬가지로 그것들이 절합된 형태도 많다고 생각합니다.

바로 이 점이 문화연구에서 공통된 실패와, 비평 이론과 분석의 주요한 실패를 보여 준다고 생각해요. 이런저런 맥락들을 분석적으로 분리하지 못한 실패이자, 현실적·잠재적인 절합들의 지도를 그리지 못한 실패이지요. 그리고 이런 점에서 나는 사람들이 들뢰즈와 가타리를 구체적인 연구에서 사용하는 방식들에 동의하지 않습니다. 왜냐하면, 일련의 존재론적 개념들에서 경험적이고 정동적인 맥락의 기술로 옮아가는 도약이 일어나기 때문이지요. 이 점에서 나와, 내가 존경하는 브라이언〔마수미〕와 나이절〔스리프트〕 같은 사람들이 위치한 지점이 차이 납니다. 하지만 다른 사례를 들자면, 지리를 연구하는 일부 사람들이 평평한 존재론$^{flat\,ontology}$ 4의 개념이 수직적 범주로서의 규모^{scale}의 현실을 배제한다고 주장해 왔던 사실을 생각해 봅시다. 그건 내게 단순히 들뢰즈의 경험적 분석 작업의 대부분이 조직화의 평면을 포함해야 한다는 사실을 잊고 있는 듯 보입니다. 조직화의 평면에 규모는 단지 현실적일 뿐 아니라 효과적이기도 하지요.

내게 여기서 비롯되는 또 하나의 문제는 (웃음) 정동이 단지 너무 많은 영역들에 걸쳐 있다는 겁니다. 체험된 현실들이라는 두 번째 영역 혹은 내가 지금 영토들이라고 부르는 것 내에서만 해도 정동은 너무 많은 영역들에 걸쳐 있지요. 너무 많은 형태들, 너무 많은 효과들, 너무 많은 조직들, 너

---

4. 〔옮긴이〕 마누엘 데란다가 『강도의 과학과 잠재성의 철학』(*Intensive Science and Virtual Philosophy*)에서 처음 사용하기 시작한 용어. 일반적인 유형과 특정한 사례들 사이의 관계를 기반으로 하는 '위계적인' 존재론과 대비되는 것으로, 존재론적 위상에서가 아닌 시공간적 규모에서만 차이가 나는 고유하고 개별적인 것들로만 구성된 존재론을 의미한다(마누엘 데란다, 『강도의 과학과 잠재성의 철학』, 이정우·김영범 옮김, 그린비, 2009).

무 많은 장치들이 있어요.

GS & MG : 네, 그것이 지금 우리가 묻고자 하는 문제입니다. 정동 자체에 이론이 지나치게 투여되어 있다고 볼 수 있을까요? 언젠가 선생님이 주장했듯이, 정동은 이론이 하는 식으로 우리가 궁지를 모면하게 해 줄까요?

LG : 예, 정말 좋은 질문입니다. 나는 정동이 궁지를 모면하게 해 줄 거라고 확신합니다. 왜냐하면, 이제 정동은 너무나 자주 '마술적인' 용어로 기능하게 되었거든요. 그래서 무언가가 이를테면 비-재현적인 효과가 있을 때 우리는 그냥 그것을 '정동'이라고 말하면 됩니다. 그래서 정동의 양태나 장치들을 구체적으로 적시하거나, 정동과 다른 비-의미론적 효과들과의 차이를 구분하거나, 아니면 제가 먼저 말씀드렸듯이, 존재론적인 것과 '경험적인' 것 사이의 절합들(그래서 그 사이의 차이들이라고도 할 수도 있고, 그 것들로부터 취하는 방식이라고도 할 수 있죠)을 분석하는 고된 작업을 하지 않고 이론화는 경우들이 많은 것 같습니다.

우리가 정동 이론을 추려 내려고 한다면 이 맨 마지막 문제[존재론적인 것과 경험적인 것 사이를 분석하는 일]가 가장 성가시고 중요하다고 봅니다. 이건 마치 사람들이 세계가 '리좀적'이다고 말하는 것과 같지요. 세계는 리좀적이지 않습니다! 내 말은, 세계는 잠재적으로는 리좀적이라고 할 수 있다는 것이죠. 일관성의 평면에서 세계는 리좀적이에요. 하지만 항상 조직화 organization의 평면이 있고, 이것이 바로 우리가 설명해야 하는 부분입니다. 그것은 우리가 탈영토화하고 탈코드화해야 하는 것이기 때문입니다. 물론 그것은 항상 재영토화될 것이기에 우리도 다시 일관성의 평면으로 돌아가지는 않겠지요.[5] 우리가 기관 없는 신체가 될 수 있다고 들뢰즈와 가타리가 생각했건 말건, 나는 한 번도 그런 욕망을 가졌던 적이 없습니다. 여하튼 나는 그런 말에서 특별히 정치적인 것을 발견할 수 없어요.

GS & MG: 그런데 이러한 평면들(잠재적/현실적 또는 일관성/조직화의 평면들)은 그렇게 잘 분리할 수 있는 것일까요? 아니면 스피노자의 일원론적 태도에서처럼 서로서로 지속적으로 이어져 있는 것일까요? 다시 말해, 그 관계의 공간성을 생각할 다른 방식이 있을까요?

LG: 예, 나는 이 두 평면이 같은 것이라고 가정합니다. 그것은 니체의 의지와 같지요. 어떤 경험적인 현실의 가능성에 대한 존재론적 조건인 거죠. 하지만 이는 그것이 어떤 경험적 현실에 대한 기술이라는 뜻은 아닙니다. 초월론적 가능성의 조건과 이 조건들의 현실화 사이에는 차이가 있습니다. 그래서 나는 정동이 사람들로 하여금 어떤 탈주하는 존재론에 다시 호소하게 하기 때문에, 때로는 사람들이 궁지를 모면하게 해 준다고 생각해요. 게다가 이것은 종종 근본적으로 탈영토화하는 정치학으로 귀결되고 마는데, 어쨌든 나는 이런 방식에 특별히 매혹된 적은 결코 없습니다.

하지만 또한 정동은 나에게 너무 많이 궁지를 모면하게도 했어요. 왜냐하면, 우리는 이 일을 잡고 정동을 다시 생각할 필요가 있기 때문이죠.

---

5. 질 들뢰즈와 펠릭스 가타리의 책에서(987, 506~8), 일관성의 평면은 한 전체성의 모든 요소들이 그들의 힘-역량(개별적이고 집단적인 것 모두 포함) 속에 잠재적으로 공-현존하는 것이다. 조직화의 평면은 요소들이 경험적으로 서술 가능하고 역사적으로 결정된 지형 속에 현실적으로 배열된 것이다(Deleuze 1988a, 128~29도 보라).

여러분은 『천 개의 고원』(1987)에서 들뢰즈와 가타리가 의미의 영역에 대해 말한 빼어난 장이나, 푸코가 담론의 장치라고 불렀을 만한 다른 형태의 담론 장치들에 대해 아실 거예요. 기계적 배치는 다른 종류의 효과들을 생산합니다. 우린 알고 있죠. 푸코라면 그렇게 말했을 테고 들뢰즈도 그렇게 말했을 겁니다. 아시다시피, 스피노자도 마찬가지고요. 이런 종류의 효과 중 일부는 정동을 분류하고 명명하는 데 유용합니다. 하지만 그런 뒤에 당신은 의미작용의 특정한 영역과 생산 중에 있는 특정한 기계적인 효과성을 구체적으로 적시하는 일을 해야 합니다.

정동에 대해 말하는 사람들이 이룬 연구들 속에는 – 적어도 내가 그런 것들을 읽으면서 받는 느낌에 따르면 – 정동이 신체에 미치는 즉각적인 효과성 같은 것이 너무 많아요. 아무리해도 해도 나는 브라이언 마수미의 최근 작업, 예컨대 테러 경보의 색상-코드화에 대한 그의 연구가 구식의 미디어-효과 모형 같은 것을 반복하고 있다는 느낌을 떨칠 수가 없어요. 당신이 이런 불빛들을 사람들에게 비추면 어떤 종류의 신체 반응이 일어난다는 식이죠. 그런데, 그런 건 없어요! 그렇게 되면 정동은 신체를 끌어들이는 마술적 방법이 되어 버리거든요. 분명, 일종의 매개 과정이 있긴 하지만 정동은 일종의 기계적인 것입니다. 그것은 우리의 몸과 우리 삶의 담론들을 조직하고, 일상생활을 조직하며, 그런 뒤 특정한 종류의 효과들을 생산하는 체제들을 통과해 갑니다. 정동의 조직화 작용에는 의지와 주의, 분위기나 정향과, 내가 "중요도 지도"라고 불렀던 것, 그리고 문화적이고 현상적으로 구성된 다양한 정서적 경제들이 포함되겠지요. 내가 이렇게 말하는 이유는 정서emotion가 간단히 정동이라고 말해질 수 있을지, 심지어 정동의 지형으로까지 서술될 수 있을지 확신하지 못해서입니다. 나는 항상 정서는 정동과 이데올로기의 절합이라는 생각을 가지고 있지요. 정서란 어떤 정동의 생산물들을 이해하려는 이데올로기적인 시도입니다.

그래서 나는 우리가 아직 정동의 일반 개념 속으로 쓸려 들어가는 모든 것을 낱낱이 분석하는 실질적 작업을 해내지 못했다고 생각해요. 기본적으로, 그것은 비재현적이고 비의미론적인 모든 것이 되어 가고 있습니다―그런 것이 지금 우리가 정동이라고 부르는 거죠. 예, 그래서, 당신들이 제기한 질문이 맞다고 봅니다. 우리가 끝내 그 종별성specificity을 발견할 필요가 없기 때문에 그것이 우리에게 궁지를 모면하게 해 주는 거죠.

GS & MG : 정서와 정동에 대한 페미니스트의 연구가 상당히 많이 있습니다. 그리고 정동 이론 자체 내에서도, 철학, 심리학, 비판적 인종연구, 페미니즘 입장의 이론 등 단지 몇 개만 꼽아 보아도 그 사이엔 분명한 학문적 차이가 있지요. 특히 우리는 여성들이 더 큰 기획의 일환으로서 역사적으로 정서와 히스테리아와 결부되어 왔던 방식에 대해 생각하고 있어요. 그 더 큰 기획이란 특정 집단을 이성적인 사고를 할 수 없으며 따라서 학문적 수행을 할 수 없는 것으로 차별하려고 한 것이었지요. 그렇다면 정동과 정서를 이론화하는 것이 계속해서 어려운 이유는 이 두 용어의 역사적 궤도가 과거에 그리고 오늘날에도 타자들을 부인하고 폄하하는 데 이용되어온 방식에 부분적으로 기인하는 것이 아닐까요?

LG : 당신들이 지적한 것처럼 분과학문들과 정치적 구성체들에 걸쳐 풍부하게 많은 문건들이 있습니다. 그중 일부는 아주 중요하고 잘 이론화되어 있어서 나는 그로부터 많은 것을 배웠습니다만, 여전히 그중 대다수는 이론화가 미진한 것 같아요. 그 대부분이 다른 양식들과 구분되는 하나의 상태 혹은 세계 속의 존재 방식으로서의 '정서성'emotionality을 구성하는 것이 무엇인지에 대한 별다른 이해 없이 일종의 특수한 정서의 현상학에 머물거나, 아니면 마치 정신분석학적 관점의 연장과 정교화에 기반하고 있습니다. 그런 정신분석학적 관점은 마치 정동의 유일한 원천이나 지형이 그 바탕에서 리비도적인 욕망이기라도 한 것처럼 내가 볼 때 너무나 협소한 정동의 개념과 함께 작동하는 것 같아요.

다른 한편, 왜 '정동'이 지배적 전통인 대서양 연안의 현대적 사유에서 정서나 신체 등의 다른 개념들과 더불어 그토록 일관되게 무시당해 왔느냐는 질문이 중요하게 대두됩니다. 내 생각에 부분적으로 그 답은, 페미니스트들이 주장해 왔듯이, 틀림없이 여성이 좀 더 열등하다는 생각과 성의 차이가 일련의 이분법적 차이들을 통해 자명하게 드러났다는 가정이 결합된 것과 연관됩니다. 이성 대 정서, 정신 대 신체 등등의 이분법 말입니다. 나는 이것이 답의 일부라고 보지만, 단지 일부일 뿐이죠. 한편으론, 이론화될 수 있는 범주에서 정동이 지워지는 것은 단지 유럽의 근대성에 국한되지 않아요. 다른 한편으로, 유럽의 근대성에는 (보통 단순히 정서보다 더 넓은 의미이거나 정서와는 달리 사용되는) 정동의 어떤 개념을 이론화하려는 시도가 지배적 전통에 심대하게 방해가 되었던 순간이, 아주 중요한 순간이 있습니다. 나는 이런 역사를 좀 더 복합적이고 세세하게 분리된 방식으로 생각해야 한다고 생각합니다.

GS & MG : 그러면 당신은 윌리엄스와 그의 느낌의 구조에 대한 비판 부분에서 – 특히 스튜어트 홀이 「두 패러다임」을 쓸 당시의 홀에 대한 비판에서─당신이 존재론적인 것과 경험적인 것 사이에 만들어 내길 원하는 그런 연결을 윌리엄즈가 그리 솜씨 좋게, 완전히 설득력 있게 해내지 못했다고 생각하는 건가요? 아니면 이런 식으로 다시 여쭈어 보죠. 오늘날에도 여전히 중독성이 있는 "느낌의 구조"에서 당신은 부적합한 점들을 발견했습니까(아직도 그런 점들을 봅니까)?

LG:글쎄요, 내 생각엔……이 문제를 가장 간단히 얘기하자면 윌리엄즈는 이론가가 아니었다는 겁니다. 그는 결코 "느낌의 구조"를 이론화한 것이 아니어서 사실 우리는 그것이 무엇인지 잘 알지 못해요. 하지만 『정치와 글』Politics and Letters(1979) 인터뷰 대담과 그의 이후 작업을 보면, 그는 정말로 근본적인 방식으로 느낌의 구조를 재정의하고, 느낌의 구조에 관한 그의 초기 개념들을 사회적 삶의 다양한 국면과 지역들을 가로지르는 동형성의 진술이었다고 비판합니다. 내게는 그의 후기 작업이 더 흥미로운데, 여기서는 느낌의 구조가 분명히 "창발하는 것"the emergent과 더 관계가 깊지요. 『정치와 글』에서 그는 그것을 살 만한 것the livable과 표현 가능한 것the articulatable 사이의 관계로서 이야기하는데, 이는 내게 푸코의 말할 수 있는 것과 볼 수 있는 것 사이의 관계 생산이라는 개념을 떠오르게 해요. 느낌의 구조는 의미화의 한계, 재현의 한계에 대한 것이고, 또한 (할 수 없이 이 말을 써야겠군요) 일종의 '과잉'excess 혹은 '잉여'surplus에 대한 겁니다. 그런 것은 의미화나 재현의 개념에 포착되지 않는 담론의 생산을 통하여 항상 존재하지요. 제 생각에 그것은 부분적으로 푸코가 비-기호적인 효과성으로서의 담론에 대해 말함으로써 도달하고자 했던 것이지요. 그래서 나는 의미 있다거나 알 만하다고 여겨지는 것과, 그럼에도 불구하고 살만한 것 사이의 간극이라는 생각이 좀 더 흥미로운 출발점이 되리라 생각해요. 그리고 나로선 이런 것이 매우 흥미로운 방식으로 근대성과 일상이라는 관념들과 연결됩니다.

GS & MG: 네, 전반적인 정동의 문제는 당신이 오랫동안 견지해 온 관심과 칸트적인 근대성에 대한 비판과 맞물려 있어요. 이 점에서 핵심적인 논문은 아마도 1982년 『기호학』에 실린 「경험, 의미화, 그리고 현실」일 겁니다(그로스버그 1997a, 70~102에 수록). 당신은 어김없이 이 논문으로 되돌아가서 칸트가 제시하는 어떤 문제들에서 빠져나오거나 맴도는 방식을 찾고 있는 것처럼 보여요.

LG: 나의 이론적인 노력은 항상 칸트 철학에서 벗어나는 쪽으로 향하고 있었어요. 나는 이것이 들뢰즈와 푸코가 하고 있었던 일이라고 생각해요. 물론 일반적으로 칸트의 철학이 특정한 종류의 이해방식들과 인식들을 보편화했다고 비판하지만 나는 말하자면 칸트의 영향력의 깊은 구조는 대체로 그대로 남아 있으며, 데리다 같은 영향력 있고 중요한 사상가의 작업에서도 마찬가지라는 점을 증명해 보이려고 해 왔지요. 나는 주제와 논리, 가정 등 다양한 영역에 걸쳐 다수성과 긍정성에 기초한 다른 사유의 가능성을 생각해 보기 위해 노력해 왔지요. 담론의 효과들, 행위들, 매체들의 복잡성을 인정할 수 있을 그런 사유 방식 말이에요. 그리고 이런 것은 미국(서양, 세계, 그 무엇이든)의 미래를 재구성할 가능성에 대해 생각하려는 나의 노력과 병행 또는 연결되어 왔어요. 나는 문화연구가 하는 일 중 하나는 일면 그것을 구성하는 맥락에 대한 설명을 제공하는 것이라고 생각하기 때문입니다. 그런 것을 나는 "희망의 맥락"이라고 불렀지요. 그렇게 할 때 사람들은 무엇이 기입되는지를 볼 수 있어요. 말하자면, 들뢰즈의 말처럼 현실태 속에서 잠재태를 볼 수 있는 거지요. 그래서 현실이 스스로를 만들어 내고 있으며, 그리하여 가능성을 여는 세계에 우연성이 있다는 사실을 이해하게 됩니다. 그것은 마치 당신이 '저기'에 도달하기 위해 그것을 점차적으로 취하길 원해서 점진적 진화주의자나 그런 류가 되는 것처럼, 결국 오해와 비난으로 끝나 버리는 그런 유토피아적 방식 속에서가 아닙니다. 나는 정말로 저기에 도달하기를 원하지 않습니다. 나는 단지 한 걸음 내디뎌서 그 한 걸음이 세계를 좀 더 낫게 만들기를 희망합니다. 그때 우리는 그 맥락이 무엇인지 이해하고 또 한 걸음 내딛겠지요. 그리고 내게는 그것 – 말하자면, 현실태 속의 잠재태 – 이 배제되고 가치절하된 것처럼 보입니다. 그건 칸트 철학에 의해 그리고 서양이 근대성의 이론을 구성해 온 방식에 의해 어떤 의미에서 지워졌지요. 그리고 그것이 내겐 연결고리가 됩니다. 즉, '근대적임'being modern에는 오직 하나의 방식(유럽-미국적 방식 또는 북대서양의 방식)만 있을 뿐이며 우리는 그로부터 벗어날 수도, 그 논리 바깥에서 생각할 수도 없다는 생각이지요.

　나는 항상 "근대적임의 다른 방식이 있는가? 그렇다면 그것은 무엇일까?"라고 말하고 싶었던 것 같아요. 그래서 나는 들뢰즈가 하나의 근대적 철학자라고 말하고 싶은 겁니다. 그가 마음속에 다른 근대성을 품고 있었기 때문입니다. 꼭 같은 맥락에서 스피노자는 바로 서양이 배출한 가장 근대적인 철학자라고 말하고 싶습니다. 하지만 그 역시 그것은 다른 근대성이지요. 그것은 아주 다른 뿌리, 아주 다른 역사적 전통, 그리고 아주 다른 정치적·사회적 역사를 가진 근대성입니다. 또한 물론 유럽이 생산한 다른 무엇과도 같지 않은 아주 다른 미래를 가진 근대성이기도 하지요.

GS & MG: 당신이 말하고 있던 이러한 배제, 현실태 속의 잠재태를 발견하기 어려움에 대한 이야기를 다시 생각해 보죠. 당신의 가장 최근 책인 『십자포화의 한가운데서』(그로스버그 2005)는 다시-상상하는 상상력을 상당히 많이 다루는데, 그것은 많은 점에서 정확히 이러한 현실태 속의 정동적인 잠재태를 발견하는 것과 관련 있습니다. 그것은 저기에 있는 하나의 잠재적 가능성이지만, 체계적으로 거의 지워지고 있는 중이지요. 단지 칸트적인 근대성 개념 때문만이 아니라 우파의 노골적이랄 수 있는 정치적 술책 때문이기도 합니다. 신보수주의의 대두와 특히 레이건 정부 이후 신보수주의가 대중 및 대중적인 상상력과 교차하는 지점, 이런 것 또한 꽤 오랫동안 당신 연구의 일부가 되어 왔습니다. 이러한 비판은 당신의 『우린 이곳에서 빠져나가야 해』에서 주된 주장인데, 그러면 이 비판은……

LG: ……좌파에 대한 비판이기도 하지요.

GS & MG: 아 물론이죠, 하지만 좌파에 대한 비판은 『십자포화』에서 훨씬 더 심하지요.

LG: 하지만 『우린 이곳에서 빠져나가야 해』에서도 좌파에 대한 비판은 그것의 경제와 정치 양면에서 상당히 심하죠. 그리고 음, 아시다시피……(웃음)……그래서 아무도 그것을 읽지 않아요! 그 비판이 『십자포화의 한가운데서』에서 더 심했다면, 내 생각에 그 두 책 사이의 십 년이 넘는 기간 동안 좌파가(예, 이 말은 좀 어폐가 있어요) 분석 작업에, 전략적 대응을 위한 기반을 쌓기 위해 사정이 어떻게 돌아가는지를 꿰뚫어 보는 일에 단지 어떤 노력도 하지 않았기 때문인 듯해요. 결과적으로, 좌파는 전략적으로 사고하기 위한 어떠한 시도도, 나와 다른 사람들이 대중적이라고 부르는 것, 즉 사람들이 자신의 삶과 자기가 사는 세계를 평가하고 계산하는 논리들과 접속하기 위한 어떠한 시도도 하지 않았어요. 또 좌파는 어떤 대화의 개념, 위험을 무릅쓰고 그들이 자신의 실수를 발견하고 그들의 가정을 변혁하는 그런 대화의 개념을 저버렸어요. 대신, 좌파는 단지 마차 속에서 편안하게 앉아, 자신들이 이미 일이 돌아가는 사정을 이해하고 있다는 확신에 차서 더 많은 일을 하려고 하지 않으면서, 계속 인식론적, 정치적, 도덕적 우위를 차지하고 있었던 겁니다. 민주주의를 주장하고 있었지만, 그들은 계속 엘리트적이고 전위적인 정치학을 실천하고 있었어요. 아니면 적어도 내게는 그렇게 보입니다. 당신들은 아마 나의 이러한 분노를 어느 정도 이해하시겠죠……

GS & MG : 그런데, 당신은 『십자포화』를 레이건의 '왜 이러시나$^{c'mon}$'를 비-반어적으로 인용하며 끝맺어요! 이제 당신이 거론한 다시-상상하는 상상력이라는 개념에 대해 좀 더 말씀해 주시겠어요?

LG : 예, 그건 일종의 들뢰즈적인 구분이지요. 아시다시피, 나는 프래그머티스트입니다. 나는 이론가들을 이용하곤 하지만, '들뢰즈주의자가 되기'에 관심이 있다기보다는 들뢰즈의 개념들을 사용하는 편입니다. 그렇지만 가능성과 잠재성의 구분은 매우 중요하죠. 나는 상상력의 이론 대부분이 가능성의 이론이었다고 봅니다. 그중에서 가장 두드러진 사례는 유토피아 이론이지요. 그 결과 현재에 거의 아무런 뿌리도 두지 않은 정치학이 탄생한 겁니다. 하지만 나는 현재를 들여다볼 필요가 있다고 보는데, 바로 현재 속에서 당신은 잠재태를 발견하고 우발성을 발견할 테니까요……나는 그런 것이 경험적인 것의 분석론과 내적으로 연관된 것으로 상상력을 재인식할 가능성(이 용어를 사용할 수 있다면)에 뿌리를 두고 있다고 생각합니다. 상상력이란 과학이나 분석, 현실태의 서술과 별개의 것이 아닙니다. 상상력은 우발적인 것의 재발견, 현실태 속의 잠재태로서 재사유되어야 합니다……그리고 내가 보기에 이것은 좌파가 가졌던 상상력의 개념과는 매우 다른 듯해요.

그리고 이러한 것은 프래그머티스트와 훨씬 더 많은 관련성을 지닙니다. 당신이 상상력을 높이는 방법은 현재를 지우고 (말하자면) 정신이 자유롭게 방랑하도록 허용하는 것이 아니라, 정확하게 현재에 대한 당신의 이해를 높이는 것입니다. 현실을 더 잘 이해하는 것이 더 좋은 상상을 할 가능성의 조건입니다. 상상력은 경험적인 노동과 관련됩니다. 적어도 이런 것이 제가 철저하게 생각해 보려고 했던 겁니다.

GS & MG:당연한 일이겠지만 당신의 더 최근 책인 『십자포화』에서 '청년'youth이 전면에 등장합니다. 그리고 당신은 항상 청년과 청년문화, 특히 대중음악과 정치와 관련해서 청년에 수반되는 활력과 강렬함에 관심을 쏟아 왔습니다. 그리고 이 책은 어떤 면에서 상상력과 정동, 청년 사이의 특권화된 연결성 같은 것을 보여 주는 듯해요. 언젠가 제임스 캐리가 당신의 연구에 대해 이런 식의 주장을 했던 적이 있지요. 그는 그것을 계급이나 인종,

또는 젠더나 민족성 등과 비슷한 방식으로 '청년'을 하나의 범주로서 문화 분석의 범위 안에 가져오려는 시도로 보았지요…… 청년이 그 자체로서 그리고 그 자체의 특수성으로 이런 것들과 나란히 인정될 필요가 있다는 뜻으로요.

LG : 네……(긴 침묵)…… 글쎄요, 나는 내가 정체성이나 종속의 또 다른 범주 하나를 덧붙인다고 생각하고 싶지는 않군요(어느 정도 사실이긴 하지만요). 내가 청년에 관심을 기울여 온 것은 맞습니다. 부분적으로, 미국에서 젊음이 가지는 특권적이면서도 양가적인 지위를 고려해 볼 때, 그것이 현재 일어나고 있는 일 속으로 들어가고 볼 수 있게 하는 독특한 방식을 제공했다고 생각했기 때문입니다. 저는 사실 『십자포화의 한가운데서』에서 정치적 범주의 하나로 청년의 개념을 내세우게 되었는데, 이것은 내가 썼던 그 어떤 것보다 더 먼저 고려되어야 할 사안입니다. 왜냐하면, 부분적으로 그 책 속에는 ─ 위선적일지는 몰라도 ─ 일종의 책임감이 들어 있기 때문이지요. 그런 책임감은 내가 어린이에 대한 책을 쓰면서 이력을 키워 왔던 부분이지요. 저는 바로 지금이 우리 중 누군가가 이 아이들의 일상생활, 심각하게 변화를 맞고 있는 그 생활을 옹호해야 할 의무를 져야 할 때인 것 같습니다. 그런데…… 그것은 또한, 미국에서 여전히 아이들에게 너무 많은 정동적 투자가 이루어진다는 점을 고려하면, 그러한 투자를 현재의 정치적 투쟁과 절합시켜 볼 방법이 있을지도 모른다는 생각에서이기도 했어요. 이를테면 사람들이 정치에 재투자할 수 있도록 말이지요.

GS & MG : 하지만 십자포화의 가운데 있는 이러한 아이들 이면에는,

(당신이 부정하든 안 하든) 하나의 '범주'로서의 청년 이면에, 아이들을 둘러싼 이러한 현재의 위기가 일면 그 자체로 당신에게 일종의 경험적 지표가 되는 방식이 있지 않을까요? 즉, 좀 다른 방식으로, '청년' 자체를 가능성이 줄어드는 상황으로, 정동적 잠재성으로 볼 더 확대된 주장이⋯⋯

LG: 예, 분명히 그런 것이 — 아마 그 책에서 적어도 암시는 되어 있었을 테지만 — 이제 내가 근대성의 어떤 지형 또는 절합이라고 말하려고 하는 것이죠. 청년/정동/상상력이 놀랍도록 서로 연결되어 있는 지점이지요.

이제, 그러한 것은 남북전쟁-이후 미국에서 청년의 발생에 대한 나의 역사적 설명과도 연결되고 (그것이 지배적이었던) 1950년대와 1960년대까지 내려오는 상당히 근래의 근대성의 지형입니다. 그래서 만일 당신이 남북전쟁-이전 미국이나 17세기나 18세기의 유럽으로 돌아가 보면, 청년을 하나의 개념으로 동일하게 특권화하는 모습을 발견할 수 없을 겁니다. 청년을 상상력과 동일시하는 어떤 것도 발견하지 못할 겁니다. 진보의 개념과 더불어 발생하는 그러한 특별한 의미의 미래라는 것을 발견하지 못할 겁니다.

그래서 네, 나는 처음에 그것을 의식하지 못했지만 — 나는 단지 전후 맥락에서 서술하고 있다고 생각했거든요 — 푸코가 맞는 것 같아요. 당신은 현실들이 사라져 가고 있을 때만, 그것들이 죽어 가고 있을 때만 그 현실들을 묘사할 수 있게 됩니다. 예컨대, 갑자기 당신이 '주체'에 관해 이야기할 수 있는 건 주체가 사라지고 있기 때문이지요. 그리고 내가 보지 못했던 것은 19세기 말로 거슬러 올라가는 역사를 지닌 이러한 지형이 지금 공격받고 있으며, 이미 1950년대와 1960년대 경에 간접적으로 공격을 받고 있었다는 사실이지요. 사람들은 그것이 공격받고 있었다는 사실을, 지금도 여전히 공격받고 있지만, 그런 사실을 깨닫지 못했어요. 그래서 당신은 내가 취하는 입장을 베이비붐 세대의 남달리 위선적인 입장으로 바라보는 겁니다. 베이비부머들은 지배적 구성체의 일부를 이루고 그들의 문화 속에 약간 다른 특권의 구조를 체현했던 특수한 젊음의 특권을 누리며 성장하였지만, 이제는 그들이 어떤 점에서 전환점이 되었다는 이유로 다른 세대들에게 동일한 [젊음의] 범주가 탈특권화되어 가고 있는 것을 앉아서 지켜보고만 있지요. 나는 베이비부머 세대들이 꼭 비난받아야 한다고는 생각하지 않지만, 그들의 삶은 이제 청년과 정동, 상상력의 절합을 일부 해체해 가는 정동의 체제 변화를 예고하고 있었지요.

GS & MG : 그러면, 청년과 정동과 상상력을 절합하는 것이, 당신에게는 이런저런 면에서, 경제적 또는 정치-경제적 '추상 기계'인 것처럼 보입니다. 아니면, 아마 우린 이렇게 물을 수 있겠네요. 당신은 애초 청년/정동/상상력을 절합하는 것을 어떤 것이라고 보았습니까?

LG : 먼저 나는 이러한 절합이 영토화하는 기계의 결과이며, 사회적 중요도를 매기는 지도의 재편reconfiguration과 일상생활의 구조화와 관련된다는 점을 말하고 싶습니다. 하지만 동시에 나는 이것이 현대 이론들의 한계점이라고 말하지 않을 수 없는데, 그렇지 않나요? 우리는, 아니 '나는' 이라고 말해야겠지요, 아직 한편으론 기계적 배치의 전체성과, 다른 한편으론 그것의 다수성에 관해 이야기하는 방식을 알아내지 못했어요.

그래서 제가 한번 그것을 설명해 보도록 하지요. 아주 중요한 일이니까요. 이런 식으로 한번 접근해 볼까요. 나는 사람들이 윌리엄즈를 오랫동안 오독해 왔다고 생각합니다. 윌리엄즈는 자신이 문화와 사회의 전통 속에 있다고 보지 않았고 문화연구를 그 전통의 연속으로 보지도 않았어요. 적어도 윌리엄즈에게, 문화와 사회의 전통은 유럽 근대성에 대한 반응이자 그 절합의 하나로서, 전체성의 계기들의 분리와 물신화에서부터 시작됩니다. 사회적인 것의 파편화와 물신화에 대한 주장은 알뛰세르에게서 시종일관 지속되지요(여기서 경제적인 것, 정치적인 것, 문화적인 것의 차원들은 서로 분리되어 있어요). 이것은 바로 들뢰즈가 비판하는 바이기도 하지요. 우리는 이런 식으로 담론적인 것과 물질적인 것을 분리할 수 없어요. 마치 그것들이 별개의 평면이나 층위에서 그들 자신의 종별성 속에서 존재하는 것인 양 말이지요. 그것들은 분리된 평면에서 작동하지 않습니다. 그런 것이 윌리엄즈의 편평한 존재론입니다. 이것은 재현에 대한 것도 아니고, 의미화의 초월론적 경제에 대한 것도 아닙니다. 담론과 현실은 같은 평면 위에 있으며, 그래서 문화와 사회 사이에는 아무런 분리도 없다는 것이 윌리엄즈가 말하는 바라고 나는 생각합니다. 그리고 그런 것이 문화연구의 의미라고 생각합니다. 즉, 문화연구는 삶의 모든 방식 속의 모든 요소들 사이에 있는 모든 관계를 연구합니다. 그런 모델에서, 윌리엄즈에게 문화연구는 단순히 문화 비평이 아닙니다. 문화연구는 한 작품에서 정치적 의미를 읽어 내기에 대한 것이 아닙니다. 비록 작품의 맥락에 대해서 그런 태도를 취한다 해도 말이죠. 문화연구는 작품들의 정치학이나 정치적 가치, 좋음과 나쁨, 진보나 보수에 따라 그것들을 배치하는 것에 대한 것이 아닙니다. 그것은 대중문화나 대중문화의 특정한 텍스트나 하위범주 등을 연구하는 그런 것도 아닙니다. 대중문화의 정치적 경제나 또는 심지어 이데올로기에 대한 것이 아닌 거죠. 문화연구는 전체성, 즉 그 맥락의 비동질적인 전체성을 형성하는 복잡다단한 절합들을 재편하는 문제에 대한 것이거나, 또는 당신이 그 항, 그 국면의 항을 이해하는 방식을 확신하는 문제에 대한 것입니다. 오직 이런 식으로만 우리는 근대적임의 다른 방식의 가능성을 열어 갈 수 있습니다.

제가 보기에 지금 우리가 마주하고 있는 어려움 중 하나는 전체성의 개념을 재사유하는 방식을 어떻게 시작할 수 있는가 하는 겁니다. 내가 말하는 전체성이란 하나의 폐쇄된 체계와 같은 공간적인 전체성이 아니라, 기계적 배치의 복잡성, 스스로를 끊임없이 구축해 가는 현실의 복잡성인 전체성입니다. 현실을 구성하는 단일한 다이어그램이란 존재하지 않습니다. 그런 것은 다시 동형성으로 떨어지게 되겠지요. 내게는 많은 연구들이 그런 길을 걷는 듯이 보여요.

아마 이를 다루는 다른 방식은 우리가 여전히 어떤 절합의 이론 속에 있는 '결정'에 대하여 어떻게 말하면 좋을지 알아내려고 하고 있는 것입니다. 나는 중층결정이라는 개념이 유용하다고 보지만, 그것이 단순화와 환원으로 떨어지지 않을 때만 그러하지요. 그러나 그것이 우리를 분석적으로 아주 깊이 인도할 수 있을지 모르겠어요(마치 윌리엄즈의 "모든 요소들 사이의 모든 관계"……가 유용하지만 불가능한 것과 비슷하죠). 나는 요즘 이런 물음과 씨름하는 중이에요. 한편으로 나는 경제적인 것, 가령 다른 실천 가능성의 조건 ─ 아니, 하나의 조건이라고 하는 게 낫겠네요 ─ 으로서의 경제적인 것을 알기 위해 푸코를 따라가야 한다고 생각합니다. 문화가 경제적인 것의 가능성의 조건 중 하나이기도 하다는 점도 인정하면서요. 그래서 "가능성의 조건"이라는 개념은 절합의 측면에서 좀 더 탐구되어야 합니다. 다른 한편, 나는 우리가 전체성과의 관계로 돌아가게 하는 스피노자의 표현 개념에 관심이 있습니다. 이것은 헤겔적인 표현 개념이 아니지만, 내가 표현으로서의 절합 이론이 무엇인지 설명할 만큼 충분히 연구하지 못했다고 또 말해야겠군요. 혹은 그것은 절합으로서의 표현이랄 수 있을까요? 분명한 점은, 내가 정치경제가 정동과 상상력 등과의 관계 속에서 청년을 생산하고 있다는 식으로 말하고 싶지 않다는 겁니다. 내가 말하고자 하는 바는 이러한 배치가 절합된 것이라는 점, 그리고 그 관계가 어느 정도 양쪽에서(그리고 여러 방향에서) 작동하고 있다는 점이에요. 그것은 내가 '공격을 받고 있는 자유주의적 근대성'이라고 부르는 그런 절합된 맥락, 즉 이런 관계들이 그 자체로 기입되어 있으면서 서로 생산을 부추기는 맥락 속에 위치한 채로 말이죠. 이러한 것이 내가 그 책에서 시작하려고 시도했던 이론적이고 경험적인 연구입니다. 절합들과 기획들, 투쟁들, 그리고 조직화와 도주의 선들로 이루어진 복합성을 지도로 그리는 실제적인 작업이었지요.

하지만 『십자포화의 한가운데서』는 기본적으로 전체성의 유럽-근대적 분리 ― 정치적인 것과 경제적인 것, 문화적 투쟁과 변화 ― 를 재생산했기에 확실히 실패입니다. 그 책은 단지 그것들을 서로 경쟁하는 기획들이라는 말로 뭉뚱그려 넣었을 뿐입니다. 앞서 말했듯이, 나는 아직 그런 기획을 조직화하는 방법을 모릅니다. 나는 단지 근대성에 대항하는 투쟁에 대한 이론화된 경험적 분석을 통하여, 어떻게 '자유주의적 근대성'에 반대하면서 다른 근대성들을 모색하는 투쟁들의 복합적 집합으로서 전체성을 재구성할 수 있을까에 대하여 이론화하는 작업을 시작했을 뿐입니다.

GS & MG:그러면 그 문제는 부분적으로, 우리가 근대성에 관련하여 정동을 얘기할 때 타자 또는 타자성에 대해 새롭게 사유할 방식과 직면하는 것일까요? 정동에 대해 고려한다는 것은 우리가 존재의 물음들에 힘을 쏟을 것이 아니라 속함의 문제들에 힘을 쏟을 것을 요구하는 것처럼 보입니다. 그리고 당신도 좀 더 최근 연구에서, 종종 아감벤을 경유하여 이를 정체성 정치identity politics에 의해 제기된 어떤 문제들에 이르는 길로서 언급하기도 했지요.

LG:그래요. 내 최근 연구의 관심은 일종의 잠재적 근대성을 다르게 현실화할 수 있을 가능성을 확립하는 데 있었습니다. 즉, 잠재성 속의 '근대적일 수 있는 법들'입니다. 근대성의 북대서양 버전이 지배적인 정동의 기계, 지배적인 정동의 체제, 지배적인 정동의 구조, 지배적인 속함의 방식을 가진 것은 그 잠재성의 현실화 중 하나라고 할 수 있지요.

나는 사람들이 정체성을 살고 있다live identity는 점을 인정하고 싶지만, '우리가 정체성으로서의 속함을 살 필요가 있는가?'라고 한번 물어봅시다. 그 속함은 적어도 현행의 근대성의 구성체 속에서는, 정체성은 항상 차이와 부정성과 필연적으로 엮여 있는 것이에요(너무나 헤겔적인 논리죠). 지금 내가 그런 구조가 어떤 '근대적' 국면에서 현실적이지 않다고 말하는 건 아닙니다. 하지만 나는 또한 그것들이 필연적이라고도, 속함의 유일한 근대적 방식이라고 생각지도 않아요. 나는 항상 "아니다!"라고 주장하고 싶었어요. 사람들이 정체성을 살 뿐만 아니라, 항상 다른 상상력, 다른 방식의 속함과 정체성, 공동체를 실현할 수 있는 잠재적 가능성the potential이 있다는 현실을 둘 다 인정할 수 있는 방식이 필요해요. 그리고 만일 당신들이 그러한 가능성을 이론화할 수 없다면, 그리고 현재의 절합을 많은 잠재적 현실들 가운데 하나의 현실성으로 볼 수 없다면, 어떻게 다른 식의 절합들로 나아갈 수 있을지 이해하는 분석적이고 정치적인 작업을 해낼 수 없을 거라고 생각합니다.

그래서 ─ 폴 길로리가 (수년간이나) 말해 왔듯이 ─ 당신이 인종을 제거한다고 해서 흑인들을 제거하는 것은 아니라는 점을 생각해 볼 수 있지요. 당신이 인종주의를 제거하면 당신은 속함의 생태학을 재구축하게 됩니다. 그것은 개별화된 정체성, 차이, 부정성의 관념에 기반하지 않기 때문에 속함의 다른 양태로 보입니다. 그것은 예전처럼 칸트-헤겔적인 것이 아닐 겁니다. 그래서 나는 존재론적인 것과 정동적인 것, 국면적인 것 사이의 관계를 보는 것이 여기서 핵심이라고 생각합니다. 그리고 당연히 내가 정동을 중간에 놓는 이유가 있어요. 정동은 결국, 나의 특권화이긴 하지만, 내가 칸트적인 의미에서가 아니라 들뢰즈적인 의미에서 "매개하고 있는" 것으로 보고자하는 지점입니다.

그리고 나는 이러한 것이 매우 흥미로운 방식으로 '대중'the popular과 연결된다고 봅니다. 나는 대중이 무엇이냐는 개념을 철저히 생각해 보려고 해요. 여기서 나는 근대성에 대한 나의 주장을 대중에 적용해 봅니다. 나는 대중문화가 유럽 근대의 발명품이라는 주장을 도통 이해할 수가 없었어요. 대중이 가치와 차이의 경제 안에서 그리고 그것에 절합되어 있다면, 그것이 유럽-근대성의 발명품이라고 말해도 좋을 겁니다만.

어떤 면에서 대중에 대한 나의 주장은 일상생활이 자본주의적 근대의 발명품이라는 [앙리] 르페브르의 주장과 더불어 나의 주장을 재생산합니다. 다시 말해, 제가 말하고 싶은 것은 그것이 이 지형에서는 족히 진실일 수 있지만, 다른 절합들을 상상할 수 – 심지어 묘사할 수도 – 있지 않겠어요? 일상 생활의 대안적 지형은 어떤 모양새일까요? 다시 우리는 그것들도 유일하게 가능한 것으로 상상할 수 없어요. 우리는 여기뿐 아니라 다른 곳에도 있는 것, 그리고 잠재태 속에 있는 것을 봄으로써 그것들을 상상해야 합니다.

대중에 대해서도 나는 같은 주장을 합니다. 분명 사람들은 유럽-근대 이전에도 대중 속에서 살았지요. 특히나 우리가 대중이라는 것이 선험적으로 대중문화의 범주로 환원될 수 없다는 점을 생각하면 이 점은 더 분명합니다. 나는 대중의 특정한 역사적 절합을 식별하고 싶어요(항상 가장 힘든 점이긴 하지만, 동시에 대중을 본질화하거나 그것을 그 맥락적 절합들의 종별성 바깥에서 정의하지 않으면서 말이죠. 물론 이것은 반^反–반^反–본질주의의 성격을 띤 변화하는 동일자 the changing same라는 길로리의 주요 논점이기도 하고, 아주 근본적인 방식으로 인종과 인종주의를 다루려고 했던 홀의 시도의 주요 논점이기도 합니다). 하지만 이런 것은 그저 '맥락적으로 사유하자'라는 문화연구의 도전이자 불가능성이 아닌가요?

그래서 그 첫 물음은 '대중이란 무엇인가?'입니다. 지금 나는 몇몇 동료와 대학원생들, 그리고 지리학과 인류학과의 다른 사람들을 포함하는 그룹과 일하고 있어요. 우리는 그것을 "대중을 다시 생각하기" 그룹이라고 부릅니다. 그 그룹은 두 종류의 문화연구 파벌 사이에서 일어난 논쟁에서 발생했어요. 하나는 전통적으로 자리 잡고 있던 헤게모니적인 국가 정치에 대한 관심을 중심으로 형성된 그룹이죠. 그런데 다른 그룹은, 마땅한 일이지만, 구성원들 스스로 자신들이 문화연구 내에서 일종의 미시-정치, 무정부주의자, 세계사회포럼6, 포스트-사빠띠스따7, 포스트-시애틀8 정치에 전념하고 있다고 생각하고 있어요. 그 그룹은 종종 운동의 운동으로 말해집니다. 그들은 태생적으로 오염되었다고 보는 국가 정치의 완전한 바깥에, 그리고 그것과 독립하여 존재하기를 원합니다. 그들은 권력을 추구하지 않는 정치를 상상하고자 합니다. 그것은 하나의 실험적인 정치로, 저항에 대한 것인 만큼이나 스타일과 과정에 대한 것이기도 합니다. 단지 정치만이 아니라 살아감의 스타일과 과정이지요. 나는 그 주장의 일부에 많은 공감을 느낀다는 사실을 인정하지 않을 수 없군요(특히 미시정치와 그것의 잠재태적 정치의 차원에서 그렇죠). 하지만 또한 그것은 종종 역사적으로 순진하며, 낡은 것과 새로운 것을 분별하는 작업에 실패했고, 그리고 많은 점에서 그것이 1960년대의 대항문화와의 관계를 심각히 고려하지 않은 채 그것의 정치를 반향하고 있다고 생각한다는 점도 말하지 않을 수 없군요.

그렇게 하나의 그룹은 일종의 자율의 정치를 옹호하고 다른 그룹은 헤게모니 정치를 옹호하고 있었습니다. 전자는 한 모임에서 그러한 자율적이고 실험적인 정치와 심지어 그런 삶의 방식까지 우리가 사는 곳으로 도입하는 것을 옹호했고, 반면 다른 그룹은 '사람들을 설득시켜 그런 프로젝트를 한번 해 보지그래. 그러면 그건 대중에게 일종의 헤게모니적인 정치를 관철시키는 것이 아닌가?'라고 말했죠. 그리고 우리는 화해의 가능성을 모색하

---

6. [옮긴이] 세계사회포럼(World Social Forum). 세계 경제 및 정치 지도자들의 모임인 세계경제포럼(WEF)의 신자유주의와 세계와 경향에 맞서기 위해, 중남미 좌파 지도자들이 2001년에 세계 각국의 진보성향 시민단체들을 규합하여 시작한 사회 포럼.
7. [옮긴이] 사빠띠스따(Zapatista) : 1994년 멕시코 정부와 기업인들의 착취 및 부정부패에 맞서 남부의 치아파스주 원주민들의 토지분배와 처우개선을 요구하며 봉기한 반정부투쟁단체.
8. [옮긴이] 포스트-시애틀(Post-Seattle) : 1999년 11월 시애틀에서 개최된 세계무역기구 회의가 노동조합, 학생, 비정부기구 등의 과격 시위로 결렬되면서 'NGO의 위대한 승리'라고 불리었던 사건과 그 이후를 의미한다. 이는 성공 가도를 달릴 것만 같던 신자유주의 무역 체제에 강력한 경고를 보인 것으로 평가된다. 실제로 미국 경제는 이 사건 이후로 나스닥 지수의 폭락과 경제 성장의 둔화를 목격한다.

기 위해 대화를 시도했고 새로운 포스트-자율적 정치를 구성하려 했죠.

GS & MG: 그리고 포스트-헤게모니적 정치는 아니고요?

LG: 글쎄, 그것을 포스트-헤게모니적이라고 부를 수도 있을 겁니다만, 그 말에 대해선 잘 모르겠어요. 나는 그 개념을 현재 맥락에서 쓰려면 약간 가다듬을 필요가 있다고 봅니다. 여하튼, 나는 그 대화가 그다지 잘 진행되지는 않았다는 점을 인정하지 않을 수 없군요. 내가 기대했던 만큼 생산적이진 않았죠. (웃음) 물론 그래서 나는 항상 하던 방식으로 움직였죠. 나는 하나의 그룹을 만들고 말했습니다. "대중에 대하여 맥락적으로 생각합시다." 그래서 우리는 홀의 「'대중'을 해체하기에 대한 몇 가지」(1981)를 다시-읽기 하는 것으로 시작했고 그것에 대해 말해 보다가, 만일 이 논문을 특수한 맥락 속에 기입된 특수한 발명품으로 보면 어떨까 하고 생각했죠. 그 글은 1970년대 후반에 집필되었고 1980년대 초반에 출판되었는데, 그것은 대처리즘의 부상에 대한 것이었죠. 그 시기는 스튜어트 홀이나 존 클라크 등의 사람들에게 일종의 헤게모니 투쟁이 일어났던 순간들 중 하나에 해당해요. 만일 우리가 대중적인 것이 무엇인가, 정치적인 것인 무엇인가, 그리고 이 둘의 절합이 무엇인가에 대한 그 논문의 이해가 그 맥락에 대한 하나의 응답으로서 존재했던 결과라고 말한다면 어떨까라는 것이었죠. 그 논문를 현재 맥락에서 다시 쓰려면 어떻게 해야 할까요? 대중적인 것과 정치적인 것, 그리고 그것들의 절합을 다시 사유한다는 것은 어떤 의미가 있을까요? 그래서 그것은 두 개의 대화가 동시에 진행되는 일종의 버밍엄 – 협동(내 희망으로는) – 프로젝트입니다. 하나는 이러한 것에 대한 일반적인 대화이고, 다른 하나는 그 그룹 사람들 각자가 그나 그녀 자신의 연구에 대하여 말하는 것을 의미하죠. 그들은 모두 그것을 대중에 대한 새로운 맥락적 재사유하기로서 보려고 노력했어요. 결국, 홀에게 대중이란 하나의 장소인데, 확실히 핵심적인 장소, 헤게모니를 위한 투쟁이 벌어지는 곳이죠. 그의 논문 말미는 다음과 같은 멋진 말로 마무리됩니다. "바로 그런 이유에서 '대중문화'가 문제다. 그렇지 않다면, 솔직히 나는 그것을 조금도 개의치 않을 것이다"(홀 1981, 239).

그러니까, 스튜어트 홀에게 그 투쟁은 곧 정치라고 정의됩니다. 그가 자신의 맥락적 노동의 결과로 이미 이해하고 있는 것이죠. 하지만 우리는 계속해서 대중이 국면이 변할 때 어떻게 투쟁의 장소가 되는지에 대해 설명해 나갈 필요가 있습니다. 대중이 투쟁의 장소가 되게 하는 것은 무엇입니까? 내 모든 연구는 정동의 면에서 대중과 그것이 현실적 정치와 잠재적 정치 둘 다로 절합해 들어가는 것을 이해하는 데 쏟아져 왔습니다. 그리고 지금 내가 주장하고자 하는 것은 — 그리고, 다시 한번 내가 한 종류의 정동이나 조직이나 체제 혹은 전체성을 말하고 있는지 아닌지 모른다는 점을 인정합니다만 — 사실 정동은 절합의 엔진이라는 점입니다. 정동은 관계성을 구성하는 것입니다. 그래서 그런 이유로 윌리엄즈가 느낌의 구조와 국면을 분리할 수 없다고 본 것은 옳았다는 겁니다. 왜냐하면, 그 국면을 정확히 현재 상태 그대로 만드는 것은 여러 가지 중층결정들 사이의 정동적 절합이기 때문이지요. 하지만 윌리엄즈가 그것을 그런 식으로 본 것은 옳았으나, 그는 그것을 그런 식으로 이론화하지는 못했어요.

자, 이제 우리는 대중이 왜 여전히 현재 국면에서 핵심적인 투쟁의 지점이 될지 이해합니다. 비록 대중이 항상 혹은 반드시 저항의 장소이거나 어떤 특정한 입장이나 실천을 지지하는 장소인 것은 아니지만, 또 어떠한 순간들에, 어떠한 국면들에서, 대중이 다른 형태를 띤 몇 가지 담론적 효력들을 통하여 저항이나 가능성을 조직할 수도 있다는 뜻은 아니지만 말입니다. 그래도 대중은 중요한 핵심입니다. 현대적 맥락에서 가정해 보건대, 실천들 사이의 관계성들을 구성하기 때문입니다.

들뢰즈와 가타리가 『안티 오이디푸스』를 욕망하는 생산이라는 개념으로 시작하는 것도 같은 이유에서이죠. 여기서 프로이트의 욕망은 생산이 되죠. 정동이 존재론적으로 이해된 셈이죠. 하지만 나는 이제 그것이 '대중'이라고 말해야겠군요. 이러한 개념들에 따르면 욕망을 여기, 여기, 여기로 (손가락으로 공중을 가리키는 몸짓을 하며) 이끄는 것은 바로 일종의 관계성을 창조하는 대중입니다. 그래서 그런 의미에서, 알뛰세르가 이데올로기가 없는 사회는 있을 수 없다고 주장하는 것처럼, 나는 '대중'이 없는 사회는 있을 수 없다고 주장하고 싶습니다. 왜냐하면, 그것이 삶의 살아짐lived-ness을 조직하는 것이기 때문이죠. 물론 바로 그 차원에서 스튜어트 홀이나 다른 사람들은, "그것은 관계들을 만들어 내는 의미의 구조가 아닌가?"라고 물을 수 있겠지요. 나는 이렇게 말하고 싶습니다. "아니요, 차이는 당신이 이데올로기적 호명을 할 수 있었더라도 사람들은 그 호명에 투자하거나 투자하지 않는다는 점입니다." 의미-구조가 당신의 경험을 구성할 수 있으려면 어떻든 정동적으로 충전되어야 합니다. 이제, 그것은 비자발적으로 사회적 기계의 형태를 통하여 정동적으로 충전될 수 있겠지요. 무의식적으로 충전되는 것이죠. 그런데 관계성들의 절합이 가능하게 되는 것은 바로 대중의 조직화를 통해서 입니다. 그리고 그런 조직화를 통해 대중이 어디에 있는가를 재사유할 가능성이 열립니다(나의 희망입니다만).

GS & MG : 예, 그 말은 희망적으로 들립니다. 하지만 근래의 대중문화에서 각광받는 것의 폭과 다양성 면에서 뭔가가 점점 사라지고 있는 것 같지 않나요? 지금은 정말 좁은 시각만 있는 것 같아요. 예컨대, 24시간 케이블 뉴스는 우리의 집단적 실존의 중심을 차지하고 있는 경제 뉴스 쪽으로 점점 더 기울어지고 있고, 주식시장은 안녕한 삶의 궁극적인 척도로 기능하고, 일상의 다양한 재정경제화로 인해 삶 자체는 점점 더 자본에 결속되고 있잖아요.

LG : 하지만 당신이 말하고 있는 것은 서로 다른 다양한 일들이에요. 다시 말하지만, 우리는 그것들의 절합을 보기 위해 그것들을 분리할 필요가 있어요. 한 가지는 분명해요. 확실히 경제는 새로운 방식들로 정동적인 비중이 높아졌지요. 메건 모리스(1998)는 무엇 때문에 호주의 재무부 장관(폴 키팅)이 그토록 섹시해 보이는지에 대해 궁금해하면서 결국 논문 한 편을 썼지요. 또는 앨런 그리스펀[9]은 어떻게 그리 대중적으로 인정받는 인물이 되었을까요? 이러한 사실들은 삶이 경제로 환원되었음을 의미한다기보다, 그보다는 무언가가, 일상의 어떤 측면이나 차원이 재형성되고 있다는 것을 뜻합니다. 그리고 그러한 것은 심지어 경제적으로도 다른 측면들과 분리되어 있습니다. 산업 자본에 대한 금융 자본의 우세가 점점 심해지는 일상의 상품화와 여전히 분리되어 있는 것처럼 말이지요. 결국, 루카치가 말했던 건 그런 일상의 상품화였죠. 맑스주의자들은 우리가 물신화, 상품화 등등의 시대에 살고 있다고 백 년 이상 전부터 말해 왔어요. 이것은

---

9. [옮긴이] 1987년에서 2006년에 걸쳐 미국 연방준비제도(Fed)의 의장을 네 번이나 역임한 인물.

일상에 대한 르페브르의 주장이기도 합니다. 이런 일들은 다른 시간성들을 가집니다. 그것들은 자본주의 장치의 다른 기계들이고 각각 다른 효과가 있죠. 어떤 것은 더 성공적입니다.

네, 경제는 섹시해졌지만 이것이 자본주의가 결국 도움이 된다는 뜻은 아니지요. 예, 자본주의는 삶을 상품화하고 있어요. 그런데 이전에도 자본주의는 삶을 상품화하였죠. 이제 우리는 DNA를 상품화하고 있어요. 예, 당연한 결과이지만 끔찍하지요. 하지만 자본은 항상 생체자본적biocapital이었습니다. 노예무역, 이것도 삶의 상품화가 아니었습니까? 성차별적이고 성적인 관계들 중 그 어떤 형태가 생명의 상품화와 관련되지 않는다고 생각할 수 있을까요? 그래요, 금융화는 지배적이게 되었습니다. 중요한 효과가 있게 된 것이지요. 확실히 우리가 변화하는 지위, 현존, 재현, 형식, 경제의 효용에 관해 이야기할 수 있는 많은 방식이 있지만 그것을 하나의 개념으로 환원하는 것은 도움이 되지 않아요. 이러한 것은 단지 '역사적으로' 사유하기의 문제가 아니라, 정치/경제를 행하고 이론화할 적절한 방식을 발견하는 문제이기도 합니다.

나는 문화연구를 하는 사람들 사이에서조차, 결국 핵심은 자본주의이며, 아무리 자본주의에서 새로운 점(신자유주의, 포스트-포디즘, 지식 경제, 생명자본주의)을 말하더라도 결국은 자본주의가 우리의 삶과 현실을 전반적으로 통제하는 지위를 획득하게 되었다는 생각이 확산되어 가는 실정이 너무나 불편하게 느껴진다는 점을 말하지 않을 수 없군요. 이 점에서 존 클라크의 작업과 그가 개방 대학에서 하고 있는 사회정책 그룹의 작업은 아주 가치 있는 일입니다. 나는 더 많은 사람이 그것을 읽길 바랍니다.

그러한 해석의 증가하는 힘, 특히 문화연구의 맥락에서 그러한 힘에 대하여 내가 말하고 싶은 두 가지가 있어요. 첫째, 나는 모든 가치가 시장 가치 등으로 환원되고 있다는 주장을 그대로 믿지 않으며, 그런 주장에 대한 어떤 증거도 거의 찾아볼 수 없어요. 사회적 실존의 현실, 그리고 체험된 현실의 현실은 항상 좀 더 복잡한 것으로, 다수성과 모순들, 저항과 타협들로 가득 차 있지요. 이 말은 한 방향이나 다른 방향으로 밀고 가는 힘이 없다거나, 많은 환경에서 우리 선택 범위가 변화되었거나 심지어 새로운 방식으로, 새로운 방향으로 나아가기를 강요받고 있다는 의미는 아닙니다. 그리고 그 말은 가치의 영역 및 기계들에서 중대한 변화가 일어나고 있지 않다는 의미도 아닙니다. 나는 이 모든 것이 오로지 자본주의에 대한 것이라고 생각지 않으며, 우리가 곧잘 묘사하듯이 그렇게 단순한 문제라고도 생각하지 않습니다.

둘째, 나는 여전히 문화연구가 경제를 진지하게 받아들여야 한다고 생각합니다. 단순히 (이미 규정된 가정들에 기반하여) 자본주의에서 새로운 점을 진단하기 위해서나 (시장 같은) 특수한 경제적 관계나 장치가 구성된 것임을 인정하기 위해서가 아니라, 경제 범주 그 자체를 재사유하기 위해서입니다. 즉, 경제를 어떤 국면의 전체성 속에서 담론적으로 그리고 맥락적으로 절합된 것으로 보기 위해서이지요. 우리는 경제를 그것의 복잡성과 그 성좌의 다수성과 다양성, 그리고 그것의 무수한 관계성과 절합들을 회피하지 않고 볼 필요가 있습니다. 우리는 현대 세계가 어떤 단일한 지형, 즉 대문자로 시작하는 자본주의의 어떤 단순한 진단, 삶 자체를 경제적으로 식민화하는 것에 대한 최신 이론과 두려움에 의해 구성된 만큼이나, '경제'란 무엇인가 하는 것과 무엇이 '경제적인' 것을 구성하는지에 대한 투쟁에 의해 구성된다는 사실을 직시할 필요가 있습니다. 나는 모든 사람이 깁슨-

그레엄의 『자본주의의 종말(우리는 이미 알고 있었다)』*The End of Capitalism(As We Knew It)*를 읽어야 한다고 생각해요. 읽고 나면 그 책이 답이 아니라 도전이라는 사실을 알게 될 겁니다. 그렇게 하면서 우리는 경제적인 것을 절합하는 과정 속으로 들어오는 무수히 많은 다양한 담론들뿐만 아니라, 경제학 연구들을 학문적· 지적 분과학문의 하나로서 진지하게 고려할 필요가 있다는 점도 덧붙이고 싶습니다. 경제학이라는 학문은 우리의 과도한 단순화에도 불구하고 신고전주의적인 모델링 이론에 의해 완전히 제어되지 않습니다. 그것은 비정통적인 입장들로 가득 차 있고, (포스트-자율주의 경제학 네트워크같이) 그중 일부는 경제학의 문화연구를 목표로 하는 것으로 보입니다.

그래서 (월드와이드웹과 다른 기술들 주변의) 변화하는 대중적 경제들과 주체성들의 모습에 관해 이야기할 때 좀 더 조심스럽게 다가가야 한다고 봅니다. 우리는 이론적인 작업과 경험적인 작업을 하지 않고서 결론으로 치닫는 것을 피해야 합니다. 그래요, 내 생각에 우리는 대중문화의 변화하는 조직들(특히 그것들이 사람들의 일상생활의 역학에 기입되어 있는 경우)이 새로운 효과성들을 생산한다는 점을 추측할 수는 있지만, 때로 너무 쉽사리, 변화하는 장치들에 대해 우리가 말해 왔던 단 몇 문장들로 그 효과성들을 읽어 낼 수 있다고 추측해 버리는 듯합니다. 더욱이, 이런 효과들은 이야기의 끝이 아니라 시작에 불과합니다. 그것들은 놀랄 정도로 복잡한 체험의 현실들 속으로 들어가는 궤도라서 그것들의 실제적 효과성은 항상 더 넓은 절합의 결과들이기 때문입니다. 나의 요지를 아시겠어요? 내 말은, 가령 오늘날의 매체는 내가 지금 모욕humiliation이라는 느낌의 구조 또는 분위기(어떤 건지 확실히 말할 순 없지만 그것이 정서라고는 생각지 않아요)라고 부르는 것을 생산하고 있으며, 이것이 대중적인 것과 정치적인 것의 절합에 대해 많은 것을 이해하는 열쇠라는 점을 보여 주고 싶다는 겁니다.

내가 록 음악에 대해 쓰기를 그만두었던 이유는 내가 음악을 더 이상 사랑하지 않아서가 아닙니다. 음악 작품과 음악의 힘에 관해 이야기를 시작하기 위해 조성해야 할 전반적인 맥락이 변했으며, 그 변화가 단지 그 음악적 장치의 구성 면에서뿐만 아니라 더 넓은 국면에서도 일어났다는 사실을 납득했기 때문입니다. 내가 항상 주장해 왔듯이, 만일 록 구성체를 이론화하려는 나의 시도가 국면적으로 특정한 이론이었다면, 그중 어느 만큼이 계속 유용할 것인가는 탐구되어야 할 문제이지 당연하게 받아들여질 그런 문제가 아니거든요. 나는 음악의 정동성에 대한 나의 몇몇 연구는 여전히 유효하다고 꽤 확신하지만, 정동성의 특정한 논리들이 유효한 것인지 아니면 더 큰 범위에서 그것들을 절합했던 사회적 논리들이 유효한지는 잘 모르겠어요. 나는 아직 그것을 그대로 다시 시작할 단계라는 아니라고 판단했고, 그 외에도 내게는 해야 할 더 긴급한 일이 있습니다. 적어도 그것들 중 두 가지는 『십자포화의 한가운데서』에 구현되었지요. 첫 번째는 미국에서 성장 환경의 변화하는 조건을 이해하는 일이고, 두 번째는 더 광범위한 국면에서 "어떤 일이 일어나고 있는지" 계속해서 알아내려는 노력이지요. 지금 내가 착수하고 있는 세 번째 일은 문화연구가 어떻게 재구성될지, 현재의 국면에서 문화연구를 해 나가기 위해 어떤 종류의 개념이 (재)발명되어야 할지를 묻는 겁니다.

GS & MG: 이런 종류의 희망에 반하는 희망의 느낌을 담고서 정동이

『십자포화의 한가운데서』의 결론에서 가장 역력하게 드러나더군요. 그렇다면 이런 아주 특수한 오늘날의 정동 공간에서 당신은 희망적인가요?

LG: 글쎄요, 저는 항상 희망을 봅니다. 세계가 지금과 같은 방식이어야 할 필요가 없다고 생각하기에, 그리고 미래에 어떤 특정한 방식이 될 필요가 없다고 생각하기에 항상 희망을 봅니다. 나는 잠재적인 것을 믿어요. 나는 현실이 항상 스스로를 만들어 가며 인간성과 함께, 인간성에도 불구하고 스스로를 만들어 가고 있다고 믿어요. 이것은 들뢰즈가 라뚜르처럼 (비록 나는 행위자-네트워크 이론에 확신을 할 수 있을 것 같지 않지만) 인간화된 것들을 탈중심화하고, 인간을 실재의 중심에 놓지 않는 이유이지요. 그래요, 우리는 세계에 때로는 중요한 방식으로 때로는 파괴적인 방식으로 영향을 주지만, 세계는 변합니다. 그리고 앞으로도 계속 변할 거예요. 그래서 적어도 이런 의미에서 나는 희망을 품습니다. 우리 할머니가 얘기하시곤 했듯이, "이것 또한 지나갈 것이다"는 거죠.

좀 더 철학적인 의미에서 나는 희망적일 수 있을까요? "인간 존재는 자신들이 만들어 놓은 조건이 아닌 곳에서 역사를 만든다"는 맑스주의자들의 순진한 가정과, "역사는 우리의 의도가 무엇이든 간에 우리가 모르게 만들어지고 있다"는 푸코적인 냉소적인 가정 사이의 어느 지점에서? 글쎄요, 그래요, 아니, 아 음……(웃음) 스튜어트 홀은 한때 자신을 정치적 휴머니스트이면서 지적인 반-휴머니스트라고 말한 적이 있지요. 나는 정치적 휴머니스트로서는 스튜어트에 미치지 못하겠지만, 아마도 윤리적 휴머니스트라고 할 수 있겠지요. 여하튼, 나는 희망적이어야 합니다. (진지하게) 내 생각에 그 희망은 근본적으로 지식인으로서의 나의 존재에서 비롯된 것이 아니라, 나의 나머지 삶에서 비롯된 것 같아요. 어떤 지점에서 당신은 단지 지식인임을 멈추고, 시민으로 산다는 것, 가족의 일원으로 산다는 것, 친구와 지인들의 네트워크 속에서 산다는 것, 한 세대의 시간성 속에서 존재한다는 것 등등이 의미하는 바와 접속해야 합니다.

희망 없이 산다는 것은 어떤 의미가 있을까요? 내가 지식인의 책임과 지식인의 능력에 한계가 있다고 느끼는 건 이런 이유에서입니다. 나는 정치가 윤리에 뿌리를 두고 있으며 정치적 변화가 복잡한 방식으로 윤리적 담론을 수반한다고 말한 것 외에는 복잡한 윤리의 담론에 참여하려 한 적이 없어요. 지식인으로서 내 의무가 윤리를 정의하는 것이라고 생각한 적이 없고 내가 특별히 그런 것에 능력이 있다고도 생각하지 않아요. 분명 윤리에 대한 물음에 대하여 상당히 많은 지적, 학술적 작업들이 이루어져 왔지만, 결국에는 이런 작업들이 대중적인 것과 일상생활 양면에서 어떻게 결합될지 혹은 결합될 수 있을지조차 알기가 어렵습니다.

윤리는 지적인 활동을 초월합니다. (이 말에 대한 반박이 상당할 겁니다!) 마찬가지로, 희망은 결국에는 정치적 활동을 초월합니다. 희망을 지적으로 부정할 순 있지만(그것이 프랑크푸르트학파의 교훈이죠) 희망을 지적으로 정의할 수는 없어요. 나는 다만 세계의 윤리적 입장을 정의하는 것이 지식인의 책임이라고 보지 않을 뿐입니다. 나는 그것이 우리가 할 수 있는 능력을 넘어서기 시작했다고 생각해요. 나는 푸코의 "특정한 지식인"specific intellectual 같은 개념으로 돌아가서 "무엇이 당신을 전문가로 구성하는가?"라고 묻고 싶군요. 결국 그것은 칸트의 함정이 아닐까요? 우리 지식인들이 모든 윤리의 지반을 구성할 수 있다고 생각한 사람은 칸트가 아닌가요? 나는 그것이 우리의 임무가 아니라고 생각합니다. 그것은 나의 많은 친구들이 빠져드는 더 많은 함정 중의 일부입니다. 그들이 지식인이어서, 또는 그들이 현재의 정치와 문화의 어떤 양상들을 연구한다는 이유로 그들은 거의 모든 것에 대해 비평하라는 요청을 받게 되지요. 그들의 통찰이 다른 사람들의 통찰보다 훨씬 더 뛰어날까요? 특히나 그들이 말하기를 요청받고 있는 것에 대하여 분석하고 이론화하는 작업을 해 오지 않았다면 그렇다고 볼 수 있을까요?

나는 우리의 임무는 희망을 재구성하기 위한 가능성의 조건들을 창조하는 데 도움을 주는 것이라고 생각합니다. 나는 문화연구의 임무는 그것이 분석하고 있는 맥락에 대해 더 나은 (재)기술을 제공하는 것이라고 생각합니다(즉 궁극적으로 문화연구가 항상 분석하고 있는 맥락이지요. 내 생각엔 적어도 문화연구는 맥락과 국면에 대한 것이지, 특정한 문화적 형태나 실천에 대한 것이 아닙니다). 그리고 최소한 기술을 더 낫게 만드는 것은 바로 그 맥락을 희망의 맥락으로 재구축하는 것, 즉 현실태 속의 잠재태를 가시화하는 것입니다. 그것은 투쟁의 가능성, 변혁의 가능성에로의 맥락을 열어 내고, 그리하여 희망의 가능성에의 맥락을 열어 냅니다.

GS & MG : 지금 당신의 대답은 우리 중 누군가가 문화연구에서 정동적 목소리의 중요성에 대해 개진했던 주장과 공명하고 있는 듯하군요〔그레그의 『문화연구의 정동적 목소리』(2006)〕. 그 책은 당신의 목소리가 특히나 문화연구에 대하여 예언적인 것으로서, 미래를 향한 뚜렷한 정향 혹은 미래에 대한 느낌을 가지고서 현재를 추동하는 목소리a mobilizing presence라고 주장했지요. 확실히 당신의 연구는 항상 희망의 문제에 열려 있었는데, 지금은 그것이 상상을 재-상상할 필요로서 좀 더 직접적으로 표현되고 있을 뿐이지요. 어떻게 정동이 지식인의 역할과 말하기라는 행위 또는 장소와 만날 거라고 보십니까?

　　LG: 네, 그것에 대해 말할 수 있는 방식이 많이 있어요. 하나는, 1960년 대에 일어난 일인데, 나는 나의 과거 생을 볼 수 있다고 주장하는 사람을 만났지요. 그 사람이 내게 과거 생에서 예언자였다고 말해 주었어요. 그러한 것이, 아마도 당신의 말이 절대적으로 옳을 거예요, 그것이 내가 말한 목소리지요⋯⋯ 내가 필연적으로 그것을 선택했는지는 모르겠지만요. 하지만 그것은 어떤 면에서⋯⋯하나의 목소리이고, 짐 캐리, 스튜어트 홀, 그리고 내가 일종의 철학적 충성을 바치는 사람들이 교차하는 지점에서 형성된 것이지요. 나는 사람들이 맑스주의자들, 특히 그람시에 어떤 빚을 지고 있다고 생각합니다. 나는 아주 공공연하게 나 자신을 어떤 (반-유럽) 모더니스트의 궤도 안에 위치시키려 한다는 점과, 인지 노동에 대한 유럽-근대적 개념이 정념을 지식과 떨어뜨려 놓는 방식에 반대한다는 점을 표방해 왔지요. 나의 프래그머티즘은 아마도 덜 분명하게 드러났을 테지만, 확실히 짐으로부터 지적인 작업은 곧 대화이며 그 대화는 계속된다는 깊은 신념을 확실히 물려받았어요. 대화가 항상 평화적인 것은 아닙니다. 그것은 소란스럽고, 열정적이며 심지어 폭력 사태에 가깝게 아슬아슬하게 치닫는 일이 빈번하지만, 그래도 대화는 계속되지요. 그래서 내게 사람들이 항상 왜 내가 문화연구에 대해 그리 많이 쓰고 말하였는지에 관해 묻곤 했지요. 멜리사, 부분적으로 나는 당신의 말에 공감합니다만, 나는 미래에 예언자일 뿐만 아니라 문화연구에 대한 예언자이기도 합니다. 왜 그런가 하면 나는 문화연구가 뭔가 특이한 것을 제공하는 특수한 종류의 지적 작업이라고,

특히 그럴 가능성이 차단된 것처럼 보이는 세계에서 그렇다고 생각하기 때문이지요.

앞서 말했듯이, 나는 문화연구가 맥락과 복잡성을 탐구하기에, 그것이 어떤 환원도 부정하기에, 희망을 생산하기 위해 고안된 지적 작업이라고 생각합니다. 문화연구는 실패에 직면했을 때조차도 스스로를 재창조합니다. 정확히 그것이 그렇게 발본적으로 맥락적이기 때문에 문화연구의 실패는 결코 완성되지 않습니다. 그것은 결코 대화의 종말이 아닙니다. 지식인들은 항상 실패할 운명입니다. 우리는 결코 세계의 복잡성을 다 설명할 수 없어요. 하지만 문화연구의 실패는 스스로를 재창조할 것이라는 바로 그런 약속을 하지요. 이론이 항상 어떤 지점에서 실패한다는 사실이 문화연구가 그 자체를 새로운 형식으로 재창조할 것을 보장하며, 문화연구가 지속될 것임을 보장합니다. 그러한 실패는 보장되는 몇 가지 일들 중 하나일 것입니다. 왜냐하면, 우리 주변의 세계는 변화하고 있을 뿐 아니라, 그러한 변화들은 서로 다른 효율성들의 상이하고 다수적인 시간성을 그 특징으로 삼고 있기 때문이죠. 지적인 작업의 효율성이 종종 그 주변에서 발생하는 변화의 시간성보다 더 느리다는 점은 분명합니다. 게다가 우리가 실현되리라고 생각하거나 발견하는 잠재성들이 현실화되지 않는 일이 아주 빈번하지만, 분석과 상상의 작업은 계속되어 가는 것이 현실입니다. 이것이 유일하게 보장되는 일일지도 모르지만(문화연구는 항상 보장에 대한 거부라는 스튜어트의 의미에 대해 생각해본다면), 그것이 보장되리라고 가정하는 유일한 일은 변화이며, 그 변화는 현실의 근본적인 조건입니다. 문화연구는 그 자체의 논리 상, 그 자체가 생산된 우연성뿐만 아니라 그것이 생산하고 있는 것, 즉 '맥락'의 우연성까지 인정하기를 추구하는 이론이죠. 나는 그러한 것이 그런 식으로 발본적으로 열려 있는 몇몇 경험적/분석적 기획의 하나라고 생각합니다. 나는 프래그머티즘이 어떤 면에서 실패했다고 보며, 문화연구는 열린 결말이라는 의미에서 들뢰즈의 모델에 가깝지만 보다 더 경험적인 쪽으로 기울어 있다고 봅니다. 그런 연유로 나는 항상 푸코, 들뢰즈, 가타리의 요소들과 그람시의 요소들을 한데 어우르는 방식이 있어야 하나고 생각해 왔지요.

GS & MG : 당신의 선집 『그 모두를 집으로 가지고 오며』*Bringing It All Back Home*(1997a)의 마지막 논문은 문화연구와 교육방법론에 대해 씁니다. 그런데 그 논문은 계획된 것으로 보이지 않더군요. 왜냐하면, 당신의 연구에는 일종의 영감 어린 분위기 같은 게 있어서, 아니 '열정'이라고 해야지 않을까 싶네요 – 열정으로서의 문화연구, 일정 부분 매우 중요한 교육적 전달 기능을 하기 때문입니다. 당신이 문화연구를 교실의 학생들에게로 가져오는 방법이 있는데, 그것은 바로 문화연구의 실천 그 자체에 대한 매우 정동적이고, 강렬한 열정의 관계이지요. 언젠가 켄 워크^{Ken Wark}는 문화연구에 대한 당신의 가장 위대한 유산은 당신의 학생들일 거라고 말했던 적이 있지요. 물론 그는 조금이라도 당신이나 당신의 저작들을 격하하려는 의도는 전혀 없었고, 당신이 한 세대(혹은 두 세대)의 사람들 – 서로가 하는 일이 거의 비슷하지 않은 다양한 사람들, 그리고 그중 누구도 당신의 작업과 직접적으로 비슷한 일을 하는 것 같지 않은 사람들 – 을 양산해 왔다는 뜻으로 한 말이었어요. 우리는 그들이 당신의 학생들이었고(또는, 직접적으로 당신의 학생들이 아니더라도, 적어도 친밀한 독자이거나 동료 여행자라고 할 수 있겠죠), 그들이 문화연구를 일종의 열정으로서 너무나 깊이 체화했다고 말할 수 있을 겁니다.

LG:네, 좋은 말이네요! 하지만 당신이 말하는 것 중 일부는 거의 나의 관할 밖에 있습니다. 나는 항상 열정적인 사람이었지요. 나는 내가 사랑하지도 싫어하지도 않는 일에 결코 관여하고 싶지 않았어요. 나는 열정이 어느 정도 이해를 방해한다고 가정하는 학문적 경향을 결코 좋아했던 적이 없어요. (다시 말하건대, 나는 프래그머티즘과 스피노자, 이 두 가지에 끌렸지요). 일리노이 대학 시절, 사람들이 대중음악은 진지한 학문적 주제가 아니라는 생각에서 내가 대중음악 관련 수업에서 가르치는 것을 중단시키려고 했을 때, 실제로 어떤 교수들은 내가 음악과 그 주제를 너무 좋아했기 때문에 내가 교사가 되어서는 안 된다고 주장하려고 시도했어요. 다행히 겨우 작은 논리 하나를 적용하여 그들의 주장이 어떤 결론에 다다를지에 대하여 그들을 설득하게 되었어요. 나는 결코 순수 논리나 진리의 유일한 논리가 있다는 생각을 추종한 적이 없고, (한 모의재판에서 내 친구를 변호하면서 선생들을 이겼을 때인) 3학년 이후로 분명히 나는 나의 설득의 힘이 로고스만큼이나 파토스를 통해서 나온다는 깨달음을 얻게 되었어요. 사람들은 이성과 증거 없이는 어떤 것도 할 수 없지만, 열정 없이 그들이 지배할 수 있다거나 그래야 한다고 생각하는 것은 환상입니다.

앞서 말했듯이, 나는 문화연구의 실천에 헌신적입니다. 나는 만일 실천으로서의 문화연구가 서양 학계의 '정상적'이고 지배적인 실천에서 벗어나는 매우 중요한 이탈이라면, 많은 점에서 그것이 하나의 도전이라고 생각해요. 하나는 맥락적이라는 점에서이고요. 두 번째는 문화연구가 그 연구의 일부로서 '느낌'을 인정하기 때문이라는 점과, 또 그것이 느낌을 그 실천의 일부로 허용한다는 점 때문이지요. 그런 식으로 문화연구는 많은 형태의 지적 생산을 넘어서는 특별한 점을 지니고 있지요. 우리가 페미니스트나 비평적 인종 이론가들을 바라볼 때 그들이 자신들의 기획에 대해 열정적으로 전념하는 것이 이상해 보이지 않습니다. 우리가 그 헌신이 어디서 비롯되는지 알기 때문이지요. 문화연구는 (그 자체로) 특정 기반을 가지고 있지 않고 정체성도 없기 때문에 그것의 헌신의 열정은 뚜렷이 드러나지 않습니다. 하지만 내게는 문화연구에 그러한 헌신의 열정이 있다는 점이 항상 분명한 사실이었지요.

내 말은, 내 학생들을 찬찬히 살펴봐도 누구 하나도 나와 비슷하지 않다는 뜻으로 켄이 말한 거라면 자랑스럽다는 것입니다. 그들 중 누구도 내가 한 일을 하지 않는다는 거지요. 내 학생들 중 몇몇은 음악에 관해 쓰지만 내가 했던 방식으로 쓰지 않아요. 저기 그러니까, 난 나에게 동의하는 학생들이 있는지조차 의심이 들어요! (웃음) 그리고 때때로 만일 나와 함께 나의 기획을 추구하는 학생들이 몇 명, 단지 한 명이나 두 명 정도만 있어도 너무 나쁜 게 아닐까 생각하다가도, 곧 그런 학생들은 많지만 다만 그들 자신의 방식으로 한다는 점을 스스로에게 상기시킵니다. 그들은 모두 분명히 나의 학생들이죠. 그리고 이는 내게 그 열정의 근원이 투명하게 보이지 않는다는 점이 어떤 것을 생산하는지를 정확히 보여 주는 것 같습니다. 그것은 자기의 지지 기반 속에서 지지층을 재생산하는 그런 류의 정치적 열정이 아닙니다. 그리고 "너의 정념을 옆으로 제쳐 두라"고 하거나, 아니면 그것을 이성화하라고 말하는 학계의 정념에 대한 거부도 아닙니다. 당신이 하는 일에서 중요한 것은 바로 믿음입니다. 그 일이 교사의 일이건―내 생각에 문화연구는 좋은 교사들을 많이 생산했지요. 그것이 사람들로 하여금 그들의 청중을 다른 방식으로 연결시키고 다른 교육법pedagogies을 찾아내게 하기 때문이지요―또는 당신이 꼭 단기간의 일은 아니지만 어떤 중요한 일에 대해서 쓰고 있건, 항상 믿음이 존재합니다.

예, 나는 나의 일이 중요하다고 생각해요(그것을 읽는 사람이 있는지 잘 모르겠지만요). 그럼에도 불구하고, 그것이 중요하다고 생각해요. 왜냐고 묻는다면, 뭐라고 말할지 모르겠네요. 아무런 증거가 없거든요. 그 모델은 아마도 어떤 섬에 갇혀서 빈 병을 계속 바깥으로 던지는 한 남자라고 할 수 있겠네요(예, 지금 나는 〈더 폴리스〉[10]를 떠올리고 있어요.) 그 병들 각각이 중요할까요? 네, 왜냐하면 그 병들 중 단 하나만 주워지면 되니까요. 나는 며칠 전에 폴란드의 한 센터의 감독에게서 이메일을 받았어요. 그는 자기가 문화연구가 무슨 일을 하는지 모르지만, 『우린 이곳에서 빠져나가야 해』라는 책 한 권을 우연히 손에 넣었는데 그로 인해 그의 지적·정치적 삶이 변했다고 말했어요. 글쎄, 내가 그런 책임을 원하는지 잘 모르겠지만, 다른 한편으론 그런 병들을 던지고 그것들이 차이를 만들어 내야 한다고 생각하지 않을 수 없군요.

그리고 그런 차이의 다른 부분은 당시 내가 함께했던 1960년대 후반 CCCS에서의 실천에 대한 나의 이해로 거슬러 올라갑니다. 내가 창립 회원이었음을 주장하는 게 아니라, 내게 적어도 그 기구를 만든 순간이 좀 특별하고 중요했다는 점을 주장하는 겁니다. 그리고 부분적으로 그것은 협동적이고 집단적인 기획, 또한 협동적이고 집단적인 연구에 대한 헌신이었지요. 사람들이 문화연구가 위기라고 말하고 있다는 걸 잘 압니다. 만일 어떤 일을 잘하게 되면, 완전히 어떤 단일한 분과학문에 기반을 두어 그것에 충실하기란 어려운 일입니다. 단지 그것이 학제 간 연구를 필요로 하기 때

---

10. [옮긴이] The Police. 스팅(Sting) 등이 속했던 1970년대 록밴드 이름.

문이 아니라, 우리가 잡았던 물음들과 그것이 맥락 속에서 어디로 향할지가 시간이 지나면서 잘 변하기 때문이기도 하지요. 더군다나, 협동 연구는 이중으로 위험합니다. 정말로 그럴지도 모르는데, 여기에 나는 단지 두 가지 답만 있을 뿐입니다. 첫째, 저만치서 순환하고 있는 수많은 위험 이론들에 대해 그리 크게 공감하지는 않지만, 나는 위험을 무릅쓰는 것이 어쩌면 미국 학계에서 흥미롭고 중요한 연구를 하기 위한 전제조건일 수 있다고 생각합니다. 그래서 위험을 원하지 않는다면 그 일을 맡지 말라는 거지요. 두 번째, 아마도 우리는 우리 연구의 분위기를 약간만 바꾸기만 하면 협동 작업을 시작할 수 있다는 겁니다. 메건 모리스가 비평 문화라고 불렀던, 다른 학자들의 부적합성과 지배 권력과의 공모에 대해 비난하면서 그들의 시체 위에 우리의 명성과 지위를 쌓아올리는 식의 문화로부터, 우리가 얼마나 부족함이 많고 불완전하든지 간에 우리 자신을 함께 연구하는 사람들로 이해하며 서로의 힘을 키워 가는 그런 비평 문화로 바꾸어야지요.

어쨌든, 결국, 그런 시간의 과정을 거치면서 사람들이 이룬 그 놀랍고 중요한 연구들의 대단한 집합체와 더불어, 수많은 나의 친구와 학생을 포함한 많은 사람과 더불어, 특히 나의 친구와 학생과 더불어, 그런 일이 어느 정도 학계 바깥에서도 영향을 끼치리라고 믿습니다.

GS & MG: 많은 점에서 당신의 연구는 오랫동안 항상 변화하는 문화 연구 지형의 지도를 제공해 왔지요. 물론 이 지도는 경계도 있고 기복도 있어서 사람들은 각각 자신들을 그 위에 다르게 위치시키면서 그 위에서 다르게 움직여 갑니다. 하지만 적지 않은 사람들이 자신의 기획에서 한걸음 물러나 문화연구의 지형을 다시 들여다보고는 당신이 이미 많은 척도들을 대략 그려 놓았음을 알게 되었지요.

　　LG:나의 지적 작업에 대해서는 맞는 말인 것 같습니다. 내가 즐겨 하며 또한 내가 잘하는 일이라고 생각하는 일 중의 하나는 지적인 공간의 지도그리기 이지요. 내 초기 논문 몇 편에서 나는 정말로 어떤 부류의 이론적 연구의 지도 혹은 문화연구 작업의 지도를 그리기 위해 많은 노력을 했어요. 그렇게 해서 사람들은 그 문제적인 땅, 다양한 입장이 존재하는 그 땅의 지형을 이해할 수 있게 되어 자기들의 장소를 탐사할 수 있게 되었겠지요. 그것은 항상 나 자신에게도 유용하다고 여겼던 것들 중의 하나입니다. 그리고 내 생각에 그것은 어떤 면에서 나의 교육적 실천을 반영합니다. 나는 교육적인 실천에서 사람들이 어떤 물음이나 입장에 너무 협소하게 초점을 맞추기 이전에 그들에게 담론의 영역을 구성하는 전반적인 입장과 문제들을 소개하는 것이 중요하다고 봐요. 그렇지 않으면 어떻게 사람들이 그들의 선생이 말했던 것을 그대로 따르거나 학문의 유행을 따르는 것을 제외하면서도, 이런 것들이 그들이 던지려고 했던 질문이며, 그들이 실행하길 원하는 입장들이라는 결정을 내릴 수 있었겠습니까?

　　그런데 결국 그 모두가 다시 정동으로 돌아옵니다. 어떤 점에서, 당신의 첫 번째 질문이 맞습니다. 그 모두가 정동과 함께 시작되지요. 실제로 2주 전에 나는 4학년 지도 학생의 졸업논문을 보고 있었는데, 그 논문이 이 단어를 쓰고 있지는 않았지만, 그것은 모두 정동에 대한 것이었어요. 그 논문은 온통 정동에 대해 말하는 방식 — 나는 정말 그것을 몰랐지요 — 을 이해하기 위해 애쓰고 있었어요. 단지 그것에 대해 말하려는 것이 아니라, 단지 그것을 인정하려는 것이 아니라, 정동이 생산된다는 점, 그것이 항상 다양하고 복잡한 방식으로 정동되고 영향을 끼친다는 점, 그것이 항상 실재와 권력의 절합에서 분리될 수 없는 방식으로 – 기계 속에 존재하고 기계에 의해 생산되면서 – 구조화된다는 점을 말하고 있었지요.

그래서 그것은 내게 정동 주변을 맴돌고 있는 듯한 물음들을 다시 일으켰지요. 정동이란 무엇을 의미하는가? 그것은 어떻게 이루어지는가? 대체 무엇이 1960년대의 음악(사실상, 대부분 정치적이지 않았던)에 능력을 부여했는가? 무엇이 음악으로 하여금 공동체를 결속시키고 그 공동체가 정치적 입장과 절합되도록 만들었는가? 음악의 어떤 점이 한 세대의 정체성을 부여할 수 있도록 하고, 문화적 사건들과 비문화적 사건들 전체를 정체성 이상의 무엇인, 세대적 실존의 일관된 지형 속에 조직하도록 만들었는가!

나는 여전히 사람들이 정동에 대해 어떻게 말하는지, 정동의 다수성과 다수성으로서의 정동에 대해, 기계로서 그리고 영토화하고 코드화하고 지층화하는 기계적인 것으로서의 정동에 대해 어떻게 말하는지, 그리고, 그러니까, 그런 것이 어떻게 더 큰 전체에 연결되는지를 이해하기 위해 애쓰고 있어요. 그렇게 하지 않고서는 왜 연구하는지 알 수 없어요. 결국, 나는 무슨 일이 진행되고 있는지 알기를 원하기 때문이지요. 그리고 단순화하거나 환원하지 않고서 우리가 할 수 있는 가장 최고의 대답은, 설사 그것이 당신이 좋아하는 이론적 혹은 정치적 가정들을 포기하는 걸 의미한다 할지라도, 상상과 잠재적인 것의 실현에 대한 지식인의 책임과 지식인이 할 수 있는 가장 중요한 기여를 하는 것이라고 생각합니다. 다시 말해, '다른 세계가 가능하다'는 것을 현실화하는 것이지요. 그런 것이 바로 희망의 맥락이 내게 의미하는 전부입니다.

세계를 만드는 리토르넬로

캐스린 스튜어트

존재하는 것은 리토르넬로이다. 세계의 반복들 위에 새긴 눈금. 리듬과 감각적인 습관과 끌어모은 물질성과 간극들과 지속들의 표면 위에 난 생채기. 느리거나 갑작스러운 축적물들의 홀쭉한 증가. 눈금 새기면서 파인 홈.

리토르넬로는 세계를 만드는 일이다. 이제 막 생겨나는 형태들은 활기를 띠고 오렌지 껍질처럼 벗겨진다. 전前인격적인 강도들이 몸 안에 거주한다. 사건들, 관계들, 충돌들이 정동하고 정동받는 능력으로 축적된다. 공적인 느낌들이 작용과 반작용의 체험된 회로로서 세상에 내어진다.

리토르넬로의 세계성에 조율된 비평은 형태를 띠고 감각을 자극하고 아른아른 빛나는 것이 생성하는 곳으로 굴을 파는 것이다. 이런 식으로 만들어진 개념들은 세계성의 빙빙 도는 리토르넬로의 궤적과 그 잠재력들의 눈금을 새긴다. 그리고 한 장면이나 한순간에 특이하고 증식적인 것에서 나온 살아 있는 것에, 생겨난 것에, 허물 벗은 것에, 실현되고 상상되고 향유되고 증오된 것에 개념들이 덧붙여져, 구성적인 현재를 이룬다.

이 후기는 이 책의 장면들에서 모인 개념들에 대한 나 자신의 리토르넬로이다. 물결치고 고동치는 보이지 않는 선율로 정동의 움직임과 주체의 뛰어오름을 겨냥한 사회 미학 속에서 밑줄 긋고 윗줄 긋고 다시 그은 반복.

이 논문들은 정동을 내내 세계를 만드는 리토르넬로로 기록했다. 그들은 미광의 목록들에 대한 비평을 연마했다. 무언가 생기고 있는 것에 대한 주의를 날카롭게 갈았다. 여기에 정동은 누적된 기질들의 모임의 장소이다. 중요한 것은 약호들로 모아지는 의미가 아니라, 주체성을 넘어선 경험의 모임이다. 힘들의 변환, 경향이 일관성을 띠는 방식에 조율된 사회 미학, 또는 새로운 감각의 체제가 실재로의 문턱이 된다.

정동은 살아 있음의 양식들이 발생할 때 그들을 느끼는 평범하고 노동집약적인 과정이다. 그것은 완고함과 약속들, 관습과 방향상실, 강도와 휴지점의 배경 소음으로 윙윙거린다. 그것은 실재적이거나 상상적인 사회 영역들과 퇴적물들을 가로질러 뻗어 있고, 일종의 만물을 연결한다. 그리하여 심지어 가장 짧은 삶이나 가장 가혹한 환경에서도 죽어 있거나 중요하지 않은 것은 없다. 집, 직장, 학교, 비난, 모험, 병, 반추, 쾌락, 정지, 방출의 체험된 공간과 시간 들은 구성적 사건으로서 현재의 리듬들이다. 대기의 충만함의 웅성거림으로 이미 무거워진 사건.

모든 것은 분위기의 느낌과 다다름의 각도에 달려 있다. 모든 것은 당신이 그 안에서 거주하는 어떤 것으로 느껴진다. 완전히 혹은 부분적으로, 편안하게 혹은 야심차게, 영원히 혹은 잠시 머물러 있든 간에. 하나의 조건, 하나의 보폭, 하나의 몰두 장면, 하나의 꿈, 세계에 의해 버림받은 하나의 존재, 그리고 당신이 종양을, 개를, 아이를, 갈망을 가질 때까지 결코 알지 못했던 작은 세계에의 일련의 몰입이 그곳에 있었다. 그리고 그때 그다음 것이, 또 다른 작은 세계가 갑자기 나타나며 가능해진다. 모든 것이 정동, 주의, 감각들, 그리고 물질의 **빽빽한** 얽힘에 달려 있다.

모든 세계는 이제 꽃피는 공간이다. 일종의 약속어음. 유혹과 위협이 일상적 감수성들 속에서 모습을 드러낸다. 무엇 때문에 해야 하는지 모를 때, 가만히 앉아 있지 못할 때, 녹초가 될 때, 곡선에서 뒤처지거나 앞서 갈 때, 역사 속에 있을 때, 곤경 속에 빠질 때, 무엇인가—아무것이나—가 일어날 것에 대비할 때, 아무것도 (더 이상) 일어나지 않을 거라고 확신하는 것을 유일한 목표로 삼을 때. 꽃피는 공간은 반쯤만 살아 있는 감각에서, 그럼에도 당신이 그 안에 있는지 없는지 알려주는 감각에서 속삭일 수 있다. 그것은 집단적 조율과 더 충분한 설명을 요구한다. 어떻게 일들이 이해가 되고, 산산이 부서지고, 다른 것이 되고, 표시를 남기는지에 대하여. 모든 종류의 신체들—분위기들, 풍경들, 기대들, 제도들, 환경에 익숙해지는 상태들, 참거나 즐겁거나 갇히거나 계속 움직이는 상태들—에 리토르넬로를 새기면서. 다른 것이 되겠노라고 약속하거나 위협하는 세계에서 정동은 중요하다. 세세하게 복잡해서 정동에서 무엇이 나올지, 어디에 사람들을 조율시킬지 알 수 없다.

무엇이든지 꽃피는 공간이 될 수 있다. 나의 양아들 존에게 그것은 노숙자 되기이다. 세계의 긴급 명령과 친밀해진다고나 할까. 사람들은 노숙의 상황이 마치 안전망 없는 영락한 빈곤의 자명한 과정이거나 개인적 책임의 문제인 양 단순화하고 싶어 한다. 하지만 그것 또한 하나의 세계 되기, 특이한 세계의 질감과 빛에 조율하는 것이다. 몸은 이 세계의 작곡들에서 연주되는 악기처럼 스스로를 연주하는 법을 배워야 한다.

존이 고등학생이었을 때 존은 매일 오후 수업을 빼먹고 친구들과 농구를 했다. 어떨 때는 공격을 당해 상처를 입기도 하였다. 밤에는 갓 형성된 동네 '조폭'들과 어울리기 위해 사라지곤 했고, 어떤 말을 해도, 외출 금지를 해도 그를 집에 잡아 둘 수 없었다. 전혀. 그의 친구들은 그의 머리를 밀어 조폭 상징을 만들어 주었고 그는 팔과 다리 곳곳에 도상을 그려 주었다. 그는 조폭불관용 원칙에 따라 학교에서 퇴학당했다. 그리고는 마리화나를 소지한 흔적으로 체포당했다. 의심스럽게 보여서 일어난 사건이었다. 이 모든 것은 시작에 불과했다. 열 발자국만 더 앞으로 옮겨 보자(대안 고등학교, 직업 훈련센터에 갔으나 싸움을 해서 내쫓김, 군대 입대, 그러나 마리화나 기소가 그의 기록에서 삭제되었건만 보고하지 않았다는 이유로 부정으로 간주하여 입대 못 함, 간호조무사 훈련을 받음, 자격시험장에 갔지만 신분증을 가지고 가는 것을 잊어버려서 직업을 구하려 했지만 실패, 집단 수용시설에서 살았지만 실업 후 다른 직업을 얻으려고 하지 않아서 쫓겨남, 그가 알던 사람을 따라가서 임시 연립주택에 머물렀지만 결국 쫓겨남). 이제 그는 거리에 있으며, 노숙자로서 세계의 감각적인 노동을 배우고 있다. 걷고, 잘 곳을 찾고, 바위 위에 굴러 코가 깨어지고, 경찰과 우연히 부딪치고, 그는 경찰에게 말한다. "나는 지미랑 함께 우리만의 거처를 얻을 거예요. 다시 직업을 얻을 거고요. 노숙 생활은 그만둘 거예요. 이제 안 할 거예요. 90일이나 노숙 생활을 한 걸요. 30일만 말미를 주세요. 그럼 돌아갈 겁니다. 당신이 생각하는 것만큼 나쁘지는 않아요." 그와 함께 사는 친구는 싸우고 헤어지고 다시 결합한다. 노숙자 쉼터의 상담사는 서로 조심하라는 말을 한다. 그들의 담요를 도둑맞았다. 영하인 어느 날 밤 누군가가 녹초가 되어 자는 그들에게 담요를 던져 주었다. 기적 같았다. 그는 이제 나에게 달라진 점을 보여 주었다. 음식을 구하느라 내내 걸어 다녀서 종아리 안쪽에는 털이 없다. 수요일에는 읍의 동쪽 교회에서, 화요일, 목요일 아침에는 길 아래 쪽에 구호음식 트럭이

온다. 〈샐리〉가 음식을 제공하지만 아무도 〈샐리〉를 좋아하지 않는다. 그들은 대부분 〈라이프웍스〉에 몸을 질질 끌며 간다. 거긴 어린이를 위한 곳이다. 그러나 거리의 쥐들[노숙자들]은 정말 악착같다. 그는 우유는 많이 마시지만 커피는 마시지 않았고, 충분히 먹지 못해서 살이 빠졌다. 그는 20불짜리 새 셔츠를 자랑스러워했다. 그리고 이번에는 샤워를 하고 우리 집 현관문에 모습을 드러냈다. 그는 올 때마다 저번에 말했던 것과 계획했던 것을 잊어버린다. 그는 스스로 좋아 보인다고 말한다. 고환에 난 종기와 발 때문에 군에 갈 수 없다고 말한다. 나는 치료를 받아야 한다고, 그래야 낫는다고 말했다. 그런 게 아니라고 그는 말한다. 아마도 해군에는 갈 수 있을 거예요. 무엇이 일어나건 간에 그 안에 있는 존재의 힘든 본능이 선택들과 표면들을 이미 무겁게 한다. 이미 분위기에 당신은 글자 그대로 조율하고 있다. 조율을 한다는 중노동이 과업이 될 때 이런 종류의 애착으로 쉽게 들어갈 수 있다. 그리고 물론 당신이 그 안에 있으면 나오기 힘들지도 모른다.

존은 자원을 모으기 위해 어슬렁거리면서 모든 시간을 보낸다. 그는 블루투스 헤드폰과 CD플레이어와 여동생에게는 너무 큰 소닉 인형을 들고 우리 집에 나타났다. 그는 쓰레기통을 뒤져서 21달러를 벌었을 뿐이다. 우리가 그에게 호의를 베풀 수 있을까? 우리가 그를 재정적으로 도울 수 있을까? 그는 곧 노숙자 생활을 그만둘 것이다. 그는 열심히 노력해서 이제 다른 세계와의 조우에 의해 움직이기 시작한다. 어젯밤 우리는 교도소로부터 전화를 받았다. 그저께 그가 석방될 때 배낭을 두고 갔다는 전화였다. 우리는 그에게 가서 가져오라고 말을 전하겠노라고 했다. 그러나 나는 그가 그곳에 버스로 가는 법을 모를 것이라고 확신한다. 꽃피는 공간은 당신을 붙잡고 그다음 사그라들고 펑하고 사라지면서 당신을 물에서 나온 물고기처럼 두고 떠난다. 또는 같은 것이겠지만, 움직임 속에서 당신을 붙든다.

꽃피는 공간은 모든 것에 맞서 삶의 방식을 새겨 내는 리토르넬로 곡조들에 의해 생긴다. 이 리토르넬로들은 모든 것을 가로질러 뻗으며, 연결하고 그들로부터 하나의 세계를 감지한다. 모든 리토르넬로는 성분과 가치와 기분과 감각과 박자와 요소와 수명이 있다.

레이건이 당선되었을 때 나는 탄광촌에 살고 있었다. 무언가가 일어났음을, 즉 우리가 무엇인가의 안에 있음을 모든 사람은 즉각 알아차렸다. 즉시 사회보장에서 내몰린 사람들의 이야기가 시작되었다. 왜 그 여자일까? 그녀는 차도 없고 수돗물도 없고 수입도 없이 당뇨병을 앓는 과부인데. 왜 그 남자일까? 그는 미쳤고 외발이고 가족도 없는데. 노인들은 저녁으로 개먹이 캔을 사고 있었다. 작은 잡화점에서 그들이 보이곤 했다. 계산대에 6개들이 개먹이 캔, 그것이 다였다. 젊은이들은 차에서 살았다. 이야기들은 그들의 일상 움직임을 언덕 넘어 뒤쫓았다. 어디서 그들이 멈추었는지, 어떻게 아기의 더러운 기저귀가 뒷좌석에 쌓여 갔는지. 이것은 극단적인 이야기들이다. 이 장소에서 바로 어제까지 살았던 사회적으로 책임 있는 국가의 종말의 장면을 이루는 짙고도 결이 있는 이야기들이다. 일종의. 이것은 아무 것도 놀랍지 않다. 그냥 충격일 뿐. 단지 인정일 뿐. 석탄의 정치경제학에 변화가 왔을 때, 큰 광산들은 문을 닫았고 사람들은 위험한 소탄광에서 죽음에 내몰리고 있었다. 그리고는 끝이 났다. 노조는 어느 날 파업 중 죽어버렸다. 회사가 협상을 하지 않는다는 말이 떠돌았다. 경악스러운 패배감이 움츠린 몸에 파고들었다. 몸들은 헐떡거렸다. 몸들은 비틀거렸다. 몸들은 '안절부절'의 전염적인 발발에 타격을 입었다. 사람들은 쓰러져 나갔다. 그들은 마치 등 가운데를 잡은 손에 의해 당겨지는 것 같다고 했다.

유령의 팔다리가 증식하는 것처럼 풍경 속에 쌓이는 숱한 이야기들과 망가진 물건들에서 사물들의 힘이 모일 것이다. 이것은 어떤 저항도 아니고 삶의 방식의 복원은 더더욱 아니다. 이것은 "사물들로부터 무언가를 만든" 사람들의 현실적인 잔여이다. 그것은 그들이 알고 있었던 세계에 걸쳐 퍼진 꽃피는 공간에 조응하는 물질적이고 감각적인 노동이었다. 그 장소는 그들을 질식시켰고 "안 떠나고 싶지 않다"고 사람들은 말했다. 초기 사건들이 생기면서 그 장소의 세계성은 커져 갔다. 이야기, 몸짓, 눈길, 불안의 발발은 궤적을 만들고, 미친 속도를 내거나 흩어지고, 조용한 삶으로 안정되거나, 모든 조율한 사람들의 삶에서 저절로 생겨난 불길한 예감처럼 그 장소를 덮는다.

삶이 벌거벗을수록 세계성은 더욱 커지고 쌓여 간다. 일어나고 있는 일에 주의하는 것은 사람들이 공유한 감성의 바로 물질적인 예가 되었다. 강도는 그들이 호흡하는 공기였다. 몸들은 경계 태세였다. 표시를 하고, 기꺼이 참여하고, 언제나 이야기하고, 괴팍한 인물들을 모으고, 정동하고 정동되는 능력을 행사했다. 경제가 바닥을 칠 때마다 교회에서는 뱀 만지기가 붐을 이루었다. 죄인들은 술 마시고 마약을 하고 다른 사람의 차에서 튜브로 휘발유를 갈취했다. 때로는 환영을 보는 듯한 분출도 있었다. 어떤 십 대 아이는 일주일 내내 방화를 저지르고는 결국 바위 밑에서 숨어 살게 되었다. 어둠 속에서, 숲 속에서, 압축된 전치의 장소에서 인종 폭력이 일어났다. 백인이 흑인을 강간하고, 도망쳐서 긴 밤 동안 걸어, 안전한 인종 분리 진영으로 돌아갔다. 그러나 그 어느 것도 공식적인 확인은 없었다. 이후에 토크쇼가 시작되자 과체중이거나 "올바르게 말하지 않는" 젊은이들은 할리우드로 날아가서 쇼에 참석했다. 마을의 패스트푸드 체인점이 유일한 일할 장소였다. 낡은 픽업트럭이 가고 낡은 포드 에스코트가 왔다. 젊은 남자애들이 도시로 가서 일을 찾아야겠다는 생각을 할 때, 여자아이들은 예비로 가라테 수업을 배우기 시작했고, 이제는 웨스트버지니아와 신시내티에 검은 띠가 많이 있다. 월마트가 웨스트버지니아에 생겼다. 옥시콘틴[진통제]이 생겼다. 관광객은 오지 않았다. 팔웰 목사의 〈모럴 머조리티〉 역시 오지 않았다. 〈모럴 머조리티〉 선전지로 가득한 작은 금속 스탠드가 교회 뒤편에 있었지만 몇 년 채 아무도 손대지 않고 있다가 사라져 버렸다. 과음한 뒤 떠드는 종류의 유토피아 사상은 밤에 켜 놓은 TV에서 나오는 파란 빛처럼 왔다 갔다 깜박였다.

웨스트버지니아에서 무겁고 산란한 사회생활을 하는 가운데, 나는 사물들이 다른 것들과 함께 오는 것을 지켜보는 습관을 가지게 되었다. 감각중추의 변화 같은 것, 또는 불평들을 잠재우려는 국가적 변신의 악취, 누르는 권력의 무게나, 버클리의 산 위에 월마트가 서면서 갑자기 생겨난 섬뜩하게 어지러운 가능성들이라든가 하는 것들. 그 당시 다른 이들과 함께 나는 가족이나 우정이나 사랑, 또는 붕괴나 웃음이나 이야기하기나 폭력이나 장소처럼 이름 부를 수 있는 명쾌한 것들이 모든 꽃피는 공간이라는 생각을 하기 시작하였다. 그것은 모두 일어나고 있는 일에 주의하는 일이며, 함께 커지는 애착과 초연, 차이와 무관심, 상실과 증식하는 가능성들을 감지하는 일이다.

꽃피는 공간은 어디에나 있다. 당신은 어디에서건 시작할 수 있다. 리토르넬로의 새김은 문제를 해결하는 세속적이며 물질적인 과정에서 나타날 수 있다. 현실적인 것과 잠재적인 것 사이의 경첩이 불현듯 사물로, 부재-현존의 감각으로, 노상 장애물로, 끈적이는 점으로, 또는 이웃에서 무슨 일이 일어났다는, 거의 들리지 않는 속삭임으로 갑자기 나타날 수 있다.

지금 당장 그들은 마을의 도로를 뜯고 있다. 간선도로로 나간다는 것은 우회로들의 끊임없이 변하는 미로 속으로 달린다는 것을 의미한다. 타이어가 비명을 지르며 커피를 마시고 깬 운전자들이 기어를 뒤로 놓고 좌우로 세게 박는다. 그렇게 몇 달이 지났다. 이웃인 '우리'는 여기에 넌더리가 난다. 그들은 몇 달 동안 도로를 막을 것이다. 그런 다음 도로를 다시 열고 다른 도로를 막아 작업을 할 것이다. 그러나 일주일 후 그들은 다시 돌아와서, 좀 전 몇 주간 뜯는다고 시간을 보낸 바로 그 옆 도로를 뜯고 있다. 그들은 무엇을 하는가? 그들은 무엇을 한다고 생각하는가?

우리 중 일부는 도로 장애에 걸려 옴짝달싹 못 할 때 다른 운전자들과 눈을 맞추는 새로운 사회적 습관을 인식하게 되었다. 우리는 거기가 어디이든 함께 속해 있다. 우리 중 일부는 함께 의아해하지만, 단지 일시적으로 그럴 뿐이다. 이는 집단적이지만 인정사정없는 닫힌 관계가 아니다. 그런 후에 시 당국은 우리에게 배수구에 기름을 버리지 말라는 엽서를 보냈다. 시의 공공서비스 알림에 의하면, 배수구에 기름을 붓고 바로 뜨거운 물을 붓더라도 기름은 점차 식어져서 도로 아래 어디에선가 큰 덩어리로 굳어져서는 큰 문제가 된다는 것이다. 무엇이라고? 이건 옳지 않은 것 같다. 도시의 이쪽 편, 열악한 기술적인 위생에 대한 메시지는 너무나 상징적이다. 그러나 여전히 잠시 동안 우리는 도로 아래 파이프 어디엔가 모였을 큰 기름 덩어리를 상상한다(상상할 수 있었다). 나는 그렇게 했고, 도로 '안'과 그 아래에 무언가가 지금 존재한다는 미약한 속삭임을 나 말고 또

누가 들었는지 의아해했다. 우리 중 일부는 도로-아래에 대해 생각했고, 시당국이 일어나고 있는 일에 그다지 잘 조율하지 못한다는 생각을 했다. 이제 내 집과 사무실 사이에 있는 도로의 구획을 네 번째로 뜯는 작업을 하고 있으며, 이번에는 그들이 실제로 '기름 덩어리'(무엇이든 그들이 실제로 하고 있는 것)를 찾는 것을 포기해 버렸는지 손에 드는 삽을 사용하고 있는 것을 나는 알아차렸다. 차라리 삽을 든 신체가 조율하는 더 좋은 방법처럼 보인다. 나에게는 그렇게 보였다. 이것은 거의 비전^{秘傳}의 수준이다. 보고 고치는 일의 물질성, 무언가 일어나고 있다는, 우리도 모르고 그들도 모르는 무언가가 오랫동안 일어나고 있었다는, 이웃들이 수군거리는 들릴까 말까 하는 속삭임. 끝없이 계속되는 도로의 차단은 성가신 일이다. 참아야 하는 삐걱거림이고 까다로움이다. 이것은 꽃피지만 그다지 의미가 없는, 문자 그대로 간극-만드는 기계이다.

내 딸의 초등학교 아침 조회는 몸들과 선율들의 웅성거림으로 가득하다. 아이들과 부모들 무리가 넓은 길과 보도에서 카페테리아 쪽으로 흘러간다. 자전거와 스케이트보드와 줄넘기 줄과 스쿠터들이 있다. 사람들은 도시락과 책가방과 수업 제안서와 커피 컵과 카메라와 제출할 서류를 가지고 온다. 어떤 사람들은 친구 집에 자러 왔다가 두고 간 다른 아이들의 물건을 들고 있다. 팔과 다리에 한 문신은 뚜렷하게 보였고, 목선과 허리선으로부터 힐끗 보였다. 머리는 헝클어지거나 얌전히 있거나 위로 띄우거나 기름으로 매만져 붙였다. 어떤 사람들은 일하러 나가는 복장이었지만 대부분은 캐주얼이거나 집에서 입는 옷이었다. 곳곳에서 미소와 눈인사와 인사가 넘쳐 난다. 아이들은 서로를 부르고 서로에게 뛰어가거나 교실 선까지 뛰어가고, 부모들은 벽에 기댈 공간을 찾아 다른 사람들에게 말을 건넨다. "어떻게 지내세요? 이번 주말 뭘 하셨어요? 이게 맥스의 다리에 하던 깁스예요? 이봐요 당신이 시간 있으면 우리 지붕도 봐주시면 좋겠는데요. 내 생에 최고의 날이에요. 알아요, 나도. 저런, 알레르기가 오늘 심하네요! 그 공지사항 받았어요? 스프링 플링에 가실 거예요? 오, 이번 주예요? 저런." 방 안을 둘러보면서 다른 사람들에게 주의를 돌리다가 몸을 화들짝 돌리면서 공간을 가로질러 손짓을 한다. "헤이 코스코 맨! 열기가 어때? 여기도 여름이야."

당신이 방에 들어서면, 범람하는 각도들, 존재함의 평범하지만 훌륭한 스타일에서 나오는 빛을 느낀다. 공감각의 두 감각을 결합한 힘. 존재의 방식에 느낄 수 있게 되기, 가능한 것으로 만들어 주는 것의 관점에서 공동체의 경험. 장소의 기분에 깃든 친근함. 바이브 (여기가 나이 든 히피들, 음악가들, 예술가들, 손수 만드는 사람들, 재즈광들로 유명한 오스틴 우편번호 78704라고 말하는 걸 내가 잊었나?)

수업은 무대 위에서 교대로 벌어진다. 마이크 주위를 지나며 아이들은 미국과 텍사스에 대한 충성의 맹세를 영어와 스페인어로 암송한다. 그리고는 "손가락 부딪치며 딱딱 준비됐죠. 좋아요, 더 좋아요, 아주 좋아요. 좋은 걸 더 좋게, 더 좋을 걸 가장 좋게 하기 위해 언제나 최선을 다하겠습니다." 그들은 교가를 부른다. "활기가 넘쳐요, 우리 학교에는 싸움이 없어요. 기운이 넘쳐요. 선생님은 어디서나 미소를 지어요. 여기 변화를 만들기 위해 평화와 조화를 가르쳐요. 질키는 아이들에게 아주 좋은 곳이에요." 아이들은 생일 발표를 하고 '생일 축하합니다' 노래를 부른다. 차차차! 그리고 무대 위에 모여서 마지막 응원을 한다. "멋진 월요일 되세요!" 그런 다음 모든 아이들은 교실로 총알처럼 달려가거나 보도와 거리로 도로 나간다. 얼굴에 커다란 미소가 번진다. 힘차고 깨어지기 쉬운 리토르넬로가 시간이 지나면서 쌓이고, 매일 다시 작곡하고, 강당에서 나와 몸에 붙어 떠다닌다.

조회는 십 분 걸린다. 새 교장 선생님이 풍선처럼 펑하고 나타나는 데는 오래 걸리지 않는다. 그는 한 달 동안 더듬거리며 연습했다. 그러나 그가 마이크를 들고 그다음을, 가사를, 복창을 스페인어로 기억하지 못한다면 그 조회는 죽은 것이라는 것을 우리는 첫날 알았다. 부모들은 서로 눈을 맞추었다. 처음에는 어리벙벙해서, 그다음에는 화가 나서. 새로 부임한 교장으로서, 조회의 완벽한 기계의 리듬과 박자에 조응하지 못한 그는 더 잘할 수 있을 것으로 생각했다. 그는 학생들이 각 교실에서 어디에 서 있어야 하는지, 어느 방향을 보아야 아이들이 강당에서 나가 교실로 흘러들어 갈 수 있는지 바꾸기를 대여섯 번은 시도하였다. 복잡함이 지나쳐 죽은 듯 모양이 바뀐 혼란이 되자 선생님들은 눈을 맞추고 손을 들어 그의 주의를 끌려고 하였다. 그것은 마치 그가 퍼즐 조각들을 홈에 빠트리고는 공황 상태가 된 것과 같았다. 조회 모습을 예전처럼 다시 돌릴 수는 없었다. 그는 아이들을 무대 위로 올라가게 하지도 않았고, 생일을 묻지도 않았으며, 우리가 스페인어로 암송해야 할 필요가 있다는 것이 생각났을 때는 "누구 스페인어 아는 사람 있어요?"라고 막연히 중얼거렸다(그 강당의 30%나 되는 스페인어 하는 사람들이 조용한 돌이 되어 그를 쳐다보았다). 아이들은 지겨웠고 당황했고 어색한 곤경이 어서 끝나기를 기다렸다. 마침내 교장은 조회를 일주일에 한 번만 하자고 결정했다. ("우리는 어쩌라고?"라고 부모들은 말했다.) 조회는 다시 선생님들과 아이들의 손에 들어갔다. 그러나 일주일에 한 번은 모든 사람의 날이 되는 리토르넬로가 아니었다. 그것은 기억해야 할 또 다른 것이 되었고, 월요일의 선택 사양이 되었다. 더는 덤으로 가진 즐거움의 장면이 아니었다.

과도기는 힘들 수도 있다. 이는 당신이 늙어서 약해지고 마지막 집을 포기해야 할 때 처한 상황을 두고 약하게 표현한 말이다.

나의 어머니는 힘든 과도기의 삶을 사신 분이다. 외할아버지는 폭음하는 벽돌장이와 농부 가문에서 태어났다. 그 가문의 사람들은 그 지역에 학교, 다리, 은행 같은 큰 공공건물을 지었다. 그들은 한 번에 몇 주씩 폭음에 시달리곤 했다. 아내와 아이들을 때리고 나서 큰딸에게(예컨대 우리 어머니) 울면서 용서를 빈다고 며칠을 보내기도 했다. 어려운 과도기였다. 한번은 외할머니 비^{Bea}가 어린 자식들을 데리고 다른 마을에 사는 친척 집에 살려고 걸어갔다. 그들은 온종일 걸었지만 다시 돌아왔다. 한번은 외할아버지가 딸들을 옆 마을에 있는 학교에 데려다 주고는 데리러 오지 않았다. 딸들은 기다리고 기다렸다. 그들은 어떤 여자애에게 마실 것을 사오라고 25센트를 주었는데, 그 여자애도 돌아오지 않았다. 어머니는 지금 그 일에 대해 웃으며 교훈을 배웠노라고 말씀하신다. 어머니는 어떻게 집에 돌아왔는지 기억할 수 없었다. 동생들에게 물어볼 것이다. 그 당시 그들은 겁먹었지만 서로를 돌보는 능력 있는 여자아이들이었다. 아버지의 밭을 가는 육중한 몸집의 말들이 그들을 공포로 몰아넣었다. 여자아이들은 경계심을 내려놓고 그 뒤에서 일했다. 우리 어머니는 열 살 때 농장 트럭을 모는 법을 배웠다. 대공황 때였다. 외할머니는 딸들에게 저녁으로 감자 수프만 먹는다고 남에게 이야기하지 말라고 하셨지만, 어머니는 감자 수프를 무척 좋아해서 매일 맛있게 먹었다. 외할머니는 한 번만 들으면 어떤 곡이든지 피아노로 칠 수 있었다. 그녀는 손빨래한 옷을 들판의 줄에 널고, 파이를 만들기 위해 딸애들을 블루베리 따러 보내고, 모든 옷을 만들고, 집을 청소하고, 빨래를 했다. 나중에 잭이 죽고 아이들이 컸을 때 그녀는 병원의 간호학교에 파출부로 일하러 나갔다. 노부인으로서 그녀는 근육 위축증과 두뇌 이상이 있는 아이들의 무거운 몸을 휠체어에 태우고 내렸으며 화장실에 데리고 가는 등 보좌 역할을 하였고, 주말에는 집 청소를 하였다. 그녀는 그림을 그릴 줄도 알았다.

강하고 튼튼한 이모들이 있었다. 그들은 삼촌을 미워했다. 여자아이들은 들판을 가로질러 걸어가 눈나Nunna의 집을 지나 마을에 있는 학교로 갔다. 눈나의 집은 뉴베리포트로 가는 도로의 오래된 역마차 정거장이었다. 그 작은 농장 읍은 이제는 옛날 연못이 있던 장소에 쇼핑몰이 잔뜩 들어선 보스턴의 근교 도시이다. 매리 이모는 아이들을 사랑했다. (그러나 자기 아이는 말고. 그녀는 자기 아이들에게는 야박하게 굴었다.) 그녀는 자기 아이가 아니라 사촌들을 오래된 나무 막을 한 손수레에 태우고 토요일마다 보스턴 하버로 갔다. 그녀의 남편은 머리 위로 욕조를 들고 운반하다가 심장마비로 세상을 떠났다. 그때 그녀는 다섯 번째 아이를 임신 중이었다. 그녀는 남편의 배관공 사업을 맡아서 다섯 아이를 키우고, 크고 오래된 집을 노동자를 위한 하숙집으로 바꾸었다.

결국, 배움과 즐거움의 열쇠를 쥐고 있던 이모들과 이모할머니들의 라인이 약해지면서 잠재력의 경첩은 아이를 키우는 쪽으로 쏠렸다. 많은 분이 그랬다. 나의 어머니의 가문은 오랫동안 말썽을 의미하는 남편에게는 거의 애착이 없고 무리로 자라는 아이들에 대해서도 애착이 거의 없는 억세고 능력 있는 여인들의 가문이지만, 어머니는 남편에 대한 애착을 가지고 있었고, 아이들에 대한 애착은 대단했다. 가족은 대가족이었다. 여인들은 토요일마다 모여 누가 결혼을 했느니, 아이를 가졌니, 아프니, 문제가 있니, 죽었니 하면서 그간 사정을 이야기했다. 우리 사촌들은(육촌과 팔촌까지 포함하면) 삼백 명이 넘는다. 세인트 마이클 교구 학교의 어느 교실이건 반이 넘는 숫자가 우리 가족이다. 우리가 청소년이 되자 우리 사이에 죽음이 찾아왔다. 술, 마약, 아이들을 꽉 태운 과속 차가 시골길을 누비고 다녔다. 가족들에게서 노래가 사라졌다. 한 자매는 장남이 죽은 후 다른 자매들과 관계를 끊고 살았다. 외할머니도 세상을 떠났다. 그러나 자매들은 하나의 세계를 만들었다. 그들은 일을 순서대로 신중하게 하는 습관과 리듬을 가지고 있었다. 세계를 만드는 수고랄까. 뒤돌아보면 그들은 모두 어떻게 그렇게 했는지 모르겠다고 입을 모아 말한다. 그 당시에 다들 그냥 그렇게 했던 것이다.

우리가 외할머니 댁에 머물고 있었을 때, 외할아버지 가문에 속한 큰집이 벼락을 맞고는 불에 타 무너져 내렸다. 어머니가 밭을 몇 개나 건너 달려와서 밤새 함께 지냈다. 어머니는 연기 냄새를 맡으며 되돌아왔다. 불은 너무나 뜨거워서 찬장 안 아일랜드산 은 식기류가 녹아서 덩어리가 되었다. 어떻게 그렇게 좋은 것을 가지고 있었는지 어머니는 지금도 궁금해하신다. 레이스, 은 식기류, 높은 천장, 비밀 통로에 숨을 곳이 있었다. 틀림없이 열 개의 침실과 연못이 있었을 것이다. 어디엔가 돈도 있었을 것이다. 남자들은 기념비처럼 서 있는 모든 법원들과 다리들에 있어서는 큰 손인지는 몰라도, 분명히 그다지 영리하진 않았고 그런 사람도 아니었다.

과도기들. 당신이 되돌아보는 큰 시기는 그렇게 힘들지 않다. 적어도 당신이 되돌아보는 동안은 힘들지 않다. 그 시기들의 윤곽은 풍경과 집단성에 역사로 새겨진다. 그때 당신은 혼자가 아니다. 당신은 위대한 세대 같은 것의 일부이다. 당신은 다른 사람들과 함께 거기에 있고, 무언가를 겪었으며, 오랫동안 많은 것들을 겪었다. 나의 어머니가 되돌아보실 때, 어머니는 이 모든 변화에 그냥 놀라신다. 마치 땅이 그 자체 몇 번이고 변한 것처럼, 그리고 당신이 알기 전에 모든 것은 인식 불가능하다. 사물들의 힘이 장소를 순수한 변화로 낚아채 버린다.

오래된 사우스 로렌스의 아일랜드 가족들은 부족 같았다. 그들은 아직도 그렇다. 그들은 자신들만 빼놓고는 외부에 완전히 닫혀 있다. 그들은 매일 서로의 집에 놀러 간다. 대여섯 대의 차들이 왔다 갔다 하면서 한 번에 주차되는 것을 당신은 볼 수 있다. 이 가족들에서 일들이 일어난다. 나의 어머니는 다 타버린 노스 로렌스에 사는 가난한 라틴계 아이들을 가르쳤다. 매일 그들의 삶에 대한 이야기들이 오갔다. 상처, 가구도 음식도 없는 아파트로 방문, 폭력, 달콤함, 맛난 음식, 아름다움과 상실. 사십 년 동안 이들 가족과 아이들은 어머니에게 타자성과의 만남이었다. 공감, 인정, 편견, 절망, 초월, 놀라움, 노동, 조율, 크고 작은 성취들, 그리고 뭔가 계속 남아 있는 무기력의 느낌.

이제 어머니의 죽음을 맞이하여 모든 자매가 다시 모였다. 아직 돌아가시지는 않았지만 임박한 상태다. 우리는 그들을 어머니의 거실에 편안한 의자에 앉히려고 했지만, 그들은 차와 쿠키가 있는 테이블 주위로 다시 앉았다. 갑자기 이모들은 떠들기 시작했다. 그들은 내 여동생과 내가 이전에 들어보지 못했던 이야기들을 속사포처럼 겹치면서 퍼부었다. 그들은 몇몇만이 알고 있거나 들었던 조각들을 짜 맞추었다. 그들은 알고 있는 것을 다 끄집어내었다. 그들은 빌 삼촌을 미워했다. 그들은 그를 무서워했다. (어느 분이 빌 삼촌이지?) 그들은 개인적인 감각을 총동원해서 사건과 인물들의 훌륭한 이야기들을 이어 맞추었다. 셜리는 한 번 무슨 소리를 들었고, 조안은 집

안의 냄새를 기억했고, 티샤는 악의 없이 보이는 무언가를 무서워했다. 클레어는 어디엔가 빌 삼촌의 사진을 갖고 있었다.

그 후 나의 어머니는 요양원에 되돌아가셨고 거기서 지금도 살고 계신다. 그녀는 과도기를 겪었다. 당신이 시각장애인이고 보행기 없이 서 있을 수 없을 때, 한 발을 다른 발 앞에 놓고 계속 움직이는 것은 완전히 새로운 의미를 가진다. 그러나 그녀는 세계를 만드는 습관을 가지고 있다. 그녀는 새로운 신체적 삶의 리듬을 발견하려고, 리셋 버튼을 다시 누르려고 애쓰고 있다. 그녀는 말 그대로 〈메도우즈〉의 속도와 보조를 맞추어 걷기 위해, 애착의 선을 발견하기 위해, 이와 같은 세계에서 어떻게 정동하고 정동받는지 배움으로써 하나의 몸으로서 서술할 수 있게 되기 위해 노력하고 있다. 그녀는 일종의 만발滿發을 위한 길을 찾고 있다.

그녀가 처음 병원에서 돌아왔을 때, 그녀의 몸은 추락의 현기증을 느끼며 오로지 침대 자락만 붙들고 있었다. 나는 어머니 옆에 앉아서 이제 기다리면 된다고, 좋아질 거라며 안심시키기 위해 애쓰고 있었다. 그러나 내가 자기 위해 떠나려고 일어서면, 어머니는 몸을 갑자기 일으키며 서 있는 자세를 취했다. "좋아 저기 보행기 위에 있는 라벨을 가져다줄래? 가기 전에 해 주렴. 좋아. 그냥 무언지 알아보자. 그게 금이구나, 너의 주머니에 잘 맞아. 그게 넘어갔어. 테이블 위로. 보이니? 도와줄래? 네가 가기 전에 그냥 이 일을 해줬으면 해." 그런 다음 어머니는 푹 주저앉아 오그라든다. 몇 분 후 나는 다시 떠나려고 시도한다. 그녀는 다시 일어선다. "좋아, 이 한 가지만 해다오." 이건 순전히 반복이고, 그녀가 포함될 힘든 관습을 발견하려고 어둠 속에서 여기저기 찌르는 일이다.

활동보조인들은 천천히 그녀를 알게 되었고 무엇을 할 수 있고 무엇을 할 수 없는지 알게 되었다. 나는 천천히 어머니를 거기에 맡기는 법을 배웠다. 처음에는 단지 한두 시간 간격이었고 그런 후 우리는 일어났던 일의 기록과 함께 다시 시작했다. 그것은 사건들과 장면들을 끌어당기는 감각적 리토르넬로, 마치 그것들이 작곡의 근거, 재시작을 위해 아주 필요한 원재료가 되는 듯이 끌어당기는 리토르넬로였다. 그녀는 이 장소가 초현실적이라고 말했다. 그들을 그녀는 홀 아래 데려가 물리치료를 시작했다. 그녀는 복도에서 작은 개들을 보았다고 말했다. (그다음 날 그녀는 그게 진짜라는 것을 알았다.) 물리 치료실에는 재미있고 귀여운 장비들이 있었다. 빨간 실린더, 앉아서 팔을 걸칠 수 있는 푸르스름한 것, 통로를 달리는 로봇 같은 것. 첫날에는 전문 치료사가 거기 있어서 어머니에게 어떻게 다시 포크를 쥐고 밥을 먹을 수 있는지 가르쳤다. 몇 번 안 되는 학습 반복이 큰 차이를 낳는 것은 놀라웠다. 나는 그녀에게 이곳이 멋지다고 말했다. 그걸 아는 사람들은 여기 에지우드의 이 층에 있었다. 크고, 사람들이 많았으며, 식당과 활동실이 있었다. 놀라웠다. 어머니는 나에게 그녀의 방에 대해 말해 달라고 부탁했다. 오두막집으로서 창문 바로 바깥에는 아름다운 물푸레나무가 있다. 눈이 많이 내려 아름다웠고 둥근 보름달이 떠 있다. 땅은 눈으로 덮여 있고 저 멀리 큰 외양간이 있다. 들판에는 아직 말들이, 아름다운 밤색의 건장한 말들이 있었는데 담요를 덮고 있었다. 외양간 너머에는 아이들이 썰매를 타는 해프 마일 언덕이 있다. 우리는 오늘 오후 그곳에 갔었다. 황량한 곳이었다. 우리는 언덕의 꼭대기까지 올라갔다. 누군가가 애디론댁 족[세인트로렌스 강의 북쪽에 사는 북미 인디언의 한 부족]의 의자 두 개와 테이블 한 개를 두고 가서 거기에 앉아 호수 전체와 산맥을 감상할 수 있었다. 아름다웠다. 저 아래 쪽에 계곡 안으로 들어간 에지우드는 스칸디나비아

반도의 마을 같았다. 모두 하얗고 모여 있었다. 크리스마스 불빛이 아름답다. 어머니는 핫초코를 드시고 싶어 할까?

그리고 새벽에 우리가 떠날 시간이 왔다. 어머니는 혼자 어두운 곳에 있다. 침대에 누워 있다. 어머니는 할 수 있는 말을 찾으려고 애쓴다. "나에 대해서 걱정하지 마라. 라일리의 삶을 살고 있잖니." 나는 이것이 그녀의 전성기와 아일랜드인다움의 격동기라는 것을, 초기의 기록을 찾고자 움직이는 소설이라는 것을 안다. 나는 집에 왔을 때 그냥 무언가 하기 위해 그것을 찾아보았다. 〈라일리의 삶〉은 1940년대 인기 있는 미국 라디오 방송 연속극이었고, 1949년 영화로 각색되었으며, 1950년대에 장기 상영한 텔레비전 시리즈였다. 원래는 잭키 글리슨이 했다. "라일리의 삶을 살다"라는 표현은 번영과 만족의 이상적인 삶, 다른 사람의 돈과 시간과 노동에 기대어 사는 삶을 의미했다. 그것은 보호받거나 혜택 받고 있음을 함축한다. 이 표현은 1880년대에 제임스 윗콤 라일리의 시가 윤택한 가정생활의 안락함을 묘사했을 당시 유행했었다. 그것은 아일랜드에서 유래했다. 라일리 문중이 캐번주[아일랜드 동부의 주]를 장악했을 때 그들은 자신만의 돈을 찍어냈고 이는 영국에서도 합법적인 돈으로 받아들여졌다. "오라일리즈"O'Reillys 또는 "라일리즈"라고 불리는 이 동전들은 돈 많은 사람과 동의어가 되었고, 마음껏 돈쓰는 신사를 두고 "그의 라일리즈로 산다"라고 하는 것이다.

열흘이 지나자 어머니의 언어는 훨씬 나아졌다. 그녀는 단어 회복 치료를 좋아한다. 그녀는 언제나 놀라운 기억력을 가지고 있었고 사소한 것들도 잘 집어내는 재능이 있었다. 그들은 어머니가 놀랍다고 했다. 그녀는 심리적 진화를 대성공으로 통과했다. 두려움은 가셨다. 그들은 어머니의 볼에 키스했다. 모든 사람이 그녀를 사랑한다. 그녀는 매일 똑같이 두 여자와 함께 식당에서 밥을 먹고 그들은 친구가 되었다. 활동 시간에는 다른 사람들이 그녀 옆에 앉았다. (나중에 평가팀은 그녀를 사회적 롤 모델이라고 불렀다.)

또다시 8일이 지나고 그녀는 행복해한다. 그녀는 모든 사람을 안다. 그녀는 매일 전화로 나에게 이야기를 해 준다(나는 두 시에 어머니에게 전화한다). 거기 사는 사람들의 역사에 대한, 그들의 연줄, 어디에서 살았는지, 어머니는 어떤 분인지 등에 대한 이야기들. 그리고 보조인들에 대한 이야기들, 그들의 아이, 교육, 고향에 대한 이야기들. 보조인들은 그녀의 어깨를 만지고 함께 웃는다. 그녀는 이름을 기억하지 못한다. 그녀는 아무것도 걱정할 필요가 없다. 옷처럼. 의사와의 면담에 우리가 가지 않고 그들이 데리고 가도 그녀는 괘의치 않는다. 다만 그녀를 동반할 사람을 구할 수 있는지 물어보는데, 저번에 신경학자를 만나러 갔을 때 건물이 여러 채 있었고 눈도 왔고 엘리베이터를 타야 했었다. 그녀는 어떻게 의사와의 면담을 해낼 수 있는지, 어디에 수표책이 있는지, 그들이 그녀의 편지를 가져다줄 건지 알고 싶어 했다. 그녀는 일들을 정리하길 원하지만, 보조인 없이 의자 밖으로 나갈 수 없다. 알기 쉽게 하려는 노력에서 어떤 세부적인 일들이 배치되어 있는지 반복하고 또 반복하는 일이 내가 할 일이다.

30일째 되는 날 그들은 어머니를 〈메도우즈〉에서 나가게 했다. 의료보험 기간이 끝났다. 어머니는 아파트로 돌아갈 준비가 아직 되지 않았다는 것을 잘 알지만 노력해 보겠다고 말한다. 그녀는 조용히 할 수 있는 일을 한다. 그녀는 사회서비스의 장들을 만나 지금 자신이 장님임을 그들에게 알린다. 그들은 그녀를 에지우드에 있는 아파트로 데리고 왔다. 보조인들이 방문하여 옷 입고 화장실 가고 먹는 것을 도와준다. 그들은 하루에 다섯 시간 돌보기 위해 오는데 어머니는 거절하신다. 그녀는 그 보조인 여자들

중 몇몇을 좋아하지 않는다. 그들은 모두 "오~아~"라고 놀람의 소리를 지른다. 그 그룹을 운영하고 있는 여자는 오늘 눈을 두리번거리다가 직장을 잃을 뻔했다. 어머니는 그런 걸 싫어한다. 그러나 점심은 맛있게 먹었다. 때로 그녀는 기억 게임도 하고 빛을 발하기도 한다. 안 좋은 날에는 "인생이 무엇을 그녀에게 던지든지 일어나서 매일 한 발을 다른 발 앞에 내딛는" 대신에 시무룩한 노인네가 된다.

그녀는 친구 엘리노어에게 (그녀 역시 장님인데) 어떤 요령을 가지고 있는지 물었다. 엘리노어는 그런 게 없다고 했다. 어머니는 엘리노어가 전혀 보조인들을 사용할 줄 모른다고 생각한다. 그녀는 다시는 에지우드의 큰 식당에서 식사하지는 않을 거라고 말한다. 너무 심하니까. 사람들은 옷을 차려입고 온다. 보조인과 보행기가 있어도 그녀는 식탁까지 가서 앉기가 버겁다. 그녀는 접시를 보지 못한다. 그녀는 얼마나 많은 음식을 식탁과 옷에 흘렸는지 알지 못한다. 너무 심하다. 그녀는 〈메도우즈〉에서 여자들과 함께 식사했던 시절을 그리워한다.

하지만 할 수 있는 일도 있다. 그녀는 괜찮은 한쪽눈의 이중시를 교정할 새로운 프리즘을 사 달라고 여동생을 보낸다. 혹시 만약의 경우를 대비해서. 목욕실의 문을 떼고 그 대신 얇고 비치는 커튼을 달았다. 이제 보행기만 있으면 스스로 들어갈 수 있지만, 어머니는 비틀거린다. 몇 주 만에 사건들이 많았다. 떨어지고 베이고 기절하는 일이 있었다. 두 번이나 어머니는 병원에 실려 갔다. 내 동생 프랭크는 어머니가 전기레인지를 사용하는 것을 반대했지만, 어머니는 내 여동생 페기를 시켜 닭고기 파이를 사 오게 했다. 프랭크는 어머니가 샌드위치를 만들기 위해 서 있을 수도 없다고 했다.

어머니는 매일 밤 배달되는 저녁을 취소하고 스스로 하시려고(데우고 준비하고) 결심했다. 그녀는 음식이 배달되는 스티로폼 용기를 씻어야 하는 걸 원하지 않았다. 너무 많았고 재활용해야 했다. 너무 심하다. 옳지 않다. 그러나 어떻게 그녀가 먹을 수 있을까? 그녀는 살이 빠졌다. 45킬로그램이고 너무 약하다. 그녀는 큰 식당에서 저녁 대신 점심을 먹기로 결심한다. 그게 좋을 것이다. 가서 새 친구를 사귈 수 있다. 그녀는 물리 치료실에 다시가서 걷는 법을 더 배우고 균형감을 다시 얻기를 바란다. 한번은 걷기 치료의 일환으로 어머니를 〈메도우즈〉에 데리고 가서 옛 친구들과 차를 마시게끔 했다. 하지만 모든 것은 착착 들어맞았다. 클레어는 계속해서 변화를 주어서 뭔가 되는 일을 찾고자 한다. 그러나 이 모든 것은 어느 날 아침 어머니가 침대 밑 반쯤 떨어져 이불에 감싸여 이리저리 매달려 있는 것을 발견했을 때 끝났다. 그녀는 병원으로 다시 이송되었고 같은 날 〈메도우즈〉로 돌아갔다. 우리는 어머니만의 방을 얻어 드렸다. 우리는 어머니 물품을 날랐다. 그녀의 아파트는 치워졌다. 힘든 과도기였다.

그녀는 자신이 속한 세계를 느끼는 일로 다시 돌아왔다. 이것은 리듬들, 중지들, 신체들, 보폭들, 그리고 영토의 관계들에 문자 그대로 접촉하고 노출되는 일이다. 떠나고 다른 곳을 보고 알게 되는 일이다. 정동의 전송, 쉼 없는 정동의 약속, 정동의 계속된 동원의 완화, 권력과 장애물들의 예상 구조 등을 통해 살기. (만약 그들이 어머니를 하루에 삼십 분만 일어나게 한다면, 어머니는 서랍에서 물건들을 발견하고는 어디에 있는지 기억할 수 있을 것이다.) 이것이 세계의 리토르넬로를 통한 '생명 자체'의 생산과 조정이다. 종합적인 경험은 배려와 잠재력의 생성적인 반복이 된다. 금요일 밤의 영화, 맛있는 음식, 밝은 색깔들, 모자들, 축제 행사, 함께 노래 부르기. 하나하나 쌓이면서 새겨지는 축적.

:: 감사의 글

이 선집의 서문을 쓰고 있는 도중에, 길고도 붐비는 늦은 통근기차 안 갑갑한 상태에서 그레그 [시그워스]의 최종원고를 내가 읽었다는 사실이 왜 중요한가가 명백해졌다. 나는 이 글을 새집에서 쓰고 있다. 오래된 습관들을 버리고 "뿌어가기"를 할 시간을 더 많이 할애하겠다는 희망찬 실험을 막 시작하고 있다.

순전히 우연으로, 이 프로젝트의 마지막 단계에서 그레그와 나는 같은 주에 세계의 반대쪽의 집으로 이사를 했다. 이것은 바로 우리가 몇 년 동안 함께 나누었던 달콤한 시너지와 공감 중 하나였고, 나는 이것이 이 책이 출판된 후에도 오랫동안 지속되기를 바란다. 그레그의 존경할 만한 민첩성은 나를 너무나 기쁘게 하였고, 한 권의 책이 이제 지적인 우정에서 내가 얻었던 희망과 지속의 서고가 되었다. 그레그의 총명한 정신과 우아한 말들과 전염성이 강한 환대는 내가 상상했던 것 이상의 성취를 이루어 내었다.

이 책의 기고자들은 더할 수 없이 너그럽게, 선집을 구상하는 오랜 시간 동안 확신과 인내의 글을 우리에게 보내 왔다. 우리를 믿어 주고 많은 단계마다 버텨 준 데 대해 그들에게 감사하며, 그들도 이 결과를 즐거워하기를 바란다. 초고를 본 두 명의 검토자가 광범위하게 적극적으로 피드백을 해 주어서 우리에게 엄청난 도움이 되었다. 그들의 제안으로 이 선집이 더욱 튼튼해졌다는 것을 잘 알기에 그들의 시간과 격려에 대해 감사하는 바이다. 브라이언 베흐렌사우젠의 훌륭한 편집 작업으로 우리의 초고가 나왔으며 그와 함께 일하는 것은 굉장한 즐거움이었다. 켄 위소커가 초기 단계부터 보여 준 열정과 조언에 감사드리며 후기 단계에서 안내를 맡은 맨디 얼리에게 감사드린다.

내가 호주의 브리즈번에서 퀸즈랜드 대학교의 비평문화연구소에서 일할 때 이 책의 모양이 갖추어졌다. 나는 안드레아 미첼, 레베카 랠프, 안젤라 메이슨, 모린 맥그래스, 존 건더즈와 리사 건더즈, 키티 밴 뷰런, 애드리언 마봇 애시크, 멜리사 벨란타, 아니타 해리스, 지나 테이, 안나 퍼티라, 마크 안드레제비치, 잘라 볼치치에게 그들의 도움과 협력과 에너지에 대해 감사드리고 싶다. 이 책의 아이디어와 다른 것들을 지지해 준 그렘 터너에게도 심심한 감사를 표한다. 그리고 브리즈번이 애초 고향이 아니었지만 고향처럼 아늑하게 해 준 레이첼 오릴리, 잘라 볼치치, 나디어 미즈너, 미셸 디치노스키, 헤더 스튜어트에게도 감사를 표한다.

엘스페스 프로빈은 내가 정동에 흥미를 갖게 해 준 계기를 제공한 동료로서, 내가 이런 글과 다른 많은 글을 주업으로 쓰게 된 것은 정동에 대한 그녀의 열정적인 능력 덕분이었다. 나는 영원히 그녀에게 감사할 것이다. 나에게 용감하게 생각하는 법과 글을 쓰는 법을 보여준 이브 세즈윅, 케이티 스튜어트, 로렌 벌랜트, 로스 질, 사라 아메드, 쥬너비에브 벨, 메건 모리스, 캐서린 드리스콜에게도 감사를 보낸다.

마지막으로 정동에 대해 가장 중요한 교훈을 나에게 가르쳐준 제이슨 윌슨에게 깊은 감사를 보낸다. 그의 교훈은 너의 가슴을 따라라 라는 것이었다.

멜리사 그레그

빠름과 느림의 기록, 운동과 정지의 관계들. 이것이 들뢰즈가 몸의 정동들에 특별히 주의를 기울이면서 스피노자의 철학에 대해 했던 말이다. 이 책 역시 대부분 운동과 정지, 빠름과 느림에 대한 것이다. 처음부터 끝까지 멜리사는 진정 자연의 힘이었으며, 거센 돌풍이었고, 이 프로젝트 동안 한 번도 지치지 않았다. 나는 그저 그녀의 보폭과, 실제적이며 정동적인 목소리와, 관대한 정신에 발맞추려고 노력했을 뿐이었다. 여러 방면에서 우리는 정동과 정동들에 대한 책으로 만들어지게 될 구성의 양식들을 위한 서로 간의 능력과 (사실은 여러 개인) 리듬을 발견했다. 혹은 그것은 여전히 우리의 희망으로 남아 있다.

그리고 '희망'은 내가 이 글을 쓰는 동안에 공기 중에 감돌고 있다. 멜리사가 시드니에서 출발하는 심야 기차의 갑갑한 공간에서 감사의 글을 쓸 동안, 나는 나의 글을 또 다른 종류의 갑갑한 공간, 또 다른 종류의 길고도 어두운 기차 안에서 쓰고 있다. 여기 미국에서는 부시-체니 행정부의 팔 년의 세월이 끝났다. 바로 이 순간에, 우리는 버락 오바마 대통령의 취임을 하루 앞에(글자 그대로 내일) 두고 있다. 이러한 변화를 단지 증가하는 정동적 강도의 왕복으로만 기입하기란 어려울 것이다. 점점 더 폐쇄적으로 느껴졌던 팔 년의 시간이 지난 후 세계가ㅡ이 세계가ㅡ달라질 수 있다는ㅡ다른 곳으로, 어느 곳으로라도 열릴 수 있다는ㅡ가능성이 손에 만져질 듯하다. 아주, 너무나 아주. 약속. 우리는 아직 모른다. 그러나 집단적인 희망이 있으며, 그것이 출발점ㅡ정동적인/다정한 출발점ㅡ이다.

나에게 이 책은 이십오 년 전 펜실베이니아의 클라리온에서 스탠 덴스키가 로렌스 그로스버그의 논문을 나에게 부쳐 주면서 시작되었다. 그 이후로 스탠과 래리가 나의 가장 친한 친구가 된 것은 행운이었다. 래리 그로스버그가 하고 있는 작업이 나에게 무엇을 의미했는지 요약하기란 불가능할 것이다(나는 그저 그에 대한 작은 보상으로 글을 계속 쓸 수 있을 뿐이다). 마찬가지로 나는 메건 모리스, 브라이언 마수미, 캐런 오카나, 질 로드만, 그레그 와이즈, 벤 앤더슨, 마이클 가디너, 벤 하이모어, 찰리 스티베일, 나이절 스리프트의 영감 어린 작업과 서신 교환에도 많은 신세를 졌다. 나의 터전이었던 밀러스빌 대학교에도 감사를 드린다. 그곳에서 나는 연구에서나 교실에서 내가 원하는 곳이면 어디나 어느 것이나 추구할 수 있는 자유를 누리게끔 지원을 받았다. 그리고 특별히 모든 종류의 이론에 대해 훌륭한 피드백을 해주었고 한결같이 갖가지 조언을 해준 펜실베이니아 랭커스터-요크의 나의 가장 친한 친구인 마이크 자렛에게도 감사를 표한다.

그리고 마지막으로 재키와 켄들에게 감사를 전한다. 아내 재키는 하나부터 열까지 정동에 대한 이 모든 작업 과정을 함께했다.

그레고리 J. 시그워스

::참고문헌

"ADM (Aéroports de Montréal) soutient que la sécurité des passagers a été améliorée." 2005. *La Presse* (Montreal). May 10:A7.

Agamben, Giorgio. 1999. *Potentialities:Collected Essays in Philosophy*. Stanford, Calif.:Stanford University Press.

_____. 2002. "Security and Terror." Trans. Carolin Emcke. *Theory and Event* 5(4).

_____. 2004. *The Open:Man and Animal*. Stanford, Calif.:Stanford University Press.

Ahmed, Sara. 2000. *Strange Encounters:Embodied Others in Post-Coloniality*. London:Routledge.

_____. 2004a. *The Cultural Politics of Emotion*. Edinburgh:Edinburgh University Press.

_____. 2004b. "Affective Economies." *Social Text* 79:117-39.

_____. 2006. *Queer Phenomenology:Orientations, Objects, Others*. Durham, N.C.:Duke University Press.

Aidoo, Ama Ata. 1997. *Our Sister Killjoy*. Harlow, Essex, U.K.:Longman.

Allen, John. 2003. *Lost Geographies of Power*. London:Blackwell.

_____. 2006. "Ambient Power:Berlin's Potsdamer Platz and the Seductive Logic of Public Spaces." *Urban Studies* 43(2):441-55.

Altieri, Charles. 2003. *The Particulars of Rapture:An Aesthetics of the Affects*. Ithaca, N.Y.:Cornell University Press.

Anderson, Ben. 2006. "Becoming and Being Hopeful:Towards a Theory of Affect." *Environment and Planning D* 24:733-52.

Andresky Fraser, Jill. 2001. *White-Collar Sweatshop:The Deterioration of Work and Its Rewards in Corporate America*. New York:W. W. Norton and Co. [질 안드레스키 프레이저, 『화이트칼라의 위기』, 심재관 옮김, 한스미디어, 2004].

Angel, Maria, and Anna Gibbs. 2006. "Media, Affect, and the Face:Biomediation and the Political Scene." *Southern Review* 38(2):24-39.

_____. 2009. "On Moving and Being Moved:The Corporeality of Writing in Literary Fiction and New Media Art." In *Literature and Sensation*, ed. Anthony Uhlmann, 162-72. Newcastle, U.K.:Cambridge Scholars Publishing.

Angell, James. 1941. "Radio and National Morale." *American Journal of Sociology* 47(3):352-59.

Arendt, Hannah. 1958a. *The Origins of Totalitarianism*. 2nd ed. New York:World Publishing.[한나 아렌트, 『전체주의의 기원』, 이진우·박미애 옮김, 한길사, 2006].

_____. 1958b. *The Human Condition*. Chicago:University of Chicago Press.[한나 아렌트, 『인간의 조건』, 이진우·태정호 옮김, 한길사, 1996].

Aristotle. 1976. *Ethics*. Trans. J. A. K. Thomson. London:Penguin Books.[아리스토텔레스 지음, 『윤리학』, 최민홍 옮김, 민성사, 2001].

_____. 1998. *Nicomachean Ethics*. Ed. William Kaufman. New York:Dover Publications.[아리스토텔레스, 『니코마코스 윤리학』, 김재홍 외 옮김, 길, 2011].

Armstrong, David F., William C. Stokoe, and Sherman Wilcox. 1995. *Gesture and the Nature of Language*. Cambridge:Cambridge University Press.[『몸짓과 언어본성』, 김영순·백혜정·이준석 옮김, 한국문화사, 2001].

Armstrong, Isobel. 2000. *The Radical Aesthetic*. Oxford:Blackwell.

Ashbery, John. 2005. "Filigrane." *New Yorker* Nov. 7:89.

"Attacks Were Most Important Historical Events in Our Lives:Poll." 2007. *Montreal Gazette*, Sept. 11:A17.

Badiou, Alain. 2001. *Ethics:An Essay on the Understanding of Evil*. Trans. Peter Hallward. London:Verso.[알랭 바디우, 『윤리학:악에 대한 의식에 관한 에세이』, 이종영 옮김, 동문선, 2001].

Bajaj, Vikas. 2005. "Bloomberg Cites 'Specific Threat' to NY Subways." *New York Times*, Oct. 6:5.

Bamford, Sandra C. 2007. *Biology Unmoored:Melanesian Reflections on Life and Biotechnology*. Berkeley:University of California Press.

Barbalet, Jack M. 1998. *Emotion, Social Theory, and Social Structure : A Macrosociological Approach*. Cambridge : Cambridge University Press.[J. M. 바바렛, 『감정의 거시사회학 : 감정은 사회를 어떻게 움직이는가?』, 박형신 · 정수남 옮김, 일신사, 2007].

Barber, Lynn. 2002. "Life : Look Who's Talking." *Sunday Observer*, April 14.

Barrow, Robin. 1980. *Happiness and Schooling*. New York : St. Martin's.

Barry, Andrew, and Nigel J. Thrift, eds. 2007. "Special Issue on Gabriel Tarde." *Economy and Society* 36(4).

Barthelme, Donald. 1976. "I Bought A Little City." In *Amateurs*, 51-60. New York : Farrar, Straus and Giroux.

Barthes, Roland. 2005. *The Neutral*. Trans. Rosiland E. Krauss and Denis Hollier. New York : Columbia University Press.[롤랑 바르트, 『중립 : 콜레주 드 프랑스 강의 1977-1978』, 김웅권 옮김, 동문선, 2004].

Bateson, Gregory. 1935. "Culture, Contact, and Schismogenesis." *Man* 35 : 178-83.

_____. 1958. *Naven* [1936]. 2nd ed. Stanford, Calif. : Stanford University Press.[그레고리 베이트슨, 『네이븐 : 뉴기니아 부족문화의 복합적 모습이 제시하는 여러 문제에 대한 세 가지 관점에서의 조사』, 김주희 옮김, 아카넷, 2002].

_____. 1972. *Steps to an Ecology of Mind*. Chicago : University of Chicago Press.[그레고리 베이트슨, 『마음의 생태학』, 박대식 옮김, 책세상, 2006].

Bateson, Mary Catherine. 1971. "The Interpersonal Context of Infant Vocalization." *Quarterly Progress Report of the Research Laboratory of Electronics* 100 : 170-76.

_____. 1979. "The Epigenesis of Conversational Interaction : A Personal Account of Research Development." In *Before Speech : The Beginning of Interpersonal Communication*, ed. Margaret Bullowa, 63-77. Cambridge : Cambridge University Press.

Baumgarten, Alexander. 2000a. "Aesthetics" [1750]. In *Art in Theory, 1648-1815 : An Anthology of Changing Ideas*, ed. Charles Harrison, Paul Wood, and Jason Gaiger, 489-91. Malden, Mass. : Blackwell.

_____. 2000b. "Reflections On Poetry" [1735]. In *Art in Theory, 1648-1815 : An Anthology of Changing Ideas*, ed. Charles Harrison, Paul Wood, and Jason Gaiger, 487-89. Malden, Mass. : Blackwell.

Belk, Russell. 2007. "Why Not Share Rather Than Own?" *The Annals of the American Academy of Political and Social Sciences* 611 : 126-40.

Belpoliti, Marco. 2001. "I Am a Centaur." In *Voice of Memory : Interviews, 1961-1987*, by Primo Levi, ed. Marco Belpoliti and Robert Gordon, xvii-xxvi. Cambridge : Cambridge University Press.

Benedict, Ruth. 1934. *Patterns of Culture*. Boston : Houghton Mifflin Company.[루스 베네딕트, 『문화의 패턴』, 이종인 옮김, 연암서가, 2008].

Benjamin, Jessica. 1988. *The Bonds of Love*. New York : Pantheon Books.

_____. 1994. "What Angel Would Hear Me? The Erotics of Transference." *Psychoanalytic Inquiry* 14 : 535-57.

Benjamin, Walter. 1979. "On the Mimetic Faculty." In *One Way Street*, 160-63. London : New Left Books.

Bennett, Jane. 2005. "The Agency of Assemblages and the North American Blackout." *Public Culture* 17(3) : 445-65.

Bentall, Richard. 2009. *Doctoring the Mind : Is Our Current Treatment of Mental Illness Really Any Good?* New York : New York University Press.

Berardi, Franco "Bifo." 2004. "What Is the Meaning of Autonomy Today?" http://www.makeworlds.org/ (accessed 10 September, 2006).

Bergson, Henri. 1913. *Creative Evolution*. New York : Henry Holt.[앙리 베르그손, 『창조적 진화』, 황수영 옮김, 아카넷, 2005].

_____. 1988. *Matter and Memory*. New York : Zone Books.[앙리 베르그손, 『물질과 기억』, 박종원 옮김, 아카넷, 2005].

_____. 1992. *The Creative Mind*. New York : Citadel.

Berlant, Lauren. 1997. *The Queen of America Goes to Washington City : Essays on Sex and Citizenship*. Durham, N.C. : Duke University Press.

_____. 2000. "The Subject of True Feeling : Pain, Privacy, and Politics." In *Cultural Studies and Political Theory*, ed. Jodi Dean, 42-62. Ithaca, N.Y. : Cornell University Press.

_____. 2001. "Love, a Queer Feeling." In *Homosexuality/Psychoanalysis*, ed. Tim Dean and Christopher Lane,

432-51. Chicago:University of Chicago Press.

_____. ed. 2004. *Compassion:The Culture and Politics of an Emotion*. New York:Routledge.

_____. 2006. "Cruel Optimism." *Differences* 17(3):20-36.

_____. 2007a. "Slow Death (Sovereignty, Obesity, Lateral Agency)." *Critical Inquiry* 23:754-80.

_____. 2007b. "Nearly Utopian, Nearly Normal:Post-Fordist Affect in La Promesse and Rosetta." *Public Culture* 19:273-301.

_____. 2007c. "After the Good Life, the Impasse:Time Out, Human Resources, and the Neoliberal Present." Unpublished paper.

Bernays, Edward. 2004. *Propaganda* [1928]. Brooklyn:Ig Publishing.[에드워드 버네이스, 『프로파간다:대중 심리를 조종하는 선전 전략』, 강미경 옮김, 공존, 2009].

Binkley, Sam. 2007. *Getting Loose:Lifestyle Consumption in the 1970s*. Durham, N.C.:Duke University Press.

Bishop, Claire. 2005. *Installation Art:A Critical History*. London:Tate Publishing.

Blackman, Lisa. 2008. "Is Happiness Contagious?" *New Formations* 63:15-32.

Bloor, David. 1983. *Wittgenstein:A Social Theory of Knowledge*. London:Macmillan.

Boltanski, Luc, and Chiapello, Eve. 2005. *The New Spirit of Capitalism*. Trans. Gregory Elliott. London:Verso.

Borch-Jacobsen, Mikkel. 1988. *The Freudian Subject*. Trans. Catherine Porter. Stanford, Calif.:Stanford University Press

Boulnois, Oliver. 2006. "Object." *Radical Philosophy* 139 (September/October):123-33.

Bourdieu, Pierre. 1977. *Outline of a Theory of Practice*. Trans. Richard Nice. Cambridge:Cambridge University Press.

_____. 1984. *Distinction:A Social Critique of the Judgment of Taste*. New York:Routledge.[삐에르 부르디외, 『구별짓기:문화와 취향의 사회학』, 최종철 옮김, 새물결, 2006].

_____. 2000. *Pascalian Meditations*. Trans. Richard Nice. Cambridge:Polity Press.[피에르 부르디외, 『파스칼적 명상』, 김웅권 옮김, 동문선, 2001].

Boyle, Mary. 2002. *Schizophrenia:A Scientific Delusion?* 2nd. ed. Hove, East Sussex:Routledge.

Brabazon, Tara. 2002. *Digital Hemlock*. Sydney:UNSW Press.

Braidotti, Rosi. 2002. *Metamorphoses:Towards a Materialist Theory of Becoming*. Cambridge:Polity Press.

Brass, Marcel, and Celia Heyes. 2005. "Imitation:Is Cognitive Neuroscience Solving the Correspondence Problem?" Trends in Cognitive Sciences 9(10):489-95.

Brennan, Teresa. 2004. *The Transmission of Affect*. Ithaca, N.Y.:Cornell University Press.

Brown, Steven D. 2009. "Between the Planes:Deleuze and Social Science." In *Deleuzian Intersections in Science, Technology, and Anthropology*, ed. Casper Bruun Jensen and Kjetil Rödje, 101-20. Oxford:Berghahn Books.

Brown, Steven D., and Paul Stenner. 2001. "Being Affected:Spinoza and the Psychology of Emotion." *International Journal of Group Tensions* 30(1):81-105.

_____. 2009. *Psychology without Foundations:History, Philosophy, and Psychosocial Theory*. London:Sage.

Browne, Sir Thomas. 2007. *Religio Medici* [1643]. Whitefish, Mo.:Kessinger Publishing.

Bucci, Wilma. 2001. "Pathways of Emotional Communication." *Psychoanalytic Inquiry* 21:40-70.

Buchanan, Ian. 2003. "August 26, 2001:Two or Three Things Australians Don't Seem to Want to Know about 'Asylum Seekers.' " *Australian Humanities Review* 29. http://www.australianhumanitiesreview.org/ (accessed Nov. 1, 2007).

Bullowa, Margaret. 1979. "Research in Prelinguistic Communication." In *Before Speech:The Beginning of Interpersonal Communication*, ed. Margaret Bullowa, 1-62. Cambridge:Cambridge University Press.

Burke, Joanna. 1999. *An Intimate History of Killing:Face-to-Face Killing in Twentieth-Century Warfare*. London:Granta.

Burnside, Julian. 2002. "Refugees:The Tampa Case." *Postcolonial Studies* 5(1):17-28.

Bush, George W. 2005. President's Radio Address. June 18. http://georgewbush-whitehouse.archives.gov/ (accessed 3 June 2006)

_____. 2007. "Graduation Speech at West Point United States Military Academy, June 1, 2002." In *U.S. Presidents*

and Foreign Policy: From 1789 to the Present, ed. Carl C. Hodge and Cathal J. Nolan, 408. Santa Barbara, Calif.: ABC-CLIO.

Bynum, Caroline. 1995. "Why All the Fuss about the Body? A Medievalist's Perspective." *Critical Inquiry* 22:1-33.

Caffentzis, George. 1992. "The Work Energy Crisis and the Apocalypse." In *Midnight Oil: Work, Energy, War, 1973-1992*. Brooklyn: Autonomedia.

Caillois, Roger. 1987. "Mimicry and Legendary Psychasthenia." In *October: The First Dacade*, ed. Annette Michelson, Rosalind Krauss, Douglas Crimp, and Joan Copjec, 58-75. Cambridge, Mass.: MIT Press.

Campbell, Melissa. 2006. "The Affect of Vice Magazine." Conference paper delivered at the annual conference of the Cultural Studies Association of Australasia, UnAustralia, University of Canberra, December.

Carnegie, Dale. 1981. *How to Win Friends and Influence People* [1936]. Revised ed. North Ryde, Australia: Eden Paperbacks,[데일 카네기, 『인간관계론』, 김지현 옮김, 미래지식, 2015].

_____. 1988. *How to Win Friends and Influence People* [1937]. Middlesex, U.K.: Eden Grove Editions,[데일 카네기, 『인간관계론』, 김지현 옮김, 미래지식, 2015].

Carter, Sean, and Derek McCormack. 2006. "Film, Geopolitics, and the Affective Logics of Intervention." *Political Geography* 25(2):225-45.

Castiglione, Baldassarre. 1959. *The Book of the Courtier*. Trans. Charles S. Singleton. New York: Anchor Books,[발데사르 카스틸리오네, 『궁정론』, 신승미 옮김, 북스토리, 2009].

Certeau, Michel de. 1986. "The Scriptural Economy." In *The Practice of Everyday Life*, 131-53. Berkeley: University of California Press.

Chickering, Roger, Stig Förster, and Bernd Greiner, eds. 2004. *A World at Total War: Global Conflict and the Politics of Destruction, 1937-1945*. Cambridge: Cambridge University Press.

Choudhury, Yousuf. 1993. *The Roots and Tales of the Bangladeshi Settlers*. Birmingham: Sylheti Social History Group.

Chow, Rey. 2002. *The Protestant Ethnic and the Spirit of Capitalism*. New York: Columbia University Press.

Clinton, Hillary. 2001. "Yale Class Day Speech," in Kate Zernike, "Commencements: At Yale, Mrs. Clinton Ponders Hair and Politics," *New York Times*, May 21:B4.

Clough, Patricia. 2000. *Autoaffection: Unconscious Thought in the Age of Technology*. Minneapolis: University of Minnesota Press.

_____. 2004. "Future Matters: Technoscience, Global Politics, and Cultural Criticism." *Social Text* 22(3):1-23.

_____. 2006. "Sacrifice, Mimesis, and the Theorizing of Victimhood (A Speculative Essay)." *Representations* 94:131-49.

_____. 2007. Introduction to *The Affective Turn: Theorizing the Social*, ed. Patricia Clough with Jean Halley, 1-33. Durham, N.C.: Duke University Press.

Collingham, Lizzie. 2005. *Curry: A Biography*. London: Chatto and Windus.

Colwin, Laurie. 1989. *Family Happiness*. New York: Harper Perennial.

Comfort, Max. 1997. *Portfolio People: How to Create a Workstyle as Individual as You Are*. London: Random House.

Condon, William. 1979. "Neonatal Entrainment and Enculturation." In *Before Speech: The Beginning of Interpersonal Communication*, ed. Margaret Bullowa, 141-48. Cambridge: Cambridge University Press.

_____. 1984. "Communication and Empathy." In *Empathy*, ed. Joseph Lichtenberg, Melvin Bornstein, and Donald Silver, 35-58. Hillsdale, N.J.: Analytic Press.

Connolly, William E. 2002. *Neuropolitics: Thinking, Culture, Speed*. Minneapolis: University of Minnesota Press.

Cope, Bill, and Mary Kalantzis. 1993. "Histories of Pedagogy, Cultures of Schooling." In *The Powers of Literacy: A Genre Approach to Teaching Writing*, ed. Bill Cope and Mary Kalantzis, 38-62. London: The Falmer Press.

Copjec, Joan. 1994. *Read My Desire: Lacan Against the Historicists*. Cambridge, Mass.: MIT Press.

Cox, Caroline. 1999. *Good Rah Days: A History of British Hairstyling*. London: Quartet Books.

Cox, Caroline, and Lee Widdows. 2005. *Hair and Fashion*. London: V & A Publications.

Crompton, Rosemary, and Gareth Jones. 1984. *White-Collar Proletariat: Deskilling and Gender in Clerical Work*.

London:Macmillan.

Csíkszentmihályi, Mihály. 1992. *Flow:The Psychology of Optimal Experience*. London:Rider.[미하이 칙센트미하이, 『Flow:몰입, 미치도록 행복한 나를 만난다』, 최인수 옮김, 한울림, 2007].

Curt, Beryl. 1994. *Textuality and Tectonics:Troubling Social and Psychological Science*. Buckingham:Open University Press.

Curtis, Adam. 2002. *The Century of the Self*. London:BBC.

Cvetkovich, Ann. 2003. *An Archive of Feeling:Trauma, Sexuality, and Lesbian Public Cultures*. Durham, N.C.:Duke University Press.

_____. 2007. "Public Feelings." *South Atlantic Quarterly* 106(3):459-68.

Cytowic, Richard E. 2002. *Synesthesia:A Union of the Senses*. 2nd ed. Cambridge, Mass.:MIT Press.

_____. 2003. *The Man Who Tasted Shapes*. Cambridge, Mass.:MIT Press.

Damasio, Antonio. 2004. *Looking for Spinoza*. New York:Vintage.[안토니오 다마지오, 『스피노자의 뇌:기쁨, 슬픔, 느낌의 뇌과학』, 임지원 옮김, 사이언스북스, 2007].

Darwin, Charles. 1998. *The Expression of the Emotions in Man and Animals*. Ed. Paul Ekman. London:HarperCollins.[찰스 다윈, 『인간과 동물의 감정 표현』, 김홍표 옮김, 지식을만드는지식, 2014].

Dawesar, Abha. 2005. *Babyji*. New York:Anchor Books.

Delamare, François, and Bernard Guineau. 2000. *Colour:Making and Using Dyes and Pigments*. London:Thames and Hudson.

DeLanda, Manuel. 1991. *War in the Age of Intelligent Machines*. London:Zone Books.

_____. 1992. "Nonorganic Life." In *Incorporations*, ed. Jonathan Crary and Sanford Kwinter, 129-67. New York:Zone Books.

_____. 2002. *Intensive Science and Virtual Philosophy*. London:Continuum.[마누엘 데란다, 『강도의 과학과 잠재성의 철학:잠재성에서 현실성으로』, 이정우·김영범 옮김, 그린비, 2009].

_____. 2006. *A New Philosophy of Society:Assemblage Theory and Social Complexity*. London:Continuum.

Deleuze, Gilles. 1988a. *Spinoza:Practical Philosophy*. Trans. Robert Hurley. San Francisco:City Lights Books.[질 들뢰즈, 『스피노자의 철학』, 박기순 옮김, 민음사, 2006].

_____. 1988b. *Bergsonism*. Trans. Hugh Tomlinson and Barbara Habberjam. New York:Zone Books.[질 들뢰즈, 『베르그송주의』, 김재인 옮김, 문학과지성사, 2000].

_____. 1989. *Cinema 2:The Time-Image*. Trans. Hugh Tomlinson and Robert Galeta. Minneapolis:University of Minnesota Press.[질 들뢰즈, 『시네마 2, 시간-이미지』, 이정하 옮김, 시각과언어, 2005].

_____. 1991. *Empiricism and Subjectivity:An Essay on Hume's Theory of Human Nature*. Trans. Constantin V. Boundas. New York:Columbia University.[질 들뢰즈, 『경험주의와 주체성:흄에 따른 인간본성에 관한 시론』, 한정헌·정유경 옮김, 난장, 2012].

_____. 1992. "Ethology:Spinoza and Us." In *Incorporations*, ed. Jonathan Crary and Sanford Kwinter, 625-33. New York:Zone Books.

_____. 1995. "Postscript on Control Societies." In *Negotiations, 1972-1990*, trans. Martin Jaoughin, 177-82. New York:Columbia University Press.

_____. 1997. *Essays Critical and Clinical*. Trans. Daniel Smith and Michael A. Greco. Minneapolis:University of Minnesota Press.[질 들뢰즈, 『비평과 진단:문학, 삶 그리고 철학』, 김현수 옮김, 인간사랑, 2000].

_____. 2005. *Francis Bacon:The Logic of Sensation*. Trans. Daniel W. Smith. Minneapolis:University of Minnesota Press.[질 들뢰즈, 『감각의 논리』, 하태환 옮김, 민음사, 2008].

_____. 2006. "Desire and Pleasure." In *Two Regimes of Madness:Texts and Interviews 1975-1995*, trans. David Lapoujade, 122-34. London:Semiotext(e).

Deleuze, Gilles, and Félix Guattari. 1983. *Anti-Oedipus:Capitalism and Schizophrenia*. Trans. Robert Hurley, Mark Seem, and Helen R. Lane. Minneapolis:University of Minnesota Press.[질 들뢰즈·펠릭스 과타리, 『안티 오이디푸스:자본주의와 분열증』, 김재인 옮김, 민음사, 2014].

_____. 1987. *A Thousand Plateaus*. Trans. Brian Massumi. Minneapolis:University of Minnesota Press.[질 들뢰즈·펠릭스 가타리, 『천 개의 고원』, 김재인 옮김, 새물결, 2001].

_____. 1990. "What Is a Minor Literature?" Trans. Dana Polan. In *Out There:Marginalization and Contemporary Cultures*, ed. Russell Ferguson, Martha Gever, Trinh T. Minh-ha, and Cornel West, 59-69. Cambridge, Mass.:MIT Press.

_____. 1994. *What Is Philosophy?* Trans. Hugh Tomlinson and Graham Burchell. New York:Columbia University Press.[질 들뢰즈 · 펠릭스 가타리, 『철학이란 무엇인가』, 이정임 · 윤정임 옮김, 현대미학사, 1995].

Derrida, Jacques. 1992. *Acts of Literature*. Ed. Derek Attridge. London:Routledge.[자크 데리다, 『문학의 행위』, 정승훈 · 진주영 옮김, 문학과지성사, 2013].

_____. 2006. *Specters of Marx:The State of Debt, The Work of Mourning, and the New International*. Trans. Peggy Kamuf. London:Routledge.[자크 데리다 외, 『마르크스주의와 해체:불가능한 만남?』, 진태원 · 한형식 옮김, 길, 2009].

Dewey, John. 1934. *Art as Experience*. New York:Minton, Balch and Company.[존 듀이, 『경험으로서의 예술』, 이재언 옮김, 책세상, 2014].

Dienst, Richard. 1994. *Still Life in Real Time:Theory after Television*. Durham, N.C.:Duke University Press.

Diprose, Rosalyn. 2003. "The Hand That Writes Community in Blood." *Cultural Studies Review* 9(1):35-50.

_____. 2005. "Community of Bodies:From Modification to Violence." *Continuum* 19(3):381-92.

Donald, Merlin. 2000. "The Central Role of Culture in Cognitive Evolution:A Reflection on the Myth of the 'Isolated Mind.' " In *Culture, Thought, and Development*, ed. Larry P. Nucci, Geoffrey B. Saxe, and Elliot Turiel, 19-38. Mahwah, N.J.:Lawrence Erlbaum Associates.

Dorrien, Gary. 2004. *Imperial Designs:Neoconservatism and the New Pax Americana*. New York:Routledge.

Dougherty, Kevin. 2007. "Province to Rid Schoos of Junk Food:Youth Obesity a Pandemic; Couillard." *Montreal Gazette*, Sept. 14:A8.

Douhet, Giulio. 1972. *Command of the Air* [1927]. New York:Arno Press.

Dowling, Emma, Rodrigo Nunes, and Ben Trott, eds. 2007. "Immaterial and Affective Labour:Explored." *Ephemera* 7(1):1-7.

Droulout, Tiphaine, Florence Liraud, and Hélène Verdoux. 2003. "Relationships between Insight and Medication Adherence in Subjects with Psychosis." *Encephale-Revue De Psychiatrie Clinique Biologique Et Therapeutique* 29(5):430-37.

Durant, Henry. 1941. "Morale and Its Measurement." *American Journal of Sociology* 47(3):406-14.

Durie, Robin. 1999. Introduction to *Duration and Simultaneity*, by Henri Bergson, trans. Leon Jacobson, 1-7. Manchester:Clinamen Press.

Eagleton, Terry. 1990. *The Ideology of the Aesthetic*. Oxford:Blackwell.[테리 이글턴, 『미학사상』, 방대원 옮김, 한신문화사, 1995].

Ehrenreich, Barbara. 1997. *Blood Rites:Origins and History of the Passions of War*. New York:Metropolitan Books.

Eliot, T. S. 1980. "Ash Wednesday." In *T. S. Eliot:The Complete Poems and Plays:1909-1950*, 60-67. Orlando:Harcourt Brace and Company.

Ellison, Julie K. 1999. *Cato's Tears and the Making of Anglo-American Emotion*. Chicago:University of Chicago Press.

Estorick, Eric. 1941. "Morale in Contemporary England." *American Journal of Sociology* 47(3):462-71.

Feher, Michel, Ramona Nadaff, and Nadia Tazi, eds. 1997. *Fragments for a History of the Human Body*. New York:Zone Books.

Fisher, Philip. 2002. *The Vehement Passions*. Princeton, N.J.:Princeton University Press.

Florida, Richard. 2002. *The Rise of the Creative Class:And How It's Transforming Work, Leisure, Community, and Everyday Life*. New York:Basic Books.[리처드 플로리다, 『신창조 계급』, 이길태 · 한세희 옮김, 북콘서트, 2011].

_____. 2005. *The Flight of the Creative Class:The New Global Competition for Talent*. New York:Harper Business.

Fortunati, Leopoldina. 1995. The Arcane of Reproduction:Housework, Prostitution, Labor, and Capital. Trans. Hilary Creek. London:Autonomedia.[레오뽈디나 포르뚜나띠, 『재생산의 비밀』, 윤수종 옮김, 박종철출판사, 1997].

Foucault, Michel. 1973. *The Order of Things:An Archaeology of the Human Sciences*. New York:Vintage.[미셸 푸코,

『말과 사물』, 이규현 옮김, 민음사, 2015].

_____. 1979. *History of Sexuality*. Vol. 1. Trans. Robert Hurley. New York : Vintage.[미셸 푸코, 『性의 역사. 1, 지식의 의지』, 이규현 옮김, 나남출판, 2010].

_____. 1990a. *History of Sexuality*, Vol. 2, *The Use of Pleasure*. Trans. Robert Hurley. New York : Vintage.[미셸 푸코, 『性의 역사. 2, 쾌락의 활용』, 문경자 · 신은영 옮김, 나남출판, 2004].

_____. 1990b. *History of Sexuality*, Vol. 3, *The Care of the Self*. Trans. Robert Hurley. New York : Vintage.[미셸 푸코, 『性의 역사. 3, 자기 배려』, 이혜숙 · 이영목 옮김, 나남출판, 2008].

_____. 1994a. "The Political Technology of Individuals." In *Power : Essential Works of Foucault 1954-1984*, ed. James Faubion, 3 : 403-17. London : Penguin.

_____. 1994b. "'Omnes et singulatim' : Towards a Critique of Political Reason." In *Power : Essential Works of Foucault 1954-1984*, ed. James Faubion, 3 : 298-325. London : Penguin.

_____. 1994c "The Politics of Health in the Eighteenth Century." In *Power : Essential Works of Foucault 1954-1984*, ed. James Faubion, 3 : 90-105. London : Penguin.

_____. 2003. *Society Must Be Defended : Lectures at the Collège de France, 1975-1976*. Trans. David Macy. New York : Picador.[미셸 푸코, 『사회를 보호해야 한다 : 콜레주드프랑스 강의 1975~76년』, 김상운 옮김, 난장, 2015].

_____. 2007. *Security, Territory, Population : Lectures at the Collège de France 1977-1978*. Trans. Graham Burchell. London : Palgrave Macmillan [미셸 푸코, 『안전, 영토, 인구 : 콜레주드프랑스 강의 1977~78년』, 오트르망 옮김, 난장, 2012].

_____. 2008. *The Birth of Biopolitics : Lectures at the Collège de France 1978-1979*. Ed. Michel Senellart. Trans. Graham Burchell. New York : Palgrave McMillan.[미셸 푸코, 『생명관리정치의 탄생 : 콜레주드프랑스 강의 1978~79년』, 오트르망 옮김, 난장, 2012].

Franzen, Jonathan. 2001. *The Corrections*. London : HarperCollins.[조너선 프랜즌, 『인생수정 : 조너선 프랜즌 장편소설』, 김시현 옮김, 은행나무, 2012].

Frazer, Sir James George. 2000. *The Golden Bough : A Study in Magic and Religion*, Vol. 1, Part 1, *The Magic Art of the Evolution of Kings*. Chestnut Hill, Mass. : Adamant Media Corporation.[제임스 조지 프레이저, 『황금가지. 제1권』, 박규태 옮김, 을유문화사, 2005].

Freud, Sigmund. 1957. "Mourning and Melancholia." In *The Standard Edition of the Complete Psychological Works of Sigmund Freud*, ed. and trans. James Strachey, 14 : 237-58. London : Hogarth.

_____. 1966. *Project for a Scientific Psychology*. Ed. and trans. James Strachey. London : Hogarth.

Frow, John. 2007. "UnAustralia : Strangeness and Value." *Australian Humanities Review* 41. http://www.australianhumanitiesreview.org/ (accessed Nov. 2, 2007).

Gallese, Vittorio. 2003. "The Manifold Nature of Interpersonal Relations : The Quest for a Common Mechanism." *Philosophical Transactions of the Royal Society of London B* 358 : 517-28.

_____. 2007. "The 'Conscious' Dorsal Stream : Embodied Simulation and Its Role in Space and Action Conscious Awareness." *Psyche* 13(1) : 1-20.

Gallop, Jane, ed. 2006. "Special Issue on Envy." *Women's Studies Quarterly* 34 (3 and 4).

Garden, Nancy. 1982. *Annie on My Mind*. New York : Farrar, Straus and Giroux.[낸시 가든, 『내 마음의 애니』, 이순미 옮김, 보물창고, 2013].

Garfield, Simon. 2001. *Mauve : How One Man Invented a Colour That Changed the World*. London : Faber and Faber.[사이먼 가필드, 『모브』, 공경희 옮김, 웅진닷컴, 2001].

Gatens, Moira. 2004. "Privacy and the Body : The Publicity of Affect." *Privacies : Philosophical Evaluations*, ed. B. Roessler. Stanford, Calif. : Stanford University Press, 113-32.

Genosko, Gary. 2000. "The Life and Work of Félix Guattari : From Transversality to Ecosophy." In *The Three Ecologies*, trans. Ian Pindar and Paul Sutton, 106-59. London : Athlone.

Ghent, Emmanuel. 1990. "Masochism, Submission, Surrender : Masochism as a Perversion of Surrender." *Contemporary Psychoanalysis* 26 : 108-36.

Gibbs, Anna. 2001. "Contagious Feelings : Pauline Hanson and the Epidemiology of Affect." *Australian Humanities Review* 24. http://www.australianhumanitiesreview.org/ (accessed Jan. 30, 2007).

_____. 2006. "Writing and Danger:The Intercorporeality of Affect." In Creative Writing:Theory Beyond Practice, ed. Nigel Krauth and Tess Brady, 157-68. Tenerife:Post Pressed.

_____. 2007. "Horrified:Embodied Vision, Media Affect and the Images from AbuGhraib." In *Interrogating the War on Terror*, ed. Deborah Staines, 125-42. Newcastle, U.K.:Cambridge Scholars Publishing.

_____. 2008. "Panic! Affect Contagion, Mimesis, and Suggestion in the Social Field" *Cultural Studies Review* 14(2):130-45.

Gibbs, Raymond W. 2006. "Metaphor Interpretation as Embodied Simulation." *Mind and Language* 21(3):434-58.

Gibson-Graham, J. K. 2006. *The End of Capitalism (As We Knew It):A Feminist Critique of Political Economy*. Minneapolis:University of Minnesota Press.[J K 깁슨-그레엄, 『그따위 자본주의는 벌써 끝났다:여성주의 정치경제 비판』, 엄은희 · 이현재 대표번역, 알트, 2013].

Gilboa, Netta "grayarea." 1996. "Elites, Lamers, Narcs, and Whores:Exploring the Computer Underground." In *Wired Women:Gender and New Realities in Cyberspace*, ed. Lynn Cherny and Elizabeth Reba Weise, 98-113. Seattle:Seal Press.

Gill, Rosalind. 2007a. "Postfeminist Media Culture:Elements of a Sensibility." *European Journal of Cultural Studies* 10(2):147-66.

_____. 2007b. *Technobohemians or the New Cybertariat? New Media Work in Amsterdam a Decade after the Web*. Network Notebooks 01. Amsterdam:Institute of Network Cultures.

Gill, Rosalind, and Andy Pratt. 2008. "In the Social Factory? Immaterial Labor, Precariousness and Cultural Work." *Theory, Culture, and Society* 25(7-8):1-30.

Ginzburg, Carlo. 1992. "Just One Witness." In *Probing the Limits of Representation:Nazism and the "Final Solution,"* ed. Saul Friedlander, 82-96. Cambridge, Mass.:Harvard University Press.

Girard, René. 2000. "From Ritual to Science." Trans. Trina Marmarelli and Matthew Tiews. *Configurations* 8:171-85.

Giroux, Henry A. 1983. *Theory and Resistance in Education:Towards a Pedagogy for the Opposition*. London:Heinemann.[헨리 A. 지루, 『교육이론과 저항』, 최명선 옮김, 성원사, 1990].

_____. 1988. *Teachers as Intellectuals:Toward a Critical Pedagogy of Learning*. South Hadley, Mass.:Bergin and Garvey.[헨리 지루, 『교사는 지성인이다』, 이경숙 옮김, 아침이슬, 2001].

Giuliani, Rudolph. 2007. "Towards a Realistic Peace." *Foreign Affairs* 86(5):8.

Goffman, Erving. 1971. *The Presentation of Self in Everyday Life*. Harmondsworth:Penguin.

Graziano, M. S. A., and C G. Gross. 1994. "The Representation of Extrapersonal Space:A Possible Role for Bimodal Visual-Tactile Neurons." In *The Cognitive Neurosciences*, ed. M. S. Gazzaniga, 1021-34. Cambridge, Mass.:MIT Press.

Greenberg, Karen L., and Joshua L. Dratel, eds. 2005. *The Torture Papers:The Road to Abu Ghraib*. Cambridge:Cambridge University Press.

Gregg, Melissa. 2006. *Cultural Studies' Affective Voices*. New York:Palgrave Macmillan.

_____. 2010. *Work's Intimacy*. Cambridge:Polity Press.

Gregg, Melissa, and GIen Fuller. 2005. "Where Is the Law in 'Unlawful Combatant' Resisting the Refrain of the Righteous." *Cultural Studies Review* 11(2):147-59.

Grossberg, Lawrence. 1984. "Another Boring Day in Paradise:Rock and Roll and the Empowerment of Everyday Life." Popular Music 4:225-58.

_____. 1986. "Is There Rock after Punk?" *Critical Studies in Communication* 3(1):50-74.

_____. 1992. *We Gotta Get Out of This Place:Popular Conservatism and Postmodern Culture*. New York:Routledge.

_____. 1997a. *Bringing It All Back Home:Essays in Cultural Studies*, Durham, N.C:Duke University Press.

_____. 1997b. *Dancing in Spite of Myself Essays in Popular Culture*. Durham, N.C:Duke University Press.

_____. 2005. *Caught in the Crossfire:Kids, Politics, and America's Future*. Boulder, Colo.:Paradigm Publishers.

Guattari, Félix. 1995a. *Chaosmosis:An Ethico-Aesthetic Paradigm*. Trans. Paul Bains and Julian Pefanis. Sydney:Power.[펠릭스 가타리, 『카오스모제』, 윤수종 옮김, 동문선, 2003].

_____. 1995b. *Chaosophy*. New York:Semiotext(e).

_____. 1996. *The Guattari Reader*. Ed. Gary Genosko. London: Blackwell.

_____. 2000. *The Three Ecologies*. London: Athlone.[펠릭스 가타리, 『세 가지 생태학』, 윤수종 옮김, 동문선, 2003].

Habermas, Jürgen. 1989. *The Structural Transformation of the Public Sphere: An Inquiry into a Category of Bourgeois Society*. Trans. Thomas Burger. Cambridge, Mass.: MIT Press.[위르겐 하버마스, 『공론장의 구조변동: 부르주아 사회의 한 범주에 관한 연구』, 한승완 옮김, 나남출판, 2001].

Hacking, Ian. 1998. *Rewriting the Soul*. Princeton, N.J.: Princeton University Press.

Hage, Ghassan. 2003. *Against Paranoid Nationalism*. Sydney: Pluto.

Hall, Stuart. 1981. "Notes on Deconstructing 'the Popular.' " In *People's History and Socialist Theory*, ed. Ralph Samuel, 227-39. Boston: Routledge and Kegan Paul.

Hallward, Peter. 2006. *Out of This World: Deleuze and the Philosophy of Creation*. London: Verso.

Hamsson, Tom. 1976. *Living Through the Blitz*. London: Collins.

Hansen, Mark. 2000. *Embodying Technesis: Technology beyond Writing*. Ann Arbor: University of Michigan Press.

_____. 2004a. *New Philosophy for New Media*. Cambridge, Mass.: MIT Press.

_____. 2004b. "The Time of Affect, or Bearing Witness to Life." *Critical Inquiry* 30 (Spring): 584-626.

_____. 2006. *Bodies in Code: Interfaces with Digital Media*. New York: Routledge.

Hardt, Michael, and Antonio Negri. 2000. *Empire*. London: Harvard University Press.[안토니오 네그리 · 마이클 하트, 『제국』, 윤수종 옮김, 이학사, 2001].

_____. 2004. *Multitude: War and Democracy in the Age of Empire*. New York: Penguin Press.[안토니오 네그리 · 마이클 하트, 『다중: 「제국」이 지배하는 시대의 전쟁과 민주주의』, 조정환 · 정남영 · 서창현 옮김, 세종서적, 2008].

Harman, Graham. 2005. *Guerrilla Metaphysics: Phenomenology and the Carpentry of Things*. Chicago: Open Court.

_____. 2007. *Heidegger Explained: From Phenomenon to Thing*. Chicago: Open Court.

Harper, D. 1994. "The Professional Construction of 'Paranoia' and the Discursive Use of Diagnostic Criteria." *British Journal of Medical Psychology* 67 (pt. 2): 131-43.

Harré, Rom. 1991. *Physical Being: A Theory for Corporeal Psychology*. London: Blackwell.

Harvey, David. 1989. *The Condition of Postmodernity: An Enquiry into the Origins of Cultural Change*. Oxford: Blackwell.[데이비드 하비, 『포스트모더니티의 조건』, 구동회 · 박영민 옮김, 한울, 2013].

_____. 2003. *The New Imperialism*. Oxford: Oxford University Press.[데이비드 하비, 『신제국주의』, 최병두 옮김, 한울아카데미, 2005].

Hatfield, Elaine, John T. Cacioppo, and Richard L. Rapson. 1994. *Emotional Contagion: Studies in Emotion and Social Interaction*. Cambridge: Cambridge University Press.

Hayles, N. Katherine. 1999. *How We Became Posthuman: Virtual Bodies in Cybernetics, Literature, and Informatics*. Chicago: University of Chicago Press.[캐서린 헤일스, 『우리는 어떻게 포스트휴먼이 되었는가: 사이버네틱스와 문학, 정보 과학의 신체들』, 허진 옮김, 열린책들, 2013].

Heller-Roazen, Daniel. 2007. *The Inner Touch: Archaeology of a Sensation*. New York: Zone Books.

Hempel, Amy. 2005. *The Dog of Marriage (Stories)*. New York: Scribner.

Herman, Ellen. 1995. *The Romance of American Psychology: Political Culture in the Age of Experts*. Berkeley: University of California Press.

Herman, Louis. 2002. "Vocal, Social and Self-Imitation by Bottlenose Dolphins." Imitation in Animals and Artifacts, ed. Kerstin Dautenhahn and Chrystopher Nehaniv, 63-106. Cambridge, Mass.: MIT Press.

Hesmondhalgh, David. 2007. "Television, Film, and Creative Labor." *Flow TV7*. http://flowtv.org/ (accessed 10 March 2007).

Hewitt, Kenneth. 1994. "When the Great Planes Came and Made Ashes of Our City': Towards an Oral Geography of the Disasters of War." *Antipode* 26: 1-34.

Highmore, Ben. 2001. "Well-Upholstered." *Things* 14: 98-100.

Hochschild, Arlie R. 1983. *The Managed Heart: Commercialization of Human Feeling*. London: University of California Press.[앨리 러셀 혹실드, 『감정노동:노동은 우리의 감정을 어떻게 상품으로 만드는가』, 이가람 옮김, 이매진, 2009].

Hocking, William. 1941. "The Nature of Morale." *American Journal of Sociology* 47(3):302- 20.

Hommel, Bernhard, Jochen Musseler, Gisa Aschersleben, and Wolfgang Prinz. 2001. "The Theory of Event Coding (TEC):A Framework for Perception and Action Planning." *Behavioural and Brain Sciences* 24:849-937.

Honneth, Axel. 1995. *The Struggle for Recognition:The Moral Grammar of Social Conflicts.* Trans. Joel Anderson. Cambridge:Polity Press.[악셀 호네트, 『인정투쟁:사회적 갈등의 도덕적 형식론』, 문성훈 · 이현재 옮김, 사월의 책, 2011].

hooks, bell. 2000. *Feminist Theory:From Margin to Center.* London:Pluto Press.[벨 훅스, 『페미니즘:주변에서 중심으로』, 윤은진 옮김, 모티브북, 2010].

Horkheimer, Max, and Theodor Adorno. 1972. *Dialectic of Enlightenment.* Trans. John Cumming. New York:Continuum.[Th. W. 아도르노 · M. 호르크하이머, 『계몽의 변증법:철학적 단상』, 김유동 옮김, 문학과지성사, 2001].

Hume, David. 1975. *Enquiries Concerning Human Understanding and Concerning the Principles of Morals.* Oxford:Clarendon Press.[데이비드 흄, 『인간의 이해력에 관한 탐구』, 김혜숙 옮김, 지식을만드는지식, 2009].

_____. 1985. *A Treatise of Human Nature.* London:Penguin Books.[데이비드 흄, 『인간이란 무엇인가』, 김성숙 옮김, 동서문화사, 2009].

_____. 2008. "Of the Standard of Taste" [1757]. In *Selected Essays*, ed. Stephen Copley and Andrew Edgar, 133-53. Oxford:Oxford University Press.

Humphrey, Nicholas. 2006. *Seeing Red:A Study in Consciousness.* Cambridge, Mass.:Harvard University Press.[니컬러스 험프리, 『빨강 보기:의식의 기원』, 조세형 옮김, 이음, 2014].

Husserl, Edmund. 1989. *Ideas Pertaining to a Pure Phenomenology and to a Phenomenological Philosophy, Second Book.* Trans. Richard Rojcewicz and André Schuwer. Dordrecht:Kluwer Academic Publishers.[에드문트 후설, 『순수현상학과 현상학적 철학의 이념들』, 이종훈 옮김, 한길사, 2009].

_____. 2002. "The World of the Living Present and the Constitution of the Surrounding World That Is Outside the Flesh." In *Husserl at the Limits of Phenomenology*, ed. Leonard Lawlor and Bettina Bergo, 132-54. Evanston, Ill.:Northwestern University Press.

Huws, Ursula. 2003. *The Making of a Cybertariat:Virtual Work in a Real World.* London:Merlin Press.[어슐러 휴즈, 『싸이버타리아트』, 신기섭 옮김, 갈무리, 2004].

Illouz, Eva. 2007. *Cold Intimacies:The Making of Emotional Capitalism.* Cambridge:Polity Press.[에바 일루즈, 『감정 자본주의』, 김정아 옮김, 돌베개, 2010].

Isin, Engin. 2004. "The Neurotic Citizen." *Citizenship Studies* 8(3):217-35.

Izard, Caroll E. 2007. "Basic Emotions, Natural Kinds, Emotion Schemas, and a New Paradigm." *Perspectives on Psychological Science* 2(3):260-80.

Jamal, Ahmad. 1996. "Acculturation:The Symbolism of Ethnic Eating Among Contemporary British Consumers." *British Food Journal* 98(19):12-26.

James, Susan. 1997. *Passion and Action:The Emotions in Seventeenth-Century Philosophy.* Oxford:Clarendon Press.

James, William. 1884. "What Is An Emotion?" *Mind* 9(34):188-205.

_____. 2003. *The Meaning of Truth.* New York:Dover.

Jameson, Fredric. 1991. *Postmodernism, or, the Cultural Logic of Late Capitalism.* London:Duke University Press.[프레드릭 제임슨, 「포스트모더니즘-후기자본주의 문화논리」, 『포스트모더니즘론』, 정정호 · 강내희 엮음, 정정호 외 옮김, 문화과학사, 1990].

Johnson, Barbara. 1986. "Apostrophe, Animation, and Abortion." *Diacritics* 16(1):28-47.

_____. 1998. "Muteness Envy." In *The Feminist Difference:Literature, Psychoanalysis, Race, and Gender*, 129-54. Cambridge, Mass.:Harvard University Press.

_____. 2002. "Bringing Out D. A. Miller." *Narrative* (10)1:3-8.

Johnson, Charles. 1994. "Exchange Value." In *The Sorcerer's Apprentice:Tales and Conjurations*, 25-40. New York:Plume.

Johnston, Spencer. 1998. *Who Moved My Cheese?* London: Vermilion.[스펜서 존슨, 『누가 내 치즈를 옮겼을까?』, 이유진 옮김, 넥서스, 2005].

Johnston, John. 1998. *Information Multiplicity: American Fiction in the Age of Media Saturation*. Baltimore, Md.: Johns Hopkins University Press.

Jones, Edgar, Robin Woolvin, Bill Durodié, and Simon Wessely. 2006. "Public Panic and Morale: Second World War Civilian Responses Re-Examined in the Light of the Current Anti-Terrorist Campaign." *Journal of Risk Research* 9(1): 57-73.

Kaplan, Gisela. 2007. "Mimesis, Mimicry, Mind, and Music: Song Practice and Function in Humans and Birds, with Special Reference to the Australian Magpie." Paper presented at *Art of the Animal Symposium*, Gold Coast, Queensland, November.

Kellner, Douglas. 2003. "Toward a Critical Theory of Education." *Democracy and Nature* 9(1): 51-64.

Kennett, Lee. 1982. *A History of Strategic Bombing*. New York: Charles Scribner's Sons.

Kenny, Anthony. 1993. *Aristotle on the Perfect Life*. Oxford: Clarendon Press.

King, Stephen. 2000. *On Writing: A Memoir of the Craft*. London: Hodder and Stoughton.[스티븐 킹, 『유혹하는 글쓰기: 스티븐 킹의 창작론』, 김진준 옮김, 김영사, 2002].

Klingmann, Anna. 2007. *Brandscapes: Architecture in the Experience Economy*. Cambridge, Mass.: MIT Press.

Knowlton, Brian. 2007. "Bush Insists Al Qaeda in Iraq Threatens U.S." *New York Times*, July 24: A1.

Kohler, Evelyne, Christian Keysers, M. Alessandra Umilta, Leonardo Fogassi, Vittorio Gallese, and Giacomo Rizzolatti. 2002. "Hearing Sounds, Understanding Actions: Action Representation in Mirror Neurons." *Science* 29: 846-48.

Kojève, Alexandre. 1969. *Introduction to the Reading of Hegel: Lectures on the Phenomenology of Spirit*. Trans. James H. Nichols. New York: Basic Books.[알렉상드르 꼬제브, 『역사와 현실 변증법: 헤겔철학의 현대적 접근』, 설헌영 옮김, 한벗, 1981].

Koolhaas, Rem. 2001. *Projects for Prada: Part 1*. Milan: Fondazione Prada.

Kracauer, Siegfried. 1998. *The Salaried Masses: Duty and Distraction in Weimar Germany* [1930]. Trans. Quintin Hoare. London: Verso.

LaCapra, Dominick. 2000. *History and Reading: Tocqueville, Foucault, Frazeh Studies*. Melbourne: Melbourne University Press.

_____. 2001. *Writing History, Writing Trauma*. Baltimore, Md.: Johns Hopkins University Press.

Laclau, Ernesto, and Chantal Mouffe. 1985. *Hegemony and Socialist Strategy: Towards a Radical Democratic Politics*. London: Verso.[에르네스토 라클라우·샹탈 무페, 『헤게모니와 사회주의 전략: 급진 민주주의 정치를 향하여』, 이승원 옮김, 후마니타스, 2012].

Lakoff, George, and Mark Johnson. 1999. *Philosophy in the Flesh: The Embodied Mind and Its Challenge to Western Thought*. New York: Basic Books.[G. 레이코프·M. 존슨, 『몸의 철학: 신체화된 마음의 서구 사상에 대한 도전』, 임지룡 외 옮김, 박이정, 2002].

Landis, James. 1941. "Morale and Civilian Defense." *American Journal of Sociology* 47(3): 331-39.

Lapoujade, David. 2000. "From Transcendental Empiricism to Worker Nomadism: William James." *Pli* 9: 190-99.

Lash, Scott, and Celia Lury. 2007. *Global Cultural Industry: The Mediation of Things*. Cambridge: Polity Press.

Latour, Bruno. 2004. "How to Talk about the Body? The Normative Dimension of Science Studies." *Body and Society* 2(3): 205-29.

_____. 2007. "A Plea for Earthly Sciences." Keynote lecture for the annual meeting of the British Sociological Association, East London, April.

Lauretis, Teresa de. 1994. *The Practice of Love: Lesbian Sexuality and Perverse Desire*. Bloomington and Indianapolis: Indiana University Press.

Law, John. 1994. *Organizing Modernity*. Oxford: Blackwell.

_____. 2004. *After Method: Mess in Social Science Research*. London and New York: Routledge.

Lawrence, T. E. 1926. *Seven Pillars of Wisdom: A Triumph*. Harmondsworth: Penguin.[T.E. 로렌스, 『지혜의 일곱 기둥』, 최인자 옮김, 뿔, 2006].

_____. 1955. *The Mint*. Harmondsworth:Penguin.

Lazzarato, Maurizio. 2004. "From Capital-Labour to Capital-Life." *Ephemera* 4:187-208.

Legg, Stephen. 2005. "Foucault's Population Geographies:Classifications, Biopolitics and Governmental Spaces." *Population, Space, and Place* 11(3):137-56.

Leslie, Esther. 2005. *Synthetic Worlds:Nature, Art, and the Chemical Industry*. London:Reaktion.

Levi, Primo. 1975. *The Periodic Table*. Trans. Raymond Rosenthal. New York:Schocken.[프리모 레비, 『주기율표』, 이현경 옮김, 돌베개, 2007].

_____. 1979. *"If This Is a Man" and "The Truce."* Trans. Stuart Woolf. London:Abacus.[프리모 레비, 『이것이 인간인가』, 이현경 옮김, 돌베개, 2007].

_____. 2001. *The Voice of Memory:Interviews, 1961-1987*. Ed. Marco Belpoliti and Robert Gordon. Cambridge:Polity Press.

Lewis-Williams, David. 2004. *The Mind in the Cave:Consciousness and the Origins of Art*. London:Thames and Hudson.

Lim, Jason. 2007. "Queer Critique and the Politics of Affect." In *Geographies of Sexualities:Theory, Practices, and Politics*, ed. Kath Browne, Jason Lim, and Gavin Brown, 53-67. London:Ashgate.

Lindeman, Eduard. 1941. "Recreation and Morale." *American Journal of Sociology* 47(3):394-405.

Lindqvist, Sven. 2002. *A History of Bombing*. Trans. Linda Haverty Rugg. London:Granta.[스벤 린드크비스트, 『폭격의 역사』, 김남섭 옮김, 한겨레신문사, 2003].

Lippmann, Walter. 2007. *Public Opinion* [1922]. Charleston:BiblioBazaar.[월터 리프먼, 『여론』, 이충훈 옮김, 까치글방, 2012].

Liu, Alan. 2004. *The Laws of Cool:The Culture of Information*. Chicago:University of Chicago Press.

Locke, John. 1997. *An Essay Concerning Human Understanding*. London:Penguin Books.[존 로크, 『인간지성론』, 추영현 옮김, 동서문화사, 2011].

Lorde, Audre. 1984. *Sister Outsider:Essays and Speeches*. Trumansburg, New York:The Crossing Press.

Macey, Richard. 2007. "Too Overcome by Allure to Sniff the Truth." *Sydney Morning Herald*, Aug. 25.

MacFarquhar, Larissa. 2005. "Present Waking Life:Becoming John Ashbery." *New Yorker*, November 7:86-97.

Maley, William. 2004. "Refugees." In *The Howard Years*, ed. Robert Manne, 144-66. Melbourne:Black Inc.

Manning, Erin. 2006. "Prosthetics Making Sense:Dancing the Technogenetic Body." *Fibreculture* 9. http://journal.fibreculture.org/ (accessed 3 November, 2007).

Marcus, Greil. 1986. "Critical Response." *Critical Studies in Mass Communication* 3(1):77-81.

Margulis, Lynn, and Dorion Sagan. 1986. *Microcosmos:Four Billion Years of Evolution from our Microbial Ancestors*. New York:Summit Books.[린 마굴리스 · 도리언 세이건, 『마이크로코스모스:40억 년에 걸친 미생물의 진화사』, 홍욱희 옮김, 김영사, 2011].

Marks, John. 2000. "Foucault, Franks, Gauls:Il faut défendre la société; The 1976 Lectures at the Collège de France." *Theory, Culture, and Society* 17(5):127-47.

Marks, Laura U. 2002. *Touch:Sensuous Theory and Multisensory Media*. Minnesota:University of Minnesota Press.

Marr, David, and Marian Wilkinson. 2003. *Dark Victory*. Sydney:Allen and Unwin.

Martin, Jeannie. 2000. "Shame and Violence." Paper presented at "Synthetics," the annual conference of the Cultural Studies Association of Australasia, University of Western Sydney, Australia, December.

Marx, Karl. 1974. *Economic and Philosophical Manuscripts*. Moscow:Progress Publishers.[칼 마르크스, 『경제학-철학 수고』, 강유원 옮김, 이론과실천, 2006].

Massumi, Brian. 1992. *A User's Guide to Capitalism and Schizophrenia:Deviations from Deleuze and Guattari*. Cambridge, Mass.:MIT Press.[브라이언 마수미, 『천개의 고원 사용자 가이드』, 조현일 옮김, 접힘펼침, 2005].

_____. 1993. "Everywhere You Want to Be:Introduction to Fear." In *Politics of Everyday Fear*, 3-38. Minneapolis:University of Minnesota Press.

_____. 1995. "The Autonomy of Affect." *Cultural Critique* 31:83-109.

_____. 1998. "Requiem for Our Prospective Dead:Towards a Participatory Critique of Capitalist Power." In *Deleuze and Guattari:New Mappings in Politics, Philosophy, and Culture*, ed. Eleanor Kaufman and Kevin Jon

Heller, 40-63. Minneapolis:University of Minnesota Press.

_____. 2002. *Parables for the Virtual:Movement, Affect, Sensation*. Durham, N.C.:Duke University Press.[브라이언 마수미, 『가상계』, 조성훈 옮김, 갈무리, 2011].

_____. 2003. "The Archive of Experience." In *Information Is Alive:Art and Theory on Archiving and Retrieving Data*, ed. Joke Brouwer and Arjen Mulder, 142-51. Rotterdam:V2_Publishing/NAI Publishers.

_____. 2005a. "The Future Birth of the Affective Fact." *Conference Proceedings:Genealogies of Biopolitics* 2. http://browse.reticular.info/text/collected/massumi. pdf (accessed 30 April 30 2006).

_____. 2005b. "Fear (The Spectrum Said)." *Positions* 13(1):31-48.

Massumi, Brian, and Mary Zournazi. 2002. "Navigating Movements." In *Hope:New Philosophies for Change*, ed. Mary Zournazi, 210-43. Melbourne:Pluto.

Maturana, Humberto, and Francisco Varela. 1980. *Autopoiesis and Cognition*. Boston:Reidel.

Mauss, Marcel. 1972. *A General Theory of Magic*. Trans. Robert Brain. New York:W. W. Norton and Company.

_____. 2006. *Techniques, Technology, and Civilisation*. New York:Berghahn Books.

Mbembe, Achille. 2003. "Necropolitics." *Public Culture* 15:11-40.

McCloskey, Deirdre N. 2006. *The Bourgeois Virtues:Ethics for an Age of Commerce*. Chicago:University of Chicago Press.

McCormack, Derelc 2005. "Diagramming Practice and Performance." *Environment and Planning D* 23:119-47.

McCracken, Grant. 1996. *Big Hair:A Journey into the Transformation of Self*. Woodstock, N.Y.:Overlook Press.

McKercher, Catherine, and Vincent Mosco. 2007. *Knowledge Workers in the Information Society*. Lanham, Md.:Lexington Books.

McLaine, Ian. 1979. *Ministry of Morale:Home Front Morale and the Ministry of Information in World War II*. London:Allen and Unwin.

McLaren, Peter. 1989. *Life in Schools:An Introduction to Critical Pedagogy in the Foundations of Education*. New York:Longman.

McMahon, Darrin M. 2006. *Happiness:A History*. New York:Atlantic Monthly Press.[대린 맥마흔, 『행복의 역사:희망과 절망, 쾌락과 은총, 낭만과 비극으로 아로새긴 역사의 이중주 인류의 상상력과 욕망을 지배한 아주 특별한 기록』, 윤인숙 옮김, 살림, 2008].

McNeill, David. 1992. *Hand and Mind:What Gestures Reveal about Thought*. Chicago:Chicago University Press.

McRobbie, Angela. 2004. "Post-Feminism and Popular Culture." *Feminist Media Studies* 4(3):255-64.

McWilliam, Erica. 1996. "Admitting Impediments:Or Things to Do with Bodies in the Classroom." *Cambridge Journal of Education* 26(3):367-78.

Meltzoff, Andrew N., and M. Keith Moore. 1995. "Infants' Understanding of People and Things:From Body Imitation to Folk Psychology." In *The Body and the Self*, ed. José Luis Bermudez, Anthony J. Marcel, and Naomi Eilan, 43-70. Cambridge, Mass.:MIT Press.

Merleau-Ponty, Maurice. 1974. *Phenomenology, Language and Sociology:Selected Essays of Maurice Merleau-Ponty*. London:Heinemann Educational.

_____. 1999. *The Phenomenology of Perception*. Trans. C. Smith. London:Routledge.[모리스 메를로-퐁티, 『지각의 현상학』, 류의근 옮김, 문학과지성사, 2002].

Michaels, Eric. 1997. *Unbecoming*. Durham, N.C.:Duke University Press.

Mill, John Stuart. 1906. *Utilitarianism*. Chicago:University of Chicago Press.[존 스튜어트 밀, 『공리주의』, 박상혁 옮김, 계명대학교출판부, 2014].

Miller, Mark Crispin. 2002. *The Bush Dyslexicon:Observations on a National Disorder*. New York:Norton.[마크 크리스핀 밀러, 『부시의 언어장애』, 김태항 옮김, 한국방송출판, 2002].

Miller, William Ian. 1997. *The Anatomy of Disgust*. Cambridge, Mass.:Harvard University Press.

Mills, C. Wright. 1953. *White Collar:The American Middle Classes*. New York:Oxford University Press.[C. 라이트 밀즈, 『화이트 칼라:현대 미국 중간계급의 연구』, 강희경 옮김, 돌베개, 1980].

Milton, John. 1998. "On His Blindness." In *John Milton:The Complete Poems*, ed. John Leonard, 84. London:Penguin.

Mitchell, Juliet. 2001. *Mad Men and Medusas: Reclaiming Hysteria*. New York: Basic Books.

Mitropoulos, Angela, and Brett Neilson. 2006. "Exceptional Times, Non-governmental Spacings, and Impolitical Movements." *Vacarme 34*. http://www.vacarme.org/ (accessed 21 August 2006).

Monroe, Jo. 2005. *Star of India: The Spicy Adventures of Curry*. Chichester: John Wiley.

Montessori, Maria. 1966. *The Montessori Method*. New York: Schocken Books.[『몬테소리 교육법』, 이정규 옮김, 한국몬테소리연구소, 2007].

Moran, Joe. 2005. *Reading the Everyday*. London: Routledge.

Morris, Meaghan. 1998. *Too Soon, Too Late: History in Popular Culture*. Bloomington: Indiana University Press.

_____. 2006. *Identity Anecdotes: Translation and Media Culture*. Thousand Oaks, Calif.: Sage Publications.

Mousa, Suleiman. 1966. *T. E. Lawrence: An Arab View*. Trans. Albert Butros. Oxford: Oxford University Press.

Nancy, Jean-Luc. 2006. "Church, State, Resistance." In *Political Theologies: Public Religions in a Post-Secular World*, ed. Hent De Vries and Lawrence Sullivan, 102-12. New York: Fordham University Press.

Nathanson, Donald L. 1992. *Shame and Pride: Affect, Sex, and the Birth of the Self*. New York: W. W. Norton and Company.

Nealon, Jeffrey. 2008. *Foucault beyond Foucault: Power and Its Intensifications since 1984*. Stanford, Calif.: Stanford University Press.

Negri, Antonio. 1991. *The Savage Anomaly: The Power of Spinoza's Metaphysics and Politics*. Trans. Michael Hardt. Minneapolis: University of Minnesota Press.[안토니오 네그리, 『야만적 별종: 스피노자에 있어서 권력과 역능에 관한 연구』, 윤수종 옮김, 푸른숲, 1997].

_____. 1999a. *Insurgencies: Constituent Power and the Modern State*. Trans. Maurizia Boscagli. Minnesota: University of Minnesota Press.

_____. 1999b. "Value and Affect." *Boundary 2* 26(2):77-88.[안토니오 네그리, 「가치와 정동」, 『비물질노동과 다중』, 조정환 외 옮김, 갈무리, 2005].

Neilson, Brett, and Ned Rossiter. 2005. "From Precarity to Precariousness and Back Again: Labour, Life, and Unstable Networks." *Fibreculture 5*. http://journal.fibreculture.org/ (accessed 11 November 2007).

Newnes, Craig, Guy Holmes, and Cailzie Dunn. 1999. *This Is Madness: A Critical Look at Psychiatry and the Future of Mental Health Services*. Llangarron, U.K.: PCCS Books.

Ngai, Sianne. 2005. *Ugly Feelings*. Cambridge, Mass.: Harvard University Press.

_____. 2006. "Competitiveness: From Sula to Tyra." *Women's Studies Quarterly* 34:105-39.

Nicholsen, Shierry Weber. 1997. "Aesthetic Theory's Mimesis of Walter Benjamin." In *Exact Imagination, Late Work: On Adorno's Aesthetics*, 137-80. Cambridge, Mass.: MIT Press.

Nietzsche, Friedrich. 1968. *The Will to Power*. Trans. Walter Kaufman and R. J. Hollingdale. New York: Vintage.[프리드리히 니체, 『권력에의 의지』, 강수남 옮김, 청하, 1988].

Noble, Greg. 2004. "Accumulating Being." *International Journal of Cultural Studies* 7(2):233-56.

Nunes, Mark 2006. *Cyberspaces of Everyday Life*. Minneapolis: University of Minnesota Press.

Oakes, Guy. 1994. *The Imaginary War: Civil Defense and American Cold War Culture*. New York: Oxford University Press.

Obama, Barack. 2007. *The Audacity of Hope: Thoughts on Reclaiming the American Dream*. Melbourne: Text Publishing.[버락 오바마, 『담대한 희망』, 홍수원 옮김, 랜덤하우스코리아, 2007].

Office of Strategic Services Planning Group. 1943. "Doctrine Regarding Rumors." http://www.icdc.com/~paulwolf/oss/rumormanual2june1943.htm (accessed 3 May 2007).

Ojakangas, Mika. 2005. "Impossible Dialogue on Biopower: Agamben and Foucault." *Foucault Studies* 2:5-28.

Ophir, Adi. 2007. "The Two-State Solution: Providence and Catastrophe." *Journal of Homeland Security and Emergency Management* 4(1):1-44.

Orr, Jackie. 2006. *Panic Diaries: A Genealogy of Panic Disorder*. London: Duke University Press.

Orwell, George. 1952. *Homage to Catalonia*. Orlando, Fla.: Harcourt.[조지 오웰, 『카탈루냐 찬가』, 김영희 · 김정은 · 이진숙 옮김, 부북스, 2013].

_____. 1975. *The Road to Wigan Pier* [1937]. London: Penguin.[조지 오웰, 『위건 부두로 가는 길』, 김설자 옮김,

부북스, 2013].

_____. 1980. "Such, Such Were the Joys." In *Collected Essays, Journalism, and Letters:In Front of Your Nose, 1945-50*, 330-68. Harmondsworth:Penguin.[조지 오웰, 「정말, 정말 좋았지」, 『나는 왜 쓰는가:조지 오웰 에세이』, 이한중 옮김, 한겨레출판, 2010].

_____. 2003. *Down and Out in Paris and London* [1933]. London:Penguin.[조지 오웰, 『파리와 런던 거리의 성자들:소외된 사람들을 위한 조지 오웰 자전소설』, 자운영 옮김, 세시, 2012].

Ó Tuathail, Gearóid. 2003. "'Just out Looking for a Fight':American Affect and the Invasion of Iraq." *Antipode* 35:856-70.

Oyama, Susan. 2000. *The Ontogeny of Information:Developmental Systems and Evolution*. Durham, N.C.:Duke University Press.

Pape, Robert. 1996. *Bombing to Win:Air Power and Coercion in War*. Ithaca, N.Y.:Cornell University Press.

Parisi, Luciana. 2004. *Abstract Sex:Philosophy, Bio-Technology, and the Mutations of Desire*. London:Continuum.

Parisi, Luciana, and Steve Goodman. 2005. "The Affect of Nanoterror." *Culture Machine* 7. http://culturemachine.net/accessed 30 April 2006).

Parisi, Luciana, and Tiziana Terranova. 2000. "Heat-Death:Emergence and Control in Genetic Engineering and Artificial Life." *Ctheory*. www.ctheory.net (accessed 30 April 2006).

Park, Robert. 1941. "Morale and the News." *American Journal of Sociology* 47(3):360-77.

Parker, Ian, Eugenie Georgaca, David Harper, Terence McLaughlin, and Mark Stowell-Smith. 1995. *Deconstructing Psychopathology*. London:Sage.

Pastoureau, Michel. 2001. *Blue:The History of a Color*. Princeton, N.J.:Princeton University Press.[미셸 파스투로, 『블루, 색의 역사:성모마리아에서 리바이스까지』, 고봉만 · 김연실 옮김, 한길아트, 2002].

Pearson, Keith Ansell. 1999. *Germinal Life:The Difference and Repetition of Deleuze*. New York:Routledge.[키스 안셀 피어슨, 『싹트는 생명:들뢰즈의 차이와 반복』, 이정우 옮김, 산해, 2005].

Peirce, Charles S. 1998a. "The Categories Defended." In *The Essential Peirce*. Vol. 2., *Selected Philosophical Writings, 1893-1913*, ed. Peirce Edition Project, 160-78. Indianapolis:Indiana University Press.

_____. 1998b. "Excerpts from Letters to Lady Welby." In *The Essential Peirce*. Vol. 2., *Selected Philosophical Writings, 1893-1913*, ed. Peirce Edition Project, 477-91. Indianapolis:Indiana University Press.

_____. 1998c. "Of Reasoning in General." In *The Essential Peirce*. Vol. 2., *Selected Philosophical Writings, 1893-1913*, ed. Peirce Edition Project, 11-26. Indianapolis:Indiana University Press.

_____. 1998d. "What Is A Sign?" In *The Essential Peirce*, Vol. 2, *Selected Philosophical Writings, 1893-1913*, ed. Peirce Edition Project, 4-10. Bloomington:Indiana University Press.

Pepperberg, Irene M. 1990. "Cognition in an African Grey Parrot." *Journal of Comparative Psychology* 104(1):41-52.

Phelps, Elizabeth A. 2005. "Emotion and Cognition:Insights from Studies of the Human Amygdala." *Annual Review of Psychology* 57:27-53.

Piaget, Jean. 1997. *The Language and Thought of the Child*. London:Routledge.[Jean Piaget, 『兒童의 言語와 思考』, 송명자 · 이순형 옮김, 중앙적성출판사, 1985].

Plath, Sylvia. 2001. The Bell Jar. London:Faber and Faber.[실비아 플라스, 『벨 자』, 공경희 옮김, 마음산책, 2008].

"Plus de panique!" 2005. *La Presse* (Montreal), May 17:A22.

Postrel, Virginia. 2003. *The Substance of Style:How the Rise of Aesthetic Value Is Remaking Commerce, Culture, and Consciousness*. New York:Harper Collins.[버지니아 포스트렐, 『스타일의 전략』, 신길수 옮김, 을유문화사, 2004].

_____. 2005. "A Golden World." In *Glamour:Fashion, Industrial Design, Architecture*, ed. Joseph Rosa, Phil Patton, Virginia Postrel, and Valerie Steele, 24-35. New Haven, Conn.:Yale University Press.

Potolosky, Matthew. 2006. *Mimesis*. Routledge:New York and London.

Potter, Jonathan. 1996. *Representing Reality:Discourse, Rhetoric, and Social Construction*. London and Thousand Oaks, Calif.:Sage.

"President Bush Holds a News Conference:Transcript." 2007. *Washington Post*, August 9.

Prigogine, Ilya, and Isabelle Stengers. 1984. *Order Out of Chaos:Man's New Dialogue With Nature*. New York:Bantam Books.[일리야 프리고진 · 이사벨 스텐저스, 『혼돈으로부터의 질서:인간과 자연의 새로운 대화』, 신국조 옮김, 자유아카데미, 2011].

Pringle, Rosemary. 1988. *Secretaries Talk:Sexuality, Power and Work*. Sydney:Allen and Unwin.

Probyn, Elspeth. 2004. "Teaching Bodies:Affects in the Classroom." *Body and Society* 10(4):21-43.

———. 2005. *Blush:Faces of Shame*. Minneapolis:University of Minnesota Press.

Proust, Marcel. 1992. *Remembrance of Things Past*, Vol. 3. New York:Vintage Books.[마르셀 프루스트, 『잃어버린 시간을 찾아서. 3, 꽃핀 소녀들의 그늘에서 1』, 김희영 옮김, 민음사, 2014].

Puar, Jasbir. 2007. *Terrorist Assemblages:Homonationalism in Queer Times*. Durham, N.C.:Duke University Press.

Rancière, Jacques. 2004. *The Politics of Aesthetics:The Distribution of the Sensible*. Trans. Gabriel Rockhill. London and New York:Continuum.[자크 랑시에르, 『감성의 분할:미학과 정치』, 오윤성 옮김, b, 2008].

Reay, Diane. 2005. "Beyond Consciousness? The Psychic Landscape of Social Class." *Sociology* 39:911-28.

Redding, Paul. 1999. *The Logic of Affect*. Melbourne:Melbourne University Press.

Reed, Edward S. 1995. "Becoming a Self." In The Self in Infancy:Theory and Research, ed. Philippe Rochat, 431-48. Amsterdam:Elsevier.

Ricco, John Paul. 2002. *The Logic of the Lure*. Chicago:University of Chicago Press.

Rizzolatti, Giacomo. 1994. "Nonconscious Motor Images." *Behavioral and Brain Science* 17:220.

Rizzolatti, Giacomo, and Michael A. Arbib. 1998. "Language within Our Grasp." *Trends in Neuroscience* 21:188-94.

Roach, Joseph. 2007. *It*. Ann Arbor:University of Michigan Press.

Robin, Ron. 2001. *The Making of the Cold War Enemy:Culture and Politics in the Military-Industrial Complex*. Princeton, N.J.:Princeton University Press.

Roethke, Theodore. 1976. "I Knew a Woman." *The Penguin Book of Love Poetry*. New York:Penguin Press, 181.

"Romanian Orphanages." 2006. ITV News, September 21 (airdate).

Ross, Andrew. 2004. *No Collar:The Humane Workplace and Its Hidden Costs*. New York:Basic Books.

———. 2006. *Fast Boat to China:Corporate Flight and the Consequences of Free Trade; Lessons from Shanghai*. New York:Pantheon.

———. 2009. *Nice Work If You Can Get It:Life and Labor in Precarious Times*. New York:New York University Press.

Ross, Daniel. 2004. *Violent Democracy*. Cambridge:Cambridge University Press.

Rossiter, Ned. 2007. "YourSpace Is Mytime, or, What Is the Lurking Dog Going to Do Leave a Comment?" Paper presented at New Cultural Networks:You Google My Second Space, Theater van't Woord, Openbare Bibliotheek Amsterdam, Stifo@sandberg Institute of Design, Amsterdam, Nov. 2. http://www.re-public.gr/en/ (accessed 11 November 2007).

Ryman, Geoff. 1992. *Was*. New York:Penguin.

Sadler, John Z. 2005. *Values and Psychiatric Diagnosis*. Oxford:Oxford University Press.

Scarry, Elaine. 1985. *The Body in Pain:The Making and Unmaking of the World*. Oxford:Oxford University Press.

———. 1997. "Imagining Flowers:Perceptual Mimesis (Particularly Delphinium)." *Representations* 57:90-115.

Schlunke, Katrina. 2006. "Ecologue." *Cultural Studies Review* 12(1):202-6.

Schmitt, Eric, and Richard W. Stevenson. 2004. "Admitting Intelligence Flaws, Bush Stands by Need for War." *New York Times*, July 10:A9.

Sedgwick, Eve Kosofsky. 1998. "A Dialogue on Love." *Critical Inquiry* 24(2):611-31.

———. 2003. *Touching Feeling:Affect, Performativity, Pedagogy*. Durham, N.C.:Duke University Press.

———. 2006. "Teaching/Depression." *The Scholar and the Feminist Online* 4(2). http://www.barnard.columbia.edu/sfonline/heilbrun/sedgwick_01.htm (accessed Feb. 25, 2008).

———. 2007. "Melanie Klein and the Difference Affect Makes." South Atlantic Quarterly 106(3):62S-42.

Sedgwick, Eve Kosofsky, and Adam Frank. 1995a. "Shame in the Cybernetic Fold:Reading Silvan Tomkins." In *Shame and Its Sisters:A Silvan Tomkins Reader*, ed. Eve Kosofsky Sedgwick and Adam Frank, 1-28. Durham, N.C.:Duke University Press.

———. eds. 1995b. *Shame and Its Sisters:A Silvan Tomkins Reader*. Durham, N.C.:Duke University Press.

Sedgwick, Peter. 1982. *Psycho Politics: Laing, Foucault, Goffman, Szasz, and the Future of Mass Psychiatry*. New York: Harper and Row.

Seigworth, Gregory. 2003. "Fashioning a Stave, or, Singing Life." In *Animations of Deleuze and Guattari*, ed. Jennifer Daryl Slack, 75-105. New York: Peter Lang Publishing.

_____. 2007a. "Cultural Studies and Gilles Deleuze." In *New Cultural Studies: Adventures in Theory*, ed. Gary Hall and Clare Birchall, 107-27. Edinburgh: Edinburgh University Press.

_____. 2007b. "Little Affect: Hallward's Deleuze." *Culture Machine*. http://culturemachine.net/ (accessed 10 October 2007).

Semprún, Jorge. 1984. *What a Beautiful Sunday!* London: Sphere Books.

Sennett, Richard. 1998. *The Corrosion of Character: The Personal Consequences of Work in the New Capitalism*. New York: W. W. Norton.[리처드 세넷, 『신자유주의와 인간성의 파괴』, 조용 옮김, 문예출판사, 2002].

Serres, Michel. 1982. "The Origin of Language: Biology, Information Theory, and Thermodynamics." In *Hermes: Literature, Science, Philosophy*, ed. Harari, Josue V. and David Bell, 71-83. Baltimore, Md.: Johns Hopkins University.

Shannon, Claude. 1948. "A Mathematical Theory of Communication." *Bell System Technical Journal* 27 (July & October): 379-423 and 623-56.

Shaviro, Steven. 2007. "Pulses of Emotion: Whitehead's 'Critique of Pure Feeling.'" *The Pinocchio Theory*. http://www.shaviro.com/ (accessed 1 July 2007).

Sherry, Michael. 1987. *The Rise of American Air Power: The Creation of Armageddon*. New Haven, Conn.: Yale University Press.

Shouse, Eric. 2005. "Feeling, Emotion, Affect." *M/C Journal* 8(6). http://journal.mediaculture.org.au/ (accessed 13 August 2007).

Simmel, Georg. 1968. "Sociological Aesthetics" [1896]. In *The Conflict in Modern Culture and Other Essays*, 68-80. Trans. K. Peter Etzkorn. New York: Teachers College Press.

Simondon, Gilbert. 1992. "The Genesis of the Individual." In *Incorporations*, ed. Jonathan Crary and Sanford Kwinter, 297-319. New York: Zone Books.

Simpson, Christopher. 1994. *Science of Coercion: Communication Research and Psychological Warfare 1945-1960*. New York: Oxford University Press.[크리스토퍼 심슨, 『강압의 과학: 커뮤니케이션 연구와 심리전, 1945~1960』, 정용욱 옮김, 선인, 2009].

Skeggs, Beverley. 2004. *Class, Self, Culture*. London: Routledge.

Sloterdijk, Peter. 2007. "What Happened in the Twentieth Century? En Route to a Critique of Extremist Reason." *Cultural Politics* 3: 327-55.

Smail, David John. 2001a. "On Not Being Able to Eff the Ineffable." In *Spirituality and Psychotherapy*, ed. S. King-Spooner and C. Newnes, 47-51. Ross-on-Wye, U.K.: PCCS Books.

_____. 2001b. *The Nature of Un-Happiness*. London: Robinson Publishing.

_____. 2005. *Power, Interest, and Psychology: Elements of Social Materialist Understanding of Distress*. Ross-on-Wye, U.K.: PCCS Books.

Smith, Adam. 2000. *The Theory of Moral Sentiments*. New York: Prometheus Books.[애덤 스미스, 『도덕감정론』, 박세일 · 민경국 옮김, 비봉출판사, 2009].

Sofer, Andrew. 2003. *The Stage Life of Props*. Ann Arbor: University of Michigan Press.

Sorgente di vita. 2001. *Television program*. Italy. Jan. 25.

Soucy, Louise Maude Rioux. 2005. "Le virus de la prochaine pandémie de grippe n'existe pas encore." *Le Devoir*, October 19: A1.

Spinoza, Benedict. 1952. "Ethics." In *Descartes/Spinoza*, 349-463. Chicago: Encyclopedia Britannica.

_____. 1959. *Ethics; On the Correction of Understanding*. Trans. Andrew Boyle. London: Everyman's Library.[B. 스피노자, 『에티카』, 황태연 옮김, 비홍출판사, 2014].

_____. 1994. "The Ethics." In *A Spinoza Reader: The Ethics and Other Works*, ed. and trans. Edwin Curley, 85-265. Princeton, N.J.: Princeton University Press.

Stafford, Barbara Maria. 2007. *Echo Objects: The Cognitive Work of Images*. Chicago: University of Chicago Press.

Stengers, Isabelle. 2007. "Diderot's Egg: Divorcing Materialism from Eliminativism." *Radical Philosophy* 144: 7-15.

Stern, Daniel N. 1985. *The Interpersonal World of the Infant*. New York: Basic Books.

_____. 1993. "The Role of Feelings for an Interpersonal Self." In *The Perceived Self: Ecological and Interpersonal Sources of Self-Knowledge*, ed. Ulric Neisser, 205-15. Cambridge: Cambridge University Press.

_____. 2004. *The Present Moment in Psychotherapy and Everyday Life*. New York: W. W. Norton and Company.

Stewart, Kathleen. 2007. *Ordinary Affects*. Durham, N.C.: Duke University Press.

Stiegler, Bernard. 1998. *Technics and Time: The Fault of Epimetheus*. Trans. Richard Beardsworth and George Collins. Stanford, Calif.: Stanford University Press.

Stoler, Ann. 2004. "Affective States." In *A Companion to the Anthropology of Politics*, ed. David Nugent and Joan Vincent, 4-20. New York: Blackwell.

Sullivan, Harry. 1941. "Psychiatric Aspects of Morale." *American Journal of Sociology* 47(3): 277-301.

Szasz, Thomas Stephen. 1974. *The Myth of Mental Illness: Foundations of a Theory of Personal Conduct*. Rev. ed. London: Harper and Row.

Taussig, Michael. 1993. *Mimesis and Alterity: A Particular History of the Senses*. New York and London: Routledge.

Taylor, Mark C. 2001. *The Moment of Complexity: Emerging Network Culture*. Chicago: University of Chicago Press.

Terada, Rei. 2001. *Feeling in Theory: Emotion after the "Death of the Subject."* Cambridge, Mass.: Harvard University Press.

Terranova, Tiziana. 2004. *Network Culture: Politics for the Information Age*. London: Pluto.

Thacker, Eugene. 2004. *Biomedia*. Minneapolis: University of Minnesota Press.

_____. 2005a. "Nomos, Nosos, and Bios." *Culture Machine* 7. http://culturemachine.net/ (accessed 30 April, 2006).

_____. 2005b. *The Global Genome: Biotechnology, Politics, and Culture*. Cambridge, Mass.: MIT Press.

Thrailkill, Jane F. 2006. "Emotive Realism." *JNT: Journal of Narrative Theory* 36: 365-88.

_____. 2007. *Affecting Fictions: Mind, Body, and Emotion in American Literary Realism*. Cambridge, Mass.: Harvard University Press.

Thrift, Nigel. 2004. "Intensities of Feeling: Towards a Spatial Politics of Affect." *Geografiska Annaler* 86: 57-78.

_____. 2005. *Knowing Capitalism*. London: Sage.

_____. 2006. "Re-Inventing Invention: New Tendencies in Capitalist Commodification." *Economy and Society* 35(2): 279-306.

_____. 2008a. "Talent Worlds." Paper presented at the Cultural Political Economy Workshop, University of Ottawa, June 16.

_____. 2008b. "Re-Animating the Place of Thought." In *Community, Economic Creativity and Organization*, ed. A. Amin and J. Roberts, 90-119. Oxford: Oxford University Press.

_____. Forthcoming. "Halos: Finding Space in the World for New Political Forms." In *The Politics of Stuff*, ed. B. Braun and S. J. Whatmore. Minneapolis: University of Minnesota Press.

Tomkins, Silvan. 1962. *Affect, Imagery and Consciousness: The Positive Affects*. New York: Springer Publishing Company.

_____. 1992. *Affect, Imagery, Consciousness*. Vol 4. New York: Springer.

Tomkins, Silvan S., and Carroll E. Izard. 1966. *Affect, Cognition, and Personality: Empirical Studies*. London: Tavistock Press.

Toscano, Alberto. 2007. "'European Nihilism' and Beyond: Commentary by Alberto Toscano." In *The Century*, by Alain Badiou, trans. Alberto Toscano, 179-201. London: Polity Press.

Trentmann, Frank. 2007. "Before 'Fair Trade': Empire, Free Trade, and the Moral Economies of Food in the Modern World." *Environment and Planning D: Society and Space* 25: 1079-1102.

Trevarthen, Colwyn. 1999/2000. "Musicality and the Intrinsic Motive Pulse: Evidence from Human Psychobiology and Infant Communication." In "Rhythms, Musical Narrative, and the Origins of Human Communication," special issue, *Musicae Scientae*: 157-213.

_____. 2002. "Can a Robot Hear Music? Can a Robot Dance? Can a Robot Tell What It Knows or Intends to Do? Can it Feel Pride or Shame in Company? Questions of the Nature of Human Vitality." In *2002 Proceedings of the Second International Workshop in Epigenetic Robots: Modelling Cognitive Development in Robotic Systems*, ed. C. G. Prince et al., 79-86. Lund, Sweden: Lund University Press.

Tucker, Ian M. 2006. "Deterritorialising Mental Health: Unfolding Service User Experience." Unpublished Ph.D. diss. Loughborough University, U.K.

Turkle, Sherry. 2005. *The Second Self: Computers and the Human Spirit*. Cambridge, Mass.: MIT Press.

Turner, Graeme. 2004. *Understanding Celebrity*. London: Sage.

Ukai, Satoshi. 2001. "The Future of an Affect: The Historicity of Shame." *Traces* 1: 3-36.

Ulio, James. 1941. "Military Morale." *American Journal of Sociology* 47(3): 321-30.

Ullman, Ellen. 1996. "Come In, CQ: The Body on the Wire." In *Wired Women: Gender and New Realities in Cyberspace*, ed. Lynn Cherny and Elizabeth Reba Weise, 3-23. Seattle: Seal Press.

Ullman, Harlan, and James Wade. 1996. *Shock and Awe: Achieving Rapid Dominance*. Washington, D.C.: National Defense University.

United States Strategic Bombing Survey. 1947a. *Effects of Bombing on German Morale*. 2 vols. European Survey Report #64B Morale Division. Washington, D.C.

_____. 1947b. *The Effects of Strategic Bombing on Japanese Morale*. Pacific Survey Report #14 Morale Division. Washington, D.C.

Van Baaren, Rick B., Terry G. Horgan, Tanya L. Chartrand, and Marit Dijkmans. 2004. "The Forest, the Trees, and the Chameleon: Context Dependence and Mimicry," *Journal of Personality and Social Psychology* 86(3): 453-59.

Van Creveld, Martin. 1991. *Technology and War: From 2000 B.C. to the Present*. Toronto: Maxwell Macmillan.[마틴 반 클레벨트, 『과학기술과 전쟁: B.C. 2000부터 오늘날까지』, 이동욱 옮김, 황금알, 2006].

Van der Veer, René, and Jaan Valsiner. 1991. *Understanding Vygotsky: A Quest for Synthesis*. Oxford: Blackwell.

Varela, Francisco. 1999. "The Specious Present: A Neurophenomenology of Time Consciousness." In *Naturalizing Phenomenology*, ed. Jean Petitot, Francisco Varela, Bernard Pachoud, and Jean-Michel Roy, 266-312. Stanford, Calif: Stanford University Press.

Varela, Francisco, Evan T. Thompson, and Eleanor Rosch. 1993. *The Embodied Mind: Cognitive Science and Human Experience*. Cambridge, Mass.: MIT Press.[프란시스코 바렐라 · 에반 톰슨 · 엘리노어 로쉬, 『몸의 인지과학』, 석봉래 옮김, 김영사, 2013].

Veenhoven, Ruut. 1984. *Conditions of Happiness*. Dordrecht: R. Rieidal Publishing.

Vick, Malcolm. 1996. "Fixing the Body: Prescriptions for Pedagogy 1850-1950." In *Pedagogy, Technology, and the Body*, ed. Erica McWilliam and Peter G. Taylor, 113-26. New York: Peter Lang.

Virilio, Paul. 2005. *City of Panic*. Trans. Julie Rose. London: Berg.

Virilio, Paul, and Sylvere Lotringer. 1997. *Pure War*. New York: Semiotext(e).

Virno, Paul. 2004. *A Grammar of the Multitude: For an Analysis of Contemporary Forms of Life*. Trans. Isabella Bertoletti, James Cascaito, and Andrea Casson. New York: Semiotext(e).[빠올로 비르노, 『다중: 현대의 삶 형태에 관한 분석을 위하여』, 김상운 옮김, 갈무리, 2004].

Virtanen, Akseli. 2004. "General Economy: The Entrance of Multitude into Production." *Ephemera* 4(3): 225.

Visram, Rozina. 2002. *Asians in Britain: 400 Years of History*. London: Pluto Press.

Vygotsky, Lev. 1986. *Thought and Language*. Ed. Alex Kozulin. Cambridge, Mass.: MIT Press.[레프 비고츠키, 『사고와 언어』, 이병훈 · 이재혁 · 허승철 옮김, 한길사, 2013].

_____. 1987. "The Problem and the Method of Investigation." In *The Collected Works of L. S. Vygotsky*, ed. Robert W. Rieber and Aaron S. Carton, 1: 43-52. New York: Plenum Press.

Walkerdine, Valerie. 1984. "Developmental Psychology and the Child-Centred Pedagogy: The Insertion of Piaget into Early Education." In *Changing the Subject: Psychology, Social Regulation, and Subjectivity*, ed. Jacques Henriques, Wendy Hollway, Cathy Urwin, Couze Venn, and Valerie Walkerdine, 148-98. London: Methuen.

Watkins, Megan. 2005. "The Erasure of Habit:Tracing the Pedagogic Body." *Discourse* 26(2):167-81.

_____. 2006. "Pedagogic Affect/Effect:Embodying the Desire to Learn." *Pedagogies* 1(4):269-82.

_____. 2007. "Thwarting Desire:Discursive Constraint and Pedagogic Practice." *International Journal of Qualitative Studies in Education* 20(3):301-18.

Weber, Samuel. 2004. *Theatricality as Medium*. New York:Fordham University Press.

_____. 2005. *Targets of Opportunity:On the Militarization of Thinking*. New York:Fordham University Press.

Weissenstein, Michael. 2005. "Officials:NYC Terror Plot Uncorroborated." *Star-Ledger* (Newark, N.J.), Oct. 9:6.

Whitehead, Alfred North. 1933. *Adventures of Ideas*. New York:Free Press.[알프레드 노스 화이트헤드, 『관념의 모험』, 오영환 옮김, 한길사, 1996].

_____. 1979. *Process and Reality*. New York:Free Press.[A.N. 화이트헤드, 『과정과 실재:유기체적 세계관의 구상』, 오영환 옮김, 민음사, 2009].

Whyte, William H. 1963. *The Organization Man* [1936]. Harmondsworth, Middlesex, U.K.:Penguin Books.

Wiener, Norbert. 1950. *The Human Use of Human Beings*. Boston:Houghton Mifflin.[노버트 위너, 『인간의 인간적 활용:사이버네틱스와 사회』, 이희은·김재영 옮김, 텍스트, 2011].

Williams, Raymond. 1977. *Marxism and Literature*. Oxford and New York:Oxford University Press.[레이먼드 윌리엄스, 『마르크스주의와 문학』, 박만준 옮김, 지식을만드는지식, 2013].

_____. 1979. *Politics and Letters:Interviews with New Left Review*. London:New Left Books.

_____. 1980. *Problems in Materialism and Culture*. London and New York:Schocken Books.

Wilson, Jason. 2006. "Rough Chuckles:Mourning the Public Sphere in Online Comics." Paper delivered at the Association of Internet Researchers Annual Conference 7.0:Internet Convergences. Brisbane, September.

Winnicott, Donald W. 1965. "The Theory of the Parent-Infant Relationship." In *The Maturational Processes and the Facilitating Environment*, ed. Donald W. Winnicott, 37-55. New York:International Universities Press.

_____. 1978. *The Child, the Family, and the Outside World*. Harmondsworth:Penguin Books.

_____. 2006. *The Family and Individual Development*. London:Routledge.

Wolf, Nancy S., Mary E. Gales, Estelle Shane, and Morton Shane. 2001. "The Developmental Trajectory from Amodal Perception to Empathy and Communication:The Role of Mirror Neurons in This Process." *Psychoanalytic Inquiry* 21:94-112.

Wolin, Sheldon. 2008. *Democracy Incorporated:Managed Democracy and the Specter of Inverted Totalitarianism*. Princeton, N.J.:Princeton University Press.[셸던 월린, 『이것을 민주주의라고 말할 수 있을까?:관리되는 민주주의와 전도된 전체주의의 유령』, 우석영 옮김, 후마니타스, 2013].

Wood, Michael. 2005. *Literature and the Taste of Knowledge*. Cambridge:Cambridge University Press.

Woodward, Bob. 2002. *Bush at War*. New York:Simon and Schuster.[밥 우드워드, 『부시는 전쟁중』, 김창영 옮김, 따뜻한손, 2003].

Woodward, Kathleen. 1996. "Global Cooling and Academic Warming:Long-Term Shifts in Emotional Weather." *American Literary History* 8(4):759-99.

Woolf, Virginia. 1957. *A Room of One's Own*. New York:Harcourt, Brace, and Jovanovich.[버지니아 울프, 『자기만의 방』, 이소연 옮김, 펭귄클래식코리아, 2015].

Yar, Majid. 2001. "Recognition and the Politics of Human(e) Desire." *Theory Culture, and Society* 18(2-3):57-76.

Yoshimi, Shunya. 2006. "Information." *Theory, Culture, and Society* 23(2-3):271-88.

Žižek, Slavoj. 2004. "Passion:Regular or Decaf?" In *These Times* 27. http://www.inthesetimes.com/ (accessed 25 February 2008).

Žižek, Slavoj, Eric L. Santner, and Kenneth Reinhard. 2006. *The Neighbor:Three Inquiries in Political Theology*. Chicago:University of Chicago Press.[케네스 레이너드·에릭 L. 샌트너·슬라보예 지젝, 『이웃:정치신학에 관한 세 가지 탐구』, 정혁현 옮김, b, 2010].

Zournazi, Mary, ed. 2002. *Hope:New Philosophies for Change*. Melbourne:Pluto Press.

_____. 2003. "Navigating Movements:An Interview with Brian Massumi." In *21C Magazine* 2. http://www.21cmagazine.com/ (accessed 25 February 2008).

:: 글쓴이 소개

사라 아메드(Sara Ahmed)

런던대학교 골드스미스 대학의 인종 및 문화 연구 교수. 페미니즘 이론과 퀴어 이론, 비평적 인종 이론의 교차 지점에서 연구를 수행 중이다. 출간된 책으로 『중요한 차이들:페미니즘 이론과 포스트모더니즘』(1998), 『이상한 만남:포스트–식민성에서 체화된 타자들』(2000), 『퀴어 현상학:정향, 대상, 타자』(2006), 『행복의 약속』(2010)이 있고, 다음 책으로 『다양성 행하기:인종주의와 교육받은 주체』(*Doing Diversity:Racism and Educated Subjects*)를 준비 중이다.

벤 앤더슨(Ben Anderson)

영국 더럼대학교 지리학과에서 인간 지리학을 강의하는 강사이다. 그의 연구는 세 분야에 걸쳐 있다. 첫째, 현대 서구 일상생활에서 권태와 희망의 반복에 대한 연구, 둘째, 도시정책·과학·테크놀로지 정책·군사정책에서 관리의 대상으로서의 정동의 출현에 대한 연구, 셋째, 참여라는 정동적 기풍으로서의 유토피아주의를 통해 사유하는 연구. 그는 현재 이러한 연구를 정동과 감정의 공간적인 이론으로 종합하는 저서인 『정동과 감정의 공간들』(*Spaces of Affect and Emotion*)을 저술하고 있다.

로렌 벌랜트(Lauren Berlant)

시카고 대학 영문과의 '조지 M. 풀럼' 기금 교수이며 젠더연구센터의 레즈비언·게이 연구 책임자이다. 『국가적 환상의 해부:혼도, 유토피아, 일상』(1991) 이후 정동 공중(affective publics)이라는 개념을 발전시켜 가면서 국가 감성주의 삼부작인 『미국 여왕 워싱턴 시에 가다:섹스와 시민권에 대한 에세이』(1997), 『여성의 불평:끝나지 않은 미국 문화에서의 감성주의 사업』(2000)을 완성했다. 또 『친밀감』(2000), 『열정』(2004), 로라 레틴스키와 함께 작업한 『추정된 비너스』(*Venus Inferred*, 2001) 등 수많은 감정과 관련된 책들을 편집해 내기도 했다. 그녀의 다음 프로젝트인 『잔혹한 낙관주의』는 현대의 정치적 우울증의 다양한 형태들을 들여다본다. [이 책은 2011년 출간되었다. 여기 실린 글은 이 책의 1장에 수록되었다.]

론 버텔슨(Lone Bertelson)

시드니의 뉴사우스 웨일스 대학교의 사회학·인류학 대학에서 강의하고 있다. 그녀는 현재 생산적 무의식이 소속감의 양상에 미치는 영향에 대해 연구하고 있다. 그녀의 논문 「매트릭스 리토르넬로」(Matrixial Refrains)은 『이론, 문화, 사회』(Theory, Culture, and Society)에 실렸다. 정동적인 사진이론과, 사진에 기반한 예술작품들에 대한 글을 많이 썼다.

스티븐 브라운(Steven D. Brown)

러프버러 대학교의 인문학부 심리학과 부교수이며, 네덜란드의 위트레흐트인문대학의 심리학 및 비평 이론 분과의 방문 교수로 있다. 『토대 없는 심리학: 역사와 철학, 사회심리학 이론』(폴 스테너 공저, 2009)과 『경험의 사회심리학: 기억과 망각에 관한 연구』(데이비드 미들턴 공저, 2005)를 공저했다. 브라운은 심리학, 과학 및 기술 연구, 조직 및 중요 관리 연구 등 폭넓은 분야에 관해 저술해 왔다.

패트리샤 T. 클라프(Patricia T. Clough)

뉴욕 시립대학교 사회학과 교수이자, 〈여성연구 인증 프로그램〉의 코디네이터이며, 대학원 센터에 있는 〈여성과 사회 연구센터〉 소장이다. 『페미니스트 사유: 권력, 욕망, 학술 담론』(1994), 『민족지의 목적(들): 사실주의에서 사회비평으로』(The End(s) of Ethnography: From Realism to Social Criticism, 1998), 『자기정동: 테크놀로지 시대의 무의식적 사유』(Autoaffection: Unconscious Thought in the Age of Technology, 2000) 등의 저서를 썼고, 이 책들은 신체·젠더·성·미디어 문화·테크노과학에 대한 그녀의 비평적 연구들을 담고 있다.

안나 깁스(Anna Gibbs)

웨스턴 시드니 대학교의 커뮤니케이션 예술대학의 조교수로서, 심리역동적 심리치료의 임상훈련을 받았다. 그녀의 이전 연구는 정동 이론, 유아 연구, 몸에 대한 페미니즘 이론 등을 참조하여 사회적 영역에서 모방 소통을 연구하는 것이었다. 현재 호주 연구위원회에서 자금을 지원받아 버지니아 나이팅게일과 함께 「이미지의 권력: 정동, 청중, 혼란스러운 이미지」(The Power of the Image: Affect, Audience and Disturbing Imagery)라는 제목의 프로젝트를 수행하고 있다.

멜리사 그레그(Melissa Gregg)

시드니 대학의 젠더와 문화 연구 분과에서 2009년에서 2013년까지 재직한 후, 현재는 인텔 기업 핵심연구원으로서 미래의 노동과 사용자 경험을 연구하며 활발한 저술활동을 이어가고 있다. 『문화 연구에서의 정동적 목소리들』(*Cultural Studies' Affective Voices*, 2006)을 썼고, 『연속체』(*Continuum*, 2006)에 실린 논문 「문화 연구에서의 대항영웅주의 및 대항프로페셔널리즘」(Counter-Heroics and Counter-Professionalism in Cultural Studies)을 공동 편저했다. 최근 연구로는 『스스로 방송하라: 온라인상의 현존과 친밀성, 그리고 커뮤니티』(*Broadcast yourself : Presence, Intimacy, and Community Online*, 캐서린 드리스콜과 공저)와 새로운 미디어 기술이 젠더와 노동 정치학에 미친 영향에 관한 연구인 『노동의 친밀함』(*Work's Intimacy*, 2011)가 있다.

로렌스 그로스버그(Lawrence Grossberg)

노스캐롤라이나 대학교의 커뮤니케이션·문학 연구 학과의 교수이자 〈문화 연구 대학 프로그램〉의 소장이다. 문화 연구를 주도하는 인물로 국제적 명성이 높다. 저서로는 『십자포화의 한가운데서: 아이들과 정치, 그리고 미국의 미래』(2005), 『그것은 죄이다: 포스트모더니즘, 정치, 그리고 문화』(1988), 『우리는 여기서 벗어나야 해: 대중적 보수주의와 포스트모던 문화』(1992), 『나도 모르게 춤을 추며: 대중문화에 관한 에세이들』(1997), 『그 모두를 집으로 가져오며: 문화 연구에 대한 에세이들』(1997), 『미디어생산』(*MediaMaking*, 1998)이 있다. 그는 또한 『문화 연구』(1991), 『소리와 시선』(1993), 『청중과 풍경』(1996) 등 여러 책과 『문화 연구』 저널의 공동 편집자이다.

벤 하이모어(Ben Highmore)

영국 서섹스 대학의 미디어 문화학과 부교수이다. 『일상생활과 문화이론』(2002)과 『도시 경관: 물질적이고 상징적인 도시에 관한 문화 연구』(2005), 『미셸 드 세르또: 문화 분석하기』(2006)를 저술하였다. 또 『일상생활 연구』의 편저자이며, 『뉴 포메이션』(*New Formations*)의 비평 부문 편집자이기도 하다.

브라이언 마수미(Brian Massumi)

몬트리올 대학의 커뮤니케이션 연구 학과의 교수이다. 최근의 책으로는 『가상계: 운동, 정동, 감각의 아쌍블라주』(*Parables for the virtual*, 갈무리, 2011), 『사유 충격: 들뢰즈와 가타리 이후의 표현』(*A Shock to Thought : Expression after Deleuze and Guattari*, 2002), 『가상과 사건: 활동주의 철학과 발생적 예술』(*Semblance and Event : Activist Philosophy and the Occurrent*

Arts, 갈무리, 근간)이 있다.

앤드루 머피(Andrew Murphie)

뉴사우스 웨일스 대학교의 미디어·영화·연극 대학의 수석강사이다. 질 들뢰즈, 펠릭스 가타리, 문화이론, 가상 미디어, 네트워크 생태계, 대중음악에 관한 책을 썼다. 존 포츠와 함께 『문화와 테크놀로지』(*Culture and Technology*, 2003)의 공동저자이며, 『파이버컬쳐 저널』(http://journal.fibreculture.org/)의 편집자이다. 그의 최근 연구는 인지·지각·삶의 모델의 문화정치학과, 미디어 생태계·전자음악·수행 테크놀로지에 집중하고 있다.

엘스페스 프로빈(Elspeth Probyn)

시드니 대학의 〈젠더 및 문화 연구〉 교수이다. 문화연구, 매체연구, 사회학 분야에 걸쳐 강의하고 책을 쓴다. 저서로는 『자기와 성교하기』(*Sexing the Self*, 1993), 『소속의 바깥』(*Outside Belongings*, 1996), 『육욕:음식섹스정체성』(*Carnal Appetite:FoodSexIdentities*, 2000), 그리고 엘리자베스 그로스와 공동편집한 『섹시한 몸』(1995) 등이 있다. 그녀의 최근작인 『홍조:부끄러운 얼굴』(*Blush:Faces of Shame*, 2005)은 부끄러움을 사회의 긍정적인 힘으로 그려낸다. 캐서린 럼비와 함께 소녀들의 감정에 대한 책을 쓰고 있다.

그레고리 J. 시그워스(Gregory J. Seigworth)

펜실베이니아 밀러스빌 대학교 커뮤니케이션·연극학과 교수이다. 들뢰즈와 가타리의 작업에 대한 『문화 연구』 저널의 두 기획 판(2000)과 일상생활의 철학에 대한 연속 기획 판(2004)을 공동편집했다. 다양한 주제의 책을 출간해 왔으며, 『질 들뢰즈: 핵심 개념들』(2005)과 『새로운 문화연구들』에서 중요한 장을 맡아 썼다.

캐스린 스튜어트(Kathleen Stewart)

텍사스 오스틴 대학교의 인류학과 교수이자 〈아메리고 파레데스 문화연구센터〉 소장이다. 미국의 정치적 상상력과 욕망의 구조에 대해 글을 써왔다. 저서로는 『길가의 공간:"다른" 아메리카의 문화시학』(*A Space on the Side of the Road:Cultural Poetics in an "Other" America*, 1996)과 『일상의 정동들』(*Ordinary Affects*, 2007)이 있다.

나이절 스리프트(Nigel Thrift)

워릭 대학교 부총장. 사회과학 및 인문 지리학 분야 연구에서 세계적인 선구자이다. 자신의 연구로 많은 상과 훈장을 받았으며, 2003년에 영국학사원(British Academy) 회원으로 선출되었다.

이안 터커(Ian Tucker)

노스햄턴 대학교에서 정신건강, 개념 이슈, 질적 사회심리학, 연구 방법에 관해 가르치고 있다. 저자의 연구 영역은 광범위한 사회과학 분야에 걸쳐져 있으며 특히 학제 간 경계를 넘어 작동되는 심리학에 관심을 두고 있다. 핵심 연구 분야는 정신건강과 만성 질병, 정동의 사회심리적 요소이며 더 넓게는 심리학 이론도 포함된다. 터커의 연구는 주로 질적 연구 방법을 따르며, 경험 생산의 담론적 실천과 물질적 실천 사이의 관계를 분석할 수 있게 해주는 담론적 접근에 특별한 관심을 두고 있다.

메건 왓킨스(Megan Watkins)

웨스턴 시드니 대학의 교육 대학에서 문학과 교육학 분야에 관해 가르치고 있다. 『장르와 텍스트, 문법: 글쓰기 교육과 평가의 기술들』(*Genre, Text, Grammar: Technologies for Teaching and Assessing Writing*, 2005)의 공동 저자이며, 연구 주제는 교육학과 정동, 욕망, 체현이다. 저자는 교육학과 정동, 학습에서 신체의 역할에 관해 학술 논문을 저술해 왔다.

영원한 미완성의 정동 이론

　　이 책의 글들은 분명 읽기에 그리 녹록한 글은 아니다. 그러나 '이론'이란 말이 시사하듯이 그렇게 현란한 학문적 무게감을 지니는 글도 아니다. 비록 이 책의 글들이 '정동 이론'이란 제목 아래 한데 묶였지만, 기존의 뭇 이론들처럼 하나의 완성된 구상 아래 펼쳐지는 사유의 교집을 제시하지는 않는다. 다양한 배경에서 출발하는 각각의 글쓴이들은 우리가 평소 생활하면서 의문을 가지고 간지러워하던 구석을 짚어 주고 있다. 대부분의 글은 그동안 '학문'이라는 이름 아래 녹여 내기 어려웠던 문제들에 대한 솔직한 감수성에서부터 말꼬를 튼다. 그런 점에서 3장에 나온 엘스페스 프로빈의 「수치의 쓰기」는 정동적 글쓰기가 가지는 특징을 잘 짚어 주는 글이라 할 만하다. 이 글은 정동을 하나의 심오한 실체처럼 취급하면서 마치 정동들 사이에 어떤 질적인 차이도 없는 듯이 정동 연구를 해 나가는 움직임에 의문을 제기한다. '이론'으로 존재하기 위해서는 마치 그런 질적 차이들과 거리를 두어야 한다는 것처럼 말이다. 기본적으로 이 책의 글들은 객관적인 진실이 건조하고 딱딱한 글쓰기로 증명될 수 있을 것이라는 허위의식에 대해 거리를 둔다. 그래서 많은 글이 일상의 경험에 집중하며 그 행로를 추적하거나 파격적인 형식으로 글을 전개하기도 한다. 형식과 내용이 분리되지 않기, 그것은 정동적 글쓰기의 출발점이자 곧 정동 이론으로서의 실천으로 보인다.

서문에서 강조하고 있듯이, 정동 이론은 '영원히 완성되지 않을' 탐구의 움직임을 말한다. 그것은 다양한 배경 및 맥락(서문에서는 이를 여덟 가지로 정리하고 있다)에서 비롯된 여러 '이론들'의 임시적 집합이며 어쩌면 그것들 사이에는 '정동'에 대한 관심이라는 공통점만 있을지도 모른다. 그래서 이 책은 각자의 관심을 좇아 어느 부분부터 읽어도 좋을 만큼 크게 순서에 구애받지 않는다. 다만 정동 및 정동 이론에 대한 개괄적인 설명을 곁들이고 있는 서문, 행복과 정동의 관계를 풀어내며 정동의 사회적/비사회적 성격에 집중하는 1장, 정동의 사회정치적인 면에 집중하는 2장·4장·7장, 그리고 문화연구에서 정동에 대한 관심이 어떻게 시작되었는지를 보여 주는 마지막 14장의 로렌스 그로스버그 인터뷰 등에서 우리는 일상과 만나는 정동 이론의 단초들을 발견할 수 있을 것이다. 나머지 장들 또한 마치 정동 이론의 스펙트럼을 보여 주기라도 하듯이 '정동'이라는 포커스를 가지고 접근할 수 있는 세부적인 문제들을 정교하게 추적한다. 이처럼 정동 이론의 단초들은 산발적으로 제시되어 있다. 그래서 비록 이들 사이에 어떤 연결고리를 찾아내는 것이 어려운 일은 아니겠지만, 매끈하게 '정동 이론'이 무엇인가를 정리하기는 쉽지 않으며, 그것은 이 책이 의도한 바도 아니다.

그러나 이 책을 읽어 나가기 위해서는 " '정동'이란 과연 무엇이며 이것이 우리에게 제시하는 바는 어떤 것인가?"에 대한 어렴풋한 상이 필요할 것이다. 이를 위해 간략하게나마 실마리를 제시한다.

우선, 정동을 이해하는 쉬운 방법은 정동의 유사어인 정서emotion를 떠올리는 것이다. 우리는 일상생활에서 자주 접하는 우리의 '주체'라는 것이 근대 이래의 학문에서 상정하는 이성적이고 합리적인 주체가 아니라, 감정적이고 불확실한 주체라는 것을 자주 목격하게 된다. 정치적인 주체는 정의와 주권의 주체라기보다 정치적 사안에 감정적으로 반응하는 여론에 휩쓸리는 주체이며, 경제적 주체는 합리적이고 효율적인 소비주체라기보다 감정적으로 충동구매와 투자를 하는 주체이며, 문화적인 주체는 독립적인 취향을 가지고 대중문화에 접근하는 주체라기보다 드라마나 리얼리티쇼, 뉴스 등 매스미디어에 수시로 휘둘리는 주체이다. 즉, 실생활에서의 우리는 이성적이고 합리적인 주체가 아니라 정서적 혹은 감정적인 주체이다. 정동이라는 개념은 이 '정서적인 주체'를 다루는 데 유용한 매개가 될 수 있다. 정동은 정서나 감정보다 넓은 개념의 용어이다. 감정이 개인적인 측면에서 문화적으로 약호화된 방식으로 언어나 몸짓으로 나타나는 표현이라고 한다면, 정동은 개인적인 차원 이전의 단계, 즉 전개인적인pre-individual 단계에서 감정과 느낌을 다룬다. 그렇기 때문에 정동 연구는 사회적인, 문화적인, 정치적인, 경제적인, 심지어 과학의 분야에서, 과거에는 측정하고 계량화할 수 없기에 일탈 또는 예외라고 치부했던 현상들을 충분히 이론적으로 연구할 수 있는 교량 역할을 한다.

다음으로 생각할 수 있는 것은 '정신'mind과 대비되는 것으로서의 정동이다. 스피노자의 '우리는 몸이 무엇을 할 수 있는지 아직 모른다'는 명제가 암시하듯, 정동 연구는 몸과 정신의 이분법을 거부하고, 오히려 몸의 관점에서 정신(의식)을 설명하는 시도를 한다. 그것은 현재 신경과학과 양자이론, 인지공학의 지식과 연동하여 융합적으로 이루어지고 있다. 한편 개인적인 주체 개념을 넘어 전개인적인 것에 기반하여 주체에 접근하는 정동 개념은 네트워크와 관계성의 개념과 연동하며 인간/기계/비유기체의 배치물을 한꺼번에 다룰 수 있는 개념틀을 제공한다. 이는 일상생활의 정동의 흐름에 초점을 맞추어 평범해 보이는 것들 속에 숨겨진 정치적 함의를 찾는 작업으로 연결된다. 정동 이론은 일상생활의 경험의 물질성에 주의를 기울이면서 그러한 물질성에 작동되는 권력의 흔적을 조사하는 한편, 권력이 유도하는 규범화된 삶의 경계에서 존속하면서도 그것을 뛰어넘는 세계를 실현하는 잠재성을 펼쳐 보인다.

이 책의 글들에서 유독 '느낌'feeling이라는 말이 많이 쓰이는 것도 이런 연유에서 비롯된다. 이 말은 기존에 '감정' 또는 '정서'라 일컫던, 몸과 마음의 이분법 중 한쪽에 치우친 것을 중립화하는 어휘라고 할 수 있을 것이다. 다시 말해, 느낌은 몸과 마음이 함께 작동하여 일어나며 그 양쪽에 흔적을 남기는 움직임, 즉 정동이다. 그런 점에서 정동을 기술하는 말 중에 유독 신체와 관련된 어휘들이 많이 등장하는 것은 어쩌면 자연스러운 현상이다. 그중 대표적인 예로, '내장을 건드리는/내장의'visceral라는 형용사를 꼽을 수 있다. 이 말은 정동이 단지 뇌에서 일어나는 정신적 작용이 아니라 우리의 몸 전체의 물질성과 밀접하게 관련되어 있다는 사실을 부각시킨다. 즉 정신/신체의 이분법보다 훨씬 아래에서 작동하는 힘으로서의 정동을 의미한다. 브라이언 마수미가 사유의 '어스름 지대' 또는 '비구별의 지대'라고 표현했던 바로 그것이다. 그리고 '끈질기게 ~한다'는 의미의 'persist'도 애용되는 단어 중의 하나이다. 이 말은 어떤 정동이 심신에 깊이 각인되었을 때 부단한 지속력으로 그 변형적 힘들이 발산되는 효과를 지칭한다.

또한, 정동이 대상에 달라붙는 성질이 있음을 보여 주는 형용사인 'sticky'도 유독 많이 등장하는 말이다. 이 말은 정동이 대상에 결합될 수 있으며, 그처럼 정동이 부여된 대상은 주변으로 돌고 돌면서 사회적으로 나쁜 것 혹은 좋은 것으로 유통되는 현상을 드러낸다. 그리고 이는 정동이 전염력이 있다는 공감대에서 나오는 말이기도 하다. 전염되는 정동의 성격은 정동이 축적되기도 한다는 관찰과 이어진다. 그리고 정동의 축적은 집단적 선동에 정동이 연루될 수 있는 가능성을 시사한다. 이러한 몇 가지 사례에서 관찰할 수 있듯이, 정동을 기술하는 말들은 명사보다는 형용사나 동사(또는 동명사)로 기울어져 있다. 이러한 기울기 자체가 정동적 특질을 보여 준다고 할 수 있을 듯하다.

우리는 각 장의 글쓴이마다 주목하는 정동의 성격이 각각 조금씩 다르다는 점에 유념할 필요가 있을 것이다. 이제 조금 더 자세히 들여다보기 위해, 그리고 독서의 편의를 위해 각 장에서 말하는 바를 간추려 본다.

1장 사라 아메드의 「행복한 대상」에서 흥미로운 것은 '정동 소외자'affect aliens라는 개념이다. 아메드는 이 개념을 따라, 주변의 모든 다른 사람들이 만족스러워하는데 홀로 그 분위기에 끼지 못하는 존재의 이유를 밝히려고 시도한다. 이 글의 제목에 쓰인 '행복한'이라는 말은 보통 "행복한 왕자"에서처럼 주체의 상태를 나타낼 때 쓰인다. 그래서 이 글의 제목 "happy object"는 모순적인 말로 들린다. "object"는 주체와 반대되는 대상 혹은 객체를 의미하기 때문이다. 이 제목은 '행복한 것은 나인가, 아니면 내가 자극받아 행복을 느끼게 되는 대상인가?'라는 물음을 담고 있는 셈이다. 이 장은 행복이 어떻게 외부의 대상과 결부되어 우리의 일상을 옥죄고 있는지를 탐구한다. 이런 맥락을 살려 좀 더 매끄러운 말로 "행복의 대상"이라고 번역하지 않고 "행복한 대상"이라고 번역하였다.

정동 이론에서 제법 이름이 알려진 브라이언 마수미의 글인 2장에서는 미래의 위협에 대한 담론이 어떻게 현재의 논리를 만들어 낼 수 있는가 하는 문제에 천착한다. 조류 독감의 위협이 미래에 가져올 위험에 대한 예상은 사담 후세인에 대한 경고성 발언으로 재선에 성공한 부시의 논리와 맞닿아 있다. 부시는 재선을 위한 선거 기간 동안, 사담 후세인이 WMD(대량살상무기)를 가질 능력이 실제로 없음에도 불구하고 "그가 그럴 능력이 있었다면 그렇게 했을 것이다"라는 이중 가정의 논법을 이용하여 재선에 성공한다. 그러한 논리는 일반적인 원인-결과의 선형적 논리를 따르지 않으며, 사실관계에 얽매이지도 않는다. 마수미는 이처럼 일반적이고 합리적인 논리를 벗어나면서, 미래가 현재에 작동하여 현재의 정당성을 보증받는 논리를 정동적 논리라 부른다. 정동적 논리는 스스로 원인이 되는 '자가생성유지적' 성격을 지닌다. 이 용어는 생물학에서 나온 것으로, 마수미는 정치적인 맥락에서 작동하는 정동의 원리를 규명하기 위해 이 말을 설득력 있게 적용해 보인다. 이 글은 정동이 정치적으로 부정적으로 기여하는 측면을 강조하는 대표적인 글 중 하나이다.

3장 엘스페스 프로빈의 「수치의 쓰기」는 앞서 언급했듯이 이 책에서 정동적인 글쓰기의 실존적인 면을 가장 잘 짚어 주는 글이라 할 수 있다. 그녀는 여기서 "수치를 쓴다는 것"writing shame은 수치라는 정동이 "내장까지 파고드는 환기자"visceral reminder로서 글쓰기에 내재적 관계를 맺는다는 것을 의미한다고 말한다. 프로빈은 프리모 레비, 스티븐 킹, 아라비아의 로렌스의 사례를 좇아가며 '정동의 글쓰기'란 무엇인가에 대한 탐구를 진행한다. 요즘의 정동 '연구' 논문들이 '느낌'이 부족한 경향을 보이며, 연구와 글쓰기를 분리하는 관행은 재고의 여지가 있다는 그녀의 문제 제기는 학문의 기본을 돌아보게 하는 효과를 발산한다.

4장 로렌 벌랜트의 「잔혹한 낙관주의」는 아마도 이 책의 글들 중 가장 많이 회자되는 글이라 해도 과언이 아닐 것이다. 이 글은 왜 현대 세계에서 살아가는 주체들이 현재의 '살아 있음'을 기꺼이 포기하고 나중의 삶을 위해 그것을 연기하는지에 대해 천착한다. '잔혹한 낙관주의'는 심리학의 '멜랑콜리아'와 대별되는 애착관계를 지칭하는 말이다. 멜랑콜리아가 이미 상실한 대상에 대해 애착을 포기하지 못함으로써 생겨나는 것이라면, 잔혹한 낙관주의는 '좋은 삶'을 보장할 욕망의 대상을 상실할까 봐 '미리' 두려워하며 한사코 그 대상 옆에 머물고자 애착하는 것을 의미한다. 우리가 미래의 약속에 붙들려 현재의 소모적인 노동 세계, 폭력적인 관계에서 벗어나지 못하는 메커니즘이 우리 자신의 욕망과 긴밀한 관계를 맺고 있다는 사실을 끔찍하게 환기시키는 글이다.

5장에서 벤 하이모어는 음식의 맛과 미학적 취향 사이의 관계를 탐구하며, 정동과 사회 미학의 세계에 정치적 공간이 있는지를 묻고 있다. 그는 정동이 교육의 효과로 발생하는 에토스 혹은 아비투스라면, 그것은 보수적 속성을 가질 뿐 아니라 어떤 역동성 또한 가질 수 있음을 시사한다. 이렇게 정동의 정치가 가능해지는 지점을 그려볼 때 대항적인 정동 교육의 필요성이 대두된다. 론 버텔슨과 앤드류 머피의 6장은 이와 매우 다른 사건에서 시작하지만 5장과 비슷한 메시지를 전달한다. 이들은 호주의 탐파호 난민 사건을 배경으로 하여 어떻게 그 사건이 미디어에 의해 구성되고 하워드 총리 정부에 의해 선거의 '어두운 승리'에 이용되었는가를 정동과 리토르넬로의 개념으로 분석한다. 리토르넬로는 영토를 만들고 이질적인 배치물들을 절합시키고 탈영토화하면서 재영토화하는 힘들의 집합을 말한다. 탐파호 사건은 정치적으로 보수파의 승리에 이용되었지만 리토르넬로는 정동의 불확실하고 잠재적인 가능성을 언제나 열어 놓는다는 점을 강조한다.

벤 앤더슨이 쓴 7장 「정동의 과잉 조절하기」는 정동이 집단적인 것으로 가시화되는 순간 중의 하나로 전시의 사기진작을 꼽으면서 시작한다. 이 글은 미국이 2차 세계대전에 임박하여 사기진작을 위하여 하였던 노력을 총력전과 정동의 관점에서 분석한다. 전방과 후방의 구분이 없는 총력전은 국민 모두를 사기진작의 대상으로 하며, 파괴적인 전쟁 중에서도 그 피폐함을 견딜 수 있게 '약속'의 형식으로 사기를 북돋운다. 사기진작은 국민의 신체에 가해지는 권력의 작용이며, 이 권력은 지배적인 속성과 생산적인 속성을 구분할 수 없다. 정동과 권력의 겹침 속에서 정동 분석은 권력에게 동화될 수 없는 외부와 한계가 있음을 보여 준다.

8장 안나 깁스의 「정동 이후」는 모방 이론에 비추어 정동을 살펴본다. 미메시스, 즉 모방은 인간의 본성적 능력이며, 인간의 문화 전체는 모방에 근거하고 있다고 해도 과언이 아니다. 저자는 모방을 주체나 객체의 속성으로 보기보다는 주체와 객체를 아우르는 전前개체적 정동의 흐름과 연관시킨다. 특히 유아의 자아형성 과정에 초점을 맞추어, 유아와 엄마의 교차양식적 '공시적 동화'가 유아의 신체와 감정을 함께 자극하여 유아의 자아형성에 영향을 준다고 주장한다. 미메시스의 핵심에는 정동 전염이, 즉 특정한 정동들이 이 신체에서 저 신체로 전달되는 양식 초월적인 흐름이 있으며, 이는 벤야민이 말하는 '비감각적 유사성'을 통해 이질적인 현상과 문화 사이에서도 작용하는 모방의 무주체적 담론의 가능성을 시사한다.

9장 패트리샤 T. 클라프의 글은 신체의 정동성과 물질의 정동성을 함께 다루면서, 뉴미디어와 바이오미디어 분석을 통해 유기체로서의 몸에서 생체매개된 몸으로 몸에 대한 이해가 이동했음과 동시에, 생체매개된 몸이 인종주의와 자본주의에 포섭되어 있음을 지적한다. 뉴미디어 분석은 지각

과 테크놀로지가 어떻게 연결되어 있는지 보여주며, 바이오미디어는 DNA
와 같은 생명과정과 테크놀로지와 정보가 결합된 분야의 무궁무진한 가능
성을 보여준다. 물질이 가진 정보information의 능력을 형식부여in-formation의
능력과 중첩하여 분석하면서, 클라프는 물질로서의 신체가 생물학의 한계
를 넘는 포스트생물학의 문턱에서 자본주의적 포섭의 위험성과 함께 미결
정의 잠재성을 환기한다.

　10장 스티븐 브라운과 이안 터커의 「형언할 수 없는 것 엿먹이기」는 어
느 정신건강서비스 이용자의 예를 분석하면서, 환자가 말로 표현할 수 없는
느낌을 처방에서 배제하는 의료형태가 적절한지에 대해 의문을 표시한다.
의사와 환자는 모두 자신이 책임질 수 있는 느낌, 즉 형언할 수 있는 느낌
만을 대상으로 삼는데, 이는 기호적/언어적 전회가 사회과학 전반을 장악
하고 있음을 보여주는 증좌라고 브라운과 터커는 주장한다. 그 대신 저자
들은 형언할 수 없는 느낌의 영역인 정동을 강조하는 정동적 전회의 중요
성을 역설하고, 전前인격적이고 정동적으로 매개된 '형언할 수 없음'을 현시
대의 복잡한 사회문화적 경험의 장에서 다루는 사회과학의 구체적이고도
복수적인 노력을 강조한다.

　한편 멜리사 그레그는 11장 「금요일 밤의 회식」에서 전문직 직장의 겉
으로 드러난 매끈한 정동, 즉 이른바 '쿨함'이 그 이면에서 어떤 식으로 분
출되며 그것이 의미하는 바가 무엇인지를 관찰하고 있다. 그녀는 오늘날의
불안정한 노동 환경에서는 과거 자신을 회사의 소중한 자산으로 여기며 사
교적인 활동을 했던 피고용인들의 자세가 그대로 유지되기 힘들다는 점에
주목한다. 현재 강화되고 가고 있는 고용의 불안정성은 여러 가지 소통의
부작용 현상을 동반하는데, '스나크'나 냉소, 〈수동-공격적인 메모〉와 같은

데서 보이는 소통붕괴 현상이 여기 해당된다. 자못 발랄하게 전개되는 그레그의 글은 사무직 직장에서 발생하는 소통의 신풍속도를 엿보이면서 씁쓸함과 동시에 재미를 안겨 준다.

12장 「인정의 욕구와 정동의 축적」에서 메건 왓킨스는 교육 현장에서 교사와 학생의 상호인정에 따른 학생의 학습욕구 증가를 강조한다. 교사와 학생의 주종 관계를 타파하고 학생의 자기주도학습을 중요시하는 진보주의적 성향의 현대 교육 현장은 교사를 학생의 관리자로 격하시킴으로써 교사와 학생 사이의 상호작용을 축소하는 단점이 있다. 왓킨스는 아동발달심리와 교육법을 참조하여 교사와 학생의 상호인정의 욕구가 긍정적인 정동의 축적을 촉진시켜 교육적 과정이 향상될 수 있다고 피력한다.

인문지리학자로 이름 높은 학자인 나이절 스리프트는 13장에서 '글래머'라는 단어를 중심으로 현대 자본주의가 구사하는 상품이 내뿜는 미학적 실행의 힘을 규명하려 시도한다. 그는 '미학'을 "감각적 만족과 정서를 만들어 내는" 정동의 힘으로 재정의하면서, 그것이 소비 상품들과 결합하여 새로운 매혹의 영토를 만들어내고 있다는 점에 주목한다. 여기서 '공적 친밀성'public intimacy이라는 말이 대두되는데, 그것은 정동적인 것과 미적인 것이 한데 엮여 매력을 생산하는 일종의 마술적 기술에 의해 형성된다. 글래머는 미학과 공적 친밀성이 얽혀서 만들어진 새로운 세계의 중심을 차지하는 것이며, 글래머의 기술들을 분석함으로써 그는 전통적인 좌파가 간과해온 자본주의 경제의 정동적 역학을 밝혀내고자 한다.

14장은 문화연구에서 이름 높은 로렌스 그로스버그와 이 책의 엮은이들과의 인터뷰이다. 여기서 엮은이들은 로렌스 그로스버그가 문화연구 분야에서 어떻게 정동에 관심을 가지게 되었으며, 그 관심이 그에게 어떤 다른 자세를 취하게 했는지에 대해 질문한다. 여기서 우리는 초기 문화연구자 그룹, 즉 버밍엄 학파와 그가 어떻게 거리를 두게 되었는지, 그리고 들뢰즈 등 다른 사상가들을 어떻게 '이용'하는지에 대한 이야기들을 들을 수 있다. 그로스버그는 마지막에 지식인의 역할에 대해 말한다. 그는 지식인의 임무는 칸트식으로 모든 윤리의 지반을 구성하는 것도, 거의 모든 문화 현상에 대해서 비평하는 것도 아닌, "희망을 재구성하기 위한 가능성의 조건들"을 창조하는 데 도움을 주는 것이라고 말한다. 이를 바꿔 말하면, 희망의 판을 다시 짜는 데 기여하라는 것인데, 이 말은 우리에게 잔잔한 여운을 남긴다.

이 책의 번역은 애초 공동 세미나 형식을 띠고 시작되었다. 이전에 정동 세미나를 주관했던 권명아(동아대) 선생님의 제안으로 시작한 이 모임에서 이 책의 서문을 처음 읽었을 때의 놀라움은 아직도 생생하다. 그것은 마치 정동 이론이 표방하는 신체적 접근법을 구현하기라도 하는 듯이 미묘한 떨림들의 신경처럼 세밀한 문장의 길을 만들어내고 있었다. 이후의 장들에서 이어지는 논의들도 그런 면에서 결코 뒤지지 않았지만, 서문의 첫 몇 페이지는 어쩌면 이 책 전체에서 가장 어려운 글일지도 모른다. 우리는 정동 이론이 가지는 이러한 형식성을 번역에서 어떻게 살릴 수 있을까 함께 고심했다. 그 세미나에 참여했던 권명아, 양창아, 김비, 김다, 이수경 선생의 관심과 숨결은 그렇게 단어 하나하나, 문장 구절구절에 담겨 있다. 본격적으로 번역 작업이 시작되었을 때 박혜정 선생이 합류하여 번역하기로 약속이 되었다. 그러나 개인 사정으로 박 선생이 곧 떠나고 그 공백을 김지영 선생님이 흔쾌히 맡아준 덕분에, 무산 위기까지 갔던 이 번역은 어렵사리 빛을 볼 수 있게 되었다. 양피지 같은 정동 작용과 그 이론처럼 이 책의 번역도 그렇게 수많은 우여곡절을 겪으며 양피지처럼 많은 덮어쓰기를 거친 결과물이다. 여러 사람이 참여했으며 초고가 나온 이후에도 수차례의 수정과 교정을 통해 탄생했기 때문이다. 서문은 권명아 선생이 일부 번역했던 것에 기반하여 최성희·김지영이 공역했다. 1~4장과 14장은 최성희, 5장과 11~12장은 박혜정, 7~9장과 후기는 김지영이 번역했으며, 6장과 10장은 박혜정·김지영, 13장은 박혜정·최성희가 공역한 결과물이다. 그 외 일일이 다 열거할 수 없는 분들의 도움이 많이 있었다. 그렇지만 번역상의 오류 및 미흡한 점들은 모두 역자들의 책임이다. 다양한 배경과 스타일을 가진 필자들의 글이라 적지 않은 노력에도 불구하고 때로 역어의 사용이나 해석에서 오류나 비일관성이 있으리라 본다. 그런 부분에 대한 독자들의 관심과 질정에 언제나 열려 있을 것이다. 마지막으로, 오랜 시간 기다려주고 원고를 꼼꼼히 읽어준 갈무리 출판사 편집진과 프리뷰어들의 노고에 감사 드린다.

2015년 마지막 달, 금정산 자락에서
최성희·김지영

본문에 참고한 이미지 출처

3쪽 : Claire Giblin, The Day After, 2007. © 2007 by Claire Giblin 48" x 36", acrylic, ink on canvas

55쪽 : https://www.flickr.com/photos/michaelpardo/21176389040/

160쪽 : Remi Jouan. https://en.wikipedia.org/wiki/File:Wallenius_Wilhelmsen_-_MV_Tampa.JPG

268쪽 : https://www.flickr.com/photos/sarihuella/5104810991

362쪽 : https://www.flickr.com/photos/calliope/5665602484/

450쪽 : https://www.flickr.com/photos/105332966@N07/16923760400/